“十四五”时期国家重点出版物出版专项规划项目

高速铁路基础研究与技术创新丛书

供电系列

高速铁路供电系统电磁暂态分析与防护

本丛书编委会 总主编

刘明光 刘 铁 编 著

徐 新 罗学平 主 审

中国铁道出版社有限公司

2025年·北 京

内 容 简 介

本书为“高速铁路基础研究与技术创新丛书”之分册。针对高速铁路供电系统结构和运行特征，依据物理和数学原理，阐述电磁暂态机理，研究暂态电压计算和仿真，提出防护措施，讨论供电系统绝缘配合。有关方法和实测数据，可供高速铁路供电系统运行的安全风险评估参考。书中也介绍了地磁暴 GIC 侵入高速铁路的实测。

本书适合从事高速铁路供电的科研人员、设计人员、建设和运行管理的高级工程技术人员使用，也可作为高等院校相关专业师生的教材或参考书。

图书在版编目(CIP)数据

高速铁路供电系统电磁暂态分析与防护/刘明光，刘铁编著. —北京：中国铁道出版社有限公司，2025.2
(高速铁路基础研究与技术创新丛书；供电系列)
“十四五”时期国家重点出版物出版专项规划项目
ISBN 978-7-113-31249-7

Ⅰ.①高… Ⅱ.①刘… ②刘… Ⅲ.①高速铁路-供电系统-暂态仿真 Ⅳ.①U238

中国国家版本馆 CIP 数据核字(2024)第 099887 号

书　　名： 高速铁路供电系统电磁暂态分析与防护
作　　者： 刘明光　刘　铁

策　　划： 曾露平
责任编辑： 魏　娟　　**编辑部电话：** (010)51873315
封面设计： 高博越　郑春鹏　　**封面摄影：** 王明柱　　**丛书标识设计：** 崔丽芳
责任校对： 刘　畅
责任印制： 高春晓

出版发行： 中国铁道出版社有限公司(100054，北京市西城区右安门西街 8 号)
网　　址： https://www.tdpress.com
印　　刷： 北京联兴盛业印刷股份有限公司
版　　次： 2025 年 2 月第 1 版　2025 年 2 月第 1 次印刷
开　　本： 787 mm×1 092 mm 1/16　**印张：** 23.75　**字数：** 494 千
书　　号： ISBN 978-7-113-31249-7
定　　价： 178.00 元

高速铁路基础研究与技术创新丛书

编 辑 组

序

我国高速铁路起步晚、发展快、后劲足，经过几代人的不懈努力，通过原始创新、集成创新、引进消化吸收再创新，成功地走出了一条符合中国国情路情、具有中国特色的自主创新之路。我国已系统掌握各种复杂地质和气候条件下高速铁路建造成套技术；在工务工程、列车运行控制、牵引供电、动车组等高速铁路核心技术方面实现自主化；形成了复杂路网条件下处理跨线运行的运营管理成套技术，构建了人防、物防、技防三位一体的主动安全保障机制。我国已成为全球高速铁路运营里程最长、在建规模最大、运营速度最快、技术体系最全、运营和管理经验最丰富的国家。我国高速铁路技术已走在世界前列，成为推动世界高速铁路发展的重要力量。

为贯彻落实中共中央、国务院《交通强国建设纲要》，推进国铁集团《新时代交通强国铁路先行规划纲要》的落地，系统总结、梳理我国高速铁路各领域前沿理论和技术，向我国乃至世界高速铁路科研工作者和工程技术人员提供一套前沿性的参考书，中国国家铁路集团有限公司铁道出版社公司特组织编著出版“高速铁路基础研究与技术创新丛书”。

丛书以习近平新时代中国特色社会主义思想为指导，以国家自然科学基金课题、国家基金委-国铁集团高铁联合基金课题、国家“973”课题、国家重点研发计划课题等科研成果为支撑，从高速铁路前沿研究、补短板技术、核心技术、技术发展趋势等方向组织选题，涵盖动车组、供电、通信与信号、列控与检测、工程勘察与设计、智能建造、运营与管理、现代信息技术、安全和维护等领域，规模为100册，是全面系统论述我国高速铁路基础研究与技术创新成就的大型系列原创性科技著作。

丛书力求突出制高点、原创性、权威性、全覆盖特色。丛书各册内容以作者团队长期从事高速铁路科学研究的成果为依托，多数成果居于国内领先水平甚至世界先进水平，多种成果荣获国家科学技术奖一等奖、二等奖，国家技术发明奖一等奖、二等奖，茅以升科学技术奖，詹天佑铁道科学技术奖，铁道科技进步奖等奖项，丛书内容体现了我国当今最新、最前沿以及展现未来发展趋势的高速铁路相关研究成果和应用技术。丛书包括动车组、供电、工程施工与组织等十个系列，基本实现高速铁路各领域全覆盖。

丛书由编委会总负责。编委会阵容强大，认真负责。编委会各成员都是长期从事我国高速铁路科研、技术、生产和管理的一流专家学者，是所从事领域的翘楚，其中包括高速铁路及其相关领域的四位院士。编委会多次开会商讨丛书的体系、内容特色、作者条件及质量保障机制；分工负责，精心审订和修改各册编写提纲；多次遴选选题，先从 150 多个选题意向中遴选出 100 个选题，后又剔除了内容特色不太鲜明的 8 个选题，还对 10 多个选题提出了较大的改进意见，补充了 8 个关键技术和弥补技术空白的选题；最后邀请专人对各册内容进行审定，从而保证了各册内容的正确性和先进性。

2021 年年底，国家新闻出版署经过严格评审，“高速铁路基础研究与技术创新丛书”(100 册)成功入选“‘十四五’时期国家重点出版物出版专项规划——重大出版工程”。这是对本丛书项目的认可，也是对编委会、作者和编辑等人员前期工作的认可，更是一种鞭策。我们相信，本丛书的出版，将助力于《交通强国建设纲要》的贯彻落实，推动我国乃至世界高速铁路事业的发展，也将为铁路领域的科研工作者、工程技术人员、管理人员，以及高校相关专业师生提供一套高水平、原创性、权威性、全覆盖的大型高铁科技精品著作。

中国工程院院士

“高速铁路基础研究与技术创新丛书”编委会主任 卢春房

2022 年 2 月

前言

本书为“高速铁路基础研究与技术创新丛书”之分册。

高速铁路是现代社会的重要基础设施和标志。高速铁路供电设备设施属于行车装备，采用接触网为动车组提供牵引动力，采用贯通线为沿途车站和通信信号等设备设施提供工作电源。供电系统运行方式切换、供电线路突发故障等，都会导致供电系统的拓扑结构变化，系统内部的电磁能量重新分配，产生电磁暂态现象。电磁暂态持续时间短、过程复杂、频率高、不重复、不易观测，供电运行的常规监控仪器仪表一般不能够显示和记录电磁暂态。电磁暂态振荡往往造成电气设备或供电系统运行异常，可能在系统中某些设备上出现短时高电压冲击，使电气设备或供电系统发生绝缘击穿事故。电磁暂态过程短、不重复等特征，对供电事故分析和实施正确的防护措施造成较大困惑。为了保证供电安全，制定有效的防护措施，需要对电磁暂态进行分析。

本书基于国家自然科学基金项目(编号 41374189)、中央高校基本科研业务费专项资金资助项目(编号 2015JBM085)等研究，凝练了编著者的相关研究和为北京交通大学电气工程学科的博士研究生、硕士研究生授课的部分内容，对高速铁路供电系统的电磁暂态机理进行分析。结合高速铁路供电系统的结构和接触网特征，讨论牵引电流路径和动车组的车体所在区段对接触网电气参数的影响，分析动车组通过绝缘锚段关节时产生电弧烧损接触导线的原因。针对动车组大功率变流装置，在运用中产生谐波并向接触网映射，阐述车网耦合及接触网发生高频或低频谐振的机理；建立 PSCAD 车网联合仿真平台，模拟动车组在运行中产生车网耦合暂态电压。按照动车组自动过分相运行工况，分析电磁暂态过程，解析计算暂态电压。针对高速铁路供电系统中大量应用避雷器的情况，讨论避雷器的选择与校核。综合考虑牵引变电所、接触网与动车组的电气设备运行安全，分析绝缘配合及特点，讨论三者统一的绝缘协调。按照高速铁路供电系统的结构和运行特征，推导的有关电磁暂态电压计算公式及方法，可为供电系统事故分析和供电系统设计提供支持；对接触网感应电压、车网耦合谐振电压、动车组自动过分相过电压等的测试数据，能够为高速铁路供电系统运行的安全风险评估和制定防护措施提供参考。地磁暴 GIC 侵入高速铁路的实测，拓宽了高速铁路安全防护的视野。

在本书编著过程中，徐新、罗学平两位教授级高工对本书进行了全面审定，屈志坚教授协助整理了资料，李宗垒、陈佳、郑景文、崔玮晨、王娟、李阳、钱学成、王旭等研究生对基础数据处理、仿真验算、绘制图表等做了许多工作，在此表示感谢。

由于编著者水平有限，书中难免存在不妥或疏漏之处，恳请读者指正。

编著者

2024 年 6 月

目　　录

第 1 章　高速铁路供电概论

高速铁路运载车辆是动车组，由牵引变电所、接触网（含 AT 所、分区所、开闭所）构成的牵引供电系统专门供电；沿途车站和通信信号等设备由电力贯通线专门供电，二者缺一不可，是高速铁路供电整体。供电系统运行倒闸、线路突发故障等，会导致运行方式和拓扑结构突变，发生电磁暂态，振荡中产生过电压，可能危及供电安全。暂态过程及其振荡的强烈，与系统结构、参数和特性紧密相关。本章介绍动车组高压回路电气设备和用电特性，高速铁路供电方式、系统结构及设备设施特点，针对供电系统的电磁暂态现象，依据物理和数学原理，阐述电磁暂态机理，讨论电磁暂态分析方法及其发展。

1.1　高速铁路与供电

1.1.1　高速铁路工程

现代社会的四大交通运输（公路、铁路、水运、航空），在运输能力、准时和便捷等方面，铁路运输优势非常大，是社会物资周转和人员流动的主要交通方式。按照 1987 年 UIC（国际铁路联盟）规定，高速列车指铁路主要区间上速度不低于 200 km/h 的列车；高速铁路指设计标准等级高、满足高速列车安全高速行驶的铁路系统（概念不局限于轨道）。因此，时速 200 km 及以上的高水平综合铁路系统，称为高速铁路（不含磁悬浮列车）。

世界上第一条铁路于 1825 年诞生在英国斯托克顿至达林顿，第一条高速铁路于 1964 年 10 月 1 日在日本东海道新干线开通运营，最高时速 210 km。中国第一条铁路存在几个记录：1865 年外国人在北京宣武门外铺设长约 500 m 观赏铁路，1876 年未经中国政府许可修建的上海至吴淞口铁路，1881 年中国投资（外国人主持）修建的唐山至胥各庄铁路，1909 年中国人自主修建的北京丰台至张家口铁路。中国高速铁路也有几个标志：2002 年 12 月 31 日竣工的秦皇岛至沈阳客运专线，目标速度 200 km/h，基础设施预留 250 km/h，采用“中华之星”电力动车组，试验速度 321.5 km/h；2008 年 8 月 1 日开通运营的北京至天津客运专线，最高时速 350 km，采用 CRH3C 型动车组，试验速度达 394.3 km/h；2023 年 6 月 28 日在湄洲湾跨海大桥段采用 CR450 动车组，单列最高时速达 453 km，相对交会时速 891 km。

高速铁路是一个庞大的工程系统，由工务、供电、通信信号、动车组、信息系统和运用维修六大子系统构成,集成了材料、机械、电气、电子、通信、信号、计算机、控制及施工等各个领域的现代先进技术成果。通常,人们对高速铁路的直观印象是:运载车辆采用动车组(牵引力大,速度快),路基以高架桥为主体(抵抗地质沉降影响),线路直(曲率半径大,消除高速列车在弯曲路段的巨大离心力),平稳舒适(钢轨无缝连接,减少行车噪声和振动,高速运动车辆姿态稳定)。高速铁路是国家科学技术发展水平与综合国力的象征之一,不同国家由于基础和装备技术有所不同,对高速铁路的运行时速规定也不同。中国高速铁路指新建设计开行 250 km/h(含预留)及以上动车组列车,初期运营速度不低于 200 km/h 的客运专线铁路。目前,中国高速铁路运营列车主要是 G 字头车,全称为高速动车组列车,最高运行速度不低于 300 km/h。另外,D 字头车,全称为动车组列车,车型分为动力分散式与动力集中式,动力分散式动车组的时速一般可达 200～250 km。C 字头车,全称为城际动车组列车,是城市之间的快速轨道交通工具,根据客流和距离等因素,一些车次的时速达到高速铁路标准。中国高速铁路坚持自主创新,经过不懈努力,攻克重重技术难关,快速发展,覆盖全国,是国民经济发展的重要基础设施,也是国防建设的一部分。中国是世界上高速铁路里程最长的国家。中国高速铁路与技术已进入国际市场。

1.1.2 高速铁路供电

铁路运输能力增加,促进了列车牵引动力发展。早期的蒸汽机车、内燃机车受到铁路隧道和牵引机车空间的限制,牵引动力小、能耗高、污染大,被电力机车取代。采用外部电能为列车提供动力的铁路,称为电气化铁路,具有运输能力大、经济效益好、不污染环境、能源综合利用率高等多方面优势。随着社会发展,人们出行追求高时效,催生了高速铁路发展。列车速度的提高主要取决于牵引动力,车辆外部提供电源,可使列车更容易获得较大的牵引动力和高速度。因此,世界上的高速铁路大多是电气化铁路,运载车辆采用动车组方式。

铁路运输是一个工程系统,不仅要有铁路、车辆等交通运载装备,还需要有车站、调度、通信、信号、保障等行车指挥和辅助的设备设施,都需要供电。针对车辆只能在轨道上行驶的特点,采用牵引供电方式为其提供强大的牵引动力,即以牵引变电所为电源,专用接触网向动车组供电。根据行车指挥及通信信号等设备功率小、数量多、位置分散等特点,以配电所为电源,采用贯通线为车站及沿途通信信号设备、检修生产及保障设施等供电。有关规程规定:铁路变配电所、接触网、贯通线等供电设备设施,是重要的行车装备,属于一级负荷。如果发生供电中断,可能导致铁路运输秩序混乱或运输中断,甚至运输设备损坏、人身伤亡事故等经济损失和社会影响。因此,高速铁路并存两个供电系统:单相牵引供电系统和三相电力供电系统,都要求优质、安全、可靠供电。

根据列车的动力特性,高速铁路牵引供电的唯一负荷是动车组,采用 25 kV 单相交流供电,主要特征如下:

(1)动车组位置不断移动,单相大功率负荷具有冲击性和随机性。动车组驶离供电臂,牵引供电系统就是甩负荷空载运行，接触网电压波动较大。

(2)接触网没有备用，不仅承受高电压、雷电、风雨雪等恶劣气象影响，还要遭受动车组受电弓的冲击力和高速摩擦，机械零部件容易松动脱落，绝缘器件老化进程快，容易发生短路故障，工作条件困难，供电可靠性要求高。

(3)交流车变流装置产生的谐波频谱宽，通过车网耦合注入接触网，可能诱发牵引网电压谐振；暂态电压超过 29～31.5 kV 就会导致行车中断。

(4)不对称的单相负荷映射到三相电力系统中，产生的负序对薄弱电网有一定影响。

(5)行车密度大(间隔可达 3～5 min)，节假日和早晚时段为客流高峰，行车出现紧密追踪，负荷短时集中。

(6)全程的接触网由若干牵引变电所进行分段供电，供电臂长 30～60 km，动车组在一个供电臂上的占用时间最多只有十多分钟，牵引变电所的主变压器平均利用率较低。

(7)某一牵引变电所因故退出供电时，为了保证运输，需相邻牵引变电所越区供电。

高速铁路的电力供电采用 10 kV 三相交流供电，主要特征如下：

(1)属于行车装备，供电设备设施和负荷都不在车上而在地面，对行车指挥、安全和正点运营的作用极大，供电可靠性要求高。

(2)负荷功率小、数量多、位置分散，终端用电设备的电压等级都是 380 V/220 V，沿线每隔 2～3 km 采用一台 T 接箱式变压器供电。铁路沿线取电点位多，密度大。

(3)贯通线采用 10 kV 单芯电缆，敷设在电缆沟或电缆桥架中，环境干扰小，运行可靠，但故障排查困难。

(4)为了保证行车指挥和信号的供电可靠，需要设置两条电力供电线路，分别称为一级(负荷)贯通线和综合(负荷)贯通线，两条供电线路互为备用。

牵引供电系统和电力贯通线供电，各有自己的特点，虽然是两个独立供电系统，但共同构成高速铁路供电的整体，二者缺一不可。

1.1.3　电磁暂态及分类

供电系统运行方式切换、突发短路故障等，会造成系统拓扑结构突变，系统中电磁能量重新分配。在电磁暂态过程中，电感储存的电磁能量与电容储存的电场能量相互交换，暂态振荡电压可能产生冲击，使某些电气设备的电位升高。电压升高超过规定的最大工作电压，就是过电压。过电压是电磁波，会以 300 m/μs 的速度在供电系统中传播，可能造成供电系统及电气设备的绝缘薄弱点发生放电，影响供电系统安全运行。

高速铁路牵引供电的接触网采用分段供电，供电臂不长，动车组不断从一个供电臂驶入另一个供电臂，对牵引供电系统而言，就是间断性投切负荷；高速铁路接触网几乎每天晚上都要进行维护和检测，接触网停电、送电操作频繁。运行的动车组从接触网获取电能的同时，也会向接触网注入谐波，可能诱发车网耦合谐振。电力供电的通信信号装置等负荷比较轻，系统容易在扰动下产生电磁振荡。对于供电线路而言，接触网工作条件困难，贯通线电缆绝缘（与架空线相比）更脆弱。因此，发生电磁暂态的概率较大，产生的过电压可能威胁高速铁路供电安全；网压超过 29～31.5 kV 的暂态振荡也会影响高速铁路正点运营。

高速铁路供电系统内部的电磁暂态现象复杂，为了使研究条理清晰，需要分类讨论（本书不涉及雷击暂态）。按照供电系统内暂态电压的诱发因素和特性，大致可以划分为：

(1)工频电压暂态，包括沿供电线路传输的工频电压升高，单相接地引起的工频电压升高，牵引回流导致的钢轨电位升高，单芯电缆护层暂态电压，架空线的感应电压。

(2)供电系统操作暂态，包括空载变压器投切暂态电压及涌流，空载线路投切暂态电压，GIS 装置投切暂态电压，接地诱发暂态电压，短路开断的恢复电压。

(3)供电系统谐振暂态，包括线性谐振，铁磁谐振，断线谐振，压互饱和谐振，谐波电流放大。

(4)车网耦合谐振暂态，包括高频谐振，低频谐振。

(5)动车组自动过分相与升降弓暂态，包括动车组自动过分相，车顶压互铁磁谐振，动车组升弓或降弓，车载牵引变压器投切。

(6)地磁暴电磁暂态及影响。

(7)供电系统绝缘配合。

一般而言，只要供电系统及设备的绝缘水平不降低，不出现严重的过电压，供电系统就能够安全运行。高速铁路供电系统和运行方式特殊，工作条件困难，电磁暂态现象多，可能发生过电压或电压振荡，威胁供电安全，影响行车秩序。高速铁路供电安全和可靠性要求非常高，分析高速铁路供电系统的各种电磁暂态过程，合理选择电气设备绝缘，采取技术措施限制过电压，进行绝缘配合，对保证高速铁路供电安全具有现实意义。

1.2 动车组

1.2.1 结构与特征

将动力装置安装在车辆中，使其既有驱动的动力，又能够载客的车辆称为动车。将几节动车与不带动力的几节拖车固定编组，称为动力分散式动车组；由一节或两节位于列车端部的动车和中间多节非动力拖车编组的，称为动力集中式动车组。根据车辆采用的动力方式，分为内燃动车组和电力动车组。中国高速铁路采用电力动车组，8 辆为一组，首尾两端的车辆上设置有司机室，可双向驾驶。动车组由两个独立的动力（牵引）单元组成，每个动力单元包括 2 辆动车和 2 辆拖车；正常情况下，两个动力单元均工作，当设备出现故障时两个动力单元可分别使用。4 动 4 拖编组方式之一的动车组结构，如图 1-1 所示。为了增加牵引动力，提升行车速度，动车组可以采用 6 动 2 拖编组方式；对客流量较大的线路，可以将两个 8 辆车的动车组连挂运行，也可以直接采用 16 辆长编组的动车组。中国动车组的发展经过引进、消化、吸收、再创新，独立制造出一系列中国品牌，例如，CRH1 适合高速铁路定义的初级时速；CRH5 适合高寒地区；CR450 速度可达 450 km/h；CIT500 设计速度 500 km/h。

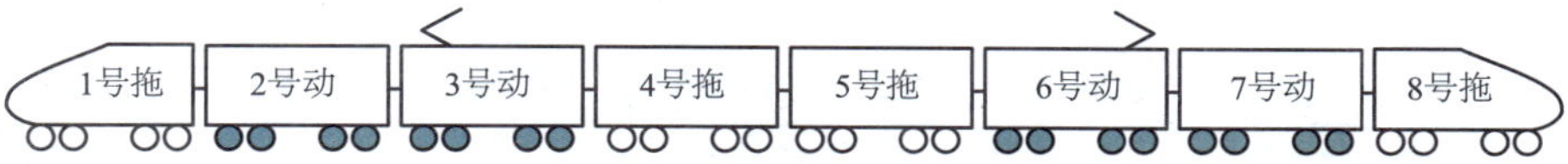

图 1-1　动力分散式动车组编组结构

动车组的主要特征与优点：

(1)车辆上安装动力装置的空间十分有限，利用多节车辆分散安装动力装置，与动力集中在车头相比，能够增大总的牵引功率。车体外形采用流线型，减小了高速运行的空气阻力。大比例采用铝合金及复合材料，车体轻量化。这些措施使动车组运行速度快，载客多，运输效率高。

(2)总动力分散之后，每辆动车的动力装置功率不大，制动更有效，制动距离短，运行安全；控制灵活，行车密度大，增加了运输能力。单个动力装置故障时，对整车运行的影响不大。

(3)动力装置(牵引电机)分散安装在各节车辆的轮轴上，可以使单台牵引电机的体积减小，每根动力轴的功率变小，有利于减轻车轴质量。牵引电机、转向架形式单一，零部件互换性高，维护更换方便。

(4)动力分散车辆的运行姿态稳定，空气动力学更好。车体有很好的气密结构与措施，乘客的舒适感觉好。车辆之间采用永久式车钩连挂，噪声低。动车与拖车固定搭配，节省编组时间，效率高。

(5)动车组的功率因数 $\cos\varphi\approx1$，可以再生制动，将滑行路段的惯性动能转换为电能反馈到接触网，更加节能和环保。

1.2.2　传动系统

动车组由机械、动力、控制、信号等若干系统组成，最重要的系统之一是牵引传动系统，将外部电能变换为机械能，直接关系到动车组的牵引动力和运行特性。动车组每一个动力单元有 2 辆动车，对应一个牵引传动系统，由 1 套受电弓和断路器等高压电气设备、1 台车载牵引变压器、2 套变流器、2×4 台三相交流电机组成，如图 1-2 所示。从接触网获取的交流电，经过车载牵引变压器一次绕组、车轮和轨道返回；车载牵引变压器二次绕组输出的电压、电流，经过变流器将单相交流电变换成直流电，再逆变成三相交流电，驱动交流电机牵引车辆运行。这样的方式，称为交—直—交电传动。

动车组采用三相交流电机作为牵引动力，是为了充分利用三相交流电机功率大(与相同体积的直流电机比较)，转速高，运转平稳，过载能力强，体积小，质量轻，结构简单，不存在直流电机整流子遭受电火花烧损问题，维修更方便，技术经济指标好等一系列优点。动车组是

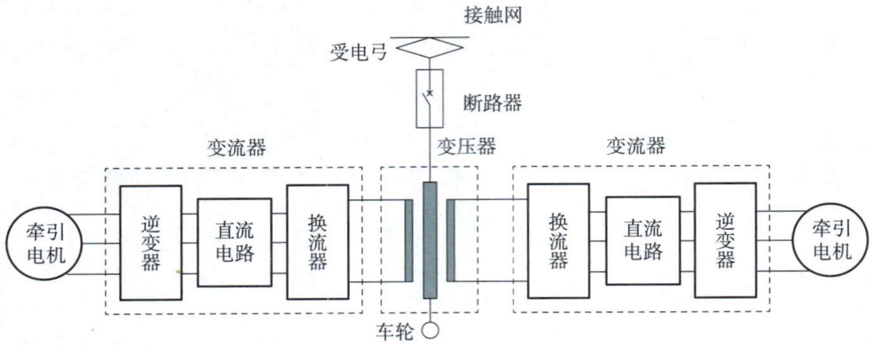

图 1-2　动车组牵引传动系统

客运车辆，对其舒适性要求高，另外，列车进出站、上下坡等路段需要控制和改变运行速度，要求牵引电机受控变速。交流电机变速需要改变交流电机定子的电压和频率，接触网电压和频率不变，车载牵引变压器也不能改变频率，因此，动车组采用变流器进行交—直、直—交两次变换，控制和调节三相交流电机的电压和频率，能够实现动车组启动和运行平稳、舒适。

动车组的牵引传动系统由三大部分组成：高压电气设备、交流器和牵引驱动。

(1)高压电气设备部分，包括受电弓、断路器、车载牵引变压器、电压互感器(以下简称压互)、电流互感器(以下简称流互)、避雷器等，作用是通过受电弓滑板从接触网取电，经车载变压器降压后输出，为变流器提供电能。

(2)变流器部分，由换流器(也称整流器)、直流电路和逆变器构成，完成交—直—交电传动及控制功能。当动车组在牵引运行状态时，牵引变压器两个二次绕组分别为变流器供电；变流器输出整流为直流电，经过滤波电容器平波处理，为逆变器获得一个稳定的直流电源；根据牵引电机输出功率的需求，以及对牵引电机的输入电流和转速的监测信息，控制调节逆变器输出的电压和频率，实现精准控制动车的三相交流电机的速度和转矩，控制原理如图 1-3 所示。当动车组再生制动运行时，控制电机的励磁电流，使其工作状态变为发电机，输出的电能经过逆变器、直流回路、换流器、车载牵引变压器和受电弓反向送回接触网。

(3)牵引驱动部分，由牵引电机、齿轮箱、车轮组成。牵引电机将电能转化为牵引动力，采用四极三相鼠笼异步电动机，安装在转向架上，连接传动齿轮箱，驱动车轮转动。电机功率大小取决于动车组设计的牵引功率及速度，例如，CRH3 型动车组速度 300 km/h 以上，总牵引功率 8 800 kW，动力轴 16，单台电机 560 kW/2 750 V/135 A。

1.2.3　高压回路及设备

以 CRH2 型动车组为例，动车组 25 kV 高压回路如图 1-4 所示，电气设备包括受电弓、隔离开关、接地开关、压互、流互、真空断路器、避雷器、牵引变压器、电缆等，是动车组电传动的前置通道和保护功能的设备。

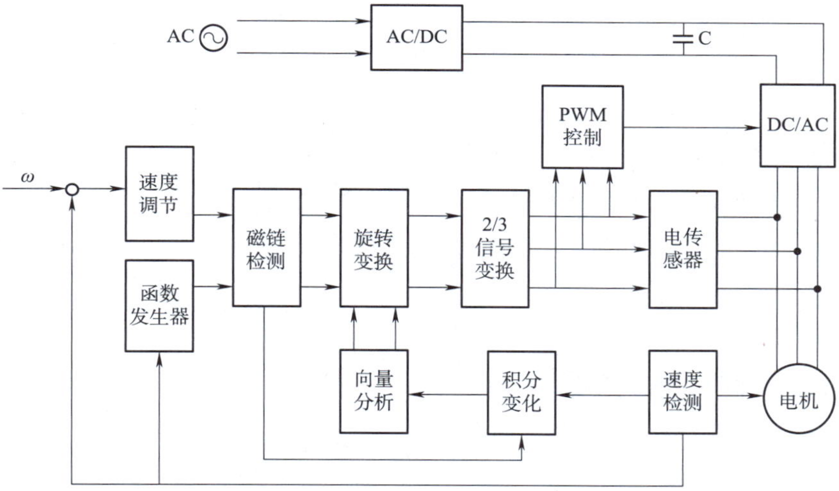

图 1-3　牵引电机的电流和转速闭环矢量控制原理

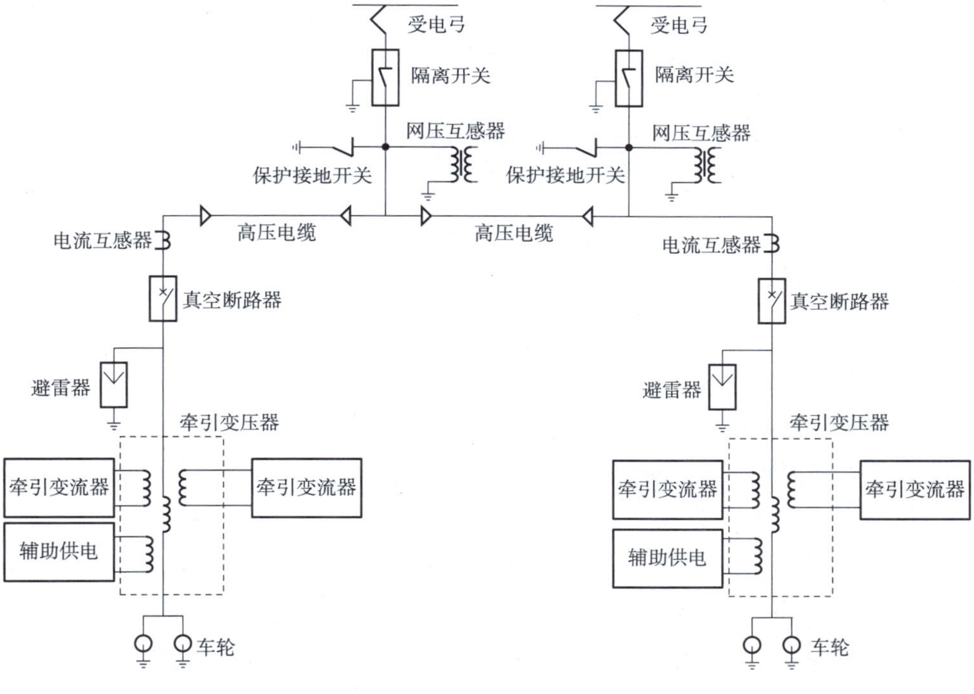

图 1-4　CR2 型动车组高压回路

1. 受电弓

受电弓设置在车顶，与接触网接触获取电能。受电弓分单臂弓和双臂弓两种，单臂弓如图 1-5 所示，主要由铝托架的碳滑板、上下臂杆、底架、升降弓弹簧、传动气缸、支撑绝缘子等部件组成。升弓时将空气压缩进入传动气缸，先快后慢地抬起弓架，减少对接触线冲击：降弓时排出空气，快速离开接触线，避免拉弧。动车组设置有两架受电弓，相距 200 m 以上，以防止双弓运行时通过长度 190 m 的接触网电分相区时造成短路。两架受电弓用 25 kV 电缆连接,互为备用,正常运行时,采用单弓受流,备用的受电弓处于折叠状态。运行中大多使用后弓,是为了避免受电弓与接触线摩擦的碳粉掉落在车顶电气设备上。受电弓的额定电流一般都在 1 000 A 以上,接触带宽度为 1 250 mm,电流通过接触线和受电弓碳滑板接触面的流畅程度主要与滑板和接触线间的接触压力有关,一般静态接触压力为 70 N 或 90 N。受电弓的碳滑板磨损或电弧烧蚀程度,以及接触压力,会影响受电弓工作状态,是维护工作的主要任务之一。

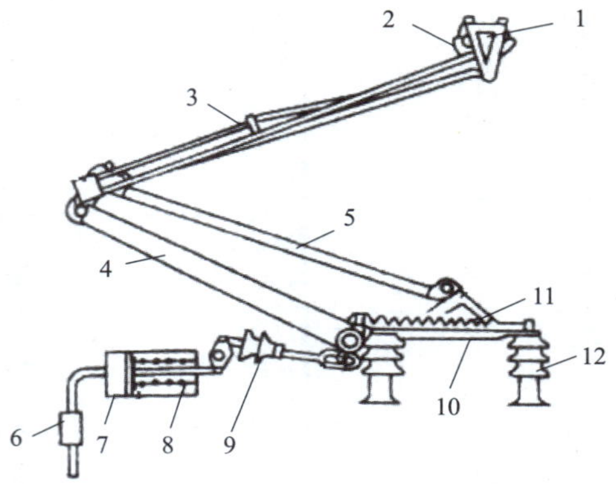

1—碳滑板;2—支架;3—上臂;4—下臂;5—拉杆;6—缓冲阀;7—传动气缸;8—降弓弹簧;9—连杆绝缘子;10—底架;11—升弓弹簧;12—支撑绝缘子。

图 1-5 单臂受电弓

2. 压互和流互

压互和流互的主要作用是监测受电弓的电压和取流,一方面为司机室提供电压、电流信息,另一方面为欠压、过压和过电流保护装置提供信号。压互、流互均为环氧树脂干式绝缘,外护套采用硅橡胶,额定电压 25 kV,瞬时最高电压 31 kV,准确级次为 0.5;压互的变比为 25 000 V∶100 V,流互的变比根据车的总功率确定。

3. 真空断路器

真空断路器兼有保护和开关两种功能,利用真空介质灭弧能力强、开断容量大、操作功率小、体积小等优点,能够快速切断车内发生的短路电流,避免烧损车载设备和扩大故障。动车组配置两台真空断路器,分别对应两台车载牵引变压器,方便司机控制高压回路取流。

4. 隔离开关和接地开关

隔离开关是为了在动车组检修时高压回路形成明显断口,避免出现受电弓错误升弓引发高电压事故。接地保护开关的作用:一是车上高压设备箱内部进行检查时,通过接地保护开关和高压设备箱的联锁装置,将受电弓接地,即使受电弓错误升弓,也能确保检修人员安全;二是当动车组故障且断路器不能断开高压回路时,可以强制接触网接地,让牵引变电所馈线开关跳闸,减小故障损失。隔离开关和接地开关都是电动控制,操作方便。隔离开关支撑绝缘柱(包括接地开关外护罩)采用硅橡胶材料,质量轻,耐污性好。

5. 避雷器

避雷器防止来自接触网的雷电波和各种操作过电压侵入动车组,采用金属氧化物无间隙式结构的避雷器,结构简单,限制过电压能力强。

6. 25 kV 单芯电缆

动车组的高压设备分散安装在车顶和车底不同位置，采用 25 kV 单芯电缆进行连接。为了与车体配合，电缆长度按车厢长度分段，用电缆连接器进行连接。采用交联聚乙烯(XLPE)绝缘材料的单芯电缆，质量轻，耐污性能好，安装方便。

7. 车载牵引变压器

动车组每一个基本动力单元配一台油浸式车载牵引变压器，采用壳式无压密封结构、车底吊挂、油循环强迫风冷。变压器原边一个绕组，副边包括两个牵引绕组和一个辅助绕组，各绕组的额定容量和电压、电流根据动车组的牵引功率确定。牵引绕组为变流器及电机提供电能，辅助绕组为照明、空调、控制、通信等设备提供电源。为减小体积和质量，采用了低损耗硅钢片材料；为抵抗车辆行驶振动，加强了机械结构和缓冲；为使整流器工作稳定，采用了带气隙铁芯以增加牵引绕组电抗。

1.2.4　运行特性

动车组具有前述若干优点，牵引力大、速度快、运行平稳，是目前干线铁路运用中技术特性最优的运载车辆。

动车组是单相负荷，启动、爬坡和停车等行驶过程的车速变化较大，牵引电流呈冲击特性。变流装置产生谐波，通过车网耦合注入接触网的谐波电流频谱较宽。尽管动车组的总体谐波水平不高，但空载或轻载时高次谐波占比明显。某牵引变电所 T-F 馈线实测电压波形如图 1-6 所示，其中，纵坐标为对地电压，横坐标时间按 24 h 制标注；电压总谐波畸变率如图 1-7 所示，其中，纵坐标是以基波(h01)为基准百分数的电压总谐波畸变率，横坐标时间按 24 h 制标注；电压波形的频谱如图 1-8 所示。

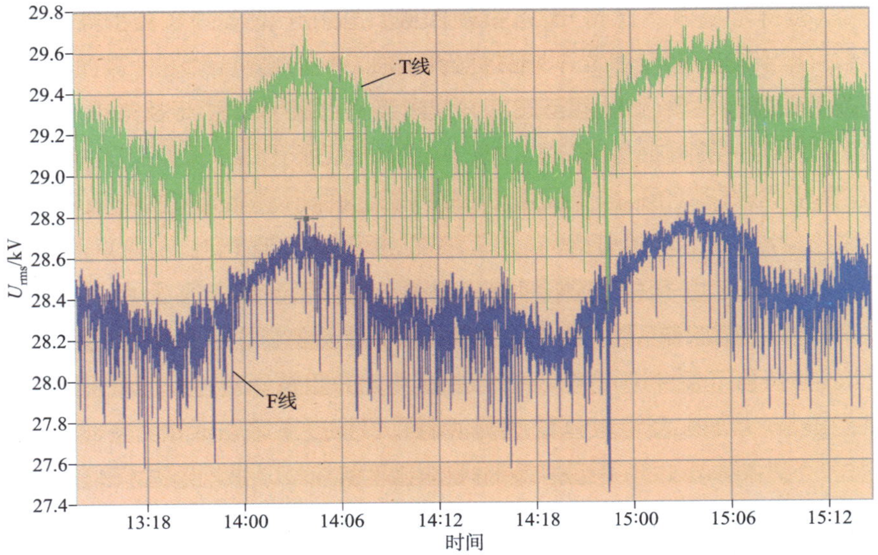

图 1-6　某牵引变电所 T-F 馈线实测电压

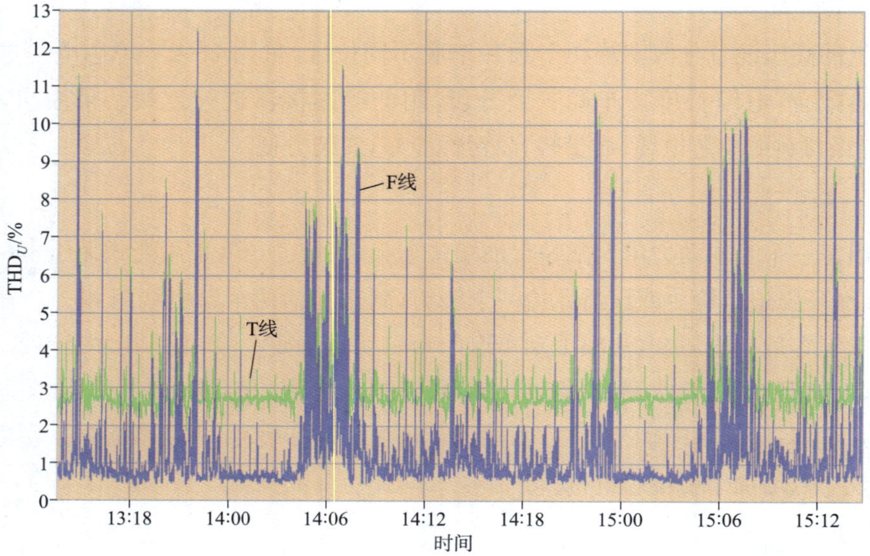

图 1-7　电压总谐波畸变率

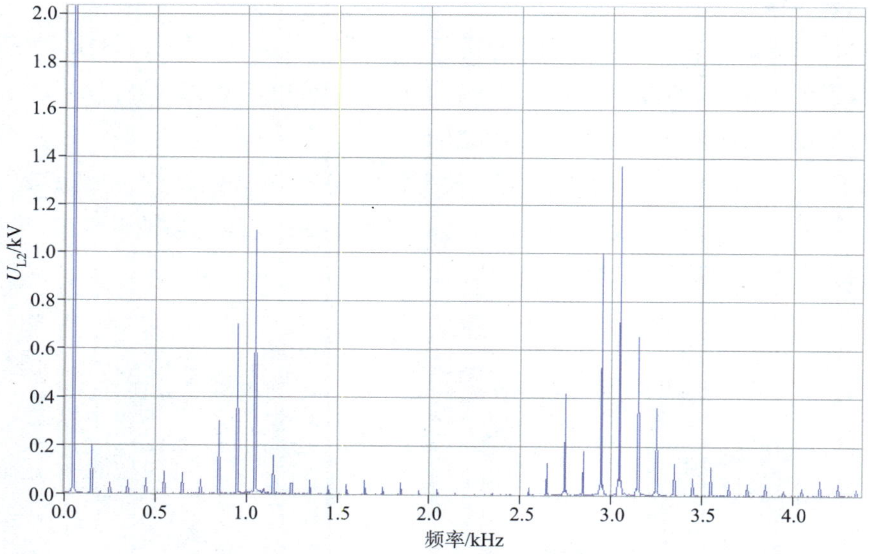

图 1-8　电压波形频谱

1.3　高速铁路牵引供电

1.3.1　牵引供电

220 kV 电网短路容量大、过载能力强，单相牵引负荷不会导致电网电压波动，不产生明显的不对称和负序影响。因此，高速铁路牵引电源大多从 220 kV 电网获取；在西北地区由于 330 kV 电网结构强大，高速铁路牵引电源取自 330 kV 电网；在西南高原大山地区，人烟稀少、大电网分布有限，为动车组供电的电源从 110 kV 电网取电。高速铁路牵引供电原理接线如图 1-9 所示，主要设备设施包括：

（1）牵引变电所，设置牵引变压器及控制设备，将一次侧三相电源经变压器降压为单相 27.5 kV 送到接触网。

（2）接触网，悬挂在铁路中心线上方，是动车组的专用供电线。牵引变电所供电的接触网长度称为（牵引）供电臂，为了限制接触网的电压降，供电臂长度通常为 30～60 km。线路全程的接触网用分相绝缘器、分段绝缘器进行连接和电气分隔，构成分段供电方式。

（3）每座牵引变电所只为左右两侧供电臂的接触网供电，若干牵引变电所共同为全程接触网供电，两个相邻牵引变电所的供电臂分界处设置分区所，主要设备是开关，以便在某一牵引变电所失电时，相邻的牵引变电所通过分区所进行越区供电，保证接触网有电。

（4）轨道，除了引导动车组行驶，在牵引供电中是动车组工作电流返回的主要路径之一。

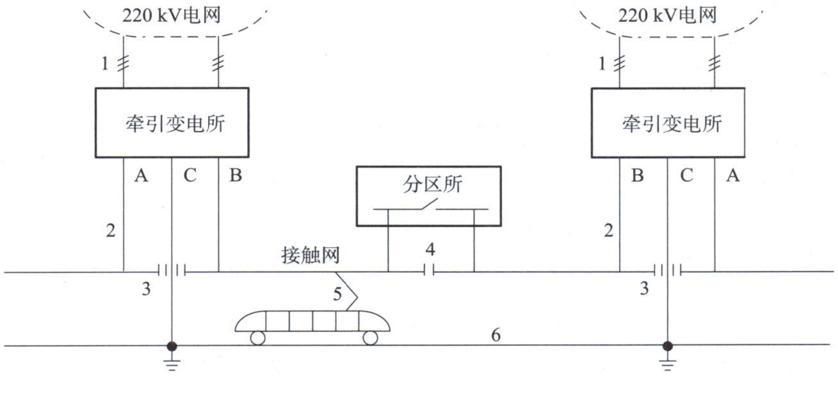

1—电源进线；2—牵引馈线；3—分相绝缘；4—分段绝缘；5—受电弓及动车组；6—轨道。

图 1-9　牵引供电原理接线

通常，将牵引供电涉及的所有设备和供电线路统称为牵引供电系统，牵引电流经过的回路包括变电所馈线、接触网、轨道等，称为牵引网。

牵引供电系统以变电所为电源，供电臂的接触网为专用供电线路，唯一负荷是动车组，供电臂上有动车组时，电源及供电线路就带负荷，供电臂上没有动车组时，电源及供电线路就是空载。因此，牵引供电系统的负荷具有短时性和冲击特征，接触网的电压波动较大。

国家标准 GB/T 1402—2010《轨道交通　牵引供电系统电压》规定：牵引供电系统采用交流电时，频率为 50 Hz（偏差允许±0.2～±0.5 Hz）；标称电压 25 kV；最低持续电压 19 kV、最低非持续电压 17.5 kV；最高持续电压 27.5 kV、最高非持续电压 29 kV，推荐设备可以承受的最高非持续电压为 30.5 kV。《铁路技术管理规程（高速铁路部分）》规定：接触网电压不低于20 kV，不超过 29 kV。动车组高压侧额定电压为 25 kV，车载电压保护装置的启动阈值（不同车型略有差别）为：受电弓获取的接触网电压达 29 kV 持续 30 s，或者 31.5 kV 直接跳车载主断路器；低于 21 kV 持续 30 s，或者 17.5 kV 直接跳闸断电。网压超出动车组的极限工作范围，车上真空断路器发生跳闸断电，或者封锁车上变流器（停止变流器工作），属于动车组的“牵引封锁”范畴，是动车组的一种自动保护功能和方式。

高速铁路动车组速度快，要求牵引功率大，例如，CRH3 型动车组的牵引功率 8 800 kW，牵引电流超过 300 A。高速铁路行车密度大，追踪列车间隔时间大约 3～5 min，同一个供电臂上可能出现（2～3）×2 列动车组运行，需要接触网提供的工作电流高达数百安甚至上千安。如此大的电流经过接触网导线时会产生极大的电压降，严重时将不能保证动车组的正常启动和运行。另外，接触网流经大电流产生的热效应也会造成较大的电能损失。动车组牵引电流大小直接影响到牵引功率和运行速度，动车组工作电流不可能减少。接触网阻抗大小是产生牵引网电压降和电能损耗、导线发热的根源，因此，必须采取技术措施减小接触网阻抗。为减小高速铁路接触网的阻抗，首先采用了以下两种简单有效的方法：

（1）改变接触导线的材质。普速铁路接触网导线为钢铝材质，电阻率较大；高速铁路的接触网采用铜合金材质，电阻率小。常温（20 ℃）下铜的电阻率为 $1.75\times10^{-8}\ \Omega\cdot m$，铝的电阻率为 $2.83\times10^{-8}\ \Omega\cdot m$。铜材为主的接触线与铝材为主的接触线在相同截面和长度条件下比较，高速铁路接触线的电阻能够减小近一半。

（2）上下行牵引网全并联。高速铁路都是复线铁路，牵引变电所同一侧的上下行接触网采用同相位供电，因此，上下行接触网可以实现全并联方式运行，如图 1-10 所示，能够使牵引网的总阻抗减小为单线牵引网的一半。为了管理方便，在牵引变电所（SS）、自耦变压器所（ATP）、分区所（SP）中，利用馈线开关合闸运行时自动完成上下行接触网的并联。上下行接触网全并联，负荷电流在线索中分配更均衡，有利于减少导线发热和电能损耗，减少周围电磁干扰，提高供电能力和可靠性。但牵引网全并联方式会造成电路拓扑结构复杂，使保护装置辨识故障困难。

1.3.2　AT 供电方式

高速铁路供电采用自耦变压器（auto transformer，AT）供电方式，即接触网上连接若干自耦变压器（设置在 ATP 中），如图 1-10 所示，供电臂上运行的动车组可以从前后两个方向的接触网获取电流。这样的供电方式，既不影响动车组取流，又使接触网的单方向电流大为减少，达到减小接触网电压降、电能损耗和导线发热的效果。

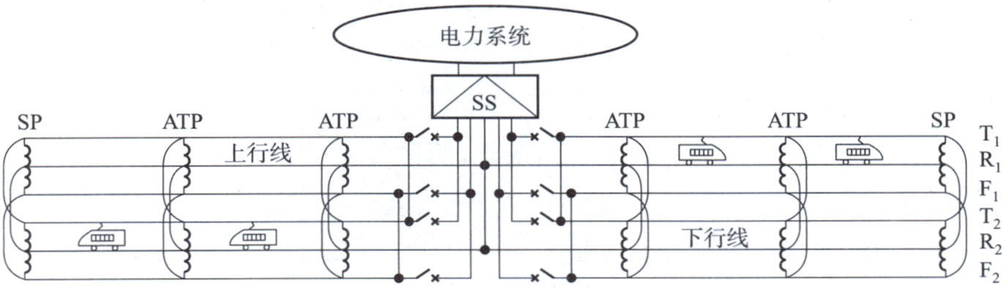

图 1-10　上下行接触网同相单边全并联供电方式

1. AT 变压器

AT 供电方式的核心是自耦变压器，简称 AT 变压器，原理接线如图 1-11 所示，结构是在单相铁芯上套有两个绕组：w_1 为公共绕组，w_2 为串联绕组，两个绕组的匝数相等($w_1=w_2$)，按照同极性顺次串联，变比为 2∶1 的全绝缘对称式 AT 变压器。两个绕组串联后共同作为 AT 变压器一次侧电源输入端，串联绕组的首端和尾端分别连接接触网 T 和正馈线 F；两个绕组串联中间引出端 N 连接钢轨 R，公共绕组 w_1 引出的二次输出端，带负荷(动车组)。由于铁芯导磁良好，忽略损耗，两个绕组几乎全耦合，输入端与输出端的电压和电流关系为

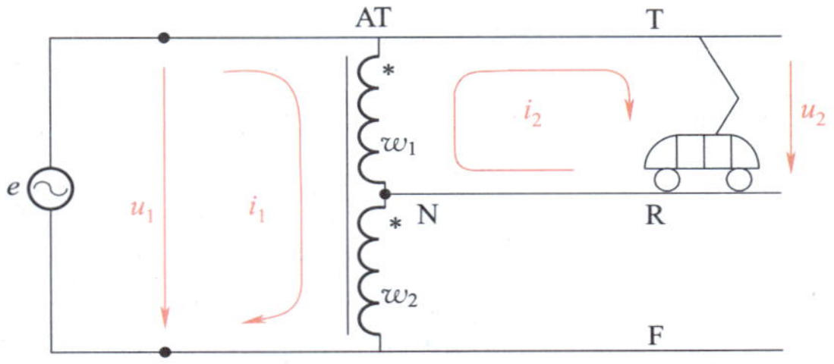

图 1-11　AT 变压器原理接线

$$\frac{u_1}{u_2}=\frac{w_1+w_2}{w_1}=\frac{2}{1} \tag{1-1}$$

$$\frac{i_1}{i_2}=\frac{w_1}{w_1+w_2}=\frac{1}{2} \tag{1-2}$$

可见，变比为 2∶1 的对称式 AT 变压器一次侧输入电流 i_1 只有负荷电流 i_2 的一半。

AT 变压器的一次侧与二次侧之间不仅有磁耦合连接，还有电传导连接，从一次侧到二次侧的传输容量是电磁感应和电路直接传递之和。AT 变压器的额定容量 S_e 为一次电压、电流在额定值时的输入容量 $S_e=U_{1e}I_{1e}$，或者二次电压电流为额定值时的输出容量 $S_e=U_{2e}I_{2e}$。额定容量 S_e 就是 AT 变压器的传输容量，也称线路容量。由于两个串联绕组的匝数相等($w_1=w_2$)，原理上单个绕组的容量为 $0.5S_e$，称为绕组的自身容量，或公共绕组容量、标准容量。考虑 AT 变压器的容量安全时，应该以绕组的自身容量为对象。

2. VX 接线变压器与 AT 供电原理

VX 接线变压器，简称 VX 变压器，由两台独立的单相变压器或同一个油箱中的两台单

相变压器构成，两个一次绕组串联后连接 220 kV 电网 A、B、C 三相。每台单相变压器二次侧由匝数相同、极性顺次串联的两个绕组构成，因此，一次侧绕组的电源强制二次侧两个串联绕组的电流大小相等、方向一致，串联绕组中间引出线没有电流流出，只作为参考电位。二次侧单个绕组输出电压 27.5 kV，两个串联绕组的首尾端(T-F)输出电压为 55 kV。

AT 供电原理如图 1-12 所示。VX 变压器二次侧两组输出的首尾端 T1-F1 和 T2-F2 分别连接牵引变电所两侧的接触网 T 和正馈线 F，串联绕组中间引出端 N 连接轨道 R，使接触网 T 与轨道 R 之间的电压为 27.5 kV；供电臂上相距大约 10～15 km 设置 1 台 AT 变压器，利用 VX 变压器、AT 变压器和牵引网构成 AT 供电系统，为动车组供电。

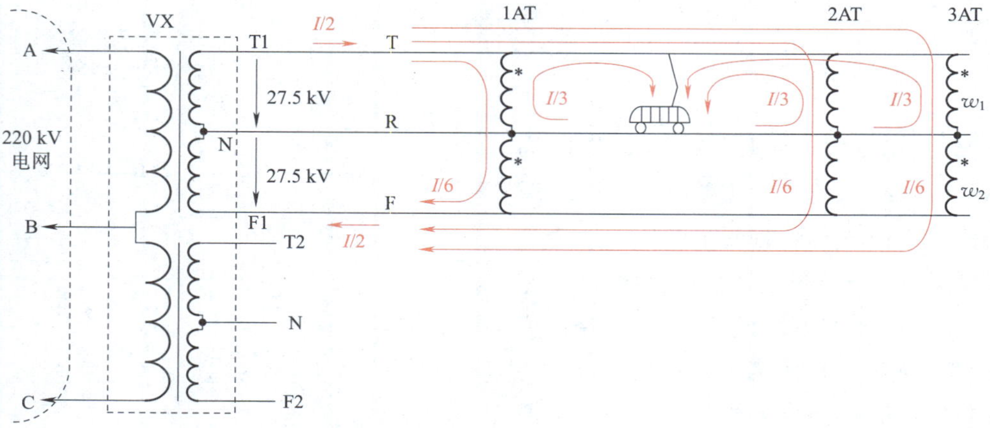

VX—牵引变压器；AT—自耦变压器；T—接触网；F—正馈线；R—轨道。

图 1-12　AT 供电原理

如图 1-12 所示，当供电臂上没有动车组时，AT 变压器中只有很小的空载励磁电流；有动车组时，各 AT 变压器绕组中的电流、接触网和正馈线的电流大小，都与动车组所在位置和 VX 变压器、AT 变压器、接触网和钢轨的阻抗有关。动车组从所在位置的接触网前后两个方向获取工作电流，但 VX 变压器连接轨道 R 的二次侧串联绕组中间引出线(原理上)不提供电流，动车组的工作电流只能由 AT 变压器的二次侧提供。为了简化分析，忽略 AT 变压器、接触网和钢轨的阻抗，假设动车组的工作电流为 I，由三台 AT 变压器的二次侧绕组均匀承担负荷，分别提供 $I/3$。变比为 2∶1 的 AT 变压器按照工作原理，AT 变压器一次侧绕组电流为 $I/6$。显然，三台 AT 变压器的一次侧励磁电流都来自电源侧的 VX 变压器，即 VX 变压器二次侧向接触网 T 供电的电流为 $I/2$，经正馈线 F 返回的电流也是 $I/2$，是动车组工作电流的一半，极大地减少了 VX 变压器的容量，降低了牵引变电所建造和运行成本。还可以看到，不计牵引网阻抗导致的电流相位差时，VX 变压器至 1AT 之间的接触网通过电流为 $I/2$，1AT 至动车组之间的接触网通过电流为 $2I/3$，动车组至 2AT 之间的接触网通过电流为 $I/3$，2AT 至 3AT 之间的接触网通过电流为 $I/6$，每一段接触网中通过的牵引电流都比没有 AT 变压器时大为减少。这是高速铁路接触网能够减少线路压降和热损耗的关键技术措施。

3. AT 供电工程

实际工程中，AT 供电方式的全并联牵引网中还设置保护线（PW）、综合贯通地线，如图 1-13 所示。接触网 T 线悬挂在铁路中心线上方，为动车组供电；正馈线悬挂在钢支柱上方或田野侧，提供牵引电流返回路径；PW 线采用架空线方式直接安装在钢支柱上（当负荷电流或短路电流较大，轨道和 PW 线对地电位较高时，PW 线与支柱间可用 3～6 kV 绝缘子隔开）；采用吸上线（CPW）将轨道电路的扼流变压器绕组中间点连接到 PW 线上。设置 CPW 线和 PW 线目的：

（1）PW 线与轨道并联，可以降低轨道电位。

（2）避免将接触网支柱的接地部分直接与轨道相连，以减少对轨道电路的干扰，提高信号装置可靠性。

（3）PW 线作为钢轨的并联通道，能够减少牵引网阻抗，收集地中杂散电流和钢轨泄漏电流；当接触网发生接地故障时，PW 线也能为短路电流提供金属通路，有利于提高牵引变电所保护装置动作的灵敏性。

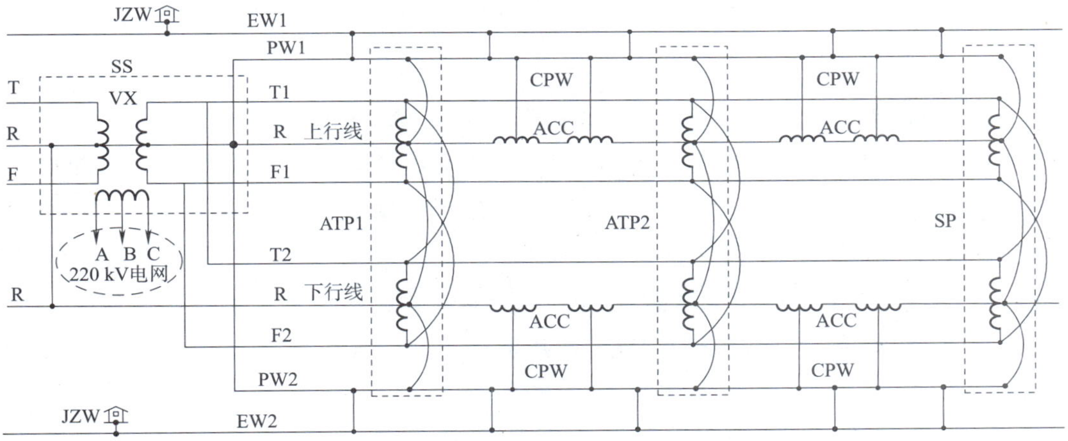

SS—牵引变电所；VX—VX 接线变压器；ATP—自耦变压器所；SP—分区所；ACC—轨道扼流变压器；T—接触线；R—钢轨；F—正馈线；PW—保护线；CPW—吸上线；EW—贯通地线；JZW—沿线建筑物。

图 1-13　高速铁路复线全并联牵引网接线示意

VX 接线的牵引变压器、AT 变压器都有工作接地，牵引电流泄漏和扩散可能导致铁路走廊内相关设备设施的接地端或金属外壳电位升高，影响弱电设备正常运行。为此，在高速铁路路基两侧电缆沟中各设置一条综合贯通地线，连接牵引网钢支柱基础、PW 线和轨道扼流变压器中性点，沿线所有设备和相关建筑物，例如，通信信号装置的基础与外壳，电缆屏蔽层，高架桥梁和整体道床的钢结构，车站及站台的基础结构，金属围栏等。综合贯通地线不参与牵引供电，避免不同设备之间的电位差，保证沿线设备和人身安全，统一了沿线建筑物和强弱电设备的工作接地、防雷接地、保护接地、防静电接地、屏蔽接地的接地方式，减少各专业设备单独设置地线对路基的影响。牵引网短路时，综合贯通地线也有利于回流，减少牵引网阻抗，降低钢轨电位。

需要指出的是，理论上讲，VX 接线变压器的中性点 N 不提供电流，牵引变电所 SS 至第一个自耦变压器所 ATP1 之间，轨道和 PW 线中没有电流返回牵引变电所，综合贯通地线中也没有电流。但是，实际运行中由于变压器中各线圈结构的直径和漏抗略有不同，线路的连接导线存在长度、接头等阻抗差别，可能导致牵引网的阻抗不均匀、不平衡。另外，钢支柱与轨道也存在一定的电流泄漏，特别是牵引变电所位置距离路基较远，附近的地质结构复杂、多层土壤的电阻率不一；长大桥梁区段可能出现江河、深沟和断崖；回流连接电缆较长、阻抗不同，以及动车组取流位置的动态影响等，会导致钢轨、PW 线、综合贯通地线中都可能存在电流，牵引变电所中监测到的地网回流、PW 线回流、钢轨回流甚至可能出现数十安培的不平衡现象。如果出现严重不平衡现象，应该排查原因，控制地回流、PW 线回流、轨回流的不平衡度，以避免设备烧损。

1.4 牵引变电所

牵引变电所是专门为动车组供电的电源核心设备设施，外部电源来自三相制大电网，电压等级大都是 220 kV，少数是 330 kV 或 110 kV；动车组是单相负荷，工作电压为 25 kV；牵引供电系统也是单相制，标称电压 25 kV。牵引变电所的功能是变换电压等级、传输电能。供电线路允许的电压降不得大于系统标称电压 10%，为了保证接触网末端的电压不低于规定值，牵引变电所二次侧输出电压提高 10%，额定电压为 27.5 kV。动车组驶离供电臂，牵引供电系统就是甩负荷空载运行，接触网电压波动较大。因此，接触网工作电压允许范围为：最低 20 kV，最高 27.5 kV，短时（5 min）最高 29 kV。

牵引变电所按照无人值班方式设计，采用 SCADA（supervisory control and data acquisition）系统进行远动监控。牵引变电所的选址主要考虑供电臂长度、牵引馈线与接触网连接位置、沿途的隧道和坡度影响，运用的动车组牵引功率、运营速度、行车密度，外部电源的短路容量、距离、输电线的路径等。

1.4.1 电气主接线

由主变压器、断路器、隔离开关、压互、流互、避雷器等多种电气设备及其连接导线所组成的接受和分配电能的电路，称为电气主接线。电气主接线图是单回路接线图，采用规定的设备符号和文字，按照设备实际接线方式进行连接。电气主接线的确定对牵引变电所的电气设备选择、配电装置的布置、供电运行方式切换和设备检修方式都有较大的影响，需要考虑供电的铁路等级、供电回路数、行车密度、近期负荷大小、远期运行工况、设备特点等，通过技术和经济比较进行确定。一般都要求电气主接线能够满足以下要求：

(1)在电源或电路切换、设备检修、事故处理等方面，有技术措施保证高速铁路牵引负荷供电可靠。

(2)具有一定的工作灵活性，以适应不同的运行方式，检修方便、运行维护费用最少。

(3)结构简单明了，操作方便可靠，设备投入或切除时操作步骤最少。

(4)能够实现远程监控、无人值班运行管理，以及节约投资、便于扩建。

由于动车组的功率因数 $\cos\varphi\approx1$，还可以采用再生制动方式向接触网反馈电能，一般情况下牵引变电所的功率因数大于 0.9，不需要设置无功补偿装置。典型的牵引变电所主接线如图 1-14 所示。

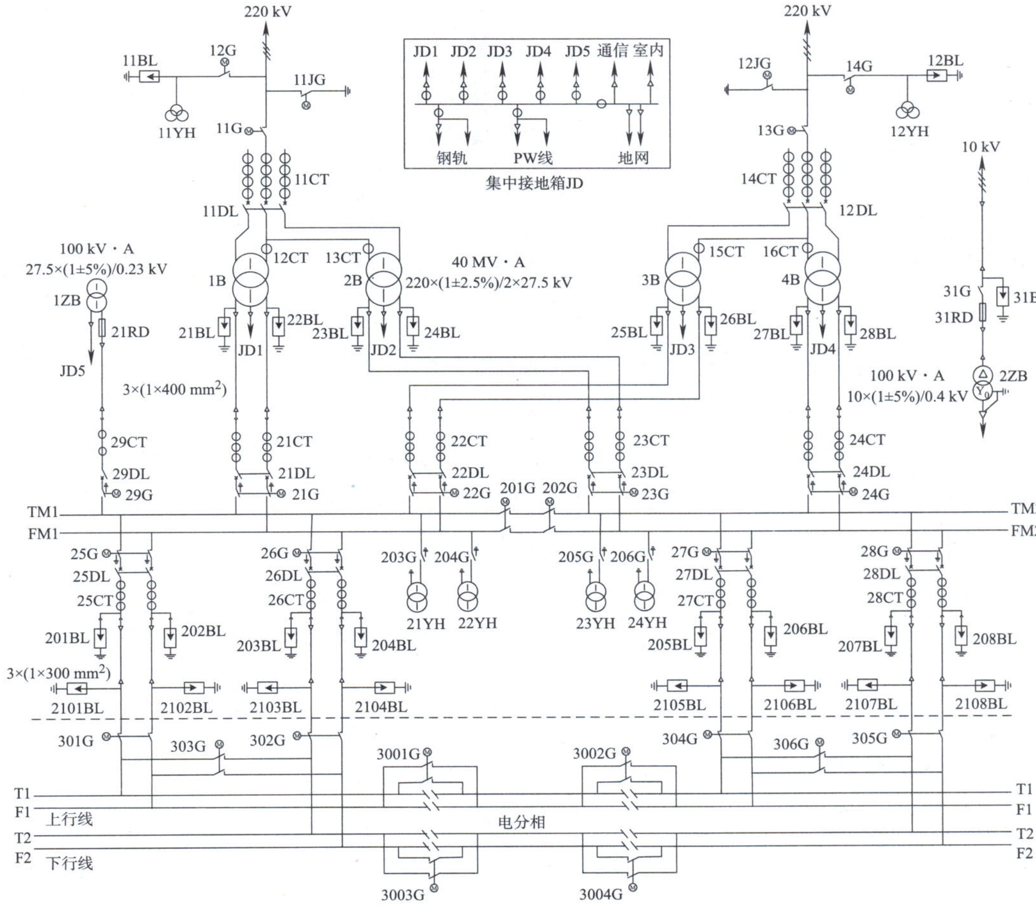

图 1-14　牵引变电所主接线

从图 1-14 可以看到，牵引变电所的电气主接线以结构相同的 4 台单相油浸式主变压器(1B～4B)为核心，运行控制、保护、监测和计量等设备，包括隔离开关、断路器、压互、流互、避雷器、绝缘子等，围绕主变压器进行设置。4 台主变压器以两台为一组，连接成 VX 接线方式；一组带负荷运行，另外一组热备用(能够自动投切)。采用两路独立的 220 kV 外电源，一路主供，另一路热备供，经隔离开关、断路器连接到主变压器高压端。220 kV 回路上设置压互 11YH、12YH 监测进线电压，为测量、保护、计量提供信息；流互 11CT、14CT 监测进线电流，4 组 CT 绕组分别用于测量仪表、差动保护、过流/速断保护、电费计量。避雷器 11BL、12BL 防止雷电波沿 220 kV 输电线侵入牵引变电所。主变压器二次绕组的首尾端输出电压 55 kV，经过电缆、GIS 开关柜(带三工位隔离开关)分别送电到两组牵引母线 TM1、FM1 与 TM2、FM2 上；二次绕组的中间端通过集中接地箱 JD 连接到轨道和变电所的地网，以适应 AT 供电方式。主变压器二次绕组首尾端设置避雷器，加强过电压保护。母线上设置 4 台压互(21YH～24YH)监控 27.5 kV 侧的运行电压，4 台馈线 GIS 开关柜中流互监测运行电流，为保护装置提供信息。牵引母线 TM1、FM1 和 TM2、FM2 为单母线分段结构，正常运行时分段隔离开关 201G、202G 处于断开状态，两组母线同时运行；每一组母线采用 2 台 GIS 开关柜、电缆馈线，分别送电至牵引变电所左侧和右侧上下行接触网的上网隔离开关 301G 和 302G、304G 和 305G。上网电缆的端头设置避雷器，防止接触网上的雷电波侵入。设置的集中接地箱 JD 分别采集从轨道、PW 线、大地等途径返回的电流，方便监控运行状态。理想情况下，主变压器二次侧两个串联绕组中间抽头出线(JD1～JD4)没有电流流出，只作为参考电位连接到轨道。集中接地箱中 JD1～JD4 连接电缆上各套有一个流互，当接触网或正馈线发生短路故障时，可以提取短路电流信号，为保护装置提供相关信息。

牵引变电所的运行状态监控和运行方式切换，在主控制室监控屏柜的计算机上进行操作，或者供电调度通过 SCADA 系统远程控制。操作电源采用直流 220 V 或 110 V，设置有两路直流电源作保障，一路是交流电经过整流获得的直流电，一路是蓄电池组提供的直流电。牵引变电所的通信、照明、防灾报警等设备的工作电源，由牵引变电所的自用电源提供；一路自用电源采用 27.5/0.23 kV 单相干式变压器 1ZB 从牵引母线获取，另一路电源从外部引入 10 kV 电力线经 10/0.4 kV 三相变压器 2ZB 获取，两路自用电源采用自投装置实现相互备用。牵引变电所的自用电变压器容量小(100 kV · A)，采用熔断器保护；取自 27.5 kV 母线的单相变压器 1ZB 的投切采用变电所统一的 GIS 开关柜控制，从外部引入的 10 kV 电源采用隔离开关控制投切；为了防止 10 kV 线路的雷电波侵入，安装了避雷器。

如果发生牵引变电所失电，供电的接触网就需要由相邻牵引变电所越区供电。这时将馈线上网隔离开关 301G 和 302G 断开，303G 闭合，变电所左侧上下行接触网并联，就可由左侧相邻牵引变电所对左侧接触网进行越区供电。同样，将上网隔离开关 304G 和 305G 断开，306G 闭合，右侧上下行接触网并联，右侧相邻牵引变电越区供电，可恢复右侧接触网供电。网上隔离开关 3001G、3002G、3003G、3004G 分别连接到电分相的无电区，正常运行时，都处于分闸状态；如果动车组因故停在无电区时，将对应开关闭合，为动车组提供再启动电源。

1.4.2 配电装置

由开关设备、母线、控制与保护电器、测量仪表以及必要的辅助设备组成的用于接受和分配电能的装置，称为配电装置。按照布置场所分为屋内配电装置和屋外配电装置。屋内配电装置的主要优点：电气设备和人员巡视、操作都不受风雨、冰雪等气象环境影响。屋外配电装置的主要优点：土建工程量小，修建快，扩建方便，费用低，电气设备间距大。220 kV配电装置大多采用敞开式布置在屋外，电气设备和高压导线的间距利用空气绝缘，构成AIS(air insulated switchgear)方式；如果场地空间有限，也采用全密封式组合电器GIS(gas insulated metal-enclosed switchgear)方式。27.5 kV配电装置大都采用SF_6开关柜组合方式，布置在屋内。

220 kV配电装置采用的屋外布置方式之一，如图1-15～图1-17所示。敞开式布置的牵引变电所按一层房屋设计，配有主控制室、2.75 kV高压室、27.5 kV变压器室、10 kV变压器室、通信设备室、储藏室、工具室、值守室等，房屋设电缆夹层。屋外场地的泄油池中安装主变压器，主变压器之间设置防火墙，以限制变压器发生火灾的影响范围。场地中钢构基础上安装220 kV的SF_6断路器、隔离开关、压互、流互、避雷器等设备；220 kV外部电源的进线采用架空线方式，导线、软母线和设备之间的连线用钢芯铝绞线LGJ-400，门型架构悬挂。如果220 kV电源进线受到空间限制，也采用电缆引入。为了防止牵引变电所遭受雷电直击，场地四角设置4支独立避雷针，其接地电阻小于10 Ω。为了防止地电位异常升高，牵引变电所地网的接地电阻值要求小于0.5 Ω。

如果牵引变电所的场地空间有限，或者要求减少运行噪声等，220 kV配电装置也采用SF_6全封闭组合电器。GIS组合电器将特殊的断路器、隔离开关、接地开关、压互、流互、避雷器、母线、电缆头等设备，设置在一个充满SF_6气体的封闭接地金属壳体内，带电部分按照某一具体的接线要求预先进行了连接，与金属壳体的外部电气设备采用预留电缆头或套管方式进行连接。由于SF_6气体绝缘性能良好(是空气的2.5倍)、灭弧能力强(超过空气100倍)，使GIS组合电器具有以下明显优点：

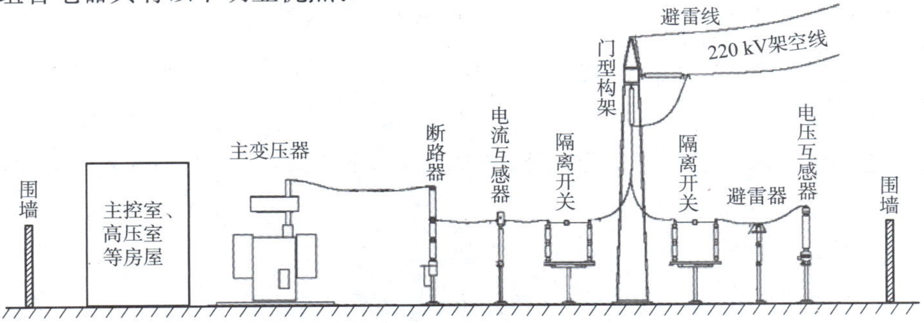

图1-15　220 kV屋外AIS配电装置布置(侧面图)

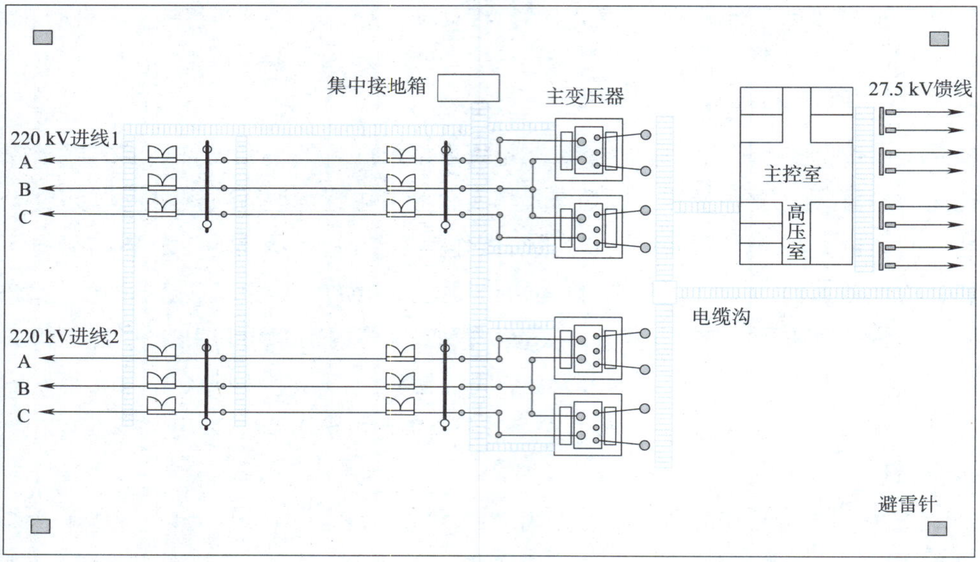

图 1-16　220 kV 屋外 AIS 配电装置布置(平面图)

图 1-17　220 kV 屋外 AIS 配电装置布置

(1)GIS 结构紧凑,体积小、占地面积和占用空间小。与电压等级和功能相同的 AIS 配电装置比较,GIS 占地面积只有户外式的 5%左右,GIS 占用空间是户外式的 30%～40%。

(2)带电部件全部封闭在金属壳中,可避免人员发生触电事故,对环境不产生电磁干扰,不受大气污染、潮气、高海拔的影响。

(3)不发生火灾危险,运行可靠,几乎不维修。

(4)GIS 在制造厂完成,现场安装工作量小,建设工期短。

为了改善 GIS 内部导体的电场分布,多采用单相单元式结构,金属外壳形状的特征是多种尺寸的圆筒管状式组合体。典型的 GIS 单元电气接线和结构如图 1-18 所示。SF_6组合电器在运行中需要保持规定的气压，注意连接部位的密封状况，一旦发生漏气、受潮，将使 SF_6耐电强度大为下降。SF_6的分子量很大，比空气分子重，如果工作人员进入 SF_6漏气场所，可能发生窒息。

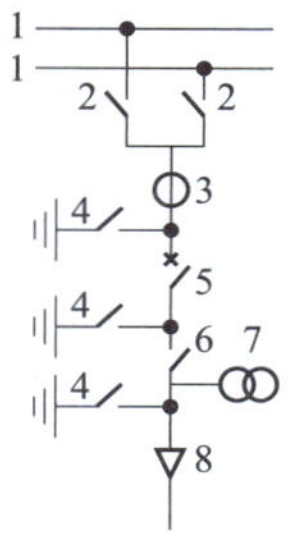

1—母线；2—隔离开关；3—流互；4—接地开关；5—断路器；
6—隔离开关；7—压互；8—电缆头。

图 1-18　GIS 单元电气接线和结构

27.5 kV 配电装置布置在高压室，27.5 kV 断路器大都采用 SF_6气体绝缘的 GIS 开关柜，如图 1-19 所示。主要优点：额定电流大(2 500 A)，开断短路电流的能力强(31.5 kA)，分闸速度快(30～45 ms)，操作功率小(240 W)，体积小，免维护，气压低于 120 kPa 自动报警。GIS 开关柜是三工位开关，具有合闸、分闸、分闸且接地三个位置。合闸运行时，带电部分都在接地的金属柜体里面，不会发生人员误触电；停电检修时，开关自动接地，释放设备和电缆的残余电压(以下简称残压)，保证检修人员安全。高压室进出线电流大，采用 3 根并联($1\times400\ mm^2$)单相铜芯结构的 XLPE 绝缘电缆连接主变压器二次端；3 根并联($1\times300\ mm^2$) XLPE 电缆上网。通常牵引变电所建在地面，高速铁路线路以高架桥为主，上网的 27.5 kV 馈线电缆较长，等效电容较大，检修时需要注意残压。

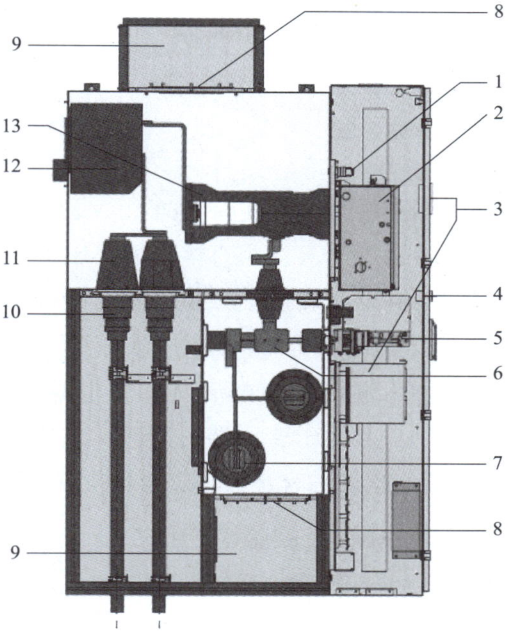

1—温度补偿器；2—断路器操作机构；3—综合保护单元；
4—带电显示器；5—三工位开关操作机构；
6—三工位开关；7—主母线；8—压力释放盘；
9—压力释放通道；10—电缆头；
11—电缆插座；12—流互；13—断路器。

图 1-19　GIS 开关柜(侧断面)

1.4.3 主变压器

牵引变电所中核心电气设备是主变压器，采用全绝缘和 VX 接线方式，可以由同一个油箱中的两台单相变压器构成，如图 1-20(a)所示，其中单相变压器一次绕组 AB 对应二次绕组 T1-F1，一次绕组 CB 对应二次绕组 T2-F2。也可以用两台独立的单相变压器，如图 1-20(b)、(c)所示，在变压器器身外连接成 VX 接线；这样的单相变压器也称 V 接线变压器。VX 接线变压器中，两台单相变压器相互独立，各自二次绕组中流过的电流就是牵引负荷电流，全部映射到一次绕组中，变压器容量利用率 100%。与图 1-20(a)方式比较，图 1-20(b)和图 1-20(c)变压器结构简单得多，变压器体积几乎小一半，但是，要满足 AT 供电方式，需要两台相同的变压器构成一组，才能共同完成牵引供电。

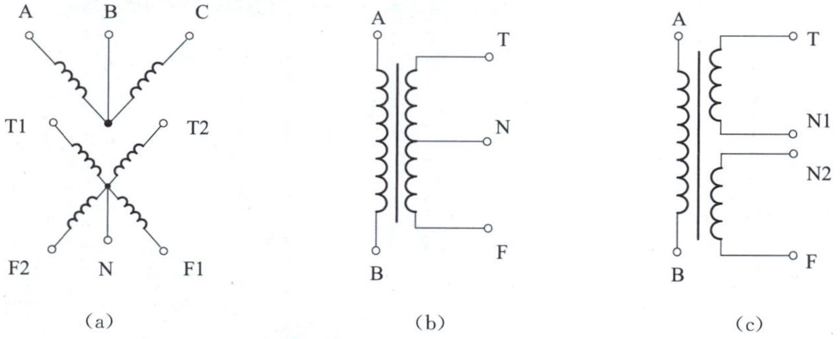

图 1-20 VX 接线变压器

接触网上所有负荷，包括动车组、线路损耗、AT 变压器损耗，都来自 VX 接线变压器。由于 AT 变压器 T-R 绕组直接带负荷，F-R 绕组不直接带负荷；AT 变压器的公共绕组与串联绕组采用同轴方式套在铁芯上，两个线圈结构的直径和漏抗略有不同；加上线路连接导线可能存在长度、接头等阻抗差别，导致牵引网的 T 回路与 F 回路的阻抗不完全平衡，使 VX 接线变压器中性点 N 有电流，VX 变压器二次 T-N 绕组的容量可能比 F-N 绕组的容量大 20%～30%。但由于变压器的制造工艺等原因，通常将 T-N、F-N 绕组制作为相同容量。VX 变压器一次侧的容量为额定容量，二次侧各绕组的容量分别标示。

1.4.4 主要设备参数

220 kV 单相变压器主要技术参数见表 1-1，220 kV 避雷器主要技术参数见表 1-2，27.5 kV 单相干式变压器主要技术参数见表 1-3，27.5 kV 避雷器主要技术参数见表 1-4，27.5 kV XLPE 单芯电缆主要技术参数见表 1-5。

表 1-1　220 kV 单相变压器主要技术参数

类　　型	油浸风冷式	联结组别	Ii0/Ii0
一次额定容量	31.5 MV·A	额定频率	50 Hz
二次额定容量	31.5 MV·A	额定电压	220 kV/27.5 kV
负载损耗	160.8 kW	阻抗电压	15.3%
空载损耗	33.8 kW	空载电流	0.2%
一次/二次工频耐压	395 kV/95 kV	一次/二次雷电冲击耐压	950 kV/250 kV

表 1-2　220 kV 避雷器主要技术参数

类　　型	金属氧化物	极　　数	1
系统标称电压	220 kV	系统额定频率	50 Hz
系统最高电压	245 kV	额定电压	198 kV
持续运行电压	158 kV	8/20 μs 标称放电电流	10 kA
直流 1 mA 参考电压	280～296 kV	标称放电残压	475 kV
4/10 μs 冲击电流	100 kA	2 000 μs 方波电流	850 A

表 1-3　27.5 kV 单相干式变压器主要技术参数

额定容量	100 kV·A	联结组别	Ii0/Ii0
额定电压	27.5 kV/0.23 kV	额定频率	50 Hz
空载损耗	620 W	负载损耗	2 360 W
空载电流	4.3%	阻抗电压	6.5%
一次工频耐压	70 kV	一次雷电冲击耐压	170 kV

表 1-4　27.5 kV 避雷器主要技术参数

类　　型	金属氧化物	极　　数	1
系统标称电压	25 kV	系统额定频率	50 Hz
系统最高电压	29 kV	额定电压	42 kV
持续运行电压	31.5 kV	8/20 μs 标称放电电流	10 kA
4/10 μs 冲击电流	65 kA	标称放电残压	120 kV
2 000 μs 方波电流	400 A	直流 1 mA 参考电压	65 kV

表 1-5　27.5 kV XLPE 单芯电缆主要技术参数

导体截面	额定电压	电缆外径	工频耐压	冲击耐压	XLPE 相对介电系数
300 mm^2	27.5 kV	50 mm	75 kV	250 kV	2.2～4.2
400 mm^2		53 mm			

1.5 牵引网

牵引网包括变电所馈线、接触网、轨道等，主体是接触网，是沿铁路上空架设的特殊形式的供电线，是动车组受电弓在高速滑行中获取电能的唯一方式，不仅要承受高电压、大电流、雷电，以及受电弓频繁的冲击力和高速摩擦，还要遭受风雨、覆冰、污秽等侵蚀，机械零部件容易松动脱落，绝缘器件老化进程快，容易发生短路接地，工作环境恶劣。接触网没有备用，一旦发生故障就会影响动车组运营，因此，对接触网的线索张力、机械强度、稳定性能、受流质量、绝缘能力等都要求很高。

1.5.1 线索悬挂与支撑

接触网由导线和承力索、悬挂与支撑定位器件、支柱及基础三部分组成。接触导线是动车组获取电流的主要通道，承力索悬挂接触导线，同时也是动车组电流的辅助通道。接触网的线索采用导电性能良好、机械强度高的金属材料制作，由钢支柱和绝缘腕臂支撑。为了保证动车组的受电弓与接触线的接触压力均匀，受流质量良好，用整体吊弦将接触导线吊挂在承力索上，如图 1-21 所示，使接触线距离轨面的高度恒定为 5 100 mm 左右。考虑到动车组受电弓滑板的宽度为 1 250 mm，允许工作范围是滑板中心两侧各 500 mm；为延长其使用寿命，均匀磨损滑板，为此，采用定位管将接触导线每隔一定距离拉出轨道中心（<400 mm），呈“之”字形。为了圈定接触网检修范围、控制接触网故障的影响范围，正线区间的接触网要进行机械和电气分段，称为锚段，相邻两个锚段的衔接处称为锚段关节。由于接触线的接头会产生“硬点”，对高速滑行的动车组受电弓取流状态影响极大，采用绝缘锚段关节，既能将接触网分段，又没有接触线与绝缘器件连接的接头，消除了“硬点”，保证动车组的受电弓能够平滑通过。同一供电臂的接触网机械分段处，用多股软导线或柱上隔离开关进行电连接，在锚段两端设置补偿装置，如图 1-22 所示，依靠坠砣的重力作用自动调节线索张弛，抵抗气温影响，保持接触网张力维持在恒定状态。站场上股道较多，为了保证站场中接触网检修或接触网故障时，不影响动车组进出站场的运营，需要将股道对应的接触网线路分组。考虑到站场地面有限，接触网锚段关节的结构需要占数跨长度，站场中动车组运行速度较慢，接触网“硬点”问题不突出，因此，股道上方的接触网采用分段绝缘器，如图 1-23 所示，进行电气分隔。锚段关节、分段绝缘器与隔离开关配合使用，能够达到接触网供电灵活运行的目的。在风速较大的地方，为了加强接触网的稳定性，采用门型架构式硬横跨支撑接触网。正馈线 F 不与动车组接触，通常用绝缘子悬挂在钢支柱顶上或田野侧，或者安装在硬横跨门型架构上方，PW 线采用小绝缘子或直接挂在钢支柱上。雷电活动频繁的地区，接触网支柱上方也安装架空地线。综合贯通地线设置在路基两边的电缆沟中，方便沿线设备设施进行连接。

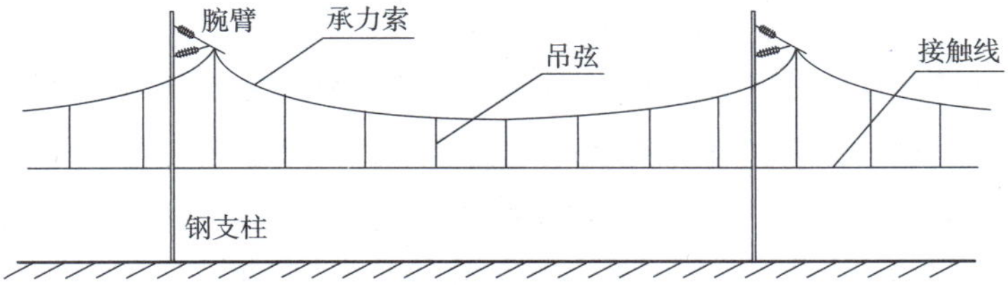

图 1-21　接触网支撑与悬挂

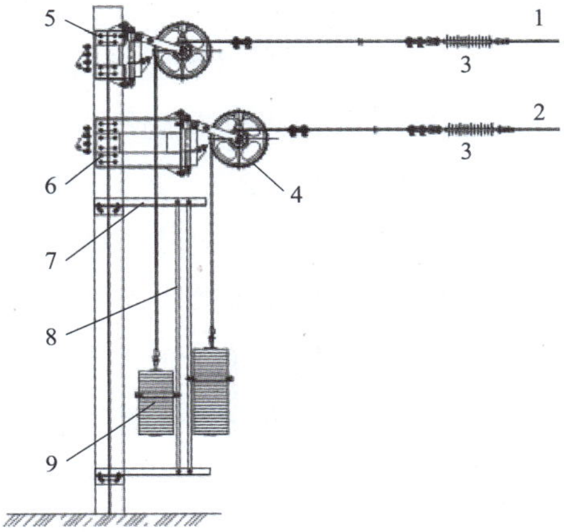

1—承力索；2—接触线；3—绝缘子；4—棘轮补偿装置；5—承力索补偿下锚底座；
6—接触线补偿下锚底座；7—坠砣限制架；8—坠砣限制导杆；9—坠砣。

图 1-22　接触网棘轮补偿装置

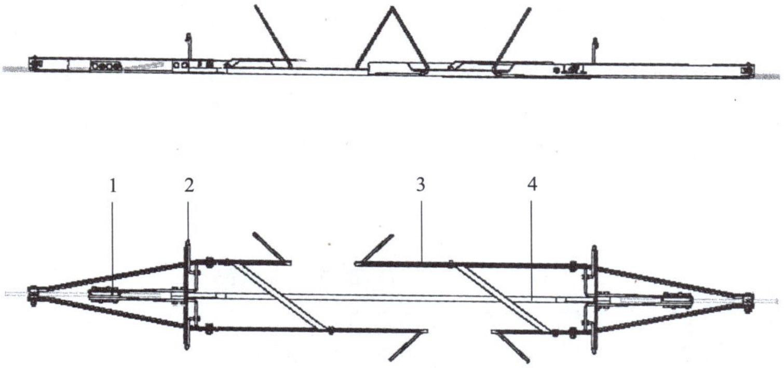

1—接触线终端线夹；2—悬挂支撑；3—带消弧角的滑轨；4—绝缘棒。

图 1-23　轻型分段绝缘器

接触网电压高，绝缘特性十分重要。考虑大气污染的严峻性，全线按照重污秽区标准设计，绝缘泄漏距离为 1 200～1 600 mm。高速铁路双向行车，复线铁路走廊宽度大致为 10～15 m，空间十分有限，沿线有较多专业的设备设施及相关人员工作，需要与接触网带电部位保持足够的安全距离。当接触网所在地区海拔高于 1 000 m 时，需要进行海拔影响的修正，适当增大绝缘距离。

还需指出，为了保证大型车站、枢纽站场、动车走行线以及调车场的接触网可靠供电，通常在站场中或进出口处，设置绝缘锚段关节、分段绝缘器。这里的接触网（电路）结构形成环形开口供电方式，电源取自附近的牵引变电所或开闭所，绝缘锚段关节或分段绝缘器两侧呈双端供电。绝缘锚段关节或分段绝缘器并联的隔离开关通常是分闸状态运行，以避免双电源形成的穿越电流，保证牵引变电所或开闭所的保护装置动作正确。尽管绝缘锚段关节或分段绝缘器两侧接触网的标称电压都是 25 kV，但是，由于绝缘锚段关节或分段绝缘器两侧接触网线路长度不同，同一时刻两侧运行的动车组数量不等，各动车组运用工况和取流大小不同，导致两侧接触网线路的电压降不同，会在绝缘锚段关节或分段绝缘器（电路）断口上产生电位差。一旦这个电位差较大，动车组滑行通过时，当受电弓接近对方接触线的极小间隙中，电场强度趋于极大，必然发生电弧放电，可能烧损接触导线或分段绝缘器。同理，相邻两个牵引变电所供电的同相位接触网分界点的绝缘锚段关节或分段绝缘器（电路）断口上，也有电位差存在的可能性；当电位差较大时，也会导致受电弓通过时产生电弧。如果发生这样的问题，应该采取技术措施，保证绝缘锚段关节或分段绝缘器（电路）断口两侧的电位相等，以消除受电弓通过时产生电弧，避免接触网导线或分段绝缘器烧损。

1.5.2 轨　　道

钢轨承受动车组的压力、摩擦和冲击载荷，需要足够的强度、硬度和韧性，质量要求高。高速铁路采用 1 435 mm 标准轨距，复线铁路中心线的间距大约 5～6 m，常用钢轨有关技术参数见表 1-6。出厂的钢轨长度为 12.5 m、25 m 等，为了减少高速动车组运行的噪声和振动，稳定运动姿态，将多条钢轨焊接成数百米甚至数千米的无缝长轨；长轨之间的缝隙限制在 1 mm 内，全程钢轨接头缝隙大为减少。钢轨的热胀冷缩问题，在四季温差较大的地区，采用定期放散应力；温差不大地区，采用高强度扣件压紧、轨底留向下伸缩空间，使长轨自身调节和轨温锁定。

表 1-6　常用钢轨有关技术参数

规　格	钢轨质量/(kg·m^{-1})	钢轨截面/cm^2	高度/mm	等效半径/mm	有效电阻 r_g/(Ω·km^{-1})	内电抗 x_g/(Ω·km^{-1})
P50	51.51	65.80	152	5.54	0.180	0.180
P60	60.35	77.08	176	12.79	0.135	0.135

动车组从接触网获取的电流通过钢轨返回到电源变压器，部分钢轨电流泄漏入地会导致钢轨电位短时升高。为减少牵引网的阻抗，降低钢轨电位，PW 线每隔 1 000～2 000 m 采用 CPW 线连接轨道电路的扼流变压器中性点，每隔 300～500 m 采用铜缆连接综合贯通地线。PW 线和综合贯通地线共同降低轨道电位、疏导回流、稳定地电位的作用明显。

1.5.3 接触网布置

高速铁路线路都是复线，一路称为上行线，另一路称为下行线。牵引网的线索包括接触线、承力索、正馈线、PW 线、CPW 线、综合贯通地线和钢轨，除了综合贯通地线在地下，钢轨铺设在路面，其余导线都由支柱支撑，采用跨距为 50 m 左右的钢支柱绝缘悬挂接触线、承力索和正馈线，PW 线和 CPW 线可以直接安装在钢支柱上。复线牵引网线索布置截面如图 1-24 所示。

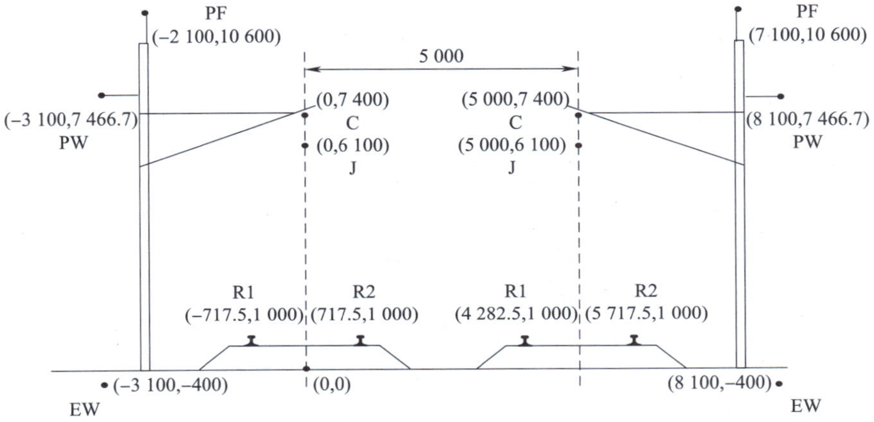

C—承力索；J—接触网；PF—正馈线；PW—保护线；R—钢轨；EW—贯通地线。

图 1-24 牵引网线索布置截面（单位：mm）

接触线和承力索的导电性能和机械强度要求高，采用铜镁合金材质；正馈线不受动车组的受电弓磨损，采用多根单芯并联电缆，或者钢芯铝绞线；PW 线电流几乎没有或较小，采用钢芯铝绞线；CPW 线和贯通地线采用铜缆。牵引网线索主要技术参数见表 1-7。

表 1-7 牵引网线索主要技术参数

参数名称	接触线	承力索	正馈线	PW 线	CPW 线	贯通地线
规　格	CTMH-150	JTMH-120	JL/LB1A-250	LBGLJ-120	TJ-70	TJ-95
材　质	铜镁合金	铜镁合金	铝包钢绞线	铝包钢绞线	铜绞线	铜绞线
导体截面/mm^2	150	120	250	120	70	95
等效半径/mm	6.91	6.18	8.92	6.18	4.72	5.50
20 ℃电阻/($\Omega \cdot km^{-1}$)	0.185 2	0.195	0.115 4	0.238 2	0.27	0.20
拉断力/kN	75.5	67.57	86.58	41	25	34

1.5.4 接触网换相

牵引负荷导致电力系统产生负序电流的根源是单相负荷映射不对称，为了尽量减少这种影响，技术措施就是将接触网各分段的电气相位进行更换。换相的工作原理：认为几个相邻牵引变电所的电源来自同一个大电网，各供电臂上的动车组数量大致相同；当接触网相邻供电臂的相位按 A、B、C 三相进行交替设置时，各供电臂所带的单相牵引负荷映射到大电网中的效果就基本对称，从而减小电网的不对称和负序电流影响。

为了减少接触网电分相连接的数量，相邻两个牵引变电所之间的接触网设置为同相位，牵引变电所出口两侧的接触网设置为不同相位。牵引变电所采用 VX 接线单相变压器供电时，对三相电网而言，每 3 个相邻的牵引变电所就构成了一组对称映射，每 6 个相邻的牵引变电所就是一个循环，牵引供电换相接线示意如图 1-25 所示，图中两台 VX 接线单相变压器构成一座牵引变电所。

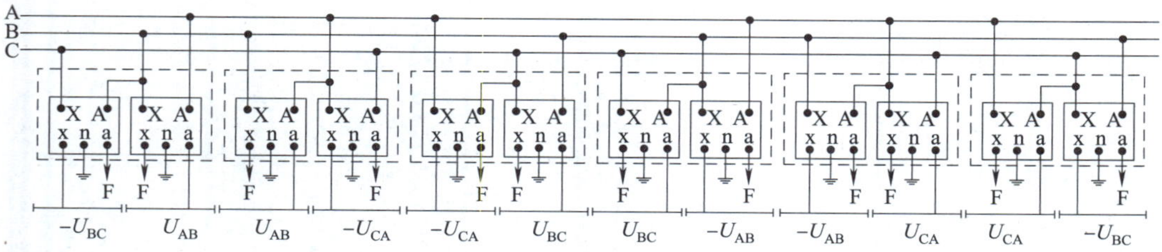

图 1-25　牵引供电换相接线示意

高速铁路接触网的电分相结构，采用带中性导线的绝缘锚段关节。绝缘锚段关节的跨数，需根据地理位置确定。一般情况下，电分相结构采用具有一段中性线含两个绝缘断口的锚段关节，如果受到地理位置和铁路曲率半径的限制等，也可采用具有两段中性线含三个绝缘断口的锚段关节。常用的七跨双断口绝缘锚段关节式电分相结构如图 1-26 所示，每跨平均长度约 55 m，无电区长约 70 m，中性导线与接触网平行距离为 450～500 mm，无电区两端设置“断”字、“合”字标牌，距离无电区大约 120 m。动车组通过电分相时，在“断”字标牌处自动断电，依靠惯性滑行到“合”字标牌再自动恢复取电。

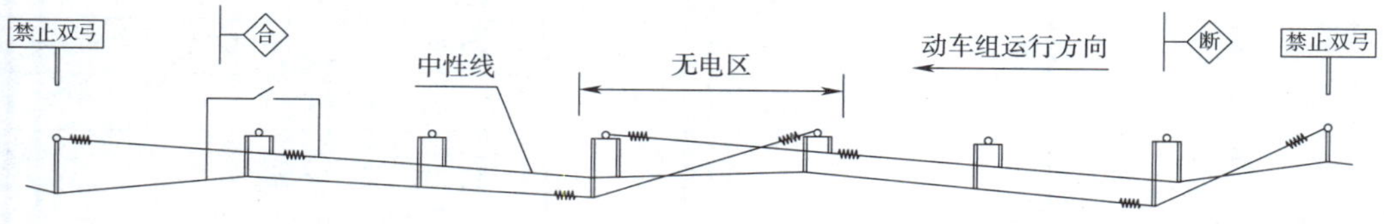

图 1-26　七跨双断口绝缘锚段关节式电分相结构

接触网的电分相绝缘承受的电压比接触网的工作电压高，动车组的受电弓滑行通过时容易燃弧；同时，动车组从一相取电快速转换为另外一相取电，电磁暂态过程中可能出现过电压，称为自动过分相过电压。为了尽量减少动车组断电失速，在接触网的电分相处设置有“自动过分相装置”（详见第 7 章），辅助动车组顺利通过电分相。

1.5.5　自耦变压器所

安装有 AT 变压器及其辅助设备的场所称为自耦变压器所，简称 AT 所。设置 AT 所的主要目的是从动车组前后两个方向为动车组提供牵引电流，减少牵引变电所馈线和接触网的工作电流。供电臂上相隔 10～15 km 左右设置一个 AT 所，供电臂末端的 AT 变压器与分区所设置在一起，以节省投资和方便管理。

AT 所按照一层房屋设计，配有高压室、27.5 kV 变压器室、10 kV 变压器室、二次设备室、工具室等。AT 变压器为户外布置。AT 变压器至母线和上网馈线均采用单相铜芯电缆。配电装置以 GIS 开关柜为主体，室内布置。AT 变压器的运行方式相对固定，切换较少，都是无人值守方式运行，采用 SCADA 系统对其运行状态进行实时监控。

AT 所的核心设备是 AT 变压器，典型的 AT 变压器主要技术参数见表 1-8。

表 1-8　典型的 AT 变压器主要技术参数

额定容量	20 MV·A	额定频率	50 Hz	T-F 额定电压	55 kV
T-F 额定电流	363.64 A	T-N 额定电压	27.5 kV	T-N 额定电流	727.27 A
空载电流	0.08%	空载损耗	7.98 kW	负载损耗	35.56 kW
阻抗电压	0.28%	工频耐受电压	95 kV	雷电耐受电压	200 kV

AT 所电气主接线如图 1-27 所示，主要特征及作用如下：

(1)母线结构为单母线分段，接线简单。采用三工位 GIS 开关柜控制 AT 变压器和 27.5 kV 馈线的投切；带电部分都在开关柜体里面，不会误触电，停电时开关自动接地，释放设备和电缆的残压。

(2)设置了两台 AT 变压器，一台运行一台备用。AT 变压器 2 个 27.5 kV 出线端均采用 2 根截面为 400 mm^2 的单相铜芯电缆并联，引入高压室进线 GIS 开关柜。母线上连接的出线 GIS 开关柜，其馈线 T 和 F 均采用 2 根截面为 300 mm^2 的单相电缆并联，分别通过上网隔离开关 301G、302G 连接上下行接触网。AT 变压器中间端头套有一个流互，可以提取接触线或正馈线发生短路的电流信号，以便启动 AT 所保护装置动作。

(3)压互 21YH～24YH 监测馈线的工作电压，流互 11CT～13CT、21CT、22CT 监测进出线工作电流，提供保护信息。正常运行时，网上隔离开关 301G、302G 均闭合，一方面接入母线的 AT 变压器，另一方面完成上下行接触网并联运行，减小牵引网的阻抗，提高供电能力。

(4)虽然 AT 所的设备少、自用电的功率小(30 kV·A)，但是，AT 所是高速铁路供电不可或缺的设备设施，需要确保两路工作电源。一路自用电源采用干式单相变压器 1ZB 从 27.5 kV 母线获取，另外一路从外部引入 10 kV 电源，利用三相变压器 2ZB 获得；两路自用电采用自投装置实现互为备用。接母线的 1ZB 变压器投切控制，统一采用 GIS 开关柜，

10 kV 三相变压器投切控制用隔离开关 31G。自用变压器容量小，保护分别采用熔断器 1RD、31RD。

(5)设置集中接地箱，方便监控地网、钢轨和 PW 线的回流。馈线上网电缆端头设置避雷器，防止雷电波侵入；AT 所内部的避雷器，作用是对 AT 变压器、母线、开关等电气设备的过电压防护。AT 所安装有避雷针，防止雷电直击。

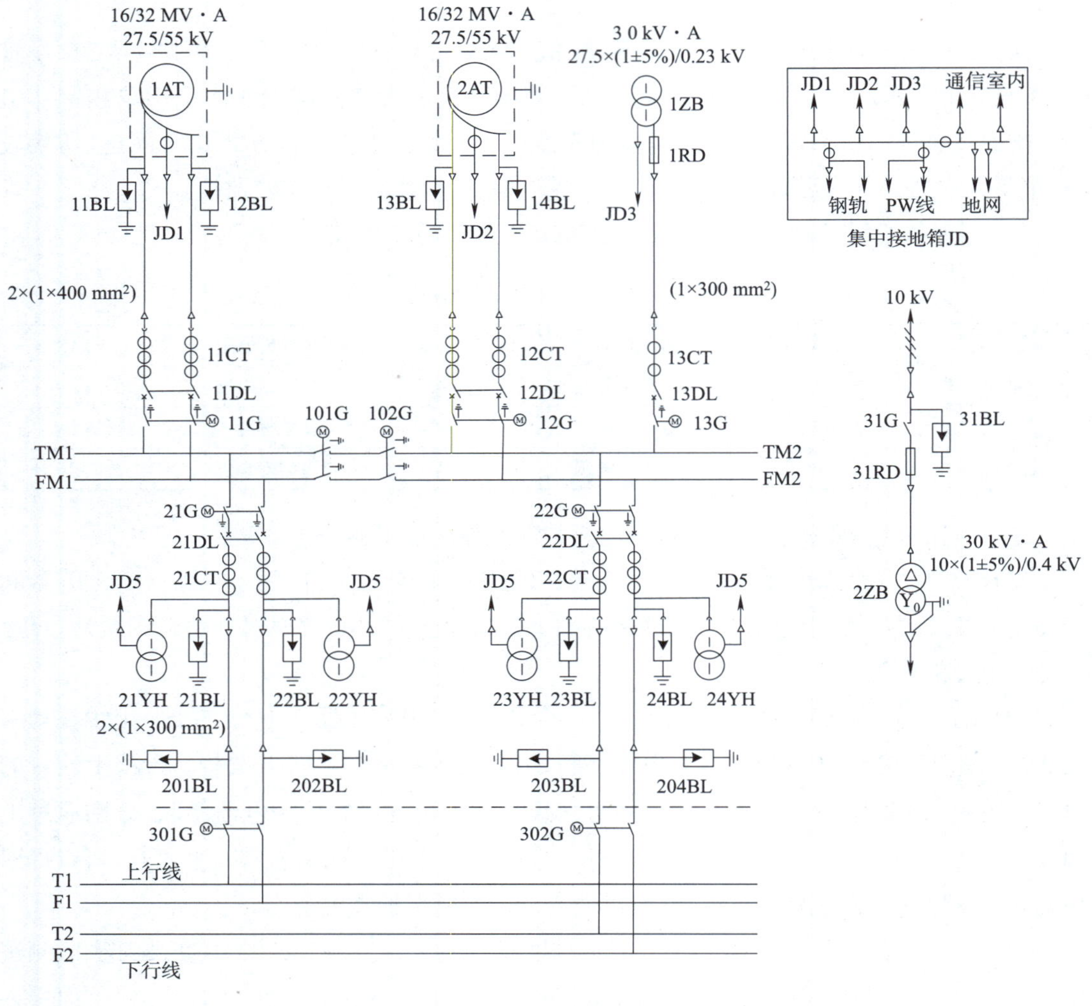

图 1-27　AT 所电气主接线

1.5.6 分 区 所

相邻两个牵引变电所供电的接触网分界点，设置开关及其控制设备的场所称为分区所。为了减少投资，供电臂末端的 AT 变压器也设置在分区所中。设置分区所的主要目的：当相邻牵引变电所失电时，采用越区供电方式，快速恢复接触网供电；将上下行接触网末端并联，实现接触网全并联运行，减少牵引网阻抗，提高供电能力。

分区所按照一层房屋设计，配有高压室、27.5 kV 变压器室、10 kV 变压器室、二次设备室等。AT 变压器为户外布置。高压室的 27.5 kV 进线和馈出线均采用单相铜芯电缆。室内配电装置以 GIS 开关柜为主体，无人值班方式运行，采用 SCADA 系统对其运行状态进行实时监控。AT 供电方式的分区所电气主接线如图 1-28 所示，主要特征及作用如下：

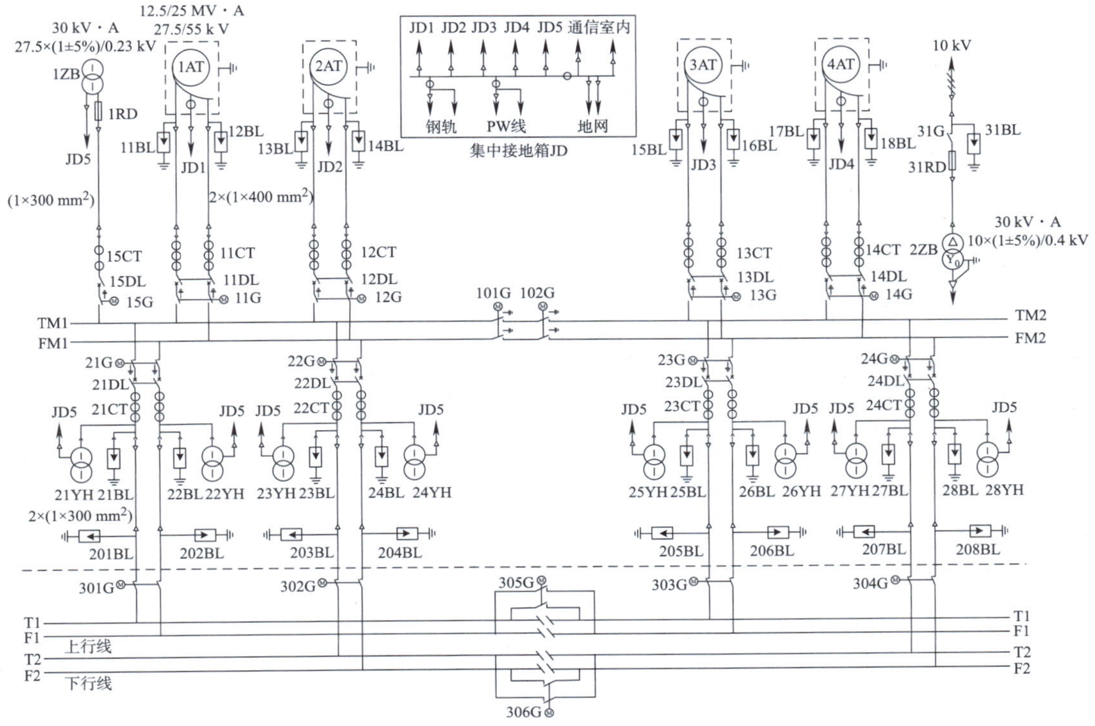

图 1-28　AT 供电方式的分区所电气主接线

(1)母线结构为单母线分段，利用隔离开关 101G、102G 灵活运行。采用三工位 GIS 开关柜控制 AT 变压器和 27.5 kV 馈线的投切。

(2)设置的四台 AT 变压器分为两组，1AT 和 2AT 变压器匹配分区所左侧的接触网，互为备用，运行方式灵活。同样，3AT 和 4AT 变压器匹配分区所右侧接触网。

(3)正常运行时，网上分区隔离开关 305G 和 306G 在分闸状态，左右两侧的供电臂分开运行。两侧的接触网是同相位，分区绝缘几乎不承受电压差。如果相邻的牵引变电所因故失电时，隔离开关 305G 和 306G 合闸运行，实现越区供电，快速恢复接触网供电，保证动车组运行。

(4)分区左侧上下行接触网对应的 GIS 开关柜和隔离开关 21G、21DL、301G，22G、22DL、302G 均闭合时，一方面接入左分段母线上的 AT 变压器，另一方面实现左侧上下行接触网的并联运行。分区右侧上下行接触网对应的 GIS 开关柜和隔离开关 23G、23DL、

303G,24G、24DL、304G 完成同样功能。

(5)分区所的自用电,一路采用干式单相变压器 1ZB 从 27.5 kV 母线获取,另外一路从外部引入 10 kV 电源,利用三相变压器 2ZB 获得;两路自用电采用自投装置实现互为备用。

(6)设置集中接地箱,方便监控地网、钢轨和 PW 线的回流。馈线上网电缆头的避雷器防止雷电波侵入;分区所内的避雷器,对 AT 变压器和开关等电气设备进行过电压防护。分区所安装有避雷针,防止雷电直击。

1.5.7 开 闭 所

大型枢纽站场、高速和普速铁路共用的大型车站,铁路股道多、接触网的结构复杂,为了在接触网检修时圈定停电范围,又不致影响车站的列车到发运营,需要将接触网分成若干组,用不同线路分别供电。如果采用牵引变电所直接供电,不仅馈线多、线路长,而且会增大牵引变电所配电装置的复杂性和造价。为此,在枢纽站场、高速和普速铁路共用车站附近,设置以开关为主要设备,不进行电压等级变换,只将进线分为多路出线的开关站。这样的开关站,称为开闭所。

开闭所设备少,结构简单,27.5 kV 母线不分段,按照一层房屋设计,或者为预装箱式结构;配有 GIS 开关柜、27.5 kV 变压器室、10 kV 变压器室、二次设备室等;采用无人值班方式运行,SCADA 系统对其运行状态进行实时监控。箱式开闭所的电气主接线如图 1-29 所示,主要特征及作用如下:

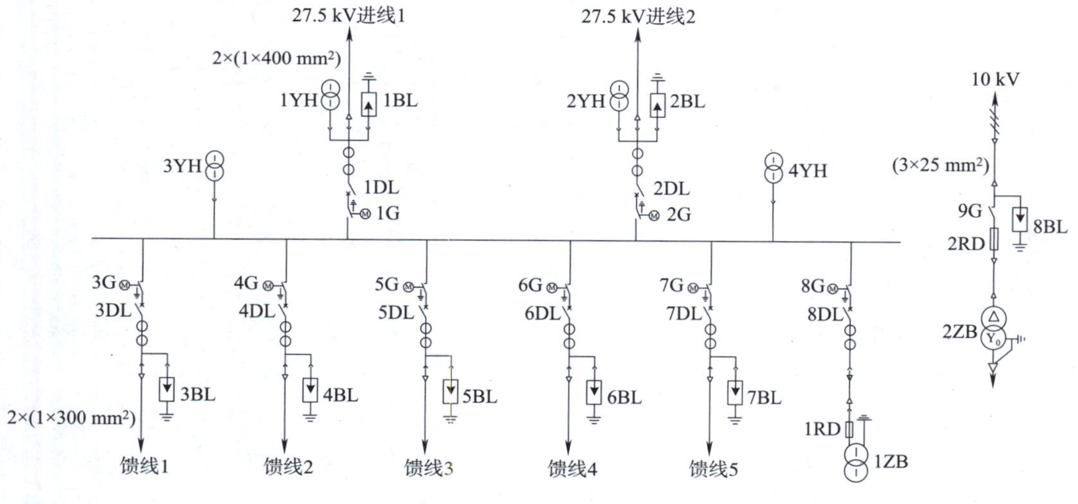

图 1-29 箱式开闭所电气主接线

(1)开闭所出线数量根据车站的接触网结构设置;进线至少具有两路独立的 27.5 kV 电源,一路主供一路热备供运行。牵引回路没有变压器,无电压等级变换,牵引供电能力(电流大小)主要受进出线和控制开关的约束,载流量或额定电流要满足最大工作电流的需要,并预留一定裕量。

(2)设置了 2 路进线、5 路出线，单母线不分段，压互 1YH 和 2YH 分别监测进线的电压，3YH 和 4YH 互为备用，监测母线的电压，出线电压不再需要监测。进出线都设置有流互，监测各路的工作电流。避雷器 1BL～7BL 加强各电缆头和开关等电气设备的过电压防护，8BL 对自用电的外部进线进行过电压防护。

(3)进出线采用三工位 GIS 开关柜控制，运行安全。自用电一路从 27.5 kV 母线获取，另一路从外部引入 10 kV 电源。两路自用电，采用自投装置实现互为备用。

1.6　贯通线供电

1.6.1　贯 通 线

铁路要跨江河平原、穿越大山、途经沙漠，还要修建在永久性的冻土高原。铁路行车基本设施除了轨道、车辆之外，沿线设置有车站和指挥、通信与信号、联锁与控制、监控与巡视、检修与维护、给排水和照明、火警与消防、综合保障等设备设施，都需要电源才能正常工作。车站、指挥和通信信号等设备设施分散在铁路沿线，一方面地方配电网不能够全部覆盖，另一方面铁路运营有自身的规律和特点，行车秩序和安全不仅涉及铁路运输的运营正点和经济效益，而且关系到人身安全、社会影响，甚至国防保障等，必须由铁路运营部门自己进行供电和管理。有关规程规定：铁路供电设备设施属于行车装备。由于车站和通信信号等设备设施沿铁路分布，为其供电的电力线需要贯通铁路全线，这样的电力线路称为贯通线。

高速铁路贯通线采用工频交流三相制供电，电压等级为 10 kV。GB/T 12325—2008《电能质量　供电电压偏差》规定：10 kV 及以下电力线路允许的电压偏差为±7%。贯通线的电力负荷分为三类：一级负荷(包括站场电气集中联锁、自动闭塞信号、驼峰信号、信息系统、通信、客服、监控、自动检售票、防灾报警等设备用电)，二级负荷(包括自动扶梯、照明、通风、维修等设施用电)，三级负荷(包括空调、电热、广告等用电)。虽然这些负荷功率小、数量多、位置分散，但是，对行车正点和安全的作用大，供电可靠性要求高。为此，设置两条贯通线：一级贯通线，专为沿途一级负荷供电；综合贯通线，为沿途二级和三级负荷供电。贯通线的电源来自铁路专用 10 kV 配电所，贯通线长度称为电力供电臂，大约为 50～60 km，与车站和通信信号等设备设施的布置相适应。供电臂区间上每隔 2～3 km 设置一台箱式变压器，从 10 kV 贯通线“T”接获取电源，为附近的通信信号等设备设施供电。箱变使贯通线呈分段式结构，贯通线供电结构如图 1-30 所示。

为了提高供电可靠性，加强抵抗雨雪、覆冰、风沙等恶劣环境的影响，减少维护工作，贯通线全程采用单相铜芯结构的 XLPE 绝缘电缆，高架桥上敷设在预制电缆槽中，地面敷设在路基边电缆沟中，电缆金属护层单端可靠接地。XLPE 电缆施工方便，等效电容大，配电

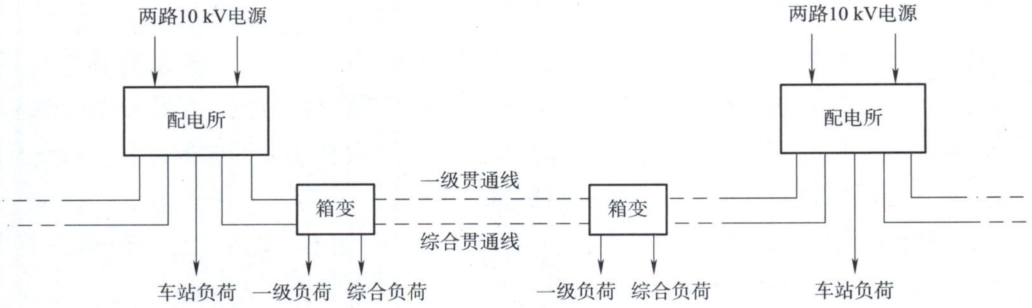

图 1-30　高速铁路贯通线供电结构

所供电的功率因数能够达到 0.9 以上，不再需要配电所加装无功补偿电容器。常用电缆的主要技术参数见表 1-9。

表 1-9　YJV62-8.7/15 XLPE 单芯电缆主要技术参数

导体截面	额定电压	允许电流	导体电阻	电缆外径	工频绝缘水平	冲击绝缘水平
70 mm^2	8.7 kV/15 kV（相电压/线电压）	350 A	0.28 Ω/km	29 mm	30.5 kV/5 min	75 kV
95 mm^2		430 A	0.20 Ω/km	31 mm		

1.6.2　配 电 所

配电所的结构包括变压器室、调压器室、高压室、低压室、控制室等。为保证可靠供电，配电所至少具有两路外部电源。根据电网的覆盖情况，分别从两个 10 kV 电网取电，条件合适的也从 35 kV、110 kV 电网取电（配电所内需设置 35/10 kV 或 110/10 kV 降压变压器）。如果配电所需要为附近的特大型车站供电，宜设第三路电源。10 kV 配电所的电源进线，根据现场条件采用架空线方式或三相电缆方式；对附近的车站供电，可以是三相电缆或架空线；所带贯通线都是单相电缆方式。配电所的电气主接线采用单母线分段形式，如图 1-31 所示，以 SF_6 开关柜和环氧树脂浇注的干式变压器、调压器、电抗器为主体，用电缆和插接件相互连接。配电所主要特征如下：

（1）两路外部电源同时供电，互为备用。如果一路电源因检修或故障停电时，采用母联开关进行倒闸切换，能够保证配电所的电源可靠。

（2）10 kV 调压器专为一级贯通线和综合贯通线调节供电电压，主要技术参数见表 1-10。调压器的一次侧为△接线，以减少电源的零序干扰；通过改变一次侧分接抽头的方式，在 9～11 kV 范围调节贯通线的母线电压水平。当贯通线发生故障时，调压器的双绕组线圈起到隔离作用，保证相邻的母线段及贯通线电压基本不变。调压器的容量取决于所带负荷的大小，通常为 300～700 kV·A。调压器二次侧的中性点经过 10 Ω 小电阻接地，一方面可以提高配电所保护装置对贯通线故障的响应灵敏度，另一方面能够适当限制贯通线的短路接地电流。

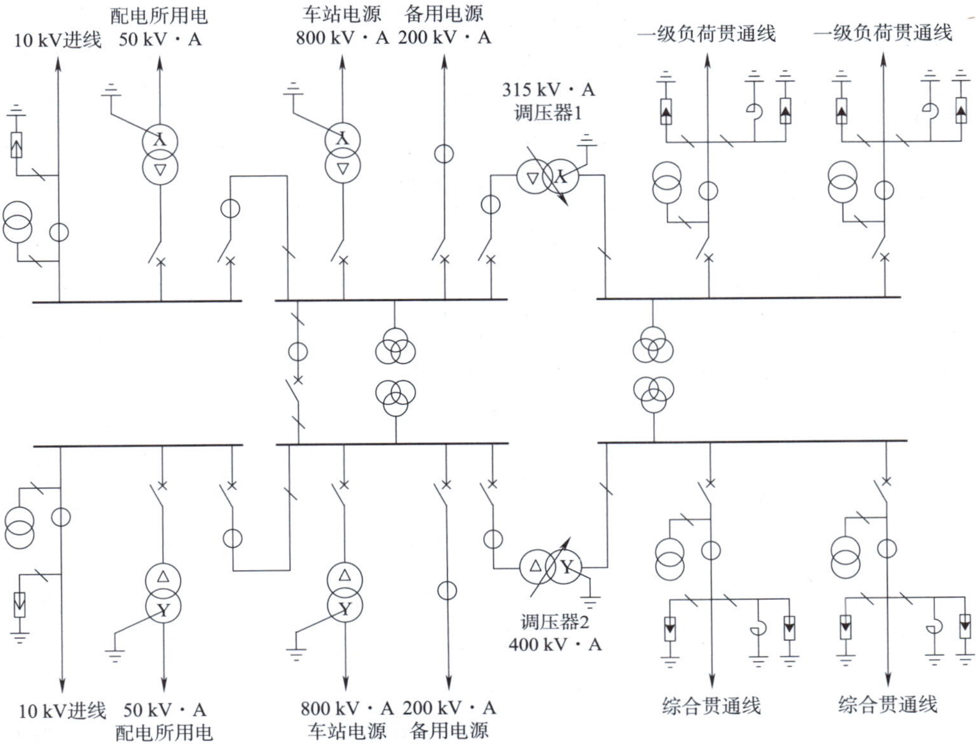

图 1-31　高速铁路 10 kV 配电所电气主接线

表 1-10　10 kV 干式有载调压器主要技术参数

额定容量	630 kV・A	相　　数	3	联结组别	DYn11
额定频率	50 Hz	一次额定电压	10×(1±4×2.5%)kV	二次额定电压/电流	10 kV/36.373 A
阻抗电压	7.82%	冲击绝缘水平	75 kV	工频绝缘水平	35 kV
分接位置	电压/V	分接位置	电压/V	分接位置	电压/V
Ⅰ	11 000	Ⅳ	10 250	Ⅶ	9 500
Ⅱ	10 750	Ⅴ	10 000	Ⅷ	9 250
Ⅲ	10 500	Ⅵ	9 750	Ⅸ	9 000

(3)配电变压器的 10 kV 受电侧采用△接线方式，以减少来自电源的零序电流影响。所用变压器容量较小，大约为 50 kV・A；给外部其他负荷供电的变压器容量大小取决于负荷大小。

(4)电抗器，作用是限制贯通线的电缆电容效应产生工频过电压。常见电抗器主要技术参数见表 1-11。

表 1-11　10 kV 干式可调式磁控电抗器主要技术参数

额定容量	400 kvar	额定频率	50 Hz	联结组别	D
最高运行电压	12 kV	电流范围	0.22～22 A	电抗范围	477.27～47 727 Ω
极限温升	100 K	工频绝缘水平	35 kV	冲击绝缘水平	75 kV

(5)压互监测母线和进出线的工作电压，流互监测进出线的工作电流，压互、流互共同为保护装置、电能计量装置提供信息。

(6)馈线电缆端头上设置两种过电压保护器，一是避雷器，连接在供电主回路上，是对电缆头的过电压防护；二是贯通线电缆护层保护器，连接在电缆的金属护层上，防止护层过电压。

(7)配电所设置独立的接地装置，接地网的接地电阻小于规定值 4 Ω。

(8)配电所至少带有 4 路贯通线，分别向配电所两侧的铁路沿线负荷供电，每侧都有一路一级贯通线和一路综合贯通线。配电所馈出的线路数量，取决于需要供电的贯通线数量、附近车站或用电场所的负荷分布等情况。

1.6.3　箱式变压器

箱式变压器，简称箱变，从 10 kV 贯通线取电，专为附近 1～2 km 内的车站和通信信号等设备设施供电。箱变将高压环网柜、10/0.38 kV 三相变压器、低压开关柜、直流屏、远程终端(测控)单元 RTU(remote terminal unit)等组合在一起，采用 SCADA 系统对其运行状态进行实时监控。通常，一级贯通线和综合贯通线的配电装置共用一个箱体，也方便互为备用。为了灵活布置或受地理条件限制时，也采用一条贯通线对应一个箱体。箱变安装在铁路行车安全限界外，接地电阻一般不大于 4 Ω；优点是结构和安装简单，占地面积少，不受恶劣环境的侵害，检修集中、效率高。

典型的双贯通线箱变的电气主接线如图 1-32 所示，主要特征及作用如下：

(1)箱变中设置有 6 台 10 kV 高压负荷开关(SF_6充气柜)，分别采用 2 台开关“手拉手”方式各连接一条贯通线的进出线，串联的 2 台开关之间用 1 台开关“T”接变压器，为区间负荷供电。开关操作由电力调度远动遥控分闸或合闸，不允许自动跳闸。

(2)设置 2 台 10 kV/0.38 kV 干式变压器，其 10 kV 侧采用△接线方式，容量大小取决于负荷情况，通常为 100～200 kV·A，为箱变附近的通信信号等设备设施供电。常见箱变的主要技术参数见表 1-12。

(3)设置 2 台变比为 10/0.1 kV、接线方式为 V/V 的压互，监测一级贯通线和综合贯通线的工作电压。高低压侧进出线和变压器负荷侧都设置流互，监测其运行电流。箱变中 10 kV 导体的带电状态，采用带电显示器予以直接显示，方便巡视和检修人员了解箱变内部 10 kV 导体的带电情况。

(4)箱变的一级贯通线和综合贯通线的进线与出线口，分别设置了 10 kV 避雷器，防止雷电侵袭。

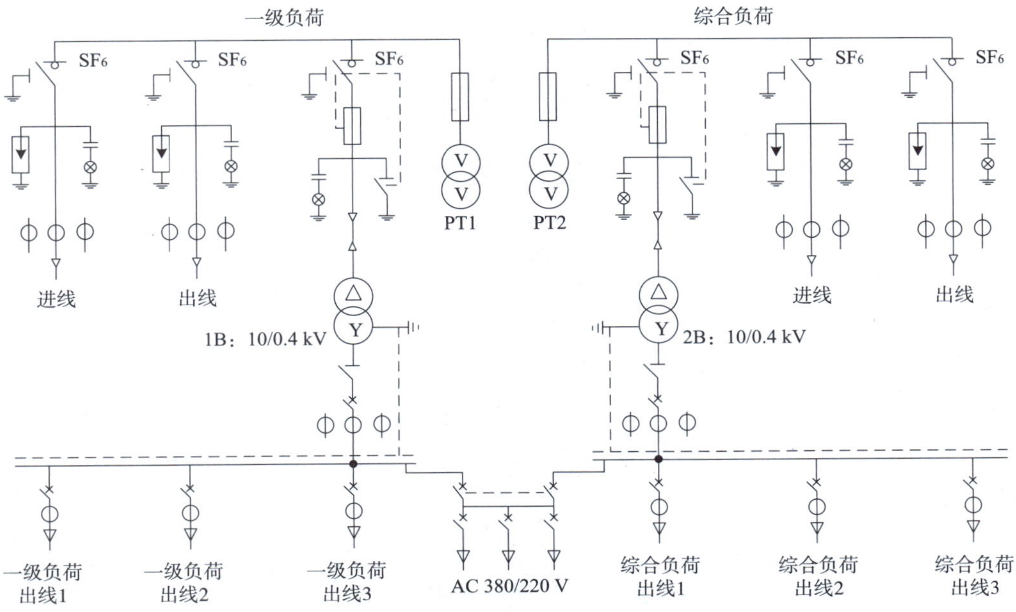

图 1-32　箱变电气主接线

表 1-12　10 kV 箱变用三相变压器的主要技术参数

类　型	环氧树脂干式	联结组别	Dyn11
额定容量	100 kV·A	额定频率	50 Hz
额定电压	10/0.38 kV	负载损耗	2 080 W
空载损耗	250 W	阻抗电压	4.0%
空载电流	3.8%	工频/雷电冲击耐压	35 kV/75 kV(高压侧)

(5)在一级负荷与综合负荷之间，设置有 380 V 双电源自投装置，使两个电源能够互为备用，保证负荷供电可靠。

(6)400 V 低压配电柜设置有多功能仪表显示工作状态，低压开关采用模数化组合式可远程遥控操作的开关柜，400 V 出线的路数取决负荷情况。

(7)设置有 1 套 RTU 装置，采集箱变中各相电压电流信号，通过远动装置上传到电力调度指挥中心，并可以远程控制箱变开关分闸与合闸。

(8)设置了 1 台 UPS 电源，为 RTU 等电子装置和控制设备提供不间断的工作电源。还配置了 1 台工业空调机，调节箱变内部环境的温度。

1.6.4　运行与故障隔离

贯通线里程长，地理分布广，沿途气候和气象环境复杂；与架空线比较，电缆绝缘薄弱，是非自恢复绝缘，绝缘击穿不可逆；电缆头和中间接头的电场分布集中；线路容易受到外部因素影响，例如，电缆沟积水浸泡、地面塌陷等。各种原因都可能导致贯通线发生故障，加上贯通线敷设在地下电缆沟或桥架上电缆槽中，线路隐蔽，故障排查困难，故障处理时间较长，不利于对行车的通信信号等设备设施可靠供电。因此，快速查找和排除故障，迅速恢复供电，是铁路供电部门的主要工作之一。

贯通线运行原则是不间断供电。当线路发生故障时，立即切除或隔离故障，尽可能保障一级负荷供电，快速恢复非故障区间的负荷供电。为保障可靠供电，贯通线两端都能够从配电所获取电源；贯通线运行时，两端的配电所一个作为主供电源，另外一个作为备供电源，构成“一主一备”运行方式；本所为一级贯通线供电，相邻配电所就为综合贯通线供电，两个配电所的供电方向相反。同一个区间上一级贯通线与综合贯通线的电源取自不同方向的配电所，如果一条贯通线因检修或发生故障失电时，另外一条贯通线仍然维持有电；利用箱变的双电源自投装置，将失电的负荷自动切换到有电的 400 V 母线，就可以保证负荷供电可靠。

贯通线供电系统中性点经过 10 Ω 小电阻接地，提高了配电所保护装置的灵敏性，但是，线路单相接地也会产生较大的短路电流，导致配电所馈线跳闸。高速铁路区间的通信信号等设备大都是单相用电负荷，供电系统中性点经小电阻接地方式，与系统中性点不接地方式比较，供电可靠性相对差一些。

基于高速铁路贯通线的装备和技术现状，贯通线运行故障的处理方式是线路发生接地故障时，依靠 RTU 和 SCADA 系统进行数据采集与信息上传；配电所馈线断路器跳闸切除故障，同时，也导致供电臂全线失电。主供配电所馈线跳闸后不自动重合闸，备供配电所也不进行备自投。原因是考虑到线路发生永久性接地故障时，如果配电所自动重合闸或者备自投，可能发生第二次短路大电流烧损电缆，扩大事故范围。因此，贯通线发生故障跳闸后，须等待供电部门进行人工排查抢修，直到确认故障排除之后，才能够恢复供电。显然，这样的方式会延缓供电恢复时间，不利于提高工作效率。

现有装备和技术条件下，贯通线发生故障时，箱变开关不自动跳闸来切除故障的主要原因：一方面由于箱变的 RTU 只能采集线路的电压、电流信号，不能对故障状态进行诊断；箱变中没有设置保护装置，不能提供开关自动跳闸的启动信号；另一方面高压负荷开关不具有切断短路电流的能力，只能在线路停电后或轻小负荷时分闸。箱变中不设保护装置的主要原因：(1)现有的保护装置不具备诊断串联式分段线路故障的能力，无法辨识故障发生的具体区段，在箱变中设置保护装置不具有技术和经济价值。(2)箱变的负荷开关不具有切断短路电流的能力，不能够与保护装置配合。(3)高速铁路贯通线全线为电缆，供电系统中性点采用小电阻接地方式，线路接地时短路电流较大，不允许带接地故障重合闸送电。箱变中设置保护装置，发挥不了其重合闸功能。(4)如果箱变设置保护装置，从故障点至主供所的线路都有短路电流经过，短路电流经过的所有箱变全部要跳闸，会增大故障排查和恢复供电的工作量。

从高速铁路运营生产和管理出发，要求贯通线可靠供电，故障发生时能够自动诊断、快速隔离、自动恢复供电。因此，贯通线的装备应该具有线路故障的精确诊断，利用就近的箱变开关切除或隔离故障，两端配电所同时自动进行重合闸和备自投，就可以较大地提高贯通线的供电可靠性。例如，图 1-33 中贯通线上 3 号箱变和 4 号箱变之间的线路发生故障，通过技术装备进行精确诊断和控制，3 号箱变的 K2 开关和 4 号箱变的 K1 开关同时自动跳闸闭锁，左侧主供配电所自动重合闸，右侧备供配电所立即自投送电，就可以快速恢复供电臂上全部箱变和所有负荷的供电。

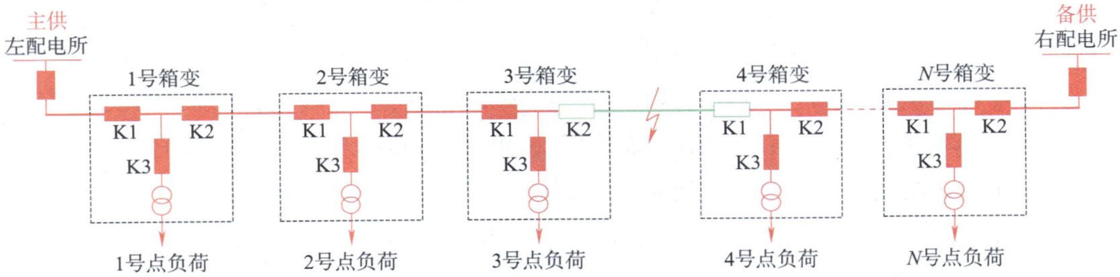

图 1-33　贯通线故障自动隔离示意

1.7　电磁暂态振荡

1.7.1　电磁暂态与过电压

电路中的电感具有储存电磁能量的特性，电容具有储存电场能量的特性，电路处于稳定状态时，电感和电容储存的能量是一个稳定数值。如果电路的拓扑结构突然改变，称为换路，电路中的电感和电容储存的电磁、电场能量将重新分配，经过短时的暂态振荡过程，最终趋于另外一个稳定状态。电磁暂态振荡过程中，电路某些支路或节点的电压不稳定，可能会出现超过其稳定状态的数值。

供电系统是一个规模庞大的巨型电路，含有数量较多的变压器和供电线路，变压器具有电感特性，线路具有电容效应，存在发生电磁振荡的条件，一旦供电系统的运行方式切换，或者发生短路故障等，造成系统拓扑结构突变，系统中电磁能量就要重新进行分配。由于供电系统的容量极大，其中的等值电感和等值电容储存的能量很大，发生暂态振荡的程度强烈，可导致某些电气设备的电压极大地升高、电流激增。超过系统或设备规定的最高工作电压，称为过电压；超过设备额定电流，称为过电流。系统内部电磁暂态振荡产生的过电压，称为内过电压。内过电压的类型主要分为暂时过电压和瞬态过电压，暂时过电压也称短时过电压，特征是频率较低，往往与工频相等或接近，也可能是工频的倍数，持续时间达数秒、数分钟，衰减缓慢，这类过电压主要是系统中的谐振过电压等；瞬态过电压波形特征呈脉冲状态，这类过电压主要是持续时间几毫秒至几十毫秒、衰减较快的操作过电压，也包括 SF_6 组合电器中持续时间几纳秒至几毫秒、衰减很快的陡波过电压。供电系统长期稳定的工作电压是标称电压，电气设备能够发挥最大技术和经济效率的工作电压是额定电压。过电压的幅值很高，往往是最大工作电压的数倍，而且，过电压是电磁波，会以 300 m/μs 的速度在供电系统中传播，对供电系统及其电气设备的绝缘威胁较大，往往导致供电系统及电气设备的绝缘薄弱点发生击穿，是影响供电系统运行安全的重要原因之一。

高速铁路供电系统结构复杂，存在大量的变压器和线路（包括电缆）。25 kV 接触网采用分段供电，动车组从一个供电臂高速驶入另一个供电臂，牵引供电负荷具有短时冲击特征，接触网电压波动大；接触网工作条件困难，容易发生短路接地；高速铁路接触网几乎每天晚上都要进行维护和检测，接触网停电送电操作频繁；动车组取流同时向接触网注入宽频谱的谐波，诱发牵引网谐振。贯通线的电缆长、等值电容大，负荷功率小，轻载的供电系统容易产生电磁振荡。接触网没有备用，绝缘故障影响行车。贯通线与架空线相比，电缆线路隐蔽，绝缘更脆弱，故障排查和处理都困难。鉴于过电压对供电系统及电气设备的绝缘威胁大，可能导致绝缘薄弱点发生击穿故障，影响供电系统安全运行，因此，需要对高速铁路供电系统的电磁暂态进行分析，以便制定有效的防护措施或维护计划，保障供电安全可靠。

1.7.2 电磁振荡原理

1. 物理原理

含电容和电感元件的电路，称为动态电路。动态电路发生换路时，电容和电感元件储存的电磁、电场能量将重新分配。电容储存的电荷转移形成电流，通过电感时转换为磁能；电感储存的磁能转移表现为电流，对电容充电并改变电容电压。电容电压和电感电流反复进行交替，电磁暂态过程就发生了振荡。电磁暂态振荡的频率、幅值与电路的结构、参数和储存的电磁能量、换路时产生的“激励”大小都有关。在合适的条件下，电磁暂态振荡足够强烈时，电路中某些元件上的电压就会超过稳定状态的电压，出现过电压。

2. 数学原理

供电系统及电气设备可以抽象为电路，反映线性动态电路中某个状态变量 $y(t)$ 的数学模型，可用 n 阶线性常系数非齐次微分方程进行描述，简称 n 阶常微分方程，一般表达式为

$$f(t)=a_n\frac{\mathrm{d}^n y}{\mathrm{d}t^n}+a_{n-1}\frac{\mathrm{d}^{n-1} y}{\mathrm{d}t^{n-1}}+\cdots+a_1\frac{\mathrm{d}y}{\mathrm{d}t}+a_0 y \tag{1-3}$$

式中 n——微分方程的阶次；

$f(t)$——激励函数，就是换路时刻电路的激励电源。

当 $f(t)=0$，式(1-3)称为 n 阶齐次常微分方程；当 $f(t)\neq 0$，式(1-3)称为 n 阶非齐次常微分方程。将 $\frac{\mathrm{d}^n y}{\mathrm{d}t^n},\frac{\mathrm{d}^{n-1} y}{\mathrm{d}t^{n-1}},\cdots,\frac{\mathrm{d}y}{\mathrm{d}t},y$ 分别换为 $p^{(n)},p^{(n-1)},\cdots,p',p^0(p^0=1)$，并代入式(1-3)，得到常微分方程的特征方程为

$$a_n p^{(n)}+a_{n-1}p^{(n-1)}+\cdots+a_1 p'+a_0 p^0=0 \tag{1-4}$$

特征方程的根：$p_1, p_2, \cdots, p_n$，决定常微分方程的齐次通解表达形式。

n 阶非齐次常微分方程(1-3)的通解由两部分组成，表达式为

$$y(t)=y^*(t)+\sum_{k=1}^{n} y_{qk}(t) \tag{1-5}$$

式中　$y^*(t)$——特解；

　　$y_{qk}(t)$——齐次通解。

特解 $y^*(t)$的形式与激励函数 $f(t)$形式相同或相似，即 $y^*(t)=A_0 f(t)$，A_0 为特解系数，将特解 $y^*(t)$代入原微分方程(1-3)，比较同类项的系数，可得系数 A_0 值。对于电路而言，特解 $y^*(t)$就是电路状态变量的稳态解。

齐次通解 $y_{qk}(t)$的形式对应特征方程(1-4)的根，可能的表达形式如下：

(1)若 $p_j(j=1,2,\cdots,n)$是互不相同的实数根，则齐次通解的表达式为

$$y_q(t)=\sum_{j=1}^{n} A_j e^{p_j t} \tag{1-6}$$

式中　A_j——积分常数，也称待定常数。

(2)若 $p_j(j=1,2,\cdots,n)$是 k 重实数根，则齐次通解的表达式为

$$y_q(t)=\sum_{m=0}^{k-1} A_j t^m e^{p_j t} \tag{1-7}$$

(3)若 $p=\alpha\pm j\beta$，是一对共轭复数根，则齐次通解的表达式为

$$y_q(t)=Ae^{\alpha t}\sin\beta t+Be^{\alpha t}\cos\beta t=A_m e^{\alpha t}\cos(\beta t+\theta) \tag{1-8}$$

式中　A、B、A_m、θ——积分常数，$\theta=\arctan\left(-\dfrac{A}{B}\right)$。

(4)$p_j=\alpha\pm j\beta$，是一对共轭 k 重复数根，则齐次通解的表达式为

$$y_q(t)=\sum_{m=0}^{k-1} A_{jk} t^m e^{\alpha t}\sin\beta t+\sum_{m=0}^{k-1} B_{jk} t^m e^{\alpha t}\cos\beta t=\sum_{m=0}^{k-1} A_{nk} t^m e^{\alpha t}\cos(\beta t+\theta_{jk}) \tag{1-9}$$

式中　A_{jk}、B_{jk}、A_{nk}——积分常数，$\theta_{jk}=\arctan\left(-\dfrac{A_{jk}}{B_{jk}}\right)$。

将通解 $y(t)$表达式(1-5)代入原微分方程(1-3)，比较同类项的系数，并计入电路换路时刻 $t=0^+$ 的初始状态，可以解得积分常数。确定了积分常数的式(1-5)就是微分方程(1-3)的唯一确定解。

换路后电路状态变量 $y(t)$的确定解，也称完全解、全响应，可以用三种形式表达：

第一表达式：全响应＝稳态分量(强制分量)＋暂态分量(自由分量)　(1-10)

第二表达式：全响应＝零输入响应＋零状态响应　(1-11)

第三表达式：确定解＝特解＋确定了积分常数的齐次通解，也就是式(1-5)。

显然，电路的稳态解(强制分量)就是特解，暂态分量(自由分量)就是确定了积分常数的

齐次通解。但零输入响应和零状态响应，不能够与稳态解、特解直接对应。

第一表达式：稳态分量，也称强制分量，就是换路后状态变量 $y(t)$ 的稳定状态（稳态解），是电路的激励源 $f(t)$ 强制作用结果。暂态分量，也称自由分量或瞬态分量，就是电路的特征（根）决定的过渡过程变化规律，与电路的激励源 $f(t)$ 无关，呈现为自由振荡衰减，最终趋于零。两个分量共同组成电路的全部响应，共同反映换路后状态变量 $y(t)$ 的变化规律和发展过程。

第二表达式：认为电路外部施加的激励源与内部储存的能源是两个独立的电源，按照叠加原理，两个电源分别作用的共同结果就是电路的响应。因此，零输入响应反映没有外部激励源作用时，电路内部储存的能量在换路后产生的响应效果；零状态响应反映电路内部没有储能，仅仅外部施加的激励源 $f(t)$ 对电路作用所产生的响应效果，两个响应分量共同反映换路后状态变量 $y(t)$ 的全部结果。

第三表达式：就是电路微分方程确定了积分常数的确定解，其中的特解 $y^*(t)$ 是电路在激励源 $f(t)$ 强制作用下的稳态解，形式具有激励源 $f(t)$ 相同的频率和相似的表达式，反映状态变量 $y(t)$ 的最终结果。齐次通解 $y_{qk}(t)$ 是电路换路后的暂态解，特征如下：

(1)齐次通解由特征根决定，与激励函数 $f(t)$ 无关，属于自由分量，反映换路后状态变量 $y(t)$ 的暂态过程。

(2)特征根的实部为负数时，齐次通解含负指数，表明换路后状态变量 $y(t)$ 随着时间推移，暂态分量逐渐衰减，直到暂态过程结束，电路趋于稳定。如果特征根含有大于 0 的正实数，暂态分量不但不衰减，还有所增加，电路持续不稳定。如果特征根的实部为 0，暂态分量既不衰减也不增加，电路处于临界状态。

(3)特征根为共轭复根时，齐次通解含有三角函数 $\sin\beta t$、$\cos\beta t$ 或 $\cos(\beta t+\theta)$，表明换路后状态变量 $y(t)$ 在暂态过程中将产生角频率为 β 的振荡。

特征根复数中的实部称为电路的衰减系数，虚部称为电路的自由振荡角频率，都是电路特性的表现，反映电路在电磁暂态过程的衰减、稳定或振荡。如果电路的特征根含共轭复数，换路后必然会出现电磁暂态振荡，具有发生过电压的可能性。因此，电路特征根是判断电磁暂态过程是否振荡的依据之一。

1.7.3 暂态振荡过电压估计

供电系统的电气设备和线路可以用集中参数的等值电路表示，运行方式的切换或受到“扰动”作用就是换路。等值电路的电阻在暂态过程中一般只起阻尼作用，使暂态振荡电压有所减小，忽略电阻的结果是计算的暂态电压偏高，有利于制定过电压的防护措施。因此，解析分析中往往忽略电源和变压器绕组的电阻，忽略供电线路的电阻、电导在电流作用下的发热和泄漏影响，将供电线路视为无损耗导线。

单一电源的供电系统发生暂态时，暂态电压可按照式(1-10)表达为“稳态分量＋暂态分

量”，其中暂态振荡的幅值就是 $t=0^+$ 时刻的稳态值与初始值之差，因此，暂态中可能出现的最大过电压估计值为

$$\begin{aligned}最大过电压&=稳态电压值+[稳态电压值(t=0^+)-初始电压值]\\&\approx 2倍稳态电压值-初始电压值\end{aligned} \tag{1-12}$$

可见，初始电压值的正负极性是否与稳态电压一致，对最大过电压估计值影响较大。实际的供电网络尺寸很大，电源可能不止一个，感应电、潜供电、分布参数多网孔的谐振叠加等，有可能导致过电压超过式(1-12)估计值。

1.7.4 电磁暂态振荡示例

示例的工程背景：类似于变配电所向空载线路送电。如图 1-34 所示，RLC 串联电路接通交流电源，假设电容、电感元件初始值为 0，电源 $e(t)=U_m\sin(\omega t+\theta)$，$\theta$ 为合闸初相位角，以 $u_C(t)$ 为状态变量，列出换路后的微分方程为

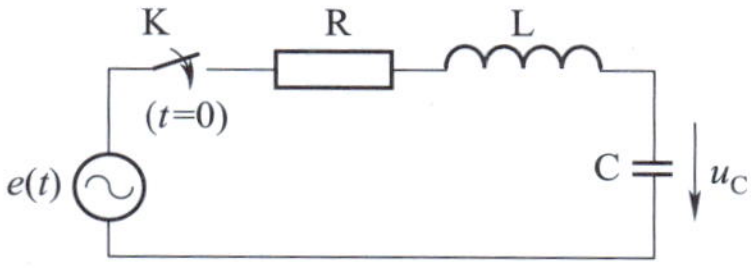

图 1-34 交流电源接通 RLC 电路

$$LC\frac{d^2u_C}{dt^2}+RC\frac{du_C}{dt}+u_C=e(t) \tag{1-13}$$

微分方程的特征根为

$$p_{1,2}=-\frac{R}{2L}\pm\sqrt{\frac{R^2}{4L^2}-\frac{1}{LC}}=-\alpha\pm\sqrt{\alpha^2-\omega_0^2} \tag{1-14}$$

式中 α——衰减系数，也称阻尼率，$\alpha=\dfrac{R}{2L}$；

ω_0——固有振荡角频率，也称共振角频率，$\omega_0=\dfrac{1}{\sqrt{LC}}$。

由于特征根的值不同，齐次通解的表达式就不同。特征根为复数时，齐次通解的表达式就会含三角函数，意味着暂态过程出现新的振荡。下面针对特征根为复数的情况进行分析。

微分方程(1-13)的特征根为复数的条件为 $\alpha<\omega_0$，即 $R<2\sqrt{\dfrac{L}{C}}$（$\sqrt{\dfrac{L}{C}}$ 称为特征阻抗），特征根 p_1、p_2 为一对共轭复根：

$$p_{1,2}=-\alpha\pm j\omega_d$$

式中 ω_d——自由振荡角频率，$\omega_d=\sqrt{\omega_0^2-\alpha^2}$。

应用欧拉公式：$e^{jx}=\cos x+j\sin x$，可得

$$u''_C=Ae^{p_1t}+Be^{p_2t}=e^{-\alpha t}(A+B)\cos\omega_dt+e^{-\alpha t}j(A-B)\sin\omega_dt$$

设 $A+B=k\sin\gamma$，$j(A-B)=k\cos\gamma$，微分方程(1-13)解 $u_C(t)$ 的暂态分量表达式为

$$u''_C=ke^{-\alpha t}\sin(\omega_dt+\gamma) \tag{1-15}$$

微分方程(1-13)解的稳态分量为

$$u'_C=\frac{U_m}{Z\omega C}\sin\left(\omega t+\theta-\varphi-\frac{\pi}{2}\right) \tag{1-16}$$

式中　Z——电路的特征阻抗，$Z=\sqrt{R^2+\left(\omega L-\frac{1}{\omega C}\right)^2}$；

γ,φ——电路产生的相位移角，$\gamma=\arctan\frac{\omega_d}{\alpha}$，$\varphi=\arctan\frac{\omega L-\frac{1}{\omega C}}{R}$。

将 $u_C(t)=u'_C+u''_C$ 代入微分方程(1-13)，根据电路的初始条件：$u_C(0^+)=u_C(0^-)=0$、$i(0^+)=i(0^-)=0$，解得积分常数 A、B、k，进而得到电压 $u_C(t)$ 和电流 $i(t)$ 完全解为

$$\begin{aligned}u_C(t)&=u'_C+u''_C\\&=\frac{U_m}{ZC}\left[\frac{1}{\omega}\sin\left(\omega t+\theta-\varphi-\frac{\pi}{2}\right)+\frac{\cos(\theta-\varphi)}{\omega\sin\gamma}e^{-\alpha t}\sin(\omega_d t+\gamma)-\frac{\sin(\theta-\varphi)}{\omega_d}e^{-\alpha t}\sin\omega_d t\right]\end{aligned} \tag{1-17}$$

$$\begin{aligned}i(t)&=C\frac{du_C}{dt}\\&=\frac{U_m}{Z}\left[\sin(\omega t+\theta-\varphi)-\frac{\cos(\theta-\varphi)}{\omega\omega_d LC}e^{-\alpha t}\sin\omega_d t+\frac{\sin(\theta-\varphi)}{\sin\gamma}e^{-\alpha t}\sin(\omega_d t-\gamma)\right]\end{aligned} \tag{1-18}$$

从式(1-17)和式(1-18)可以看出，电路接通后电压 $u_C(t)$ 和电流 $i(t)$ 表达式中出现了与电源角频率 ω 不同的自由振荡角频率 ω_d，意味着暂态分量将发生新的振荡现象。由于特征根存在衰减系数 $\alpha=\frac{R}{2L}$，暂态分量发生的新振荡必然逐渐衰减，衰减的快慢取决于电阻 R 大小。在相同的衰减系数下，暂态分量变化不仅与电源角频率 ω 有关，还与电路的自由振荡角频率 ω_d 有关。对于 ω_d 的影响，存在以下几种情况：

(1)自由振荡角频率比电源角频率小很多：$\omega_d\ll\omega$，当电路在初相位角 $\theta=\varphi-\frac{\pi}{2}$ 或 $\theta=\varphi+\frac{\pi}{2}$ 时刻合闸，电容电压 $u_C(t)$ 表达式(1-17)、电流 $i(t)$ 表达式(1-18)随时间变化的曲线如图 1-35 所示，电路接通后暂态过程中电容最大电压 u_{Cmax} 会超过其稳态分量数倍。

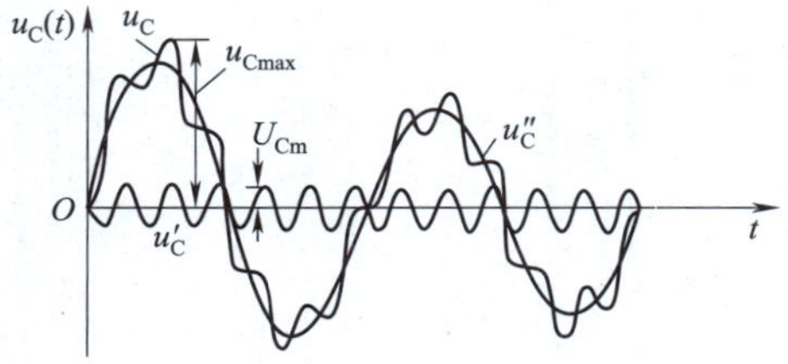

(a)电容电压变化曲线

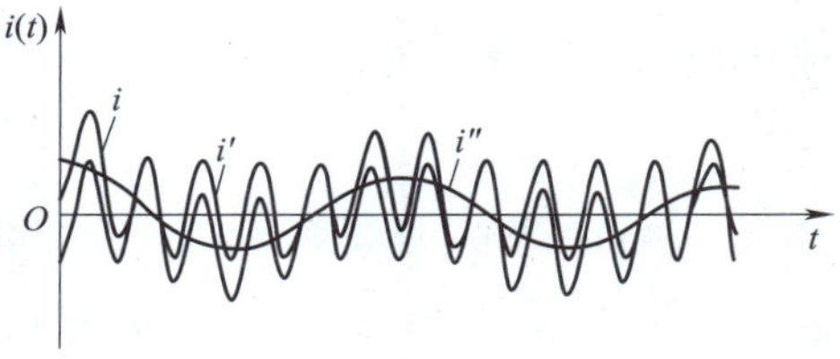

(b)电容电流变化曲线

图 1-35　$\omega_d\ll\omega$ 工况的电容电压和电流变化曲线

(2)自由振荡角频率比电源角频率大很多：$\omega_d\gg\omega$，当电路在初相位角 $\theta=\varphi$ 时刻合闸，电

容电压 $u_C(t)$、电流 $i(t)$随时间变化的曲线如图 1-36 所示，电路接通后暂态过程中会出现很大的过电流 i_{max}。

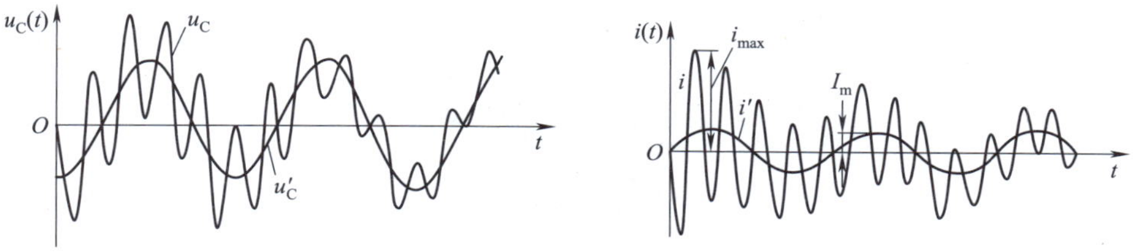

(a)电容电压变化曲线　　(b)电容电流变化曲线

图 1-36　$\omega_d \gg \omega$ 工况的电容电压和电流变化曲线

(3)自由振荡角频率与电源角频率相等，即 $\omega_d = \omega$，暂态过程与电路的合闸相位角 θ 无关，暂态分量与稳态分量恒为异号，暂态过程中 $u_C(t)$、$i(t)$逐渐增大，平稳地进入稳态，不发生过电压和过电流。电容电压 $u_C(t)$随时间变化的曲线如图 1-37 所示。

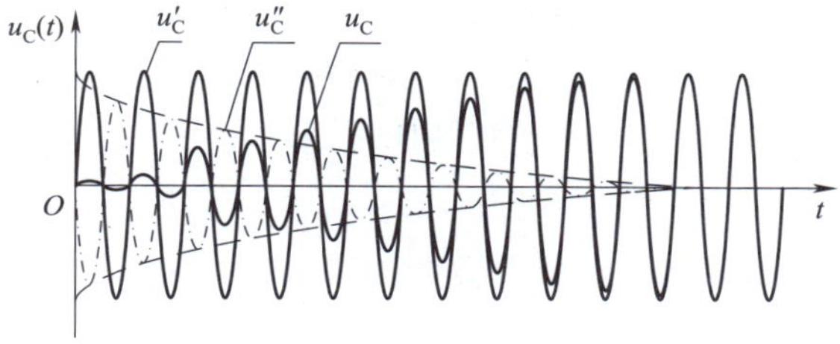

图 1-37　$\omega_d = \omega$ 工况的电容电压平稳过渡

(4)自由振荡角频率与电源角频率接近：$\omega_d \approx \omega$，两频率之差 $\Delta\omega = |\omega_d - \omega|$，称为拍频，暂态分量按拍频交替地与稳态分量同号和异号，电路接通后暂态过程中电容电压 $u_C(t)$随时间变化的曲线如图 1-38 所示。如果回路的阻尼很小，振荡过程出现的过电压可能接近稳态分量的 2 倍。

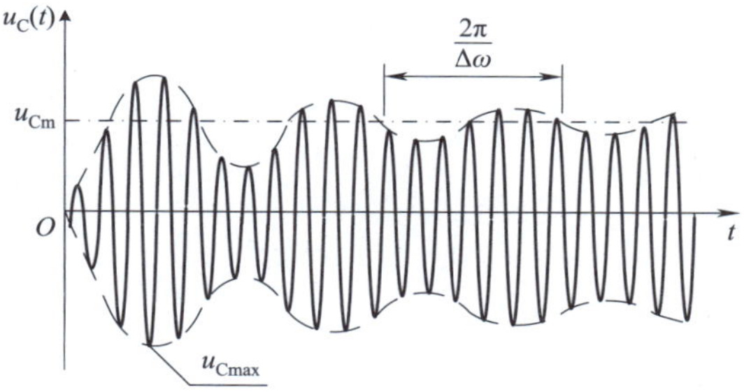

图 1-38　$\omega_d \approx \omega$ 工况的电容电压拍频现象

1.7.5　电磁暂态阻尼

电磁振荡的数学原理已经表明：在暂态过程中，阻尼取决于特征根的实数，即电路固有的衰减系数。衰减系数越大，暂态的时间常数越小，暂态衰减越快，暂态过程的持续时间就越短。暂态分量是否发生振荡，取决于特征根是否含共轭复根，与电路元件参数值有关。

电路理论指出：

(1)在 RLC 串联电路中，当 $R>2\sqrt{\frac{L}{C}}$，串联电路呈过阻尼状态，换路暂态中不发生振荡；当 $R<2\sqrt{\frac{L}{C}}$，串联电路呈欠阻尼（也称负阻尼）状态，换路暂态中一定会振荡；当 $R=2\sqrt{\frac{L}{C}}$，串联电路呈临界阻尼状态，换路暂态为临界非振荡过程。

(2)在 RLC 并联电路中，当 $R<\frac{1}{2}\sqrt{\frac{L}{C}}$，并联电路呈过阻尼状态，换路暂态不振荡；当 $R>\frac{1}{2}\sqrt{\frac{L}{C}}$，并联电路呈欠阻尼状态，换路暂态会振荡；当 $R=\frac{1}{2}\sqrt{\frac{L}{C}}$，并联电路呈临界阻尼状态，换路暂态为临界振荡过程。

(3)对欠阻尼状态电路，如果增加 RLC 串联电路的电阻值，或者减少 RLC 并联电路的电阻值，暂态振荡会有所减小。这是因为电容和电感相互交换的电磁能，被电阻消耗的量有所增加，导致暂态分量减小。

一般情况下，在简单 RLC 串联电路中增加电阻，或者在简单 RLC 并联电路中减少电阻，利用电阻消耗电容和电感交换电磁能量、限制暂态振荡的物理概念及效果都很明显。在复杂电路中，电阻的阻尼作用和效果直观判断比较困难。根据电磁振荡的数学原理，电路特征方程和特征根才能够从根本上反映电路的暂态特性。因此，考察复杂电路中增加或减少电阻的作用和效果，关键看电路的衰减系数是否增加，并非任何情况下通过增加或减少电阻，就可以达到阻尼电路暂态、限制暂态振荡的效果。用以下简单 RLC 混联电路为示例，就可以得到证明。

示例一：

图 1-39 所示电路的特征方程为

$$LCR'p^2+(RR'C+L)p+R+R'=0 \tag{1-19}$$

特征根为

$$p_{1,2}=-\frac{1}{\sqrt{LC}}\left[\left(\frac{R}{2R_0}+\frac{R_0}{2R'}\right)\mp\sqrt{\left(\frac{R}{2R_0}+\frac{R_0}{2R'}\right)^2-\left(1+\frac{R}{R'}\right)}\right]$$

式中　$R_0=\sqrt{\frac{L}{C}}$。

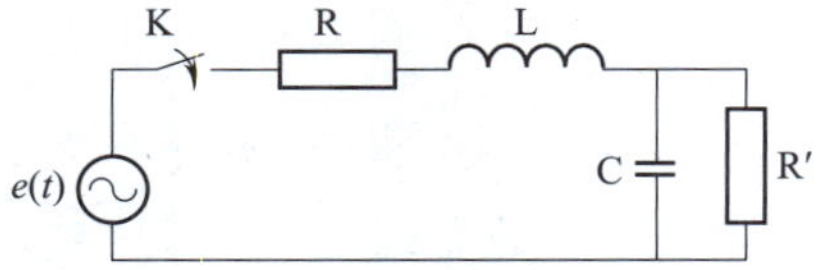

图 1-39　RLC 混联电路之一

示例二：

图 1-40 所示电路的特征方程为

$$LC(R+R')p^2+(RR'C+L)p+R'=0 \tag{1-20}$$

特征根为

$$p_{1,2}=-\frac{1}{\sqrt{LC}}\cdot\frac{R'}{R+R'}\left[\left(\frac{R}{2R_0}+\frac{R_0}{2R'}\right)\mp\sqrt{\left(\frac{R}{2R_0}+\frac{R_0}{2R'}\right)^2-\left(1+\frac{R}{R'}\right)}\right]$$

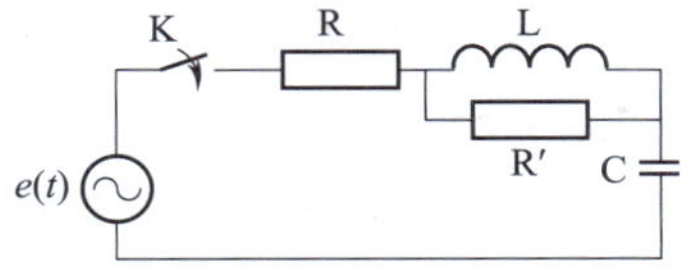

图 1-40　RLC 混联电路之二

根据数学原理，只要消除特征根的虚部，暂态过程就不会出现振荡。因此，使图 1-39 和图 1-40 所示电路不发生暂态振荡的条件均为

$$\left(\frac{R}{2R_0}+\frac{R_0}{2R'}\right)^2-\left(1+\frac{R}{R'}\right)\geqslant 0 \tag{1-21}$$

如果存在 $R=2R_0$，则式(1-21)可简化为

$$R'\leqslant\frac{1}{4}R_0 \tag{1-22}$$

可见，在 $R=2R_0$ 条件下，图 1-39 和图 1-40 所示电路都处于临界非振荡状态。如果增加电阻值 R'，将破坏式(1-22)平衡关系，使图 1-39 或图 1-40 所示电路的特征根变为复数，对应的齐次通解表达式将含有 $\sin\omega_d t$ 或 $\cos\omega_d t$ 函数，电路在暂态过程中必然出现振荡。

供电系统是复杂电路，利用阻尼或者消耗电磁能量的方式进行限制暂态过电压时，应该根据具体情况，采取相应的技术措施。例如，三相系统在空载或轻载运行时发生的工频电压升高，利用增加供电负荷可以在一定程度上限制工频电压升高。但三相系统零序回路的电压升高(如中性点工频位移电压、谐波谐振电压)，增加供电负荷不能限制电压升高。车网耦合谐振时，单纯增加或减少电阻的方法不会取得较好的消谐效果。

1.7.6　电磁暂态分析与发展

供电系统中突发的短时电压振荡，是一种电磁暂态现象。电磁暂态过程的计算和分析，基于实际供电系统抽象为理想的等值电路模型，常用方法主要包括解析计算、物理模拟、计算机仿真以及实际测试。

1. 解析计算

基于等值电路建立电路状态方程，称为数学模型，通过时域分析或拉普拉斯积分变换、状态变量法等数学方法，求解电路中关注的状态变量。解析计算表现出电路原理、物理过程、数学关系都十分清晰，有助于对电磁暂态理解和制定有效的防护措施。但是，解析计算受到计算方法限制，目前，还没有描写复杂电路暂态特性的高阶微分方程、偏微分方程、变系数微分方程的简单解析方法。供电系统的空间电磁耦合、环境影响等，也会导致等值电路模型和参数不够准确，计算结果产生误差。

2. 物理模拟

基于相似性原理，按照实际供电系统的结构、运行方式和电气参数的模拟比，用电阻、电感、电容等元件搭建网络，进行模拟试验；测试关注节点的暂态电压大小，试验限压效果。物理模拟的网络结构简单、模拟元件成本小、电压低，可以安全地重复试验，物理概念和现象清晰直观。但是，模拟规模有限，模拟试验电压不高，不能够反映过电压发生时铁磁元件可能出现的非线性特性，以及冲击电晕效应等高电压下的特殊物理现象。

3. 计算机仿真

基于供电网络的模型和电磁暂态规律，应用行波法、傅里叶变换法、差分法等编制计算机程序，进行仿真计算。典型的电磁暂态仿真程序包括 EMTDC（electro magnetic transients including DC），PSCAD（power systems computer aided design），ATP（alternative transient program），CDEGS（current distribution，electromagnetic fields，grounding and soil structure analysis）等。计算机仿真具有改变计算参数方便、计算方案调整灵活、计算速度快等特点，在供电系统设计、故障分析中，对暂态电压仿真十分有用。影响计算机仿真结果的主要因素是网络的数学模型、计算方法、原始计算参数。自编的计算程序粗糙，编写困难、工作量大。商业软件的算法、结构和模块封闭，灵活性有限。

4. 实际测试

在供电系统关注的节点上接入电压暂态记录装置，有计划地进行倒闸操作，或人工模拟接地等，对过电压幅值和波形进行现场测试；或者利用变配电所的录波装置，对运行倒闸、线路故障等发生的暂态进行记录。实际测试结果真实可信，但只能在已经建成的运行系统中实施，试验次数和测试数据有限，不能随意改变运行参数。

无论采用什么方法，电磁暂态的计算和分析结果总会存在一定误差。电磁暂态分析时，都希望计算方便、快捷、准确，结果尽量接近实际情况。对运行的供电系统而言，电磁暂态分析的作用除了事故分析、预测系统过电压，为防护措施提供依据，更希望能够在电磁暂态发生时，能够快速自动分析、及时启动响应（包括改变系统结构、投入限压装置等），避免或限制电磁暂态过电压及危害。因此，电磁暂态分析的发展主要集中在两个方向：

（1）离线式分析，脱离实际运行系统的计算分析，主要应用在供电系统的优化设计，运行方案的比较选择，事故模拟分析。要求计算方便、快捷、准确，除了提供分析的数据、暂态过程及趋势图表等，主要工作将是改进模型和算法，提供多种方案的分析结果和自动生成防护措施方案，特别是需要计入高电压的特殊现象，例如，冲击电晕、多线路的电磁耦合、大地回流影响等，提高计算精度。

(2)在线式分析，从实际运行系统获取监控信息，在线计算分析可能发生的暂态电压升高，及时启动实施限压措施，例如，当变配电所可能出现压互饱和过电压时，快速投入消谐装置。不仅要求快速、精准的计算和分析，还需要有各种预案的限压装置，自动控制策略和相应的硬件设备。具体应用到某一供电系统的在线分析与监控，可能是一种量身定做的专用设备。电磁暂态在线分析与监控系统应该具有广泛的适应能力，现场应用和调整方便；应该像人类一样具有认识功能和自主(控制)行为，即人工智能(artificial intelligence，AI)。

无论离线或者在线分析，由于供电系统的电压高、几何尺寸大、电气设备多、运行方式切换与负荷变化复杂、短路故障随机发生，加上精准描述供电系统电磁暂态的数学模型和求解算法困难，都要求借助计算机仿真来完成。随着计算机发展，计算的规模和容量、数据处理的速度和内存将不是问题。准确建立具有高电压特性、运行随机事件影响等的供电系统电磁暂态状态方程，自动定义相关参数，高精度且简捷的计算方法，自动生成防护措施或预案，以及对电磁暂态过程可能发生的过电压进行限制的快速响应的 AI 策略和相应的装备，值得深入研究。

第 2 章　线路参数计算与测试

供电系统的电磁暂态分析涉及线路电阻、电感(含互感)和电容参数,本章分析导线电感和电容计算,讨论牵引电流路径和车体存在对接触网参数影响,介绍供电线路参数的测试方法。

铁路走廊空间狭窄,隧道、桥梁、地面设施等对架空导线的电感和电容计算会有所影响。计算是在理想条件下基于电磁场理论进行,尽可能考虑实际线路的各种影响因素,以减少计算误差;要求精确的结果可通过现场测试进行修正。

交流电集肤效应和邻近效应使导线的交流电阻比直流电阻大 1‰～1%,温度每升高 1 ℃也会导致电阻增加 4‰左右。一般情况下,不考虑这些影响,导线的(直流)电阻值 R 计算公式为

$$R=\rho\frac{l}{S} \tag{2-1}$$

式中　ρ——导线材质的电阻率;

l——导线长度;

S——导线截面积(绞线的实际截面积比标称截面小 2%～5%)。

2.1　导线电感参数

导线的电感计算是基于磁通链,导线中电流 I 流动时产生磁通 Φ,在导线周围的介质中建立磁场;电流 I 在 n 匝导线中的磁通总和为磁链 $\psi=n\Phi$;甲导线中电流 I 产生的且与甲导线回路交链的磁链 ψ_z 之比,定义为甲导线回路的自电感 L,简称为电感;甲导线中电流 I 产生的且与相邻的乙导线回路交链的磁链 ψ_m 之比,定义为甲、乙两个导线回路之间的互电感 M,简称为互感,即

$$L=\frac{\psi_z}{I} \tag{2-2}$$

$$M=\frac{\psi_m}{I} \tag{2-3}$$

电感和互感是正实数标量,单位为亨利(H),反映导线中电流在周围介质中产生磁场效

应的大小，产生的磁场方向由电流确定。电感与导线的形状、尺寸、周围介质的磁导率有关。如果周围介质的特性是线性的，ψ_z-I 平面坐标中就是通过原点的一条直线，这样的电感称为线性电感。导线之间的互感，除了具有电感的特性外，还与两个导线回路的相互位置有关，甲导线对乙导线产生的互感，与乙导线对甲导线产生的互感相等。

2.1.1　理想大地为回流路径的单根架空导线电感

如果大地的土壤电导率为无限大，这样的大地称为理想大地。地平面上水平架空导线对地高度和长度都远大于导线半径，可以忽略导线的端部效应。对理想大地，架空导线中电流将沿大地表面返回；导线中电流在导线内部和外部产生磁通，与导线交链的磁链分为内磁链和外磁链，内磁链形成导线的内电感，外磁链形成导线的外电感，内外电感之和就是导线的总电感。

1. 导线内电感

工程中认为长度 l 远大于半径 r 的导线为无限长导线，无限长导线中电流 I 流动时产生的磁场是平行平面场。假设架空导线中电流 I 均匀分布，电流对外的作用中心线称为电轴，与导线的几何轴线重合。以导线电轴为中心，如图 2-1 所示，取半径 x 的圆周为积分路径，根据安培环路定律可得

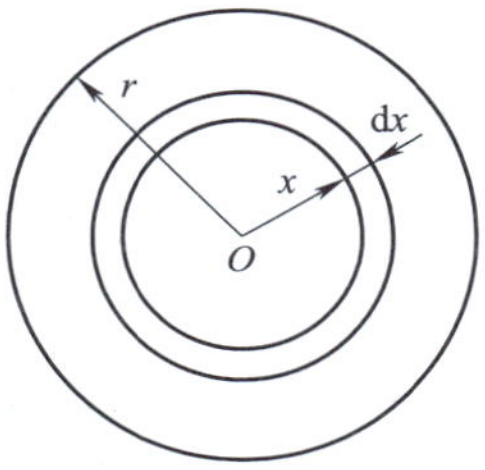

图 2-1　无限长导线截面示意

$$\oint \boldsymbol{H}_x \cdot \mathrm{d}\boldsymbol{l} = \frac{x^2}{r^2} I \tag{2-4}$$

式中　r——导线的半径；

$\boldsymbol{H}_x$——距导线轴线 x 处的磁场强度，当导线中电流垂直进入图示纸平面时，$\boldsymbol{H}_x$ 方向为 x 处切线的顺时针方向；

$\mathrm{d}\boldsymbol{l}$——x 处切线微分。

由于无限长导线产生的磁场具有轴对称性，距导线中心等距离点的磁场强度数值相等，且与 $\mathrm{d}\boldsymbol{l}$ 方向相同，因此，式(2-4)可写为

$$2\pi x H_x = \frac{x^2}{r^2} I \tag{2-5}$$

$$H_x = \frac{x}{2\pi r^2} I \tag{2-6}$$

在导线截面上 x 处，穿过以宽度 $\mathrm{d}x$、轴向长度 l 为元面积 $\mathrm{d}S = l\mathrm{d}x$ 的元磁通为

$$\mathrm{d}\Phi_1 = B_x l\,\mathrm{d}x = \mu H_x l\,\mathrm{d}x = \frac{\mu x I l}{2\pi r^2}\mathrm{d}x \tag{2-7}$$

式中　B_x——磁感应强度；

μ——导线材质的磁导率。

元磁通 $\mathrm{d}\Phi_1$ 所交链的导线等效匝数为$\frac{\pi x^2}{\pi r^2}$，相应的磁链可记为

$$\mathrm{d}\psi_1=\frac{\pi x^2}{\pi r^2}\mathrm{d}\Phi_1=\frac{\mu x^3 Il}{2\pi r^4}\mathrm{d}x \tag{2-8}$$

长度为 l 的导线内部总磁链为

$$\psi_1=\int_0^r \frac{\mu x^3 Il}{2\pi r^4}\mathrm{d}x=\frac{\mu Il}{8\pi} \tag{2-9}$$

所以，无限长导线单位长度的内电感为

$$L_1=\frac{\psi_1}{Il}=\frac{\mu}{8\pi} \tag{2-10}$$

由式(2-10)可知，单位长度导线的内电感仅与导线的磁导率 μ 有关，与导线的形状和尺寸无关。

2. 导线外电感

假设大地平面上方高度为 h 处，半径为 r 的水平架空导线 AB 中流过电流为 I 时，对理想大地，由于土壤电导率无限大，导线 AB 中电流 I 产生的磁力线不能进入大地，大地内部不存在电流和磁场，因此，可以认为导线 AB 电流 I 将全部沿理想大地表面返回。这种情况可以等效为大地下方有一根镜像导线 A′B′，其中的电流与 I 大小相等、方向相反，空间位置如图 2-2(a)所示。显然，架空导线 AB 的外电感取决于导线 AB 和大地之间通过的磁链。架空导线 AB 与镜像导线 A′B′在外电源作用下有电流 I 流动，且导线内部电流分布均匀，导线电轴与几何轴线重合；由于导线无限长，可以忽略导线端部效应。架空导线 AB 与镜像导线 A′B′之间的磁链计算如图 2-2(b)所示，根据安培环路定律求得通过两导线轴平面且与导线 AB 相距 x 处的磁感应强度为

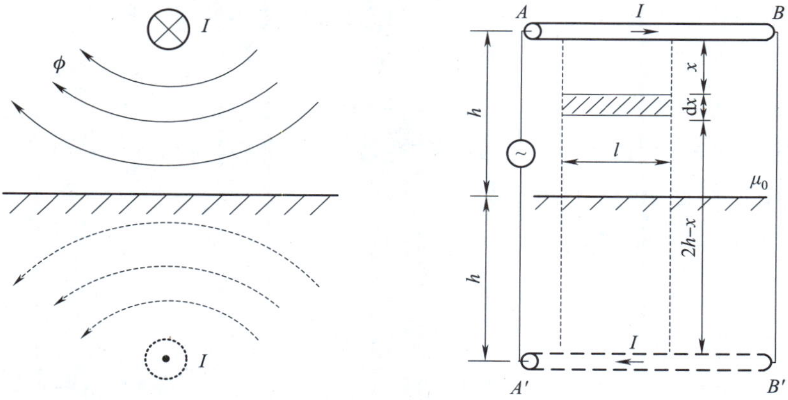

(a)空间位置　　(b)磁链计算

图 2-2　导线与镜像导线位置与磁链计算示意

$$B_x=\frac{\mu_0 I}{2\pi x}+\frac{\mu_0 I}{2\pi(2h-x)} \tag{2-11}$$

式中　μ_0——空气的磁导率，$\mu_0=4\pi\times10^{-7}$ H/m。

x 处的磁感应强度 B_x 方向垂直进入图示纸平面，穿过元面积 $dS=ldx$ 的元磁通为

$$d\Phi=B_x dS=\left[\frac{\mu_0 Il}{2\pi x}+\frac{\mu_0 Il}{2\pi(2h-x)}\right]dx \tag{2-12}$$

导线 AB 外部总磁链，即导线 AB 和大地之间通过的磁链为

$$\begin{aligned}\psi_2' &= \int_r^h d\Phi = \frac{\mu_0 Il}{2\pi}\int_r^h\left(\frac{1}{x}+\frac{1}{2h-x}\right)dx \\ &= \frac{\mu_0 Il}{2\pi}\left(\ln\frac{x}{2h-x}\right)\Big|_r^h \\ &= \frac{\mu_0 Il}{2\pi}\ln\frac{2h-r}{r}\end{aligned} \tag{2-13}$$

一般情况下都存在 $h\gg r$，因此，单位长度导线外部总磁链为

$$\psi_2=\frac{\psi_2'}{l}=\frac{\mu_0 I}{2\pi}\ln\frac{2h}{r} \tag{2-14}$$

所以，无限长导线单位长度的外电感为

$$L_2=\frac{\psi_2}{I}=\frac{\mu_0}{2\pi}\ln\frac{2h}{r} \tag{2-15}$$

3. 导线总电感

由于铜、铝等非铁磁材质导线的磁导率 μ 与空气磁导率 μ_0 相近，在式(2-10)中取 $\mu\approx\mu_0$，同时计入导线的内电感和外电感，按照叠加原理，无限长架空导线单位长度的总电感(H/km)为

$$L_0=L_1+L_2=\frac{\mu_0}{8\pi}+\frac{\mu_0}{2\pi}\ln\frac{2h}{r} \tag{2-16}$$

将空气磁导率 $\mu_0=4\pi\times10^{-7}$ H/m 代入式(2-16)，化简为

$$\begin{aligned}L_0 &=\left(\frac{1}{2}+2\ln\frac{2h}{r}\right)\times10^{-7}=2\left(\ln e^{\frac{1}{4}}+\ln\frac{2h}{r}\right)\times10^{-7} \\ &=2\ln\frac{2h}{0.779r}\times10^{-7}=2\times10^{-4}\ln\frac{2h}{r_e}\end{aligned} \tag{2-17}$$

式中 r_e——导线的有效半径，$r_e=0.779r$。

对交流电流，集肤效应造成导线中电流趋于表面、分布不均匀；电流的频率越高，集肤效应越明显。假设交流电流全部集中在导线表面上流动，则导线内部的磁场强度为零，导线内电感为零。因此，如果不计导线内电感时，无限长架空导线单位长度的总电感(H/km)为

$$L_0=\frac{\mu_0}{2\pi}\ln\frac{2h}{r}=2\times10^{-4}\ln\frac{2h}{r} \tag{2-18}$$

三相架空线由于电气对称，布置几何对称，可以抽出一相导线，按照上述方法计算。

4. 传输线

大地上方半径为 r 的两根平行导线中电流大小相等，方向相反时，就构成一对传输线，

按照上述方法，其单位长度的总电感(H/km)就是式(2-17)的 2 倍，即

$$L'_0=2L_0=4\times10^{-4}\ln\frac{D}{r_e} \tag{2-19}$$

式中　D——两根平行导线轴心之间的距离。

2.1.2　单芯电缆电感

单芯电缆结构如图 2-3 所示，芯线半径为 r_1，绝缘体半径为 r_2，绝缘体的磁导率为 μ，接地的金属外护层厚度可以忽略，电缆长度 l 远大于电缆直径($2r_2$)，忽略电缆端部的边缘效应，绝缘体内的电场是平行平面电场。由于电缆金属外护层接地，以外护层为回流路径的单芯电缆内电感的计算方法和结果，与上述单根导线的内电感相同，即 $L_1=\frac{\mu}{8\pi}$。

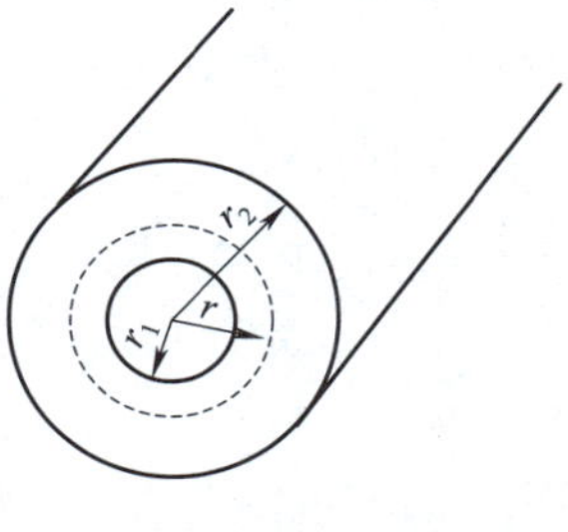

图 2-3　单芯电缆结构

假设电缆芯线通过电流 I，根据安培环路定律，绝缘层中半径为 $x(r_1<x<r_2)$ 点位置的磁场强度 $H=\frac{I}{2\pi x}$，穿过以宽度 dx、轴向长度 l 为元面积 $dS=ldx$ 的元磁通为

$$d\Phi=\mu H dS=\frac{\mu Il}{2\pi x}dx \tag{2-20}$$

电缆芯线与外壳之间通过的全部磁链为

$$\psi_2=\int_{r_1}^{r_2}d\Phi=\frac{\mu Il}{2\pi}\int_{r_1}^{r_2}\frac{1}{x}dx=\frac{\mu Il}{2\pi}\ln\frac{r_2}{r_1} \tag{2-21}$$

无限长单芯电缆单位长度的外电感为

$$L_2=\frac{\psi_2}{Il}=\frac{\mu}{2\pi}\ln\frac{r_2}{r_1} \tag{2-22}$$

考虑到绝缘材质都是非铁磁材质，磁导率 μ 与空气磁导率 μ_0 大致相等，所以，单芯电缆单位长度的总电感(H/km)为

$$L_0=L_1+L_2=\frac{\mu_0}{8\pi}+\frac{\mu_0}{2\pi}\ln\frac{r_2}{r_1}=\left(\frac{1}{2}+2\ln\frac{r_2}{r_1}\right)\times10^{-4} \tag{2-23}$$

考虑交流电流的集肤效应，忽略芯线的内电感时，单芯电缆单位长度的总电感(H/km)为

$$L_0=2\times10^{-4}\ln\frac{r_2}{r_1} \tag{2-24}$$

2.1.3　三芯电缆电感

三芯电缆中的三根芯线相互屏蔽时，可作为单芯电缆处理。三根芯线无屏蔽时，在三相电压作用下，电缆内部的电场分布不均匀，采用叠加法计算也相当复杂；工程应用可参照单芯电缆的电感计算式(2-23)形式，对三根芯线为正三角形排列的单位长度电缆，每相导线的

平均电感(H/km)的经验计算式为

$$L_0=\left(L_i+2\ln\frac{s}{r}\right)\times10^{-4} \tag{2-25}$$

式中 s——芯线之间的距离；

r——芯线的半径；

L_i——芯线内电感，$L_i=0.5$。

2.1.4 理想大地为回流路径的两根平行架空导线之间互感

假设大地表面上空有两根长度为 l、半径为 r 的平行架空导线，长度远大于导线的半径，两根架空导线的轴线之间距离为 D，如图2-4所示，对于理想大地，架空导线的电流沿理想大地表面返回。考虑架空导线1中电流 I 对架空导线2回路产生的互感时，如图2-5所示。取架空导线1的几何轴为坐标 y 轴，电流 I 在架空导线1之外任一点 $P(x,y)$ 的磁感应强度，根据毕奥-沙伐定律计算为

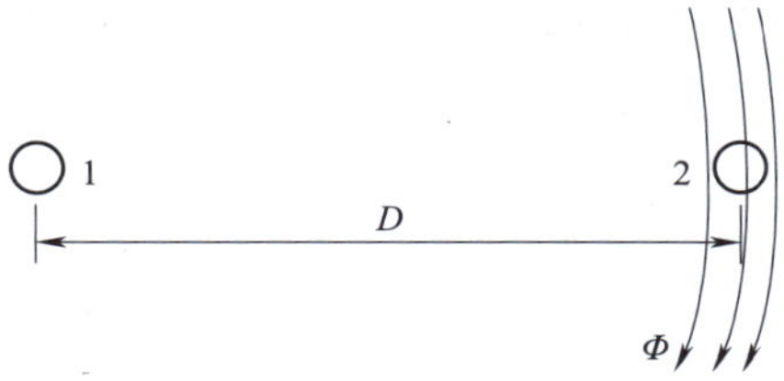

图2-4 两平行导线之间的互感磁通示意

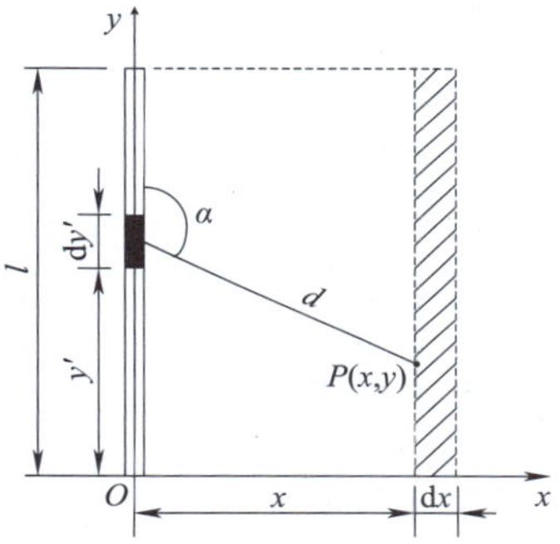

图2-5 无限长导线外部磁场计算示意

$$\mathrm{d}B=\frac{\mu_0 I\mathrm{d}y'\sin\alpha}{4\pi d^2} \tag{2-26}$$

式中 d——线电流微元 $I\mathrm{d}y'$ 到点 $P(x,y)$ 的距离；

α——y 轴与电流微元到 P 点连线之间的夹角。

图2-5所示的距离关系为 $d^2=x^2+(y'-y)^2$，$\sin\alpha=\sin(\pi-\alpha)=\dfrac{x}{\sqrt{x^2+(y'-y)^2}}$。

代入式(2-26)，可得

$$\mathrm{d}B=\frac{\mu_0 Ix\mathrm{d}y'}{4\pi\left[x^2+(y'-y)^2\right]^{\frac{3}{2}}} \tag{2-27}$$

电流 I 流过长度为 l 的导线时，在 P 点产生的磁感应强度应为$[0,l]$域上的积分：

$$B=\frac{\mu_0 I}{4\pi}\int_0^l \frac{x}{\left[x^2+(y'-y)^2\right]^{\frac{3}{2}}}\mathrm{d}y' \\ =\frac{\mu_0 I}{4\pi x}\left[\frac{y'-y}{\sqrt{x^2+(y'-y)^2}}\right]\Bigg|_0^l \\ =\frac{\mu_0 I}{4\pi x}\left[\frac{l-y}{\sqrt{x^2+(l-y)^2}}+\frac{y}{\sqrt{x^2+y^2}}\right] \tag{2-28}$$

穿过图 2-5 中阴影部分元面积 $\mathrm{d}S=l\mathrm{d}x$ 的元磁通为

$$\mathrm{d}\Phi=\int_S B\mathrm{d}S=\mathrm{d}x\int_0^l B\mathrm{d}y \tag{2-29}$$

元磁通 $\mathrm{d}\Phi$ 与 l 长的导线交链，匝数为 1，因此，元磁链也应是$[0,l]$域上的积分：

$$\mathrm{d}\psi=\mathrm{d}\Phi=\mathrm{d}x\int_0^l B\mathrm{d}y \\ =\frac{\mu_0 I\mathrm{d}x}{4\pi x}\int_0^l\left[\frac{l-y}{\sqrt{x^2+(l-y)^2}}+\frac{y}{\sqrt{x^2+y^2}}\right]\mathrm{d}y \\ =\frac{\mu_0 I}{2\pi x}\left(\sqrt{x^2+l^2}-x\right)\mathrm{d}x \tag{2-30}$$

考虑架空导线 1 对架空导线 2 的互感时，架空导线 1 中电流 I 产生的外磁通，在距架空导线 1 的轴心距离为 $D-r$ 处开始与架空导线 2 发生交链，且直到无穷远点。由于两根架空导线间的距离 D 远大于导线半径 r，忽略架空导线 2 的半径，则架空导线 1 对架空导线 2 发生交链的互感磁链为

$$\psi_{12}=\int_D^{\infty}\mathrm{d}\psi=\frac{\mu_0 I}{2\pi}\int_D^{\infty}\left(\frac{\sqrt{x^2+l^2}}{x}-1\right)\mathrm{d}x \\ =\frac{\mu_0 I}{2\pi}\left(l\ln\frac{l+\sqrt{D^2+l^2}}{D}-\sqrt{D^2+l^2}+D\right) \tag{2-31}$$

考虑到两平行架空导线的长度 l 远大于两架空导线间的距离 D，式(2-31)可简化为

$$\psi_{12}\approx\frac{\mu_0 Il}{2\pi}\left(\ln\frac{2l}{D}-1\right) \tag{2-32}$$

所以，以理想大地为回流路径的两根平行架空导线之间的单位长度互感(H/km)为

$$M_{12}=M_{21}=\frac{\psi_{12}}{Il}=\frac{\mu_0}{2\pi}\left(\ln\frac{2l}{D}-1\right)=2\times10^{-4}\left(\ln\frac{2l}{D}-1\right) \tag{2-33}$$

2.1.5 两对传输线之间互感

如果空气介质中有两对传输线：AA′-BB′回路与 CC′-DD′回路，假设传输线 AA′-BB′回路与传输线 CC′-DD′回路之间平行接近段长度为 l，导线的半径均为 r，各导线的轴线之间距离分别为 d_{AC}、d_{AD}、d_{BC}、d_{BD}，且远大于导线半径，可以认为电流集中在导线的几何轴线上。两对传输线之间的互感计算示意如图 2-6 所示。

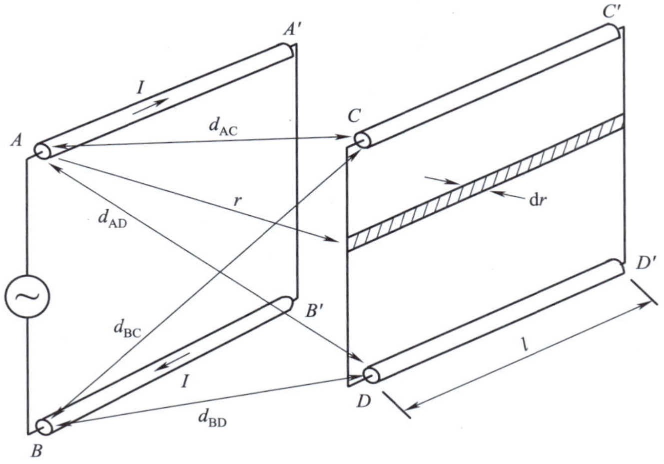

图 2-6 两对传输线之间的互感计算示意

导线 AA′中电流 I 产生的磁场是垂直于导线轴线的平行平面场，磁感应线在其平面上是以导线 AA′轴线为圆心的若干同心圆，在距离导线 AA′轴线 r 处的磁感应强度为

$$B=\frac{\mu_0 I}{2\pi r} \tag{2-34}$$

导线 AA′中电流 I 产生的磁通穿越导线 CC′-DD′回路的元面积 $\mathrm{d}S=l\mathrm{d}r$ 的元磁通为 $\mathrm{d}\Phi=B\mathrm{d}S$，则穿越匝数 $n=1$ 的导线 CC′-DD′回路的磁链为

$$\psi_A=\phi_A=\int_S \mathrm{d}\Phi=\int_S B\mathrm{d}S=\frac{\mu_0 Il}{2\pi}\int_{d_{AC}}^{d_{AD}}\frac{1}{r}\mathrm{d}r=\frac{\mu_0 Il}{2\pi}\ln\frac{d_{AD}}{d_{AC}} \tag{2-35}$$

同理，导线 BB′中电流 I 产生的磁通穿越匝数 $n=1$ 的导线 CC′-DD′回路的磁链为

$$\psi_B=\frac{\mu_0 Il}{2\pi}\ln\frac{d_{BC}}{d_{BD}} \tag{2-36}$$

互感是标量，互感的磁效应方向参照电路理论的同名端确定；按照叠加原理，两对平行接近的传输线 AA′-BB′回路和导线 CC′-DD′回路之间单位长度的互感计算式为

$$M_0=\frac{\psi_A+\psi_B}{Il}=\frac{\mu_0}{2\pi}\ln\frac{d_{AD}d_{BC}}{d_{AC}d_{BD}} \tag{2-37}$$

2.1.6 大地为回流路径的架空导线电感和互感

1. 大地土壤电导率影响

实际大地的土壤电导率有限，架空导线电流产生的电磁效应影响力可以到达地中一定深度，使沿大地返回的电流深入到地中，回流路径对应地上架空导线走向。在均匀土壤大地中，返回电流的线密度随着入地深度的增加而减小；电流频率越高，大地土壤电导率越大，返回电流在地中的深度就越小。据此，卡尔松(J. R. Carson)假设：(1)大地的土壤电导率均

匀，地平面可认为是一个无限延伸且与地上架空导线平行的导体；(2)架空导线中电流没有泄漏，忽略导线中电流不均及邻近导线影响；(3)无限大地平面上空的平行架空导线足够长，其末端效应可以忽略。按此假设，尽管导线阻抗计算需要进行贝塞尔(Bessel)函数及其导数修正，对大地等效阻抗进行无穷级数变换和化简，仍然比较烦琐；但卡尔松方法推导出了重要的结论：架空导线中电流经过具有一定电导率的大地返回时，可以等效为沿地中深度为 D_g 的镜像导线返回。卡尔松镜像导线的入地深度 D_g(cm)为

$$D_g=\frac{0.208\,5}{\sqrt{f\sigma\times10^{-9}}} \tag{2-38}$$

式中 f——电流频率；

σ——大地的土壤电导率，$\frac{1}{\Omega\cdot \text{cm}}$。

工频交流电作用时，几种不同土壤电导率的镜像导线入地深度 D_g 见表 2-1。

表 2-1 不同土壤电导率的 D_g 值

土壤状况	土壤电导率 $\sigma/(\Omega^{-1}\cdot \text{cm}^{-1})$	镜像导线入地深度 D_g/m
沙石地	10^{-5}	3 000
干燥地	10^{-4}	935
潮湿地	10^{-3}	300
水洼地	10^{-2}	94

尽管卡尔松方法没有考虑实际土壤电导率的不均匀性、多层土壤结构、导线电流泄漏等因素，但是，与理想大地比较，架空导线参数的计算进了一大步，在输电工程中广泛应用。

2. 考虑大地土壤电导率有限的单根“架空导线-地”回路的电感

在土壤电导率有限的大地表面高度为 h 处，半径为 r 的水平架空导线 A，按照卡尔松镜像导线的入地深度 D_g，作出如图 2-7 所示的镜像导线 A′。由于土壤电导率有限，架空导线电流产生的磁力线使返回电流渗透到地中，取导线下方$\frac{D_g}{2}$处为等效地面（与电导率无限大的地面相比，相当地面下移$\frac{D_g}{2}-h$）。对地上的架空导线而言，将图 2-2(b)中 $2h$ 用 D_g 代替，按照其同样方法计算，可得出架空导线包括内部和外部电感的单位长度总电感为

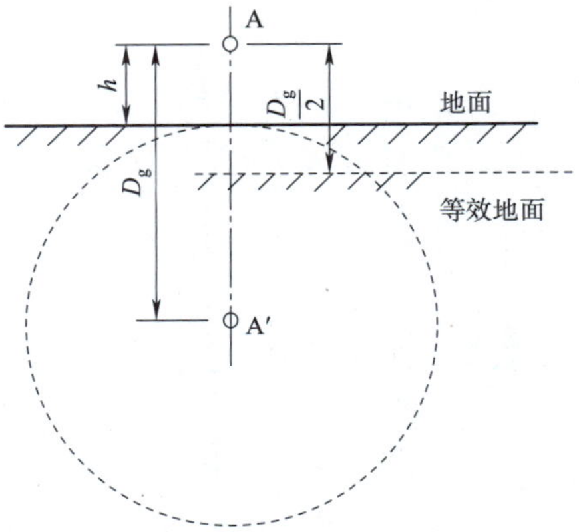

图 2-7 架空导线镜像示意

$$L_{11}=\frac{\mu_0}{8\pi}+\frac{\mu_0}{2\pi}\ln\frac{D_g}{r} \tag{2-39}$$

对地平面下的卡尔松镜像导线而言，计算镜像导线产生的磁链时，由于地中电流实际分布范围远远大于导线的截面积，取镜像导线的等效半径为 D_g-h，认为镜像导线中的电流分布均匀，对外作用中心在镜像导线轴线上，并注意到 D_g 值一般在数百米至数千米，比架空导线的半径和高度大得多，因此，长度为 l 的镜像导线中电流 I 在架空导线和大地之间产生的磁链为

$$\psi_{21}=\frac{\mu_0 Il}{2\pi}\int_{D_g-h}^{D_g-r}\frac{1}{x}\mathrm{d}x\approx 0$$

显然，镜像导线的外电感为

$$L_{21}=\frac{\psi_{21}}{I}=0$$

按照式(2-10)计算，取镜像导线的磁导率 $\mu\approx\mu_0$，则镜像导线的内电感为

$$L_{22}=\frac{\mu_0}{8\pi}$$

所以，地上架空导线和地下镜像导线共同产生的电感，即“架空导线-地”回路的总电感(H/km)为

$$L=L_{11}+L_{21}+L_{22}=\frac{\mu_0}{4\pi}+\frac{\mu_0}{2\pi}\ln\frac{D_g}{r}=2\times10^{-4}\ln\frac{D_g}{r_0} \tag{2-40}$$

式中　r_0——土壤电导率有限地区的导线有效半径，$r_0=0.607r$。

如果考虑交流电流产生的集肤效应，忽略架空导线及镜像导线的内电感时，则无限长“架空导线-地”回路单位长度的总电感(H/km)可简化为

$$L=\frac{\mu_0}{2\pi}\ln\frac{D_g}{r}=2\times10^{-4}\ln\frac{D_g}{r} \tag{2-41}$$

式中　r——导线半径，对绞线取 0.81～0.95 倍导线半径。

3. 考虑大地土壤电导率有限的两根平行“架空导线-地”回路之间的互感

大地的土壤电导率有限，地平面上方高度分别为 h_1、h_2 处，对应半径分别为 r_1、r_2，平行长度为 l 的两根水平架空导线 1 和 2，按照卡尔松镜像导线(忽略 h_1-h_2 差)的入地深度 D_g，作出相应的镜像导线 3 和 4，如图 2-8 所示。地上架空导线 1 中电流 I 产生的磁场是垂直于导线轴线的平行平面场，磁感应线在其平面上是以架空导线 1 轴线为圆心的若干同心圆，在距离架空导线 1 轴线 x 处的磁感应强度为

$$B=\frac{\mu_0 I}{2\pi x} \tag{2-42}$$

长度为 l 的架空导线 1 中电流 I 产生的磁通穿越“架空导线 2-镜像导线 4”回路的磁链为

$$\psi_A=\frac{\mu_0 Il}{2\pi}\int_{d_{12}}^{d_{14}}\frac{1}{x}\mathrm{d}x=\frac{\mu_0 Il}{2\pi}\ln\frac{d_{14}}{d_{12}} \tag{2-43}$$

考虑地中电流影响时，认为镜像导线 3 的电流对外作用中心在镜像导线 3 的轴线上，取

镜像导线 4 的等效半径为 D_g-h_2，镜像导线 4 与大地表面相切于 N 点；并注意到 D_g 值远大于架空导线的高度，在图 2-8 中可以认为 $d_{32}\approx d_{3N}$，因此，地下长度为 l 的镜像导线 3 中电流 I 产生的磁通穿越“架空导线 2-镜像导线 4”回路的磁链为

$$\psi'_A=\frac{\mu_0 Il}{2\pi}\int_{d_{3N}}^{d_{32}}\frac{1}{x}dx=\frac{\mu_0 Il}{2\pi}\ln\frac{d_{32}}{d_{3N}}\approx 0$$

地面上方架空导线 1 和地下镜像导线 3 共同在“架空导线 2-镜像导线 4”回路中产生的磁链为 $\psi=\psi_A+\psi'_A=\psi_A$，由于 D_g 很大，取 $d_{14}\approx D_g$，所以，两平行“架空导线-地”回路之间的单位长度互感(H/km)为

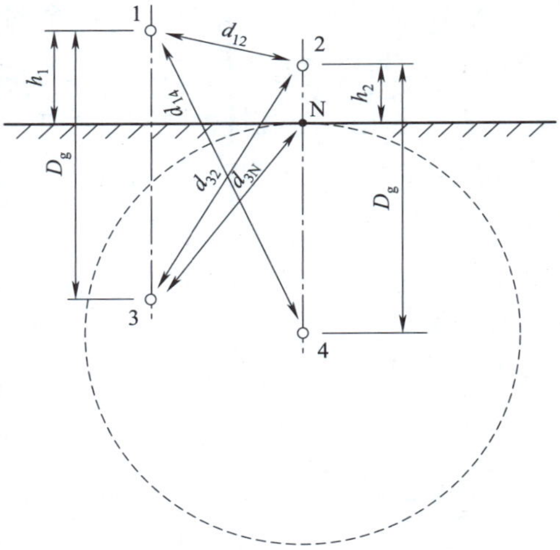

图 2-8　两平行架空导线的镜像示意

$$M_{12}=\frac{\psi_A}{Il}=\frac{\mu_0}{2\pi}\ln\frac{D_g}{d_{12}}=2\times 10^{-4}\ln\frac{D_g}{d_{12}} \tag{2-44}$$

式中　d_{12}——两平行导线之间的距离。

2.1.7　接触网线索等值

将一根导线均分为多根分裂导线，所有分裂导线的截面积总和等于原来导线的截面积；各分裂导线相互保持一定距离、相互电连接，具有同一电位，共同为某一电流提供通道。与截面相同、电位相等的单芯导线比较，分裂导线的等电位半径更大，表面电场分布更加均匀，等效电容增大(波阻抗减小)，能够减小导线表面的电晕放电，提高输电线路的自然功率，广泛应用在高压输电工程中。

接触网是特殊的供电线路，为了改善接触线的弛度和弹性，每隔 10 m 左右接触线与承力索通过整体吊弦进行连接，具有同一电位，共同为动车组的工作电流提供通道，实际上构成了分裂导线。因此，可以按照分裂导线的有关方法，将接触网近似为分裂导线。根据苏联学者西洛琴斯基研究，对半径均为 r 的两分裂导线，其等值导线的半径 R_d 为

$$R_d=\sqrt{rD} \tag{2-45}$$

式中　D——两分裂导线之间的几何均距，就是两根导线的轴心距离。

当接触线与承力索的半径不相等时，式(2-45)修正为

$$R_d=\sqrt[4]{r_j r_c D^2} \tag{2-46}$$

式中　r_j——接触线的半径；

r_c——承力索的半径；

D——承力索与接触线之间的几何均距。

将跨距中的承力索视为抛物线，假设接触网的结构高度为 h，最大弛度为 f，如图 2-9 所示，等值承力索 cd 与接触线 j 之间的几何均距为

$$D=h-\frac{2}{3}f \tag{2-47}$$

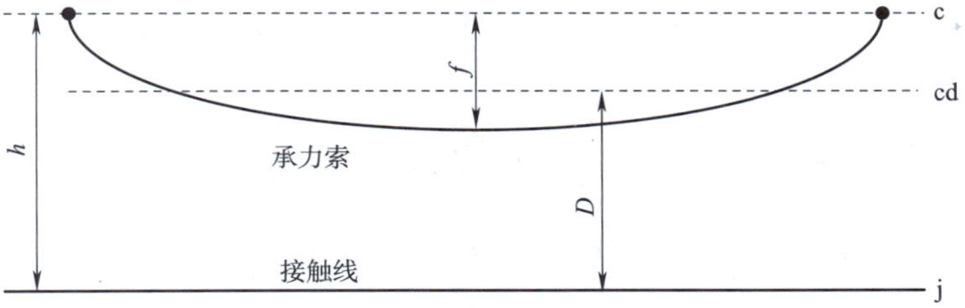

图 2-9　承力索与接触线之间的几何均距计算示意

将接触网视作两分裂导线时，等值导线的中心位置在等值承力索 cd 与接触线 j 的电轴中心 A 点，如图 2-10 所示。

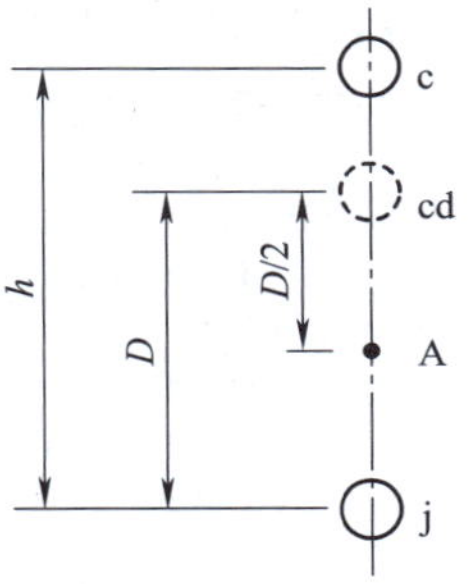

c—承力索；cd—等值承力索；j—接触线。

图 2-10　接触网等值导线的电轴中心 A

2.1.8　隧道对接触网电感的影响

Tylavsky 研究矿井隧道中导线阻抗时，将隧道的横截面视为等值半径为 R_S 的圆形孔洞，洞壁是土壤，土壤的电阻率 ρ 和磁导率 μ 均匀，如图 2-11 所示。假设隧道长度、隧道壁至山体表面的距离、隧道中导线轴向的曲率半径，都远大于镜像导线入地深度，利用矢量磁势波动方程、Bessel 函数化简，推导出隧道中导线自阻抗 Z_i(Ω/m)和互阻抗 Z_{ij}(Ω/m)表达式为

$$\begin{cases} Z_i=r_0+\mathrm{j}\dfrac{\omega\mu_0}{2\pi}\ln\dfrac{R_S+p}{r} \\ Z_{ij}=\mathrm{j}\dfrac{\omega\mu_0}{2\pi}\ln\dfrac{R_S+p}{d_{ij}} \end{cases} \tag{2-48}$$

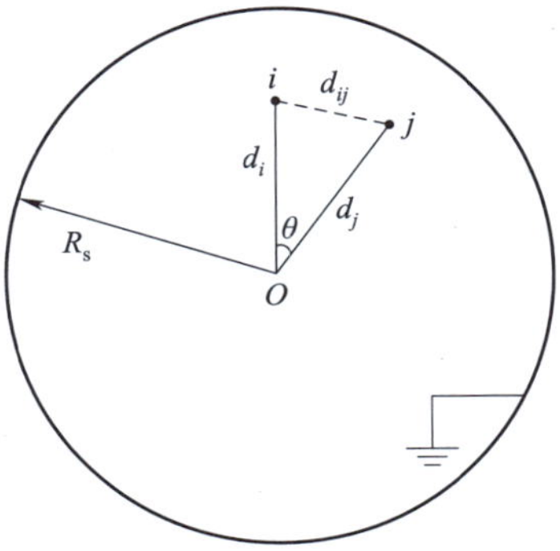

图 2-11　圆形等值隧道

式中 r_0——导线的电阻；

r——导线半径，m；

ω——电流角频率，$\omega=2\pi f$；

d_{ij}——i 导线与 j 导线的间距，m；

R_S——隧道的等效半径，m；

p——复数深度，$p=\sqrt{\rho/\mathrm{j}\omega\mu}$，m。

由式(2-48)可得导线自感(Ω/m)与互感(Ω/m)为

$$\begin{cases} L_i=\dfrac{\mu_0}{2\pi}\ln\dfrac{R_S+p}{r} \\ M_{ij}=\dfrac{\mu_0}{2\pi}\ln\dfrac{R_S+p}{d_{ij}} \end{cases} \tag{2-49}$$

2.1.9 钢轨电感

动车组运行区间的钢轨中有电流，钢轨是良导体，截面较大，牵引网中两条钢轨并联构成动车组回流通道。钢轨的电感推导过程与导线的相同，计入土壤电导率影响的单根钢轨的电感计算类似式(2-40)。

将两条钢轨视为一根分裂导线，计入卡尔松镜像深度 D_g 的两条钢轨并联的电感(H/km)表达式为

$$L_{GK}=2\times10^{-4}\ln\frac{D_g}{\sqrt{R_G d_G}} \tag{2-50}$$

式中 R_G——钢轨的当量半径($R_G\approx0.08b_G$，P50 轨高 $b_G=152$ mm，P60 轨高 $b_G=176$ mm)；

d_G——轨间距，$d_G=1\ 435$ mm。

不计卡尔松镜像深度的两条钢轨并联的电感(H/km)表达式为

$$L_{GK}=2\times10^{-4}\ln\frac{2d}{r_G} \tag{2-51}$$

式中 r_G——钢轨截面等值半径；

d——钢轨与大地的距离。

2.1.10 牵引电流路径对电感影响讨论

无论在导线中或者地中，电流流动时在周围介质中会产生磁场效应及电感；没有电流流动的地方，无论是导线中还是地中，都不会有电感参数。

基于理想的 VX 接线变压器原理和 AT 供电原理：在图 2-12 所示 AT 供电的牵引网中，假设动车组位于 1AT 与 2AT 之间，动车组工作取流为 1，忽略导线和钢轨的阻抗，基于 AT 变压器特性，从电路平衡出发，各回路中电流分别为 $i_1=i_2=0.5$，$i_3=i_4=0.25$，$i_5=i_6=0.5$。各段导线的电流、回流路径及其影响如下：

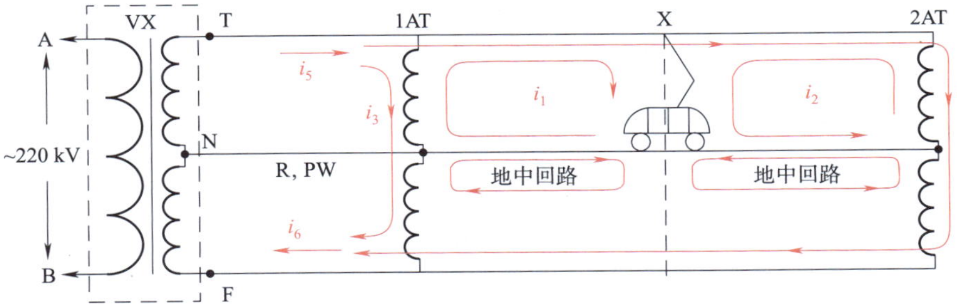

图 2-12　AT 供电牵引网中电流路径示意

(1)VX 变压器 T 端流出的电流，经正馈线全部流回 F 端。动车组的回流只存在于 1AT 至 2AT 区间的钢轨中，地中电流也局限在 1AT 和 2AT 之间；没有回流电返回 VX 变压器，VX 至 1AT 区间没有电流在钢轨和地下流动。

(2)在 1AT 至 X 区间，接触网中电流(i_1+i_4)与正馈线电流(i_4)大小不相等、方向不同；在 X 至 2AT 区间，接触网电流(i_2-i_4)与正馈线电流大小相等、方向相同。1AT 至 2AT 区间的钢轨电流和地中电流与接触网电流的关系较大，与正馈线电流的关系较小。

(3)动车组的位置在行驶中不断移动，同一供电臂上各分段的接触网、正馈线、钢轨中电流大小不同，随着车的位置变化，具有随机性和动态特性。

另一方面，实际的 AT 供电中，即使同一供电臂的 AT 变压器型号相同，但 AT 变压器 2 个线圈的漏抗略有不同，线路连接导线可能存在长度、接头等不同造成阻抗差别，牵引网中 T、F 回路的阻抗可能不均匀，钢轨回流电流泄漏等因素影响，在牵引变电所中监测到的轨回流、地回流、PW 线回流可达数十安培的不平衡。这表明实际 VX 接线变压器二次侧两个串联绕组的电流不相等，中性端 N 有电流，输出端 T 和 F 的电流也不相等。VX 变压器的电磁耦合关系需要按三绕组变压器来平衡；供电臂上不同分段(VX 变压器—1AT—动车组—2AT)对应的接触网、正馈线、钢轨中电流都不相等。

上述分析表明，AT 供电中同一供电臂不同分段的各导线电流不相等。这与卡尔松镜像效应的假设(大地土壤电导率均匀、导线中电流均匀不泄漏等)条件不完全一致。另外，铁路走廊狭窄，地面设备设施多，路基、高架桥及钢结构影响，隧道中接触网导线上下左右四面都存在“大地”影响，地中回流分布也随动车组运动位置发生变化，与卡尔松假设导线位于无限大地平面上空的条件有所差别。理论上如何处理或计入这些因素的牵引网电抗的解析计算方法，有待深入研究。

2.2　导线电容参数

当两个导体带有等量异性电荷时，电荷 q 与两导体之间电压 U 的比值 C，定义为两导体

间的电容,即

$$C=\frac{q}{U} \tag{2-52}$$

当上述两导体中的一个导体被移到无限远处,则孤立导体所带电荷 q 与其电位 φ 的比值 C,定义为孤立导体的电容,即

$$C=\frac{q}{\varphi} \tag{2-53}$$

电容是正实数标量,单位为法拉(F),反映带电体在周围介质中产生静电场效应的大小,产生的静电场方向由电荷性质决定。电容大小与导体形状、导体尺寸、导体之间的相互位置、介质分布和材质性质等因素有关。如果导体之间或导体周围的介质特性是线性的,q-U 平面坐标中是通过原点的一条直线,这样的电容称为线性电容。

计算供电线路的电容参数时,通常认为:导线表面电荷均匀分布,不受频率影响;电荷占满整个导线,电荷不流动,属于静电场;地表面任何一点都是零电位,大地相当于导体平面。

2.2.1 单根架空导线对地电容

假设距离地平面上方高度为 h 的一根水平架空导线 1,半径为 r,单位长度所带线电荷为 $+\tau$,认为导线的线电荷由无限多个点电荷构成,利用镜像法虚拟一根线电荷为 $-\tau$ 的镜像导线 2,如图 2-13 所示。由于架空导线长度远大于导线半径,可以忽略导线两端的边缘效应,则垂直于导线的电场为平行平面电场。以大地为零电位参考点,架空导线 1 上的电荷 $+\tau$ 与镜像导线 2 上的电荷 $-\tau$ 在大地平面上方的电场中任何一点 A 处共同产生的电位为

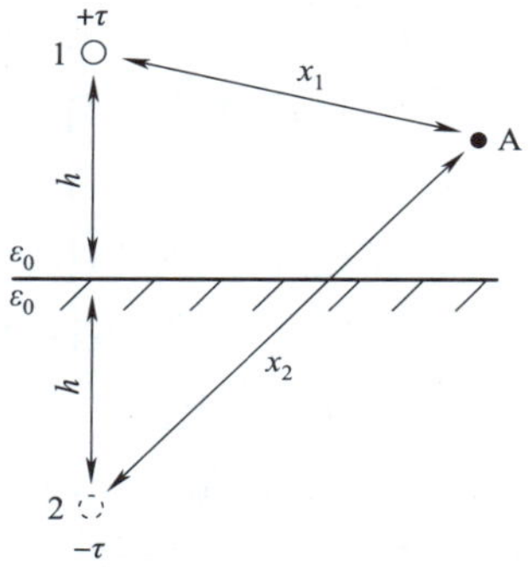

图 2-13 单根导线电场计算示意

$$\varphi=\frac{\tau}{2\pi\varepsilon_0\varepsilon_r}\ln\frac{x_2}{x_1} \tag{2-54}$$

式中 ε_0——真空介质的介电系数,也称真空电容率,$\varepsilon_0=\frac{10^{-9}}{36\pi}$ F/m;

ε_r——空气相对介电系数,$\varepsilon_r\approx 1$。

导线 1 表面的电位为

$$\varphi_1=\frac{\tau}{2\pi\varepsilon_0}\ln\frac{2h-r}{r} \tag{2-55}$$

根据式(2-53),单位长度导线 1 对地电容为

$$C_0=\frac{\tau}{\varphi_1}=\frac{2\pi\varepsilon_0}{\ln\frac{2h-r}{r}} \tag{2-56}$$

考虑到导线的半径 r 远远小于导线对地高度 h,代入 ε_0 数值,式(2-56)的对地电容

(F/km)可简写为

$$C_0=\frac{2\pi\varepsilon_0}{\ln\frac{2h}{r}}=\frac{0.0556\times10^{-6}}{\ln\frac{2h}{r}} \tag{2-57}$$

2.2.2 多根导线系统的部分电容

在线性介质的静电独立系统中，多根独立导线分别带电荷时，导线表面各处电荷面密度不仅与自身所带电荷有关，还与其他导线的电荷在该导线上产生的感应电荷有关。大地和 n 根导线构成 $n+1$ 根导线的静电独立系统中，将 $n+1$ 根导线按 $0,\cdots,i,\cdots,n$ 编号，各自的电位为 $\varphi_0,\varphi_1,\varphi_2,\cdots,\varphi_n$，各自带电荷为 $q_0,q_1,q_2,\cdots,q_n$，且 $q_0+q_1+q_2+\cdots+q_n=0$。选择 0 号导线(大地)的电位为零参考电位，即 $\varphi_0=0,q_0=0$，利用叠加定理，各导线的电位与导线上电荷的关系，可写为第一种形式的 Maxwell 方程，即

$$\begin{cases}\varphi_1=\alpha_{11}q_1+\alpha_{12}q_2+\cdots+\alpha_{1k}q_k+\cdots+\alpha_{1n}q_n\\ \vdots\\ \varphi_i=\alpha_{i1}q_1+\alpha_{i2}q_2+\cdots+\alpha_{ik}q_k+\cdots+\alpha_{in}q_n\\ \vdots\\ \varphi_n=\alpha_{n1}q_1+\alpha_{n2}q_2+\cdots+\alpha_{nk}q_k+\cdots+\alpha_{nn}q_n\end{cases} \tag{2-58}$$

在式(2-58)中，α_{ik} 定义为电位系数；当下标相同时，α_{ii} 为自有电位系数；当下标不同时，α_{ik} 为互有电位系数，且 $\alpha_{ik}=\alpha_{ki}$。所有电位系数都是正实数，电位系数只与导线的几何形状、尺寸、相互位置以及导线周围的介电系数有关。

对式(2-58)求解，可得第二种形式的 Maxwell 方程，即

$$\begin{cases}q_1=\beta_{11}\varphi_1+\beta_{12}\varphi_2+\cdots+\beta_{1k}\varphi_k+\cdots+\beta_{1n}\varphi_n\\ \vdots\\ q_i=\beta_{i1}\varphi_1+\beta_{i2}\varphi_2+\cdots+\beta_{ik}\varphi_k+\cdots+\beta_{in}\varphi_n\\ \vdots\\ q_n=\beta_{n1}\varphi_1+\beta_{n2}\varphi_2+\cdots+\beta_{nk}\varphi_k+\cdots+\beta_{nn}\varphi_n\end{cases} \tag{2-59}$$

在式(2-59)中，β_{ik} 具有电容的量纲，定义为静电感应系数；当下标相同时，β_{ii} 为自有静电感应系数；当下标不同时，β_{ik} 为互有静电感应系数，且 $\beta_{ik}=\beta_{ki}$。所有自有静电感应系数恒为正实数，互有静电感应系数恒为负实数。比较式(2-58)和式(2-59)，可以得到静电感应系数与电位系数的关系为

$$\beta_{ik}=\frac{A_{ik}}{\Delta} \tag{2-60}$$

式中　Δ——式(2-58)中各电位系数组成的行列式；

　　A_{ik}——相应电位系数 α_{ik} 的代数余因式。

由于 β_{ik} 具有电容的量纲且恒为负值，为了避免负值的互有静电感应系数不方便在等值

电路中应用，同时，工程中习惯采用电压而不用电位，因此，取大地电位为零参考电位，用 U_{n0} 表示导线 n 对地电压，U_{nk} 表示导线 n 与导线 k 之间的电压，可将导线的电位用电压进行表示，例如，$\varphi_1=U_{10}$，$\varphi_i=-(\varphi_1-\varphi_i)+\varphi_1=-U_{1i}+U_{10}$，则

$$
\begin{aligned}
q_1 &=\beta_{11}\varphi_1+\beta_{12}\varphi_2+\cdots+\beta_{1k}\varphi_k+\cdots+\beta_{1n}\varphi_n \\
&=\beta_{11}U_{10}+\beta_{12}(-U_{12}+U_{10})+\cdots+\beta_{1k}(-U_{1k}+U_{10})+\cdots+\beta_{1n}(-U_{1n}+U_{10}) \\
&=(\beta_{11}+\beta_{12}+\cdots+\beta_{1k}+\cdots+\beta_{1n})U_{10}-\beta_{12}U_{12}-\cdots-\beta_{1k}U_{1k}-\cdots-\beta_{1n}U_{1n} \\
&=C_{10}U_{10}+C_{12}U_{12}+\cdots+C_{1k}U_{1k}+\cdots+C_{1n}U_{1n}
\end{aligned}
$$

同理，可将式(2-59)改写为第三种形式的 Maxwell 方程，即

$$
\begin{cases}
q_1=C_{10}U_{10}+C_{12}U_{12}+\cdots+C_{1k}U_{1k}+\cdots+C_{1n}U_{1n} \\
\vdots \\
q_i=C_{i1}U_{i1}+C_{i2}U_{i2}+\cdots+C_{ik}U_{ik}+\cdots+C_{in}U_{in} \\
\vdots \\
q_n=C_{n1}U_{n1}+C_{n2}U_{n2}+\cdots+C_{nk}U_{nk}+\cdots+C_{nn}U_{nn}
\end{cases}
\tag{2-61}
$$

在式(2-61)中，C_{in} 系数具有电容的量纲，定义为部分电容；当下标相同时，C_{ii} 为自有部分电容，简称自电容；当下标不同时，C_{in} 为互有部分电容，简称互电容，且 $C_{in}=C_{ni}$。所有部分电容都是正实数。部分电容与静电感应系数的关系为

$$
\begin{cases}
C_{i1}=-\beta_{i1} \\
C_{i2}=-\beta_{i2} \\
\vdots \\
C_{in}=-\beta_{in} \\
C_{i0}=\beta_{i1}+\beta_{i2}+\cdots+\beta_{ik}+\cdots+\beta_{in}
\end{cases}
\tag{2-62}
$$

由式(2-61)可见，在多导线构成的静电独立系统中，各导线之间的静电感应关系，可以用导线 i 对地的自电容 C_{i0} 和导线之间的互电容 C_{in} 来表示。自电容 C_{i0} 表示导线 i 对地总的部分电容，包括其他导线产生的影响；同理，互电容 C_{in} 表示导线 i 对导线 n 总的部分电容，包括了其他导线产生的影响。显然，在求解多导线系统中的部分电容时，需先求出电位系数，通常采用镜像法。

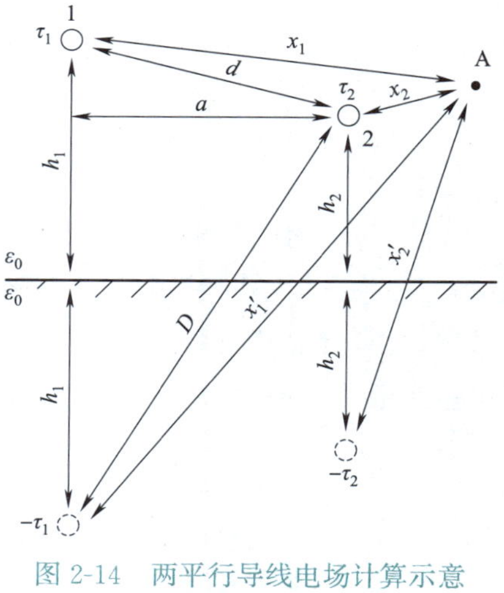

图 2-14　两平行导线电场计算示意

以两根平行架空导线为例，如图 2-14 所示，计算它们的部分电容。假设平行架空导线 1 半径为 r_1，单位长度带有电荷 $+\tau_1$，距离地平面高度为 h_1；架空导线 2 半径为 r_2，单位长度带有电荷 $+\tau_2$，距离

地平面高度为 h_2，架空导线 1 与架空导线 2 轴线之间的距离为 d（水平距离为 a），利用镜像法虚拟两根分别带电为 $-\tau_1$ 和 $-\tau_2$ 的镜像导线，忽略导线两端的边缘效应，可求出架空导线 1 表面和架空导线 2 表面的电位分别为

$$\begin{cases}\varphi_1=\dfrac{\tau_1}{2\pi\varepsilon_0}\ln\dfrac{2h_1}{r_1}+\dfrac{\tau_2}{2\pi\varepsilon_0}\ln\dfrac{D}{d}=\alpha_{11}\tau_1+\alpha_{12}\tau_2\\ \varphi_2=\dfrac{\tau_1}{2\pi\varepsilon_0}\ln\dfrac{D}{d}+\dfrac{\tau_2}{2\pi\varepsilon_0}\ln\dfrac{2h_2}{r_2}=\alpha_{21}\tau_1+\alpha_{22}\tau_2\end{cases} \tag{2-63}$$

其中，距离 $D=\sqrt{(h_1+h_2)^2+[d^2-(h_1-h_2)^2]}=\sqrt{4h_1h_2+d^2}$。

根据电位系数、静电感应系数和部分电容的关系式(2-60)、式(2-62)，可解得两平行架空导线单位长度的部分电容为

$$\begin{cases}C_{10}=\beta_{11}+\beta_{12}=\dfrac{\alpha_{22}-\alpha_{12}}{\Delta}\\ C_{20}=\beta_{21}+\beta_{22}=\dfrac{\alpha_{11}-\alpha_{21}}{\Delta}\\ C_{12}=C_{21}=-\beta_{12}=\dfrac{\alpha_{12}}{\Delta}\\ \Delta=\begin{vmatrix}\alpha_{11} & \alpha_{12}\\ \alpha_{21} & \alpha_{22}\end{vmatrix}\end{cases} \tag{2-64}$$

即自电容 C_{10}(F/km)为

$$C_{10}=\frac{2\pi\varepsilon_0\ln\dfrac{2h_2d}{r_2D}}{\ln\dfrac{2h_1}{r_1}\ \ln\dfrac{2h_2}{r_2}-\left(\ln\dfrac{D}{d}\right)^2}=\frac{5.55\times10^{-8}\ln\dfrac{2h_2d}{r_2D}}{\ln\dfrac{2h_1}{r_1}\ln\dfrac{2h_2}{r_2}-\left(\ln\dfrac{D}{d}\right)^2} \tag{2-65}$$

自电容 C_{20}(F/km)为

$$C_{20}=\frac{2\pi\varepsilon_0\ln\dfrac{2h_1d}{r_1D}}{\ln\dfrac{2h_1}{r_1}\ln\dfrac{2h_2}{r_2}-\left(\ln\dfrac{D}{d}\right)^2}=\frac{5.55\times10^{-8}\ln\dfrac{2h_1d}{r_1D}}{\ln\dfrac{2h_1}{r_1}\ln\dfrac{2h_2}{r_2}-\left(\ln\dfrac{D}{d}\right)^2} \tag{2-66}$$

互电容 C_{12}(F/km)为

$$C_{12}=\frac{2\pi\varepsilon_0\ln\dfrac{D}{d}}{\ln\dfrac{2h_1}{r_1}\ln\dfrac{2h_2}{r_2}-\left(\ln\dfrac{D}{d}\right)^2}=\frac{5.55\times10^{-8}\ln\dfrac{D}{d}}{\ln\dfrac{2h_1}{r_1}\ln\dfrac{2h_2}{r_2}-\left(\ln\dfrac{D}{d}\right)^2} \tag{2-67}$$

根据上述结果，可以作出两平行架空导线部分电容的等值电路，如图 2-15 所示。

若两架空导线的半径相同，且在同一水平高度时，即 $r_1=r_2=r$，$h_1=h_2=h$，$d=a$，则 $D=\sqrt{4h^2+a^2}$，$\ln\dfrac{D}{d}=\ln\sqrt{\left(\dfrac{2h}{a}\right)^2+1}$，两等高且平行的架空导线单位长度的部分电容为

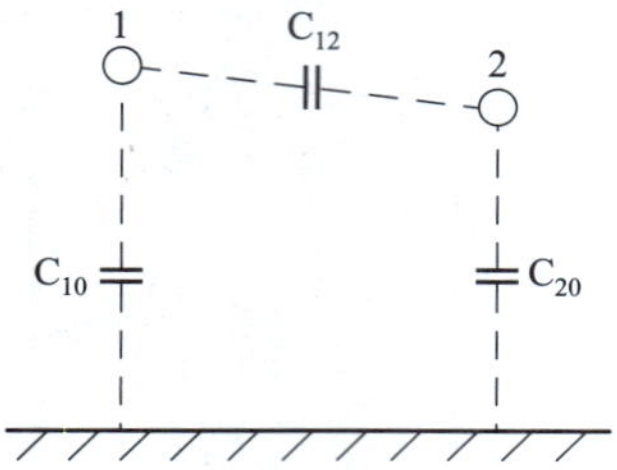

图 2-15　两平行架空导线的部分电容等值电路

自电容(F/km)：
$$C_{10}=C_{20}=\frac{5.55\times10^{-8}}{\ln\left[\frac{2h}{r}\sqrt{\left(\frac{2h}{a}\right)^{2}+1}\right]} \tag{2-68}$$

互电容(F/km)：
$$C_{12}=\frac{5.55\times10^{-8}\ln\sqrt{\left(\frac{2h}{a}\right)^{2}+1}}{\ln\left[\frac{2h}{r}\sqrt{\left(\frac{2h}{a}\right)^{2}+1}\right]\ln\left[\frac{2h}{r}\cdot\frac{1}{\sqrt{\left(\frac{2h}{a}\right)^{2}+1}}\right]} \tag{2-69}$$

2.2.3　单芯电缆电容

单芯电缆结构如图 2-3 所示，若电缆的芯线半径为 r_1，绝缘体半径为 r_2，绝缘体的介电系数为 ε，绝缘体外的金属护层接地，电缆长度 l 远大于电缆直径($2r_2$)，忽略端部的边缘效应，电缆绝缘体内的电场是平行平面电场。假设电缆芯线带有电荷 $+\tau$，根据高斯定理有

$$D=\frac{\tau}{2\pi rl} \tag{2-70}$$

式中　r——绝缘体中高斯面距轴心的距离；

D——绝缘体中 r 处的电感应强度。

电缆绝缘体中任一点的电场强度为

$$E=-\frac{\mathrm{d}\varphi}{\mathrm{d}r}=\frac{D}{\varepsilon} \tag{2-71}$$

式中　$\mathrm{d}\varphi$——$\mathrm{d}r$ 距离变化产生的电位增量。

电缆芯线与外壳之间的电压为

$$U=-\int_{r_1}^{r_2}\mathrm{d}\varphi=\int_{r_1}^{r_2}\frac{\tau}{2\pi\varepsilon rl}\mathrm{d}r=\frac{\tau}{2\pi\varepsilon l}\ln\frac{r_2}{r_1} \tag{2-72}$$

单位长度单芯电缆的等值电容为

$$C_0=\frac{1}{l}\cdot\frac{\tau}{U}=\frac{2\pi\varepsilon}{\ln\frac{r_2}{r_1}} \tag{2-73}$$

铁路供电工程中，常用电缆的主绝缘材料为 XLPE，其相对介电系数 $\varepsilon_r=2.2\sim4.2$；真

空介电系数 $\varepsilon_0=8.842\times10^{-12}$ F/m，因此，XLPE 单芯电缆的单位长度电容（μF/km）为

$$C_0=(0.122\sim0.233)\frac{1}{\ln\frac{r_2}{r_1}} \tag{2-74}$$

2.2.4　三芯电缆电容

三芯电缆及等值电路如图 2-16 所示，如果电缆的每相芯线都有金属或半导体屏蔽层，可按单芯电缆处理。

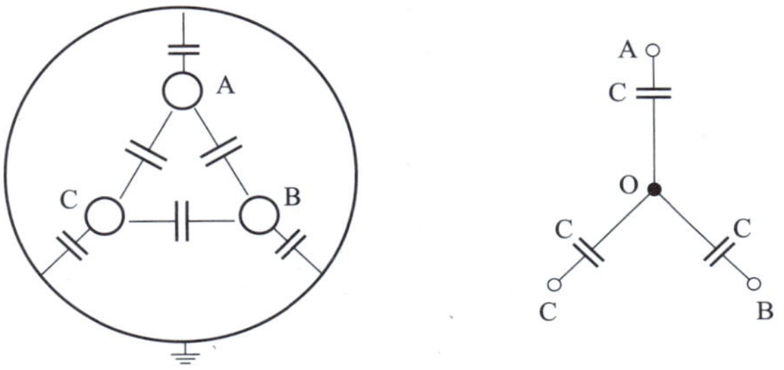

图 2-16　三芯电缆及部分电容等值电路

如果三芯电缆的芯线没有屏蔽层，当电缆结构完全对称性时，各导线的电位系数满足 $\alpha_{AA}=\alpha_{BB}=\alpha_{CC}=\alpha_0$，$\alpha_{AB}=\alpha_{BC}=\alpha_{CA}=\alpha$。

电缆芯线上电位与电荷关系的 Maxwell 方程为

$$\begin{cases}\varphi_A=\alpha_{AA}\tau_A+\alpha_{AB}\tau_B+\alpha_{AC}\tau_C=\alpha_0\tau_A+\alpha(\tau_B+\tau_C)\\ \varphi_B=\alpha_{BA}\tau_A+\alpha_{BB}\tau_B+\alpha_{BC}\tau_C=\alpha_0\tau_B+\alpha(\tau_A+\tau_C)\\ \varphi_C=\alpha_{CA}\tau_A+\alpha_{CB}\tau_B+\alpha_{CC}\tau_C=\alpha_0\tau_C+\alpha(\tau_A+\tau_B)\end{cases} \tag{2-75}$$

式中　τ_A，τ_B，τ_C——电缆三芯导线所带线电荷。

通常，三芯电缆连接三相交流电，认为三相电压电流都对称，即

$$\tau_A+\tau_B+\tau_C=0 \tag{2-76}$$

将式(2-76)代入式(2-75)可得

$$\begin{cases}\varphi_A=(\alpha_0-\alpha)\tau_A\\ \varphi_B=(\alpha_0-\alpha)\tau_B\\ \varphi_C=(\alpha_0-\alpha)\tau_C\end{cases} \tag{2-77}$$

由于电缆外壳接地，芯线电位就是相电压，即 $U_{\varphi A}=\varphi_A$，$U_{\varphi B}=\varphi_B$，$U_{\varphi C}=\varphi_C$，由式(2-77)可得

$$C=\frac{\tau_A}{U_{\varphi A}}=\frac{\tau_B}{U_{\varphi B}}=\frac{\tau_C}{U_{\varphi C}}=\frac{1}{\alpha_0-\alpha} \tag{2-78}$$

式(2-78)中 C 就是单位长度电缆每相的电容或一相的等值电容，反映了单位长度电缆

一相导线对地以及对其他两导线的总电容，即 $C=C_{A0}+3C_{AB}$，C_{A0} 为单位长度一相导线对地电容，C_{AB} 为单位长度两相导线之间的电容。

式(2-78)中电位系数 α_0 和 α 的计算，原理上可采用镜像法，但需要多次叠加，计算过程很繁琐。参照单芯电缆电容计算式(2-73)的形式，引入几何因数 G 来表示单位长度电缆每相的电容(μF/km)

$$C=n\frac{2\pi\varepsilon}{G} \tag{2-79}$$

式中 n——电缆中的导线数，对三相电缆 $n=3$；

G——电缆几何因数，可按图 2-17 查找。

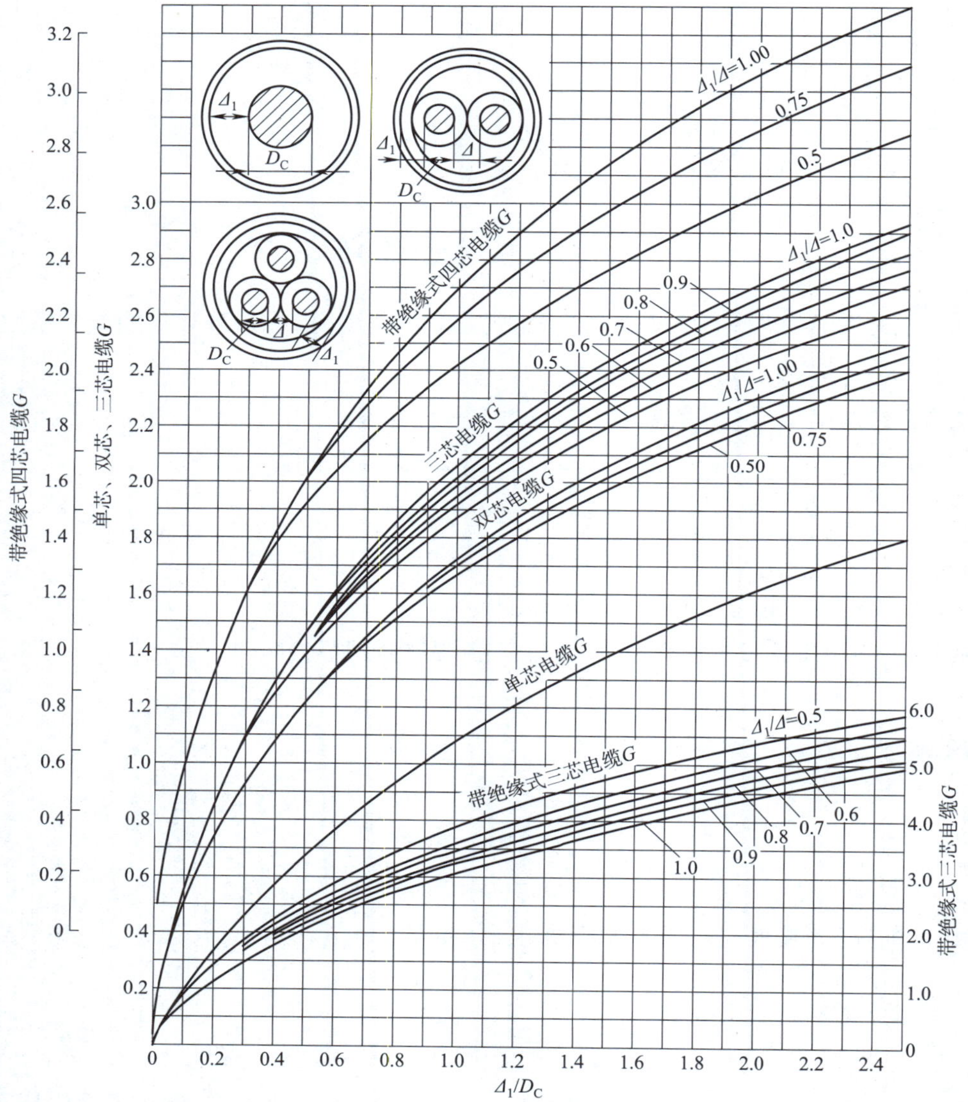

图 2-17 电缆几何因数曲线

2.2.5 接触网线索等值

接触线和承力索经吊弦直接连接，可等值为一根分裂导线（见本章 2.1.7 节），再按照上述方法计算电容参数。

2.2.6 隧道对接触网电容影响

1. 隧道采用圆形孔洞

隧道中接触网上下左右四面都是“大地”，导线对隧道四壁都存在电容效应。将隧道孔洞简化为横截面等效的圆形孔洞，洞壁是理想大地结构。由于隧道截面的几何尺寸比接触网的导线截面大很多，可以认为接触网导线与隧道平行，隧道长度、山体厚度等不影响隧道中导线电位。

由上述“多根导线系统的部分电容”可见，静电场中多根导线的电位系数，是计算电容参数的关键。隧道中牵引网各导线的电容计算，可以参照其方法。下面以隧道中锚段关节式电分相的接触线和中性线为例，推导它们的电容表达式。

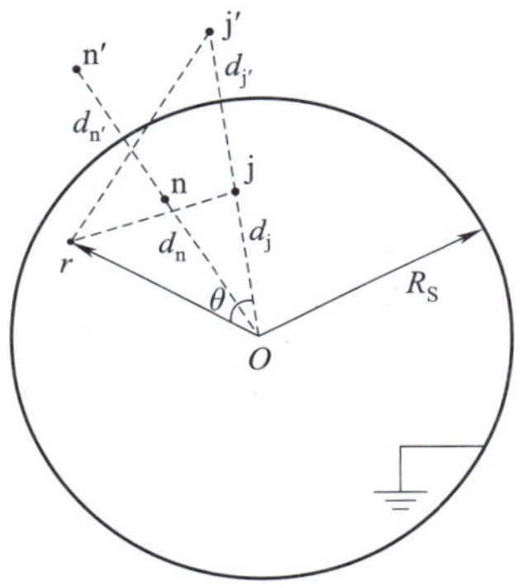

图 2-18 圆孔等效隧道截面

隧道等值半径为 R_s 的圆孔截面如图 2-18 所示，以圆心作为坐标零点，接触线 j 与圆心距离为 d_j，其镜像线 j′与圆心距离为 $d_{j'}$；中性线 n 与圆心距离为 d_n，其镜像线 n′与圆心距离为 $d_{n'}$；接触线 j 与中性线 n 的等效半径为 a。假设接触线 j 具有电荷 $+q$，镜像线 j′具有电荷 $-q$，它们在隧道内任何一点 r 共同产生的电位为

$$\varphi(r)=\frac{q}{2\pi\varepsilon}\ln\frac{\sqrt{r^2+d_{j'}^2-2rd_{j'}\cos\theta}}{\sqrt{r^2+d_j^2-2rd_j\cos\theta}} \tag{2-80}$$

导线 n 及镜像 n′在 r 点产生的电位类似式(2-80)，记为 k 同时计入 j、j′、n 和 n′的作用，则 r 点的总电位为

$$\varphi(r)=\frac{q}{2\pi\varepsilon}\ln\frac{\sqrt{r^2+d_{j'}^2-2rd_{j'}\cos\theta}}{\sqrt{r^2+d_j^2-2rd_j\cos\theta}}+k \tag{2-81}$$

以隧道壁作为参考零电位，圆孔等效隧道壁上任意一点的电位都为零，即

$$\varphi(R_S)=\frac{q}{2\pi\varepsilon}\ln\frac{\sqrt{R_S^2+d_{j'}^2-2R_Sd_{j'}\cos\theta}}{\sqrt{R_S^2+d_j^2-2R_Sd_j\cos\theta}}+k=0 \tag{2-82}$$

对式(2-82)求导，$\frac{d\varphi}{d\theta}=0$，即

$$d_j(d_{j'})^2-(R_S^2+d_j^2)+d_jR_S^2=0 \tag{2-83}$$

由式(2-83)可得：$d_{j'}=\dfrac{R_S^2}{d_j}$，代入式(2-82)，解得 $k=\dfrac{q}{2\pi\varepsilon}\ln\dfrac{d_j}{R_S}$，再代入式(2-81)，有

$$\varphi(r)=\frac{q}{2\pi\varepsilon}\ln\frac{\sqrt{d_j^2r^2+R_S^4-2rd_jR_S^2\cos\theta}}{\sqrt{R_S^2r^2+R_S^2d_j^2-2rd_jR_S^2\cos\theta}} \tag{2-84}$$

当 r 点位于接触线表面时，式(2-84)就代表接触线的电位；令 $r=d_j-a,\theta=0$，根据电位系数定义，接触线的自电位系数为

$$\alpha_{jj}=\frac{\varphi(d_j-a,\theta=0)}{q}=\frac{1}{2\pi\varepsilon}\ln\frac{R_S^2-d_j^2+ad_j}{aR_S} \tag{2-85}$$

同理，令 $r=d_n$，接触线的互电位系数为

$$\alpha_{jn}=\frac{\varphi(d_n)}{q}=\frac{1}{2\pi\varepsilon}\ln\frac{\sqrt{d_j^2d_n^2+R_S^4-2d_jd_nR_S^2\cos\theta}}{R_S\sqrt{d_n^2+d_j^2-2d_nd_j\cos\theta}} \tag{2-86}$$

由于接触线与中性线的距离比较接近，取 $d_j=d_n=d$，θ 为接触线与中性线的圆心角，则接触线与中性线的自电位和互电位系数为

$$\alpha_{jj}=\alpha_{nn}=\frac{1}{2\pi\varepsilon}\ln\frac{R_S^2-d^2+ad}{aR_S} \tag{2-87}$$

$$\alpha_{jn}=\alpha_{nj}=\frac{1}{2\pi\varepsilon}\ln\frac{\sqrt{d^4+R_S^4-2d^2R_S^2\cos\theta}}{R_Sd\sqrt{2-2\cos\theta}} \tag{2-88}$$

根据电位系数、静电感应系数和部分电容的关系式(2-62)，或式(2-64)，可以解得单位长度的接触线与中性线的部分电容(F/m)分别为

$$C_{jn}=C_{nj}=\frac{2\pi\varepsilon\ln\dfrac{\sqrt{d^4+R_S^4-2d^2R_S^2\cos\theta}}{R_Sd\sqrt{2-\cos\theta}}}{\left(\ln\dfrac{R_S^2-d^2+ad}{aR_S}\right)^2-\left(\ln\dfrac{\sqrt{d^4+R_S^4-2d^2R_S^2\cos\theta}}{R_Sd\sqrt{2-2\cos\theta}}\right)^2} \tag{2-89}$$

$$C_{j0}=C_{n0}=\frac{2\pi\varepsilon}{\ln\dfrac{(R_S^2-d^2+ad)\sqrt{d^4+R_S^4-2d^2R_S^2\cos\theta}}{R_S^2ad\sqrt{2-2\cos\theta}}} \tag{2-90}$$

2. 隧道采用矩形孔洞

将隧道等效为矩形孔洞，如图 2-19 所示，隧道中导线 A 对四面壁的电容，参照无隧道的计算式(2-57)，分别计算 C_1，C_2，C_3，C_4，然后借助实测或经验数据进行修正，导线总电容为

$$C=\beta(C_1+C_2+C_3+C_4) \tag{2-91}$$

式中 β——实测修正系数或经验系数。

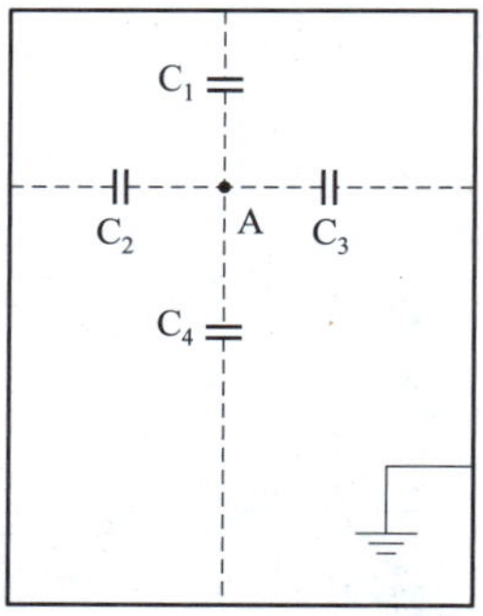

图 2-19 隧道截面矩形等效示意

2.2.7 车体对接触网等值电容影响讨论

接触网对地等值电容是接触网导线与地面之间的电场效应形

成的，其值主要取决导线对地的距离。高速铁路接触网的导高（接触线至轨顶的高度）是固定值，大约是 5.1 m，因此，轨道上没有车辆时，接触网对地等值电容是一个确定的数值。

动车组的车体高度为 3.7 m 左右，接触网距离动车组顶部 1.4 m 左右，8 节编组的动车组长约 225 m，16 节编组车长约 425 m。重载铁路上 4 机同步牵引 320 节货车厢，总长达 3 971 m。动车组的车轮、车体与钢轨都是地电位（参考电位）；对于（交-直-交）电力机车牵引的货车，虽然车厢顶部不一定完全是金属材质，但也会将“参考电位”的地面等效抬高很多，使接触网对地的电气距离大为减少。参照动车组的车体高度，按接触网与“（地面）参考电位”的距离进行估计：与轨道上没有车辆进行比较，有车辆时对应车体长度的接触网对地电容增加了 3～4 倍。而且，车体位置对应的接触网电容还随着车辆高速运动，会导致一定区间范围内接触网对地电容数值随车辆运动而发生变化。

目前，计算接触网对地电容时，整条线路对地距离取值相同，没有考虑轨道上车体抬高“（地面）参考电位”和车体运动等因素的影响。这些影响因素的数学描述，可能需要变系数的偏微分方程，但变系数偏微分方程的解析计算方法至今困难。理论上如何计算运动的车体对接触网容抗的影响，有待深入研究。

2.3　供电线路参数测试

对供电系统的电磁暂态进行分析时，无论采用解析方法或者计算机仿真，都涉及相关电气设备和线路的参数，这些参数的准确度直接影响暂态分析结果的可信度。通常，电气设备参数根据铭牌数据，线路参数根据设计资料，可以直接获得或经过换算获得。但有时资料不够齐全，或既有线路和设备改造、运行环境变化等，需要通过实测来确认相关参数。电气设备体积集中，测试相对容易；线路里程长，测试涉及面宽，影响因素多。本节介绍供电线路参数测试。

牵引变电所 220 kV 电源进线是三相制，27.5 kV 牵引供电是单相制；10 kV 配电所电源进线和贯通线是三相制供电。为了介绍测试方法，以三相线路为对象进行描述；单相线路可以按三相线路的一相进行测试。贯通线全程为单芯电缆，电缆相间没有耦合电容和互感参数。因此，要根据具体的测试线路，区分不同的测试结果。

供电线路的电气参数测试之前，应该收集线路的基础资料，例如，线路电压等级，线路长度，导线材质及截面，线路上连接的设备，沿线的环境等，以便制定测试方案。为了获得准确的数据，测试用的压互和流互精度，电压、电流和功率表的精度都应不低于 0.5 级。测试时尽可能多次施加相同频率、相同幅值、不同相位的试验电源，测试结果取各次测试数据的平均值，以减小干扰和误差。用于测试连接或短接的导线截面积应足够大，接线牢固可靠。由于测试线路可能长达数十千米，测试电压数百伏甚至更高，测试中要注意人身和设备安全。

2.3.1 线路绝缘电阻测试

线路绝缘电阻测试目的：检测线路是否存在短路，绝缘是否有缺陷或隐患。无论是新建线路，还是既有线路，首先测试一下线路的绝缘电阻很有必要。测试需要注意以下事项：

(1)测试应该在天气良好的情况下进行，不得在雷雨天气进行测试，以防雷电沿线侵袭，危及测试人员安全。

(2)测试前应该先将线路对地短路接地，释放线路的等效电容所储存的静电电荷，避免连接测试线时静电伤人。不测试的相导线或相邻线路要短路接地，避免产生感应电。

(3)确认线路上无人员作业，在现场指挥允许测试的命令之后，采用 2 500 V 兆欧表测试相对地、相间的绝缘电阻。对手摇式兆欧表，读取测试数据后，应先拆除测试连接(L)导线，再停止摇兆欧表，避免突然停止兆欧表时，线路电容的充电电压反向释放，烧损兆欧表。

(4)兆欧表的电源容量有限，线路的等值电容较大，如果线路较长、绝缘子表面潮湿、污秽严重，可能导致测试的绝缘电阻偏低，甚至测不出结果。这时应该利用条件进行分段测试，例如，将接触网的分段开关打开，重新进行测试。雨后测试的线路绝缘电阻偏低，应该等待绝缘子表面干燥之后，再次进行测试。某新建接触网在不同气象条件下测试的绝缘电阻见表 2-2，数据显示，气象条件对线路绝缘电阻的测试结果影响较大。

表 2-2 接触网在不同气象条件下的绝缘电阻(ZC-7 型兆欧表)

气象条件	大雨后	细雨后阴天	大雾天	晴天	太阳天
绝缘电阻/MΩ	0.8	4.5	4	130	200

2.3.2 线路正序(负序)阻抗测试

在线路首端设置压互 PT 和流互 CT，将线路末端短路，但不接地，接线如图 2-20 所示。在线路首端通过开关连接 380 V 三相可调交流电源 $e(t)$，测试时电源电压从零开始逐渐增加，使试验电流尽可能大(要考虑电源短路容量和导线安全，持续时间尽量短)。分别读取各表计显示数据，按式(2-92)计算线路单位长度每相正序阻抗参数(负序阻抗和正序阻抗相同)。

$$\begin{cases} \text{正序阻抗}(\Omega/\text{km}):Z_1=\dfrac{U}{\sqrt{3}I}\cdot\dfrac{1}{l} \\ \text{正序电阻}(\Omega/\text{km}):R_1=\dfrac{P}{3I^2}\cdot\dfrac{1}{l} \\ \text{正序电抗}(\Omega/\text{km}):X_1=\sqrt{Z_1^2-R_1^2} \\ \text{正序电感}(\text{H/km}):L_1=\dfrac{X_1}{2\pi f} \end{cases} \tag{2-92}$$

式中 U——线路线电压平均值，即计入 PT 变比的 3 个电压表读数的平均值，V；

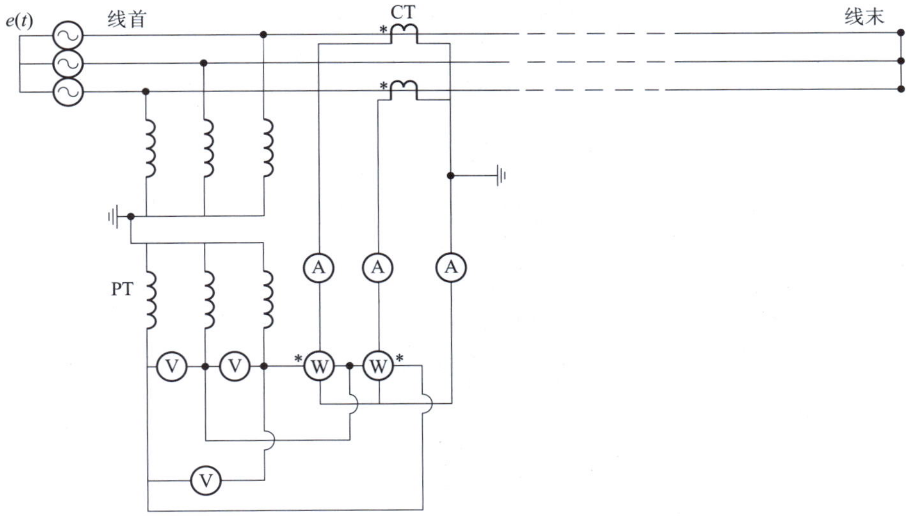

图 2-20　线路正序(负序)阻抗测试原理接线

I——线路相电流平均值,即计入 CT 变比的 3 个电流表读数的平均值,A;

P——线路三相总功率,即计入 PT 和 CT 变比的 2 个功率表读数的代数和,W;

l——线路长度,km;

f——测试电源 $e(t)$频率,50 Hz。

2.3.3　线路零序阻抗测试

在线路首端设置压互 PT 和流互 CT,将线路末端短路并接地,线路首端三相并联,接线如图 2-21 所示。通过开关连接 380 V 或 220 V 单相可调交流电源 $e(t)$,测试时电源电压从零开始逐渐增加,使试验电流尽可能大。分别读取各表计数据,按式(2-93)计算线路单位长度每相零序阻抗参数。

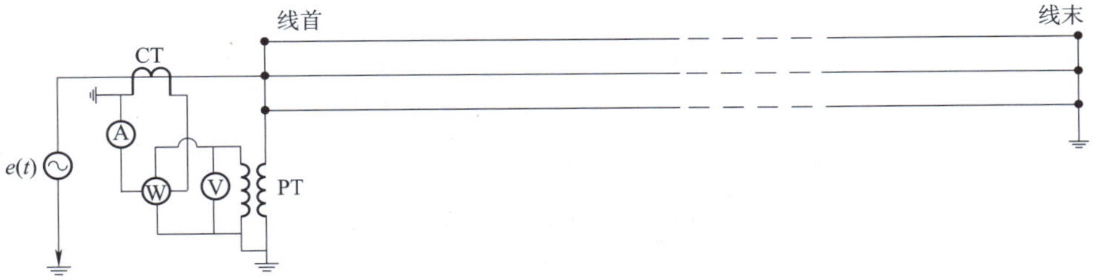

图 2-21　线路零序阻抗测试原理接线

$$\begin{cases}零序阻抗(\Omega/\text{km}):Z_0=\dfrac{3U}{I}\cdot\dfrac{1}{l}\\ 零序电阻(\Omega/\text{km}):R_0=\dfrac{3P}{I^2}\cdot\dfrac{1}{l}\\ 零序电抗(\Omega/\text{km}):X_0=\sqrt{Z_0^2-R_0^2}\\ 零序电感(\text{H/km}):L_0=\dfrac{X_0}{2\pi f}\end{cases}\tag{2-93}$$

式中 U——计入 PT 变比的线路对地电压，V；

I——计入 CT 变比的线路接地电流，A；

P——计入 PT 和 CT 变比的功率表读数，W；

l，f 含义同式(2-92)。

2.3.4 线路正序(负序)电导和电容测试

在线路首端设置压互 PT1 和流互 CT，线路末端开路并设置压互 PT2，为了计入实际线路的电流泄漏，在线路首端施加线路的标称三相电压源 $e(t)$，接线如图 2-22 所示。分别读取各表计数据，按式(2-94)计算线路单位长度每相对地的正序(负序)电导和电容。

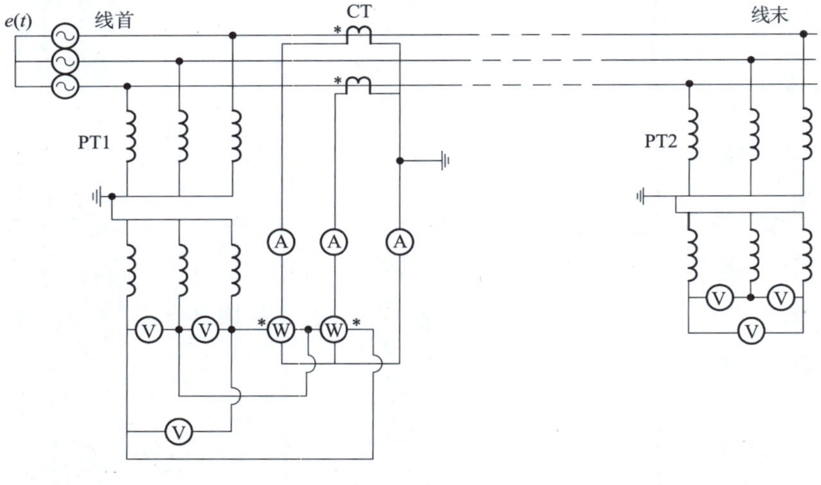

图 2-22 线路正序(负序)电导和电容测试原理接线

$$\begin{cases}正序导纳(\text{S/km}):y_1=\dfrac{\sqrt{3}I}{U}\cdot\dfrac{1}{l}\\ 正序电导(\text{S/km}):g_1=\dfrac{P}{U^2}\cdot\dfrac{1}{l}\\ 正序电纳(\text{S/km}):b_1=\sqrt{y_1^2-g_1^2}\\ 正序电容(\mu\text{F/km}):C_1=\dfrac{b_1}{2\pi f}\times10^6\end{cases}\tag{2-94}$$

式中　U——线路的首端和末端的线电压平均值，即计入 PT1 和 PT2 变比的各个电压表读数的平均值，V；

I——线路相电流平均值，即计入 CT 变比的 3 个电流表读数的平均值，A；

P，l，f 含义同式(2-92)。

2.3.5　线路零序电导和电容测试

将线路首端三相并联且设置压互 PT1 和流互 CT，线路末端开路且设置单相压互 PT2，为了计入实际线路的电源泄漏，在线路首端施加线路的标称相电压源 $e(t)$，接线如图 2-23 所示。分别读取各表计数据，按式(2-95)计算线路单位长度的零序电导和电容。

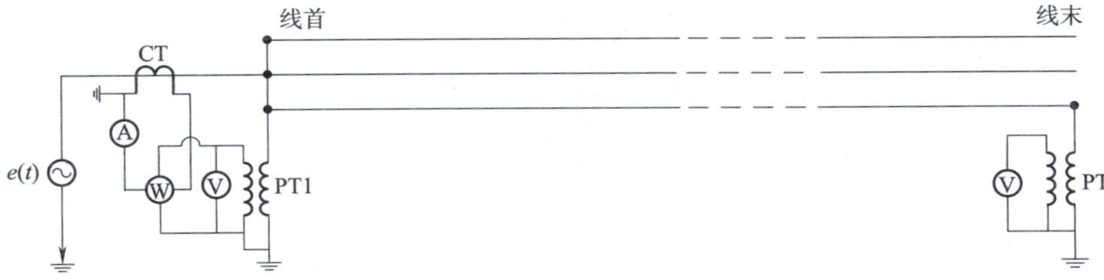

图 2-23　线路零序电导和电容测试原理接线

$$\begin{cases} 零序导纳(S/km)：y_0=\dfrac{I}{3U}\cdot\dfrac{1}{l} \\ 零序电导(S/km)：g_0=\dfrac{P}{3U^2}\cdot\dfrac{1}{l} \\ 零序电纳(S/km)：b_0=\sqrt{y_0^2-g_0^2} \\ 零序电容(\mu F/km)：C_0=\dfrac{b_0}{2\pi f}\times 10^6 \end{cases} \tag{2-95}$$

式中　U——线路首端和末端的线路对地电压平均值，即计入 PT1 和 PT2 变比的 2 个电压表读数平均值，V；

I——线路三相零序电流之和，即计入 CT 变比的电流表读数，A；

P——线路三相零序损耗功率，即计入 PT 和 CT 变比的功率表读数，W；

l，f 含义同式(2-92)。

2.3.6　线路相间电容计算

根据序网络分析法，在对称三相电压作用下，各相对地电容就是正序电容 C_1。正序网络中三相电流之和为零，对称负荷中性点不论是否接地均为零电位。三相线路的等值电容变换如图 2-24 所示，对相间电容 C_{12}进行△-Y 等值变换；相间电容 C_{12}、正序电容 C_1 和零序电容 C_0 的关系为

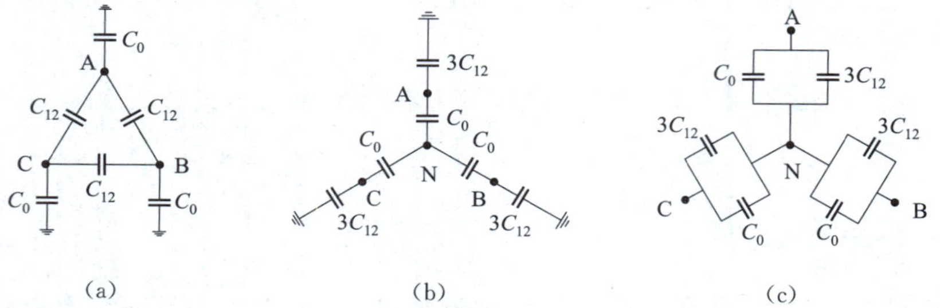

图 2-24　三相线路的等值电容变换

$$\begin{cases}\text{线路正序电容}:C_1=3C_{12}+C_0\\ \text{线路相间电容}:C_{12}=\dfrac{1}{3}(C_1-C_0)\end{cases}\tag{2-96}$$

将图 2-22、图 2-23 测试的正序电容 C_1、零序电容 C_0 代入式(2-96)可得 C_{12}(μF/km)为

$$C_{12}=\frac{1}{3}\left(\frac{b_1}{2\pi f}-\frac{b_0}{2\pi f}\right)\times 10^6=\frac{b_1-b_0}{6\pi f}\times 10^6\tag{2-97}$$

2.3.7　相邻线路间耦合电容测试

将相邻两条线路的首端和末端分别并联，其中一条线路对地串接电流表，另一条线路首端设置压互 PT，并施加线路的标称相电压源 $e(t)$，接线如图 2-25 所示。分别读取电流表和电压表数据，按式(2-98)计算两线路间的耦合电容 C_m(μF)为

$$C_m=\frac{I}{2\pi f U}\times 10^6\tag{2-98}$$

式中　U——计入 PT 变比的电压表读数，V；

I——电流表读数，A；

f——测试电源 $e(t)$ 频率，50 Hz。

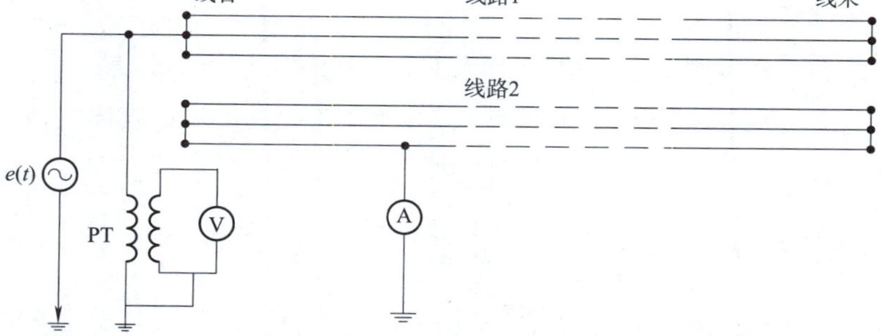

图 2-25　相邻线路间耦合电容测试原理接线

2.3.8　相邻导线间互感参数测试

1. 相邻两条线路之间的互感

将相邻两条线路的首端和末端分别并联，且线路末端接地，其中一条线路的首端对地连接具有高内阻的电压表(如静电电压表)，另一条线路首端设置流互 CT，并通过开关连接 220 V 或 380 V 单相可调交流电源 $e(t)$，接线如图 2-26 所示。测试时电源电压从零开始逐渐增加，使试验电流尽可能大；分别读取电流表和电压表，按式(2-99)计算两条线路之间的互感参数。

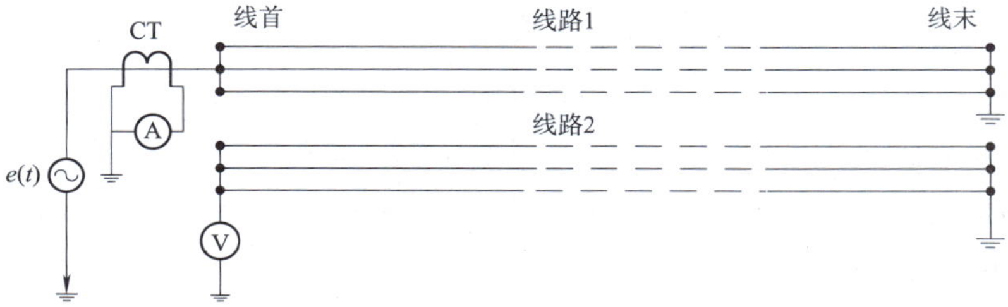

图 2-26　相邻线路之间互感参数测试原理接线

$$
\begin{cases}
\text{线路间互感阻抗}(\Omega):Z_M=\dfrac{U}{I} \\
\text{线路间互感系数}(\text{H}):M=\dfrac{Z_M}{2\pi f}
\end{cases}
\tag{2-99}
$$

式中　U——电压表读数，V；

I——计入 CT 变比的电流表读数，A；

f——电源频率，50 Hz。

2. 同一线路中不同相位的导线之间的互感

同一线路中三相导线之间的互感系数，也可按上述方法测试。在线路中某相导线的首端接电压表，导线末端接地；另外两相导线的首端和末端分别并联，且末端接地。在并联导线的首端通过开关连接 220 V 或 380 V 单相可调交流电源，测试时逐渐增加电压，使试验电流尽可能大，分别读取施加电源的导线中电流和非施加电源的导线对地感应电压，按式(2-99)可计算出导线间的互感系数。

2.3.9　线路对地电容及电容电流测试

为了准确调整配电所的电抗器参数，测试贯通线三相线路的电容电流时，只需要在配电所的调压器中性点进行测试就可以实现。线路对地电容及电容电流测试原理接线如图 2-27(a)所示，其中 C_0 表示一相导线对地等值电容；C 为测试用电容器，额定电压 5 kV，

C 值尽量与线路电容为同一数量级，或取 1～5 μF；C_B 为测试备用电容器，额定电压 10 kV；Ⓥ 是电压表，量程 5 kV，也可采用量程较小的电压表，前置一个 10 kV 压互来扩大电压表的量程。由于是运行带电测试，采用绝缘杆引导电压表的测试线进行连接。测试中应注意设备、连接线和人身安全。

测试分为三步：

(1)贯通线上所有箱变中变压器退出运行，电缆线路全程连通。拆开 10 kV 调压器中性点的 10 Ω 接地电阻。

(2)用电压表Ⓥ测量调压器中性点对地电压，读取第一次的测试电压有效值 U_1。

(3)将测试电容 C 与电压表Ⓥ并联后，再次测量调压器中性点对地电压，读取第二次的测试电压有效值 U_2。

测试原理：将贯通线及电源视为一个有源网络，按照电路的戴维南定理，第一次测试的中性点电压 U_1，就是有源网络的开口电压，相当于戴维南的等值电源；戴维南等值电源的内阻抗，就是去掉有源网络中电源的入口阻抗，即三相导线对地电容并联值 $3C_0$。第二次测试的电压 U_2，就是戴维南等值电源输出口带负荷 C 的端电压，测试等值电路如图 2-27(b)所示。

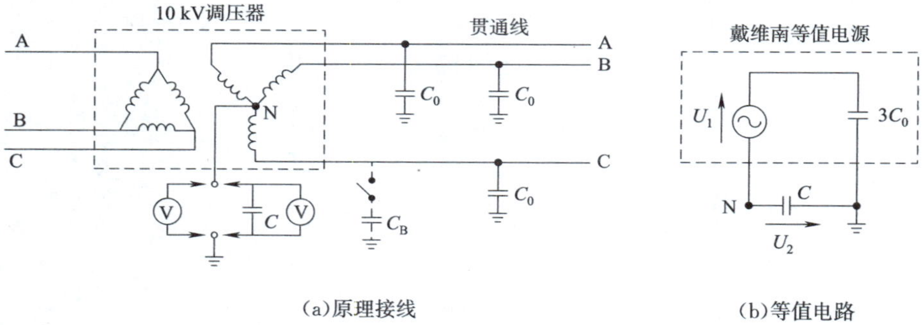

图 2-27　三相线路对地电容及电容电流测试原理接线及等值电路

根据图 2-27(b)可得贯通线三相对地总电容为

$$3C_0 = C\frac{U_2}{U_1 - U_2} \tag{2-100}$$

根据测试获得的贯通线每相的对地电容为 C_0，可以得到在工作电压下每相的电容电流为

$$I_C = \frac{2}{\sqrt{3}}\pi f C_0 U_e \tag{2-101}$$

式中　f——电源频率，50 Hz；

U_e——贯通线最大工作线电压。

需要指出的是，测试中如果贯通线三相参数完全对称，调压器中性点电压为零，第一次测试的电压表将无读数。这种情况下将备用电容 C_B 接入任何一相，使贯通线三相参数不

对称，调压器中性点就会出现位移电压。再按照上述方法重新测试，读取电压表显示值。显然，贯通线三相对地总电容需扣除备用电容 C_B，即

$$3C_0 = C\frac{U_2}{U_1 - U_2} - C_B \tag{2-102}$$

2.3.10　牵引网谐波阻抗测试

研究车网耦合谐波谐振时，涉及牵引网的谐波阻抗。一方面牵引网的结构复杂，参数等值变换计算比较困难，另一方面，谐波作用下某些铁磁元件可能呈非线性，例如，电磁式压互、变压器，由于磁通饱和电感下降，等值电感可能是非线性参数，不可能由简单计算获得。如果采用工频 50 Hz 电源进行测量，就会将变压器漏抗、线路阻抗的基波倍数作为谐波阻抗，由于电网中电容对谐波的自然放大作用（见第 5 章 5.8 节），会造成结果不准确。另外，测量中不好掌控电源对变压器、压互的磁饱和程度。所以，需要采用交流谐波注入法测试谐波阻抗。

AT 供电全并联牵引网某 x 点谐波阻抗测试原理接线如图 2-28 所示，其中谐波电流源为 $i_n(t)$，是容量足够、频率可调、相位可调的电流源装置。谐波电压测量仪Ⓥ是具有宽频带响应特性的能够反映电压有效值和相位的仪表或录波装置。如果谐波电压电流采样经过了电压、电流传感器，要求这些传感器的频带响应宽、灵敏，误差不大于 1%。如果传感器有铁芯，还要求传感器自身磁通密度低，在测试的频率范围不得出现磁饱和现象。另外，测试时还需注意以下三点：

（1）测量之前 VX 接线变压器的一次侧需要短路，才能够反映变压器的内阻抗。

（2）将谐波电流源连接到接触网上的电缆，需用专用的高压测量电缆，其电缆的等值电容要足够小，避免谐波电流经过时造成谐波放大和畸变。

（3）对谐波采样，不可使用电容式压互，包括类似的传感器，避免谐波放大畸变。

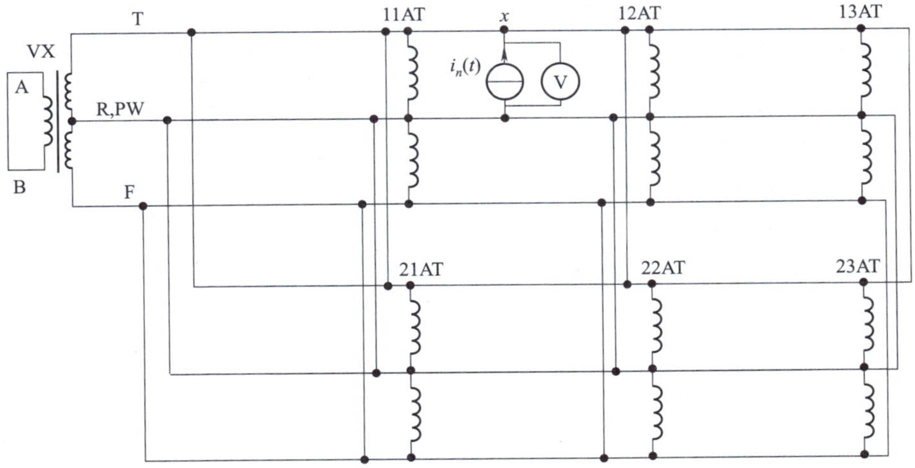

图 2-28　牵引网谐波阻抗测试原理接线

在某次谐波频率为 f_n 的电流源作用下，测得的谐波电压有效值 U_n 与谐波电流有效值 I_n 之比，就是牵引网在 x 点的谐波阻抗 $Z_n(f_n)$，即

$$Z_n(f_n)=\frac{U_n}{I_n} \tag{2-103}$$

2.3.11 过电压与线路残压测试

1. 系统内过电压测试

过电压的幅值高、持续时间短，测试不仅要求记录过电压的幅值，而且要求记录过电压的波形和波长，一般采用具有存储功能的数字示波器或录波装置。过电压是连续函数的模拟信号，测试提取的样本都是离散的数字信号。按照奈奎斯特采样定理：采样频率至少是信号频率的 2 倍，才可能用采样的数字信号完全重建被测量的模拟信号，保证信号原始信息不丢失。所以，过电压测试装置的采样频率应该足够高，才能够完整地记录过电压的暂态过程。供电系统内过电压（不含雷电过电压）主要包括工频电压升高、操作过电压、谐振过电压。根据过电压波头的等值频率估计，操作过电压的持续时间几毫秒至几十毫秒，等值频率为10^2～10^3 Hz 数量级，高频谐振过电压的等值频率不超过10^4 Hz 数量级，测试装置可选采样频率 1 MHz。对于 GIS 中陡波过电压，持续时间几纳秒至几毫秒，等值频率为10^3～10^9 Hz 数量级，测试装置可选采样频率10^4 MHz。

通常，过电压记录装置的输入通道允许采样的电压信号不超过几十伏，但是，过电压幅值高，需要在过电压监测接入点与记录装置之间设置一个电压变换器。如果用压互作为测试中间的电压变换器，与系统标称电压等级相同的电磁式压互，在过电压作用下会出现电磁饱和现象，不能够真实地反映过电压；至少需要采用高一个电压等级的互感器，还要求压互的精度应不低于 0.5 级。测试的中间电压变换器，也可以采用电阻式电压分压器，其结构简单、频率响应快、体积轻小，适合现场测试。使用电阻分压器时，连接的系统或线路存在对地等值电容，会影响测试结果，因此，对电阻分压器的参数需要满足一定的条件。这个条件与下面的线路残压测试要求类似，就是控制过电压经过电阻分压器变换时不得快速释放。测试的中间电压变换器，在某些测试场所也可以充分利用既有设备。例如，测试变压器端口的过电压时，利用变压器自身的高压电容型套管作为高压臂，在套管末屏接入一个小电容作为低压臂，就构成电容分压器；从低压臂提取信号，实现变压器端口及近区导线的过电压测试。

过电压频率高、持续时间短，测试容易受到电磁干扰，特别是过电压作用下可能出现避雷器动作，要统计测试期间有关避雷器的计数器动作，注意辨识和区分测试结果中的干扰信号。由于过电压很高，测试中需要采取可靠的措施，保证人身和设备安全。

2. 线路的残压测试

残压对线路的自动重合闸过电压影响较大，估计线路的自动重合闸过电压时，涉及线路的残压。通常采用电阻分压器来测量残压，接线如图 2-29 所示，图中 C 为线路对地等值总

电容(可按上述方法测试),R_1 和 R_2 构成电阻分压器。对线路的残压测试时,关键是防止线路上的残余电荷经电阻分压器快速释放。为了保证测试结果的准确,要求测试中电阻分压器对线路残压下降不超过 1%～2%。

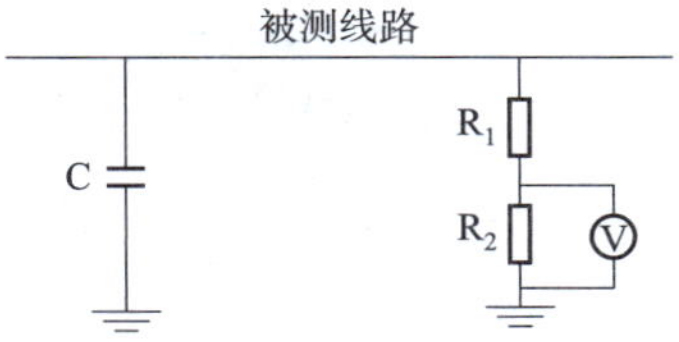

图 2-29　线路电压测试原理接线

要在测试中控制线路残压下降不超过 1%～2%,就要求电阻分压器的高压臂电阻 R_1 满足一定条件(电阻分压器 $R_1 \gg R_2$,可以忽略低压臂电阻 R_2)。假设线路残压为 U_0,分压器引起线路残压衰减的规律为 $U_0 \exp\left(-\dfrac{t}{R_1 C}\right)$,线路自动重合闸的时间一般为 0.5～1.5 s,测试应控制在 0.5 s 时间之内完成,即控制 0.5 s 时间内线路残压下降不超过 1%～2%,电阻分压器需要满足以下条件:

$$\exp\left(-\frac{0.5}{R_1 C}\right) U_0 \geqslant (98\% \sim 99\%) U_0 \tag{2-104}$$

由式(2-104)可以解出

$$R_1 \geqslant \frac{25}{C} \text{或} R_1 \geqslant \frac{50}{C} \tag{2-105}$$

第3章 工频电压升高机理及防护

我国工业供电采用 50 Hz 交流制式，简称工频，正常运行电压稳定在规定范围内。但是，长线路空载运行、线路发生单相接地时，会导致工频电压升高；牵引回流使钢轨电位升高；单芯电缆的工频电流可能引起护层电压升高。另外，带电运行接触网在平行相邻的停电接触网或架空贯通线上会产生（工频）感应电。工频电压异常升高，会危及供电设备绝缘或作业人员安全。本章分析工频电压升高机理，计算升高电压大小，并提出防护措施。

3.1 概 述

3.1.1 内过电压及倍数定义

供电系统中由于某些设备或线路的投入、退出，短路接地故障发生或切除，造成系统拓扑结构和运行参数发生突变，系统内部有关储能元件的电磁能量重新进行分配。在电磁暂态过程中，可能使系统或某些设备的电压升高超过正常工作允许的最高电压，产生过电压。使设备带电导体对地电压升高，称为相对地过电压；不同相位的导体之间电位差升高，称为相间过电压。除了雷电过电压，无论是操作或故障造成系统运行方式突变，还是车网耦合诱发的谐振、动车组通过电分相产生的冲击电压等，都是系统内部电磁能量转换和重新分配形成的过电压，统称为系统内过电压。内过电压的能量来自供电系统本身，其幅值与工作电压呈一定比例。为了定量比较内过电压大小，通常用过电压数倍来表示。内过电压的倍数 k 值定义为

$$k=\frac{\text{内过电压(相对地)幅值}}{\text{系统最高(持续)工作相电压幅值}}$$

国家标准 GB/T 1402—2010《轨道交通 牵引供电系统电压》规定：牵引供电系统采用交流电时，最高持续电压 27.5 kV。电力系统的最高持续工作电压为标称电压的 1.1 倍。高速铁路供电系统涉及的电压等级及其最高工作电压，见表 3-1。

表 3-1 高速铁路供电系统电压等级与最高(持续)工作电压

供电系统类别	外电源系统	牵引供电系统	贯通线
标称电压(rms 有效值)/kV	220	25	10
最高(持续)工作相电压幅值/kV	$242\sqrt{2}/\sqrt{3}$	$27.5\sqrt{2}$	$10.7\sqrt{2}/\sqrt{3}$

供电系统运行表明，内过电压的倍数与供电系统结构和中性点接地方式、设备和线路参数、断路器性能、避雷器保护特性、系统操作或故障发生时刻对应的电源相位角等多种因素有关，具有明显的随机性和统计学特性。

3.1.2 工频电压升高

供电系统的工频电压升高，按照电压升高程度和持续时间分为两种类型：一种是暂时工频电压升高，特征是突然出现的幅值很高、持续时间 0.1～1 s 的频率接近 50 Hz 的电压升高；另外一种是持续工频电压升高，特征是以工频分量为主，有稳定的有效值，电压幅值比额定电压高得不多，持续时间数秒以上，运行状态相对稳态。

暂时工频电压升高的主要原因：切除短路故障或突然甩掉重负荷时，发电机的原动机惯性和发电机本身的磁链不能突变，短时维持较高的暂态电势。铁路供电系统不存在产生暂时工频电压升高的条件，原因如下：①电源来自国家大电网，没有直接关联发电机；一辆或几辆动车组的总功率，或者牵引网的短路容量在大电网中占比太小。②动车组高速驶离一个供电臂似乎电源甩负荷，但是，这种状态只是牵引供电的一种空载运行方式，接触网电压短时允许在 20～29 kV 范围波动。③贯通线供电负荷轻、容量小，没有重负荷。

持续工频电压升高原因主要包括：空载长线电容效应引起线路末端电压升高；三相供电线路不对称接地引起非故障相电压升高；轨道中工频回流电泄漏入地引起钢轨电位升高；单芯电缆护层出现感应电压。高速铁路供电系统是否发生稳态工频电压升高，需要根据具体线路及参数进行校核；钢轨短时工频电位升高除了与动车组工况有关，还与钢轨泄漏电入地方式和土壤电阻率有关，也需要按照具体情况考核。

3.1.3 工频电压升高危害

铁路供电的运行经验值得借鉴：西北地区某贯通线超长，尽管是架空线，电容效应严重，线路末端工频电压升高明显，曾引起线路末端变压器低压侧 220 V 电压严重偏高达 300 V，导致信号灯、照明灯烧损。青藏铁路里程达 1 956 km，全程位于高原高寒地区，贯通线里程长，工频电压升高将十分明显，不得不在设计开始就采取必要的限制措施。工频电压升高的主要危害表现如下：

(1)工频电压升高持续时间长，甚至稳定，可导致电气设备内绝缘的局部放电加剧，铁芯饱和、过热，线路绝缘子发生污秽闪络、炸裂，避雷器的电阻阀片烧坏。

(2)接触网电压持续 30 s 超过 29 kV，或者瞬间超过 31.5 kV，就会造成动车组发生牵引封锁，中断行车。

(3)工频电压升高会影响避雷器的工作条件和保护效果。因为避雷器的最大允许工作电压，是按照中性点不接地系统的电网发生单相接地时，非接地相的工频电压升高来决定的;如果提高避雷器的最大允许工作电压,则避雷器的冲击放电电压和残压也将提高,会降低避雷器的保护性能,损失系统绝缘裕度。

(4)如果系统工频电压升高时,发生的操作过电压将叠加在工频过电压之上,使操作过电压幅值更大。

(5)动车组牵引回流电沿钢轨泄漏入地,引起钢轨出现短时电位升高,将同时抬高与钢轨-综合贯通地线连接设备的地电位,使设备外壳带电,可能导致相关人员接触时发生触电危险。

(6)牵引供电中应用较多的单芯电缆,工频牵引电流通过时,在电缆护层上产生感应电。如果护层不接地,感应电压较高,可能引起电缆护层绝缘损坏。如果护层多点接地,会产生环流和发热,不仅消耗电能,还会引起电缆绝缘加速老化,甚至烧损。

所以,应该针对具体的供电线路及参数,校核和避免工频电压升高。如果运行线路有工频电压升高现象,应及时分析确认(包括实测),采取防护措施,消除工频过电压,保证供电安全。

3.1.4 感应电压

根据电磁场理论,高电压导体周围存在强电场,电场力作用到附近不接地的金属体上,使其电荷重新聚集和分布,呈现出一定的电压,称为静电感应电压;交变电流周围产生变化的磁力线,交链穿过金属环路会产生感应电流,当金属环路开口时,就会表现为感应电压,称为电磁感应电压;静电感应电压和电磁感应电压统称为感应电压。感应电与施感电源同频率。

铁路走廊空间比较窄,相邻接触网之间、接触网与相邻架空贯通线之间,由于间距不大,平行接近段较多,当一条线路带电运行,另一条线路停电检修时,带电线路作为施感电源,通过空间电磁场作用,在停电线路上产生感应电。同理,变配电所运行的高压线和设备能够对附近停电设备产生感应电。感应电压大小取决电磁感应效应的强弱,与施感电源的电压高低、电流大小、相互间距、受感应线路或设备的接地状态有关。

3.1.5 感应电压危害

供电线路或设备的检修状态,是一种停电的"特殊运行状态",从安全角度出发,希望停电检修线路或设备的工作状态是理想的"零电位"。停电线路或设备上产生的感应电压,虽然数值远比施加感应的电源电压低很多,但是,与检修所希望的"零电位"比较,仍然是一个非常大的数值,可以视为"检修线路或设备的工频电压升高"。如果检修人员触碰到感应电,可能发生触电伤亡事故。

接触网和供电设备都需要定期或不定期检修,变配电所中设备比较集中,检修前已经停电并挂接地线,基本上能够保证"零电位"的待检修状态。检修的接触网或架空贯通线,作业区可能远离变配电所，即使在变配电所的馈线出口挂接地线，由于线路长达数十千米，相邻的运行线路通过空间电磁感应，仍然可能在停电检修线路上远离挂接地线的部位产生较大的感应电压。

普速铁路的接触网停电检修时，为了减少对运输的影响，复线接触网检修采用“V 形天窗”作业，即同一个供电臂的上行与下行接触网，一路停电检修，另外一路带电运行，以保证行车不至于完全中断。对“V 停”接触网的感应电压进行实测，测试数据分散性较大，统计结果见表 3-2。牵引变电所停电馈线没挂接地线时，“V 停”接触网的感应电压非常大；停电馈线挂接地线时，近区的“V 停”接触网上感应电压几乎为 0，但远区“V 停”接触网仍有数十伏至百伏的感应电压。接触网的感应电压数值分散性很大，与线路具体环境有关，例如，相邻线路的间距、平行线段长度、馈线上网位置等。

表 3-2 复线“V 停”接触网的感应电压

变电所馈线状态	距变电所 0.1 km	距变电所 1 km	距变电所 5 km
停电，挂接地线/V	0	10～150	100～400
停电，未挂接地线/V	1 500～8 000	1 500～8 000	1 500～8 000

高速铁路夜间停止运营，动车组返回车库保养，复线上下行接触网同时停电检修，称为“垂停”检修。一般情况下，区间正线只有上下行两条接触网，垂直停电从根本上消除了上下行接触网相互产生感应电的施感电源，避免了接触网检修发生感应电伤人事件。但是，在高速和普速混合车站，或者高速和普速铁路平行接近的区段，普速铁路的接触网、架空贯通线不可能与高速铁路接触网同步停电，需要重视相互之间可能产生的感应电。以下案例足以说明问题。

紧邻接触网的某架空贯通线，串联有数百米长电缆，需要更换一段与电缆连接的架空线。架空线与电缆连接的接头位置在电杆顶上，作业安全保障措施为：连接头一侧的相邻电杆上的架空线挂一组三相接地线，连接头另一侧的电缆端头挂一组三相接地线。施工录像显示：作业人员用高压验电器对接头验电，确认线路停电，登上架空线与电缆接头的电杆，并固定安全带。在拆开最后一相连接导线时，身体剧烈晃动，头手下垂。地面协作人员看到作业者状态不正常，呼叫无应答，立即采用措施将作业人员降下电杆，送医院抢救。诊断显示作业人员已经死亡，手和身体上有明显的电烧伤痕迹。事故调查，营救过程中其他人员没有触电感觉。事故分析后对现场情况重现：(1)恢复架空线与电缆(临时)连接，再次对连接头进行验电，显示无电。(2)在确知紧邻的接触网有牵引电流时，采用绝缘工具挑开临时搭接在电缆接头上的架空导线，瞬间发出了电火花。这表明：相邻的牵引电流产生的空间交变电磁场，在“电缆非作业端头的接地线——电缆段——连接头——架空线——相邻电杆的接地线——大地——电缆非作业端头的接地线”构成的闭合回路中，产生了感应电流；当电缆与架空线的接头拆开瞬间，回路开口释放的感应电压作用到了作业人员身上。

复线接触网之间、接触网与架空贯通线之间，相互间距小、平行线段长，容易出现感应电，对检修人员的人身安全造成较大的潜在威胁。应该了解感应电产生的机理，实施可靠的安全防护措施，杜绝感应电伤人。

3.2 工频电压电流传输

3.2.1 分布参数电路

牵引供电采用 25 kV 电压，贯通线供电采用 10 kV 电压，都属于高压范畴，高压线路具有分布参数特性。单回路均匀参数供电线路模型，如图 3-1 所示，假设线路长度为 l，传输角频率为 ω 的正弦波电压电流，单位长度的电阻、电导、电感和电容分别为 R_0、G_0、L_0、C_0，不考虑大地回路影响，在 x 坐标轴上以线路末端为距离参考原点 O，线路任一个 x 点的电压 $u(x,t)$和电流 $i(x,t)$都是距离 x 和时间 t 的函数。随着线路上距离增加 dx，电压和电流也会产生相应的微分增量，据此，列出微分方程为

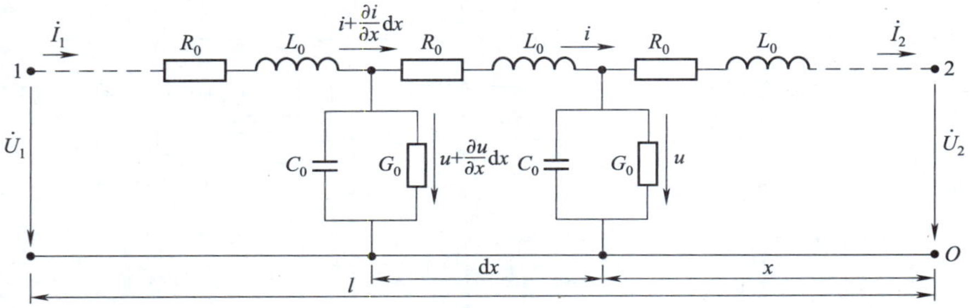

图 3-1 单回路分布参数线路模型

$$\begin{cases}\dfrac{\partial u(x,t)}{\partial x}=R_0 i(x,t)+L_0\dfrac{\partial i(x,t)}{\partial t}\\[2ex]\dfrac{\partial i(x,t)}{\partial x}=G_0 u(x,t)+C_0\dfrac{\partial u(x,t)}{\partial t}\end{cases}\tag{3-1}$$

采用运算微积分形式的拉普拉斯变换进行推导，引入复数，根据线路边界条件(已知线路末端的电压和电流)：$x=0$，$u(0,t)=\dot{U}_2$，$i(0,t)=\dot{I}_2$，可以解出线路上任一个 x 点的电压 $\dot{U}_x$ 和电流 $\dot{I}_x$ 为

$$\begin{cases}\dot{U}_x=\dot{U}_2\cosh\gamma x+Z_0\ \dot{I}_2\sinh\gamma x\\[2ex]\dot{I}_x=\dfrac{\dot{U}_2}{Z_0}\sinh\gamma x+\dot{I}_2\cosh\gamma x\end{cases}\tag{3-2}$$

式中 γ——线路的传播系数，$\gamma=\beta+\mathrm{j}\alpha=\sqrt{(R_0+\mathrm{j}\omega L_0)(G_0+\mathrm{j}\omega C_0)}$，实部 β 为衰减系数，虚部 α 为相位移系数；

Z_0——线路的特征阻抗，也称稳态波阻抗，$Z_0=\sqrt{\dfrac{R_0+\mathrm{j}\omega L_0}{G_0+\mathrm{j}\omega C_0}}$。

如果在图 3-1 中以线路首端为距离坐标原点 O（已知线路首端的电压$\dot{U}_1$和电流$\dot{I}_1$）时，则

$$\begin{cases}\dot{U}_x=\dot{U}_1\cosh\gamma x-Z_0\dot{I}_1\sinh\gamma x\\ \dot{I}_x=-\dfrac{1}{Z_0}\dot{U}_1\sinh\gamma x+\dot{I}_1\cosh\gamma x\end{cases}\tag{3-3}$$

一般情况下，供电线路的电导 $G_0\approx 0$，则 $\gamma\approx\sqrt{(R_0+\mathrm{j}\omega L_0)\mathrm{j}\omega C_0}=\mathrm{j}\omega\sqrt{L_0C_0}\left(1+\dfrac{R_0}{\mathrm{j}\omega L_0}\right)^{\frac{1}{2}}$，考虑 $\omega L_0\gg R_0$，将$\left(1+\dfrac{R_0}{\mathrm{j}\omega L_0}\right)^{\frac{1}{2}}$进行幂级数展开为 $1+\dfrac{1}{2}\dfrac{R_0}{\mathrm{j}\omega L_0}-\dfrac{1}{8}\left(\dfrac{R_0}{\mathrm{j}\omega L_0}\right)^2+\cdots$，取前两项：$\gamma\approx\dfrac{R_0}{2\sqrt{\dfrac{L_0}{C_0}}}+\mathrm{j}\omega\sqrt{L_0C_0}$，$\alpha=\omega\sqrt{L_0C_0}$，$\beta=\dfrac{R_0}{2\sqrt{\dfrac{L_0}{C_0}}}$。在讨论电磁暂态过程时，为了突出暂态振荡中的冲击趋势，以最严峻的过电压来制定防护措施，将供电线视为无损耗线：$R_0=G_0=0$，则 $Z_0=\sqrt{\dfrac{L_0}{C_0}}$，$\beta=0$，$\gamma=\mathrm{j}\alpha$，$\alpha=\dfrac{\omega}{v}$，$\cosh\gamma l=\cos\alpha l$，$\sinh\gamma l=\mathrm{j}\sin\alpha l$；其中 $v=\dfrac{1}{\sqrt{L_0C_0}}$，称为电压和电流的传播速度（简称波速），在架空线上 $v=\dfrac{1}{\sqrt{\mu_0\varepsilon_0}}=300\ \mathrm{m}/\mu\mathrm{s}$（电磁波速度，光速）；电缆介质的 $\mu_0=1$，$\varepsilon_r\approx 4$，电缆中传播速度约为 0.5 倍光速。

按照式(3-2)，当距离 $x=l$ 时，线路首端与末端的电压电流关系为

$$\begin{cases}\dot{U}_1=\dot{U}_2\cosh\gamma l+Z_0\dot{I}_2\sinh\gamma l\\ \dot{I}_1=\dfrac{1}{Z_0}\dot{U}_2\sinh\gamma l+\dot{I}_2\cosh\gamma l\end{cases}\tag{3-4}$$

将长度为 l 的线路用无源四端网络 N 来表示，如图 3-2 所示，线路首端和末端电压、电流的传输关系可用矩阵形式表达为

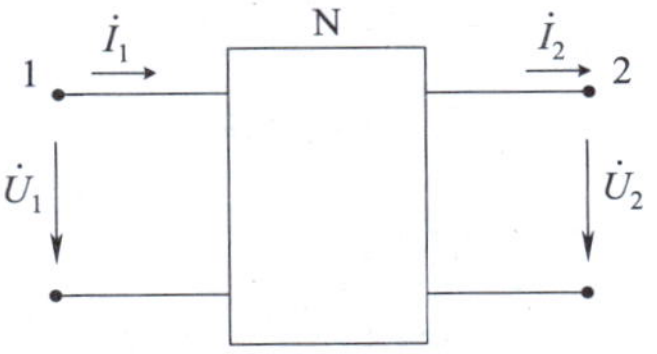

图 3-2　无源四端网络

$$\begin{bmatrix}\dot{U}_1\\ \dot{I}_1\end{bmatrix}=\begin{bmatrix}A_{11} & A_{12}\\ A_{21} & A_{22}\end{bmatrix}\begin{bmatrix}\dot{U}_2\\ \dot{I}_2\end{bmatrix}\tag{3-5}$$

或者

$$\begin{bmatrix}\dot{U}_2\\ \dot{I}_2\end{bmatrix}=\begin{bmatrix}A_{11} & A_{12}\\ A_{21} & A_{22}\end{bmatrix}^{-1}\begin{bmatrix}\dot{U}_1\\ \dot{I}_1\end{bmatrix} \tag{3-6}$$

式中，$A_{11}=A_{22}=\cosh\gamma l$，$A_{12}=Z_0\sinh\gamma l$，$A_{21}=\frac{1}{Z_0}\sinh\gamma l$，$A_{11}A_{22}-A_{12}A_{21}=1$。

3.2.2 电压传输系数与输入阻抗

已知线路上某 j 点的电压为 $\dot{U}_{\mathrm{j}}$ 和 k 点电压为 $\dot{U}_{\mathrm{k}}$，从 j 点传到 k 点的电压传输系数 K_{jk} 定义为

$$K_{\mathrm{jk}}=\frac{\dot{U}_{\mathrm{k}}}{\dot{U}_{\mathrm{j}}} \tag{3-7}$$

对于图 3-1 所示长度为 l 的分布参数线路，由于末端空载，电流 $\dot{I}_2=0$，从线路首端传输到末端的电压传输系数为

$$K_{12}=\frac{\dot{U}_2}{\dot{U}_1}=\frac{1}{\cosh\gamma l} \tag{3-8}$$

与内过电压倍数的定义比较，显然，线路首端到末端的电压传输系数，就是末端相对首端的过电压倍数。

已知线路上某 j 点的电压为$\dot{U}_{\mathrm{j}}$和电流为$\dot{I}_{\mathrm{j}}$，线路上在 j 点的输入阻抗 Z_{j} 应该与式(3-9)中 Z_{jR}一致。

$$Z_{\mathrm{jR}}=\frac{\dot{U}_{\mathrm{j}}}{\dot{I}_{\mathrm{j}}} \tag{3-9}$$

对于图 3-1 所示长度为 l 的分布参数线路，由于末端空载，电流 $\dot{I}_2=0$，线路首端的输入阻抗为

$$Z_{1\mathrm{R}}=\frac{\dot{U}_1}{\dot{I}_1}=Z_0\,\mathrm{cth}\,\gamma l \tag{3-10}$$

将供电线路作为无损线($R_0=G_0=0$，$\cosh\gamma l=\cos\alpha l$，$\sinh\gamma l=\mathrm{j}\sin\alpha l$)，末端空载($\dot{I}_2=0$)时，从线路首端到末端的电压传输系数为

$$K_{12}=\frac{\dot{U}_2}{\dot{U}_1}=\frac{1}{\cos\alpha l} \tag{3-11}$$

线路首端的输入阻抗为

$$Z_{1\mathrm{R}}=\frac{\dot{U}_1}{\dot{I}_1}=-\mathrm{j}Z_0\cot\alpha l \tag{3-12}$$

不计损耗($R_0=G_0=0$)的架空线，工频电压电流传播相位移 $\alpha=\dfrac{\omega}{v}=\dfrac{100\ \pi/\text{s}}{300\ \text{m}/\mu\text{s}}=\dfrac{\pi}{3\ 000}\cdot$ $1/\text{km}=0.06°/\text{km}$；当线路长度小于1 500 km(1/4 工频波长)时，自动满足 $0\leqslant\alpha l\leqslant\dfrac{\pi}{2}$，$\cot\alpha l$ 恒为正，空载线路的输入阻抗始终呈容性。将式(3-12)中 $\cot\alpha l$ 按级数展开得

$$\begin{aligned}Z_{1\text{R}}&=-\text{j}Z_0\cot\alpha l=-\text{j}Z_0\cot(\omega l\sqrt{L_0C_0})\\&=-\text{j}Z_0\left[\frac{1}{\omega l\sqrt{L_0C_0}}-\frac{1}{3}\omega l\sqrt{L_0C_0}-\frac{1}{45}(\omega l\sqrt{L_0C_0})^3-\cdots\right]\end{aligned}\tag{3-13}$$

对展开式(3-13)取前两项，式(3-12)可以近似为

$$Z_{1\text{R}}\approx\text{j}\left(\frac{1}{3}\omega L_0 l-\frac{1}{\omega C_0 l}\right)\tag{3-14}$$

式(3-14)表明，空载无损线路($R_0=G_0=0$)的输入阻抗 $Z_{1\text{R}}$ 可以用一个数值为 $\dfrac{1}{3}L_0 l$ 的电感和一个数值为 $C_0 l$ 的电容串联等值表示。通常，空载线路呈容性。

3.2.3　工频电压升高机理

计入线路电阻 R，根据式(3-14)作出空载线路的等值电路，如图 3-3(a)所示。假设电流 $\dot{I}_\text{c}$ 与线路首端电压 $\dot{U}_1$ 的相位差为 φ，则各元件的电压和电流矢量关系如图 3-3(b)所示。从图 3-3 可以看出，只要线路呈容性，等值容抗 $\dfrac{1}{\omega C_0 l}$ 就大于等值电抗 $\dfrac{1}{3}\omega L_0 l$，且 $\dot{U}_\text{R}$ 数值很小(一般都能够满足)，R、L、C 元件的电压与线路首端电压的矢量关系一定满足：$\dot{U}_2>\dot{U}_1$，这就是空载线路的电容效应，也称费兰梯(Ferranti)效应，导致末端工频电压比首端电压高的原因。从电路角度看，末端 C 元件上工频电压升高，是 LC 串联电路在同一电流作用下，产生的电压矢量反向叠加的结果。

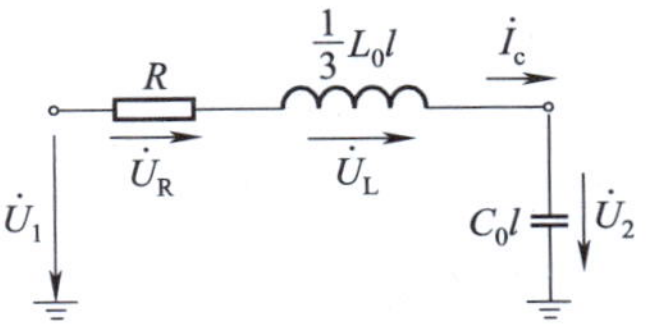

(a)等值电路

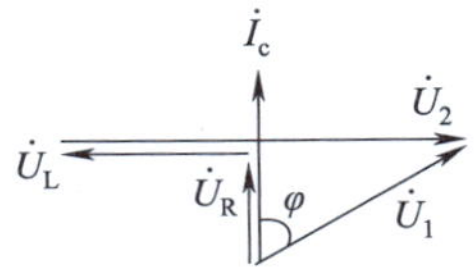

(b)矢量关系

图 3-3　线路等值电路和电压电流矢量关系

对于架空线路，不计线路损耗时，按照式(3-11)，当无损线路长度为 1 500 km 时，$\cos\alpha l=0$，电压传输系数 K_{12} 趋近无穷大，意味着线路末端电压发生了共振现象。即使考虑线路损耗，末端电压也会趋于极大值。空载线路末端电压随线路长度变化趋势如图 3-4 所示。

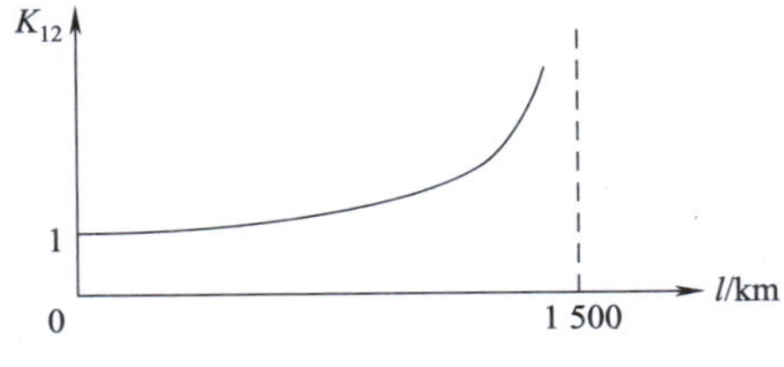

图 3-4　空载线路末端电压变化趋势

对于长度为 l，架空线路末端空载（$\dot{I}_2=0$），当距离参考原点 O 选择在线路末端，如图 3-1 所示，首端电压 $\dot{U}_1$ 传输到线路上任一 x 点电压 $\dot{U}_x$ 的电压传输系数为

$$K_{1x}=\frac{\dot{U}_x}{\dot{U}_1}=\frac{\dot{U}_x}{\dot{U}_2}\cdot\frac{\dot{U}_2}{\dot{U}_1}=\frac{\dot{U}_x}{\dot{U}_2}K_{12}=\frac{\cos\alpha x}{\cos\alpha l} \tag{3-15}$$

x 点电压 $\dot{U}_x$ 为

$$\dot{U}_x=K_{1x}\dot{U}_1=\frac{\cos\alpha x}{\cos\alpha l}\dot{U}_1 \tag{3-16}$$

实际架空线路长度 l 是确定值，l 小于 1 500 km，有 $0<\cos\alpha l<1$；线路任一点位置都满足 $x<l$，$\cos\alpha x>\cos\alpha l$，$\dot{U}_x>\dot{U}_1$。这就表明，空载线路末端电压 $\dot{U}_2$ 将高于首端电压 $\dot{U}_1$，出现工频电压升高；工频电压升高程度与线路的长度 l 有关，与线路的等值电感和电容参数有关；在线路长度相同的情况下，线路等值电容越大，工频电压越容易升高。显然，电缆线路比架空线的工频电压升高要严重。

3.2.4 电源内电抗影响

考虑电源的内电抗时，采用级联四端网络表示，如图 3-5 所示，其中无源四端子网络 NS 表示首端电源 $\dot{E}$ 的内电抗 X_S，N 表示线路，四端网络的 A 参数矩阵分别为

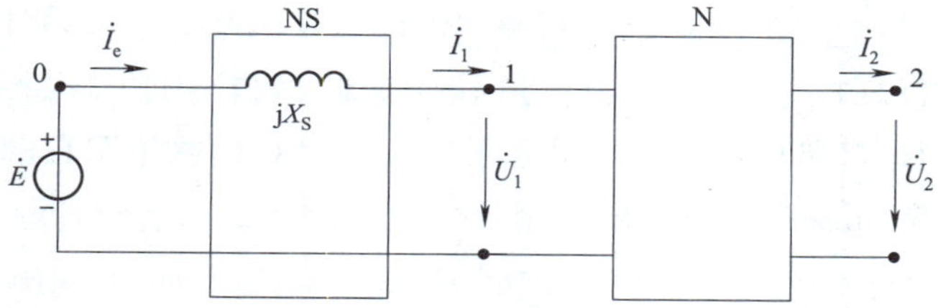

图 3-5 线路首端串联电抗器

$$[A_S]=\begin{bmatrix}1 & X_S\\0 & 1\end{bmatrix} \tag{3-17}$$

$$[A_N]=\begin{bmatrix}A_{11} & A_{12}\\A_{21} & A_{22}\end{bmatrix} \tag{3-18}$$

两个无源四端网络 NS 和 N 级联的特性为 A 参数矩阵相乘，则线路首端与末端的电压、电流关系为

$$\begin{bmatrix}\dot{E}\\\dot{I}_e\end{bmatrix}=[A_S][A_N]\begin{bmatrix}\dot{U}_2\\\dot{I}_2\end{bmatrix}=[A_{SN}]\begin{bmatrix}\dot{U}_2\\\dot{I}_2\end{bmatrix} \tag{3-19}$$

式中　$[A_{SN}]=\begin{bmatrix} A_{11}+X_S A_{21} & A_{12}+X_S A_{22} \\ A_{21} & A_{22} \end{bmatrix}$。

两个无源四端网络级联后新的 A 参数矩阵的所有元素（不是其中一个元素），共同决定线路首端到末端的电压电流传输关系。

采用电压传输系数来表达，电源电压传输到线路末端时：

$$K_{02}=\frac{\dot{U}_2}{\dot{E}}=\frac{\dot{U}_2}{\dot{U}_1}\cdot\frac{\dot{U}_1}{\dot{E}}=K_{12}K_{01}=\frac{1}{\cos\alpha l}\cdot\frac{Z_{1R}}{Z_{1R}+X_S} \tag{3-20}$$

由式(3-20)可知，线路首端到末端的电压传输关系，可以由级联无源四端网络各自对应的电压传输系数的乘积决定。

对于无损架空线路，首端输入阻抗 $Z_{1R}=-jZ_0\cot\alpha l$；令 $\tan\varphi=\frac{X_S}{Z_0}$，则式(3-20)可改写为

$$K_{02}=\frac{1}{\cos\alpha l-\frac{X_S}{Z_0}\sin\alpha l}=\frac{1}{\cos\alpha l-\tan\varphi\sin\alpha l}=\frac{\cos\varphi}{\cos(\alpha l+\varphi)} \tag{3-21}$$

将式(3-21)与式(3-11)比较可知，电源内电抗 X_S 的存在加剧了线路末端工频电压升高。从数学角度看，无穷大电源作用下在 $\alpha l=\frac{\pi}{2}$ 出现的 $\cos\alpha l=0$，由于 X_S 的存在提前在 $(\alpha l+\varphi)$ 出现了，从而导致电压传输系数 K_{02} 提前趋于无穷大。因此，内电抗 X_S 相当于增加了线路长度。显然，电源内电抗越大，相当于增加的线路越长。线路等值电容越大，工频电压升高越容易，结果就是发生同样数值的工频电压升高的实际线路长度缩短。从物理概念看，长度小于 1 500 km 的架空线路输入阻抗始终呈容性；电源内电抗 X_S 与线路等值感抗 $\frac{1}{3}\omega L_0 l$ 串联使线路总阻抗减小；在线路首端电压 $\dot{U}_1$ 不变的条件下，线路电流会增加，电容充电获得的电压 $\dot{U}_2$ 也增加；电压传输系数 $K_{12}=\frac{\dot{U}_2}{\dot{U}_1}$ 增加，导致线路末端电压上升更为严重。

3.2.5　并联电抗器影响

假设空载线路末端并联一个电抗器，其电感为 L_T，将电感 L_T 视为一个无源四端网络 NT，如图 3-6 所示，反映电感元件 L_T 的 A 参数矩阵为

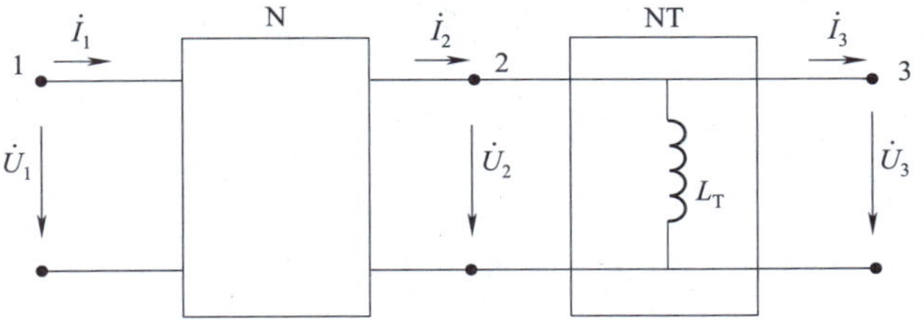

图 3-6　线路末端并联电感

$$[A_{\mathrm{T}}]=\begin{bmatrix}1 & 0\\ \dfrac{1}{\mathrm{j}\omega L_{\mathrm{T}}} & 1\end{bmatrix} \tag{3-22}$$

两个无源四端网络 N 和 NT 级联后，线路首端与末端的电压、电流传输关系为

$$\begin{bmatrix}\dot{U}_1\\ \dot{I}_1\end{bmatrix}=[A_{\mathrm{N}}][A_{\mathrm{T}}]\begin{bmatrix}\dot{U}_3\\ \dot{I}_3\end{bmatrix}=[A_{\mathrm{NT}}]\begin{bmatrix}\dot{U}_3\\ \dot{I}_3\end{bmatrix} \tag{3-23}$$

式中 $[A_{\mathrm{NT}}]=\begin{bmatrix}A_{11}+\dfrac{A_{12}}{\mathrm{j}\omega L_{\mathrm{T}}} & A_{12}\\ A_{21}+\dfrac{A_{22}}{\mathrm{j}\omega L_{\mathrm{T}}} & A_{22}\end{bmatrix}$。

注意到线路末端电流 $\dot{I}_3=0$，根据式(3-23)，不计线路损耗时，首端与末端的电压传输关系为

$$\dot{U}_1=\left(\cos\alpha l+\frac{Z_0}{\omega L_{\mathrm{T}}}\sin\alpha l\right)\dot{U}_3 \tag{3-24}$$

线路首端到末端的电压传输系数为

$$K_{13}=\frac{\dot{U}_3}{\dot{U}_1}=\frac{1}{\cos\alpha l+\dfrac{Z_0}{\omega L_{\mathrm{T}}}\sin\alpha l} \tag{3-25}$$

令 $\tan\theta=\dfrac{Z_0}{\omega L_{\mathrm{T}}}$，则式(3-25)可改写为

$$K_{13}=\frac{\cos\theta}{\cos(\alpha l-\theta)} \tag{3-26}$$

需要注意，在图 3-6 中尽管无源四端网络 NT 的电压传输系数 $K_{23}=1$，但是，级联后的无源四端网络 N 的末端状态非空载，电流 $\dot{I}_2\neq 0$，式(3-11)不成立，因此，$K_{13}=K_{12}K_{23}\neq\dfrac{1}{\cos\alpha l}$。

将式(3-26)与式(3-11)比较可知，末端电感元件接入减缓了线路末端工频电压升高。从数学角度看，无穷大电源作用下在 $\alpha l=\frac{\pi}{2}$ 应该出现的 $\cos\alpha l=0$，由于末端并联电抗器 L_{T} 延迟到 $(\alpha l-\theta)$ 才能够出现，发生同样数值的工频电压升高的实际线路就需要增加长度。从物理概念看，末端电感 L_{T} 与线路等值电容并联，使空载线路的总阻抗增大，电容效应有所减小。

如果供电线路上并联多个电感元件，可以基于图 3-6 接线进行级联，例如，接入三个电感元件，如图 3-7 所示，各个无源四端网络对应自己的线路长度和 A 参数，线路首端与末端的电压传输关系由所有无源四端网络的 A 参数矩阵乘积决定。

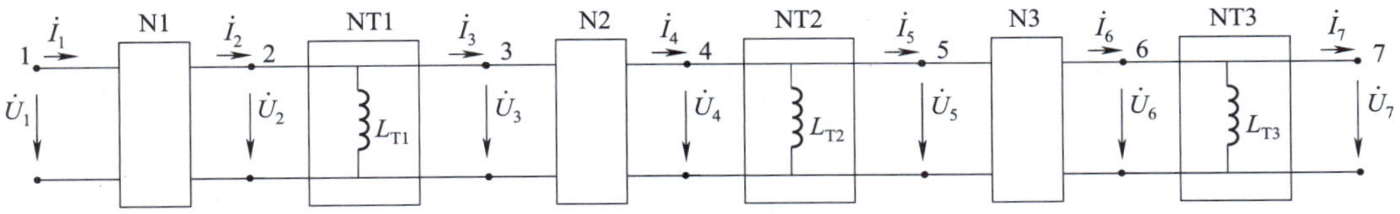

图 3-7　并联三个电感元的级联四端网络

3.2.6　工频电压升高限制

工频电压升高的根本原因是空载线路的电容效应，显然，在线路上任何位置上并联电抗器，都可以在一定程度上减小线路的电容效应和线路容性电流，起到限制工频电压升高的作用。电抗器的接入位置不同，效果有所差别，通常，在线路的首端、末端，或中间并联电抗器。并联电抗器 X_L 的容量 Q_L 与空载线路等值电容 $C_0 l$ 的无功容量 Q_C 之比为

$$k=\frac{Q_L}{Q_C}=\frac{\frac{1}{X_L}}{\frac{1}{X_C}}=\frac{1}{X_L\omega C_0 l} \tag{3-27}$$

k 称为并联电抗的补偿度，一般情况下，选择并联电抗的补偿度 $k=60\%$，就可以获得良好效果。并联电抗器的容量大小、安装位置影响线路输入阻抗，对减小线路容性电流和限制工频电压升高的程度会有所不同，不同位置的效果可以进行验算比较。

同理，如果线路上并联电阻器，也可发挥类似并联电抗器的作用。由于并联电阻器要消耗有功，电抗器几乎不消耗有功，因此，工程上限制工频电压升高时，采用并联电抗器，不用电阻器。

通常，线路的负荷电流是感性电流，加大有功负荷，能够减小电容电流的比例，也能够在一定程度上起到限制工频电压升高的作用。因此，如果供电线路出现轻微的工频电压升高，适当加大负荷，就可减小工频电压升高。这是一种利用供电能力，不需要增加设备投资就可以限制工频电压升高的方法。

高速铁路供电中，牵引网的 AT 所、分区所设置有 AT 变压器，贯通线上每间隔 2～3 km 有“T”接变压器。变压器的励磁电感并联在线路上，类似于并联电抗器，具有一定的限制工频电压升高的功效。一般情况下，高速铁路牵引网长度有限，AT 所和分区所中 AT 变压器只要不退出运行，不会出现工频电压升高；贯通线首端的电抗器和线路上的箱变不退出运行，也不会发生工频电压升高。

3.3 单相接地工频电压升高

高速铁路贯通线全程采用单相电缆，电源中性点经过小电阻接地，线路发生单相接地故障时，一般情况下，短路电流极大，配电所馈线断路器立即跳闸切除接地电流。如果发生故障点经数值较大的高阻抗单相接地，由于接地电流较小，非接地相导线也不能提供潜供电流，启动不了断路器跳闸(尽管不跳闸现象少见，但可能存在)，这时非接地相可能出现工频电压升高。另外，配电所两路进线电源取自电力系统，10 kV 或 35 kV 电力系统的中性点不接地，配电所中变压器的受电侧是△接线方式，没有中性点。10 kV 或 35 kV 配电所进线往往采用架空线，发生单相接地时，接地电流小，电源不跳闸，会造成配电所母线对地电压不平衡。以下分析这两种情况的工频电压升高。

3.3.1 贯通线单相接地

三相贯通线的电源中性点经过 10 Ω 小电阻 r 接地，各相电源分别为$\dot{E}_A$，$\dot{E}_B$，$\dot{E}_C$，假设空载线路 A 相发生稳定的高阻抗 R_g 接地，配电所馈线断路器没有跳闸，考虑到贯通线负荷很小，忽略负荷电流，如图 3-8 所示，接地点 d 处的边界条件为

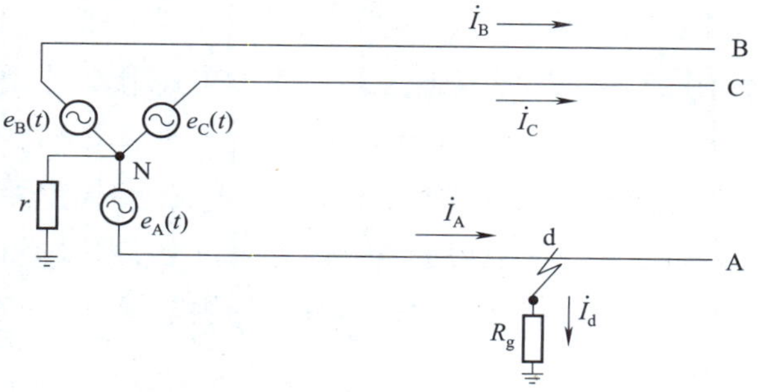

图 3-8 贯通线单相接地

$$\begin{cases}\dot{U}_A=\dot{U}_{A1}+\dot{U}_{A2}+\dot{U}_{A0}=(r+R_g)\dot{I}_d \\ \dot{I}_B=\dot{I}_C=0\end{cases} \tag{3-28}$$

式中 $\dot{U}_{A1}$，$\dot{U}_{A2}$，$\dot{U}_{A0}$——线路接地点 d 处 A 相的正序、负序、零序相电压；

$\dot{I}_d$——线路 d 点接地相电流，$\dot{I}_d=\dot{I}_A$。

按照对称分量法，计入接地点 d 的边界条件式(3-28)，可以写出下列矩阵方程：

$$\begin{bmatrix}\dot I_{A1}\\ \dot I_{A2}\\ \dot I_{A0}\end{bmatrix}=\frac{1}{3}\begin{bmatrix}1 & a & a^2\\ 1 & a^2 & a\\ 1 & 1 & 1\end{bmatrix}\begin{bmatrix}\dot I_A\\ \dot I_B\\ \dot I_C\end{bmatrix}=\frac{\dot I_A}{3}\begin{bmatrix}1\\ 1\\ 1\end{bmatrix} \tag{3-29}$$

式中　$\dot I_{A1}, \dot I_{A2}, \dot I_{A0}$——线路接地点 d 处 A 相的正序、负序、零序相电流；

a——矢量旋转因子，也称为算子，$a=e^{j120^\circ}=-\frac{1}{2}+j\frac{\sqrt{3}}{2}$。

解方程(3-29)可得

$$\dot I_{A1}=\dot I_{A2}=\dot I_{A0}=\frac{1}{3}\dot I_A \tag{3-30}$$

$$\begin{bmatrix}\dot U_{A1}\\ \dot U_{A2}\\ \dot U_{A0}\end{bmatrix}=\begin{bmatrix}\dot E_A\\ 0\\ 0\end{bmatrix}-\begin{bmatrix}Z_1 & 0 & 0\\ 0 & Z_2 & 0\\ 0 & 0 & Z_0\end{bmatrix}\begin{bmatrix}\dot I_{A1}\\ \dot I_{A2}\\ \dot I_{A0}\end{bmatrix}=\begin{bmatrix}\dot E_A\\ 0\\ 0\end{bmatrix}-\dot I_{A1}\begin{bmatrix}Z_1\\ Z_2\\ Z_0\end{bmatrix} \tag{3-31}$$

式中　$\dot E_A$——A 相电源的相电压；

Z_1, Z_2, Z_0——从接地点 d 处看入电网(此时电源电势作短接处理)总的正序、负序、零序阻抗，这些阻抗不仅是线路的，也包括线路上箱变的等值电抗。

由矩阵方程(3-31)可得

$$\begin{cases}\dot U_{A1}=\dot E_A-Z_1\dot I_{A1}\\ \dot U_{A2}=-Z_2\dot I_{A2}\\ \dot U_{A0}=-Z_0\dot I_{A0}\end{cases} \tag{3-32}$$

将式(3-30)、式(3-32)代入式(3-28)，得

$$\dot E_A-Z_1\dot I_{A1}-Z_2\dot I_{A2}-Z_0\dot I_{A0}=3(r+R_g)\dot I_{A1} \tag{3-33}$$

根据式(3-30)、式(3-32)、式(3-33)作出复合序网络，如图 3-9 所示。

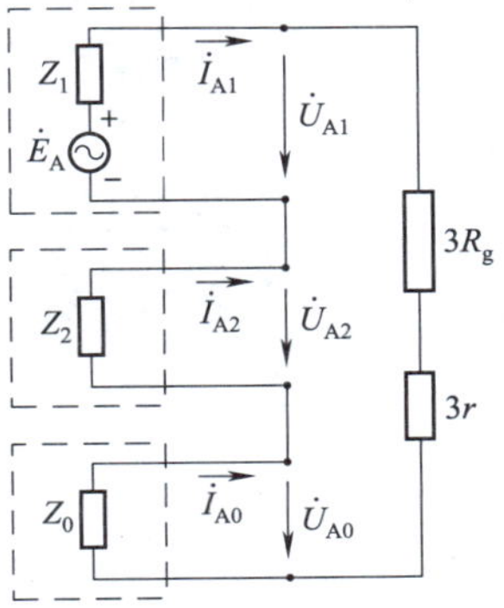

图 3-9　贯通线单相接地复合序网络

根据式(3-33)可以解得

$$\dot I_{A1}=\frac{\dot E_A}{Z_1+Z_2+Z_0+3(r+R_g)} \tag{3-34}$$

单相接地电流的绝对值为

$$I_d=|\dot I_A|=|\dot I_{A1}+\dot I_{A2}+\dot I_{A0}|=\left|\frac{3\dot E_A}{Z_1+Z_2+Z_0+3(r+R_g)}\right| \tag{3-35}$$

将式(3-34)、式(3-30)代入式(3-32),得到A相各序分量的相电压为

$$\begin{cases}\dot{U}_{A1}=\dot{E}_A-Z_1\dot{I}_{A1}=\dfrac{Z_2+Z_0+3(r+R_g)}{Z_1+Z_2+Z_0+3(r+R_g)}\dot{E}_A\\ \dot{U}_{A2}=-Z_2\dot{I}_{A2}=\dfrac{-Z_2}{Z_1+Z_2+Z_0+3(r+R_g)}\dot{E}_A\\ \dot{U}_{A0}=-Z_0\dot{I}_{A0}=\dfrac{-Z_0}{Z_1+Z_2+Z_0+3(r+R_g)}\dot{E}_A\end{cases} \tag{3-36}$$

按照对称分量法,非接地相(也称健全相)在接地点d处的相电压为

$$\begin{cases}\dot{U}_B=a^2\dot{U}_{A1}+a\dot{U}_{A2}+\dot{U}_{A0}=\dfrac{(a^2-a)Z_2+(a^2-1)Z_0+a^2\cdot 3(r+R_g)}{Z_1+Z_2+Z_0+3(r+R_g)}\dot{E}_A\\ \dot{U}_C=a\dot{U}_{A1}+a^2\dot{U}_{A2}+\dot{U}_{A0}=\dfrac{(a-a^2)Z_2+(a-1)Z_0+a\cdot 3(r+R_g)}{Z_1+Z_2+Z_0+3(r+R_g)}\dot{E}_A\end{cases} \tag{3-37}$$

由于贯通线的正序和负序阻抗相等 $Z_1=Z_2$,忽略线路的损耗电阻 $Z_1=Z_2=\mathrm{j}X_1$(接地点的入口阻抗就是线路感抗和电源内电抗的串联值),线路零序阻抗 $Z_0=\mathrm{j}X_0$,将串联的中性点小电阻与接地电阻记为:$r+R_g=R$,则B相的相电压表达式可改写为

$$\dot{U}_B=\frac{(a^2-a)\mathrm{j}X_1+(a^2-1)\mathrm{j}X_0+a^2\cdot 3R}{\mathrm{j}2X_1+\mathrm{j}X_0+3R}\dot{E}_A=\beta_B\dot{E}_A \tag{3-38}$$

式中 β_B——B相的接地系数,反映了非接地的B相对地电压升高倍数。

式(3-38)表明,贯通线发生高阻抗接地不跳闸时,非接地相工频电压($\dot{U}_B$)数值大小就是相电压($\dot{E}_A$)的 β_B 倍。通常,接地系数 $0<\beta_B<\sqrt{3}$;贯通线发生高阻抗接地不跳闸时,非接地相电压升高一般不超过线电压。

同理,接地点d处的非接地相C的相电压表达式也可以改写为

$$\dot{U}_C=\frac{(a-a^2)\mathrm{j}X_2+(a-1)\mathrm{j}X_0+a\cdot 3R}{\mathrm{j}2X_1+\mathrm{j}X_0+3R}\dot{E}_A=\beta_C\dot{E}_A \tag{3-39}$$

式中 β_C——C相的接地系数,通常接地系数 $0<\beta_C<\sqrt{3}$。

尽管贯通线发生高阻抗接地不跳闸时,非接地相的工频电压升高不多,但是,持续接地电流会导致三相设备不平衡运行,出现局部过热等问题,影响供电质量和安全,需要尽快排除故障。

顺便指出,普速铁路贯通线的电源中性点不接地($r\to\infty$),如果发生单相接地电阻 $R_g=0$(相当于金属性接地),这时两个非接地相的电压升高倍数相等,数值为

$$\beta=\beta_B=\beta_C=\sqrt{\frac{\left(1.5\dfrac{X_0}{X_1}\right)^2}{\left(2+\dfrac{X_0}{X_1}\right)^2}+\frac{3}{4}} \tag{3-40}$$

当 $\dfrac{X_0}{X_1}>0$,$0<\beta<\sqrt{3}$,非接地相电压不高;当 $\dfrac{X_0}{X_1}=-2$,β 无穷大,电压将急剧升高。

3.3.2 配电所电源侧单相接地

配电所电源取自 10 kV 或 35 kV 中性点不接地电力系统，进线多采用架空线，也可能含电缆段，受电变压器一次侧为△连接，如图 3-10 所示。若 $e_A(t)=E_m\sin\omega t$，$e_B(t)=E_m\sin(\omega t-120°)$，$e_C(t)=E_m\sin(\omega t+120°)$，进线发生单相接地，忽略线路的损耗电阻和电抗，接地点 d 的边界条件为

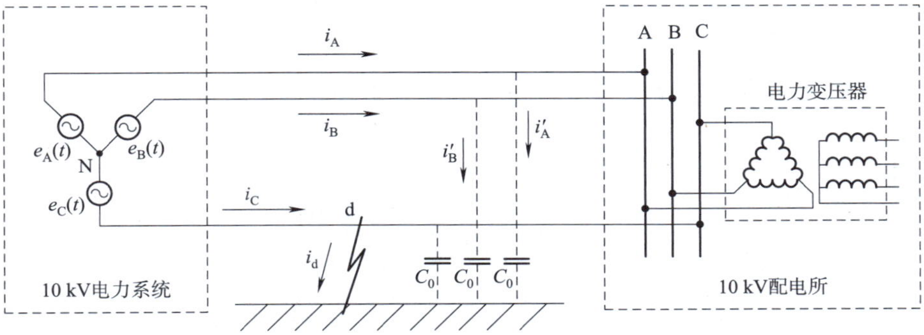

图 3-10　10 kV 配电所电源进线单相接地

$$\dot{U}_d=\dot{E}_C+\dot{U}_N=0 \tag{3-41}$$

式中　$\dot{U}_d$——单相接地时 C 相导线对地的相电压；

$\dot{E}_C$——C 相电源电压；

$\dot{U}_N$——中性点对地电压。

根据式(3-41)，可以解得

$$\dot{U}_N=-\dot{E}_C \tag{3-42}$$

单相接地时系统中性点电压升高到相电压 $-E_C$，非接地的 A 相、B 相的电压升高为

$$\begin{cases}\dot{U}_A=\dot{E}_A+\dot{U}_N=\dot{E}_A-\dot{E}_C=\sqrt{3}\dot{U}_N e^{-j150°}\\ \dot{U}_B=\dot{E}_B+\dot{U}_N=\dot{E}_B-\dot{E}_C=\sqrt{3}\dot{U}_N e^{+j150°}\end{cases} \tag{3-43}$$

按照式(3-43)及电压、电流相量关系，绘出 C 相发生单相接地时各相量如图 3-11 所示。

可见，单相接地导致三相对称电压 $\dot{U}_A$、$\dot{U}_B$、$\dot{U}_C$ 发生了相位移，图中 A、B、C 三点分别移到 A′、B′、C′，非接地 A 相、B 相的电压相位差为 60°，数值升高$\sqrt{3}$倍。接地后三相线电压 $\dot{U}_{A'B'}$、$\dot{U}_{B'C'}$、$\dot{U}_{C'A'}$ 的相位关系和大小都没变化，对负

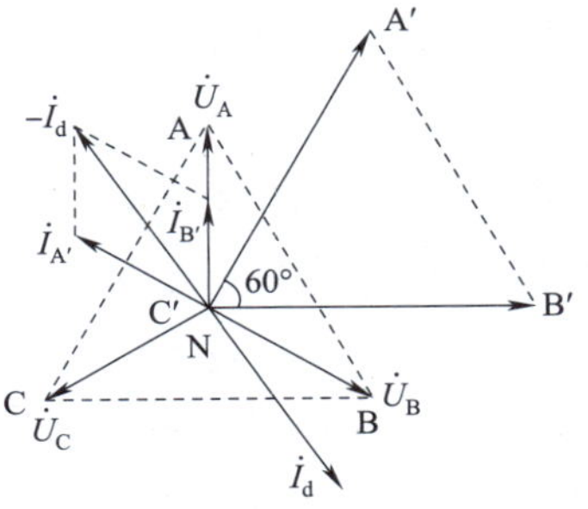

图 3-11　单相接地时电压电流相量关系

荷(配电所)供电影响不大,为提高供电可靠性,电源不跳闸,允许接地持续运行 1～2 h。非接地的 A 相、B 相提供的接地电流为

$$\dot{I}_{d}=-(\dot{I}_{A'}+\dot{I}_{B'}) \tag{3-44}$$

考虑到线路各相对地电容均为 C_0,非接地的 A 相、B 相入地电流为

$$\begin{cases}\dot{I}_{A'}=-j\omega C_0\dot{U}_{A'}=j\sqrt{3}\omega C_0\dot{U}_{C}e^{-j150^{\circ}}\\ \dot{I}_{B'}=-j\omega C_0\dot{U}_{B'}=j\sqrt{3}\omega C_0\dot{U}_{C}e^{+j150^{\circ}}\end{cases} \tag{3-45}$$

单相接地电流大小为

$$I_{d}=\left|\dot{I}_{d}\right|=\left|-(j\sqrt{3}\omega C_0\dot{U}_{C}e^{-j150^{\circ}}+j\sqrt{3}\omega C_0\dot{U}_{C}e^{+j150^{\circ}})\right|=\left|j3\omega C_0\dot{U}_{C}\right|=3\omega C_0 E \tag{3-46}$$

3.4 钢轨电位升高

3.4.1 钢轨电位产生机理

钢轨不仅是动车组的走行导轨、沿途信号装置的轨道电路之外,也是动车组牵引回流的电路组成部分。钢轨敷设在(路基)道床上,含有碎石沙砾的道床由于尘土、泥土和雨水的渗入,对地存在一定电导;预制式无砟轨道由于混凝土结构中的钢筋连接,对地也会存在电导。钢轨泄漏电导(参考值)见表 3-3。

表 3-3 钢轨泄漏电导(参考值)

气象环境	无砟轨道电导/(S·km^{-1})	碎石沙砾轨道电导/(S·km^{-1})
晴天	<0.02	<0.1
雨天	0.1	0.2

按照电工理论,零电位在无穷远点;工程中往往以地面作为参考零电位。钢轨和地中没有电流时,钢轨与地面都是零电位;钢轨中有电流时,钢轨的零电位参考点在无穷远处,钢轨电压就是钢轨电位。根据 AT 供电原理,供电臂上所有 AT 变压器二次绕组共同向动车组提供牵引电流,动车组与各 AT 变压器之间的钢轨上存在牵引回流,一部分电流沿钢轨流动产生电位降,另一部分电流沿钢轨泄漏入地,钢轨泄漏电阻作用,导致钢轨出现工频电位升高。

根据 AT 供电原理,正馈线 F 不直接对动车组供电,为了简化分析,假设供电臂上有两台 AT 变压器,忽略 AT 变压器的励磁电流,两 AT 变压器之间只有一列动车组,动车组从前后 AT 变压器二次绕组取流,钢轨回流电,以及钢轨泄漏入地电流,通过 AT 所接地装置返回到 AT 变压器中性点,如图 3-12 所示。图中 T 为接触网,R 为钢轨;两条钢轨上回流电大小相等、方向一致,可以合并为一条分布参数电路;钢轨单位长度纵向电感和电阻分别为

L_0 和 r_0，单位长度泄漏电阻为 R_0，接触网与钢轨之间单位长度互感为 M；AT 所接地电阻为 r，AT1 和 AT2 变压器相距 l_{12}，按照动车组位置对应的接触网阻抗比例，分别向动车组提供电流 i_1 和 i_2，接触网电流无泄漏，动车组工作电流为 $i=i_1+i_2$。

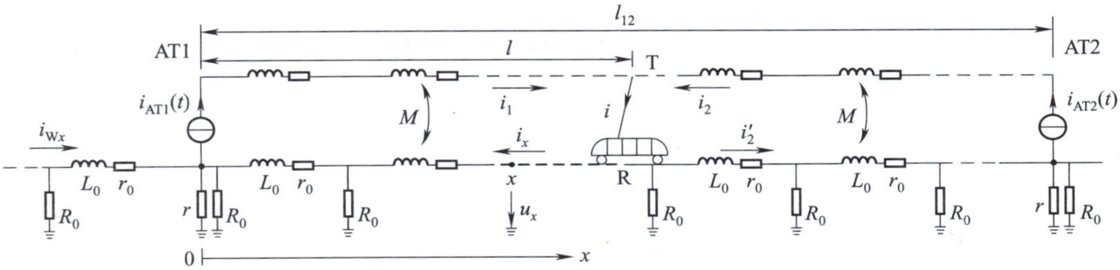

图 3-12　动车组取流与钢轨电路

图 3-12 中，动车组牵引动力由 AT1 变压器提供电流 i_{AT1}，AT2 变压器提供电流 i_{AT2}。双电源同时对动车组供电，按照叠加原理，可以分别考虑为各电源单独作用的叠加。

1. 电源 AT1 单独供电

电源 AT1 单独对动车组供电时，AT2 电源不作用，动车组至 AT2 之间的接触网中无电流，钢轨视为半无限长分布参数电路，以 AT1 位置为 x 轴的坐标零点，坐标轴方向 x 向右，如图 3-12 所示，动车组所在位置 $x=l$，钢轨上任何一点的电位 u_x 和电流 i_x 都是时间和距离的函数：$u_x(x,t)$、$i_x(x,t)$。

(1)0～l 区间的钢轨电位电流计算

如图 3-12 所示，稳定且无泄漏的牵引电流 $i_1(t)$ 不随距离变化，计入接触网与钢轨之间的电磁耦合作用，列出 0～l 区间任意 x 点钢轨电位 $u_x(x,t)$ 和电流 $i_x(x,t)$ 的微分方程为

$$\begin{cases}\dfrac{\partial u_x(x,t)}{\partial x}=r_0 i_x(x,t)+L_0\dfrac{\partial i_x(x,t)}{\partial t}-M\dfrac{\mathrm{d}i_1(t)}{\mathrm{d}t}\\[2ex]\dfrac{\partial i_x(x,t)}{\partial x}=\dfrac{1}{R_0}u_x(x,t)\end{cases}\tag{3-47}$$

采用运算微积分的拉普拉斯变换形式：$u(x,t)\Leftrightarrow U(x,p)$，$i(x,t)\Leftrightarrow I(x,p)$，将式(3-47)改写为

$$\begin{cases}\dfrac{\mathrm{d}U_x(x,p)}{\mathrm{d}x}=(r_0+L_0 p)I_x(x,p)-MpI_1(p)\\[2ex]\dfrac{\mathrm{d}I_x(x,p)}{\mathrm{d}x}=\dfrac{1}{R_0}U_x(x,p)\end{cases}\tag{3-48}$$

钢轨回流是稳态工频交流电，令式(3-48)中 $p=\mathrm{j}\omega$，引入复数形式的电压 $\dot{U}$ 和电流 $\dot{I}$ 进行计算，式(3-48)可再次改写为

$$\begin{cases}\dfrac{\mathrm{d}\dot{U}_x(x)}{\mathrm{d}x}=z_2\dot{I}_x(x)-z_M\dot{I}_1\\[2ex]\dfrac{\mathrm{d}\dot{I}_x(x)}{\mathrm{d}x}=\dfrac{1}{R_0}\dot{U}_x(x)\end{cases}\tag{3-49}$$

式中　z_2——钢轨单位长度的自阻抗，$z_2=r_0+\mathrm{j}\omega L_0$，Ω/km；

z_M——接触网与钢轨之间单位长度的互阻抗，$z_M=\mathrm{j}\omega M$，Ω/km。

对式(3-49)求二阶导数，变换为二阶常微分方程

$$\begin{cases}\dfrac{\mathrm{d}^2\dot{U}_x(x)}{\mathrm{d}x^2}=\gamma^2(\mathrm{j}\omega)\dot{U}_x(x)\\[2ex]\dfrac{\mathrm{d}^2\dot{I}_x(x)}{\mathrm{d}x^2}=\gamma^2(\mathrm{j}\omega)\dot{I}_x(x)\end{cases}\tag{3-50}$$

式中　$\gamma(\mathrm{j}\omega)$——钢轨的电磁波传播系数，$\gamma(\mathrm{j}\omega)=\sqrt{\dfrac{z_2}{R_0}}$。

式(3-50)的通解形式为

$$\begin{cases}\dot{U}_x(x)=A_1\mathrm{e}^{\gamma x}+A_2\mathrm{e}^{-\gamma x}\\[1ex]\dot{I}_x(x)=\dfrac{1}{z_0}(A_1\mathrm{e}^{\gamma x}-A_2\mathrm{e}^{-\gamma x})+k\dot{I}_1\end{cases}\tag{3-51}$$

式中　z_0——钢轨的特性阻抗，$z_0=\sqrt{z_2R_0}$，沿钢轨纵向任何一点看入的等值阻抗等于特性阻抗 z_0；

k——接触网与钢轨的耦合系数，$k=\dfrac{z_M}{z_2}$；

A_1、A_2——积分常数。

AT1 变压器位置的边界条件为

$$\begin{cases}x=0\\[1ex]\dot{U}_x(0)=-\dfrac{z_0r}{z_0+r}[\dot{I}_1-\dot{I}_x(0)]\end{cases}\tag{3-52}$$

动车组位置的边界条件为

$$\begin{cases}x=l\\[1ex]\dot{U}_x(l)=z_0[\dot{I}_1-\dot{I}_x(l)]\end{cases}\tag{3-53}$$

根据边界条件和式(3-51)计算的$\dot{I}_x(0)$、$\dot{U}_x(l)$，解得微分方程的积分常数为

$$\begin{cases}A_1=\dfrac{1-k}{2}z_0\dot{I}_1\mathrm{e}^{-\gamma l}\\[2ex]A_2=-\dfrac{1-k}{2}z_0\dot{I}_1\dfrac{2r+z_0\mathrm{e}^{-\gamma l}}{z_0+2r}\end{cases}\tag{3-54}$$

微分方程式(3-50)的定解，即 $0\leqslant x\leqslant l$ 区间上钢轨电位和电流为

$$\begin{cases}\dot{U}_x(x)=-\dfrac{1-k}{2}z_0\dot{I}_1\left[\dfrac{2r+z_0\mathrm{e}^{-\gamma l}}{z_0+2r}\mathrm{e}^{-\gamma x}-\mathrm{e}^{-\gamma(l-x)}\right] & (0\leqslant x\leqslant l)\\ \dot{I}_x(x)=\dfrac{1-k}{2}\dot{I}_1\left[\dfrac{2r+z_0\mathrm{e}^{-\gamma l}}{z_0+2r}\mathrm{e}^{-\gamma x}+\mathrm{e}^{-\gamma(l-x)}\right]+k\dot{I}_1 & (0\leqslant x\leqslant l)\end{cases}\tag{3-55}$$

忽略 AT 所接地电阻，$r=0$，式(3-55)可写为

$$\begin{cases}\dot{U}_x(x)=-\dfrac{1-k}{2}z_0\dot{I}_1[\mathrm{e}^{-\gamma(l+x)}-\mathrm{e}^{-\gamma(l-x)}] & (0\leqslant x\leqslant l)\\ \dot{I}_x(x)=\dfrac{1-k}{2}\dot{I}_1[\mathrm{e}^{-\gamma(l+x)}+\mathrm{e}^{-\gamma(l-x)}]+k\dot{I}_1 & (0\leqslant x\leqslant l)\end{cases}\tag{3-56}$$

(2)$x<0$ 和 $x>l$ 区间的钢轨电位电流计算

电源 AT1 独立作用下，$0\sim l$ 区间之外的接触网中没有电流，接触网与钢轨之间不存在电磁耦合。考虑 $x<0$ 和 $x>l$ 区间的钢轨电流 $I_{\mathrm{W}x}(x,t)$时，稳态交流电作用下，钢轨上任意 x 点电压 $u_x(x,t)$和电流 $i_{\mathrm{W}x}(x,t)$的微分方程为

$$\begin{cases}-\dfrac{\mathrm{d}\dot{U}_x(x)}{\mathrm{d}x}=z_2\dot{I}_{\mathrm{W}x}(x)\\ -\dfrac{\mathrm{d}\dot{I}_{\mathrm{W}x}(x)}{\mathrm{d}x}=\dfrac{1}{R_0}\dot{U}_x(x)\end{cases}\tag{3-57}$$

在 $x>l$ 区间，接触网对钢轨的耦合系数 $k=0$，$x=l$ 时，钢轨电位按照式(3-56)计算，可以得到相应的边界条件为

$$\begin{cases}x\to\infty,\dot{U}_x(\infty)=0\\ x=l,\dot{U}_x(l)=-\dfrac{1}{2}z_0\dot{I}_1(\mathrm{e}^{-2\gamma l}-1)\end{cases}\tag{3-58}$$

根据边界条件，可得微分方程式(3-57)的定解，即 $x>l$ 区间上钢轨电位和电流为

$$\begin{cases}\dot{U}_x(x)=-\dfrac{1}{2}z_0\dot{I}_1(\mathrm{e}^{-2\gamma l}-1)\mathrm{e}^{-\gamma(x-l)} & (x>l)\\ \dot{I}_{\mathrm{W}x}(x)=-\dfrac{1}{2}\dot{I}_1(\mathrm{e}^{-2\gamma l}-1)\mathrm{e}^{-\gamma(x-l)} & (x>l)\end{cases}\tag{3-59}$$

式(3-59)中，当 x 取“负值”，就可以描述 AT1 电源单独作用下动车组工作电流在 $x<0$ 区间上的钢轨电位和电流工况。

按照式(3-56)、式(3-59)画出钢轨电位 $\dot{U}_x(x)$和电流 $\dot{I}_x(x)$随着距离变化的分布曲线，如图 3-13、图 3-14 所示。

2. 电源 AT2 单独供电

电源 AT2 单独对动车组供电时，AT1 电源不作用，动车组至 AT1 之间的接触网中无电流，以 AT2 位置为 x 坐标零点，在图 3-12 中改变坐标轴方向 x 向左，按照上述方法计算，与电源 AT1 单独供电的结果比较，除了 x 轴方向相反之外，其他相同。

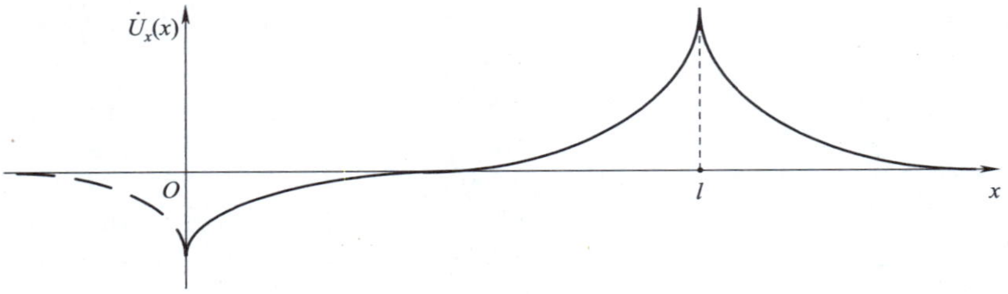

图 3-13　电源 AT1 单独作用下钢轨电位 $\dot{U}_x(x)$ 随着距离 x 变化的分布曲线（虚线考虑 $r\neq0$）

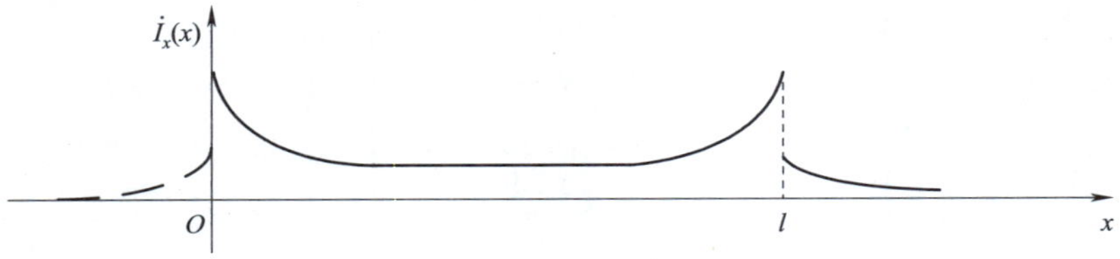

图 3-14　电源 AT1 单独作用下钢轨电流 $\dot{I}_x(x)$ 随着距离 x 变化的分布曲线（虚线考虑 $r\neq0$）

3. 电源 AT1 和 AT2 共同作用

根据叠加原理，将电源 AT1 和 AT2 单独对动车组供电的结果相加，就是 AT1 和 AT2 共同作用的结果。钢轨电位 $\dot{U}_x(x)$ 和电流 $\dot{I}_x(x)$ 随着距离变化的分布曲线，如图 3-15、图 3-16 所示。

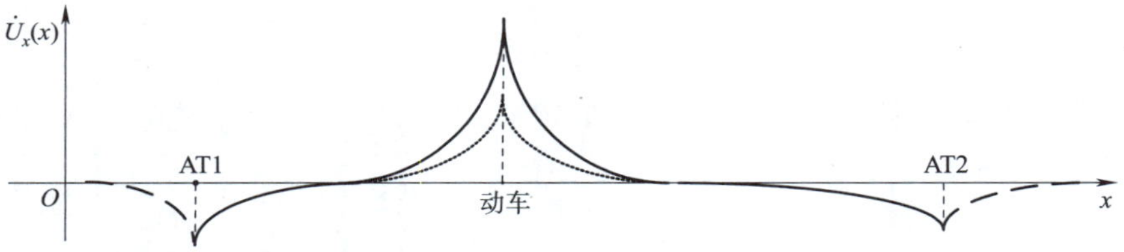

图 3-15　电源 AT1 和 AT2 同时供电时钢轨电位 $\dot{U}_x(x)$ 分布曲线（虚线考虑 $r\neq0$）

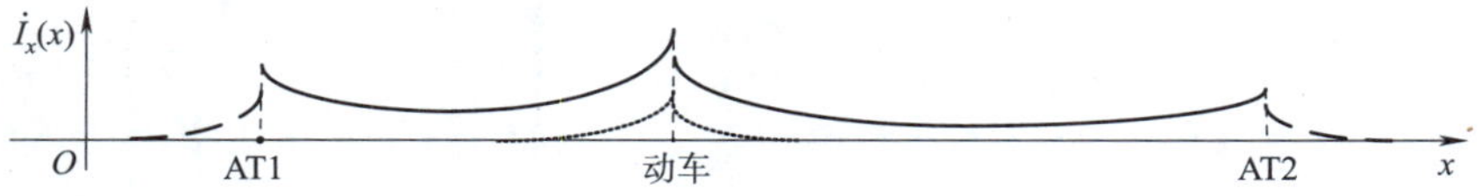

图 3-16　电源 AT1 和 AT2 同时供电时钢轨电流 $\dot{I}_x(x)$ 分布曲线（虚线考虑 $r\neq0$）

从图 3-13～图 3-16 可以看到，忽略 AT 变压器励磁电流，两个 AT 变压器区间之外的接触网无动车组的工作电流，动车组所在位置的钢轨电位最大，为“正电位”；电源 AT1 和 AT2 位置的钢轨电位较小，为“负电位”；动车组至电源 AT1 中间、至 AT2 中间的钢轨电位为零值。在AT1至AT2区间中，动车组位置前后的钢轨电位电流按指数规律衰减；在$x<0$区间，当AT所的接地电阻$r=0$，钢轨电位和电流均为零；当$r\neq0$，钢轨的电位电流也按指数规律衰减。

4. 钢轨电位分析

（1）钢轨电位产生根源是钢轨电流泄漏入地，在钢轨的泄漏电阻R_0上产生电压降，反映了沿钢轨泄漏入地和返回电源过程中电流引起地电位变化的物理现象。理论上零电位在无穷远点或地心，电流总是从高电位流向低电位；当钢轨电位与入地电流方向一致，钢轨电位是正，反之为负。动车组位置及附近的钢轨电位与泄漏入地电流方向一致，呈现为“正电位”；在AT1和AT2位置，电源强制作用相当于从地中“抽取回流电”，钢轨电位与地中返回电流方向相反，呈现为“负电位”。动车组与电源AT1或AT2中间是正负电位过渡点，按照函数的连续性，这里的钢轨电位必然呈现为零值。

（2）钢轨电位由泄漏入地电流产生，钢轨上任何位置的泄漏电流都来自动车组，动车组位置的电流最大，必然导致其钢轨电位也大。动车组快速运动，钢轨最大电位的位置也随之移动。供电臂上只有两台AT变压器、一辆动车组时，返回到电源AT1或AT2的电流只是动车组电流的一部分，因此，AT位置的钢轨电位必然小于动车组位置的电位。如果供电臂上不止两台AT变压器，且有多辆动车组运行时，AT位置的钢轨电位可用叠加方法确定；钢轨电位大小，与动车组电流、位置有关。

（3）钢轨的阻抗远小于土壤阻抗，动车组电流大部分经钢轨返回电源AT1或AT2，因此，电源AT1或AT2至动车组的区间上钢轨有持续电流。钢轨电流从动车组位置开始，起始段电流最大，随着泄漏电流入地逐渐减少；接近电源位置时地中电流被逐渐“抽取”回来，钢轨电流逐渐增加，使钢轨电流的分布呈现为“U”形状态。

（4）如果忽略AT1和AT2的接地电阻（$r=0$），地中返回电流到达$r=0$位置，全部被电源AT1或AT2吸收，$x<0$区间钢轨收集地中剩余电流为零，钢轨电位也就为零，如图3-13～图3-16中实线所示。如果考虑AT接地电阻$r\neq0$，地中返回的部分电流会通过AT所附近的钢轨回到AT电源，因此，$x<0$附近的钢轨上会存在一定的电位和电流，如图3-13～图3-16中虚线所示。

（5）AT1或AT2电源单独作用时，$x\geqslant l$区间的钢轨电位电流按指数规律衰减，如图3-13、图3-14所示，是因为土壤阻抗大于钢轨阻抗、$+\infty$也是零电位，高电位电流有流向低电位的特性，$x\geqslant l$区间的钢轨是泄漏电流入地路径的一部分，因此，存在衰减的钢轨电位电流。

（6）AT1或AT2电源单独作用时，动车组至电源之间的接触网有电流，接触网与钢轨之间存在电磁耦合；忽略AT变压器的励磁电流，动车组至电源之外的区间接触网没有动车组的工作电流，接触网与钢轨不存在电磁耦合。另外，动车组至电源之间的钢轨回流电受到电源的强制作用，动车组至电源的区间之外，钢轨电流向无限远点参考零电位自由扩散。因此，动车组位置两侧的接触网与钢轨的电磁耦合系数发生突变，钢轨电流传播的约束方式突变，导致 $x=l$ 点的钢轨电流呈现为不连续的突跳现象。

上述分析仅仅是解释图 3-13～图 3-16，是基于理想的 VX 接线变压器和 AT 供电原理，没有考虑 AT 变压器的励磁电流，没有计入 PW 线、变电所地网的回流电。实际运行中，钢轨电位电流分布要复杂得多，但仍可计入有关因素应用叠加原理进行类似计算和分析，动车组和 AT 电源对应的钢轨位置一定是极值点。

3.4.2 影响钢轨电位因素

钢轨电位由钢轨泄漏入地电流产生，泄漏电流大小与电流入地方式和土壤电阻率等因素有关，与动车组工况、位置有关，与 AT 变压器数量、电源内阻抗以及接触网阻抗有关。一般情况下，钢轨上有回路电，就存在泄漏入地电流，就有钢轨电位；钢轨上没有电流，就不存在泄漏电和钢轨电位。影响钢轨电位的因素主要为：

(1)AT 供电工程中，设置有 PW 线和综合贯通地线，采用 CPW 线和并联电缆连接钢轨、PW 线和综合贯通地线。PW 线和综合贯通地线的并联间距越小，回流电路的阻抗就越小、导电性越好，钢轨泄漏入地电流就会减少，钢轨电位也就降低。

(2)钢轨的特性阻抗涉及电流的传播常数，也影响钢轨泄漏电流大小。钢轨泄漏电流入地的方式与道床结构和状态有关，路基的土壤电阻率大，泄漏电流引起的地电位就高，也会同时抬高钢轨电位；潮湿地段、雨季，土壤电阻率变小，钢轨电位也有所降低；长大桥梁、无砟轨道的混凝土结构中预埋的钢筋多少、是否焊接连通、基础部位的钢筋是否直接与泥土可靠接触，将影响到钢轨泄漏电流入地的畅通和钢轨电位。

(3)动车组的功率越大，牵引电流就越大，钢轨泄漏入地流越多，钢轨电位也越大。供电臂上运行的动车组数量越多，AT 变压器二次绕组提供的电流就越大，有可能出现 AT 变压器位置的钢轨电位大于动车组位置的钢轨电位。如果各 AT 变压器的内阻抗不平衡，各区间的接触网阻抗不平衡，CPW 线与轨道扼流变压器的连接阻抗较大等，都有可能造成钢轨上某些区间的电流集中，导致钢轨电位增加。

3.4.3 钢轨电位的限制

钢轨位于地面，与电源变压器中性点连接，容易被误认为没有电压。当钢轨有回流电时，不可避免存在部分电流泄漏入地、钢轨短时电位升高。同理，接触网直接对钢轨发生短路也会导致钢轨电位瞬间升高。综合贯通地线与钢轨连接，沿途通信信号设备的外壳和接地极、建筑物基础结构等与综合贯通地线连接，钢轨电位升高会导致连接的相关设备设施(外壳)出现一定的电位。当人员接触到带电的设备外壳等，就可能发生触电事故。

如果路基的土壤电阻率较大，无砟轨道、高架桥混凝土结构的钢筋连通性不良，钢轨泄漏电入地困难、入地路径受限，阻抗会有所增大，在动车组数百安培的牵引回流电作用下，可能引起某些区间的钢轨电位短时升高较大。钢轨出现高电位，可能影响轨道扼流变压器的磁化特性和轨道电路及装置的工作特性，可能导致道岔、大桥等钢轨接缝处发生火花放电。一旦储油库、停放油槽车或货场的专用轨道的接缝处产生放电火花，就可能诱发燃烧和爆炸。实测显示，动车组正常运行情况下钢轨短时电位升高可达 10～80 V，接触网短路瞬间钢轨可超过 500 V。因此，应该限制钢轨电位升高。

限制钢轨电位升高的技术措施，主要是减少钢轨泄漏电流和降低路基的土壤电阻率。

(1)适当增加 CPW 线的密度，上下行钢轨尽可能多进行横向连接，尽量减小与钢轨并联的 PW 线、综合贯通地线和 CPW 线等连接电缆的阻抗，有利于减小钢轨的泄漏电流，对降低钢轨电位效果比较明显。

(2)对土壤电阻率较大的区间，进行路基建筑时可适当添加土层以改善土壤电阻率。充分利用沿线各种自然条件，设置专门的接地装置，例如，利用桥墩的水下非预应力结构钢筋作为自然接地体，将钢轨可靠地连接到沼泽和湖泊中。

此外，禁止无关人员进入铁路走廊，沿线的设备设施加围栏，避免非必要接触钢轨及连接的金属体，也是安全防护措施之一。

3.5　单芯电缆护层暂态电压与防护

3.5.1　电缆结构

高速铁路供电工程应用了大量的 XLPE 单芯电缆，在牵引变电所中采用 27.5 kV 级 XLPE 单芯电缆，连接主变压器二次端子、高压开关柜，也作为上网馈线；在 AT 所和分区所中作为连接接触网的进出馈线；贯通线全程采用 10 kV 级 XLPE 单芯电缆连接沿线箱变、车站的用电设备。

XLPE 单芯电缆的基本结构如图 3-17 所示，主要由线芯(导体)、绝缘层和护层(也称护套)三部分组成。线芯采用多股铜质导线构成，导电性好。绝缘层采用 XLPE 材料，耐电压、耐高温、抗腐蚀、防潮湿和渗透等能力强，质量轻，安装方便，能使芯线保持良好的绝缘。护层用于保护电缆线芯和绝缘层，使线芯、主绝缘层免受外界损伤和腐蚀。护套由金属护层(铠装)与外绝缘层组成，金属护层是电缆的芯线和 XLPE 绝缘的主要保护层，外绝缘层隔离金属护层与周围环境，减少环境中水分、潮气等对金属护层的腐蚀影响。

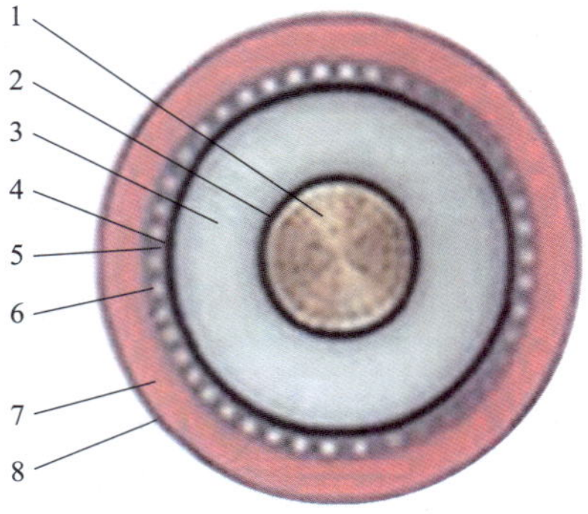

1—芯线；2—内半导体屏蔽层；3—XLPE 绝缘；4—外半导体屏蔽层；5—阻水层；6—钢丝屏蔽层；7—外护层；8—半导体层。

图 3-17　XLPE 单芯电缆结构

3.5.2 护层暂态电压

1. 单芯电缆的金属护层一端接地

单芯电缆的绝缘层内只有一相电流，线芯与金属护层的关系，可视为一次与二次均为单匝线圈的 1∶1 变流器。当单芯导线通过电流时，会有磁力线交链金属护层，使护层的两端出现感应电压(三芯电缆的三相电流总和为零，没有磁力线交链金属护层，不产生感应电压)。因此，单芯电缆的护层需要接地。如果单芯电缆的护层两端接地，或者多点接地，必然在护层中产生感应电环流，不仅消耗电能，还会发热，加速绝缘材料热老化进程。所以，单芯电缆的金属护层在工程安装中必须进行一端接地。

2. 金属护层的暂态电压

与架空线比较，电缆的绝缘强度要低得多，而且电缆的固态绝缘材料是非自恢复绝缘，一旦发生击穿，就彻底失去绝缘能力。电缆线路敷设在地下电缆沟或电缆桥架上，故障排查相对困难。为了防止过电压对电缆的损坏，在电缆两端都设置避雷器来限制侵入电缆的过电压。但是，避雷器不能够保护单芯电缆的金属护层的外绝缘层。避雷器 BL 保护单芯电缆的接线，如图 3-18 所示，假设 AD 电缆的波阻抗为 Z_0，电缆的金属护层一端 A′接地，避雷器的残压为 U_c；不考虑线路工作电压电流时，当线路上有过电压 U 行波向电缆 A 端传来，如果 $U>U_c$，则避雷器放电使过电压 U 入地，同时，避雷器动作产生的残压 U_c 向电缆首端 A 点入射；若 $U<U_c$，避雷器不放电，进入电缆的行波电压最大值为 U_c，在电缆中产生冲击电流为

$$i=\frac{U_c}{Z_0} \tag{3-60}$$

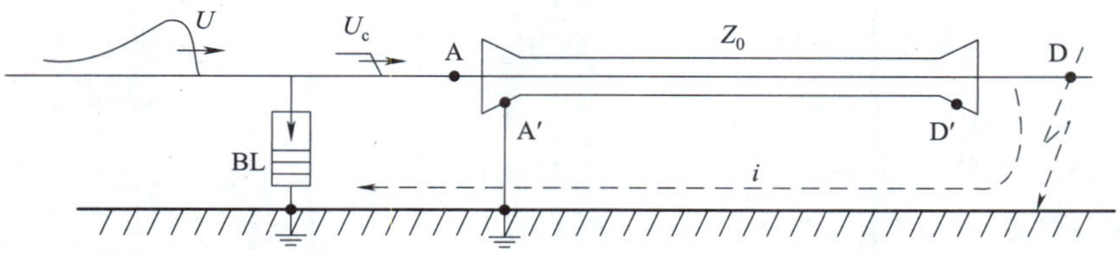

图 3-18 避雷器 BL 保护的单芯电缆

电缆另外一端 D 的状态对进入电缆的行波电流产生的影响极大。电缆 D 端的状态以开路和接地状态为代表，其他状态介于这两者之间，下面分别讨论开路和短路两种工况。

(1)电缆 D 端为开路状态

进入电缆的行波电流 i 到达电缆 D 端，由于 D 点开路，电流反射系数为－1，全反射的电流沿电缆芯线返回，结果是芯线电流为 0。因此，芯线不产生磁力线，金属护层中没有感应电压(不考虑线路工作电压电流)。

(2)电缆 D 端为接地状态

进入电缆的冲击电流 i 到达电缆 D 端，由于 D 点接地，电流反射系数为＋1，全反射的电流加倍为 $2i$，入地电流返回避雷器的接地极。显然，流经电缆芯线的冲击电流产生的磁力线交链金属护层，在金属护层上产生暂态感应电压。由于电缆的芯线与金属护层构成变比为 1∶1 的变流器，在电缆 D 端的金属护层 D′点就会感应出 $2U_c$ 的暂态电压。由于避雷器的残压相当大，例如，25 kV 电压等级避雷器的残压大约为 120 kV，则 $2U_c=240$ kV 的暂态电压直接作用在 D′护层绝缘上，足以导致电缆护层绝缘击穿。

上述分析表明，电缆段一端接地时，避雷器动作会在金属护层上产生极大的暂态电压，威胁外护层绝缘，电缆护层必须采取技术措施进行防护。

3.5.3　护层保护

1. 工作原理

对单芯电缆的外护层绝缘保护，通常采用护层保护器。电缆不接地端 D′加装护层保护器 F，如图 3-19 所示。护层保护器实质就是一个“小避雷器”，当单芯电缆金属护层上出现的电压超过规定值，护层保护器 F 就自动短接。因此，当电缆 D 端接地、A 端避雷器动作时，电缆金属护层 D′点产生 $2U_c$ 高幅值暂态电压，护层保护器 F 自动短接，使电缆 D′点入地电流经过护层保护器 F、电缆的金属护层（比大地的电阻小很多）、电缆另外一端 A′点的接地线，返回避雷器的接地极。由于电缆芯线与金属护层中的电流大小相等、方向相反，产生的磁效应相互抵消，金属护层上没有暂态感应电压。

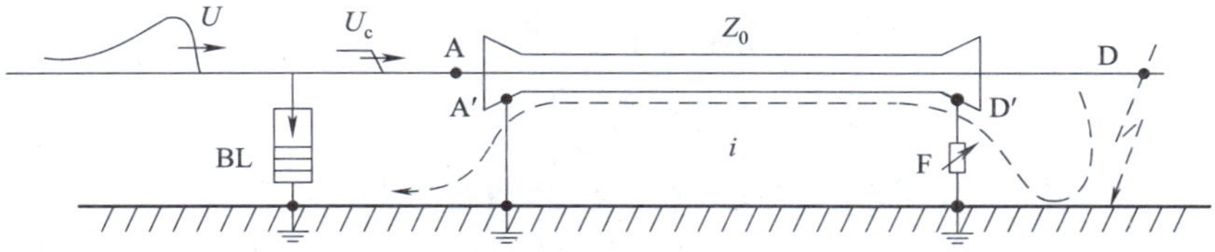

图 3-19　电缆一端接地、一端加护层保护器的接线

2. 护层保护器的基本要求

单芯电缆的金属护层一端直接接地，一端通过护层保护器接地，正常工作时芯线要通过负荷电流，当线路发生短路时，芯线通过的短路电流是最严峻工况。工频负荷电流或短路电流都会在电缆的金属护层上产生感应电压。从电路角度看，电缆芯线与金属护层就是两根平行的导线，电流通过时会相互产生互感。由于电缆敷设接近大地，考虑电流的“卡尔松”效应，互感 M 可按照式(2-44)计算，金属护层上产生的感应电压 $\dot{U}_{gy}$(V)为

$$\dot{U}_{gy}=-j\omega Ml\dot{I}_g=-j2\pi fl\dot{I}_g\cdot 2\times 10^{-7}\ln\frac{D_g}{d_{12}} \tag{3-61}$$

式中 f——芯线通过的电流频率，50 Hz；

l——电缆长度，m；

I_g——芯线通过的短路电流或负荷电流，A；

D_g——卡尔松镜像导线入地深度，m；

d_{12}——芯线与金属护层之间的距离，m。

对于安装在变配电所、AT 所、分区所等场地的单芯电缆，电缆金属护层一端的接地，可能连接到变配电所的接地网。如果变配电所外部线路发生短路，接地电流返回到接地网，由于接地网的接地电阻 R_j 作用，接地网会产生一个短时冲击电压（$R_j I_g$），叠加在单芯电缆的金属护层上，取芯线电流感应正电压，两者产生的总感应电压 $\dot{U}_g$（V）为

$$\dot{U}_g = \dot{U}_{gy} + R_j \dot{I}_g = (R_j + j\omega Ml)\dot{I}_g \tag{3-62}$$

因此，单芯电缆护层保护器必须能够承受线路发生短路时，在金属护层上产生的工频感应电压 $\dot{U}_g$，持续时间直到短路电流切除。同时，还应该能够承受电缆芯线在长期工作电流作用下，护层保护器自身漏电产生的发热，不得出现过热现象和热老化。

从式(3-62)也看到，影响金属护层感应电压大小的主要因素，除了芯线电流，还有接地电阻 R_j 和电缆长度 l。要减小单芯电缆金属护层的工频感应电压，电缆一端接地的接地电阻要尽量小。对于长度较大的电缆，应该分段进行一端接地，或者采用均压、均流等方法限制工频感应电压。

3.6 架空线感应电压计算

高速铁路接触网采用垂停方式检修，上下行接触网相互没有感应电。与高速铁路相邻的普速铁路的接触网或架空贯通线检修时，可能受到高速铁路接触网影响，产生感应电。电磁感应的模型如图 3-20 所示，其中高速铁路接触网的电场通过空间电容耦合到相邻架空线上，产生静电感应电压；接触网电流产生的空间交变磁链，在检修时设置了封闭接地线的架空线中产生感应电流，一旦回路出现开口，就会转换成感应电压。

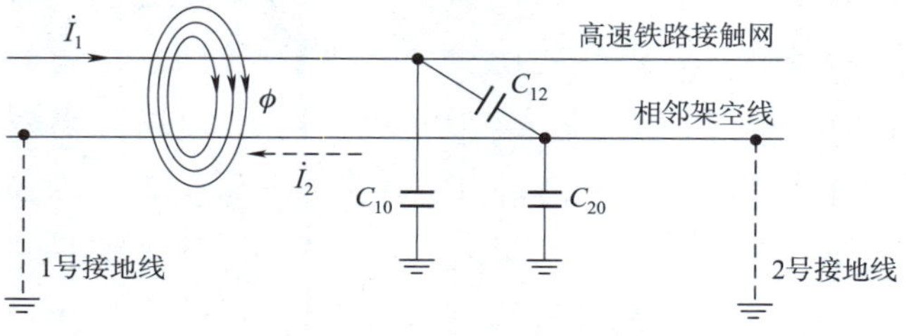

图 3-20 平行线路电磁感应模型

架空线的感应电压计算目的和主要用途：给出停电线路上可能出现的感应电压数值，能够引起相关人员高度重视，加强安全措施和规范有关操作；对某些检修安全事故进行分析，提高理性认识，有助于总结经验教训，制订安全措施；估计架空线路检修时设置封闭接地线的合理距离。

3.6.1　计算方法

1. 静电感应分量计算

在图 3-20 中，带电接触网的电压为 U_1，单位长度对地自有电容为 C_{10}，相邻架空线停电且没有接地时，对地单位长度的自有空间电容为 C_{20}，两条线路之间单位长度的互有空间电容为 C_{12}，由于空间电容的耦合作用，在停电架空线上产生的静电感应电压分量 U_C 为

$$U_C=\frac{C_{12}}{C_{20}+C_{12}}U_1 \tag{3-63}$$

式中，电容 C_{20}、C_{12} 计算方法见 2.2 节。若接触网与相邻的平行架空线布置（截面）如图 3-21 所示，带电接触网导线 1 对地高度为 h_1，停电架空导线 2 对地高度为 h_2，两线之间的距离为 d（水平距离为 a），近似认为接触网导线与架空导线的半径均为 r，将式(2-66)和式(2-67)所示的 C_{20}、C_{12} 计算式代入式(3-63)，并考虑 $\ln\frac{1+x}{1-x}$ 函数在 $x\ll 1$ 域中展开式：$\ln\frac{1+x}{1-x}=2\left(x+\frac{x^3}{3}+\frac{x^5}{5}+\cdots\right)\approx 2x$，式(3-63)可以简写为

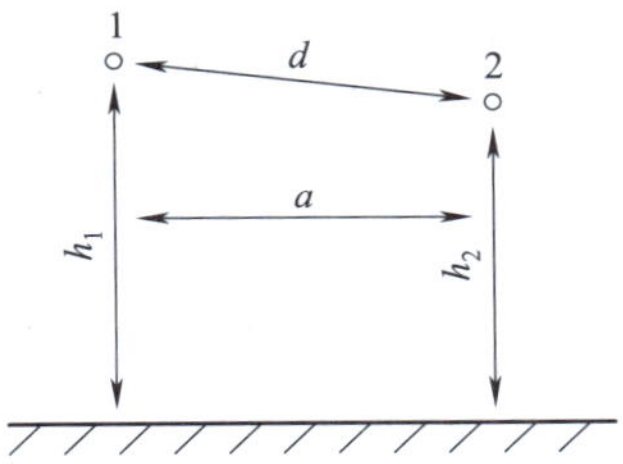

图 3-21　两条不等高架空线布置（截面）

$$U_C=\frac{2U_1}{\ln\frac{2h_1}{r}}\frac{h_1h_2}{a^2+h_1^2+h_2^2} \tag{3-64}$$

式(3-64)表明，静电感应电压分量与施感电源是同频率同相位，数值大小与架空线的几何参数 h_1、h_2、a、r 值有关。式(3-64)没有反映出线路长度影响，是认为两条线路长度相等、对地高度不变、相互保持平行，空间电容始终不变，因此，与线路长度无关。

2. 电磁感应分量计算

在图 3-20 中，如果架空线作业区的两端都设置接地线，带电接触网中有牵引电流 $\dot{I}_1$ 时，产生的空间交变磁通穿过“1 号接地线—架空线—2 号接地线—大地”构成的闭合回路，感应出电流 $\dot{I}_2$。假设两线路之间单位长度的互感为 M_{12}，架空线单位长度的自感为 L_2，根据电流 $\dot{I}_1$ 和 $\dot{I}_2$ 产生的反向电磁平衡关系，感应电流 $\dot{I}_2$ 计算式为

$$\dot{I}_2=-\frac{M_{12}}{L_2}\dot{I}_1 \tag{3-65}$$

式中，互感系数 M_{12}、自感系数 L_2 计算方法见第 2 章。

感应电流 $\dot{I}_2$ 在“1 号接地线—架空线—2 号接地线—大地”闭合回路中流动，架空线作业区两端封闭接地线中间点对地的电磁感应电压最大，其值为

$$\dot{U}_z = \mathrm{j}\,\frac{1}{2}(2\pi f L_2 l_d \dot{I}_2) = \mathrm{j}\pi f M_{12} l_d \dot{I}_1 \tag{3-66}$$

式中 f——感应电流的频率，50 Hz；

l_d——架空线作业区两端的封闭接地线之间的距离；

$\dot{I}_1$——最大牵引电流。

从式(3-66)可见，架空线上的电磁感应电压分量与施感电流的频率相同，相位差 90°；感应电压大小与 $\dot{I}_1$、M_{12}、l_d 成正比，反映出施感电流、相互距离、平行长度的影响力。电磁感应电压不均匀地分布在架空线上，接地点强制为零电位，离开接地点越远，电磁感应分量越大；作业区两端的封闭接地线之间距离 l_d 越大，作业区中间点的电磁感应分量越大。以接地点的钢轨电位为零参考电位，作业区架空线上电磁感应电压分布如图 3-22 所示。

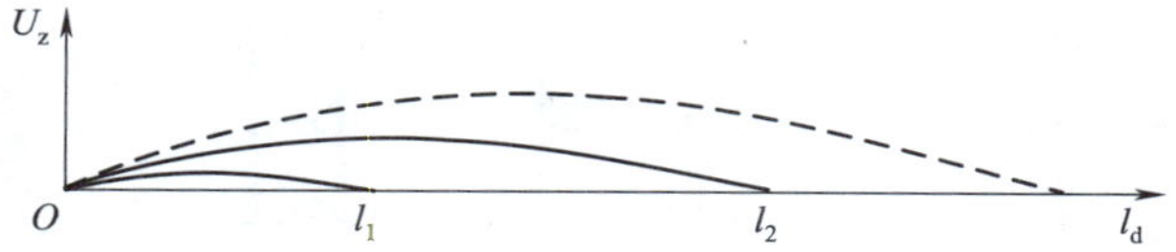

图 3-22 作业区两封闭接地线之间的电磁感应电压分布

如果架空线的作业区只有一端挂接地线，则作业区的另外一端(开口端)产生的电磁感应电压最大，其值为 2 倍 $\dot{U}_z$，即

$$\dot{U}_m = \mathrm{j}2\pi f M_{12} l \dot{I}_1 \tag{3-67}$$

式中 l——架空线作业区的接地点至另外一端(开口端)的距离。

根据上述推导和分析，可以得到结论：停电检修的架空线尽管在作业区两端设置了封闭式接地线，接地点部位的电位被钳制为零，与接地点存在一定距离的部位仍然会有感应电，两封闭接地线之间的电压分布，如图 3-22 所示，中间部位的感应电压最大。为了保证检修人员在架空线中间位置接触到最大感应电压时，不发生麻电等触电感觉，必须限制检修作业区两端封闭接地线的距离 l_d。

3. 感应电压计算

感应电压包括静电感应分量和电磁感应分量，由于传递电磁感应的空气是线性介质，可将静电感应分量与电磁感应分量进行矢量叠加。假设带电的接触网电压为 $\dot{U}_1$、牵引电流 $\dot{I}_1$ 与电压 $\dot{U}_1$ 的相位差为 φ；架空线作业区两端有接地线，静电感应电压为 $\dot{U}_c$、两接地线中间点架空线的电磁感应电压为 $\dot{U}_z$，各矢量关系如图 3-23 所示。根据矢量算法可得架空线作业封

闭区中间点的总感应电压大小U_g为

$$U_g=\sqrt{U_c^2+U_z^2+2U_cU_z\sin\varphi} \tag{3-68}$$

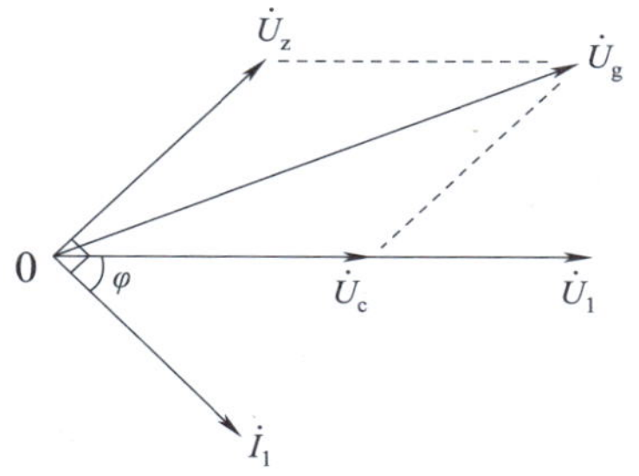

图 3-23　感应电压矢量关系

如果检修的架空线作业区只设置了一端接地线，式(3-68)中U_z需要采用架空线作业接地开口端的感应电压U_m代替。

3.6.2　非平行线修正

从图 3-20 所示电磁感应模型可以看到，对平行架空线路的感应电影响途径，是通过两条相邻线路的电容和互感参数来实现，影响这些参数的因数较多，但主要是带电线路与停电线路之间的空间距离。上述计算方法基于带电线路与相邻架空线始终平行，实际工程中，两者不会始终平行，影响电磁耦合的非平行走向距离，可按以下方法进行修正。

一条线路上任意一点到另外一条线路的垂直距离，称为接近距离。当两条线路的多点接近距离变化不超过平均值 5%时，称为平行接近；超过 5%，称为斜接近。两条相邻导线可以划分成若干的平行接近段和斜接近段。对平行接近线段，可按照上述方法计算。对于斜接近段，如图 3-24 所示，距离近的a_1端部位电磁感应强，距离远的a_2端部位电磁感应弱。当两条线路中a_1和a_2端的距离比值在 1/3～3 范围内，工程认为是斜接近段，即

$$\frac{1}{3}\leqslant\frac{a_1}{a_2}\leqslant 3$$

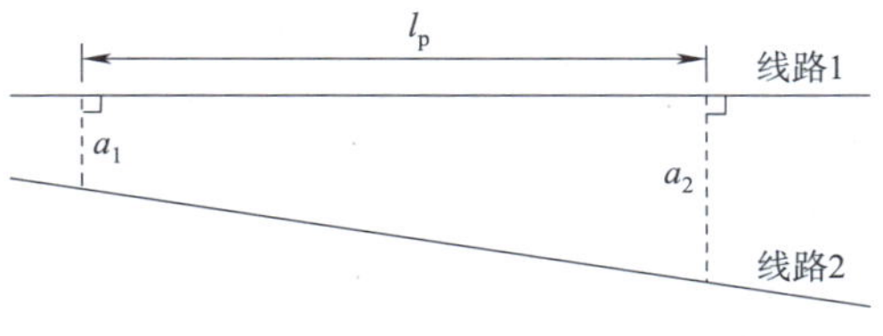

图 3-24　斜接近线路示意

对斜接近段，取一条线路在另一条线路上的投影长度l_p作为斜接近的电磁耦合长度，两条线的几何均值距离作为等值间距a，即

$$a=\sqrt{a_1a_2} \tag{3-69}$$

参照式(3-69)和式(3-64),多平行接近且高度不变的两架空线,停电线总静电感应电压大小为

$$U_c = \frac{2U_1}{\ln\frac{2h_1}{r}} \frac{1}{l_2} \sum_{i=1}^{n} \frac{h_1 h_2}{a_i^2 + h_1^2 + h_2^2} l_{pi} \tag{3-70}$$

式中 U_1——带电线路的工作电压;

n——平行接近分段数;

a_i——第 i 个平行接近分段的等值间距;

l_{pi}——第 i 个平行接近分段长度;

l_2——n 个平行接近分段的线路总长度。

停电架空线检修区两端设置接地线,接地封闭区存在几个平行接近段时,按照式(3-66)计算,停电架空线总的电磁感应电压大小为

$$U_z = \pi f I_1 \sum_{i=1}^{n} M_i l_{pi} \tag{3-71}$$

式中 M_i——第 i 个平行接近段的互感系数。

将式(3-70)、式(3-71)代入式(3-68),就是两条平行接近的架空线中,停电线路检修区两端设置接地封线,且封闭区间存在 n 个平行接近段时,检修线上最大的总感应电压,即

$$U_g = \left[\left(\frac{2U_1}{\ln\frac{2h_1}{r}} \frac{1}{l_2} \sum_{i=1}^{n} \frac{h_1 h_2}{a_i^2 + h_1^2 + h_2^2} l_{pi}\right)^2 + \left(\pi f I_1 \sum_{i=1}^{n} M_i l_{pi}\right)^2 + 2\left(\frac{2U_1}{\ln\frac{2h_1}{r}} \frac{1}{l_2} \sum_{i=1}^{n} \frac{h_1 h_2}{a_i^2 + h_1^2 + h_2^2} l_{pi}\right)\left(\pi f I_1 \sum_{i=1}^{n} M_i l_{pi}\right) \sin\varphi\right]^{\frac{1}{2}} \tag{3-72}$$

3.7 感应电防护

3.7.1 人体接触电压限值

根据国家标准 GB/T 13870.1—2022《电流对人和家畜的效应　第 1 部分:通用部分》,人体对交流电的感知阈和反应阈,由与电极接触的人体的面积、接触的状况(干燥、潮湿、压力、温度)以及个人的生理特性等因素决定,反应阈的通用值为 0.5 mA;摆脱阈的平均值为 10 mA。显然,与带电体接触时,人体有生理反应就是“触电”,可能出现抽筋、呼吸和心跳暂停;是否伤亡,取决触电严重程度和个人身体素质。人体阻抗值由电流通路、接触电压、通电时间、频率、皮肤湿度、接触面积、施加压力、温度等因素决定,大约 1 000～3 000 Ω。

国家标准 GB/T 3805—2008《特低电压(ELV)限值》规定:皮肤阻抗和对地阻抗降低(如潮湿)的环境下,交流稳态电压限值为 16 V;皮肤阻抗和对地阻抗均不降低(如干燥)的

环境下，交流稳态电压限值为 33 V。

可见，人体接触的电压超过 16～33 V，或者人体通过了 10 mA 以上电流，就可能发生触电伤亡。

3.7.2 接触网检修特殊性

接触网检修具有特殊性：(1)接触网没有备用，为了保证铁路运输，需要进行计划性或临时性检修。接触网检修频繁，停电进行例行的维护维修，工作量极大。(2)尽管检修线路的作业区两端挂了接地线，接地点电位被钳制为地电位，但是，接地封线构成的“闭合”环路中可能有感应电流，两根人工设置的接地线距离较大时，中间部位的线路上仍然会产生感应电压(图 3-22)，特别是“闭合”环路发生“开口”，例如，误操作取掉接地线，开口处就可能瞬间释放高电压。(3)接触网检修属于高空作业，较低的感应电压也能够引起作业人员麻电，导致检修人员肌肉痉挛，动作失调，可能发生高空坠落事故。接触网检修工作的长期实践表明，如果安全措施不仔细不严谨，例如，接地封线的间距较大，接地线挂接不牢固，接地线夹与钢轨连接不可靠，提前拆除或不正确拆除接地线等，都可能造成作业人员发生触电事件，血的教训已经重复过多次。

3.7.3 感应电防护

接触网，包括架空贯通线，检修时出现的感应电压大小，与相邻带电线路的距离有关，与线路平行接近的长度有关，与相邻线路的行车取流大小有关，甚至与空气湿度等因素有关，不同的时刻在同一位置上出现的感应电压大小也可能不同。考虑人体阻抗为 2 500 Ω，触电能够摆脱的电流 10 mA，在 25 V 电压作用下，人体就可能摆脱不掉触电，有发生伤亡风险。停电检修的接触网或架空贯通线上，很容易产生超过千伏的感应电压，电击瞬间足以致人死亡。因此，必须对感应电压的危害高度重视，检修作业一定要进行可靠的安全防护。

供电检修有关规程规定，接触网或贯通线检修时，作业区两侧必须可靠地设置封闭的接地线。目前，挂接地线是供电线路检修作业时采取的唯一安全措施，这不仅能够防止检修作业的线路出现感应电，也是线路在检修期间防止变配电所发生误送电，保障作业人员安全的有效措施。

接触网检修挂接地线的正确操作工序：挂接地线之前，先用高压验电器确认接触网停电，然后将接地线夹与钢轨可靠连接，再将接地线另一端的线钩可靠地挂在停电作业的接触网上。拆除接地线的正确操作工序：检修结束、作业人员撤离作业区之后，先拆除挂在接触网上的接地线钩，再拆除与钢轨连接的接地线线夹。如果操作顺序反了，先将接地线挂在作业的接触网上，或者先拆开连接钢轨的接地线夹，接地线都会瞬间释放出感应电，可能造成挂接地线或拆接地线的人员电击伤亡，这样的事故已经发生不止一次。

需要注意，不能够认为只要检修线路进行了接地，就不会发生感应电伤人。检修线路上可靠地挂了接地线的部位，电位被钳制为零，但是，与接地线有一定距离的检修部位仍然会有感应电压。如果作业区比较长，需要限制作业区两侧接地线之间的距离，或者进行多点接地，防止两封闭接地线中间的感应电压超过相关限值。另外，封闭式接地线构成的“环路”一旦出现开口，环中的感应电流就会立即转换为开口电压释放出来，电击作业人员。要预防检修作业中出现这样的突发事件，例如，更换导线时，在断开或拆开连通的导线之前，应该先用与原导线的截面相当，或不小于 25 mm^2 的多股软铜线，将断开或拆开点两侧的导线预先进行可靠连接，保证断开或拆开时能够维持原来的电气连通，以消除断开瞬间释放的感应电压。

高压验电器利用空间电容分压的原理进行电压检测，但是，高压验电器不能够检验导线或导体中是否存在电流。验电器的启动电压大都是上限低于被测导体额定电压的 25%左右，下限无明确规定。对 25 kV 或 10 kV 电压等级，验电器指示有电的启动电压分别约为 6 kV 或 2 kV。停电检修的接触网、贯通线上产生的感应电压可能超过验电器的启动电压，造成高压验电器错误指示被检测的线路有电，使现场作业人员无法确认线路是否已经停电，影响生产秩序。

当高压验电器检测显示有电的线路或设备，人们比较警惕，不会去接近。高压验电器检测显示无电的导线或设备，容易给人造成已经停电或无电的错误感觉，是潜在的安全风险。因为在导线或导体无电压有电流时，例如，钢轨、PW 线几乎都没有电压，但是，其中随时会有牵引回流电，这样的情况，高压验电器检测不出来，人们也不能够直接感知，无电假象会使人们放松警惕、产生麻痹。无电压（或者较低电位）、有电流的回路，一旦出现开路，在开口处瞬间就会释放出高电压。如果作业人员的身体接触到了开口释放的高电压，就可能发生电击，危及生命。因此，千万要注意，无电压、有电流的导线或设备设施，可能潜在触电危险。

另外，距离接触网较近的金属防护网、栅栏、隔音墙，以及贯通线的箱变壳体、沿线建筑物的金属构架式风雨棚、临时施工的防爆金属管排架等，如果接地不良，也会存在一定的感应电压，可能导致接触人员出现皮肤刺激，甚至麻电等不舒服的感觉。所以，铁路走廊和工程范围中设备设施的金属外壳都应该可靠地接地。

关爱生命，首先要明白接触网、贯通线、设备设施金属外壳上感应电的产生机理，遵守安全生产的操作规则，实施可靠的安全措施，是防止感应电伤人的有效方法。

第4章 供电系统操作暂态电压机理及防护

供电系统的“操作”会导致系统运行方式和拓扑结构突变，内部电磁能量重新分配，暂态振荡过程中可能发生过电压。本章分析空载变压器投切、空载线路投切、GIS装置投切、接地或短路开断等工况的暂态电压机理，过电压计算，并提出防护措施。

4.1 概　　述

操作，指供电系统中由于运行或者设备检修需要，计划性地操作某些开关分闸、合闸；或者系统中突发故障导致某些开关自动跳闸。操作使系统运行状态和拓扑结构突然改变，系统中电感、电容元件的储能重新分配，暂态过程中引起电磁暂态振荡，可能出现幅值较高的过电压，称为操作过电压。显然，操作过电压属于内过电压范畴。

供电系统操作过电压的特征：幅值往往是电源电压的数倍，波形的自由振荡频率高，衰减快，持续时间通常为几毫秒至几十毫秒。由于开关分合闸操作时刻、故障发生时刻所对应的电源相位角呈随机性，使操作过电压大小具有强烈的统计学特性。产生操作过电压的外部因素是系统运行方式突然改变，诱发了电磁暂态过程；内部原因是供电系统中存在大量电感和电容储能元件，例如，变压器和压互的电感、架空线和电缆线路的等值电容，它们在过渡过程中发生电磁能量互相交换。另外，三相系统的中性点接地方式不同，会影响到操作过电压大小，以及使叠加到线电压上或者相电压上的结果有所不同。一般情况下，操作过电压分布规律近似于正态分布。

研究操作过电压时，主要有解析计算分析、数值计算、模拟试验以及现场测试。由于操作过电压的统计特性，给操作过电压的计算和分析带来较大困难，使操作过电压的形成机理、幅值计算、影响因素等研究大都着重在定性分析。操作过电压的定量分析，主要采用计算机仿真，也很看重系统运行的录波或实测数据。

高速铁路供电存在牵引供电和贯通线供电两个系统，工作条件困难，线路可能发生故障，出现操作过电压的概率较大。操作过电压可能发生的主要工况为：空载变压器停电切除，空载线路的退出或投入，GIS装置投切，线路接地或发生电弧间隙性接地。系统中开关无论是有计划的操作，还是被动的跳闸，都会突然改变系统运行方式，发生电磁暂态过程。

资料介绍的接触网空载操作过电压测试结果见表 4-1。

表 4-1　接触网空载操作过电压测试结果

线路情况	操作方式	首端过电压倍数	末端过电压倍数
丰沙大线路	变电所馈线开关投/切	1.53 倍	1.88 倍
天兰线，供电臂长 20 km	变电所馈线开关合闸	—	2.36 倍

从表 4-1 可见：接触网停电和送电操作时，过电压幅值高达 60 kV 以上，能够导致 25 kV 系统的避雷器放电动作。由于接触网没有备用，经常要进行检查和维修，特别是高速铁路接触网的例行维护和检修工作主要在夜间进行，空载接触网线路的停电、送电操作十分频繁。应该重视操作过电压的危害，以及幅值不是很高的操作过电压对系统绝缘产生的累积效应和影响。

4.2　切除空载变压器暂态电压

牵引变电所的 VX 接线主变压器，一组带负荷工作，另一组热备用；根据外部电源情况，或者变电所检修等要求，需要切换变压器运行方式。按照操作规程，变压器二次侧的负荷退出之后，空载状态下切除停电，简称切空变。同样，由于检修等原因，牵引变电所、AT 所、分区所、开闭所的所用变压器，配电所和贯通线的电力变压器，在需要时也会进行停电切除。切除电抗器的暂态分析，与切空变一样，不再另外论述。

4.2.1　暂态机理

高速铁路牵引供电的主变压器几乎都是 VX 接线方式，由两台单相变压器构成，如图 4-1 所示。忽略变压器绕组的电阻，图中 L_m 为 VX 变压器一次侧绕组的等值励磁电感；C 为一次侧母线和连接线等杂散等值电容，也包括变压器端口等值电容；R、L 分别为电源及供电线路总的电阻和等值电感；三相电源 $e_A(t)=E_m\sin\omega t$，$e_B(t)=E_m\sin\left(\omega t-\frac{2\pi}{3}\right)$，$e_C(t)=E_m\sin\left(\omega t+\frac{2\pi}{3}\right)$。由于 VX 接线使两台单相变压器相互没有磁链关系，断路器三相同期切除空载变压器时，单台变压器分闸等值电路可简化为图 4-2 所示电路，对应的电源 $e(t)$ 为线电压。

配电所和贯通线中三相电力变压器为△/Y0 接线方式，空载切除时认为断路器三相同期动作，由于三相对称，接线方式经△-Y 变换，也可以用图 4-2 的单相电路表示，C 为变压器一次侧连接线（电缆）、母线和变压器入口等值电容之和，L_m 为变压器一次侧绕组的等值励磁电感，对应电源 $e(t)$ 为相电压。

无论 VX 接线变压器，还是△/Y0 接线的三相电力变压器，等值电容 C 的容抗远大于变压器 L_m 励磁感抗，切空变之前工频电源作用下的空载电流几乎全部为电感电流 i_L，大约为额定电流的 0.2%～4%(主要由硅钢片质量和绕组工艺等决定)，是典型的小电感电流。

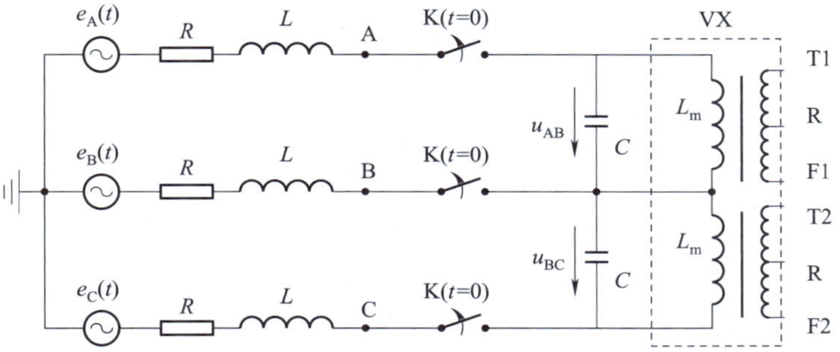

图 4-1　VX 接线变压器切除等值电路

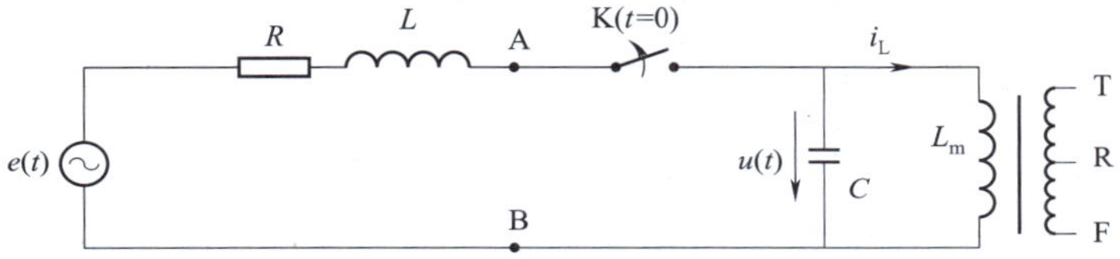

图 4-2　切空变等值电路

空载变压器停电切除采用断路器，分闸时断路器的触头间隙从零逐渐变大，间隙初始电场强度极大，导致触头开断瞬间发生放电。电弧具有良好的导电性能，电弧没有切断之前，电路仍然保持电气连通。随着触头的间隙距离增加，电场强度逐渐变小、电弧拉长，电弧被断路器的灭弧能力强制切断，电路才会在电气上断开。断路器是电力设备的主要保护设备之一，当供电系统发生短路时，要求断路器迅速切断短路电流，因此，断路器都是按照快速开断短路电流设计的，具有很强的电流切断能力。断路器切除空载变压器的小电感电流时，在强大的灭弧作用下电弧被迅速拉长，弧阻急剧增大，电弧出现不稳定现象，电弧电流在过零点之前，甚至在接近最大值时被强制截断，称为截流现象。如果截断电流为 $I_0=I_m\sin\varphi$，I_m 为变压器空载励磁电流幅值，φ 为分断相位角，对应的变压器端电压为 $U_0=\pm E_m\cos\varphi$，E_m 为电源 $e(t)$ 幅值，截流时变压器的电压电流变化如图 4-3 所示。显然，断路器的灭弧能力越强，截流现象越显著。高速铁路供电中常用的 SF_6 断路器、真空断路器，都具有很强的灭弧能力，切除空载变压时都可能产生截流现象。

按照图 4-2 电路，假设断路器在 $t=0$ 时刻发生截流，列出截流后的状态方程为

$$L_mC\frac{d^2u}{dt^2}+u=0 \tag{4-1}$$

由式(4-1)可解得

$$u(t)=A_1\sin\omega_0t+A_2\cos\omega_0t \tag{4-2}$$

式中 ω_0——自由振荡频率，$\omega_0=\frac{1}{\sqrt{L_m C}}$；

A_1、A_2——积分常数。

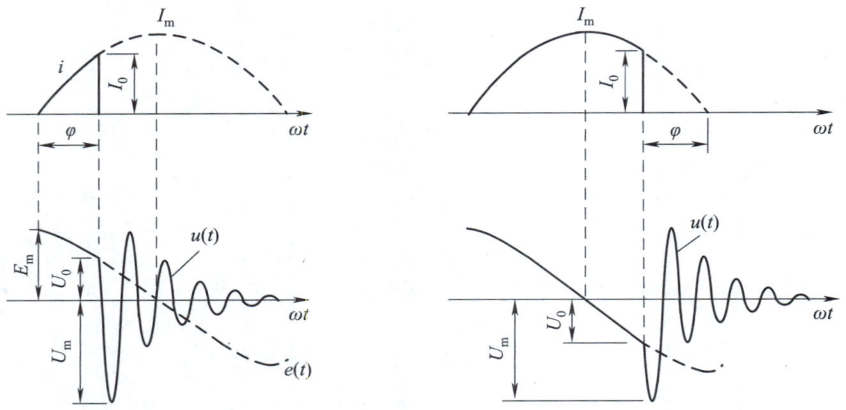

(a)电流上升时截流　　(b)电流下降时截流

图 4-3　截流前后变压器的电压电流

如果空载变压器的截断电流为 $I_0=I_m\sin\varphi$，对应电压 $U_0=\pm E_m\cos\varphi$，计入电路初始状态 $i_L(0)=I_0$，$u(0)=U_0$，可得积分常数 $A_1=-I_0\sqrt{\frac{L_m}{C}}$，$A_2=U_0$，式(4-2)可写为

$$u(t)=U_0\cos\omega_0 t-I_0\sqrt{\frac{L_m}{C}}\sin\omega_0 t \tag{4-3}$$

式(4-3)的最大值为

$$U_m=\sqrt{U_0^2+\frac{L_m}{C}I_0^2} \tag{4-4}$$

从式(4-3)和图 4-3 可以看到，截流后变压器的电压发生暂态振荡的频率为

$$f_0=\frac{\omega_0}{2\pi}=\frac{1}{2\pi\sqrt{L_m C}} \tag{4-5}$$

产生电磁振荡的根源是发生截流时，变压器励磁电感 L_m 和变压器端口电容 C 中各自储存有电能，分别为

$$W_{Lm}=\frac{1}{2}L_m I_0^2=\frac{1}{2}L_m(I_m\sin\varphi)^2 \tag{4-6}$$

$$W_C=\frac{1}{2}CU_0^2=\frac{1}{2}C(E_m\cos\varphi)^2 \tag{4-7}$$

振荡过程中电感 L_m 储存的磁场能与电容 C 储存的电场能发生交换，当电路中储存的总能量全部转化为电场能时，电容 C 上的储能达到最大值，表现为电容 C 的端电压迅速升高到 U_m，即

$$\frac{1}{2}CU_{\mathrm{m}}^{2}=\frac{1}{2}L_{\mathrm{m}}\ (I_{\mathrm{m}}\sin\varphi)^{2}+\frac{1}{2}C\ (E_{\mathrm{m}}\cos\varphi)^{2} \tag{4-8}$$

$$U_{\mathrm{m}}=\sqrt{(Z_{\mathrm{m}}I_{\mathrm{m}}\sin\varphi)^{2}+(E_{\mathrm{m}}\cos\varphi)^{2}} \tag{4-9}$$

式中　Z_{m}——变压器特征阻抗，$Z_{\mathrm{m}}=\sqrt{\frac{L_{\mathrm{m}}}{C}}$。

U_{m} 就是切除空载变压器的最大过电压理论值。计入变压器励磁电流 $I_{\mathrm{m}}=\frac{E_{\mathrm{m}}}{2\pi fL_{\mathrm{m}}}$（$f$ 为电源频率）和自由振荡频率 f_0，过电压倍数 k 的表达式可记为

$$k=\frac{U_{\mathrm{m}}}{E_{\mathrm{m}}}=\frac{1}{E_{\mathrm{m}}}\sqrt{(Z_{\mathrm{m}}I_{\mathrm{m}}\sin\varphi)^{2}+(E_{\mathrm{m}}\cos\varphi)^{2}}=\sqrt{\left(\frac{f_0}{f}\right)^{2}\sin^{2}\varphi+\cos^{2}\varphi} \tag{4-10}$$

当截流发生在励磁电流幅值 I_{m} 时，$\varphi=90°$，这时过电压倍数达到最大值 k_{m}：

$$k_{\mathrm{m}}=\frac{f_0}{f}=\frac{I_{\mathrm{m}}\sqrt{\frac{L_{\mathrm{m}}}{C}}}{E_{\mathrm{m}}} \tag{4-11}$$

考虑截流后高频振荡过程中，变压器铁芯的磁滞损耗、涡流损耗，以及绕组电阻损耗等因素，电感 L_{m} 储存的能量只有部分转换为振荡，转换多少取决铁芯的硅钢片质量和工艺等。引入磁能转换常数 η_{m}，式(4-8)可改写为

$$\frac{1}{2}CU_{\mathrm{m}}^{2}=\eta_{\mathrm{m}}\cdot\frac{1}{2}L_{\mathrm{m}}\ (I_{\mathrm{m}}\sin\varphi)^{2}+\frac{1}{2}C\ (E_{\mathrm{m}}\cos\varphi)^{2} \tag{4-12}$$

由式(4-12)解得切空变时过电压倍数 k 值和 k_{m} 值分别为

$$k=\sqrt{\eta_{\mathrm{m}}\left(\frac{f_0}{f}\right)^{2}\sin^{2}\varphi+\cos^{2}\varphi} \tag{4-13}$$

$$k_{\mathrm{m}}=\sqrt{\eta_{\mathrm{m}}}\cdot\frac{f_0}{f}=\sqrt{\eta_{\mathrm{m}}}\cdot\frac{I_{\mathrm{m}}\sqrt{\frac{L_{\mathrm{m}}}{C}}}{E_{\mathrm{m}}} \tag{4-14}$$

需要指出，上述推导的过电压计算式都没有考虑断路器分闸过程中电弧的重燃。图 4-2 等值电路以及计算的切空变过电压，对于 VX 接线变压器，反映的是其中一台单相变压器一次绕组的相间过电压；对于三相电力变压器，由于对称性，反映的是三相变压器相对地过电压。

4.2.2　过电压影响因素

空载变压器开断时产生电压振荡的根本原因是断路器分闸时发生截流现象，变压器励磁电感和电容储存能量交换振荡可能形成过电压。因此，断路器的性能和变压器参数是影响切空变过电压的主要因素。

1. 断路器的灭弧能力

断路器开断空载变压器时，截断电弧电流的数值与断路器的灭弧能力密切相关，对某一

类型的断路器来说，截流值存在一定分散性，与触头分闸动作时刻和分闸速度等有关，最大截断电流有一定的限值且基本保持恒定。若断路器灭弧能力很强，截流限值大于变压器励磁电流幅值 I_m，任何时刻分闸都能立即切断电流，截流值越大，变压器绕组中储存的磁场能就越多，电磁振荡过程发生的过电压越高，最大过电压往往发生在励磁电流幅值 I_m 时刻。若断路器灭弧能力不强，截流限值小于励磁电流幅值时，当励磁电流大于断路器截流限值的时刻发生分闸，电弧电流不能立即熄灭，要延迟到励磁电流过零点的邻域才能被切断，从而过电压不发生或幅值减低。一般而言，断路器灭弧能力越强，切空变过电压越高。因此，采用高电压等级的断路器代替低电压等级的断路器，切除空载变压器是危险的，发生高幅值过电压的概率会大大增加。

2. 断路器触头间的恢复电压与绝缘强度恢复速度

断路器在切除空载变压器发生截流后，断路器动静触头之间立即形成恢复电压。截流初期触头分开的距离不够大，绝缘强度恢复速度有限，可能发生电弧重新燃烧，甚至多次重燃现象。重燃电弧将变压器与母线或线路连通，使变压器储能向母线或线路释放，使电压急速下降，过电压幅值受到限制。

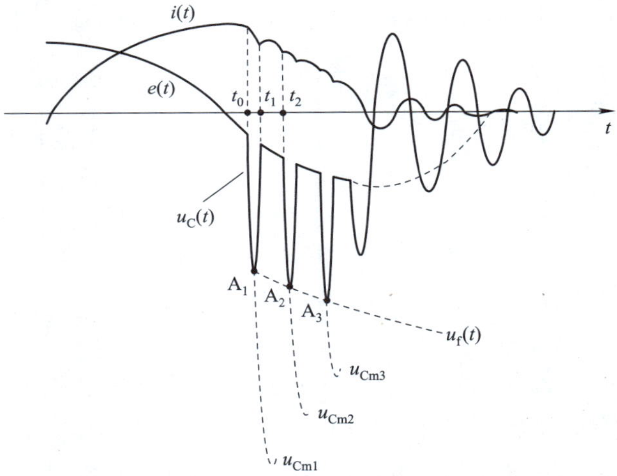

图 4-4 断路器中多次重燃的电弧电流及过电压

图 4-4 为切空变时，断路器发生多次重燃的电弧电流和过电压 u_C 的波形示意。在 t_0 时刻发生截流，变压器端口上电容 C 电压迅速升高，预期可达最大值 u_{Cm1}，但由于触头间绝缘强度 $u_f(t)$ 的恢复速度小于恢复电压的速度，在 t_1 发生电弧重燃，变压器电容 C 对母线或线路高频放电，电压 $u_C(t_1)$ 值（图中 A_1 点）立即下降到趋于电源电势，使断路器触头间的电位差接近零，在 t_2 时刻电弧熄灭。电弧熄灭后，变压器电感与电容的储能再次交换振荡，使电容电压 u_C 又一次上升。在 (t_2-t_1) 时段中电容 C 发生高频放电，电感中电流虽然来不及大变化，但由于变压器绕组存在一定的泄漏和损耗，使储存的磁能有所减少。因此，当 t_2 时刻电弧熄灭后，由于变压器的 LC 回路中总能量的减少，电容电压 u_C 上升的最大电压预期值 u_{Cm2} 要比 u_{Cm1} 小。如果 t_2 时间电弧再次重燃，分析过程同上，电压 u_C 从 图中 A_2 点下降到趋于电源电势。如此下去，电弧多次重燃将使变压器励磁电感中储能越来越少，每次熄弧后预期的过电压就会越来越低，直到断路器触头分开距离足够大，绝缘强度大于恢复电压，电弧不再重燃为止。所以，按照式(4-9)～式(4-14)计算的过电压，是不计重燃的理论估计值。

3. 断路器三相同期性能

断路器动作不同期的主要原因：操作机构质量差，三相运动不均匀，三相分合闸弹簧不平衡，长期运行后零部件老化，运动机械磨损，存在卡滞；多次开断短路电流或大电流，触头有烧损，触头表面不平滑，触头接触不良。

（1）对于 VX 变压器，如果断路器三相分闸不同期，先断开边相（A 相或 C 相），断开时的单相变压器等值电路仍然如图 4-2 所示，暂态过电压分析与上述相同。如果先断开中间相（B 相），等值电路如图 4-5 所示，两台单相空载变压器的一次励磁电流 I_m 由 AC 线电压维持，不会发生截流现象（可能跳变）。这种工况下，由于 A 相、C 相之间的线电压大小不变，回路电感增加了一倍为 $2L_m$，励磁电流 I_m 减少一半；两个参数变化的共同效应下，继续断开 A 相、C 相触头时，截流产生的过电压会有所减少。

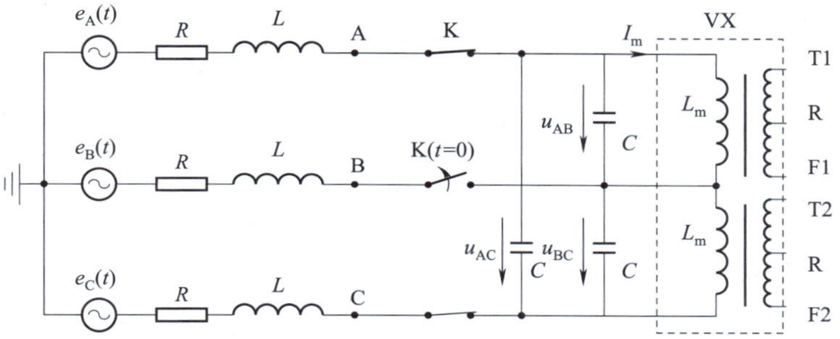

图 4-5　先断开 B 相的 VX 变压器等值电路

（2）对于三相电力变压器，三组高低压绕组共用同一个铁芯，如果断路器三相分闸不同期，由于三相绕组存在电磁耦合关系，先断开任何一相时，还没有断开的两相都会对断开相提供电磁能，在不利的开断相位时，会使截流及过电压更大。

4. 变压器结构与参数

式（4-10）表明，变压器的自由振荡频率 f_0 越高、特性阻抗 Z_m 越大、励磁电流 I_m 越大，都将导致切空变的过电压越高。因此，从变压器结构出发，应该采取技术措施尽量减少 f_0、Z_m、I_m。变压器入口等值电容与绕组结构、绕法工艺以及变压器主绝缘介质等有关，相同的额定电压和容量下，主绝缘的介电常数越大，体积越紧凑，绕组采用纠结式或增加静电屏蔽等工艺，可使电容增大，一定程度减小自由振荡频率 f_0 和特性阻抗 Z_m。容量一定的变压器，励磁电感与绕组的额定电压平方成正比，额定电压越高，电感越大；励磁电流与额定容量有关，容量越大，励磁电流越大；励磁电流大小还与铁芯材料的导磁性能、加工工艺有关，采用导磁性能优良、冷轧硅钢片制作变压器铁芯，与导磁差、热轧工艺的变压器比较，可以在一定程度上减小励磁电流。

5. 变压器中性点接地方式

牵引供电的 VX 接线变压器一次侧没有接地中性点，一次绕组首尾两端连接线电压，与有中性点接地的同规格三相变压器比较，变压器励磁电感和端口电容存储的能量更多，切空变时暂态振荡也会更强烈。贯通线三相变压器的一次侧为△接线方式，也没有接地中性点，如果断路器分闸动作不同期，各绕组之间存在的电磁耦合，与相同规格且中性点接地三相变压器比较，在不利情况下，切空变的过电压会更高。

4.2.3 过电压改善与防护

改善变压器的结构与参数，改善断路器性能，在切空变时不发生过电压是最好的防护措施。配置保护电器，限制暂态过电压幅值，也是防止切空变过电压诱发绝缘事故的必要措施。

(1)增大变压器入口电容

变压器采用新工艺新绝缘介质，增大入口电容。在条件允许的情况下，采用封闭母线结构、电缆连接断路器与变压器，以增加回路等值电容，可以降低暂态过电压。

(2)断路器三相同期分断

加强断路器的检修和维护，保证三相同期动作，以减少变压器三相之间的电磁耦合影响。中性点引出铁箱但不接地运行的三相变压器，可将中性点临时接地之后再进行操作。

(3)采用避雷器

切空变的暂态过程时间短，变压器的励磁电流小，即使在励磁电流最大时刻发生截流，绕组储存的能量也小于避雷器允许的通流容量，可以用避雷器来限制过电压。对于 VX 变压器，切空变过电压表现在线电压之间，避雷器连接在导线与地之间，通过母线作用到两台避雷器上，避雷器能够更加轻松地限制操作过电压。

(4)采用带并联电阻的断路器

带并联电阻的断路器结构是在静触头和动触头之间连接一个电阻 R(1 000～3 000 Ω)，如图 4-6 所示，开关由原来一步动作变成两步：分闸时动触头运动形成 K1，将电阻 R 串入；随着动触头分开距离足够大、电弧熄灭，完成 K2。分闸过程中串入的电阻 R 增加了回路阻抗，也能够防止突然切断变压器的励磁电流；合闸时动作顺序：先合 K2，后合 K1；分合闸过程电阻都能够发挥阻尼作用，有利于限制过电压。

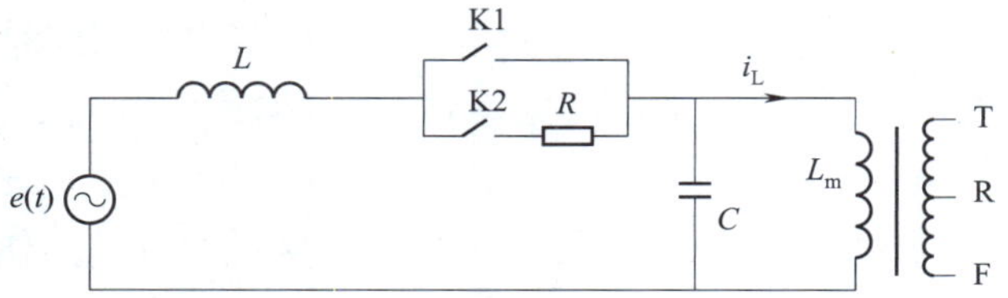

图 4-6　带并联电阻的断路器电路

显然，断路器带并联电阻的结构复杂，增加了制造和维护成本。通常，330 kV 及以上超高压系统才考虑应用这种断路器。

4.3　空载变压器合闸暂态解析

无论是牵引变压器还是贯通线的电力变压器，只有处于无负荷的空载状态，才会按照计划进行合闸操作，简称合空变。运行实践表明，空载变压器合闸一般不会产生过电压。本节解析计算是对供电系统“操作”方式的完整描述。

VX 接线变压器中两台单相变压器没有磁链关系，忽略变压器及线路电阻，采用断路器三相同期合闸的等值电路如图 4-7 所示。其中 L_m 为变压器一次绕组励磁电感，C 为一次侧母线、连接线和变压器端口的等值电容，L 为电源和供电线路等值电感，电源 $e(t)$ 为线电压。

配电所和贯通线中三相电力变压器为△/Y0 接线方式，空载合闸时断路器三相同期动作，由于三相对称，接线方式经△-Y 变换，也可用单相电路图 4-7 表示，C 为变压器一次侧连接线（电缆）、母线和变压器入口等值电容之和，L_m 为变压器一次绕组等值励磁电感，电源 $e(t)$ 为相电压。

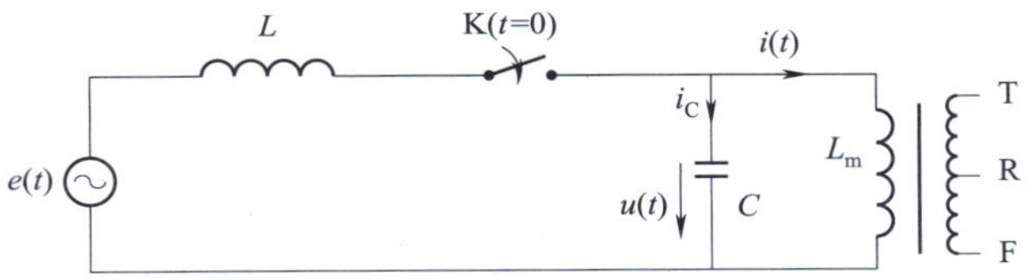

图 4-7　合闸等值电路

在图 4-7 电路中，假设等值电源 $e(t)=E_m\sin(\omega t+\theta)$，合闸初相位角为 θ，零状态合闸，以 $u(t)$ 为状态变量，列出回路电压的状态方程为

$$LC\frac{\mathrm{d}^2u(t)}{\mathrm{d}t^2}+\frac{L}{L_m}u(t)+u(t)=e(t) \tag{4-15}$$

微分方程对应的特征方程为

$$LCp^2+\left(\frac{L}{L_m}+1\right)=0 \tag{4-16}$$

特征方程的根为

$$p_{1,2}=\pm \mathrm{j}\sqrt{\frac{L+L_m}{LCL_m}}=\pm \mathrm{j}\omega_0$$

式中　ω_0——自由振荡角频率，$\omega_0=\sqrt{\frac{L+L_m}{LCL_m}}$。

微分方程(4-15)的齐次通解为

$$u''(t)=A_1\sin\omega_0 t+A_2\cos\omega_0 t=A\sin(\omega_0+\beta)$$

式中　A1、A2、A、β——积分常数。

微分方程(4-15)的稳态解为

$$u'(t)=\frac{L_m E_m}{L+L_m-\omega^2 LCL_m}\sin(\omega t+\theta)$$

微分方程(4-15)的通解为

$$u(t)=\frac{L_m E_m}{L+L_m-\omega^2 LCL_m}\sin(\omega t+\theta)+A\sin(\omega_0 t+\beta) \tag{4-17}$$

根据电路的初始条件：$u(0^+)=0,\left.\frac{\mathrm{d}u}{\mathrm{d}t}\right|_{t=0}=\frac{i_C(0^+)}{C}=0$，代入式(4-17)可得

$$\begin{cases}A\sin\beta+\dfrac{L_m E_m}{L+L_m-\omega^2 LCL_m}\sin\theta=0\\[2ex] A\omega_0\cos\beta+\dfrac{\omega L_m E_m}{L+L_m-\omega^2 LCL_m}\cos\theta=0\end{cases} \tag{4-18}$$

解方程组(4-18)，得积分常数：

$$\beta=\arctan\left(\frac{\omega_0}{\omega}\tan\theta\right)$$

$$A=\frac{-L_m E_m\sin\theta}{L+L_m-\omega^2 LCL_m}\cdot\frac{1}{\sin\beta}=\frac{-L_m E_m\sqrt{\sin^2\theta+\left(\dfrac{\omega}{\omega_0}\right)^2\cos^2\theta}}{L+L_m-\omega^2 LCL_m}$$

微分方程(4-15)的定解，即合闸时空载变压器一次侧端口的电压表达式为

$$\begin{aligned}u(t)&=\frac{L_m E_m}{L+L_m-\omega^2 LCL_m}\sin(\omega t+\theta)-\frac{L_m E_m\sqrt{\sin^2\theta+\left(\dfrac{\omega}{\omega_0}\right)^2\cos^2\theta}}{L+L_m-\omega^2 LCL_m}\sin\left[\omega_0 t+\arctan\left(\frac{\omega_0}{\omega}\tan\theta\right)\right]\\&=\frac{L_m E_m}{L+L_m-\omega^2 LCL_m}\left[\sin(\omega t+\theta)-\left(\frac{\omega}{\omega_0}\cos\theta\sin\omega_0 t+\sin\theta\cos\omega_0 t\right)\right]\end{aligned} \tag{4-19}$$

考虑到变压器励磁电感远大于线路与电源内电感之和，即 $L_m\gg L,\omega_0\approx\frac{1}{\sqrt{LC}}$，式(4-19)可以简化为

$$u(t)=\frac{E_m}{1-\left(\dfrac{\omega}{\omega_0}\right)^2}\left[\sin(\omega t+\theta)-\left(\frac{\omega}{\omega_0}\cos\theta\sin\omega_0 t+\sin\theta\cos\omega_0 t\right)\right] \tag{4-20}$$

按照变压器的变比 $n=\frac{u_1}{u_2}$，合闸时变压器二次侧端口(T-F)的电压表达式为

$$u_{TF}(t)=\frac{1}{n}\cdot\frac{E_m}{1-\left(\dfrac{\omega}{\omega_0}\right)^2}\left[\sin(\omega t+\theta)-\left(\frac{\omega}{\omega_0}\cos\theta\sin\omega_0 t+\sin\theta\cos\omega_0 t\right)\right] \tag{4-21}$$

从式(4-20)、式(4-21)可见，空载变压器合闸时，一次侧和二次侧的电压也可能出现暂态振荡，除了电源的角频率 ω，还有新的角频率 ω_0 参与振荡。但是，变压器的电抗很大，励

磁电流小，且自由振荡角频率 ω_0 很高，$\frac{\omega}{\omega_0}$ 比值极小；按照楞次定律，合闸瞬时绕组的磁通变化效应会阻碍其电流通过，所以，变压器合闸时激发的暂态能量很小，一般不会产生过电压。另外，变压器端口配置有避雷器，可以限制过电压，运行操作安全。

4.4　空载变压器合闸涌流

根据运行规程，变压器每年都要进行检修和维护，检修后的变压器要重新投入运行，或者作为热备用。变压器投运时如果发生合闸失败（异常跳闸），将不能及时恢复运行。无论是牵引供电，还是贯通线供电，变压器是最重要的供电设备，配置有完善的多种保护，例如，过流保护、差动保护、瓦斯保护等。检修后的变压器刚完成有关试验，本身没有问题；空载状态下合闸，变压器二次侧开路，不可能存在二次侧短路；一次侧的连接回路尺寸不大，接线非常清晰，也不会有短路，因此，变压器合闸时能够启动断路器跳闸的只能是差动保护动作。合空变发生异常跳闸的根源，是变压器的铁芯磁通饱和，发生了励磁涌流。

4.4.1　线圈磁通、饱和与剩磁

变压器绕组是一个带铁芯的线圈，确定的铁芯截面允许通过的磁通量是一个定值。铁芯中磁通量 $\Phi(t)$ 由线圈电流 $i(t)$ 产生，两者关系如图 4-8 所示。施加在线圈上的电压 $u(t)$、电流 $i(t)$ 不超过设计的额定值 U_e、I_e 时，产生的磁通量 $\Phi(t)$ 就不会超过铁芯的允许磁通量 $\Phi_e(t)$（也称额定磁通量），$\Phi(t)$-$i(t)$ 呈线性关系；如果线圈电压电流超过额定值，产生的磁通量就超过铁芯的额定磁通，发生磁饱和，$\Phi(t)$-$i(t)$ 呈非线性关系。$\Phi(t)$-$i(t)$ 关系可以分为非饱和区与饱和区，线圈电流工作在非饱和区时，铁芯磁导率发挥充分，$\Phi(t)$-$i(t)$ 直线斜率大，线圈对应的电感 L_e 数值大；工作在饱和区时，铁芯磁导率受到限制，$\Phi(t)$-$i(t)$ 直线斜率小，对应的电感 L_b 数值小。电感 L_e 和 L_b 直线的交点（拐点）对应的磁通 Φ_B 是铁芯饱和的分界。

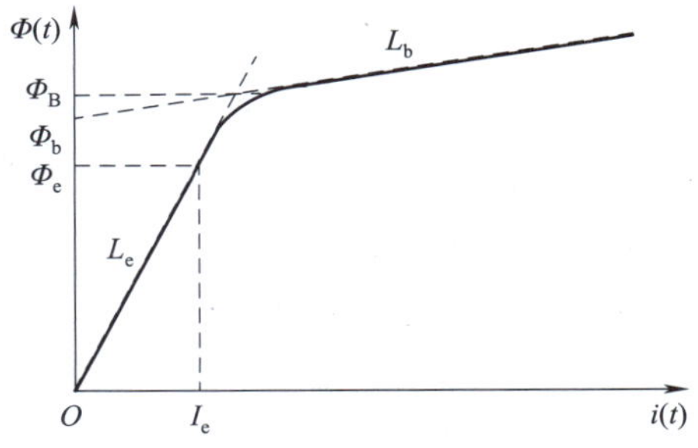

I_e—额定电流；Φ_e—额定磁通；Φ_B—饱和磁通；Φ_b—饱和电感 L_b 对应磁通。

图 4-8　变压器 $\Phi(t)$-$i(t)$ 关系

变压器正常运行时，绕组的额定电压电流都工作在铁芯非饱和区，能够保证绕组的 V-A 特性、一次电压与二次电压的变比都呈线性关系。通常，变压器绕组额定电压 U_e 对应的额定磁通 Φ_e，比饱和磁通 Φ_B 低 10%～30%，两者的差值大小取决变压器的设计和铁芯质量。

变压器工作在铁芯饱和区的主要原因：

(1)铁芯的硅钢片质量差，工艺差，长期运行之后 $\Phi(t)$-$i(t)$特性发生了变化，工作在饱和区。

(2)如果变压器额定磁通 Φ_e 与饱和磁通 Φ_B 相近，接入电网的电压存在国家标准允许的 +10%偏差，变压器稳定运行 Φ_e 不超过 Φ_B，但合空变暂态振荡时就可能工作在饱和区。

(3)变压器检修规定要进行若干项目的直流试验，例如，测试绕组的直流电阻，由于变压器绕组容量大，测试直流的充电时间长，可能导致铁芯磁化，产生剩磁通 Φ_S。根据绕组电压与磁通链关系 $u=\dfrac{d}{dt}(\Phi N)$，N 为匝数，变压器试验中要将非测试绕组短接，则 $u=\dfrac{d}{dt}(\Phi N)=0$，$\Phi N=\int u dt=$ 常数，这表明短接绕组铁芯中磁通稳定不变；测试结束后短接绕组中就留下了稳定的不会自动消失的剩磁通 Φ_S。变压器合闸时，剩磁通与绕组的工作磁通叠加，铁芯总磁通密度变大，容易饱和，可能工作在饱和区。

4.4.2 线圈电压与磁通

任何一个线圈在电源作用下，其电压与磁通关系为

$$\Phi(t)=\frac{1}{N}\int u(t)dt \tag{4-22}$$

式中 N——线圈的匝数。

对铁芯线圈施加电压 $u(t)=U_m\sin(\omega t+\theta)$，在铁芯中产生的磁通为

$$\Phi(t)=\frac{1}{N}\int u(t)dt=-\Phi_m\cos(\omega t+\theta)+A \tag{4-23}$$

式中 Φ_m——线圈最大磁通，$\Phi_m=\dfrac{U_m}{\omega N}$；

A——积分常数。

根据铁芯线圈接通电源的初始条件确定积分常数：

(1)如果线圈没有剩磁($\Phi_S=0$)，则 $A=\Phi_m\cos\theta$。

(2)如果线圈有剩磁 Φ_S，则 $A=\Phi_m\cos\theta+\Phi_S$。通常将 $\Phi_m\cos\theta+\Phi_S>0$ 称为变压器发生正向饱和，反之，为反向饱和。

式(4-23)显示线圈非饱和状态的磁通与线圈端电压成正比，磁通的相位落后电压相位 90°。假设变压器的饱和磁通 Φ_B 是线圈额定电压(峰值 U_m)对应磁通幅值的 λ 倍，记为$\Phi_B=\lambda U_m$，变压器合闸电源电压为 $u(t)=U_m\sin(\omega t+\theta)$，产生饱和磁通 Φ_B 时，按照式(4-23)计算，进入饱和区的相位角 ωt_B，或时间 t_B 为

(1)如果铁芯没有剩磁，$\Phi_B=\dfrac{U_m}{\omega N}[\cos\theta-\cos(\omega t_B+\theta)]=\lambda U_m$，则

$$\begin{cases}\omega t_B=\arccos(\cos\theta-\omega N\lambda)-\theta\\[2mm] t_B=\dfrac{1}{\omega}[\arccos(\cos\theta-\omega N\lambda)-\theta]\end{cases} \tag{4-24}$$

(2)如果线圈铁芯有剩磁 Φ_S，$\Phi_B=\dfrac{U_m}{\omega N}[\cos\theta+\Phi_S-\cos(\omega t_B+\theta)]=\lambda U_m$，则

$$\begin{cases}\omega t_B=\arccos(\cos\theta+\Phi_S-\omega N\lambda)-\theta\\ t_B=\dfrac{1}{\omega}[\arccos(\cos\theta+\Phi_S-\omega N\lambda)-\theta]\end{cases}\tag{4-25}$$

由此可见，变压器铁芯的磁通与电源合闸初相位角 θ 和剩磁 Φ_S 密切相关。取 $\theta=0°$，图 4-9 中绘出了变压器在交流电源作用下绕组的磁通与电压关系。根据余弦函数的连续性，其他 θ 值的波形类似，只要进行坐标平移，就与 $\theta=0°$的波形完全一样。

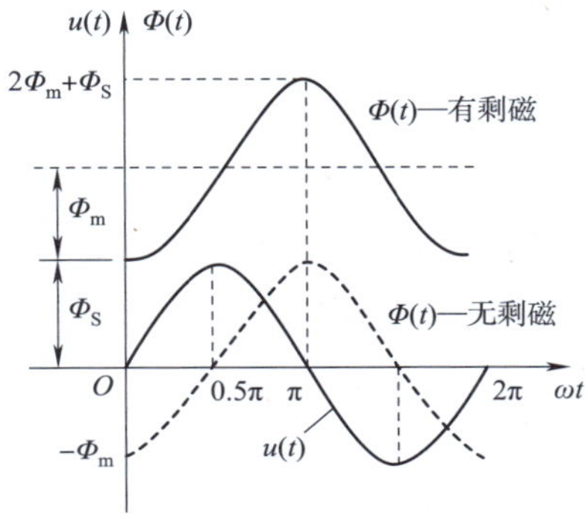

图 4-9　$\theta=0°$时绕组 $\Phi(t)$-$u(t)$关系

4.4.3　合空变涌流机理与特征

与变压器容量相比，接入的电网容量认为是无穷大，视为电压源形式，断路器至变压器的连接线很短，可以忽略电源及连接线的阻抗。牵引供电 VX 接线变压器中，两台单相变压器相互没有磁链关系，每台单相变压器的电源都是线电压，考虑到绕组的感抗远远大于电阻，忽略线圈损耗，空载状态时断路器三相同期合闸，可简化为图 4-10 等值电路，L 为 VX 接线变压器一次绕组的励磁电感，电源 $e(t)$为线电压。

配电所和贯通线中△/Y0 接线方式的三相变压器空载合闸时，断路器三相同期动作，由于三相对称，接线方式经△-Y 变换，也可以用图 4-10 单相电路表示，L 为变压器一次绕组单相励磁电感，电源 $e(t)$为相电压。

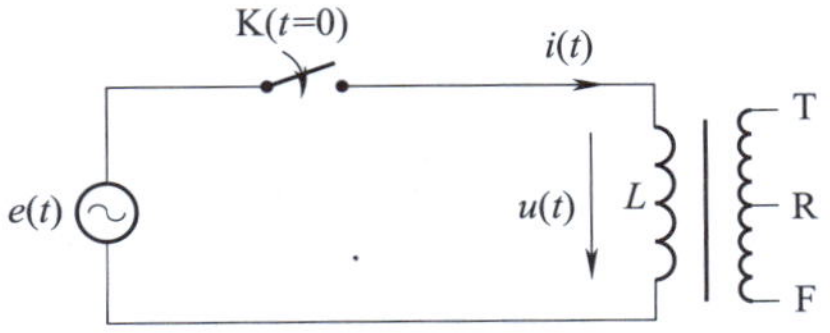

图 4-10　变压器合闸等值电路

在图 4-10 电路中，假设电压源 $e(t)=U_m\sin(\omega t+\theta)$，$\theta$ 为合闸初相角，可能存在两种工况：工作在非饱和区，绕组励磁电感 $L=L_e$；工作在饱和区，绕组励磁电感 $L=L_b$。

第一种工况：工作在非饱和区，铁芯 $\Phi(t)$-$i(t)$直线通过 O 点，无论铁芯是否存在剩磁，电源在绕组上产生的工作磁通始终小于饱和磁通，即 $\Phi(t)<\Phi_B$，绕组励磁电感$L=L_e$，合闸

初始状态:$\Phi(0)=0, i(0)=0$。按照式(4-23),电源在绕组中产生的磁通 $\Phi(t)$ 为

$$\Phi(t)=\Phi_m\cos\theta-\Phi_m\cos(\omega t+\theta) \tag{4-26}$$

在非饱和区工作 $0\sim t$ 期间,绕组电流与磁通关系为

$$i(t)=\frac{N}{L_e}\Phi(t), \int i(t)\mathrm{d}t=\frac{N}{L_e}\int\Phi(t)\mathrm{d}t \tag{4-27}$$

计入合闸时初始状态 $\Phi(0)=0, i(0)=0$,式(4-27)改写为

$$i(t)-i(0)=\frac{N}{L_e}[\Phi(t)-\Phi(0)] \tag{4-28}$$

合闸后非饱和区的励磁电流为

$$i(t)=\Phi_m\frac{N}{L_e}[\cos\theta-\cos(\omega t+\theta)] \quad (\Phi(t)\leqslant\Phi_B) \tag{4-29}$$

第二种工况:工作在饱和区,铁芯 $\Phi(t)$-$i(t)$ 直线不通过 O 点,电源在绕组上产生的工作磁通始终大于饱和磁通,$\Phi(t)>\Phi_B$,绕组励磁电感 $L=L_b$,并考虑铁芯有剩磁通 Φ_S。以电源电压进入饱和的时刻 t_B 为参考,对时间变量进行坐标延迟平移,令 $\tau=t-t_B$,按照式(4-23),电源在绕组中产生的磁通 $\Phi(\tau)$ 为

$$\Phi(\tau)=\Phi_m\cos\theta-\Phi_m\cos(\omega\tau+\theta)+\Phi_S \tag{4-30}$$

在饱和区工作,按照 τ 计算的 $\tau>0$ 期间,绕组电流与磁通关系为

$$i(\tau)-i(0)=\frac{N}{L_b}[\Phi(\tau)-\Phi(0)] \tag{4-31}$$

考虑进入饱和时刻 t_B 的初始状态 $\Phi(0)=\Phi_B, i(0)=I(t_B)$,合闸后饱和区的励磁电流为

$$i(\tau)=I(t_B)+\Phi_m\frac{N}{L_b}[\cos\theta-\cos(\omega\tau+\theta)]+\frac{N}{L_b}(\Phi_S-\Phi_B) \quad (\Phi(t)>\Phi_B) \tag{4-32}$$

式中 $I(t_B)$——非饱和临界值,按照式(4-29)计算。

将时间变量的坐标还原 $\tau=t-t_B$,式(4-32)改写为

$$i(t-t_B)=I(t_B)+\Phi_m\frac{N}{L_b}\left\{\cos\theta-\cos[\omega(t-t_B)+\theta]+\frac{\Phi_S-\Phi_B}{\Phi_m}\right\} \quad (\Phi(t)>\Phi_B) \tag{4-33}$$

由于非饱和区中绕组励磁电感远远大于饱和区中绕组励磁电感:$L_e\gg L_b$,忽略数值较小的 $I(t_B)$,式(4-33)可写为

$$i(t-t_B)=\Phi_m\frac{N}{L_b}\left\{\cos\theta-\cos[\omega(t-t_B)+\theta]+\frac{\Phi_S-\Phi_B}{\Phi_m}\right\} \quad (\Phi(t)>\Phi_B) \tag{4-34}$$

如果电源电压很高,变压器一合闸就立即进入饱和状态,则 $t_B\to 0$。图 4-11 绘出了变压器电源为一个周期($0\sim 2\pi$)的电压作用,在绕组上产生的磁通 $\Phi(t)$ 和励磁电流 $i(t)$。当磁通超过饱和磁通 Φ_B,绕组上电压、电流约束关系为 L_b;某一个时刻 τ 电源产生的磁通 $\Phi(\tau)$ 使绕组中出现的电流为 $i(\tau)$;由于在非饱和区的额定电流 I_e 比进入饱和时刻 t_B 的初始电流 $I(t_B)$ 小,所以,电源一个周期中在 $\phi_1=\omega t_B$ 至 $\phi_2=2\pi-\omega t_B$ 区域内,出现的涌流 $i(t)$ 比额定电流 I_e 大很多,波形呈尖顶波(含高次谐波),不再保持电源的正弦波形态。变压器铭牌标

示的空载电流大致为额定电流的0.2%～4%，意味铁芯磁通在非饱和状态的空载励磁电流为毫安至安培数量级。大型变压器发生铁芯磁通饱和时，涌流可达数十安培，磁通饱和与非饱和两种工况的励磁电流差值很大，可以认为非饱和区的励磁小电流近似为零，在图4-11中可以忽略$0\sim\phi_1$、$\phi_2\sim2\pi$相位角区间数值很小的励磁电流。随着ωt增加，后续相位角以2π为周期增加，在$n\pi\sim n\pi+\phi_1$、$n\pi+\phi_2\sim n\pi+2\pi$，$n=2,4,6,\cdots$，对应的非饱和区中小励磁电流也可以视为零，则饱和区的涌流波形就呈现为断断续续的尖顶波形状。因此，将相位角$0\sim\phi_1$、$\phi_2\sim2\pi$、$n\pi\sim n\pi+\phi_1$、$n\pi+\phi_2\sim n\pi+2\pi$，$n=2,4,6,\cdots$，称为间断角。

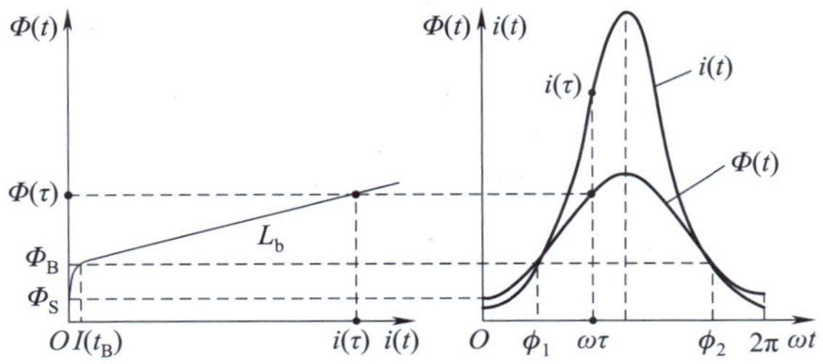

（a）绕组$\Phi(t)$-$i(t)$关系　　（b）绕组$\Phi(t)$-ωt和$i(t)$-ωt关系

图4-11　绕组$\Phi(t)$、$i(t)$、ωt关系

根据上述变压器合闸的单相等值电路计算与分析，可以看到合空变发生涌流时具有以下一些特征：

（1）比较式（4-29）和式（4-32），可见非饱和状态合闸励磁电流由两项组成，饱和状态合闸励磁电流由三项或者四项组成，已经预示饱和状态的励磁电流可能大于非饱和的励磁电流。合闸后励磁电流大小与变压器的$\Phi(t)$-$i(t)$特性有关，变压器允许的饱和磁通Φ_B越小，越容易发生涌流，尖顶波电流越大。合闸后励磁电流大小还与合闸的初相位角θ有关，具有随机性。一般情况下，变压器容量小，励磁电流与额定电流的比值较大，暂态持续时间较短；变压器容量大，励磁电流与额定电流的比值较小，暂态持续时间较长。

（2）即使变压器合闸前不存在剩磁通Φ_S，由于非饱和区的电感L_e比饱和区的电感L_b大很多，导致饱和区的励磁电流$\dfrac{U_m}{\omega L_b}$比非饱和区励磁电流$\dfrac{U_m}{\omega L_e}$大得多，假设$L_e=KL_b$，则饱和区工作的励磁电流大于非饱和区励磁电流K倍。如果计入剩磁通Φ_S，当合闸电压源在绕组上产生的磁通与剩磁极性相同，总磁通将使励磁涌流增加更多。正弦波交流电压源作用下，励磁电流在一个周期中经过了两种参数L_e和L_b变换，不再是线性变换，因此，励磁电流的波形不能够保持对应的正弦波。

（3）发生涌流时交流电压源在一个周期（$0\sim2\pi$）中，磁通将两次进入和退出饱和区，导致涌流波形出现不连续，存在间断角。涌流峰值越大，间断角越显著，涌流波形还可能偏向时间轴的一边。

(4)对励磁涌流的波形进行傅立叶级数变换分析表明,励磁涌流含有高次谐波,包括直流分量,特别是含有二次谐波分量占比很大。

对于三相变压器而言,无论断路器是否同期,合闸时刻各相电压和相位角的瞬时值都不同,三相之间存在一定的电磁耦合,可能使涌流加剧。进一步的计算与分析表明,除了上述单相电路分析的涌流特征之外,三相变压器的励磁涌流还具有以下一些特征:

(1)由于三相电压的相位差 120°,磁通滞后电压约 90°,往往两相或者三相同时出现励磁涌流现象,不一定三相都有最大涌流。

(2)各相出现的励磁涌流含有二次谐波分量的多少有所不同,至少有一相的二次谐波比重较大。

(3)三相励磁涌流的暂态振荡形式,不一定都像单相变压器那样含直流分量、呈非对称形、偏向时间轴一边,有可能出现一相涌流呈对称振荡。

某三相变压器空载状态合闸时,三相励磁电流的录波如图 4-12 所示。可以看到,三相都发生了励磁涌流现象;没有计入采样流互变比的最大涌流峰值超过 10 A,涌流过程持续时间超过 100 ms。如果不采取技术措施,足以启动变压器的差动保护跳闸。

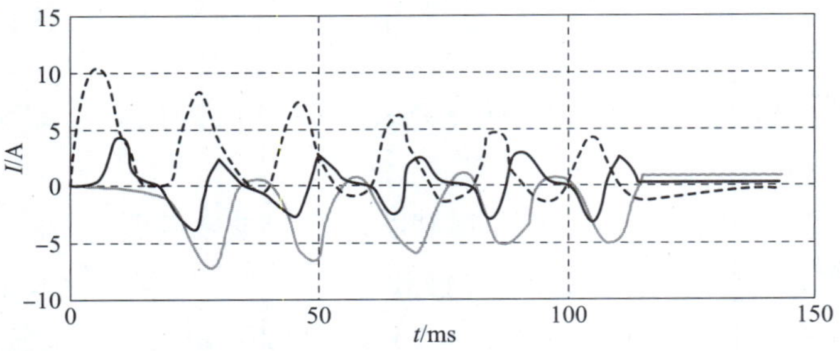

图 4-12 变压器合闸三相励磁涌流波形

4.4.4 涌流影响因素

1. 合闸的初始相位角

比较变压器工作在非饱和区与饱和区的励磁电流表达式(4-29)与式(4-32),可以看到,不恰当的合闸初相位角 θ 会导致励磁涌流。由于合闸初始相位角 θ 的随机性,导致了励磁涌流大小具有统计学特性。

2. 变压器的 $\Phi(t)$-$i(t)$特性

变压器的额定电压和容量确定之后,影响铁芯 $\Phi(t)$-$i(t)$特性的关键因素是铁芯的材质(磁导率)和截面积。截面太大,虽然不容易饱和,但增加铁芯体积,不经济;铁芯截面太小,磁通容易饱和。磁通饱和程度越大,变压器合闸时出现涌流现象的概率就大,励磁涌流也会增大。

3. 变压器铁芯剩磁

铁芯的剩磁不仅影响变压器的 $\Phi(t)$-$i(t)$特性，也直接参与到励磁电流表达式(4-32)之中。变压器检修中进行绕组直流电阻测试时，施加的直流电大小，测试的充电时间长短，对产生剩磁有一定影响。

4. 断路器合闸动作的同期性

对 VX 接线的变压器，如果断路器三相合闸不同期时，先合一相时电路不通；先合 AB 两相或者 BC 两相，都与单相变压器合闸效果相同；先合上 AC 两相，作用在单台变压器一次绕组的电压只有 AC 线电压的一半，不会造成磁通饱和。

对三相变压器，由于三相存在磁耦合，如果断路器三相合闸不同期，一相合闸诱发了涌流，可能影响另外两相也发生涌流。多相同时发生励磁涌流，更容易导致变压器合闸失败。

4.4.5　涌流改善与防护

一般情况下，变压器合闸的励磁涌流小于额定电流，存在时间很短，对变压器本身的安全并无太大的威胁。励磁涌流现象除了产生短暂的谐波，多次电流冲击会逐渐引起变压器线圈的紧固件松动之外，主要问题是可能引起变压器的差动保护动作，造成合闸失败。实际运行中因变压器合闸的励磁涌流诱发跳闸的事件不多，但是，这样的小概率事件一旦发生，往往会造成运行人员紧张，延迟变压器恢复运行，甚至可能打乱或影响铁路供电及运输计划。因此，必须对合空变的励磁涌流进行改善与防护。

1. 提高变压器质量

采用优良的硅钢片制作铁芯，改进工艺，提高质量；通过技术经济比较，选择合理的铁芯截面积，使铁芯不容易饱和。

2. 消除变压器铁芯剩磁

改进或优化变压器检修的直流项目测试方法和程序，尽量减小测试电流和测试充电时间，避免铁芯产生剩磁。如果检修后变压器投运时发生跳闸，可查有关监控仪表的记录或计算机监控后台，判明是否记录到涌流现象；也可通过施加较低的交流电，测试变压器一次、二次电流，比较额定变比，以判断铁芯是否出现剩磁。对铁芯有剩磁的变压器，可采用交流消磁法或直流消磁法，施加反向磁场进行消磁处理。

3. 优化差动保护整定值

为了防止变压器内部发生故障，每台大型变压器都设置有差动保护。正常情况下，变压器空载励磁电流为额定电流的 0.2%～4%，比差动保护启动的整定值小得多，不会引起断路器跳闸。合空变时可能出现励磁涌流，由于涌流发生一次或几次，不会对变压器造成危害，根据正常运行的变压器及线路中不含二次谐波，变压器内部故障几乎不含或含较少的二次谐波，合空变励磁涌流含有较多二次谐波的特征，采用“比率差动保护”来防止励磁涌流造成变压器合闸误跳。“比率差动保护”工作原理：变压器空载合闸时，同步检测并计算差动回路中励磁电流的二次谐波含量 I_2 与基波含量 I_1 的比率系数 k，即

$$k=\frac{I_2}{I_1} \tag{4-35}$$

当任何一相的比率系数 k 大于规定数值（大约 15%～20%），就闭锁变压器的差动保护，避免启动断路器误跳闸。选择正确的比率系数 k 是防止励磁涌流造成变压器合闸误跳的关键，应该根据具体的变压器及电网参数，进行计算和分析，甚至实测，优化整定差动保护的比率系数 k 值。

对三相变压器还可采用“三选二”闭锁方式，即三相中至少两相的比率系数 k 都大于整定值才闭锁变压器的差动保护动作，避免变压器合闸时励磁涌流导致错误跳闸。

4. 保证断路器合闸同期性

对三相变压器而言，不同期合闸可能导致三相同时出现励磁涌流。电网频率为 50 Hz，一个周波的时间为 20 ms，三相的相位差 120°，对应的时间差是 6.6 ms。断路器三相合闸时，如果某一相的合闸初相位角 θ 能诱发涌流，为了避免另外两相也在 θ 角合闸时也出现涌流，就要求断路器三相合闸的同期时间小于 6.6 ms。通过断路器的动作测试，三相合闸时间差小于 6.6 ms，可以认为能够保证三相合闸同期；反之，大于 6.6 ms，不能保证三相合闸同期。对于不能够保证合闸同期的断路器应该及时维修或调试，使其工作状态良好。

4.5 切除空载线路暂态电压

接触网、贯通线停电之前，负荷先退出运行，再切除空载状态的线路，简称切空线。断路器切除空载线路时，触头逐渐分开，一方面触头间隙上的绝缘能力逐渐恢复，另一方面触头间隙上的电压也在恢复上升。分闸过程中断路器触头间的绝缘强度比电压恢复快，线路就能够完成电气分断。如果断路器触头间的电压比绝缘恢复快，超过绝缘强度时，将产生电弧重燃，引起电磁暂态振荡，产生过电压，简称为切空线过电压。显然，断路器灭弧能力越差，重燃概率越大，过电压出现概率越大，过电压幅值也越大。资料表明，切空线过电压持续时间可达 10～20 ms 以上，幅值可能超过 3 倍相电压幅值，是操作过电压最严峻的情况，220 kV 及以下电网确定绝缘水平考虑操作过电压时，往往以切空线过电压为计算依据。

4.5.1 过电压产生机理

空载无损线路的输入阻抗可以用一个电感和一个电容串联来表示。忽略线路电阻，切除空载线路的等值电路如图 4-13 所示，假设电源 $e(t)=E_{\mathrm{m}}\cos\omega t$，线路单位长度的电感和

电容分别为 L_0、C_0，根据式(3-14)，线路总电感为 $\frac{1}{3}L_0 l$，总电容为 $C_0 l$。由于空载线路 $\frac{1}{\omega C_0 l} \gg \frac{1}{3}L_0 l$，断路器 K 分断空载线路前，认为线路电压 $u_C(t)=e(t)$，电路中容性电流为

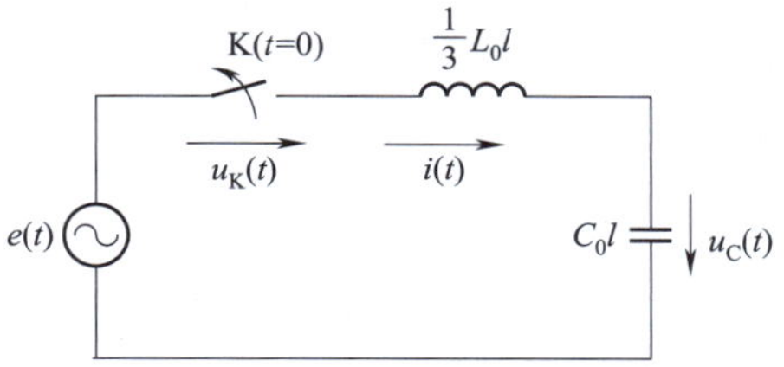

图 4-13　切空线等值电路

$$i(t)=\frac{E_m}{\frac{1}{\omega C_0 l}-\frac{1}{3}\omega L_0 l}\cos\left(\omega t+\frac{\pi}{2}\right) \tag{4-36}$$

式(4-36)为空载线路电流，数值不大。切空线的断路器触头分离瞬间，触头间隙上电场强度极大，产生电弧。随着触头间距增大，电弧拉长，直到工频电流过零值时刻电弧熄灭。假设断路器中电弧第一次熄灭时刻为 t_1，考虑到电弧电流为容性，t_1 时刻电容上电压 $u_C(t_1)=-E_m$。t_1 时刻电弧熄灭后，忽略线路的泄漏，电容上电荷被保持，线路上维持残压 $U_0=u_C(t_1)=-E_m$；由于电源电压 $e(t)$ 仍按 $\cos\omega t$ 变化，作用在断路器触头间的恢复电压为

$$u_K(t)=e(t)-U_0=E_m(1+\cos\omega t) \tag{4-37}$$

如果断路器灭弧能力很强，绝缘强度恢复快，电弧不再重燃，线路就被切除，线路上不产生过电压。如果断路器灭弧性能差，随着触头间恢复电压不断变大，超过其绝缘恢复强度，电弧会重燃。按最严重的情况考虑，假设在 t_1 熄弧后经过半个工频周期时间 10 ms，即 $t_2=t_1+10$ ms 时刻，断路器触头间恢复电压达到 $u_K(t_2)=2E_m$ 时，断路器触头间发生第一次电弧重燃。电弧重燃相当于对线路重合闸，这时线路已经具有初始电压 $u_C(t_2)=-E_m$，线路自由振荡角频率 $\omega_0=\frac{\sqrt{3}}{l\sqrt{L_0 C_0}}$，$\omega_0$ 比工频电源角频率 ω 大得多，因此，暂态过程是一个高频振荡过程。在高频振荡初瞬时刻电源 $e(t)=E_m$，强制线路电压趋于 $u_C(\infty)=E_m$，忽略线路损耗引起的振荡衰减，按照式(1-12)，暂态过程的最大过电压估计值为

$$u_{Cm}=\text{稳态值}+(\text{稳态值}-\text{初始值})=E_m+[E_m-(-E_m)]=3E_m \tag{4-38}$$

式(4-38)表明，t_2 时刻断路器触头间电弧第一次重燃，流过断路器触头间的容性高频振荡电流超前电压 $\frac{\pi}{2}$，经过 $\frac{\pi}{\omega_0}$ 时间，在 $t_3=t_2+\frac{\pi}{\omega_0}$ 时刻出现 $u_C(t_3)=3E_m$。高频振荡中 t_3 时刻高频电流瞬时值恰好为零，电弧第二次熄灭。第二次熄灭后，线路上残压就维持在 $3E_m$。

随着时间发展，第二次熄灭后断路器触头分离间距仍然在增大，在 $t_4=t_3+10$ ms 时刻，断路器触头间的恢复电压到达 $u_K(t_4)=4E_m$，如果这时触头间的绝缘强度不足以承受 $4E_m$，

再次发生击穿，触头间出现第二次电弧重燃。第二次电弧重燃时，线路已经具有初始电压 $u_C(t_4)=3E_m$，电源 $e(t)=-E_m$ 作用下振荡产生的过电压将达到：

$$u_{Cm}=\text{稳态值}+(\text{稳态值}-\text{初始值})=-E_m+[-E_m-(3E_m)]=-5E_m \tag{4-39}$$

如果切空线时断路器触头间每隔半个工频周期发生一次电弧重燃和熄灭，线路上过电压将按 $3E_m$、$-5E_m$、$7E_m$、$-9E_m$…逐次增加，直到触头分开的距离达到足够的绝缘强度，电弧不再重燃为止。切空线时断路器触头间电弧重燃及线路上过电压 $u_C(t)$ 发展过程如图 4-14 所示。

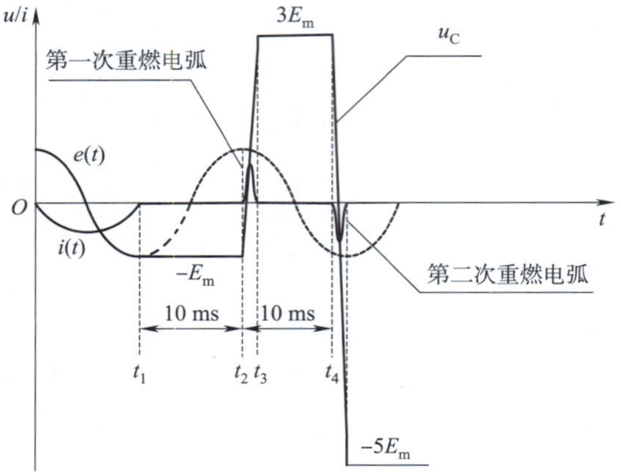

t_1—第一次熄弧；t_2—第一次重燃；t_3—第二次熄弧；t_4—第二次重燃。

图 4-14　切空线过电压发展过程

切空线时产生过电压的根本原因，是断路器触头间发生多次电弧重燃和熄灭。由于电弧电阻、线路电阻，以及冲击电晕等对振荡能量的损耗，出现 5 倍过电压的概率极小。曾测试到切除接触网的过电压高达 2.6 倍，这样高的电压足以导致线路上污秽绝缘子闪络、避雷器动作。因此，必须重视切除空载线路时产生的过电压及危害。

4.5.2　过电压影响因素

1. 断路器灭弧性能

断路器触头间的电弧熄灭或重燃具有随机性和分散性，即使同一台断路器切除同一条线路，在每次分闸过程中电弧都不会在同样的时刻熄灭，重燃不一定在电源电势达到最大值且与线路残压极性相反的时刻发生，重燃次数也不会相同。图 4-14 中假设熄弧后经过半个工频周期时间电弧发生重燃，正好是电源电势达到峰值且与线路残压极性相反，是一种极端分析。如果电弧提前重燃，振荡的自由分量就会减小，相应的过电压也会减小。如果电弧重燃发生在第一次熄弧后 0.25 个工频周期之内，则电源电势可能接近零且与线路残压极性相同，不发生过电压。断路器分闸时，触头间电弧的熄灭或重燃时刻、绝缘介质特性、灭弧方式、触头运动速度等，与断路器性能密切关系，直接影响到切空线过电压的大小。

2. 线路残压

断路器分闸过程中，触头间电弧熄灭后线路上出现的残压大小和极性，直接影响到电弧重燃后振荡的自由分量大小和过电压幅值。如果线路上有电磁式压互、变压器，其高压绕组就提供了残余电荷泄漏通道，在一定程度上释放残压，使过电压有所降低。电压等级高的线路，例如 220 kV，将出现冲击电晕消耗能量，使线路上残压和过电压有所减小。

3. 供电方式

接触网是单相供电，切除接触网可参考图 4-13 等值电路进行分析。贯通线是三相供电，系统中性点经过 10 Ω 小电阻接地，如果断路器分闸时三相同期动作，三相电路对称，可以抽出一相按图 4-13 电路计算。贯通线全程的单芯电缆没有线间电磁耦合，但线路上的箱式变压器会连接相间的电磁关系，如果断路器分闸时三相不同期动作，在不利的相位分闸，过电压有可能比单相线路严重。

4. 变配电所母线上的馈线数

变配电所母线所带的馈线数越多，母线对地等值电容越大。母线对地电容可以降低电弧重燃时空载线路的初始电压，也能吸收部分振荡能量，使过电压幅值有所降低。

4.5.3 过电压防护

1. 改善断路器性能，提高灭弧能力

断路器分闸过程中电弧重燃是产生切空线过电压的根源。断路器触头间的电弧是否重燃取决于断路器的灭弧能力和触头间恢复电压，因此，改进断路器的结构，提高分闸速度，提高触头间绝缘介质的耐电强度和灭弧能力，避免电弧重燃，是消除切空线过电压的有效措施之一。对三相断路器而言，提高同期性，也是限制过电压的有力措施。

2. 降低线路残压

线路侧装设电磁式压互，当切除空载线路时，电压升高将引起电磁式压互磁通饱和，阻抗降低，可在一定程度泄漏残余电荷，使线路残压减小，过电压幅值也就减小。

3. 采用性能优良的避雷器

线路首末端的避雷器，可以限制切空线过电压。重燃过电压行波到达线路末端时，反射系数为+1，会抬高过电压。如果线路末端的避雷器放电动作，波形近似于梯形，波过程一次反射的持续时间为

$$t=2\frac{l}{v} \tag{4-40}$$

式中　l——线路长度；

　　v——电磁波传播速度。

4.6 空载线路合闸暂态电压

接触网、贯通线的合闸是常见的操作，合闸方式分为计划性合闸、自动重合闸。计划性合闸通常是线路由于检修等原因停电较长时间后，按照电力调度指挥中心的运行计划进行的空载线路合闸操作，简称合空线，合闸前线路上一般不存在接地和残压。自动重合闸，指运行线路发生短路等故障，导致变配电所的馈线断路器跳闸后，断路器自动重新合闸送电。如果线路是瞬时性故障，自动重合闸可立即恢复线路供电，从而提高供电可靠性。合空线时电压可能产生暂态振荡，产生过电压，简称合空线过电压。一般情况下，自动重合闸前，线路上存在随机的残压，会导致自动重合闸过电压比计划性合作产生的过电压更为严重。

4.6.1 计划性合闸暂态电压

接触网是单相供电线路；贯通线三相对称，认为馈线断路器同期动作，都可以按单相回路进行分析。长 l 的空载线路，忽略线路的电阻和电导损耗，计划性合闸等值电路如图 4-15 所示，其中电源为 $e(t)=E_m\cos(\omega t+\varphi)$，电源内电感为 L_S，线路单位长度的电感和电容分别为 L_0、C_0，空载线路的总电感为 $\frac{1}{3}L_0 l$，总电容为 $C_0 l$。以 $u_C(t)$ 为状态变量，列出合闸后的电路方程为

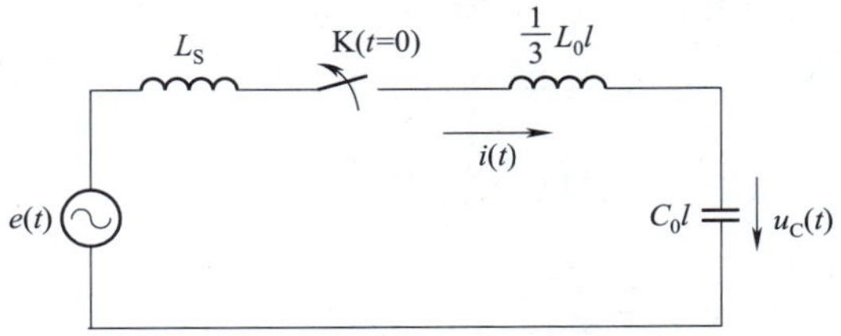

图 4-15 空载线路合闸等值电路

$$LC\frac{d^2u_C}{dt^2}+u_C=e(t) \tag{4-41}$$

式中 L——电路总电感，$L=L_S+\frac{1}{3}L_0 l$；

C——电路总电容，$C=C_0 l$。

微分方程(4-41)对应的特征方程为

$$LCp^2+1=0 \tag{4-42}$$

特征方程的根为

$$p_{1,2}=\pm j\frac{1}{\sqrt{LC}}=\pm j\omega_0 \tag{4-43}$$

式中 ω_0——电路的自由振荡角频率，$\omega_0=\frac{1}{\sqrt{LC}}$。

微分方程(4-41)的通解为

$$u_{\mathrm{C}}(t)=A\sin\omega_0 t+B\cos\omega_0 t+\frac{1}{1-\left(\dfrac{\omega}{\omega_0}\right)^2}E_{\mathrm{m}}\cos(\omega t+\varphi) \tag{4-44}$$

式中　A、B——积分常数。

根据电路的初始条件：$u_{\mathrm{C}}(0)=0$，$i(0)=C\left.\dfrac{\mathrm{d}u}{\mathrm{d}t}\right|_{t=0}=0$，积分常数为

$$A=\frac{1}{1-\left(\dfrac{\omega}{\omega_0}\right)^2}\cdot\frac{\omega}{\omega_0}E_{\mathrm{m}}\sin\varphi,\quad B=\frac{-1}{1-\left(\dfrac{\omega}{\omega_0}\right)^2}E_{\mathrm{m}}\cos\varphi$$

将积分常数 A、B 代入式(4-44)得

$$u_{\mathrm{C}}(t)=\frac{1}{1-\left(\dfrac{\omega}{\omega_0}\right)^2}E_{\mathrm{m}}\left[\frac{\omega}{\omega_0}\sin\varphi\sin\omega_0 t-\cos\varphi\cos\omega_0 t+\cos(\omega t+\varphi)\right] \tag{4-45}$$

如果电源合闸初相位角 $\varphi=0$，式(4-45)可简化为

$$u_{\mathrm{C}}(t)=\frac{1}{1-\left(\dfrac{\omega}{\omega_0}\right)^2}E_{\mathrm{m}}(\cos\omega t-\cos\omega_0 t) \tag{4-46}$$

式(4-46)中第一项是工频稳态分量(强制分量)，第二项是暂态分量(自由振荡分量)，两个分量的叠加结果导致 $u_{\mathrm{C}}(t)$ 具有拍频性质，在自振角频率接近电源角频率时，$\omega_0\approx\omega$，就会出现线路电压 $u_{\mathrm{C}}(t)$ 远远大于电源电压 E_{m}，即发生过电压。图 4-16 中绘出了 $\omega_0=1.5\omega$、2ω、3ω 时的 $u_{\mathrm{C}}(t)$ 波形，可见，$u_{\mathrm{C}}(t)$ 过电压最大峰值可能出现在第一、第二或者第三峰上；自由振荡角频率 ω_0 越高，过电压最大峰值出现越早。当 $\omega_0=3\omega$ 时，$u_{\mathrm{C}}(t)$ 暂态过程中自由分量与稳态分量在第二峰处反极性叠加，过电压幅值最低。可见，合空线过电压的幅值与电路的自振角频率 ω_0(主要取决于线路参数)关系十分紧密。

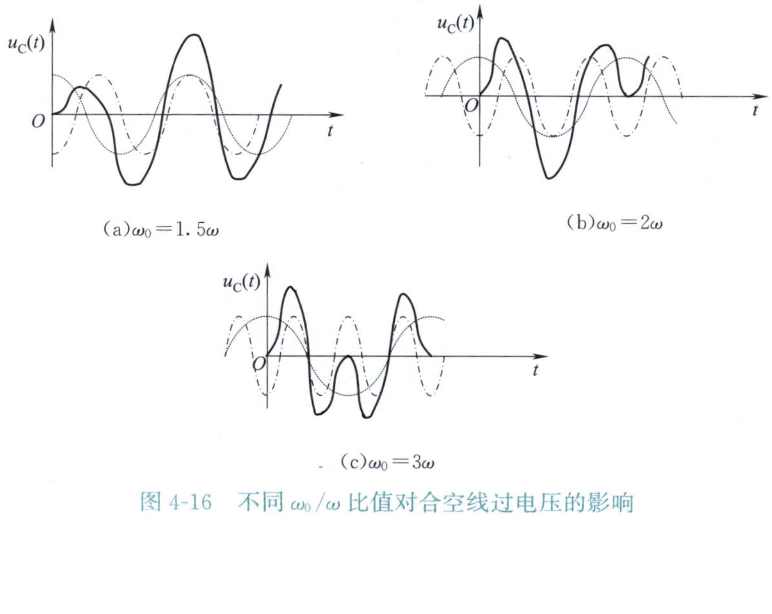

(a) $\omega_0=1.5\omega$　(b) $\omega_0=2\omega$　(c) $\omega_0=3\omega$

图 4-16　不同 ω_0/ω 比值对合空线过电压的影响

自由振荡角频率 ω_0 比电源角频率 ω 高得多，$\omega_0 \gg \omega$，电源电压在最大值合闸时，认为合闸初期电源电压不变：$e(t)=E_m$，将初始条件代入式(4-45)，电路的解可简化为

$$u_C(t)=E_m(1-\cos\omega_0 t) \tag{4-47}$$

显然，空载线路合闸后在 $t=\pi/\omega_0$ 时，线路等值电容上的电压 $u_C(t)$ 达到最大值：

$$u_{Cm}=2E_m \tag{4-48}$$

空载线路合闸时出现暂态过电压的原因，是线路电流 $i(t)$ 与电压 $u_C(t)$ 的自由振荡分量在相位上相差 90°，线路合闸后电源通过电感向电容充电，同时，充电电流也使电感储存了磁场能。当电流 $i(t)$ 逐渐下降到零，电感储存的磁场能全部释放，转变成电容的电场能，使电容电压 $u_C(t)$ 升高。电路中电感 L 和电容 C 的能量交换，导致线路出现过电压。线路越长，等值电感和电容越大，自由振荡越强烈，合空线过电压就越高。

实际线路的电阻会使过电压的自由振荡分量有所衰减。考虑线路电阻阻尼时，可对过电压的自由分量乘以衰减系数 $e^{-\delta t}$($\delta=\frac{3r_0}{L_0}$，L_0 和 r_0 分别为线路单位长度的电感和电阻)；也可以用过电压的自由分量乘以综合衰减系数 β 来表示，$\beta=0.85\sim0.95$，因此式(4-46)修正为

$$u_C(t)=\frac{1}{1-\left(\frac{\omega}{\omega_0}\right)^2}E_m(\cos\varphi t-e^{-\delta t}\cos\omega_0 t) \tag{4-49}$$

或者

$$u_C(t)=\frac{\beta}{1-\left(\frac{\omega}{\omega_0}\right)^2}E_m(\cos\varphi t-\cos\omega_0 t) \tag{4-50}$$

空载线路合闸过电压大小与合闸时电源的初相位 φ 关系十分紧密，合闸时刻的随机性决定了电源初相位是随机量，导致合空线过电压具有统计学特性。假设合闸的电源电压 $e(t)=E_m\cos\omega t$，以合闸时电压的标幺值 $\frac{e(t)}{E_m}$ 来表征合闸的时刻，作出图 4-17，按照概率计算方法，合闸时 $\frac{e(t)}{E_m}\geqslant k$ 的概率为

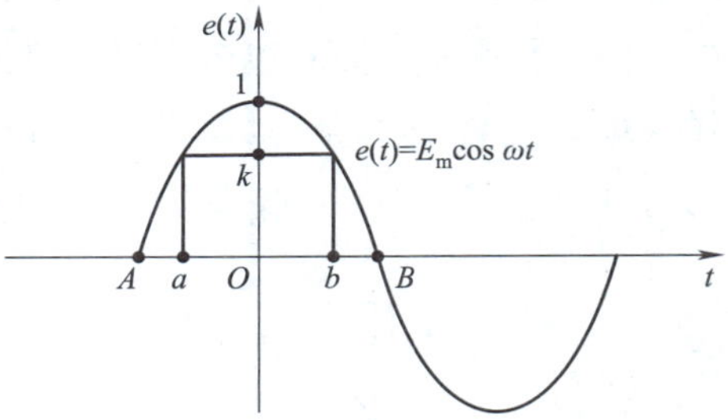

图 4-17　合闸概率计算示意

$$\eta=\frac{\overline{ab}}{\overline{AB}}=\frac{2\arccos k}{\pi} \tag{4-51}$$

例如，合闸时 $e(t)\geqslant 0.9E_m$ 的概率为 $\eta=\frac{2}{\pi}\arccos 0.9\approx 28.7\%$。

如果线路较长，空载线路的电容效应会引起末端工频电压升高 k_c 倍(无工频电压升高时 $k_c=1$)，考虑线路损耗的衰减系数 β，电源合闸时刻的随机概率 k，对式(4-48)修正后，空载线路合闸产生的最大过电压为

$$u_{Cmax}=2k\beta k_c E_m=K_0 E_m \tag{4-52}$$

式中　K_0——过电压倍数，$K_0=2k\beta k_c$。

空载线路计划性合闸时，发生在线路上的过电压超过 K_0 倍的概率为

$$\eta'=\frac{2}{\pi}\arccos\left(\frac{K_0}{2\beta k_c}\right) \tag{4-53}$$

4.6.2　自动重合闸暂态电压

接触网、贯通线发生瞬时性短路故障时，变配电所馈线跳闸，经过 0.5～1.5 s 保护装置自动启动馈线断路器重新合闸。在馈线跳闸后，线路对地等值电容上储存的电荷不能立即释放完，剩余电荷称为残余电荷。线路始端的残余电荷表现为残压 u_1，线路末端的为残压 u_2，它们将重新均匀分布，整个线路上的残压立即变为 $U_0=\frac{1}{2}(u_1+u_2)$。变配电所的馈线断路器重合闸时，等值电路如图 4-15 所示，线路残压 U_0 就成为线路的初始电压。考虑电路的初始条件 $u_C(0)=U_0$，$i(0)=C\left.\frac{\mathrm{d}u}{\mathrm{d}t}\right|_{t=0}=0$，可得积分常数

$$A=\frac{1}{1-\left(\frac{\omega}{\omega_0}\right)^2}\cdot\frac{\omega}{\omega_0}E_m\sin\varphi,\quad B=U_0-\frac{1}{1-\left(\frac{\omega}{\omega_0}\right)^2}E_m\cos\varphi$$

将积分常数 A、B 代入通解表达式(4-44)，线路电压为

$$u_C(t)=\frac{E_m}{1-\left(\frac{\omega}{\omega_0}\right)^2}\left[\frac{\omega}{\omega_0}\sin\varphi\sin\omega_0 t-\cos\varphi\cos\omega_0 t+\cos(\omega t+\varphi)\right]+U_0\cos\omega_0 t \tag{4-54}$$

考虑到实际线路 $\omega_0\gg\omega$，式(4-54)可简化为

$$u_C(t)=(U_0-E_m\cos\varphi)\cos\omega_0 t+E_m\cos(\omega t+\varphi) \tag{4-55}$$

当 $\omega_0 t=\pi$ 时，$u_C(t)$出现极值：

$$u_{Cm}=2E_m\cos\varphi-U_0 \tag{4-56}$$

线路跳闸之后，在 t_0 时刻变配电所馈线断路器自动重合闸，假设重合闸时电源的初相位 $\varphi=0$，如果线路残压 U_0 与合闸电源极性相同，暂态过电压最大值为 $u_{Cm}=2E_m-U_0$；如果残压 U_0 与合闸电源极性相反，且 $U_0=-E_m$，暂态过电压最大值为 $3E_m$；线路过电压 $u_C(t)$ 波形变化，如图 4-18 所示。可见，线路残压大小与极性对线路自动重合闸过电压影响极大。

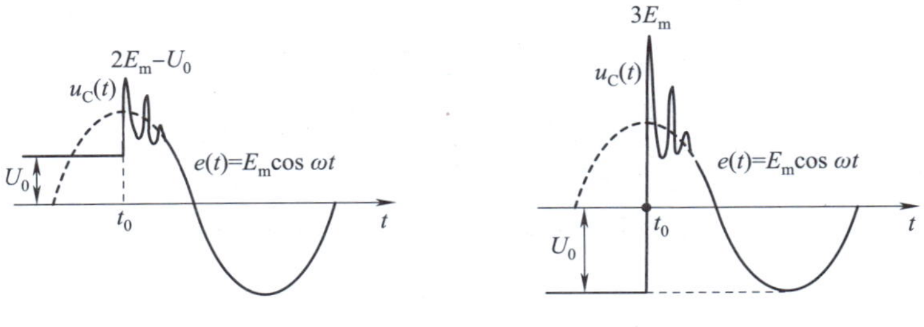

(a)U_0 与合闸电源极性相同　　(b)U_0 与合闸电源极性相反

图 4-18　线路残压 U_0 对空载线路重合闸过电压($\varphi=0$)的影响

4.6.3 过电压影响因素

1. 合闸时电源电压的初相位角

电源 $e(t)=E_{\mathrm{m}}\cos(\omega t+\varphi)$，合闸电压瞬时值大小取决于初相位 φ，合闸时电压的标幺值 $\frac{e(t)}{E_{\mathrm{m}}}$大于某个 k 值的概率满足式(4-51)。一般而言，$e(0)=E_{\mathrm{m}}$ 时刻合闸，线路上的过电压最严重。

2. 断路器的特性

合闸时馈线断路器的动静触头之间承受电源相电压和线路对地电压的电位差，动静触头完全接触之前，由于间隙距离越来越小，间隙上电场强度越来越高，当电场强度超过绝缘耐电强度，不等动静触头接触，就会发生放电击穿。断路器合闸速度越慢，动静触头接触前的放电现象越明显。显然，电源电压在最大值及附近，线路有残压且极性与电源相反，过电压及幅值的概率将增大。对三相断路器，合闸不同期时，先合上相通过电磁耦合，使后合上相具有一定初始电压，过电压也有所升高。断路器动作速度越快，同期性越好，灭弧能力越强，过电压就越小。

3. 电源和线路参数

线路自由振荡角频率越高，合闸暂态过程越剧烈，过电压幅值出现时刻越早、越大。实际线路是一个分布参数电路，线路有变压器接入时，合闸暂态过程中可能存在多个自由振荡频率，其中基次谐波分量影响最大。线路的电阻将损耗暂态振荡能量，使过电压衰减，幅值有所降低。当线路上过电压很高时，还会产生冲击电晕，也会损耗振荡能量，降低过电压幅值。线路计划性合闸过电压一般不超过 2～3 倍电源电压幅值；自动重合闸时，最严峻情况下的最大过电压值不超过 3～4 倍电源电压幅值。

4. 线路的残压

线路残压 U_0 的极性和大小对自动重合闸过电压影响很大，振荡的自由分量大小取决于合闸时刻电源电压与线路残压之差，两者极性相反时这个差值增大，过电压也越大。残压的大小与线路结构、线路的绝缘状况，甚至气象条件有关。在自动重合闸过程中，线路失去电源期间残余电荷将按指数规律衰减泄漏。如果线路上接有变压器、电磁式压互，它们的高压绕组将为残余电荷的泄漏提供通道，泄漏快慢与绕组的阻抗大小有关。线路绝缘子表面污秽物的性质和积污量、空气湿度、雨雪等气象条件，也会改变线路绝缘子表面电导大小，影响残余电荷泄漏速度。另外，自动重合间的延迟时间越短，残余电荷泄漏越少，残压就越高，合闸过电压幅值也越大。

5. 变配电所母线所带馈线数

变配电所母线的馈线数增多，母线对地等效电容会变大。线路合闸时，母线等效电容上储存的电荷首先对合闸线路快速充电，同时电源经内阻抗向线路充电。前一充电使线路出现“初始电压”，后一充电使线路强制趋于“稳态电压”，在极短的过渡时间中两者的极性相同，会使振荡的自由分量减小。因此，变配电所母线上的馈线路数较多时，合空线过电压有所降低。

4.6.4 过电压防护

1. 选择性能优良的断路器

提高断路器触头运动速度，提高触头间的绝缘介质强度，防止触头间电弧重燃。贯通线的馈线断路器还要求合闸同期，避免不同期合闸造成相间电磁耦合。采用触头机械运动快、灭弧能力强、动作同期等性能优良的断路器，加强断路器的检修维护，是减少线路合闸过电压的重要防护措施之一。

2. 分段合闸送电

对电源容量较小的线路，特别是长电缆贯通线，线路应该分段合闸送电。一方面可以减小线路充电时间和电容效应引起的工频电压升高；另一方面线路长度减小，线路的等值电感和电容就会减小，储存电磁场能量的能力和暂态能量交换都会有所减小，使暂态自由振荡分量和过电压减小。

3. 降低线路的残压

在线路侧安装电磁式压互，为残余电荷提供泄漏通道，可减少自动重合闸时线路上的残压，降低重合闸时过电压幅值。

4. 采用性能优良的避雷器

线路合闸过电压的持续时间大致为自由振荡频率的 0.5～1 个周期时间，过电压的波形振荡，可能导致避雷器多次动作，要求线路避雷器具有较大的通流容量和优良特性。

5. 选相合闸

采用专门的监控装置，在断路器触头间电位差等于零或接近零时完成合闸操作，也是一种消除暂态过程及其过电压的方法之一。但是，选相合闸的监控装置复杂，会增加投资和维护费用。

4.7 GIS 装置投切暂态电压

高速铁路供电工程，无论是牵引供电，还是贯通线供电，已经大量采用了 GIS 开关柜，在地面及空间紧张的地方，或高寒地区，牵引变电所配电装置采用了 220 kV 的 GIS 全密封式组合电器。GIS 组合电器的主要优点是体积小，运行可靠，维护简单。GIS 组合电器全部密封在金属壳体中，内部导体的电场比较均匀；均匀电场中预放电就会发生击穿，比非均匀电场中相同大小间隙的击穿电压低。GIS 组合电器中导体对壳（地）等值电容大，电荷储存多，开关分合闸过程中残压相对高，与敞开式的 AIS 配电装置比较，开关操作可能产生更高的过电压，而且暂态中自由振荡频率非常高，暂态过程快。将 GIS 中出现的持续时间几纳秒至几毫秒的过电压，称为特快速暂态（very fast transient，VFT）过电压，也称陡波过电压。一旦 GIS 组合电器中发生绝缘击穿，事故抢修非常困难，影响供电安全。牵引变电所及 GIS 装置是高速铁路供电的电源中枢，应该关注 VFT 过电压及防护。

4.7.1 VFT 暂态过电压机理

GIS 组合电器的主要设备是隔离开关、接地开关、断路器、母线以及压互、流互、控制柜、电缆头或套管等，避雷器、变压器等设备通常采用外部连接方式。GIS 装置由于制造工艺复杂，大多采用单相结构。为了有利于实现密封金属壳内部的电场均匀，GIS 装置的外形壳体大都设计为管筒状，或者近似为管筒状。下面采用一段 GIS 管筒中含有一台隔离开关 GK 和一台断路器 DL 的结构（图 4-19），说明隔离开关 GK 分合闸时产生 VFT 暂态电压机理。

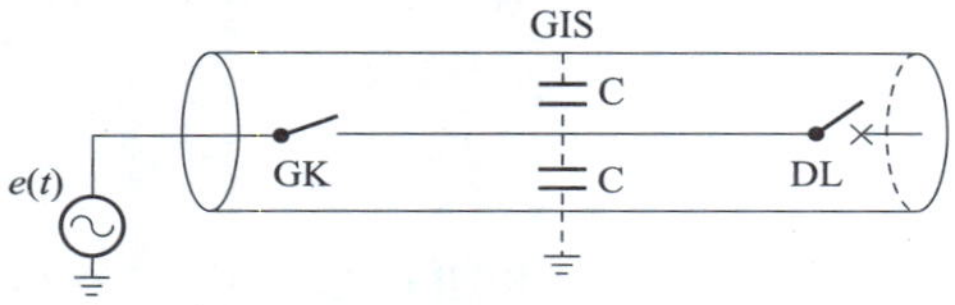

图 4-19 含 GK 和 DL 的 GIS 结构

1. 采用集中参数电路分析

（1）GIS 中隔离开关 GK 合闸

根据供电运行的操作规则：电路分断时，先分断路器，后分隔离开关；电路合闸时，先合隔离开关，后合断路器。在图 4-19 中，GIS 中首端隔离开关 GK 与末端断路器 DL 连接一根导体，首端接电源 $e(t)$，隔离开关 GK 和断路器 DL 均在分闸状态，采用集中参数表示的隔离开关 GK 分合闸的等值电路如图 4-20 所示，其中 C 为隔离开关 GK 至断路器 DL 连接导体对金属外壳的等值电容，L 是电源等值电感。

在图 4-20 中，隔离开关 GK 合闸的微分方程和求解方法，与 4.6 节中计划性合空线的分析相似。如果电源为 $e(t)=E_{\mathrm{m}}\cos(\omega t+\varphi)$，初相位角 $\varphi=0$ 时隔离开关 GK 合闸，GIS 中导体的电压表达式同式（4-46）。

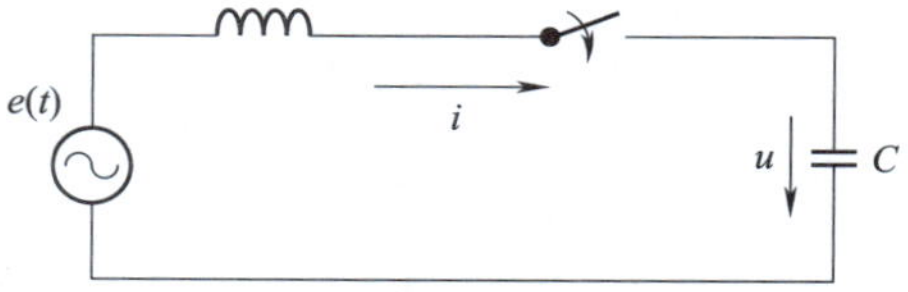

图 4-20 GIS 中 GK 分合闸等值电路

与供电线路相比，由于 GIS 管筒中隔离开关

GK 至断路器 DL 的几何尺寸为米数量级，远比数十千米长的线路小得多，GIS 中导体的等值电感远远小于供电线路的电感，因此，在 GIS 中自由振荡频率 $\omega_0=\frac{1}{\sqrt{LC}}$ 就会远远高于供电线路中的振荡；最大过电压不超过 2 倍。

(2)GIS 中隔离开关 GK 分闸

在图 4-20 中，隔离开关 GK 分闸的解析方法与 4.5 节的切空线分析类似。当电源电压在最大值 E_m 时刻隔离开关 GK 分闸，GIS 中导体对金属壳的等值电容 C 上将保持残压 $U_0=E_m$；如果电源电压为 $-E_m$ 时刻，隔离开关发生电弧重燃，GIS 导体反向充电，暂态过电压趋于 $-3E_m$。

2. 采用分布参数电路分析

(1)GIS 中隔离开关 GK 合闸

GIS 组合电器中设备密集，相互距离很短，暂态电压电流传播非常快。在图 4-19 中，假设 GIS 结构中隔离开关 GK 至断路器 DL 的距离为 10 m，按照电磁波在架空线上的传播速度 300 m/μs 计算，所需传播时间为 0.033 μs；与 30 km 长架空线路的传播时间 100 μs 比较，两者相差极大。所以，分析 GIS 中暂态过程应该将 GIS 中连接导体视为分布参数电路，采用“行波法”进行分析。

单相分布参数线路如图 3-1 所示，将线路视为损耗的线路，波动方程为

$$-\frac{\partial u}{\partial x}=L_0\frac{\partial i}{\partial t} \tag{4-57}$$

$$-\frac{\partial i}{\partial x}=C_0\frac{\partial u}{\partial t} \tag{4-58}$$

将式(4-57)、式(4-58)联立求解，可得线路上任何一点 x 和时刻 t 的电压、电流分别为

$$u=f_1(x-vt)+f_2(x+vt) \tag{4-59}$$

$$i=\frac{1}{z}[f_1(x-vt)-f_2(x+vt)] \tag{4-60}$$

式中　$f(x,t)$——行波的通解表达式；

z——波阻抗，$z=\sqrt{\frac{L_0}{C_0}}$；

v——为波速，$v=\frac{1}{\sqrt{L_0C_0}}$。

分析式(4-59)和式(4-60)可以看到，$f_1(x-vt)$ 在数学上表示随着时间 t 的变化，f_1 以速度 v 沿线路向 x 正方向平行移动 vt，$f_2(x+vt)$ 向 x 负方向平行移动 vt，f_1 称为前行波或入射波，f_2 称为反行波或反射波。线路上任何一点的电压、电流都是由行波 f_1 和 f_2 组合。

假设一条线路由波阻抗分别为 z_1、z_2 的两段线路串联构成，如图 4-21 所示，一个电压

入射波 u_q 伴随电流入射波 $i_q(u_{1q}=z_1i_{1q})$沿 z_1 线路行进到两段线路之间的结点 A 时，由于结点 A 前后的波阻抗不同，在结点处发生电磁能量重新分配，一部分返回 z_1 线路，形成反射波 u_{1f}、i_{1f}，另外一部分进入 z_2 线路，形成新的前行波，也称为折射波 u_{2q}、$i_{2q}(u_{2q}=z_2i_{2q})$。根据电路的叠加原理，线路 z_1 上总电压为 $u_1=u_{1q}+u_{1f}$，总电流为 $i_1=i_{1q}+i_{1f}$；如果线路 z_2 为无限长，或考核的时间之内线路 z_2 没有反射波返回，则线路 z_2 上总电压 $u_2=u_{2q}$，总电流为$i_2=i_{2q}$。结点 A 处只能是一个电压和一个电流，即 $u_1=u_2$，$i_1=i_2$。据此，列出结点 A 的电压电流平衡式为

$$u_{2q}=u_{1q}+u_{1f} \tag{4-61}$$

$$\frac{u_{2q}}{z_2}=\frac{u_{1q}-u_{1f}}{z_1} \tag{4-62}$$

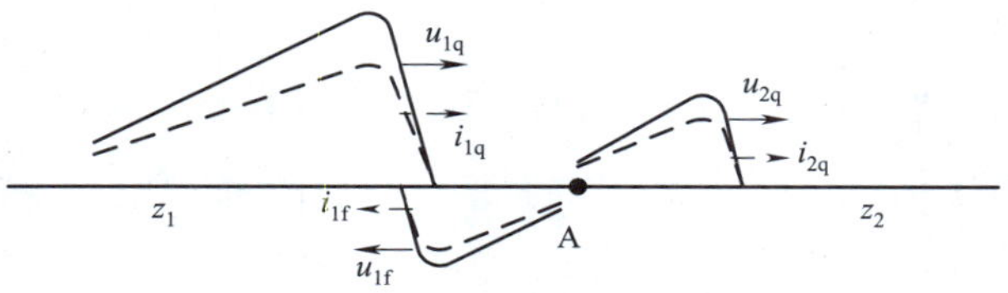

图 4-21　入射行波在结点 A 产生的折射与反射波示意

将式(4-61)、式(4-62)联立求解，可以得到折射与反射电压分别为

$$u_{2q}=\alpha_u u_{1q} \tag{4-63}$$

$$u_{1f}=\beta_u u_{1q} \tag{4-64}$$

式中　α_u——电压折射系数，$\alpha_u=\dfrac{2z_2}{z_1+z_2}$；

β_u——电压反射系数，$\beta_u=\dfrac{z_2-z_1}{z_1+z_2}$。

在图 4-19 中，电源电压最大值 E_m 时刻 GIS 结构中隔离开关 GK 合闸，电压行波前行 10 m 到达断路器 DL，传播时间只需要 0.033 μs，这个时间段电源电压 E_m 值仅仅变化了 0.006 6‰。因此，在分析 GIS 暂态电压时，可认为合闸电源电压为数值不变的电压 E_m。合闸后电压行波 E_m 经过 $1\tau=0.033$ μs 时间到达 DL，由于 DL 为分闸状态，相当于 z_2 无穷大，电压行波 E_m 发生全反射，反射系数为+1。反行波电压$+E_m$ 又经过 1τ 时间达到 GK，对于 GK 连接的电源，根据叠加原理，电源不再重复作用，相当于短路；对于反行波电压$+E_m$ 而言，电源侧 z_2 为零值，反射系数为−1，在 GK 点产生负反射电压$-E_m$。电压行波在 GK 与 DL 之间传播一次仅需要 0.033 μs，如此快速地在 GK 至 DL 之间进行多次反射。GK 和 DL 点的行波电压、GIS 中导体上任一 x 点的行波电压，如图 4-22 所示，暂态过程中最大电压都达到了 $2E_m$。

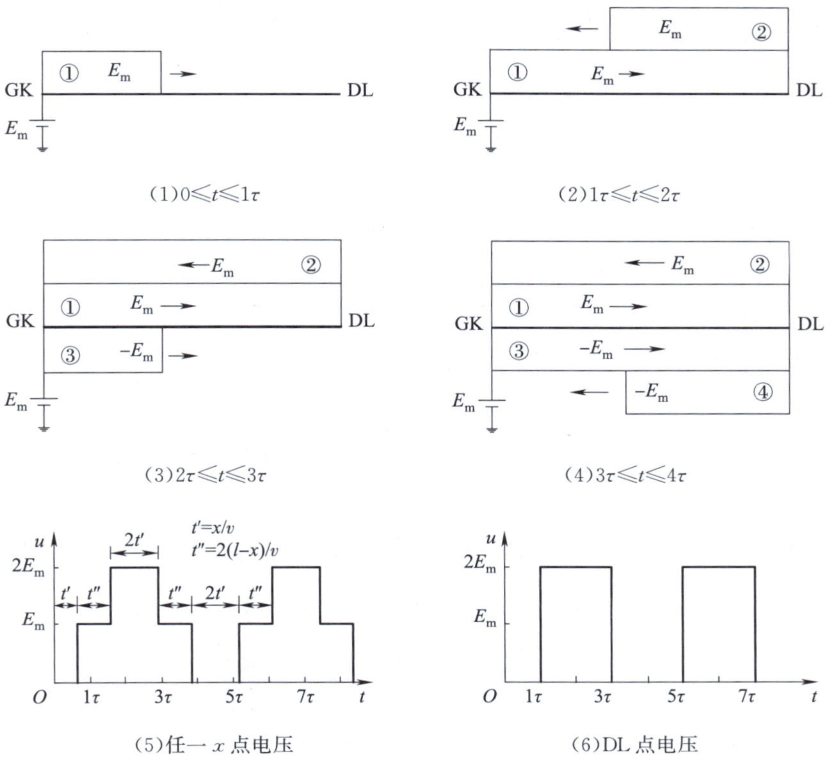

图 4-22　电源合闸后 GIS 中电压行波传播示意

(2)GIS 中隔离开关 GK 分闸

如图 4-19 所示，假设电源电压最大值 E_m 时刻 GIS 结构中隔离开关 GK 分闸，GIS 中导体对金属壳的等值电容上将保持残压 $U_0=E_m$；隔离开关不重燃，电路就分断了。如果电源电压在 $-E_m$ 时刻隔离开关发生电弧重燃，GIS 导体波过程比较复杂，但仍然可按叠加原理计算。一方面，残压一分为二向导体两端传播，到达 DL 时发生+1 反射，到达 GK 时发生−1 反射。另一方面，隔离开关发生电弧重燃，由于电弧的导电性能良好，相当于电源合闸，电源电压行波强制入射 GIS；加上 GIS 的几何尺寸不大，行波在 GIS 导体上快速地发生多次折射和反射。导体上任何一点的电压都将按照残压行波和电源电压行波的到达时刻进行叠加，可使某些部位出现高幅值的过电压。

4.7.2　VFT 影响因素

(1)GIS 组合电器的总体尺寸，特别是 GIS 内部各设备之间的距离，决定行波在设备间的折射与反射时间，影响各点多次行波电压叠加的结果。与数十千米的线路比较，GIS 管筒尺寸及内部的设备距离都非常小，导致暂态过程中自由振荡频率非常高，GIS 中暂态过程持续时间短，一般只有几纳秒至几毫秒。

(2)GIS 中如果开关触头间发生击穿形成电弧，由于暂态振荡频率高，高频电流过零时，由于电弧高温维持，电弧不会熄灭，一直持续到暂态振荡衰减结束。触头间发生的击穿改变内部均匀的电场，产生纳秒级的陡波，向两侧以及分支管筒中传播，快速的折射和反射波在不利的位置点上叠加，形成 VFT 过电压，可能导致内部导体对金属壳(地)放电击穿。一般情况下，电压等级越高，电气设备的绝缘造价越高，绝缘裕度相对降低。因此，GIS 组合电器的绝缘性能和裕度，对 GIS 装置安全运行非常关键。

(3)GIS 组合电器中导体表面光洁程度，电极与固体绝缘介质结合面的缝隙，电极周围的电场均匀程度，SF_6 气体的成分、气压、水分，导电微粒等，关系到 GIS 装置的耐电强度。因此，GIS 制造工艺和质量控制，直接影响 VFT 过电压及 GIS 运行安全。

(4)GIS 装置要与外部的变压器连接，距离比较靠近。GIS 内部出现的 VFT 过电压除了在内部管筒及分支管筒中传播之外，必然也会向外部连接的变压器传播。GIS 中产生的纳秒级陡波，其波头上升时间只有几十纳秒，比变压器进行的雷电冲击截波试验的波头上升时间(大约 0.5 μs)要小得多。根据电感电压与电流的关系 $u=L\frac{di}{dt}$，$\frac{di}{dt}$就是斜率或陡度，GIS 的纳秒级陡波在变压器绕组上产生的冲击电压，远比雷电冲击截波试验考核要严峻得多，特别是对变压器绕组的匝间和层间绝缘这些薄弱部位，是非常严重的威胁。

4.7.3 VFT 改善与防护

(1)GIS 装置中开关投切，特别是开关中电弧多次燃烧，是产生 VFT 过电压的主要原因之一。改善 GIS 开关性能，提高开关触头间隙的绝缘恢复速度和绝缘强度，避免开关电弧重燃，不发生暂态过电压是最好的防护措施。

(2)提高 GIS 组合电器的质量和绝缘水平，以抵抗 VFT 过电压的冲击。

(3)增加 GIS 与变压器连接导线的等效电容，例如，采用电缆连接，有条件下加装电容器，以减缓 GIS 的陡波对变压器绕组的冲击。

(4)采用优良的避雷器，限制 VFT 过电压。与雷电波比较，VFT 过电压持续时间短，含有能量一般不会超过雷电波的能量，不会加重避雷器通流能力的负担，关键是要求避雷器响应特性良好。

(5)对于 330 kV 牵引变电所一次侧的 GIS 配电装置，通过技术方案比较认为需要时，可采用带并联电阻结构的断路器。在 330 kV 电压等级的 GIS 装置的开关触头上并联电阻，不会特别增加造价，但可以充分发挥电阻对暂态振荡的阻尼作用，提高限制 VFT 过电压的效果。

4.8　接地暂态电压

4.8.1　接地暂态行波传播

高速铁路牵引供电电源的 VX 接线变压器输出端 T 连接接触网，N 端连接钢轨和地网；贯通线三相电源中性点经过小电阻接地，都属于电源参考电位直接接地方式。无论是高速铁路的接触网或是贯通线，由于种种原因供电线路都可能发生接地故障，极大的接地电流使变配电所馈线断路器跳闸，迅速切断故障电流。有时也会出现接地阻抗很大，称为高阻抗接地，接地电流不足以启动馈线断路器跳闸，故障行波快速在线路首端形成过电压，就可能导致首端的变配电所母线避雷器动作、绝缘子闪络。接地产生的异常过电压，称为接地暂态过电压。

一条长度为 l 的供电线路，首端 A 点相当于变配电所的母线，线路波阻抗为 z，电源内电感为 L，单相等值电路如图 4-23(a)所示。假设线路末端 B 点在电源最大 E 时刻发生接地，认为故障初始阶段电源为恒定值(忽略线路上电压行波传播所需微秒级时间引起的电源变化)，根据叠加原理和替代定理，将故障点用两个数值等于故障前对地电压 E 且反极性串联来代替，如图 4-23(b)所示。将图 4-23(b)分解为线路首端和末端的电源同时作用，如图 4-24(a)所示；线路末端等值电源 $-E$ 单独作用，如图 4-24(b)所示。对于图 4-24(a)，线路首端电源 E 和线路末端电源 E 共同作用，维持了线路故障前的稳定状态，即相当于线路没有发生接地故障的状态，线路首端 A 点电压仍然为电源电压，记为 A 点的第一电压分量：

$$u_{A1}(t)=E \tag{4-65}$$

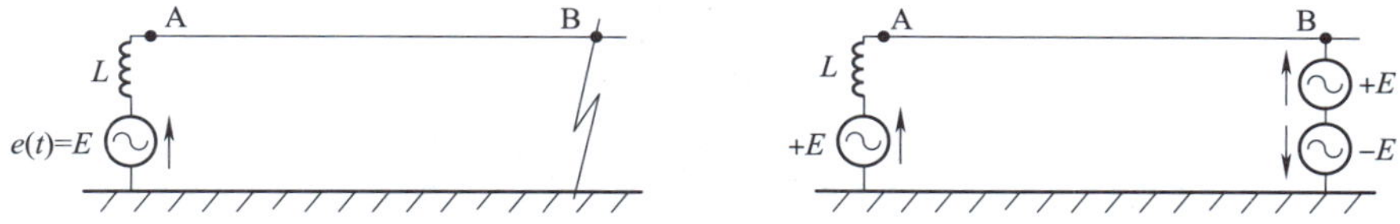

(a)线路末端接地　　(b)等值替代

图 4-23　线路末端接地替代示意

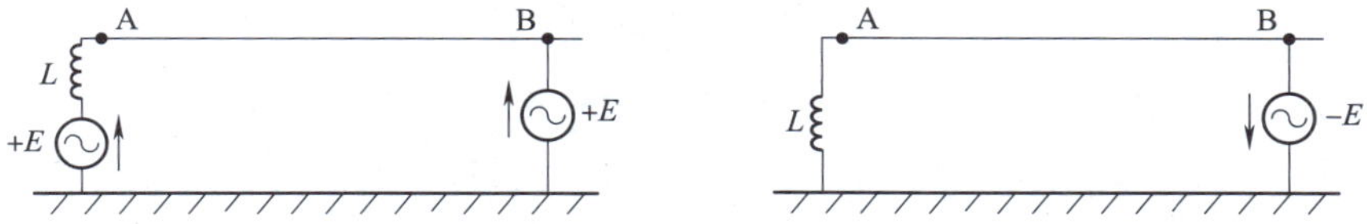

(a)线路首末端电源同时作用　　(b)线路末端等值电源单独作用

图 4-24　线路首端电源和末端接地分解示意

忽略线路电阻损耗，对于图 4-24(b)，线路末端在 $t=0$ 时刻发生接地故障，相当于线路

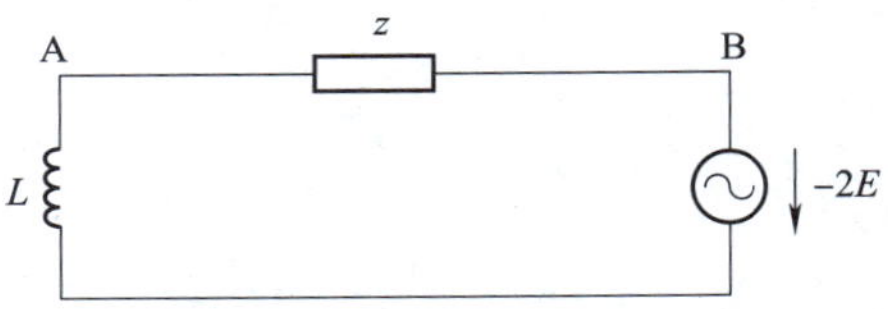

图 4-25 彼德逊等值电路

末端突然接入一个数值为 $-E$ 的等值电源并向首端入射，是线路末端 B 点向首端 A 点发出的第一个前行波 $u_{q1}(t)=-E$。根据波过程的彼德逊法则(线路用波阻抗值的电阻代替，电源数值加倍)，作出等效的集中参数电路如图 4-25 所示，该电路的时间常数为 $T=\frac{L}{z}$，计入行波从线路末端 B 传播到线路首端 A 需要的时间 1τ($\tau=\frac{l}{v}$，v 为电磁波速度)，可得线路首端 A 点电压为

$$u_{A2}(t)=\left[-2E\exp\left(-\frac{t-\tau}{T}\right)\right]\cdot 1(t-\tau) \tag{4-66}$$

将式(4-66)电压记为 A 点的第二电压分量。

按照线路上行波的折射和反射原理，线路首端 A 点出现的电压 u_{A2}，是线路末端电压 $-E$ 经过 1τ 时间传播到首端，在 A 点产生的第一个前行波 $u_{q1}(t)$ 和第一个反射波 $u_{f1}(t)$ 共同作用的结果，即

$$u_{A2}(t)=u_{q1}(t)+u_{f1}(t) \tag{4-67}$$

因此，该行波再次从线路首端 A 点向线路末端 B 点反射的行电压波为

$$u_{f1}(t)=E+u_{A2}(t)=E\left[1-2\exp\left(-\frac{t-\tau}{T}\right)\right]\cdot 1(t-\tau) \tag{4-68}$$

电压反行波 u_{f1} 从线路首端 A 出发，经过 1τ 时间到达线路末端 B，根据叠加定理，线路末端的电源不再起作用，相当于短路状态，因此，反行波 u_{f1} 在末端 B 点产生负反射(反射系数为-1)，又一次从线路末端 B 向首端 A 发出第二个前行波 u_{q2}。与第一个前行波 $u_{q1}(t)$ 的方式相同，计入线路 AB 之间的行波传播时间 1τ，u_{q2} 达到线路首端 A 点时电压为

$$u_{q2}(t)=-u_{f1}(t-3\tau)\cdot 1(t-3\tau)=-E\left[1-2\exp\left(-\frac{t-3\tau}{T}\right)\right]\cdot 1(t-3\tau) \tag{4-69}$$

线路末端 B 向首端 A 发出的第二个前行波 u_{q2}，在 $t=3\tau$ 时刻到达线路首端 A 点，其值为 $u_{q2}(3\tau)=+E$，按照波过程的彼德逊法则，可解得首端 A 点电压为

$$u_{A3}(t)=2u_{q2}(3\tau)\exp\left(-\frac{t-3\tau}{T}\right)\cdot 1(t-3\tau)=2E\exp\left(-\frac{t-3\tau}{T}\right)\cdot 1(t-3\tau) \tag{4-70}$$

将式(4-70)电压记为 A 点的第三电压分量。

线路末端 B 发出的前行波 u_{q2} 在线路首端又会产生反射波 u_{f2}，向线路末端传播，如此循环下去，线路上会发生多次行波来回传播。电路理论表明，一般情况下电磁暂态过程的持续时间为电路时间常数的 3～5 倍。当线路末端发生接地故障后，行波的折反射过程中前几个 τ 时间的电磁暂态对于线路首端 A 点电压影响最大，因此，考虑 $t<4\tau$ 时间内的线路上电压行波发生折射和反射的累积效应，首端 A 点总电压就是上述第一、第二和第三电压分量叠加之和

$$
\begin{aligned}
u_A(t) &= u_{A1}(t) + u_{A2}(t-\tau) + u_{A3}(t-3\tau) \\
&= E\left[1 - 2\exp\left(-\frac{t-\tau}{T}\right) \cdot 1(t-\tau) + 2\exp\left(-\frac{t-3\tau}{T}\right) \cdot 1(t-3\tau)\right]
\end{aligned}
\tag{4-71}
$$

式(4-71)表示线路末端发生接地并经过 3τ 时间后，首端 A 点（变配电所母线）的电压。按式(4-71)绘制的电压 $u_A(t)$ 波形如图 4-26 所示。可以看到，线路发生接地故障后，变配电所母线可产生 3 倍的过电压。

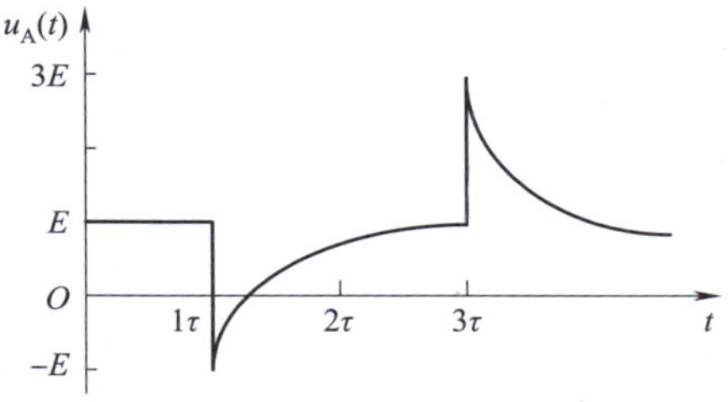

图 4-26　线路首端(母线)暂态电压波

假设线路长度为 30 km，线路末端发生接地，行波以 300 m/μs 速度传播，经过 0.1 ms 线路首端就会出现过电压。工频电流从 0 上升到幅值需要 5 ms，接地故障发生后，如果接地电流不大，在 0.1 ms 时间内可能启动不了馈线断路器跳闸，会出现线路接地时首端的变配电所中避雷器动作、绝缘薄弱点放电。

线路接地导致的变配电所母线异常过电压的主要影响因素包括：

(1)线路的长度、接地点至变配电所的距离，线路的结构，例如，架空线或者电缆线路，这些关系到电压行波的传播速度和线路上行波传播消耗的时间，直接影响到电压行波到达变配电所(母线)的时刻和多次折反射行波叠加形成的过电压大小。

(2)线路的电阻，将消耗行波传播能量，使行波幅值有所衰减。

(3)故障发生时刻电源电压的相位，决定故障点叠加的等效电源大小，以及从故障点向线路传播的行波电压幅值。

线路接地导致变配电所母线异常过电压的防护措施：

(1)加强线路绝缘及维护，及时消灭线路的故障隐患。线路不发生接地故障，是最好的防护措施和防护效果。

(2)定期检测和维护变配电所母线的避雷器，保证其工作状态良好。

4.8.2　间隙性电弧接地

高速铁路贯通线的三相电源中性点经过小电阻接地，发生单相接地时配电所馈线开关立即跳闸，不会发生间隙性电弧接地问题。配电所 10 kV 或 35 kV 进线电源来自中性点不接地的电力系统，配电所中变压器的受电侧也没有中性点，如图 4-27(a)所示。电源进线往往采用架空线方式，10 kV 架空线路的高度大约 8～10 m，线路走廊不宽，容易发生单相接地。忽略电源和线路的电抗及接地电阻，根据接地时电压、电流的矢量关系，如图 4-27(b)所示，按照式(3-46)计算，单相接地电流为

$$I_d = 3\omega C_0 U_{\varphi m} \tag{4-72}$$

式中　C_0——线路每相导线对地等值电容；

$U_{\varphi m}$——电源相电压幅值；

ω——电源角频率。

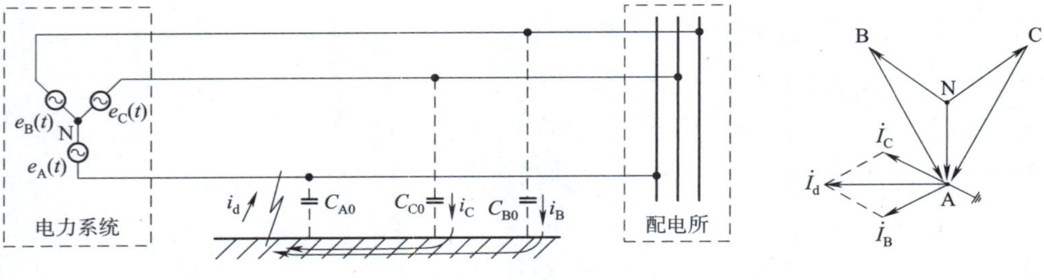

(a)等值电路　　(b)电压、电流矢量关系

图 4-27　配电所进线单相接地等值电路及电压、电流矢量关系

单相接地电流实际为非接地的两相导线对地电容电流的矢量和，由于线路容纳的 ωC_0 很小，因此，接地电流的数值很小，不足以启动电源馈线断路器跳闸。尽管非接地相的电压可能上升到线电压，短时间对供电系统的绝缘无威胁。因此，运行规程规定：中性点不接地系统在单相接地故障时，允许继续运行 1～2 h，以便及时查找和排除故障，保障可靠供电。在这段时间中，接地电流过零时电弧可能自动熄灭，例如，造成线路接地的树枝随风摆动离开导线，或者挂在线路上接地的轻小异物被接地电弧烧断，都会使接地故障自动消除。但是，造成线路接地的条件短时间内还存在，例如，空中飘浮的轻小异物不止一个，树枝又随风摆向导线，经过一个微小时间后，线路再次发生单相接地。如此循此，线路可能出现间歇性电弧接地。电弧在故障点断断续续地重燃和熄灭，导致供电系统不稳定，电磁暂态振荡中产生过电压，称为弧光接地过电压。弧光接地过电压持续时间较长，暂态过程波及整个系统，可能造成系统中绝缘薄弱点发生放电击穿，影响供电安全。

1. 弧光接地过电压机理

图 4-27 中三相电源电势对称 $e_A(t)=E_m\sin\omega t$，$e_B(t)=E_m\sin(\omega t-120°)$，$e_C(t)=E_m\sin(\omega t+120°)$，各相导线对地电容分别为 C_{A0}、C_{B0}、C_{C0}，且 $C_{A0}=C_{B0}=C_{C0}=C_0$，假设 A 相电势 $e_A(t)$到达最大值的时刻 t_1，$\omega t_1=90°$，发生单相电弧接地，忽略线路的电阻和电感，电弧发生前(t_1^-)时刻线路各相导线对地电压分别为

$$\begin{cases}u_A(t_1^-)=E_m\sin\omega t_1=E_m\\u_B(t_1^-)=E_m\sin(\omega t_1-120°)=-0.5E_m\\u_C(t_1^-)=E_m\sin(\omega t_1+120°)=-0.5E_m\end{cases}\tag{4-73}$$

电弧发生 t_1 时刻，A 相电容 C_{A0} 被电弧直接短接，C_{A0} 上的电荷通过电弧通道全部放掉，A 相对地电压立即降为零 $u_A(t_1^+)=0$；没有被短接的 B 相和 C 相的电容电压不能够突变，t_1^+ 时刻对地电压为

$$\begin{cases} u_B(t_1^+) = u_B(t_1^-) - u_A(t_1^-) = -0.5E_m - E_m = -1.5E_m \\ u_C(t_1^+) = u_C(t_1^-) - u_A(t_1^-) = -0.5E_m - E_m = -1.5E_m \end{cases} \tag{4-74}$$

由于 B 相和 C 相的电容对地电压在 t_1^- 和 t_1^+ 时刻不相等，电源电势通过电源内电感 L_S 向电容 C_{B0}、C_{C0} 快速充电，充电过程的高频振荡频率为

$$f_0 = \frac{1}{2\pi\sqrt{L_S C_0}} \tag{4-75}$$

高频充电的电磁暂态过程中，按照式(1-12)估计，B 相和 C 相对地电压分别可达：

$$\begin{cases} u_B(t_1) = u_B(t_1^+) + [u_B(t_1^+) - u_B(t_1^-)] = -1.5E_m + (-1.5E_m + 0.5E_m) = -2.5E_m \\ u_C(t_1) = u_C(t_1^+) + [u_C(t_1^+) - u_C(t_1^-)] = -1.5E_m + (-1.5E_m + 0.5E_m) = -2.5E_m \end{cases} \tag{4-76}$$

电源对 B 相、C 相电容充电时，流过接地点的电流包括工频分量和高频分量，工频电流过零时可能导致电弧熄灭，高频电流过零时也可能导致电弧熄灭。以下分别用工频和高频电弧熄灭的理论来分析弧光接地之后的暂态过程。

(1)基于工频熄弧理论分析

按照工频熄弧观点，弧光接地暂态电压发展过程如图 4-28 所示。假设线路 A 相电压在最大值时刻 t_1 发生第一次电弧单相接地，接地后在 $t_1 < t < t_2$ 时域中电源电势强制 B 相和 C 相对地电压升高$\sqrt{3}$倍，表达式为

$$\begin{cases} u_B(t) = u_{BA}(t) = e_B(t) - e_A(t) = \sqrt{3}E_m\sin(\omega t - 150°) \\ u_C(t) = u_{CA}(t) = e_C(t) - e_A(t) = \sqrt{3}E_m\sin(\omega t + 150°) \end{cases} \tag{4-77}$$

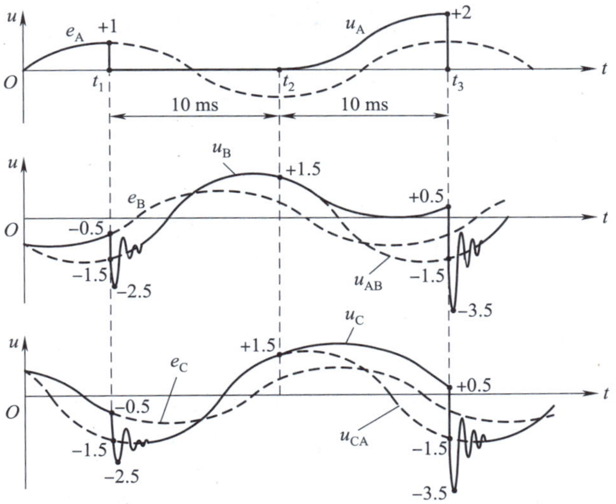

图 4-28　工频熄弧时弧光接地暂态电压及过程

$t>t_1$ 期间 A 相存在接地电弧电流，t_1 之后经过半个工频周期时间（10 ms）到达 t_2 时刻，$\omega t_2=270°$，如果接地工频电流过零时电弧熄灭（第一次熄弧）。t_2^- 时刻线路上各相对地电压按照式(4-77)计算为

$$\begin{cases}u_A(t_2^-)=0\\u_B(t_2^-)=\sqrt{3}E_m\sin(\omega t_2-150°)=1.5E_m\\u_C(t_2^-)=\sqrt{3}E_m\sin(\omega t_2+150°)=1.5E_m\end{cases}\tag{4-78}$$

t_2^- 时刻线路各相对地电容储存电荷为

$$\begin{cases}Q_A(t_2^-)=C_{A0}u_A(t_2^-)=0\\Q_B(t_2^-)=C_{B0}u_B(t_2^-)=1.5E_mC_0\\Q_C(t_2^-)=C_{C0}u_C(t_2^-)=1.5E_mC_0\end{cases}\tag{4-79}$$

t_2 时刻熄弧时，由于系统中性点不接地，B 相和 C 相的电容电压经电源向 A 相电容 C_{A0} 快速充电，使系统中所有电容储存的电荷重新分配，导致中性点产生一个对地直流电位：

$$u_N(t_2^+)=\frac{Q_A(t_2^-)+Q_B(t_2^-)+Q_C(t_2^-)}{C_{A0}+C_{B0}+C_{C0}}=E_m\tag{4-80}$$

t_2^+ 时刻接地电弧熄灭后，各相对地电容的电压是电源电势和中性点新出现的直流电压之和。t_2^+ 时刻各相电源电势 $e_A(t_2^+)=E_m\sin\omega t_2=-E_m$，$e_B(t_2^+)=E_m\sin(\omega t_2-120°)=0.5E_m$，$e_C(t_2^+)=E_m\sin(\omega t_2+120°)=0.5E_m$，因此，$t_2^+$ 时刻线路各相对地电压为

$$\begin{cases}u_A(t_2^+)=u_N(t_2^+)+e_A(t_2^+)=E_m-E_m=0\\u_B(t_2^+)=u_N(t_2^+)+e_B(t_2^+)=E_m+0.5E_m=1.5E_m\\u_C(t_2^+)=u_N(t_2^+)+e_C(t_2^+)=E_m+0.5E_m=1.5E_m\end{cases}\tag{4-81}$$

由于 t_2^- 与 t_2^+ 时刻线路各相对地电压相等，即 $u_A(t_2^+)=u_A(t_2^-)$，$u_B(t_2^+)=u_B(t_2^-)$，$u_C(t_2^+)=u_C(t_2^-)$，所以，t_2 熄弧后各相对地电压平稳过渡，不发生振荡；$t>t_2$ 时域各相对地电压是电源电势与中性点直流电压叠加之和，表达式为

$$\begin{cases}u_A(t)=u_N(t_2^+)+e_A(t)=E_m(1+\sin\omega t)\\u_B(t)=u_N(t_2^+)+e_B(t)=E_m[1+\sin(\omega t-120°)]\\u_C(t)=u_N(t_2^+)+e_C(t)=E_m[1+\sin(\omega t+120°)]\end{cases}\tag{4-82}$$

t_2 之后又经过半个工频周期时间（10 ms）到达 t_3 时刻，$\omega t_3=450°$，这时故障相（A 相）对地电压再次达到最大值，假设 t_3 时刻又发生了接地电弧重燃（第二次电弧）。发生重燃电弧前（t_3^-）时刻线路各相对地电压分别为

$$\begin{cases}u_A(t_3^-)=E_m(1+\sin\omega t_3)=2E_m\\u_B(t_3^-)=E_m[1+\sin(\omega t_3-120°)]=0.5E_m\\u_C(t_3^-)=E_m[1+\sin(\omega t_3+120°)]=0.5E_m\end{cases}\tag{4-83}$$

电弧重燃瞬时（t_3^+），A 相电容 C_{A0} 再次被短接，C_{A0} 上的电荷又通过电弧通道全部释放，

使 A 相对地电压突然降到零值 $u_A(t_3^+)=0$；没有被短接的 B 相和 C 相的电容电压不能够突变，t_3^+ 时刻对地电压为

$$\begin{cases}u_B(t_3^+)=u_B(t_3^-)-u_A(t_3^-)=0.5E_m-2E_m=-1.5E_m\\u_C(t_3^+)=u_C(t_3^-)-u_A(t_3^-)=0.5E_m-2E_m=-1.5E_m\end{cases} \tag{4-84}$$

t_3 时刻电弧重燃时，由于 t_3^- 与 t_3^+ 时刻对应的 B 相和 C 相电容对地电压不相等，再次导致暂态过程，出现的过电压可达：

$$\begin{cases}u_B(t)=u_B(t_3^+)+[u_B(t_3^+)-u_B(t_3^-)]=-1.5E_m+(-1.5E_m-0.5E_m)=-3.5E_m\\u_C(t)=u_C(t_3^+)+[u_C(t_3^+)-u_C(t_3^-)]=-1.5E_m+(-1.5E_m-0.5E_m)=-3.5E_m\end{cases} \tag{4-85}$$

可见，线路发生弧光接地，电弧重燃 t_3 时刻 B 和 C 非接地相出现了更大的过电压。如果往后每经半个工频周期时间(10 ms)依次发生电弧熄灭和重燃，系统中性点和线路上的过电压会越来越高，直到绝缘击穿。

工频熄弧理论分析弧光接地过电压及暂态发展的特点：系统中性点出现直流电压，接地相的电压不产生振荡，非接地相的暂态电压极性与该相正常工作电压极性大致相同。

(2)基于高频熄弧理论分析

按照高频熄弧观点，弧光接地暂态电压及过程如图 4-29 所示。三相电源电势分别为 $e_A(t)=E_m\sin\omega t$，$e_B(t)=E_m\sin(\omega t-120°)$，$e_C(t)=E_m\sin(\omega t+120°)$，假设线路上 A 相电压在最大值时刻 $t_1(\omega t_1=90°)$发生第一次电弧单相接地，B 相和 C 相电容出现高频振荡充电。发生电弧前(t_1^-)时刻各相对地电压为

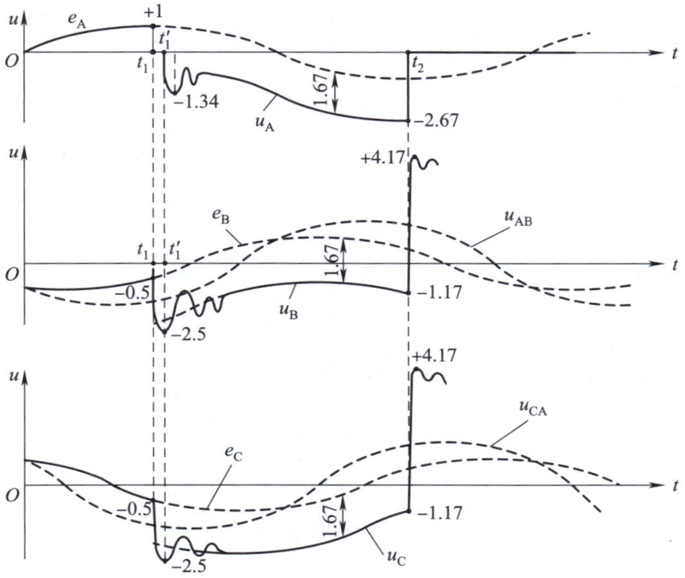

图 4-29　高频熄弧时弧光接地暂态电压及过程

$$\begin{cases}u_{\rm A}(t_1^-)=E_{\rm m}\\u_{\rm B}(t_1^-)=-0.5E_{\rm m}\\u_{\rm C}(t_1^-)=-0.5E_{\rm m}\end{cases}\tag{4-86}$$

电弧发生(t_1^+)时刻，A 相电容被电弧短接 $u_{\rm A}(t_1^+)=0$；B 相和 C 相的电容电压不能突变，t_1^+ 时刻对地电压为

$$\begin{cases}u_{\rm B}(t_1^+)=u_{\rm B}(t_1^-)-u_{\rm A}(t_1^-)=-0.5E_{\rm m}-E_{\rm m}=-1.5E_{\rm m}\\u_{\rm C}(t_1^+)=u_{\rm C}(t_1^-)-u_{\rm A}(t_1^-)=-0.5E_{\rm m}-E_{\rm m}=-1.5E_{\rm m}\end{cases}\tag{4-87}$$

t_1 时刻前后 B 相和 C 相电压不相等，发生高频振荡，使 B 相和 C 相对地电压分别达到：

$$\begin{cases}u_{\rm B}(t_1)=u_{\rm B}(t_1^+)+[u_{\rm B}(t_1^+)-u_{\rm B}(t_1^-)]=-1.5E_{\rm m}+[-1.5E_{\rm m}-(-0.5E_{\rm m})]=-2.5E_{\rm m}\\u_{\rm C}(t_1)=u_{\rm C}(t_1^+)+[u_{\rm C}(t_1^+)-u_{\rm C}(t_1^-)]=-1.5E_{\rm m}+[-1.5E_{\rm m}-(-0.5E_{\rm m})]=-2.5E_{\rm m}\end{cases}\tag{4-88}$$

认为接地点只有高频电容电流(不计工频电流)，高频振荡周期为 T_0($T_0=2\pi\sqrt{L_0C_0}$，L_0、C_0 分别为线路的电感和电容)，t_1 时刻接地之后经过半个 T_0 时间到达 t_1'，在 $t_1'=t_1+\frac{1}{2}T_0$ 时刻高频电流过零熄弧(第一次熄弧)。忽略极小的 T_0，t_1' 时刻 A、B、C 各相电容储存电荷为

$$\begin{cases}Q_{\rm A}(t_1')=C_{\rm A0}u_{\rm A}(t_1')=0\\Q_{\rm B}(t_1')=C_{\rm B0}u_{\rm B}(t_1')=-2.5E_{\rm m}C_0\\Q_{\rm C}(t_1')=C_{\rm C0}u_{\rm C}(t_1')=-2.5E_{\rm m}C_0\end{cases}\tag{4-89}$$

第一次高频电流熄弧 t_1' 时刻，系统中所有电容存储的电荷快速重新分配，导致中性点对地出现的直流电压为

$$u_{\rm N}(t_1')=\frac{Q_{\rm A}(t_1')+Q_{\rm B}(t_1')+Q_{\rm C}(t_1')}{C_{\rm A0}+C_{\rm B0}+C_{\rm C0}}=-1.67E_{\rm m}\tag{4-90}$$

t_1' 时刻前后 A 相对地电压分别为

$$\begin{cases}u_{\rm A}(t_1'^-)=0\\u_{\rm A}(t_1'^+)=e_{\rm A}(t_1')+u_{\rm N}(t_1')\approx E_{\rm m}(\sin 90^\circ-1.67)=-0.67E_{\rm m}\end{cases}\tag{4-91}$$

在 t_1' 时刻高频电弧熄灭后的振荡过程中，A 相对地电压可达：

$$u_{\rm A}(t_1')=u_{\rm A}(t_1'^+)+[u_{\rm A}(t_1'^+)-u_{\rm A}(t_1'^-)]=-0.67E_{\rm m}+(-0.67E_{\rm m}-0)=-1.34E_{\rm m}\tag{4-92}$$

高频电流熄弧之后，在 $t_1'\leqslant t<t_2$ 时域线路各相对地电压是电源电势与中性点直流电压叠加之和，表达式为

$$\begin{cases} u_A(t)=e_A(t)+u_N(t'_1)=E_m(\sin\omega t-1.67) \\ u_B(t)=e_B(t)+u_N(t'_1)=E_m[\sin(\omega t-120°)-1.67] \\ u_C(t)=e_C(t)+u_N(t'_1)=E_m[\sin(\omega t+120°)-1.67] \end{cases} \tag{4-93}$$

t_1 时刻之后，经过半个工频周期时间(10 ms)到达 t_2 时刻，$\omega t_2=270°$，线路各相对地电压为

$$\begin{cases} u_A(t_2^-)=E_m(\sin\omega t_2-1.67)=-2.67E_m \\ u_B(t_2^-)=E_m[\sin(\omega t_2-120°)-1.67]=-1.17E_m \\ u_C(t_2^-)=E_m[\sin(\omega t_2+120°)-1.67]=-1.17E_m \end{cases} \tag{4-94}$$

在 t_2 时刻 A 相电源电势又一次达到最大值 $e_A(t_2)=-E_m$，如果又发生接地电弧重燃（第二次电弧），A 相电容再次被电弧短接，A 相对地电压再次降为零 $u_A(t_2^+)=0$；B 相和 C 相的电容电压不能突变，t_2^+ 时刻对地电压为

$$\begin{cases} u_B(t_2^+)=u_B(t_2^-)-u_A(t_2^-)=-1.17E_m-(-2.67E_m)=1.5E_m \\ u_C(t_2^+)=u_C(t_2^-)-u_A(t_2^-)=-1.17E_m-(-2.67E_m)=1.5E_m \end{cases} \tag{4-95}$$

t_2 时刻电弧重燃，经过 $t'_2=t_2+\dfrac{T_0}{2}$ 时间高频电流过零熄灭，高频振荡过程中 B 相和 C 相对地电压达到：

$$\begin{cases} u_B(t'_2)=u_B(t_2^+)+[u_B(t_2^+)-u_B(t_2^-)]=1.5E_m+[1.5E_m-(-1.17E_m)]=4.17E_m \\ u_C(t'_2)=u_C(t_2^+)+[u_C(t_2^+)-u_C(t_2^-)]=1.5E_m+[1.5E_m-(-1.17E_m)]=4.17E_m \end{cases} \tag{4-96}$$

t'_2 时刻第二次高频熄弧，在 $t_2 \sim t'_2$ 期间 $u_A(t)=0$，$u_A(t_2^+)=u_A(t_2^-)=0$，因此，系统中所有电容储存的电荷重新分配，使中性点电压也再次升高到：

$$\begin{aligned} u_N(t'_2) &= \frac{C_{A0}u_A(t_2^+)+C_{B0}u_B(t'_2)+C_{C0}u_C(t'_2)}{C_{A0}+C_{B0}+C_{C0}} \\ &= \frac{0+4.17E_mC_0+4.17E_mC_0}{3C_0}=2.78E_m \end{aligned} \tag{4-97}$$

第二次熄弧后电容 C_{A0} 被高频充电，A 相对地电压是电源电势和中性点直流电压叠加之和：

$$u_A(t_2'^{+})=e_A(t'_2)+u_N(t'_2)\approx -E_m+2.78E_m=1.78E_m \tag{4-98}$$

第二次熄弧前 A 相对地电压 $u_A(t_2'^{-})=0$，电弧熄灭后 $u_A(t_2'^{+})=1.78E_m$，由此产生的暂态振荡使 A 相对地过电压可达：

$$u_{Am}(t'_2)=u_A(t_2'^{+})+[u_A(t_2'^{+})-u_A(t_2'^{-})]=1.78E_m+(1.78E_m-0)=3.56E_m \tag{4-99}$$

按此循环下去，高频电弧多次熄弧和重燃暂态，可使中性点出现 $5E_m$，接地相出现 $6E_m$，非接地相出现 $7.5E_m$……。

高频熄弧理论分析弧光接地过电压及暂态的特点：系统中性点出现直流电压，接地相的

电压也发生振荡，非接地相的过电压幅值比工频熄弧理论分析的要高得多。

供电线路上实际接地电弧的熄灭过程十分复杂，受到多种因素的影响。例如，系统参数，电源容量，电弧电流大小，电弧中工频和高频电流分量的比例，电弧周围的介质特性、气象条件等。工频或高频电流过零时电弧都可能熄灭，用工频熄弧或高频熄弧理论来分析弧光接地过电压及暂态，都是一种理想化的解释。资料表明，按照工频熄弧理论分析的过电压，与实测数据更接近一些，这是因为系统中损耗电阻、负荷等消耗了暂态振荡能量，过电压幅值受到限制，另外，超过系统绝缘耐受能力的高倍过电压，必然发生放电，也限制了过电压继续升高。

2. 影响弧光接地过电压的主要因素

单相接地电弧的发生、熄灭与重燃及其对应的时刻，是弧光过电压的主要影响因素，具体表现为：

（1）燃弧相位：第一次发弧以及各次电弧的重燃，不一定发生在接地相电源电势最大值时刻，会使非接地相电压振荡的初始值和稳态值之差有所减小，从而使过电压幅值降低。

（2）熄弧相位：无论工频电弧电流，或者高频电弧电流，不一定正好在过零时刻熄灭，电弧熄灭与电弧电流大小和外界气象条件等有关。熄弧相位涉及暂态过程的初始值和稳态值，从而影响振荡中出现的过电压幅值。

（3）系统损耗：线路的电阻、泄漏电导，电源内电阻、电弧电阻、负荷等，都会损耗暂态振荡的能量，使过电压幅值有所降低。

（4）线间电容：计入线间电容的线路发生单相接地的等值电路如图 4-30 所示，由于线路结构对称，$C_{AB}=C_{BC}=C_{CA}=C_m$，$C_{A0}=C_{B0}=C_{C0}=C_0$。前述工频或高频熄弧理论分析中在 t_1 时刻发生电弧接地时，都没有计入线间电容影响，非接地相电压按照 $u_B(t_1^-)=u_C(t_1^-)=-0.5E_m$，$u_B(t_1^+)=u_C(t_1^+)=-1.5E_m$，得出振荡出现的过电压幅值为 $-2.5E_m$。

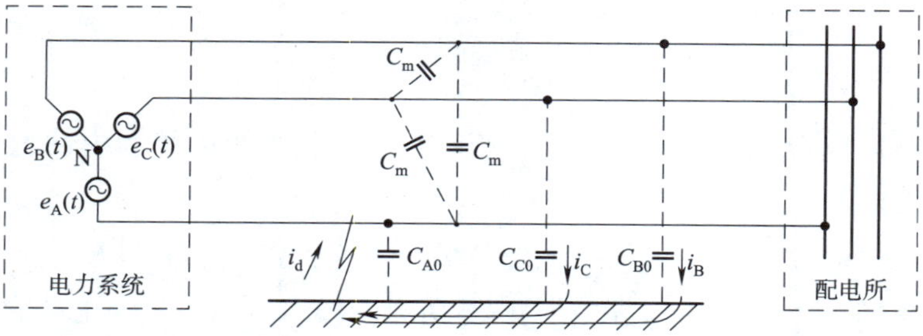

图 4-30　计入线间电容的单相接地等值电路

计入线间电容：t_1 时刻 A 相发生电弧，电容 C_{AB} 与 C_{B0} 立即并联，$u_{BA}(t_1)=u_{CA}(t_1)=-1.5E_m$，使 B 相和 C 相对地电压的初始值增大为

$$\begin{cases} u_B(t_1)=\dfrac{C_{B0}u_B(t_1)+C_{AB}u_{BA}(t_1)}{C_{B0}+C_{A0}}=\dfrac{-0.5E_mC_0-1.5E_mC_m}{C_0+C_m}=-\left(0.5E_m+\dfrac{C_m}{C_0+C_m}E_m\right) \\ u_C(t_1)=\dfrac{C_{C0}u_C(t_1)+C_{CA}u_{CA}(t_1)}{C_{C0}+C_{CA}}=\dfrac{-0.5E_mC_0-1.5E_mC_m}{C_0+C_m}=-\left(0.5E_m+\dfrac{C_m}{C_0+C_m}E_m\right) \end{cases} \tag{4-100}$$

由此可见，计入线间电容后，B 相和 C 相电压的初始值增加了一个 Δu（$\Delta u=\dfrac{C_m}{C_m+C_0}E_m$）。线路电容 C_0 和 C_m 取决于线路结构，一般情况下，10 kV 架空线的$\dfrac{C_m}{C_0+C_m}\approx 0.2\sim 0.25$，因此，B 相和 C 相对地电压的初始值增大为

$$\begin{cases} u_B(t_1^-)=-(0.7\sim 0.75)E_m \\ u_C(t_1^-)=-(0.7\sim 0.75)E_m \end{cases} \tag{4-101}$$

$u_B(t_1^-)$与 $u_B(t_1^+)$、$u_C(t_1^-)$与 $u_C(t_1^+)$的差值都变小，振荡中自由分量也会减小，出现的过电压幅值就减小到 $-2.3E_m$，比不计线间电容时的 $-2.5E_m$ 减少了 8%。进一步分析，线间电容 C_m 对 t_1 之后的熄弧重燃过程也存在类似作用，计入线间电容可使弧光接地过电压幅值有所降低。

3. 弧光接地过电压的危害及防护

弧光接地过电压一般不超过 4 倍，只要系统绝缘状态良好，就能够承受这种过电压。但是，弧光接地过电压持续时间可能较长，暂态振荡波及全系统，如果系统内存在绝缘较差的老旧设备，线路上绝缘污垢严重，电缆受伤或绝缘不良，就可能诱发放电事故。因此，应该重视弧光接地过电压及危害。

运行中主要以加强和维护系统绝缘来防止弧光接地过电压，通常采用以下措施：

（1）加强维护：定期对系统中设备和线路绝缘子的污秽进行清扫，对污染严重、工作条件恶劣环境中的线路和设备，应该加强绝缘，对可能受到树枝触及导线的线路，加强线路走廊巡视，及时清理和保证线路走廊空间。不发生电弧接地，就是最好的防护措施。

（2）定期检修和试验：按照规程定期进行检修和绝缘预防性试验，及时更换绝缘不合格的设备或部件，消除故障隐患，保证供电系统所有设备和线路的绝缘良好。

（3）在电源中性点与地之间串入消弧线圈，利用感性电流补偿接地容性电流，减小电弧及其存在的持续时间，使过电压出现概率减小。选择消弧线圈的补偿度 $k=\dfrac{I_L}{I_d}$（I_L 为消弧线圈电流，I_d 为接地电流）应避开全补偿和欠补偿，采用过补偿方式。$1-k=\nu$ 称为消弧线圈的脱谐度，ν 值太小电弧剩余电流多，不易熄灭，ν 值太大中性点位移电压高。通常按照中性点位移电压不超过相电压 15%、单相接地电流不超过 10 A 的原则来选择 ν 值。

4.9 暂态恢复电压

断路器在合闸状态时,动触头与静触头紧密连接,触头之间的电压为零;在分闸状态时,动触头与静触头之间的电压通常为相电压;在分闸过程中,动静触头之间的电压从零恢复到相电压。同理,小容量设备(如压互),其高压熔断器在正常工作时,熔断器的端电压为零,如果熔体断裂,熔断器的端电压也是从零恢复到相电压。由于供电系统结构复杂,存在大量的集中或者分布式电感电容,可能造成断路器触头间或熔断器断口间的恢复电压在暂态振荡中超过相电压,出现过电压。另一种情况是供电线路某一相发生高阻接地,没有引起变配电所馈线跳闸,接地导线趋于较低电压。如果气流等外界因素使接地电弧熄灭或接地异物脱离,接地故障消失的导线将恢复到原来的相电压,恢复过程中由于高频暂态振荡,可能出现超过原来工作电压的过电压。供电系统中某一设备或某一相导线,因电路断开或接地消除,电压恢复的暂态过程中出现的过电压,称为恢复过电压。

4.9.1 接触网短路开断恢复电压

接触网发生短路接地时,牵引变电所馈线断路器立即跳闸,等值电路如图 4-31 所示,其中,馈线断路器为 K,电源为 $e(t)=U_{\mathrm{m}}\cos(\omega t+\varphi)$,电源内电阻为 R,电源内电感为 L,母线和连接电缆等对地电容之和为 C,母线电压为 u_{M}。

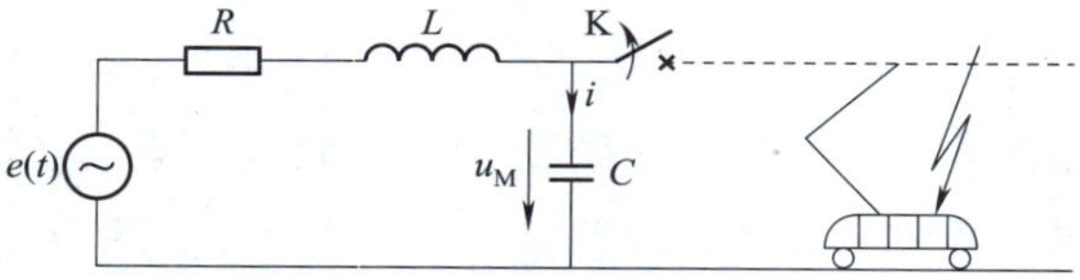

图 4-31 母线恢复电压计算等值电路

忽略接触网阻抗,接触网短路时母线电压 u_{M} 趋于零,断路器跳闸切除短路,u_{M} 快速恢复到正常值。假设母线电压最大值时刻($t=0$)跳闸,由于电压恢复时间极短,电源电压变化很小,为了简化计算,取 $e(t)\approx U_{\mathrm{m}}$,回路的电压方程为

$$LC\frac{\mathrm{d}^2u_{\mathrm{M}}}{\mathrm{d}t^2}+RC\frac{\mathrm{d}u_{\mathrm{M}}}{\mathrm{d}t}+u_{\mathrm{M}}=U_{\mathrm{m}} \tag{4-102}$$

式(4-102)的特征方程为

$$LCp^2+RCp+1=0 \tag{4-103}$$

特征根为

$$p_{1,2}=-\delta\pm\sqrt{\delta^2-\omega_0^2}=-\delta\pm\mathrm{j}\omega' \tag{4-104}$$

式中 δ——衰减系数，$\delta=\dfrac{R}{2L}$；

ω_0——共振角频率，$\omega_0=\dfrac{1}{\sqrt{LC}}$；

ω'——自由振荡角频率，$\omega'=\sqrt{\omega_0^2-\delta^2}$。

式(4-102)的通解为

$$u_M(t)=U_m+e^{-\delta t}(A\sin\omega' t+B\cos\omega' t)$$

根据断路器跳闸时：$u_M(0^+)=0$，得积分常数 $B=-U_m$。断路器跳闸时母线电压为幅值时，正好电容电流过零，即 $i(0)=0$，$\left.\dfrac{du_M}{dt}\right|_{t=0}=\dfrac{i(0)}{C}=0$，由此确定积分常数 $A=-\dfrac{\delta}{\omega'}U_m$。

式(4-102)的定解为

$$u_M(t)=U_m\left[1-e^{-\delta t}\left(\cos\omega' t+\frac{\delta}{\omega'}\sin\omega' t\right)\right] \tag{4-105}$$

一般情况下，电路中 $\delta\ll\omega'$，电源内电阻 R 很小，母线电压 u_M 会产生振荡，式(4-105)可简化为

$$u_M(t)=U_m(1-e^{-\delta t}\cos\omega' t) \tag{4-106}$$

考虑到实际电源为 $e(t)=U_m\cos(\omega t+\varphi)$，则式(4-106)修正为

$$u_M(t)=U_m\cos(\omega t+\varphi)(1-e^{-\delta t}\cos\omega' t) \tag{4-107}$$

按式(4-107)绘出母线的恢复电压 u_M 波形，如图 4-32 所示。可见，母线上恢复电压的初始瞬态含有高频振荡，振荡频率 $f_0=\dfrac{\omega_0}{2\pi}$，与回路参数 L 和 C 有关，衰减很快，在$\dfrac{1}{2f_0}$时刻附近，恢复电压 u_M 超过 U_m，出现 1.3～1.6 倍过电压。

接触网发生短路接地，断路器跳闸，动静触头分开，工频电流过零时电弧熄灭，这时母线的恢复电压 u_M 就作用在断路器的动静触头之间；同时，动静触头之间的绝缘强度 u_f 也在逐渐恢复。假设有两种断路器分闸时触头间隙的绝缘恢复强度分别为 u_{f1}、u_{f2}，显然，如果 $u_{f1}>u_M$，意味着绝缘强度始终高于恢复电压，u_{f1} 代表的断路器在分闸时电弧不会发生重燃。u_{f2} 代表的断路器在 t_1 时刻出现 $u_{f2}<u_M$，意味着恢复电压超过绝缘强度，必将导致断路器触头间隙发生电弧重燃。所以，只有断路器触头间隙的恢复电压速度小于绝缘强度的恢复速度，才能够可靠地切除短路故障。

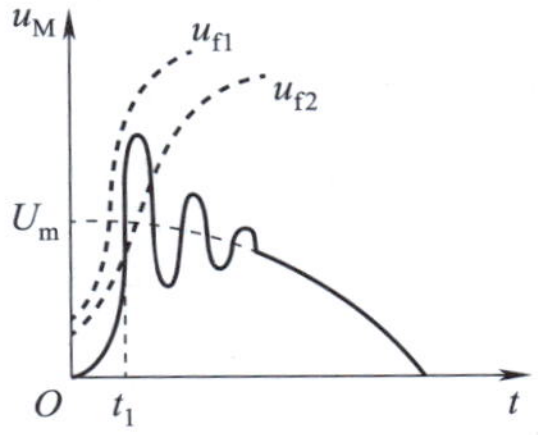

图 4-32 母线恢复电压 u_M 与绝缘恢复强度 u_{f1} 和 u_{f2} 示意

4.9.2 贯通线短路开断恢复电压

1. 配电所馈线跳闸的恢复电压

(1)单相接地时恢复电压

高速铁路贯通线的电源中性点经过小电阻直接接地，线路采用三根单芯电缆供电，任何

一相接地，都会产生很大的接地电流，导致配电所馈线断路器跳闸。切除单相接地时，忽略中性点小电阻上的压降，母线恢复电压的分析与图 4-31 的解析类似。

(2)三相短路时恢复电压

如果贯通线发生三相短路，等值电路及各相的电压、电流矢量如图 4-33 所示，尽管产生了极大的短路电流，但仍然保持三相对称，中性点小电阻 r 没有电流通过，中性点 N 与短路点 d 电位相等；单芯电缆线路没有线间电容，忽略线路的损耗电阻，考虑电源和线路的感抗之和为 X_L，各相短路电流分别落后于对应的相电压 90°。三相对称短路可以抽出一相来进行计算，因此，A 相短路电流为

$$I_A=\frac{U_\varphi}{X_L} \tag{4-108}$$

式中 U_φ——相电压。

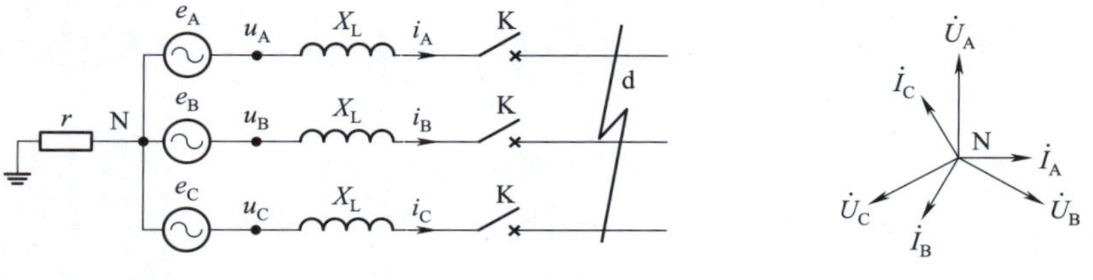

(a)等值电路　　(b)电压、电流矢量

图 4-33　贯通线三相短路等值电路及电压、电流矢量

三相短路电流对称，各相电流的相位互差 120°，不同时过零，即使三相断路器同期分闸，但是，断路器中三相触头上电弧不会同时熄灭。假设断路器跳闸后，在 t_1 时刻 A 相动静触头之间的短路电流首先过零，A 相的电弧先熄灭，断路器的 B 相和 C 相触头上仍然维持有电弧。这时等值电路如图 4-34(a)所示，B 相和 C 相的短路电流为同一电流，且短路电流 $\dot{I}_{BC}$在相位上落后线电压 $\dot{U}_{BC}$ 90°，相关的电压电流矢量如图 4-34(b)所示，短路电流数值为

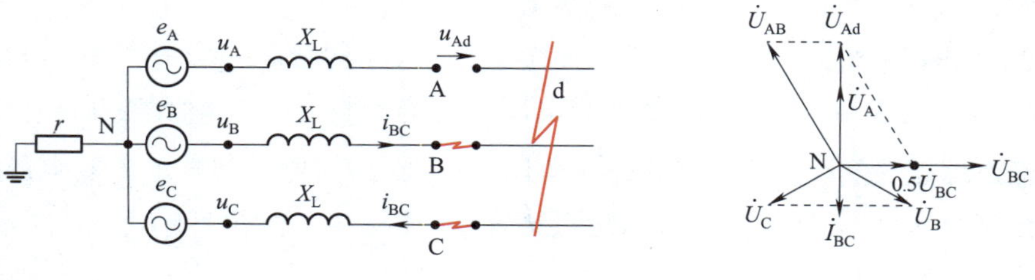

(a)等值电路　　(b)电压、电流矢量

图 4-34　A 相触头间电弧熄灭等值电路及相关电压、电流矢量

$$I_{BC}=\frac{U_{BC}}{2X_L}=\frac{U_e}{2X_L} \tag{4-109}$$

式中 U_e——线电压。

断路器 A 相电弧熄灭后，B 相和 C 相触头间电弧还存在，认为 B 相、C 相触头间的电弧阻抗大小相等，按照图 4-34(b)所示矢量关系，A 相断路器动静触头之间的工频恢复电压应该为

$$u_{fA}=|\dot{U}_{Ad}|=|\dot{U}_{AB}+0.5\dot{U}_{BC}|=1.5U_{\varphi} \tag{4-110}$$

断路器在 A 相触头电弧熄灭的 t_1 时刻前后，A 相触头的电压分别为 $u_A(t_1^-)\approx0$，$u_A(t_1^+)=u_{fA}=1.5U_{\varphi}$，按照式(1-12)估计，暂态振荡过程中 A 相触头间出现的过电压可达：

$$u_A(t)=u_A(t_1^+)+[u_A(t_1^+)-u_A(t_1^-)]=1.5U_{\varphi}+(1.5U_{\varphi}-0)=3U_{\varphi} \tag{4-111}$$

断路器首先开断的 A 相触头间短路电流和恢复电压的变化曲线，如图 4-35 所示。

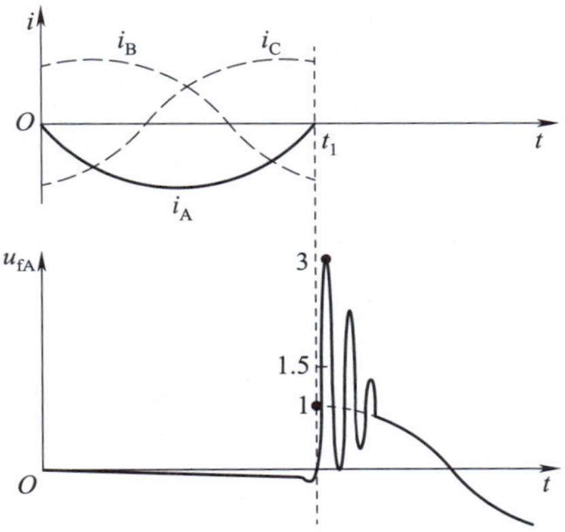

图 4-35 断路器首先开断的 A 相短路电流和触头恢复电压

同理，又经过一个微小时间段，在 t_2 时刻 B 相和 C 相触头中电流 $\dot{I}_{BC}$ 过零时，断路器 B 相和 C 相的动静触头之间短路电流的电弧同时熄灭，电压 $\dot{U}_{BC}$ 均分于 B 相和 C 相的触头上，因此，断路器 B 相和 C 相动静触头间的工频恢复电压相同，数值为

$$u_{fB}=u_{fC}=\frac{1}{2}U_{BC}=0.866U_{\varphi} \tag{4-112}$$

断路器 B 相和 C 相触头间的电弧熄灭在 t_2 时刻前后，B 相电压分别为 $u_B(t_2^-)\approx0$，$u_B(t_2^+)=0.866U_{\varphi}$；同理，C 相电压也如此。因此，暂态振荡中 B 相、C 相触头间的过电压可达：

$$u_C(t)=u_B(t)=u_B(t_2^+)+[u_B(t_2^+)-u_B(t_2^-)]=0.866U_{\varphi}+(0.866U_{\varphi}-0)=\sqrt{3}U_{\varphi} \tag{4-113}$$

可见，贯通线发生三相短路，断路器跳闸后，首先开断相的触头上工频恢复过电压高达 3 倍相电压，后开断相触头上的工频恢复电压上升到线电压 U_e。首先开断相承受的恢复电压高，电弧熄灭后容易重燃，开断相对困难；后开断相燃弧持续时间比首先开断相长，触头烧

蚀情况会比首先开断相严重。一般情况下，断路器首先开断相能够灭弧，后开断相就能够顺利灭弧开断。

2. 故障自动消除的恢复电压

贯通线发生高阻抗接地，如果配电所的馈线断路器不跳闸；随着时间继续，接地电流可能将接地物烧断，或空气流使接地电弧熄灭，故障自动消除。故障消除前接地导线电压较低，故障消除后导线的电压经过暂态过程恢复到相电压，但暂态振荡中可能出现恢复过电压。对这种情况，由于贯通线故障消失后已经三相对称运行，忽略中性点小电阻，可用单相等值电路分析，如图 4-36 所示，其中电源 $e(t)$ 为相电压，L 为电源和线路的等值电感之和，R 为电源和线路的等值电阻之和，C 为线路对地等值电容，R_g 为接地电阻，u_d 为接地点导线对地电压，开关 K 动作表示发生接地或接地故障消除。

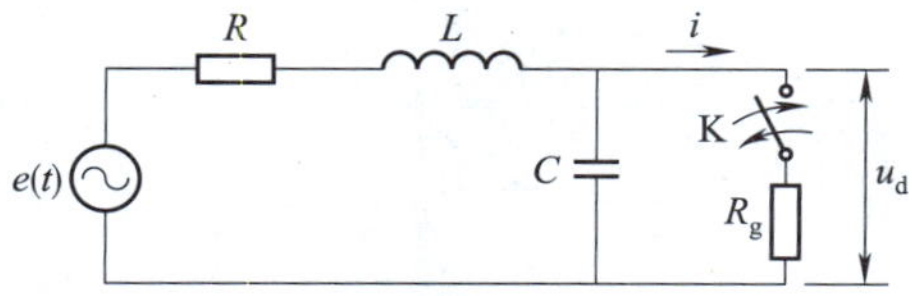

图 4-36　接地故障发生与消除的等值电路

在图 4-36 电路中，假设电源相电压 $e(t)=U_{\varphi m}\cos\omega t$，线路发生单相接地没有跳闸，忽略电容 C，接地点电压近似值为

$$u_d(t)\approx\frac{RU_{\varphi m}}{\sqrt{(\omega L)^2+(R+R_g)^2}}\cos(\omega t-\varphi) \tag{4-114}$$

式中　φ——偏移相位角，$\varphi\approx\arctan\dfrac{\omega L}{R+R_g}$。

如果接地故障在电源幅值时刻消除，恢复电压近似为

$$u_d(t)\approx U_{\varphi m}\cos\omega t+\left[U_{\varphi m}-\frac{RU_{\varphi m}\cos\varphi}{\sqrt{(\omega L)^2+(R+R_g)^2}}\right]e^{-\delta_0 t}\cos\omega_0 t \tag{4-115}$$

式中　δ_0——衰减系数，$\delta_0=\dfrac{R}{2L}$；

ω_0——共振角频率，$\omega_0=\dfrac{1}{\sqrt{LC}}$。

按照式(4-115)绘出接地电流过零消失前后，接地点恢复电压 $u_d(t)$ 变化曲线，如图 4-37 所示。由于恢复电压的自由振荡角频率 ω_0 比电源角频率 ω 大很多，恢复电压经过短暂的高频振荡后，趋于稳态电压。从式(4-115)可以看到，接地点的恢复电压可能超过相电压，在不利的参数下可达 2 倍过电压。

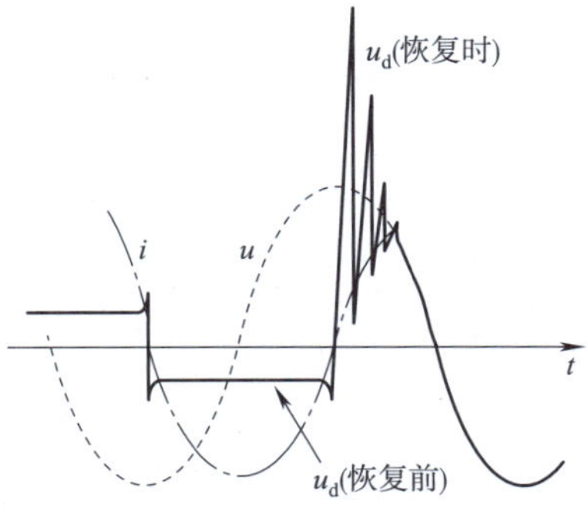

图 4-37　接地故障消失前后的恢复电压

4.9.3　影响因素与防护

1. 影响暂态恢复电压的主要因素

接地故障消除时刻电源的相位角，影响到恢复电压的初始状态。接地电流大小，影响到故障期间等值电容的储能多少。断路器的灭弧能力和动作的同期性，影响触头上电弧产生、熄灭以及重燃。

2. 限制断路器触头的恢复过电压

提高断路器开断短路故障的能力，一是限制触头上的恢复电压，二是提高断路器的绝缘恢复速度。改进断路器机构，提高动触头的分合闸速度，灭弧室采用高强度的绝缘介质，以改善和提高断路器灭弧性能，也是避免电弧重燃的有效途径。

3. 限制线路接地故障消除时的恢复过电压

线路接地故障消除时产生恢复过电压的根源，是短路电流在电路中储存的电磁能发生振荡和转换。加强对系统中设备和线路的维护，定期清扫设备和线路绝缘子的污秽，定期进行检修和预防性试验，消除绝缘薄弱环节，避免线路发生接地故障、限制短路电流，可以有效限制和防止发生恢复过电压。

第5章 供电系统谐振暂态电压机理及防护

当供电系统中某些变压器或压互的等值感抗与线路或母线等值容抗相等时，就构成谐振电路，在暂态振荡过程中导致某些设备电压升高，危及绝缘和供电安全。本章介绍谐波定义、评估指标，分析供电系统的线性谐振、铁磁谐振的机理，讨论断线谐振、压互饱和谐振以及谐波电流放大。

5.1 概　　述

供电系统存在大量的电感和电容元件，例如，变压器、电磁式压互、线路对地电容、电气设备和母线的杂散电容等，由这些电感、电容元件构成的网络十分复杂，可以形成各种振荡电路，在线路倒闸操作、断线或故障导致系统运行方式发生改变时，如果某些振荡电路的固有振荡频率与电源频率相等或接近，就会发生电磁振荡（或称共振），使某些设备的电压急剧升高超过额定电压，这样的电压升高称为谐振过电压。由于电路谐振是一种周期性或准周期性的稳定现象，谐振过电压一旦发生，持续时间比操作过电压长得多，可达秒数量级，甚至可能较长时间稳定存在，直到系统运行状态发生新的改变，谐振条件被破坏为止。

供电设备在额定工作状态下，伏安特性是线性的，在建立电路模型时，可以视为线性元件。带铁芯的设备，例如，变压器和电磁式压互，如果工作电压超过额定值，铁芯磁通就可能发生饱和，伏安特性呈非线性。因此，供电系统可能发生两类谐振：(1)线性谐振，当电路的自振频率与电源频率相等或接近时，产生幅值很高的线性谐振过电压。(2)铁磁谐振，系统中含铁芯的电感元件（变压器、电磁式压互）在磁通饱和时电感下降，且与相关电容元件一起满足谐振条件时，就会产生非线性谐振；这种情况由于电感元件含铁芯，又称铁磁谐振。如果发生线性谐振，由于电压幅值很高，可导致系统中带铁芯的设备磁通饱和电感下降，线性谐振就会自动转向铁磁谐振，过电压幅值也有所下降。

高速铁路牵引供电的唯一负荷是动车组，牵引电流要经过变流器变换，负荷不但具有冲击性，也是谐波源。贯通线的三相负荷不完全对称，车站的电梯和检修车间电动工具的核心都是电动机，会产生一定谐波。谐波的频率范围宽，供电系统等值电路复杂，如果某次谐波导致某种结构的电路满足或者接近谐振条件，就会发生谐振。按照电路的结构划分，可以是串联谐振、并联谐振、串并联谐振；根据谐波的次数区分，可为高频谐振、低频谐振、分频谐振。谐波往往引起一些设备上电压异常升高，也可能造成谐波电流放大。

电路中电阻消耗电能，能够在一定程度上阻尼谐振，或减低振荡电压的幅值。尽管系统等值电路的固有自振荡频率与电源频率相等或接近时，满足谐振条件，但如果系统有功负载比较大，就会消耗谐振能量，抑制谐振过电压。因此，通常只有在系统空载或轻载的情况下，才会发生谐振现象。需要指出的是，三相系统的有功负荷是正序参数，对断线、中性点电压位移、零序参数配合不当等产生的谐振，不会起到阻尼作用。

谐振过电压对电气设备的危害程度与谐振过电压的幅值和持续时间有关，轻者引起系统电压摆动、监控仪表的指示不稳、零序继电保护误动作等，严重时引起系统绝缘击穿、设备烧毁、避雷器动作甚至爆炸。贯通线供电系统中曾发生电磁式压互饱和谐振导致高压熔断器烧断、压互烧毁、零序保护误动、避雷器损坏；开闭所的自用电变压器运行方式切换时曾发生谐振。典型的谐振事故是 1987 年宝鸡南牵引变电所，由于高压进线的两回路输电线同时发生断线引起谐振，造成牵引变电所多组避雷器爆炸，全所停电，中断宝成铁路和陇海铁路运输达数小时。因此，必须重视谐振及其影响，采取有效的防护措施，保证铁路供电安全。

5.2　谐波及评估

5.2.1　供电频率与谐波定义

铁路供电采用交流制式，反映交流电质量的三大主要技术指标是电压、频率和波形。对工业上应用的所有电压等级的交流电，国家标准规定：标称频率为 50 Hz，允许频率偏差的最大限值为±0.5 Hz，波形为正弦（或余弦）波。按照这样的规定，无论什么电压等级的供电系统及设备，使用的交流电都应该是具有 50 Hz 正弦（或余弦）波的单一特征。但是，实际应用的交流电频率和波形往往存在一定的畸变。

对任何一个波形畸变的函数 $f(t)$，可能每个相邻基波周期的波形不同，但只要每 N 个基波周期的变化能够重复，就可以将这 N 个基波周期视为一个周期，满足傅立叶级数变换的“周期性”要求。对函数 $f(t)$取 N 个基波周期进行傅立叶级数变换，表达式为

$$f(t)=A_0+\sum_{m=1}^{\infty}A_m\sin\left(\frac{m\omega_1 t}{N}+\varphi_m\right) \tag{5-1}$$

式中　A_0——直流分量，$A_0=\dfrac{2}{T_W}\int_0^{T_W}f(t)\mathrm{d}t$；

A_m——第 m 次频率对应的正弦分量幅值，$A_m=|b_m+\mathrm{j}c_m|=\sqrt{b_m^2+c_m^2}$，当 $b_m\geqslant 0$ 时，有 $\varphi_m=\arctan\left(\dfrac{c_m}{b_m}\right)$，当 $b_m<0$ 时，有 $\varphi_m=\pi+\arctan\left(\dfrac{c_m}{b_m}\right)$，$b_m=$

$$\frac{2}{T_W}\int_0^{T_W} f(t)\sin\left(\frac{m\omega_1}{N}+\varphi_m\right)\mathrm{d}t, c_m=\frac{2}{T_W}\int_0^{T_W} f(t)\cos\left(\frac{m\omega_1}{N}+\varphi_m\right)\mathrm{d}t \text{ ；}$$

ω_1——基波角频率，$\omega_1=2\pi f_1$；

f_1——基波频率，$f_1=\frac{1}{T_1}$；

f_m——第 m 次频率，$f_m=\frac{m}{N}f_1$；

T_W——傅立叶积分的时间窗宽度(持续时间)，$T_W=T_1N$(T_1 为基波周期)；

N——计算用的基波周期个数；

φ_m——第 m 次频率波形(函数)的初相位角。

由式(5-1)可以看到，任何一个波形畸变的周期性函数 $f(t)$，可以用 m 次频率的正弦分量叠加构成。每一个 m 频率的正弦分量，称为一个 m 次谐波。根据频率关系：$f_m=\frac{m}{N}f_1$，可分为不同类型的谐波。

1. 奇次谐波、偶次谐波与高次谐波、低次谐波

当$\frac{m}{N}=k$ 为整数时，表示第 m 次谐波的频率 f_m 是基波频率 f_1 的 k 倍。如果 $k=1,3,5\cdots$，称为奇次谐波；如果 $k=2,4,6,\cdots$，称为偶数谐波。当 k 的数值较高，称为高次谐波；当 k 数值较低，称为低次谐波。不同的工业应用场所，对 k 值高低的数量级认定有不同的要求。对于供电系统而言，基波频率 $f_1=50$ Hz，通常，高于基波频率的谐波，称为高次谐波；低于基波频率的谐波，称为低次谐波。由于三相发电机的结构对称、大电网也是三相对称的，不产生偶次谐波。铁路供电系统的电源取自三相大电网，一般情况下，供电系统中只有奇次谐波；但在某些特殊情况下，可能分解出偶次谐波，例如，空载变压器合闸出现涌流现象时，涌流形式的电流中含有较大分量的二次谐波。

2. 间谐波(分数次谐波)、次谐波

当$\frac{m}{N}=k$ 为非整数时，第 m 次谐波的频率 f_m 不是基波频率 f_1 的整数倍，这样的谐波分量称为间谐波。间谐波的频率与基波频率之比，称为间谐波次数，显然不是整数，因此，也称为分数次谐波。如果 $k<1$，即介于直流与工频基波之间的间谐波，称为次谐波。间谐波与谐波的区别在于频率不同，间谐波是可以分布于整个频段的任意频率，谐波只是工频的整数倍频率。一般情况下，没有区分必要时，“谐波”泛指所有的各次谐波。

5.2.2 谐波来源

发电机和电网线路不产生谐波。电力变压器与负荷的非线性工作状态是产生谐波的根源，主要有以下情况：

(1)电力变压器是输电和供电的中间环节，正常情况下，额定电压电流变换是线性的。如果变压器铁芯磁化曲线饱和，或者超过额定电压 20%～40%的过电压作用，就会导致变压器铁芯饱和，电压电流呈非线性变换，产生谐波。空载变压器合闸涌流，也会突发性产生谐波。

(2)大功率晶闸管交流调速装置，例如，动车组采用的交-直-交(AC-DC-AC)变流装置。变流装置包括整流器、变频器、逆变器及其控制的机电设备等，电能输入与输出端的频率关系为

$$f_r = f_1 \pm \alpha n f_c \tag{5-2}$$

式中 f_r——输入频率；

f_1——50 Hz 基波频率；

f_c——输出频率；

α——变换系数；

n——负荷系数。

可见变流器控制的输出频率，映射到供电系统中不能够保持为 50 Hz 基波频率，或者说变流器从供电系统获取电能的过程，同时也在向供电系统注入产生的谐波电流。这些谐波电流的频率和幅值大小随负荷的特征变化，使注入供电系统的谐波电流出现忽大忽小，时隐时现。变流装置可以视为谐波电流源，变流装置的功率越大，产生的谐波就越严重。

(3)大功率的非线性和间隙性负荷，例如，工业电弧炉、冶炼和轧钢装置，风光储能装置、电弧焊设备等，气体放电型电光源(集群的高压钠灯、高压汞灯、金属卤化物灯)等，会产生谐波。

(4)数量巨大的家用电器。空调、冰箱、洗衣机、电风扇等含有电机的用电设备中，由于不平衡电流的变化使其波形发生改变。计算机、UPS 电源、开关电源、电视机、温控器、荧光灯、调光灯具等，因其具有一定的调压整流功能，也会产生谐波。单台家电设备产生的谐波很小，但是巨大的家电数量，注入电网的谐波不可轻视。

5.2.3 谐波评估

周期为 T 的正弦或余弦波形的交流电压 $u(t)$ 的大小，用方均根值(或称有效值)进行定义：

$$U = \sqrt{\frac{1}{T}\int_0^T [u(t)]^2 \mathrm{d}t} \tag{5-3}$$

同理，周期为 T 的正弦或余弦波形的交流电流 $i(t)$ 的定义和表达式类似。

如果交流电压或电流含有谐波，将导致电力设备损耗增加、产生噪声、局部过热、温升增加，加速绝缘老化、缩短设备使用寿命，导致电气仪表计量不准确，还可能诱发变配电所的继电保护装置误动、供电系统发生谐振。为了抑制谐波，必须先了解和评估谐波状态。评估谐波的技术参数主要包括：

(1)谐波频率，见 5.2.1。

(2)谐波幅值,见 5.2.1。

(3)谐波含有率:指周期性交流量中含有的第 h 次谐波分量的方均根值与基波分量的方均根值之比。以下采用电压表述,电流表述类似。第 h 次谐波电压含有率 HRU_h 为

$$\mathrm{HRU}_h=\frac{U_h}{U_1}\times 100\% \tag{5-4}$$

式中 U_h——第 h 次谐波分量有效值电压;

U_1——50 Hz 基波分量有效值电压。

(4)间谐波含有率:指周期性交流量中含有的第 ih 次间谐波分量的方均根值与基波分量的方均根值之比。第 ih 次间谐波电压 U_{ih} 含有率 HRU_{ih} 为

$$\mathrm{HRU}_{ih}=\frac{U_{ih}}{U_1}\times 100\% \tag{5-5}$$

(5)谐波含有量:指谐波总含量的方均根值。电压谐波含有量 U_{H} 为

$$U_{\mathrm{H}}=\sqrt{\sum_{h=2}^{\infty}(U_h)^2} \tag{5-6}$$

(6)总谐波畸变率:指谐波含量的方均根值与基波分量的方均根值之比。电压总谐波畸变率 THD_u 为

$$\mathrm{THD}_u=\frac{\sqrt{\sum_{h=2}^{\infty}(U_h)^2}}{U_1}\times 100\% \tag{5-7}$$

当某电压的总谐波畸变率 THD_u 小于 5%,可以近似认为该电压波形为正弦或余弦波形。

国家标准 GB/T 14549—1993《电能质量　公用电网谐波》、GB/T 24337—2009《电能质量　公用电网间谐波》规定,公用电网谐波电压(相电压)限值见表 5-1。针对具体的电网,选择代表性的监控点,测量谐波的相关参数,比照国家标准,就可以评估该电网的谐波水平。由于供电系统的电磁暂态过程中电压电流波形有所畸变,为了区别,用于评估谐波的测量,应该在系统稳定的状态下进行,测量时间至少持续 3 s 及以上。

表 5-1　公用电网谐波电压(相电压)限值

电网标称电压/kV	电压总谐波畸变率/%	各次谐波电压含有率/%	
		奇　次	偶　次
0.38	5.0	4.0	2.0
6	4.0	3.2	1.6
10			
35	3.0	2.4	1.2
66			
110	2.0	1.6	0.8

5.3　线性谐振

5.3.1　线性暂态电压

谐振，指含有电感 L 和电容 C 的电路，在角频率为 ω 的交流电源作用下，当电路的固有振荡频率与电源频率相等（俗称合拍）时，$X_L=X_C$，导致电压或电流急剧增大的电磁暂态现象。如果参与谐振的电感 L 和电容 C 是线性参数，称为线性谐振。供电系统中有许多变压器、电磁式压互、电抗器，在额定电压下，它们的电感是线性参数，线路对地电容、杂散等值电容也是线性参数，它们构成的振荡电路在合适的条件下就会发生线性谐振。根据电路原理，线性谐振的基本条件是电路的固有自振角频率 ω_0 等于或接近电源角频率 ω，即

$$\omega_0=\omega \tag{5-8}$$

空载线路送电时的串联谐振等值电路如图 5-1 所示，其中线性电感 L 是电源变压器的漏感和线路电感之和，线性电阻 R 是变压器绕组的电阻和线路电阻之和，线性电容 C 是线路对地电容，电源 $e(t)=\sqrt{2}E\sin(\omega t+\varphi_0)$，合闸时刻电路的初始状态为零，以电容电压 $u_C(t)$ 为状态变量，列出电路的微分方程为

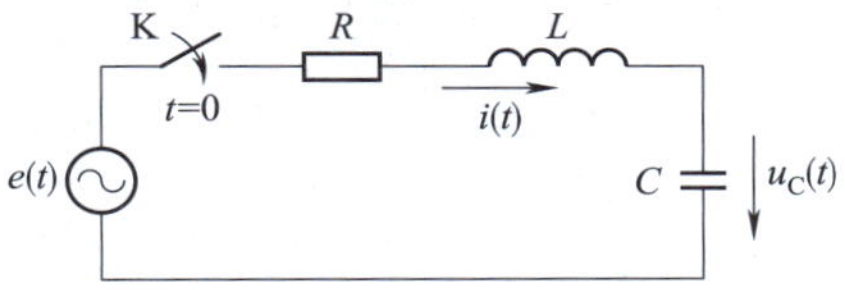

图 5-1　RLC 串联谐振等值电路

$$LC\frac{d^2u_C(t)}{dt}+RC\frac{du_C(t)}{dt}+u_C(t)=e(t) \tag{5-9}$$

解式(5-9)可得电容电压的暂态表达式为

$$u_C(t)=u'_C(t)+u''_C(t)=\sqrt{2}U_C\left[\cos(\omega t+\psi+\pi)+\sqrt{\left(\frac{\omega}{\omega_0}\right)^2\sin^2\psi+\cos^2\psi}\cdot\cos(\omega_0 t+\theta)e^{-\delta t}\right] \tag{5-10}$$

式中　U_C——电容 C 上的稳态电压（有效值），$U_C=\dfrac{E}{\sqrt{\left(\dfrac{2\delta\omega}{\omega_0^2}\right)^2+\left[1-\left(\dfrac{\omega}{\omega_0}\right)^2\right]^2}}$；

ψ、θ——相移角，$\psi=\varphi_0-\arctan\dfrac{\omega L-\dfrac{1}{\omega C}}{R}$，$\theta=\arctan\left(\dfrac{\omega}{\omega_0}\tan\psi\right)$；

ω_0——电路的固有自振角频率，$\omega_0=\dfrac{1}{\sqrt{LC}}$；

δ——电路的阻尼率，$\delta=\frac{R}{2L}$，线路空载或轻载时，电路的损耗电阻 R 很小，$\delta\ll\omega_0$，电路的自由振荡角频率 $\omega_0'=\sqrt{\omega_0^2-\delta^2}\approx\omega_0$。

从式(5-10)可见，$u_C(t)$ 含有 ω_0 和 δ 的函数，其波形除了按照电源角频率 ω 变化，还会受到 ω_0 和 δ 的影响，产生振荡和衰减。

5.3.2 稳态分量产生的过电压

在式(5-10)中，稳态分量 $u_C'(t)=\sqrt{2}U_C\cos(\omega t+\psi+\pi)$，取电容 C 上的稳态电压有效值 U_C 与电源电压有效值 E 之比，则稳态分量过电压倍数为

$$\frac{U_C}{E}=\frac{1}{\sqrt{\left(\frac{2\delta\omega}{\omega_0^2}\right)^2+\left[1-\left(\frac{\omega}{\omega_0}\right)^2\right]^2}} \tag{5-11}$$

1. 无损耗电路

不计电路损耗($R=0$)，振荡电路阻尼率 $\delta=0$ 时，式(5-11)可改写为

$$\frac{U_C}{E}=\frac{1}{1-\left(\frac{\omega}{\omega_0}\right)^2} \tag{5-12}$$

自由振荡角频率 ω_0 与电源角频率在不同数值时，对电压 U_C 的影响如下：

(1)当 $\omega_0=\omega$ 时，电路中 $\omega L=\frac{1}{\omega C}$，按式(5-12)计算，$U_C$ 趋近无穷大，表明发生了线性谐振；由于容抗 X_C 是一个定值，所以，电路中将出现极大的过电流。

(2)当 $\omega_0<\omega$ 时，电路中 $\omega L>\frac{1}{\omega C}$，电路呈感性状态，式(5-12)表明，一般情况下电容电压 U_C 不会大于电源电压 E，且极性与电源 E 反相。

(3)当 $\omega_0>\omega$ 时，电路中 $\omega L<\frac{1}{\omega C}$，电路呈容性状态，式(5-12)表明，电容电压 U_C 大于电源电压 E，极性与电源 E 同相。

2. 计入损耗的电路

考虑电路损耗电阻 R，振荡电路阻尼率 $\delta\neq0$ 时，自由振荡角频率 ω_0 与电源角频率 ω 在不同数值时：

(1)当 $\omega_0=\omega$ 时，式(5-11)简写为

$$\frac{U_C}{E}=\frac{Z}{R} \tag{5-13}$$

式中　Z——谐振电路的特性阻抗，$Z=\sqrt{\frac{L}{C}}$。

对于供电线路，由于电路的损耗电阻 R 很小，一般情况下 $R<Z$，因此，电容 C 上电压

U_C 大于电源电压 E;因此,当 $R \ll Z$,就会产生极高的谐振过电压。

(2)当 $\omega_0 \neq \omega$ 时,为求电容 C 上的最大电压,在式(5-11)中以$\frac{\omega}{\omega_0}$为变量,对函数$U_C\left(\frac{\omega}{\omega_0}\right)$进行求导,即

$$\frac{dU_C}{d\left(\frac{\omega}{\omega_0}\right)} = d\frac{E}{\sqrt{\left(\frac{2\delta\omega}{\omega_0^2}\right)^2 + \left[1-\left(\frac{\omega}{\omega_0}\right)^2\right]^2}} / d\left(\frac{\omega}{\omega_0}\right) \tag{5-14}$$

在导数为零时,计入 $\omega_0 = \frac{1}{\sqrt{LC}}$,出现极值的条件为

$$\frac{\omega}{\omega_0} = \sqrt{1-2\left(\frac{\delta}{\omega_0}\right)^2} = \sqrt{1-\frac{1}{2}\left(\frac{R}{Z}\right)^2} \tag{5-15}$$

在式(5-15)条件下,电容 C 上最大电压与电源电压之比为

$$\frac{U_{\mathrm{Cmax}}}{E} = \frac{1}{\frac{2\delta}{\omega_0}\sqrt{1-\left(\frac{\delta}{\omega_0}\right)^2}} = \frac{1}{\frac{R}{Z}\sqrt{1-\frac{1}{4}\left(\frac{R}{Z}\right)^2}} \tag{5-16}$$

可见,电容 C 上最大电压 U_{Cmax} 由电路的电阻与特性阻抗比值$\frac{R}{Z}$决定,如果 $\frac{R}{Z}=2$,U_{Cmax} 趋近无穷大,表明发生了线性谐振过电压。

3. 过电压与频率关系

图 5-2 中绘出了$\frac{\delta}{\omega_0}$不同比值下,电容 C 上稳态电压有效值 U_C 与电源电压有效值 E 之比随$\frac{\omega}{\omega_0}$变化的曲线,可见$\frac{\omega}{\omega_0}=1$ 及邻域出现稳态分量过电压;RLC 串联电路中电阻 R 是唯一能够阻尼和限制过电压的元件。

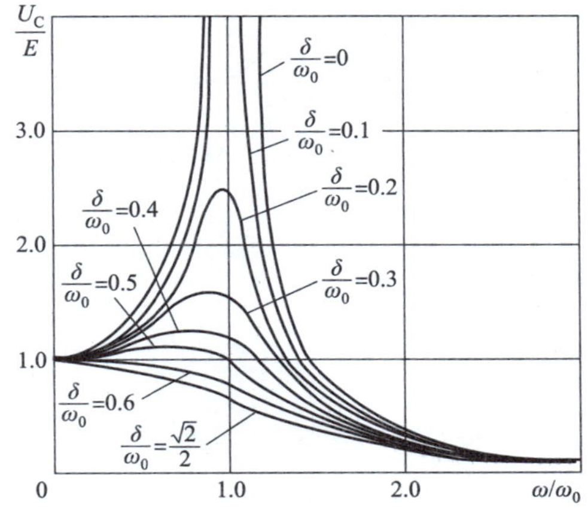

图 5-2 不同$\frac{\delta}{\omega_0}$时线性谐振电路中$\frac{U_C}{E}$与角频率比值$\frac{\omega}{\omega_0}$的关系

5.3.3 暂态分量产生的过电压

在式(5-10)中,暂态分量为

$$u''_C(t)=\sqrt{2}U_C\sqrt{\left(\frac{\omega}{\omega_0}\right)^2\sin^2\psi+\cos^2\psi}\cdot\cos(\omega_0 t+\theta)e^{-\delta t} \tag{5-17}$$

$u''_C(t)$最大值不仅与电源$e(t)$的参数(幅值E、角频率ω、合闸时初相位角φ_0)有关,还与电路的特性参数(电路的电阻R、电感L、电容C、固有自振角频率ω_0、阻尼率δ)以及$\frac{\omega}{\omega_0}$比值有关。

暂态分量叠加在稳态分量上,形成的暂态过电压按照式(5-10)计算。以$\frac{\delta}{\omega_0}=0.05$为例,在不同的合闸初相位角$\varphi_0$时,电容$C$上出现的最大电压,记为$u_{Cmax}$,与电源电压幅值($E_m=\sqrt{2}E$)的比值$\frac{u_{Cmax}}{E_m}$,随角频率$\frac{\omega}{\omega_0}$比值变化的关系曲线如图5-3所示。图中还同时用虚线绘出了电容C上稳态电压与电源电压有效值的比值$\frac{U_C}{E}$曲线。可见,$\frac{\omega}{\omega_0}$比值不仅影响电容C上暂态电压,也影响稳态电压。在$\frac{\omega}{\omega_0}=0.6\sim1.2$范围,电容$C$上的暂态和稳态分量的电压都超过了2倍电源电压。显然,只有$\frac{\omega}{\omega_0}$比值变化较小的范围才会出现过电压;特别是当$\omega_0=\omega$或$\omega_0\approx\omega$,即满足线性谐振条件时,同时出现了极大的暂态和稳态分量的过电压。

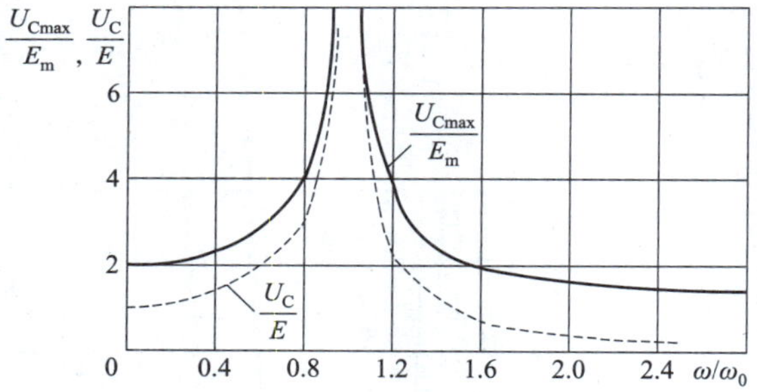

图5-3 $\frac{\delta}{\omega_0}=0.05$时线性谐振电路中$\frac{u_{Cmax}}{E_m}$和$\frac{U_C}{E}$与角频率比值$\frac{\omega}{\omega_0}$的关系

5.3.4 自振角频率对电压升高影响

(1)当$\omega_0=\omega$,相移角$\psi=\theta=\varphi_0$时,式(5-10)可简写为

$$u_C(t)=-\sqrt{2}U_C(1-e^{-\delta t})\cos(\omega t+\varphi_0) \tag{5-18}$$

电源$e(t)$合闸后,$u_C(t)$随着振荡逐渐增大,暂态结束后趋于稳定状态,电压大小等于电源电压,如图5-4(a)所示。

(2) 当 $\omega_0 \gg \omega$，取合闸初相位角 $\varphi_0 = \pm\frac{\pi}{2}$，相移角 $\psi=\theta=\pi$ 时，式(5-10)可简写为

$$u_C(t)=\sqrt{2}U_C(\cos\omega t-e^{\delta t}\cos\omega_0 t) \tag{5-19}$$

电源 $e(t)$ 合闸后，$u_C(t)$ 波形是工频电压上叠加了一个衰减的高频振荡分量，如图 5-4(b) 所示，最大过电压接近 $2E_m$。

(3) 当 $\omega_0 \ll \omega$，取合闸初相位角 $\varphi_0=\pi$，相移角 $\psi=\theta=\frac{\pi}{2}$ 时，式(5-10)可简写为

$$u_C(t)=\sqrt{2}U_C\left(\sin\omega t-\frac{\omega}{\omega_0}e^{-\delta t}\sin\omega_0 t\right) \tag{5-20}$$

电源 $e(t)$ 合闸后，$u_C(t)$ 波形也是工频电压叠加一个衰减的低频振荡分量，如图 5-4(c) 所示，最大过电压可达稳态值电压 $1+\frac{\omega}{\omega_0}$ 倍。

(4) 当 $\omega_0 \to \omega$，即电路自振角频率与电源角频率接近，电容 C 上的电压出现了拍频现象，如图 5-4(d) 所示，电路的损耗电阻很小时，$u_C(t)$ 最大过电压可达电源电压 2 倍。

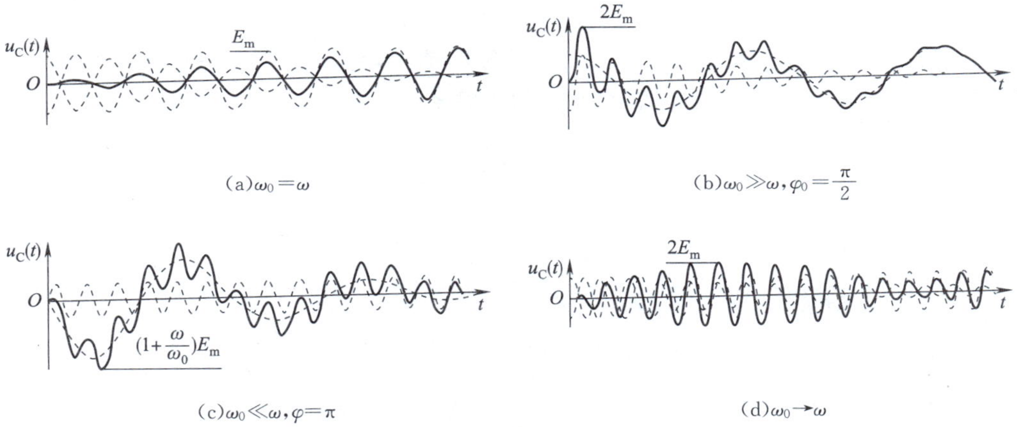

图 5-4　串联谐振电路合闸时电容电压波形

从上述分析可以看到，电容电压 $u_C(t)$ 与电源幅值 E_m、合闸初相位角 φ_0、自振荡频率与电源角频率比值 $\frac{\omega}{\omega_0}$、电路的阻尼率 δ 多种因素有关；$u_C(t)$ 的稳态分量和暂态分量都可能升高，在不利时刻，两个分量叠加可能产生显著的过电压。

RLC 串联电路的线性谐振特征：是否发生谐振与电源电压的大小无关，与电路是否受到外部干扰无关，只要满足式(5-8)，就会谐振。由于电源电压是确定值，电路的电阻大小对谐振过电压、过电流影响极大，是唯一能够发挥阻尼作用的元件。电路的电阻或供电系统的负荷，虽然不影响谐振条件，但对限制电流和降低电压的效果比较明显。含有电感、电容的电路中，每一个网孔对应一个确定的固有自振频率。实际供电网络十分复杂，往往存在多个网孔，电路的固有自振频率就不止一个。任何局部网孔的自振频率等于或接近电源角频率

ω 时，都会发生局部的线性谐振。

需要指出，上述讨论基于电源是不含谐波的单一正弦波，如果电源含有谐波，任何一次谐波在满足谐振条件时，都可以产生类似上述的线性谐振过电压，多次谐波电压叠加，使总的电压波形及变化更加复杂，振荡幅值可能更高。

5.4 铁磁谐振机理及特性

供电系统中的变压器、电磁式压互等设备含有铁芯，当设备端口的电压高于额定电压时，铁芯磁通就会出现磁饱和，电感值迅速下降，呈现非线性特性，在合适的条件下，发生谐振使系统中某些设备的电压升高。由于参与谐振的电感元件含铁芯，具有非线性，称为铁磁谐振或非线性谐振。

5.4.1 非线性电感特性

一般情况下，匝数为 N 的线圈电流 $i(t)$ 产生的磁通 $\Phi(t)$、磁链 $\psi(t)$ 和线圈端电压 $u(t)$ 的方向满足右手螺旋原则关系和楞次定律，数值关系为

$$\psi=N\Phi,\psi=f(i),u(t)=\frac{\mathrm{d}\psi(t)}{\mathrm{d}t},$$

$$\Phi(t)=\frac{1}{N}\int_{-\infty}^{t}u(t)\mathrm{d}t=\frac{1}{N}\left[\int_{-\infty}^{0}u(t)\mathrm{d}t+\int_{0}^{t}u(t)\mathrm{d}t\right]=\Phi(0)+\frac{1}{N}\int_{0}^{t}u(t)\mathrm{d}t$$

式中 $f(\cdot)$——函数关系。

电感 L 是反映线圈电流产生磁通效应及电磁能量储存的一个正实数标量参数，当 ψ-$f(i)$ 关系是通过坐标原点的一条直线时，电感 L 具有线性特性：

$$\psi(t)=N\Phi(t)=Li(t),u(t)=L\frac{\mathrm{d}i(t)}{\mathrm{d}t},L=\frac{\mathrm{d}u(t)}{\mathrm{d}i(t)}\approx\frac{\Delta u(t)}{\Delta i(t)},$$

$$i(t)=\frac{1}{L}\int_{-\infty}^{t}u(t)\mathrm{d}t=\frac{1}{L}\left[\int_{-\infty}^{0}u(t)\mathrm{d}t+\int_{0}^{t}u(t)\mathrm{d}t\right]=i(0)+\frac{1}{L}\int_{0}^{t}u(t)\mathrm{d}t$$

上述 $\Phi(0)$、$i(0)$ 是线圈在 $t=0$ 时刻受到电压作用之前，线圈中原有的磁通或电流产生的结果，是电感在 $t=0^{-}$ 时刻的初始值，具有“记忆”功能。电感元件的电压与电流呈微分或积分关系，表明电感是动态元件。

带铁芯的线圈由于铁芯截面积有限，允许通过的额定磁通量是一个定值。铁芯线圈在额定电压作用下，工作磁通量低于额定磁通时，铁芯磁通非饱和，自感效应充分，电感 L 值很大；反之，在高于额定值的电压作用下，铁芯磁通饱和，电感 L 值较小。因此，同一个铁芯线圈在端电压大小不同时，表现出不同数值的电感值。铁芯线圈工作在非饱和区，电压、电流和磁通数值都较小，对应电感 L 是通过坐标原点的直线，是线性电感。工作在饱和区，电

压、电流和磁通数值很大，V-A 特性线不一定通过坐标原点，不是直线，电感 L 呈非线性。

交流电在一个周期中，电压瞬时值发生正负交替变化。在讨论铁磁谐振中，涉及的电压较高。如果变压器受到超过额定值的电压作用时，一个周期中会有两次超过额定值的(正负)电压作用在绕组上，绕组的电感自动发生两次非线性变化；以此循环，绕组电感具有"线性—非线性"的周期性。所以，变压器的电感可能表现为三种状态：线性电感、非线性电感、周期性电感。

铁磁谐振时，电路中电流严重畸变，从畸变电流分解来的第 k 次谐波电流的波形，与原来第 k 次磁通不再保持波形一致，两者出现一定夹角 θ，导致第 k 次谐波电流与第 k 次谐波电压的相位差大于 90°，这是非线性电感电路的特有现象。

5.4.2　铁磁谐振机理

由铁芯电感 L 与电阻 R、电容 C 构成的串联电路如图 5-5 所示，电源 $e(t)=\sqrt{2}E\cos\omega t$ 合闸后，电路的微分方程为

$$L\frac{\mathrm{d}i}{\mathrm{d}t}+\frac{1}{C}\int i\mathrm{d}t+Ri=e(t) \tag{5-21}$$

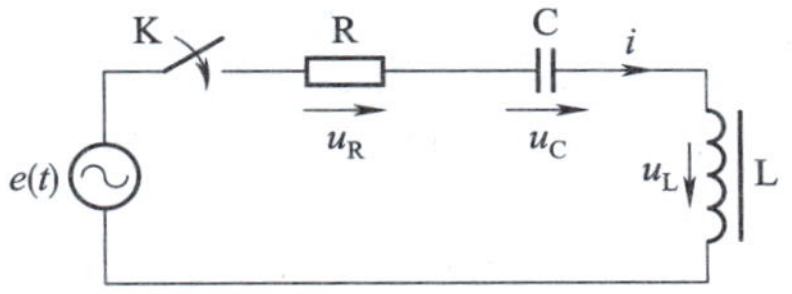

图 5-5　非线性 L 与 RC 串联电路

由于铁芯电感 L 是非线性参数，式(5-21)为非线性微分方程，目前，数学上对非线性微分方程还没有简单明了的解析方法。因此，对图 5-5 所示的非线性电路采用图解法来分析铁磁谐振机理及特性。

供电系统中除了负荷，电气设备及线路本身的损耗很小，对空载或轻载供电工况，铁磁谐振分析可以忽略损耗电阻。在图 5-5 中令 $R=0$，认为是感性电路$\left(\frac{1}{\omega C}<\omega L\right)$，将铁芯电感元件 L 的端电压 U_L 随电流 I 变化的伏安特性曲线、电容 C 的端电压 U_C 随电流 I 变化的伏安特性曲线同时绘于图 5-6 中，两条伏安曲线相交于 e 点。如果某种外部原因使电路电流 I 增大，导致铁芯磁通饱和，电感 L 减小，$U_L(I)$和 $U_C(I)$的值将沿各自的伏安特性曲线移动。由于电感 L 与电容 C 串联，$U_L(I)$ 与 $U_C(I)$ 相位相反，两者的电压差为 $\Delta U=|U_L(I)-U_C(I)|$，电路中电源电势 E 和元件上的电压降平衡关系为

$$E=|U_L(I)-U_C(I)|=I\left|\omega L-\frac{1}{\omega C}\right| \tag{5-22}$$

将电源 E、基频下电感 L 和电容 C 的电压差 ΔU 也绘于图 5-6 中，E 与 ΔU 相交于 a_1、

a_2、a_3 三点，表明电源和元件的电压只可能平衡于 a_1、a_2、a_3 三点。平衡点虽然满足了电路中电势平衡关系，但不一定满足稳定条件，通常用“小扰动”方法来判别平衡点的稳定性。“小扰动”方法是先假设某个外界原因使电路工作状态偏离平衡点，如果工作状态能够自动回到原来的平衡点，说明该平衡点是稳定的，在实际电路中可以存在。反之，外界扰动后，电路的工作状态越来越偏离平衡点，则该平衡点是不稳定的，不可能存在。下面应用“小扰动”方法来判别图 5-6 中 a_1、a_2、a_3 三点的稳定性。

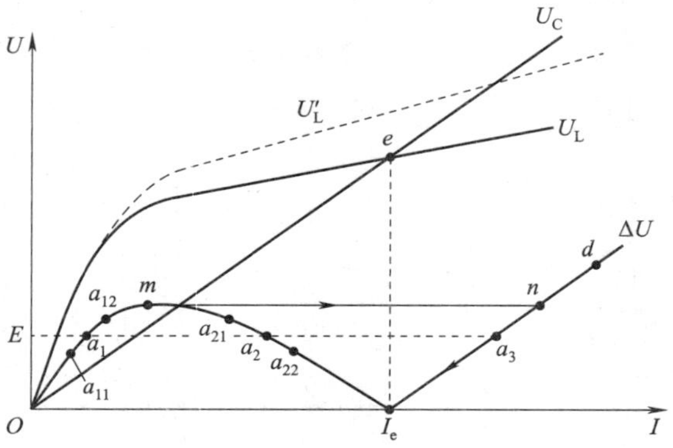

图 5-6 LC 串联电路基波铁磁谐振的图解法

(1)当外界扰动时，例如，负荷切除使电路中电流减小，平衡点 a_1 沿 $\Delta U(I)$ 曲线向左偏离到 a_{11} 点，这时电源电势 E 大于 $\Delta U(I)$，将迫使电路电流 I 增加，回到原来的 a_1 点。相反，由于外界扰动，例如，负荷投入使电路中电流增加，平衡点 a_1 沿 $\Delta U(I)$ 曲线向右偏离到 a_{12} 点，这时电源电势 E 小于 $\Delta U(I)$，必然迫使电流 I 减小，回到原来的 a_1 点。所以，可以判定 a_1 点是稳定的平衡点。

(2)当外界扰动使电路中电流减少，平衡点 a_2 沿 $\Delta U(I)$ 曲线向左偏离到 a_{21} 点，这时电源电势 E 小于 $\Delta U(I)$，将导致电路中电流进一步减少。工作点 a_{21} 再次向左偏离，直到稳定平衡点 a_1 为止。相反，当外界扰动使电路中电流增加，平衡点 a_2 沿 $\Delta U(I)$ 曲线向右偏离到 a_{22} 点，这时电源电势 E 大于 $\Delta U(I)$，导致电路电流进一步增加，工作点 a_{22} 继续向右偏移，直到另一个平衡点 a_3 为止。可以判定 a_2 点是不稳定的平衡点。

(3)对平衡点 a_3，按上述方式同样可判定是稳定的平衡点。

根据上述判定，含铁磁电感 L 元件的电路，如图 5-5 所示，在电源作用下可能出现两种稳定工作状态。当电路工作在 a_1 点时，电路中电流较小，电感 L 是线性的，且 $U_L(I)$ 大于 $U_C(I)$，电路呈感性，电感和电容的端电压小于电源电势，没有发生谐振。因此，a_1 称为电路的非谐振工作点，工作区域为图 5-6 中 $\Delta U(I)$ 曲线上 O 点至 m 点。如果外界扰动使电路受到足够强烈的冲击扰动，称外激发，例如，线路突发接地或者切除故障，造成电感元件端电压短时升高，电流增加，在图 5-6 中电流超过不稳定平衡点 a_2；由于 a_2 点不稳定，导致电流继

续增加到 I_e，这时达到 $U_L(I)=U_C(I)$，电路发生串联谐振。谐振时电流极大，铁芯磁通急剧饱和，电感 L 数值快速下降，出现 $U_L(I)$ 小于 $U_C(I)$，电路工作点继续偏移，直到 a_3 点为止。a_3 称为铁磁谐振工作点，工作范围是 $\Delta U(I)$ 曲线上 m 点之后的区域。由于这种暂态过程极快，一旦铁磁谐振发生，a_1 点将立即跃变到 a_3 位置，电路由感性变成容性，同时，电感和电容的端电压都突然升高，超过电源电势 E 很多，出现铁磁谐振过电压。铁磁谐振状态可以自保持相当长时间，也可能经过某个短暂时间之后自行消失。

发生铁磁谐振时，电路的工作状态由原来的感性突然变为容性，发生相位反倾；电路每次受到的外激发强度不一样，强烈的外激发容易诱发铁磁谐振，轻微的外激发不会导致铁磁谐振，铁磁谐振过电压具有统计学特征。

从图 5-6 中还可看出，当电源电势 E 由零值逐渐增加时，电路工作点由 O 点经过 a_1 点逐渐上升到 m 点，电路保持感性，工作为非谐振状态。如果电源电势 E 继续增加，由于 a_2 点区域不稳定，工作点将从 m 点突然跃变到谐振区域中的 n 点，使电路相位反倾，电感和电容上出现过电压。如果电源电势 E 再继续增加，工作点将沿 $\Delta U(I)$ 曲线从 n 点向 d 点上升；如果电源电势 E 随后逐渐下降至零，则工作点将沿 $\Delta U(I)$ 曲线从 n 点降至 I_e 点，突然至 0，谐振现象也就突然消失。这表明，电路没有外激发，仅仅某一参数平滑改变时，也会发生类似的铁磁谐振的现象，这样的现象称为自激现象。供电系统中电源电压不会平滑改变，因此，没有出现自激现象的工况。

根据上述分析，供电系统中发生基波铁磁谐振的条件：

(1)电路呈感性，铁磁电感在磁通饱和时非线性电感下降，使电路变为容性，电感和电容的伏安曲线发生相交，即

$$\omega L > \frac{1}{\omega C} \text{或} \ \omega > \omega_0 \tag{5-23}$$

式中　ω——电源角频率；

ω_0——电路固有振荡角频率，$\omega_0=\dfrac{1}{\sqrt{LC}}$。

(2)电源电压足够高，在较强的外激发作用下，能够使铁磁电感产生足够的饱和。

(3)系统的有功损耗小于临界值，变压器运行在空载或轻载状态。

式(5-23)表明，电感 L 饱和下降，就有可能满足铁磁谐振条件。ωL 越接近 $\dfrac{1}{\omega C}$，$U_L(I)$ 和 $U_C(I)$ 伏安曲线的交点对应 I_e 值越小，激发谐振所需能量就越小，产生铁磁谐振的概率越大。铁芯电感的伏安曲线越接近线性，电感 L 越大，$U_L(I)$ 和 $U_C(I)$ 曲线交点对应 I_e 值就越大，虽然谐振时过电压幅值会很大，但谐振所需的激发能量要求很大，发生铁磁谐振的概率也就变小。供电系统正常工作时，电路是感性($\omega L>\dfrac{1}{\omega C}$)，只有铁磁电感 L 的非线性到达一定程度，才有可能发生铁磁谐振。

5.4.3 电阻对铁磁谐振影响

计入电路的损耗电阻，在图 5-6 所示电路中，电阻 R 上的电压降为 IR，电容和电感的电压差为 $\Delta U=|U_L(I)-U_C(I)|$，电路中 R、L 和 C 元件的总电压降为

$$\Delta U'=\sqrt{\Delta U^2+(IR)^2} \tag{5-24}$$

将 IR、ΔU、$\Delta U'$随电流变化的工作曲线绘制在图 5-7 中，其中$\overline{mn}=\overline{mS}$、$\overline{mF}=\overline{PS}$可保证式(5-24)关系正确。由图 5-7 可见，电阻 R 使谐振工作点 a_3 向左偏移到了 a'_3，对应的电感 L 和电容 C 上电压都有所降低。如果电阻 R 足够大，使 $\Delta U'$曲线抬高到 $\Delta U''$，电源电势 E 低于 $\Delta U''$曲线上 e 点，电路就只有一个非谐振区域的工作点，电路不会发生铁磁谐振。说明增大串联电路的损耗电阻，在一定程度上可以限制铁磁谐振。但是，供电系统及线路本身的损耗电阻很小，影响铁磁谐振电压升高的主要因素是铁磁电感的饱和程度，不是损耗电阻。

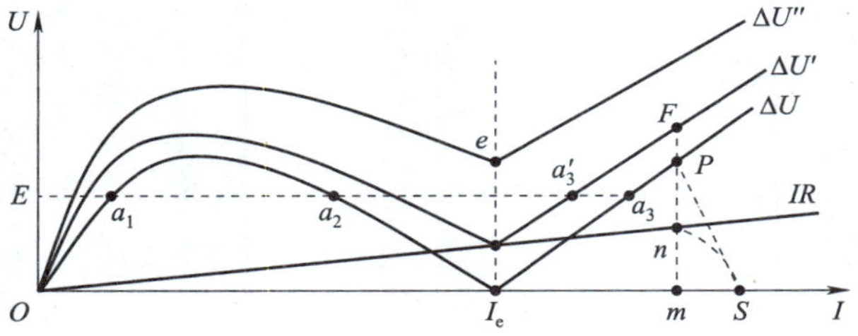

图 5-7 RLC 串联电路 R 对基波铁磁谐振的影响

5.4.4 高频和分频铁磁谐振

1. 谐波铁磁谐振条件

如果电路中有第 k 次谐波，且存在非线性电抗 ωL 大于或接近容抗 $1/\omega C$ 的条件，即

$$k\omega L>\frac{1}{k\omega C} \tag{5-25}$$

式中 k——谐波次数，对于高频 $k=3,5,7\cdots$，对于分频 $k=\frac{1}{2},\frac{1}{3},\frac{1}{5},\frac{2}{5}\cdots$。

当电路有功损耗小，在外激发作用下非线性电感下降，不等式(5-25)变成等式，就会发生谐振，称为第 k 次谐波铁磁谐振。图 5-8 为典型的铁磁谐振电压波形。一般情况下，电路发生谐振时，通常是单一频率的谐振现象。供电网结构复杂，在某些特殊场合下可能同时出现两个以上谐波谐振。这种情况下，可以忽略占比量很小的非谐振的谐波电压，总的谐振过电压有效值包括了各次谐振波分量和基波分量，即

$$u_g=\sqrt{u_1^2+\sum u_k^2}\quad \left(k=3,5,7,\cdots,\frac{1}{2},\frac{1}{3},\frac{1}{5}\cdots\right) \tag{5-26}$$

式中 u_g——铁磁谐振产生的相对地总电压(有效值)；

u_1——基波相电压(有效值);

u_k——各谐振谐波分量的相电压(有效值)。

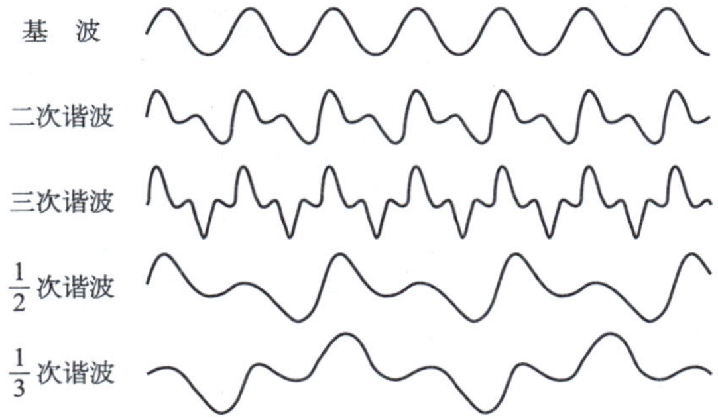

图 5-8 铁磁谐振电压波形

2. 谐波铁磁谐振的能源

电路满足式(5-25)成为等式的条件,就可能发生谐波铁磁谐振。供电系统的电源全部来自发电机,发电机不产生谐波,谐波铁磁谐振的能源来自哪里?为了简明扼要阐述,先讨论如图 5-9(a)所示非线性电感 L 与 RC 串联电路。尽管第 k 次谐波电源 $e_k(t)=0$,电路中有任何 k 次谐波电流作用时,都要满足基尔霍夫电压定律(KVL),因此,第 $k(k\neq1)$ 次谐波分量在 RLC 串联电路中产生的电压降矢量之和必须为零。R 上第 k 次谐波电压电流的矢量一致,C 元件上第 k 次谐波电流超前电压 90°,RLC 串联电路中电势要平衡,必然强制要求 L 元件上第 k 次谐波电压与电流矢量的相位差大于 90°。非线性电感的谐波电流与其磁通不能够保持波形一致,第 k 次谐波电流矢量与对应的 k 次磁通矢量之间会出现一个夹角 θ,才可以满足这个电势平衡要求,如图 5-9(b)所示。非线性电感 L 元件第 k 次谐波电压与电流的相位差大于 90°的特性,导致第 k 次功率损耗 $P_L=U_{kL}I_k\cos\varphi<0$,即非线性电感 L 对第 k 次谐波消耗了负功。或者说非线性电感对第 k 次谐波呈负阻抗,不但不从电源吸收功率,反而相当一台 k 次谐波发电机,向电路提供了谐波铁磁谐振的能源。

实际上这种现象和解释只是矢量图解分析的一个方法,如图 5-9(a)所示电路中的谐波电源 $e_k(t)$ 完全依附在工频电源上,没有工频电源,就没有谐波电源,也就不用讨论谐波电势平衡问题。非线性电感吸收负功率现象,只是将电源的工频能量用非线性电感的周期性“合拍”谐振表现出来;电路中维持谐波谐振和电阻损耗的能量,都来自唯一的工频电源。

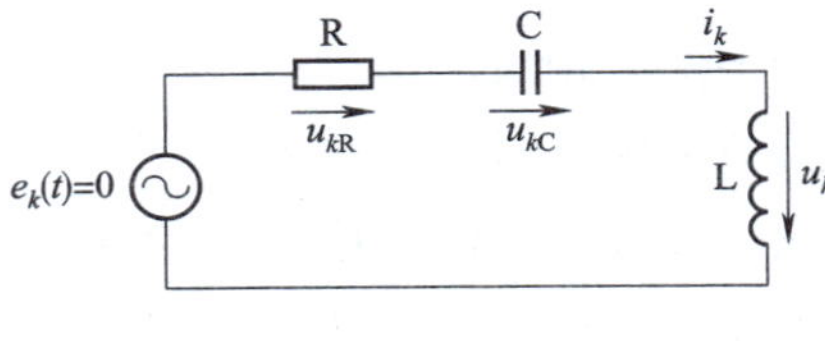

(a)振荡电路

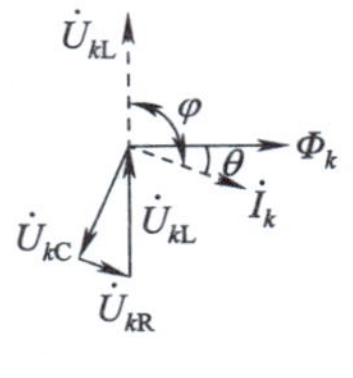

(b)电势平衡矢量

图 5-9 k 次谐波振荡电路及电势平衡矢量

5.4.5 铁磁谐振与线性谐振区别

(1)含有非线性电感和电容的电路,发生第 k 次谐波铁磁谐振的必要条件是 $k\omega L>\frac{1}{k\omega C}$,铁芯磁通饱和,使电感下降是发生铁磁谐振的重要因素,电路参数在很大范围内都可以发生铁磁谐振。线性谐振的条件是 $k\omega L=\frac{1}{k\omega C}$,只在非常狭窄的频率范围内发生。

(2)铁磁谐振的发生需要外激发产生足够强烈的冲击扰动,或平滑地改变电路参数。激发消失后,铁磁谐振可能出现自保持稳定状态。线性谐振只与电源的频率有关,与电源电压大小关系不是太大,与外界冲击扰动无关。

(3)铁磁谐振时,电路中各元件上的电压突然跃变,出现过电压、过电流,并伴随相位反倾,导致三相电源的相序反转。线性谐振随着参数逐渐接近谐振条件而发生,不会出现相序突然翻转现象。

(4)只有电源电势、电容和电感及其非线性程度在一定范围内,才可能产生铁磁谐振。如果电路参数不恰当,可能发生高频或分频的铁磁谐振。非线性电感的第 k 次谐波电流与电压的相位差可以大于 90°;线性电感的电流波形与磁通的波形一致,电流与电压相位差始终保持 90°。

(5)电路中电阻不影响发生铁磁谐振或线性谐振所要求的电抗值等于或接近容抗值的条件;电阻对铁磁过电压的幅值影响较小,对线性谐振过电压幅值影响比较明显。影响铁磁谐振过电压幅值的主要因素是非线性电感的饱和程度,影响线性谐振过电压幅值的主要因素是电阻耗能的阻尼作用。供电系统的有功损耗能够阻尼振荡,当有功损耗大于某临界值,无论是铁磁谐振或线性谐振都不可能发生,所以,通常只有供电系统在空载或轻载情况下才会发生谐振过电压。但需注意,中性点的位移电压、零序回路的谐振过电压与系统的有功负荷无关,因此,有功负荷不能够消耗和阻尼零序回路的过电压。

5.5 断线诱发谐振

5.5.1 分析方法

"断线"泛指供电线路的任何一相导线断开,包括架空线断开,断点导线可能呈悬空状态,也可能一端或两端接地;高压熔断器一相或两相熔断;三相断路器非全相拒分或严重的不同期分闸。如果供电系统的电源或者负荷至少有一侧中性点不接地,出现断线非全相运行时,线路相间和对地的等值电容,与空载或轻载变压器、电磁式压互的励磁电感构成谐振回路,在外激发作用下可能出现谐振,导致线路或设备上电压上升超过额定电压,称为断线谐振过电压。为高速铁路接触网供电的 VX 变压器中性端 N 接钢轨,接触网上 AT 变压器中性端 N 也接钢轨，即使发生接触网 T 线或者 F 线断线，都不会发生谐振。因此，断线引起的谐振，只可能发生在牵引变电所 220 kV 高压侧，或者贯通线供电系统中。

发生断线谐振过电压时，可能出现三相对地电压不平衡：一相升高，另外两相降低，或两相同时升高，另一相降低，也可能三相同时升高；负荷变压器相序颠倒、所带小容量电机反转、变压器绕组电流急剧增加、铁芯发出较大的噪声。严重时会造成设备的绝缘闪络击穿，避雷器爆炸；也会传递到变压器低压侧，造成站场照明和信号设备损坏，影响铁路供电安全。

供电线路断线的方式和断点位置的随机性很大，构成的谐振回路十分复杂，几乎一种断线状态对应一个谐振回路，不能用一个统一的电路和表达式进行分析和计算。无论是针对基波谐振，还是谐波谐振，分析断线谐振的一般方法和步骤如下：

(1)结合具体的断线情况(包括电源侧、负荷侧的中性点是否接地，线路长度和参数，断点位置、断点导线是否接地等)，针对断线的非全相运行状态，忽略影响较小的电源内阻抗和线路阻抗，突出关注线路的电容和变压器、压互的励磁电感，绘制出三相电路。

(2)从断点入手，去掉受到电压源直接控制的元件(不参加振荡)，突出故障相，进行网络化简。将三相中健全相归并到故障相，并求出归并后的等值电源，从而将三相电路转化为单相电路；进一步化简成 LC 串联振荡回路。

(3)采用解析法分析是否发生基波谐振或者谐波谐振，计算 L 或 C 元件的电压，计算不发生谐振的线路最大允许长度。

(4)简化的振荡回路不能够直接计算出原网络的元件(设备)的电压时，可通过对简化电路逐步还原和相关电压的等值拆分，计算出关注元件(设备)的电压。

5.5.2　牵引变电所高压侧断线分析

牵引变电所 220 kV 高压侧采用三相架空线(可含串联电缆)供电，220 kV 电力系统的中性点都是直接接地，VX 接线变压器一次侧受电，没有中性点；总有一组 VX 变压器是空载热备用状态，空载变压器的漏抗可以忽略不计。以下针对高速铁路 220 kV 供电线路，分析可能发生的几种断线情况。

1. 断“边位”一相

假设 220 kV 供电线路长为 $l=1$，在距离电源侧 x 点($0<x\leqslant 1$)处，发生三相中“边位”排列的 C 相断线且断线不接地，忽略电源和线路阻抗等，绘制出断 C 相的三相电路，如图 5-10 所示。其中，热备用空载变压器的励磁电感为 L_m，线路单位长度的线间电容为 C_m、导线对地电容为 C_0，断点两侧导线对地等值电容分别为 $C'_0=xC_0$、$C''_0=(1-x)C_0$，断点负荷侧的线间电容为 $C''_m=(1-x)C_m$。

断线发生后由于 220 kV 供电线路没有接地，电力系统不会跳闸，C 相电源 $e_C(t)$不参加 VX 变压器的缺相运行，只有 A 相电源 $e_A(t)$和 B 相电源 $e_B(t)$继续供电；A 相和 B 相的零序电容 C_0 被电压源强制，也不参加振荡回路。利用叠加原理，当 A 相电源 $e_A(t)$单独作用时，

B 相电源 $e_B(t)$不作用(相当于短路),图 5-10VX 接线中上面一台单相变压器受到 A 相电源 $e_A(t)$强制作用,不参加谐振回路,可绘出单相等值电路,如图 5-11(a)所示。同理,当 B 相电源 $e_B(t)$单独作用时,A 相电源 $e_A(t)$不作用,图 5-10VX 接线中上面一台单相变压器受到 B 相电源 $e_B(t)$强制作用,也不参加谐振回路,单相等值电路如图 5-11(b)所示。

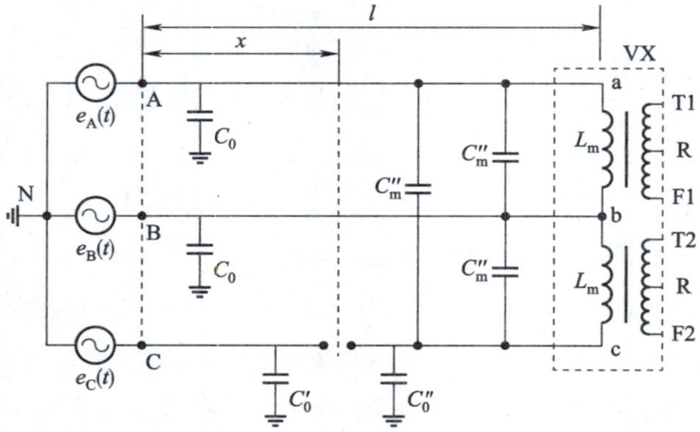

图 5-10　C 相断线状态的三相电路

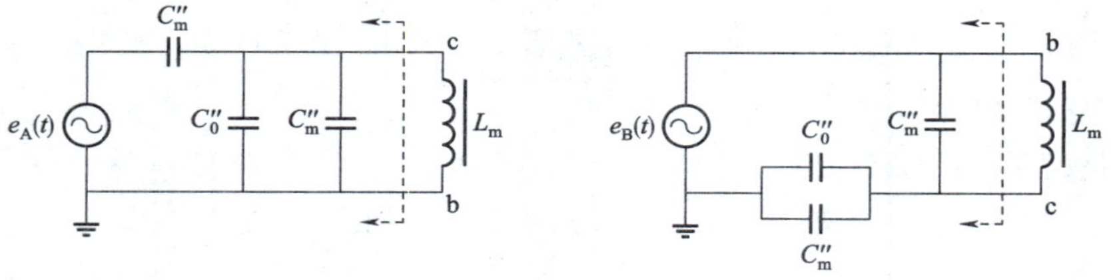

(a)A 相电源单独作用的等值电路　(b)B 相电源单独作用的等值电路

图 5-11　A 相电源单独作用的等值电路及 B 相电源单独作用的等值电路

三相线路的正序电容 C_1、零序(对地)电容 C_0 和相间电容 C_m 的关系为

$$C_1=C_0+3C_m \tag{5-27}$$

线路的正序电容与零序电容的比值为

$$\delta=\frac{C_0+3C_m}{C_0} \tag{5-28}$$

整理式(5-28)得

$$C_m=\frac{1}{3}(\delta-1)C_0 \tag{5-29}$$

一般情况下,架空线路 $\delta=1.5\sim2.0$,单芯电缆三相线路、三芯全屏蔽电缆线路 $\delta=1.0$。

在单相等值电路图 5-11(a)中,将电感 L_m 左侧视为有源二端口网络,利用戴维南等值定理,可以解得有源二端口网络的内阻抗和等值电源。在图 5-11(a)电路中内阻抗只含电容,直接用电容表示为

$$C=C''_0+2C''_m=(1-x)C_0+2(1-x)C_m=\left\{(1-x)\left[1+\frac{2}{3}(\delta-1)\right]\right\}C_0 \tag{5-30}$$

有源二端口网络的等值电源为

$$\dot{E}_{Aeq}=\frac{C''_m}{2C''_m+C''_0}\dot{E}_A=\frac{\delta-1}{2\delta+1}\dot{E}_A \tag{5-31}$$

作用到变压器 cb 端口的电压为

$$\dot{U}_{cb}=\frac{\dot{E}_{Aeq}}{1-\left(\frac{\omega_0}{\omega}\right)^2} \tag{5-32}$$

式中　ω_0——电路的固有自振角频率，$\omega_0=\frac{1}{\sqrt{L_m C}}$；

ω——电源角频率。

按照式(5-30)和式(5-31)，将图 5-11(a)电路转化为 A 相电源单独作用的振荡回路，如图 5-12(a)所示。

同理，图 5-11(b)等值电路对应的有源二端口网络内阻抗的电容和等值电源分别为

$$C=C''_0+2C''_m=\left\{(1-x)\left[1+\frac{2}{3}(\delta-1)\right]\right\}C_0 \tag{5-33}$$

$$\dot{E}_{Beq}=\frac{C''_m+C''_0}{2C''_m+C''_0}\dot{E}_B=\frac{\delta+2}{2\delta+1}\dot{E}_B \tag{5-34}$$

作用到变压器 bc 端口的电压为

$$\dot{U}_{bc}=\frac{\dot{E}_{Beq}}{1-\left(\frac{\omega_0}{\omega}\right)^2} \tag{5-35}$$

按照式(5-33)和式(5-34)，将图 5-11(b)电路转化为 B 相电源单独作用的振荡回路，如图 5-12(b)所示。

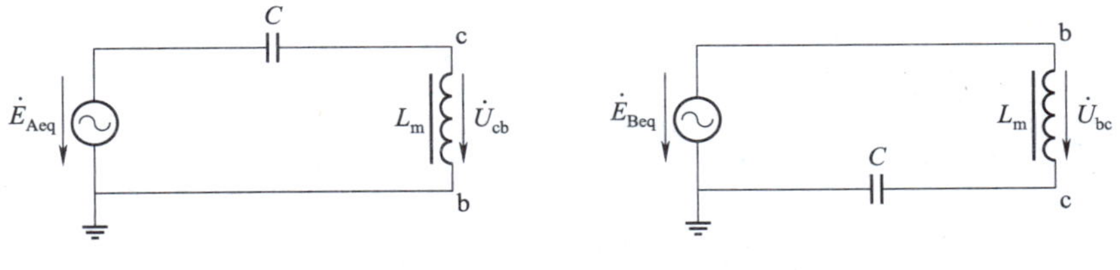

(a)A 相电源单独作用的振荡回路　　(b)B 相电源单独作用的振荡回路

图 5-12　A 相电源单独作用的振荡回路及 B 相电源单独作用的振荡回路

三相线路“边位”断线的状态如图 5-10 所示，就是图 5-12(a)和图 5-12(b)共同作用的结果。在图 5-12(a)和图 5-12(b)中，等值电源内阻抗的电容 C 值和外部的电感 L_m 值分别相同，可以视为同一个振荡回路，分别受到电源 $\dot{E}_{Aeq}$ 和 $\dot{E}_{Beq}$ 单独作用。这个电路是否满足基波

($\omega=2\pi f, f=50$ Hz)的谐振条件:$\omega L_m>\frac{1}{\omega C}$或$\omega>\omega_0$,取决于供电线路的具体参数。如果满足谐振条件,就会发生谐振,变压器上可能产生过电压。如果不满足谐振条件,在图 5-10 中断线没有影响的单相变压器 ab 端口的输入电压不变,仍然是 220 kV;断线影响的单相变压器 bc 端口的输入电压由式(5-35)、式(5-32)叠加为

$$\begin{aligned}\dot{U}_{bcDX}&=\dot{U}_{bc}-\dot{U}_{cb}=\frac{1}{1-\left(\frac{\omega_0}{\omega}\right)^2}(\dot{U}_{Beq}-\dot{U}_{Aeq})\\&=\frac{1}{1-\left(\frac{\omega}{\omega_0}\right)^2}\cdot\frac{1}{2\delta+1}[(\delta+2)\dot{E}_B-(\delta-1)\dot{E}_A]\end{aligned}\tag{5-36}$$

考虑到相电压 $\dot{E}_A$ 和 $\dot{E}_B$ 的幅值相同 $E_\varphi=220/\sqrt{3}\approx127$ kV,相位差 120°,按照 A 相和 B 相电源的矢量关系,利用余弦定理,式(5-36)的绝对值为

$$U_{bcDX}=\frac{1}{1-\left(\frac{\omega}{\omega_0}\right)^2}\cdot\frac{E_\varphi}{2\delta+1}\sqrt{(\delta+2)^2+(\delta-1)^2-2(\delta+2)(\delta-1)\cos 120^\circ}\tag{5-37}$$

由于等值电容 C 值越小,越容易满足谐振条件 $\omega L>\frac{1}{\omega C}$,因此,为了防止三相供电线路断一相时发生基波谐振,将谐振条件反之,在给定图 5-10 中,电容 C 为最大值,就不会发生谐振,即

$$\omega L_m<\frac{1}{\omega C_{max}}\tag{5-38}$$

从式(5-30)或式(5-33)看到,断点发生在电源侧 $x=0$ 时,电容 C 值最大,为 $C_{max}=\frac{1}{3}(1+2\delta)C_0 l$;将式(5-38)改写为

$$C_0<\frac{1}{l}\cdot\frac{3}{(1+2\delta)\omega X_{Lm}}\tag{5-39}$$

式中 X_{Lm}——变压器励磁电抗,$X_{Lm}=\omega L_m$。

根据变压器铭牌标示的额定容量 S_e(kV·A)、额定电压 U_e(kV)和空载电流百分数 $I_0(\%)$,可以算出空载励磁电流为 $I_{0m}=I_0(\%)\frac{S_e}{\sqrt{3}U_e}$,变压器单相绕组的励磁电抗(Ω)为 $X_{Lm}=\frac{U_e}{\sqrt{3}I_{0m}}=\frac{U_e^2}{I_0(\%)S_e}\times10^5$。长度为 l,单位长度对地电容为 C_0 的供电线路,如果三相线路发生断"边位"一相,如图 5-10 所示。不发生基波谐振的线路最大允许(km)长度需要满足式(5-39),即

$$l<\frac{3}{(1+2\delta)\omega C_0}\cdot\frac{I_0(\%)S_e}{U_e^2}\times10^{-5}\tag{5-40}$$

2. 断“中位”一相

假设 220 kV 三相线路发生断“中位”排列的 B 相，且断线不接地，其他情况同断“边位”一相，断线的三相电路如图 5-13 所示。以故障相为参考，将三相电源和 VX 接线变压器视为“含故障相的单相电路”。网络化简处理：(1)根据三相电源的矢量关系，如图 5-14(a)所示，取 N 点至 AC 中间点的电压 $-0.5e_B(t)$ 作为等值电压源。(2)B 相断线后电源 $e_A(t)$ 和 $e_C(t)$ 同时作用下，流经 B 相对地电容 C''_0 的电流为 i_{B0}。在保证 i_{B0} 不变的前提下，采用等值电压源 $-0.5e_B(t)$ 作用于断线等值(单相)电路，这个等值电路的阻抗就是 VX 接线中两台变压器的电感 L_m 及端口电容 C''_m 并联之后，再与 B 相对地电容 C''_0 串联，如图 5-14(b)所示，可等效为变压器 a、c 端点合并，等值电感为 $0.5L_m$。

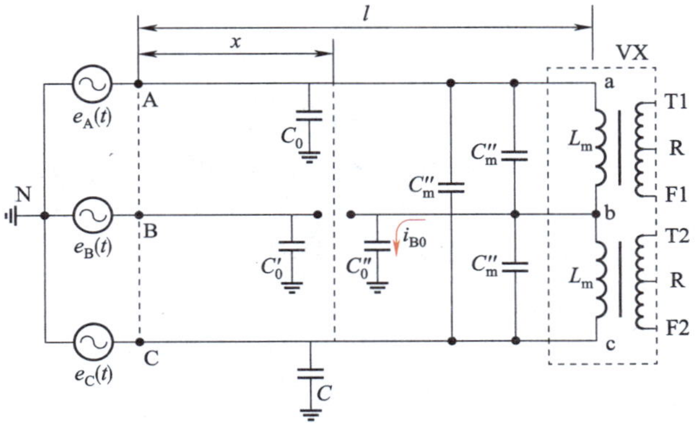

图 5-13　B 相断线状态的三相电路

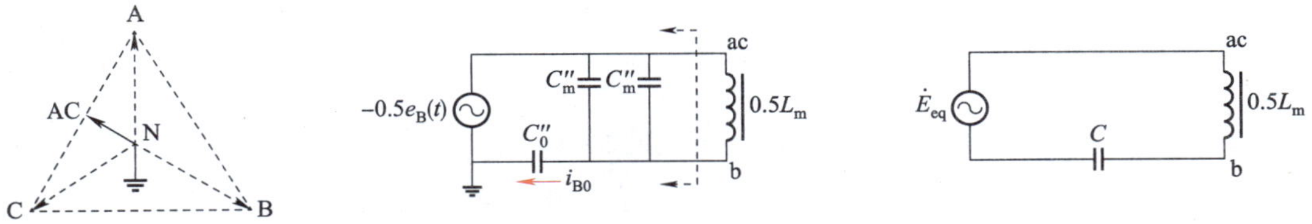

(a)电源矢量关系　　(b)B 相断线等值电路　　(c)振荡回路

图 5-14　电源矢量关系、B 相断线等值电路及振荡回路

在图 5-14(b)电路中，将电感左侧视为有源二端口网络，利用戴维南等值定理，可以解得有源二端口网络的内阻抗和等值电源 $\dot{E}_{eq}$，图 5-14(b)电路内阻抗的电容和等值电源分别为

$$C=C''_0+2C''_m=\left\{(1-x)\left[1+\frac{2}{3}(\delta-1)\right]\right\}C_0 \tag{5-41}$$

$$\dot{E}_{eq}=-0.5\dot{E}_B\frac{C''_0}{C''_0+2C''_m}=\frac{-1.5}{3+2(\delta-1)}\dot{E}_B \tag{5-42}$$

按照式(5-41)和式(5-42)，将图 5-14(b)单相电路转化为 B 相断线的振荡回路，如

图 5-14(c)所示。根据这个振荡电路和具体参数，采用断“边位”一相类似的算法，可以分析 B 相断线之后是否谐振，计算不发生谐振的线路最大允许长度 l，以及非谐振状态下出现在 VX 接线变压器高压端的电压。

3. 断两相

假设 220 kV 三相线路发生断两相且断线不接地，例如，断 A 相和 C 相，其他情况同断“边位”一相，A 相电源 $e_A(t)$和 C 相电源 $e_C(t)$不参加 VX 变压器的缺相运行，只有 B 相电源 $e_B(t)$作用，等值电路如图 5-15 所示，VX 变压器的端子 a，b，c 也标在图中。根据这个电路可以判别是否谐振并计算相关电压。

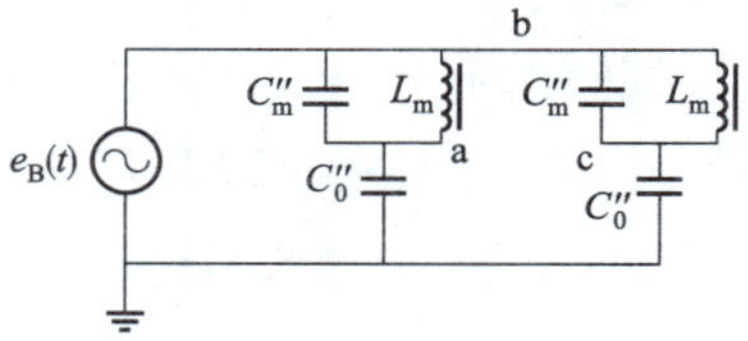

图 5-15　A 相和 C 相同时断线的单相等值电路

4. 其他断线方式

如果牵引变电所 VX 变压器 220 kV 电源侧发生其他断线方式，例如，断一相、断两相，且断点一侧导线接地，或者断点两侧导线接地等，可参照上述类似方法，绘制等值电路、进行分析和计算。

5.5.3　配电所进线断线分析

配电所两路电源取自电力系统，通常，线路采用三相架空线路(还可能含有串联电缆)。配电所是贯通线和车站及通信信号设备设施的专用电源，为了减少来自电源的零序电流影响，配电所的变压器受电侧采用△接线方式，向配电所供电的 10 kV 或 35 kV 电力系统的电源中性点为不接地方式。

1. 配电所进线断一线

假设配电所进线的长度为 $l=1$，在距离电源侧 x 点($0<x\leqslant 1$)发生 A 相断线，断点两侧导线均不接地，忽略数值较小的电源和线路阻抗，绘制出 A 相断线的等值电路，如图 5-16 所示，其中，配电所的变压器励磁电感为 L_m，线路单位长度的线间电容为 C_m、导线对地电容为 C_0，断点两侧导线对地等值电容分别为 $C'_0=xC_0$、$C''_0=(1-x)C_0$，断点负荷侧的线间电容为 $C''_m=(1-x)C_m$。

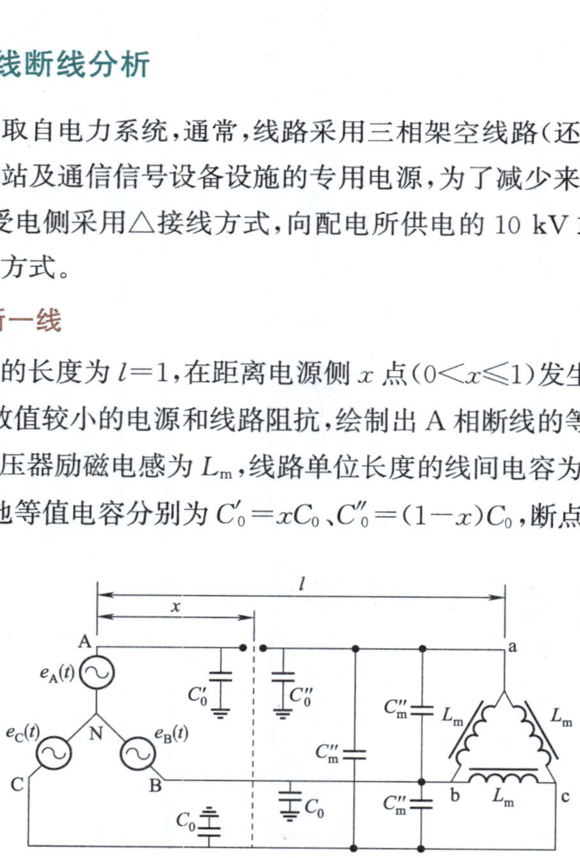

图 5-16　配电所进线 A 相断线等值电路

配电所 10 kV 或 35 kV 受电侧△接线的变压器，进行△-Y 阻抗变换，Y 接线方式的励磁电感为 $L_B=\frac{1}{3}L_m$，如图 5-17(a)所示。A 相断线后，以故障相为参考，将三相电源和三相变压器视为“含故障相的单相电路”。网络化简处理：(1)根据三相电源的矢量关系，如图 5-17(b)所示，取 A 点至 BC 中间点的电压 $1.5e_A(t)$ 作为等值电压源。(2)A 相断线后电源 $e_B(t)$ 和 $e_C(t)$ 同时作用下，流经 A 相对地电容 C_0' 的电流为 i_{A0}、流经电容 C_0'' 的电流为 i_{a0}，采用等值电压源 $1.5e_A(t)$ 作用于“含故障相的单相电路”。将变压器 b、c 端点并联，a 至 bc 点的等值电感为 $1.5L_B=0.5L_m$，等值电感并联电容为 $2C_m''$，再计入 A 相对地电容 C_0' 和 B、C 相对地电容 C_0，如图 5-17(c)所示，就是保证原来的 i_{A0} 和 i_{a0} 都不变的前提下的 A 相断线三相电路转换为单相的等值电路。

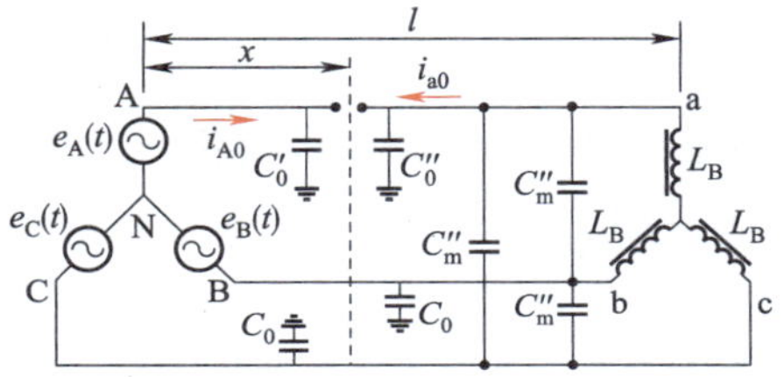

(a)受电变压器△-Y 接线变换

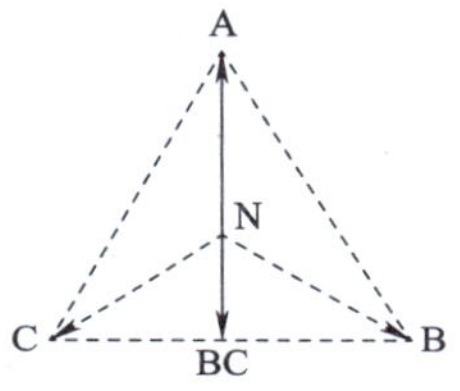

(b)电源矢量关系

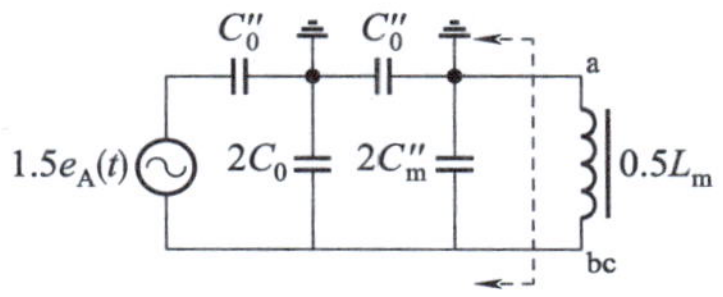

(c)断线等值电路

图 5-17　受电变压器△-Y 接线变换、电源矢量关系及断线等值电路

图 5-17(c)中将电感左侧视为有源二端口网络，利用戴维南等值定理，可以解得有源二端口网络的内阻抗的电容和等值电源 $\dot{E}_{eq}$ 分别为

$$
\begin{aligned}
C &= \frac{C_0''(C_0'+2C_0)}{C_0''+(C_0'+2C_0)}+2C_m'' \\
&= \frac{(xC_0+2C_0)(1-x)C_0}{3C_0}+2(1-x)\cdot\frac{1}{3}(\delta-1)C_0 \\
&= \frac{C_0}{3}[(x+2\delta)(1-x)]
\end{aligned}
\tag{5-43}
$$

$$
\dot{E}_{eq}=1.5\dot{E}_A\frac{C_0'}{C_0'+\left(2C_0+\dfrac{C_0''\cdot 2C_m''}{C_0''+2C_m''}\right)}\frac{C_0''}{C_0''+2C_m''}=\frac{1.5x}{x+2\delta}\dot{E}_A
\tag{5-44}
$$

按照式(5-43)和式(5-44)，将图 5-17(c)所示单相电路转化为断线振荡回路，如图 5-18 所示。

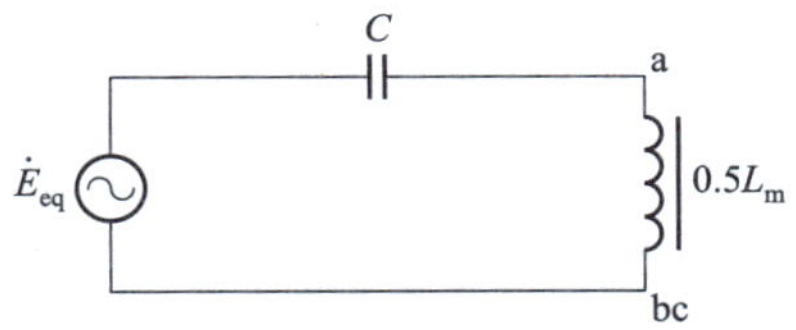

图 5-18　断线振荡回路

在图 5-18 中，如果 $\omega C\approx\frac{1}{0.5\omega L_{\mathrm{m}}}$ 就会发生谐振，变压器端口 ab，ac 上将出现过电压。如果不满足谐振条件，图 5-16 中断线没有影响的变压器 bc 端口的输入电压不会变；断线影响的变压器 ab 和 ac 端口的输入电压大小为

$$U_{\mathrm{ab}}\approx U_{\mathrm{ac}}\approx\frac{E_{\mathrm{eq}}}{1-\left(\frac{\omega_0}{\omega}\right)^2}=\frac{1.5}{1-\left(\frac{\omega_0}{\omega}\right)^2}\cdot\frac{x}{x+2\delta}E_{\mathrm{A}} \tag{5-45}$$

为了避免 A 相断线谐振，按照式(5-38)方式，在等值电容 C 为最大值条件下将谐振条件反之。对式(5-43)中 C 求极值，可得 $x=0.5-\delta$ 时谐振电路中等值电容最大值为 $C_{\max}=\frac{1}{3}(0.5+\delta)^2C_0l$。不发生谐振条件式(5-38)改写为

$$C_0<\frac{1}{l}\cdot\frac{3}{\omega X_{\mathrm{Lm}}(0.5+\delta)^2} \tag{5-46}$$

计入变压器励磁电抗，要求线路 A 相断线时不发生基波谐振的线路最大长度(km)为

$$l<\frac{3}{\omega(0.5+\delta)^2C_0}\cdot\frac{I_0(\%)S_{\mathrm{e}}}{U_{\mathrm{e}}^2}\times10^{-5} \tag{5-47}$$

式中 C_0——线路单位长度对地电容；

S_{e}——变压器额定容量，kV·A；

U_{e}——变压器一次侧额定电压，kV；

$I_0(\%)$——变压器一次绕组的空载电流百分数；

ω——电源角频率；

δ——线路正序电容与零序电容的比值，按式(5-28)计算。

2. 配电所进线断一线并接地

基本情况如配电所进线断一线(如图 5-16 对应的情况)，x 点发生 A 相断线，断点负荷侧的导线接地，如图 5-19(a)中 d 点所示；按照上述类似的方法，将三相电路转化为单相等值电路，如图 5-19(b)所示。

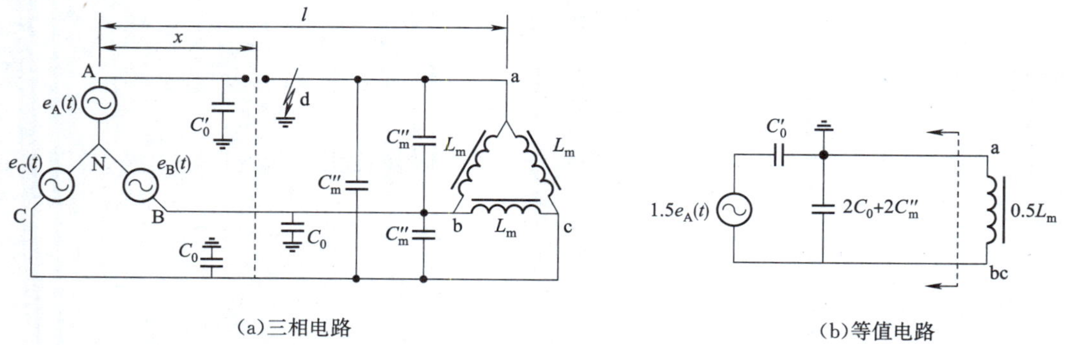

(a)三相电路　　(b)等值电路

图 5-19　断线接地三相电路及断线等值电路

对图 5-19(b)所示单相电路，可以解得有源二端口网络内阻抗的电容和等值电源 $\dot{E}_{eq}$，分别为

$$C=C'_0+(2C_0+2C''_m)=xC_0+2C_0+\frac{2}{3}(\delta-1)(1-x)C_0=\frac{C_0}{3}[4+5x+2\delta(1-x)] \quad (5\text{-}48)$$

$$\dot{E}_{eq}=1.5\dot{E}_A\frac{C'_0}{C'_0+(2C_0+2C''_m)}=4.5\dot{E}_A\frac{x}{4+5x+2\delta(1-x)} \quad (5\text{-}49)$$

按照式(5-48)和式(5-49)，将图 5-19(b)转化为断线振荡回路，根据具体参数，就可以分析断线接地之后，是否会发生谐振，计算不发生谐振的线路最大允许长度 l，以及非谐振状态时受电变压器端口电压。

3. 配电所进线发生其他方式断线

配电所进线架设高度不大，可能发生多种方式的断线，绘制等值电路与分析计算的类似方法同上。

5.5.4　贯通线断线分析

10 kV 贯通线采用三根单芯电缆，每隔 2～3 km“T”接一台箱式变压器，为沿途铁路车站和通信信号等设备设施供电，一般情况下箱变的负荷都很轻小。贯通线三相电源的中性点经过 10 Ω 小电阻接地，箱变中 10/0.4 kV 变压器受电侧采用△接线方式。三相线路采用单芯电缆，不存在线间电容，导线对地电容 C_0 值较大。

假设一条贯通线线路长度为 $l=1$，在距离电源侧 x 点($0<x\leqslant 1$)发生 A 相断线，断点处导线不接地。断点两侧导线单位长度对地等值电容分别为 $C'_0=xC_0$、$C''_0=(1-x)C_0$，断点右侧接有 n 台箱变，箱变的励磁电感为 L_m，经过△-Y 变换后 Y 接线方式的励磁电感为$L_B=\frac{1}{3}L_m$，忽略电源和线路阻抗，A 相断线等值电路如图 5-20 所示。

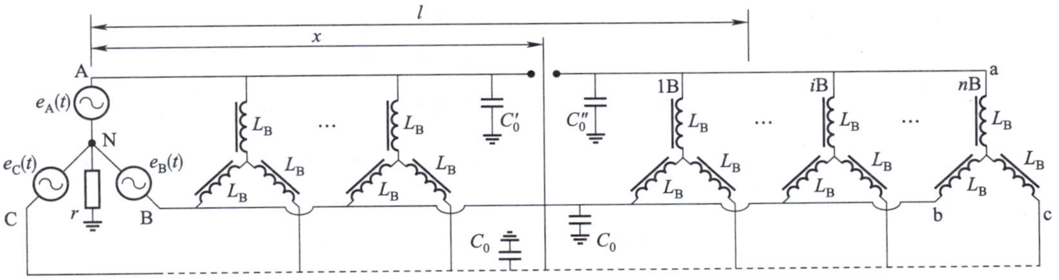

图 5-20　A 相断线等值电路

断点左侧的箱变不受断线影响，断点左侧 B 相、C 相的零序电容 C_0 受到电源强制作用，不参加谐振回路。断点右侧的 n 台箱变结构相同、同相接线端子的电位相同(忽略线路阻抗)、△-Y 变换后中性点的电位也相同，根据等电位特性，合并为一台等值变压器，如图 5-21(a)

所示，其中 Y 接线方式的等值变压器每一相的励磁电感为 $L=\frac{1}{n}L_{\mathrm{B}}=\frac{1}{3n}L_{\mathrm{m}}$。按照前述类似方法，从断点入手，进行网络化简，将三相中健全相归并到断线等值（单相）电路。电源中性点小电阻不影响谐振条件，没有接地电流，电源中性点电位就是地电位。根据电源的电压三相矢量关系，可以获得单相电路的等值电压源的模值大小为 $|\dot{E}_{\mathrm{eq}}|=0.5e_{\mathrm{A}}(t)$，单相等值电路的电感为 $\frac{1.5}{n}L_{\mathrm{B}}$（或 $\frac{0.5}{n}L_{\mathrm{m}}$），作出谐振电路如图 5-21(b)所示；相关元件代入具体参数，就可以分析是否满足谐振条件，并计算非谐振状态时断线点右侧的变压器端口电压。

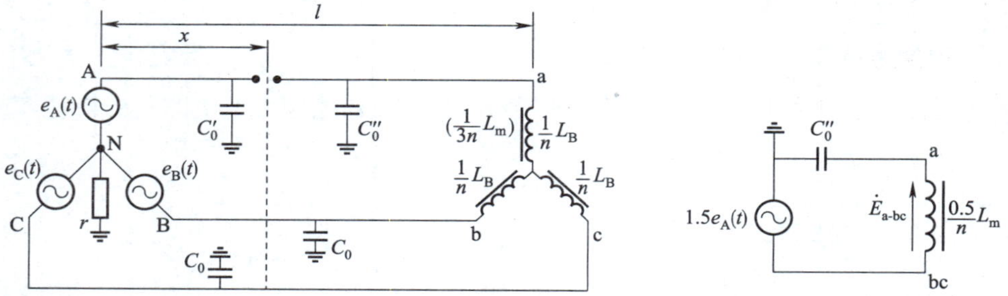

(a)三相电路　　(b)单相振荡回路

图 5-21　A 相断线三相电路及单相振荡回路

如果贯通线断线时，断点电源侧导线接地，配电所馈线开关立即跳闸；断点负荷侧导线接地，接地电流较小，馈线开关不跳闸时，可按上述类似的方法进行分析和计算。

5.5.5　断线谐振影响因素与防护

(1)供电系统中电源侧和受电侧的中性点是否接地，决定了断线之后等值电路的拓扑结构。断点位置距离电源侧的长度，决定了参加谐振回路的导线等值电容大小。断线处的导线是否接地，接地出现在断点的电源侧还是负荷侧，决定了断点左右侧的导线对地电容是否参加谐振。这些会影响建立断线故障的等值电路和分析计算。

(2)针对具体的供电线路及参数，进行断线的预案分析和判别，掌握可能发生断线谐振的情况，预先加强有关线段的导线和电杆的机械强度，防患于未然，不发生断线故障，就是最好的防护措施。

(3)三相电磁式压互的高压熔断器的工作允许电流，应该留有裕度，避免网压波动时熔断器熔断呈非全相运行。

(4)加强线路的巡视和检修，及时发现和消除隐患，主动积极地预防断线故障。

(5)变配电所和箱变的断路器进行分闸操作时，如果有异常现象，应该立即复原，进行检查，防止非全相分闸。

(6)提高断路器检修水平，保证断路器的同期性能良好，不发生非全相拒动。

5.6　压互饱和谐振

配电所的两路电源主要来自 10 kV 或 35 kV 电力系统，配电所的变压器受电侧为△接线方式，没有中性点。为了监测运行电压，配电所母线上安装有三相或者单相电磁式压互，工作状态近似于空载。如果配电所母线电压不平衡升高，就可能导致压互某些相铁磁饱和，与进线导线的零序电容 C_0 构成的振荡回路，可能发生谐振，产生过电压，称为压互饱和过电压。

高速铁路贯通线的电源系统是中性点经过小电阻接地，一旦发生单相接地，配电所馈线立即跳闸切除故障，不会出现单相接地诱发电压互感饱和过电压；如果发生单相高阻抗接地，配电所馈线不跳闸，可参考第 3 章 3.3 节类似方法分析。以下分析配电所电磁式压互饱和导致的谐振。

5.6.1　压互饱和原因

作用在配电所中压互单相绕组的电压超过额定电压时，铁芯磁通就可能饱和，中性点不接地供电系统中产生压互铁磁饱和的原因，主要是系统中性点位移和单相接地。

1. 中性点工频位移电压

10 kV 或 35 kV 三相供电系统的中性点位移电压使三相电压同时抬高，不影响线电压，只与零序参数有关，因此，与线路的相间电容、变压器的有功和无功负荷都无关。10 kV 或 35 kV 电力系统的中性点不接地，从电力系统取电的配电所进线及母线压互接线如图 5-22 所示，其中电力系统的三相电源 $\dot{E}_A$、$\dot{E}_B$、$\dot{E}_C$ 对称，$\dot{E}_B=a^2\dot{E}_A$，$\dot{E}_C=a\dot{E}_A$，矢量旋转因子 $a=e^{j120°}$，$1+a+a^2=0$；C_0 为配电所进线的零序电容，C_N 为配电所母线和压互连接线等零序电容，L 为压互每一相的励磁电感。

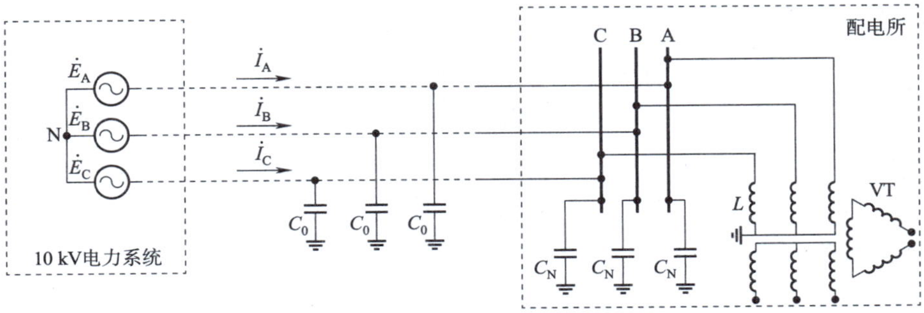

图 5-22　配电所进线回路

如图 5-22 所示，供电系统的中性点电压(也称不对称电压)为

$$\dot{U}_{\mathrm{N}}=-\frac{\dot{E}_{\mathrm{A}}Y_{\mathrm{A}}+\dot{E}_{\mathrm{B}}Y_{\mathrm{B}}+\dot{E}_{\mathrm{C}}Y_{\mathrm{C}}}{Y_{\mathrm{A}}+Y_{\mathrm{B}}+Y_{\mathrm{C}}} \tag{5-50}$$

式中　Y_{A},Y_{B},Y_{C}——配电所进线回路的各相对地总导纳。

通常，配电所进线电源线路三相导线的零序电容 C_0 相等，各相母线导体的对地电容 C_{N} 相等，配电所的压互的三相励磁电感 $L_{\mathrm{A}}=L_{\mathrm{B}}=L_{\mathrm{C}}=L$，由于母线 C_{N} 和进线电容 C_0 之和与压互的励磁电感 L 并联，构成的导纳三相对称相等：$Y_{\mathrm{A}}=Y_{\mathrm{B}}=Y_{\mathrm{C}}$，所以，在三相对称电源作用下，供电系统的中性点电压 $\dot{U}_{\mathrm{N}}=0$。

如果在某种外激发作用下，例如，生长的树枝随风摆动触碰导线、雷击等，导致三相电压不平衡时，就会造成压互铁芯磁通不对称饱和，一相或两相绕组的励磁电感下降。假设 B、C 两相压互的励磁电感同时下降后，导纳变成 $Y_{\mathrm{B}}=Y_{\mathrm{C}}=\frac{1}{\mathrm{j}\omega L'}$，A 相导纳仍保持为 $Y_{\mathrm{A}}=\mathrm{j}\omega C$($C$ 为并联等值电容，$C=C_0+C_{\mathrm{N}}$)，则中性点电压计算式(5-50)变成

$$\dot{U}'_{\mathrm{N}}=\frac{\frac{1}{\omega L'}+\omega C}{\frac{2}{\omega L'}-\omega C}\dot{E}_{\mathrm{A}}=\alpha\dot{E}_{\mathrm{A}} \tag{5-51}$$

式中　α——位移系数，$\alpha=\dfrac{\frac{1}{\omega L'}+\omega C}{\frac{2}{\omega L'}-\omega C}$，$\alpha\geqslant 1$。

由于位移系数 α 绝对值大于 1，供电系统的中性点就出现了高于相电压的工频位移过电压。如果参数配合不好，恰好 $Y_{\mathrm{A}}+Y_{\mathrm{B}}+Y_{\mathrm{C}}=0$，就会产生工频串联谐振，中性点位移电压急剧升高；由于各相电压叠加在中性点电压上，中性点电压升高导致压互的绕组的励磁电感进一步下降，谐振发生一定的偏移，因此，中性点位移电压升高一般不超过额定电压的 3 倍。系统中性点位移电压升高时，导致供电系统两相电压升高，一相电压降低，好似发生了单相接地，这种现象称为“虚幻接地”，是系统出现不对称电压的标志。在图 5-23 中绘出了中性点不接地的供电系统中 B、C 两相对地电压升高，A 相电压降低时的电压、电流矢量关系，可直观地看到，正常对称运行的中性点 N 在矢量三角形 ABC 中心，由于 B、C 两相对地电压升高，中性点移到了 ABC 三角形之外的 N′点，出现了两相电压升高、一相电压降低的“虚幻接地”现象。

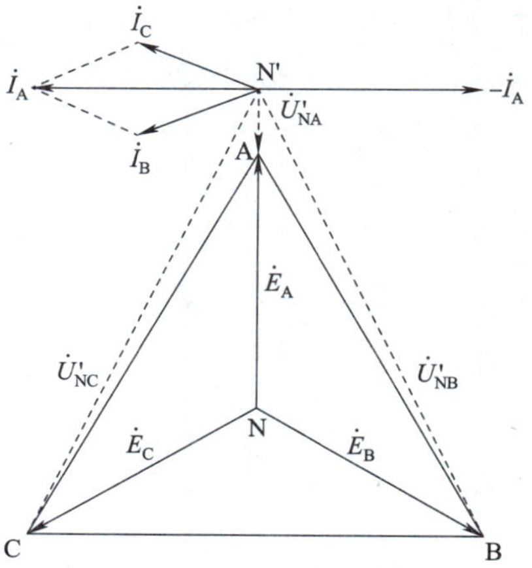

图 5-23　供电系统中性点位移及电压、电流矢量

不同供电系统的零序参数不同，压互的饱和程度不同，外界激发条件不同，中性点出现不对称电压的

升高程度有所不同。外界激发具有随机性，导致压互励磁电感下降相和电压升高相也具有随机性。当出现严重的“虚幻接地”现象（电压升高严重），就代替了外激发作用，使压互运行维持在不平衡的铁磁饱和状态，给出错误的电压监测信号。

2. 单相接地

电源取自 10 kV 或 35 kV 电力系统的配电所进线，是中性点不接地系统，采用架空线时架设高度不大，线路走廊小，可能发生单相接地。中性点不接地供电系统中，线路发生单相接地故障时，规程允许继续运行 1～2 h，以便查找和及时排除故障，保证可靠供电。线路发生单相接地，会造成非故障相电压升高。一般情况下，非故障相的相电压升高$\sqrt{3}$倍，但是，线路参数不恰当时，例如，线路的零序电抗 X_0 与正序电抗 X_1 之比$\frac{X_0}{X_1}=-2$，就会出现工频谐振，非故障相的电压升高极大（见第 3 章 3.3 节）。即使不会正好在谐振点，如果线路参数不恰当，非故障相的电压升高也可能相当大，也会导致压互铁磁饱和。

5.6.2　谐波谐振过电压

1. 谐振机理

压互饱和导致励磁电感下降，非线性电感产生的涌流含有谐波，第 k 次谐波消耗负功，相当于一台 k 次谐波发电机。压互本身容量小，几乎是空载，只提供监测的电压信号，在谐波作用下，可能发生谐波谐振。利用戴维南定理和网络化简，可以作出压互发生谐波谐振的等值电路，忽略系统及线路损耗，如图 5-24 所示，其中 G 视为谐波源，C_0 为系统对地等值电容，L 为压互的励磁电感。根据铁磁谐振原理，如果某种外激发使压互铁芯饱和电感下降，出现电路的固有振荡频率 $\omega_0=\frac{1}{\sqrt{LC_0}}$与电源角频率 ω 相等或者接近，即 $\omega_0=\omega$ 或 $\omega_0\approx\omega$，就会发生铁磁谐振。资料表明，压互饱和诱发的谐波谐振过电压，一般不超过额定电压的 3 倍。

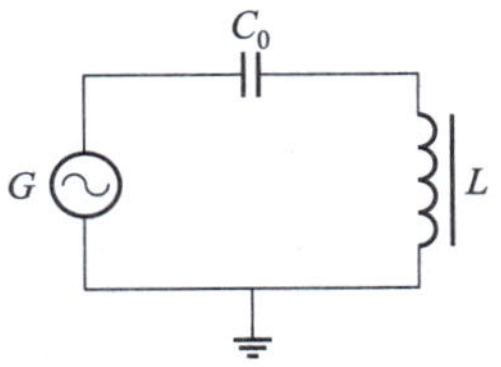

图 5-24　压互谐波谐振回路

电路固有振荡频率 $\omega_0=\frac{1}{\sqrt{LC_0}}$与线路及压互的参数有关，如果供电线路较长、带电缆及开关柜等，系统对地电容 C_0 很大，或者压互的励磁电感 L 很大，ω_0 就很低，可能产生分频谐振过电压，通常为$\frac{1}{2}$次谐波过电压。反之，如果线路很短，系统对地电容 C_0 很小，或者压互的励磁电感 L 很小，ω_0 很高，可能产生高频谐振过电压。系统参数不同，压互饱和程度不同，外界激发方式不同，出现的谐波也有所不同；是否发生谐振，需要根据具体参数来确定。

针对典型的压互励磁特性，邵特（Shott H. S. ）和彼得逊（Peterson H. A. ）研究了产生各种谐波谐振的条件，给出中性点可能出现的谐波谐振区域，如图 5-25 所示，图中(1)区为 $\frac{1}{2}$次谐波的谐振区域，(2)区为基波的谐振区域，(3)区为三次谐波的谐振区域；$X_{C0}=\frac{1}{\omega C_0}$为系统中每相对地容抗，$X_T$ 为额定电压时压互单相励磁电抗，$\sqrt{3}U_\varphi$ 为额定线相电压，E_x 为电源相电压。从图 5-25 的谐振区域可见，当$\frac{X_{C0}}{X_T}<0.01$时，不会发生谐振，随着$\frac{X_{C0}}{X_T}$比值增加，可能发生谐振，其中$\frac{1}{2}$次谐波谐振要求电源电压较低，容易发生；其次是基波谐振，然后是三次谐波谐振；谐振的谐波次数增加，要求电源电压也要增大。由于相电压叠加在中性点上，谐波谐振时三相对地电压大都会同时升高，尽管图 5-25 给出的是中性点谐波谐振区域，但该图对各相电压同样适用。

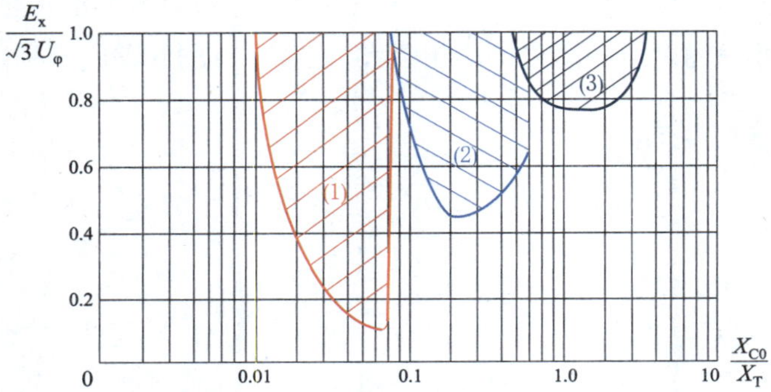

图 5-25 不同谐波的谐振区域

只要外激发恰当，系统参数合适，压互铁磁饱和就可能发生谐波谐振。中性点不接地系统的位移电压是工频电压，谐波谐振电压是高频或者分频的，两者可能同时出现，都是零序电压，相互影响，产生的根源都是由于压互铁磁饱和。压互合闸时，产生谐波谐振电压的典型波形如图 5-26 所示。

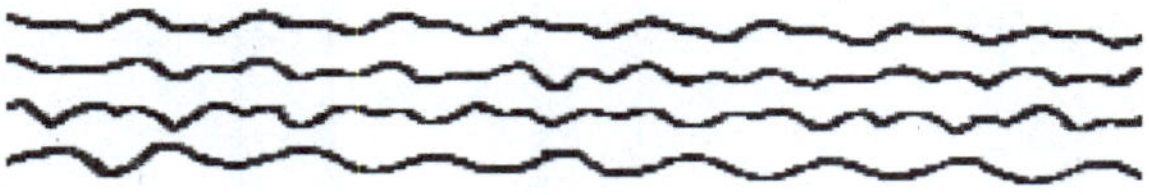

(a)分次谐波

(b)二次谐波

(c)三次谐波

图 5-26 压互谐波谐振示波图

2. 实例分析

某配电所的 10 kV 设备改造更新后，投运准备中将所有 10 kV 馈出线、调压器等设备退出，相应的断路器均断开，母线上只连接压互，用于监测母线电压。当合闸 10 kV 断路器向母线充电时，电源侧的变压器运行声音突然变大，发出不均匀噪声，配电所的压互也发出低沉嗡嗡声，10 kV 母线电压表指针剧烈摆动，相电压(有效值)达 7.8～9.7 kV。于是迅速分闸中断母线充电，系统才恢复正常。对相关设备及绝缘进行检测，未发现异常；重新试投一次，又出现相同现象。根据现象和监测数据分析，认定发生了压互饱和谐振，加入消谐装置后投运成功。事件分析过程如下：

(1)按照式(5-4)和式(5-7)统计，各次谐波相电压含有率 HRU_h 和电压总谐波畸变率 THD_u 见表 5-2，可见 3、5、7 次谐波电压含量较大。

表 5-2　谐波统计

	HRU_h						THD_u
次数	0.5	1	3	5	7	9	2.07
相电压(rms)/kV	4.5	8.81	7.74	5.32	3.66	1.83	

(2)带有母线的配电所 10 kV 进线测试，相对地电容 C_0 为 7.9 nF，计算对地容抗为 403 kΩ。

(3)测试压互的励磁电抗为 487 kΩ。

(4)合闸操作用的断路器三相同期的出厂标准≤2 ms，实测≥7.3 ms。

(5)上述数据分析表明：①X_T(487 kΩ)>X_c(403 kΩ)，存在发生谐波的条件。②送电合闸时断路器三相不同期，对压互施加了不对称电源；较大的谐波电压激发了过电压 7.8～9.7 kV(额定相电压应该为 5.8 kV)，导致铁芯饱和电感下降，存在满足 $\omega_0 \approx \omega$ 可能性。③压互为空载，没有阻尼。这些因素综合在一起，在配电所母线充电时，压互有了谐振可能。根据阻抗比 $X_c/X_T=0.83$，比值落在图 5-25 的(3)区，可以认定发生了三次谐波谐振。

5.6.3　过电压特征及危害

电磁式压互铁磁饱和引起的过电压，主要是中性点工频位移电压、压互饱和谐振电压。工频位移电压升高的典型表现：系统中两相电压升高，一相电压降低或不变，出现“虚幻接地”现象，配电所的接地指示器(或绝缘报警器)动作；个别情况下还可能由于中性点存在较大的对地电容，导致串联谐振，使三相电压同时上升到线电压。高次谐波谐振时，系统三相对地电压大都同时升高，波形畸变严重；分频谐波谐振时，过电压忽高忽低，系统电压发生低频摆动，指针式电压表抖动或来回摆动。压互铁磁饱和过电压出现时，互感器铁芯发出较大噪声，油浸式压互可能冒油；过电压可能自保持，也可能经过一段时间后自行消失。铁磁饱和可能使压互的电流达到额定励磁电流的数倍，导致互感器的高压熔断器烧断，或引起互感器严重过热烧损，也可能导致母线支撑绝缘子和断路器、变压器的套管闪络，避雷器动作甚至爆炸，系统中设备存在绝缘老化和局部缺陷等薄弱点放电击穿。

压互铁磁饱和引起的电压升高，是谐波谐振电压，导致系统电压不稳定。不接地系统发生单相接地引起的电压升高，系统电压是稳定的，这是两者的区别。另外，中性点工频位移电压和谐波谐振电压都是零序回路的电压，三相系统正常供电负荷属于正序回路，与零序回路无关，因此，增大供电负荷不能够消耗或阻尼零序回路的电压升高。

5.6.4 防护措施

(1)选用励磁电感线性度优良的电磁式压互，或使用电容式压互、光纤式电子互感器，从根本上消除电磁式压互的铁磁饱和现象。

(2)除了需要监测对地电压的互感器高压绕组中性点进行接地之外，系统中其他的压互中性点不接地，以避免构成振荡回路。

(3)禁止压互缺相运行，保证三相系统对地阻抗对称，避免发生中性点位移。在确认出现压互饱和过电压时，采用临时倒闸操作以改变谐振条件。例如，投入空载线路、临时断开饱和压互，有条件的可将电源变压器中性点临时接地。

(4)在 10 kV 或 35 kV 系统母线上装设一组 Y0 接线的三相对地电容器，或配电所的馈线采用电缆，以增大对地电容，根据典型的邵特图 5-25，使$\frac{X_{C0}}{X_T}<0.01$就可避免谐振。

(5)为了阻尼零序回路的电压升高，在零序回路中接入一个电阻或者耗能装置，称为消谐装置。压互三角绕组开口电压是零序电压，在三角绕组中串入电阻R，相当于在压互高压侧绕组上并联电阻，只对零序电压起作用，消耗和阻尼压互饱和过电压；正常运行时电阻R不起作用，不消耗能量。电阻R值越小，与励磁电感L并联的等效电阻越小，耗能越显著。由于中性点不接地系统，允许单相接地持续运行 2 h，这段时间开口三角绕组会出现较高的零序电压，R阻值太小会导致压互严重过热甚至烧毁。所以，选择R值要保证系统发生单相接地持续期间R耗能不超过压互的允许容量。用 500 W 白炽灯代替电阻R，也有一定的消谐作用。

5.7 传递电压

变压器一次绕组和二次绕组通过电磁耦合，可以双向传递电能；不同电压等级的平行架空线路，或者带电线路与平行的相邻停电架空线之间，也存在空间电磁感应。因此，电压等级高的线路中出现的暂态电压或者工作电压，可以通过变压器或者平行架空线之间的电磁耦合，传递给电压等级低的或停电的线路。当传递的电压高于低电压线路或设备的额定电压时，就是传递过电压。传递过电压威胁低电压的设备绝缘，甚至可能导致低电压回路谐振、低压避雷器动作、低压电源跳闸；如果出现低压侧发生绝缘放电接地，高压侧还会提供“潜供电流”，持续扩大事故。

5.7.1　变压器绕组之间传递过电压

牵引供电的 VX 接线变压器，实际是两台单相变压器，高压侧采用 VV 接线与 220 kV 电网连接。牵引变电所设置有两组主变压器，总有一组是空载热备用状态。变压器铁芯柱套装的一次线圈在外层，二次线圈在内层，两者空间距离近，高低电位的绕组之间存在等效电容 C_{12}；二次绕组对铁芯及二次端连接电缆存在对地电容 C_0。空载热备用 VX 变压器接线如图 5-27(a)所示，计入空间电容的等值电路，如图 5-27(b)所示，其中 U_1 为 220 kV 侧出现的暂态电压，L_{2m} 为 VX 变压器二次线圈励磁电感，L_{VTm} 为牵引母线的压互的励磁电感。如果 220 kV 侧三相同时出现暂态过电压，例如，感应雷使三相同时出现雷电压，当感应雷幅值低于 VX 变压器高压侧避雷器的放电电压(280～296 kV)，避雷器不会放电。VX 接线变压器 220 kV 侧的雷电冲击耐压 950 kV，因此，这个低幅值的雷电压对 220 kV 侧的绝缘没有危险。由于 VX 变压器的高压侧没有中性点释放，这个感应雷电压会通过绕组之间的等效电容 C_{12} 传递，在 27.5 kV 侧产生的传递电压 U_2 为

$$U_2=U_1\frac{\omega_C^2LC_{12}}{\omega_C^2L(C_{12}+C_0)-1} \tag{5-52}$$

式中　L——VX 变压器二次绕组励磁电感与压互励磁电感的并联值，$L=\dfrac{L_{2m}L_{VTm}}{L_{2m}+L_{VTm}}$；

ω_C——暂态电压的等值角频率，例如，1.2/50 μs 标准雷电压波，波头等值频率为 208 kHz。

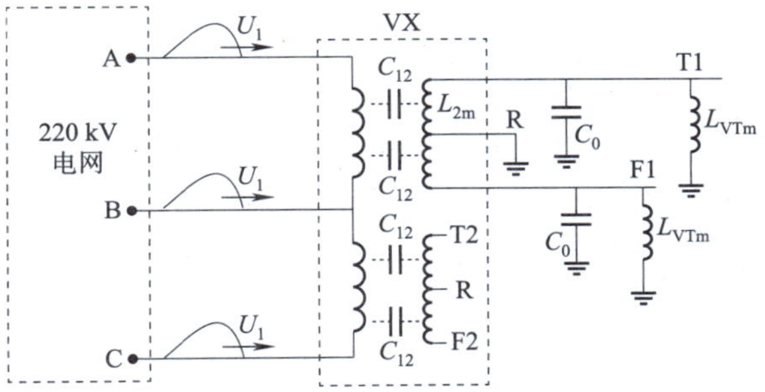

(a)传递电压示意

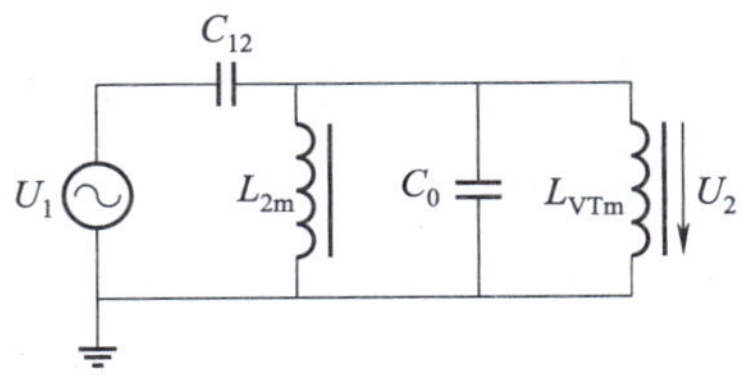

(b)等值电路

图 5-27　VX 变压器绕组间传递电压示意及等值电路

暂态电压的频率比工频大得多，忽略变压器二次侧各绕组的励磁电感抗 L，式(5-52)改写为

$$U_2=U_1\frac{C_{12}}{C_{12}+C_0} \tag{5-53}$$

通常，200 kV 等级变压器的高低压绕组之间的等值电容 C_{12} 和二次绕组对地电容 C_0 都为纳法(nF)数量级。假设 $C_{12} \approx C_0$，则 $U_2 \approx 0.5U_1$；如果一次侧的暂态电压是感应雷电波，取 220 kV 避雷器放电电压最低值作为一次侧的暂态电压，即 $U_1 = 280$ kV，传递到二次侧的电压 $U_2 = 140$ kV。变压器二次侧及设备的雷电冲击耐压是 250 kV，能够承受这样的传递电压，但会引起 27.5 kV 侧的避雷器动作(大约 65 kV)。如果一次侧的暂态电压 U_1 是其他形式的暂态电压，例如，断线谐振过电压，谐振电压的特征是可能持续，一旦传递到二次牵引侧的电压超过电气设备预防性试验的工频耐受电压(大致 75 kV)，就存在绝缘击穿、避雷器动作后不能够熄弧而爆炸的风险。

还可以看到，图 5-27(b)已经构成了一个含电感 L 和电容 C 的振荡回路，从变压器一次侧传递到二次侧的谐振电压频率范围宽，如果参数不合适，还存在诱发二次侧谐波谐振的可能性。

对于 10 kV 或 35 kV 配电所，由于所内的变压器受电侧为△接线方式，没有中性点，如果电源进线三相同时有暂态过电压侵入，或者出现零序电压时，也存在通过变压器绕组之间的等值电容直接传递到二次侧的可能性。

另外，我国有大量的普速电气化铁路，牵引变电所的主变压器尽管 110 kV 侧有中性端子，由于受到电力系统制约，运行方式为不接地，这样的运行方式应该注意变压器绕组之间的传递过电压，以及其他形式的过电压。

5.7.2 不同电压等级的平行线路之间传递电压

铁路供电线路除了 25 kV 接触网、10 kV 贯通线之外，沿途站场、工区、车间的低压用电设备设施采用 380/220 V 线路供电。个别地方由于某些原因存在 380/220 V 架空线与 10 kV 架空贯通线平行相邻，甚至同杆架设。对架空照明线传递电压示意如图 5-28 所示，10 kV 线路可以通过空间电容耦合向 380/220 V 线路传递电压，通常也称为感应电压。这种情况下，380/220 V 线路及用电设备存在一定风险，例如，贯通线上的雷电压可能传递到 380/220 V 线路，造成低压用电设备损坏，应该避免。

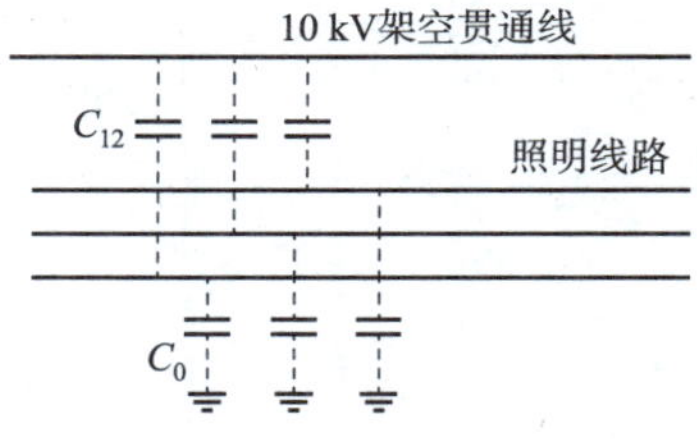

图 5-28 对架空照明线传递电压示意

5.7.3 防护措施

(1)针对变压器绕组之间的传递电压，应防止高压侧断线、高压侧单相接地等非全相运行，以避免系统出现零序电压，避开传递电压在二次侧形成谐振。适当增加变压器二次端口的等值电容，例如，采用电缆连接，必要时可考虑装设电容器等。

(2)针对不同电压等级的平行邻近架空线路的传递(感应)电压，增加二者之间的相互距离是最有效的技术措施。

5.8　谐波电流放大

高铁牵引供电系统唯一负荷是动车组，动车组取流的同时也向牵引网注入谐波。综合贯通线供电的负荷种类多，车站电梯、工区和车间的电动机会产生一定的谐波。无论牵引供电，还是电力供电，系统中都存在大量的等值电容元件，例如：架空线和电缆对地电容，也存在变压器、压互的等值电感，系统结构复杂，可能使系统某些局部的电容与电感构成谐振电路，在参数不恰当时，就会出现谐波电流放大现象。

5.8.1　谐波电流放大机理

(1)自然放大

电源角频率为 ω_1、电压有效值为 U_1 的正弦波电源作用到电容元件 C 时，通过电容的电流有效值 I_1 为

$$I_1=\omega_1 CU_1 \tag{5-54}$$

如果电源中含有谐波，3 次角频率记为 ω_3、5 次角频率记为 $\omega_5\cdots$，各次谐波电压分量的有效值分别记为 U_1、U_3、$U_5\cdots$，这样的电源作用到电容 C 时，通过电容的电流有效值 I_n 为

$$\begin{aligned}I_\mathrm{n}&=\sqrt{(\omega_1 CU_1)^2+(3\omega_1 CU_3)^2+(5\omega_1 CU_5)^2+\cdots}\\&=\omega_1 CU_1\sqrt{1+9\left(\frac{U_3}{U_1}\right)^2+25\left(\frac{U_5}{U_1}\right)^2+\cdots}>\omega_1 CU_1\end{aligned} \tag{5-55}$$

从式(5-55)可见，谐波电流通过电容时，总电流大于仅有基波的电流，被自然放大了。为了看清放大的数量效果，假设谐波中 3 次、5 次分量各占 20% 和 10%，即 $U_3=20\%U_1$，$U_5=10\%U_1$，按照式(5-55)计算，谐波电流通过电容时，被自然放大了约 27%。

(2)谐振放大

动车组大功率变流装置从接触网获取电能，同时也向接触网注入谐波。将牵引负荷注入的谐波电流作为一个 n 次谐波电流源 $\dot{I}_n$，忽略系统及线路损耗，构成的等值电路如图 5-29 所示，其中 C 为牵引供电的接触网、连接电缆及母线对地电容，L 为牵引变压器二次侧励磁电感或牵引所的自用电变压器一次侧的励磁电感。

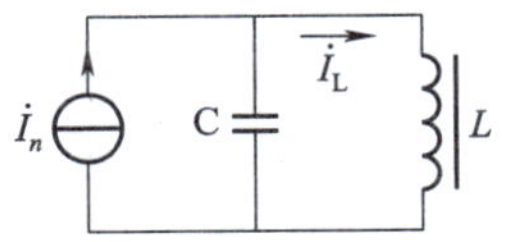

图 5-29　谐波注入等值电路

注入的谐波电流源进入变压器的电流为

$$\dot{I}_\mathrm{L}=\frac{1}{1-\left(\frac{\omega}{\omega_0}\right)^2}\dot{I}_n \tag{5-56}$$

式中 ω_0——电路固有自振角频率，$\omega_0=\frac{1}{\sqrt{LC}}$；

ω——电流源的角频率。

从式(5-56)可见，如果电路参数配合不恰当，出现自振角频率等于或者接近谐波电流的角频率：$\omega_0=\omega$ 或 $\omega_0\approx\omega$，就会发生并联谐振，进入变压器的电流 $\dot{I}_L$ 急剧增加，出现谐波电流放大现象。按照变压器的变比，放大的谐波电流 $\dot{I}_L$ 通过牵引变压器映射到电网，或者通过牵引所的自用电变压器传播到控制及通信的电源回路中，产生谐波干扰。

5.8.2 防护措施

放大的谐波电流会影响电能质量，应该采取技术方法进行防护或治理，最根本的防护措施是消除谐波源。但是，目前技术还做不到完全消除谐波源，例如，动车组采用的交-直-交(AC-DC-AC)电传动方式，是目前轨道交通最优的不可替代的大功率牵引技术；冶炼、轧钢是国家重要的工业基础，风光储能装置是新能源发电必不可少的设备；这些设备设施运用会产生一定的谐波。各行各业需要在国家规定的电能质量指标下，尽量协调和减少谐波。由于谐波产生的途径不同，抑制和减少谐波时，要有的放矢，根据谐波产生的特征，实施有针对性的技术措施。目前，常用的谐波抑制措施主要包括：

(1)针对大功率晶闸管变流装置，增加变流脉动数。变流装置产生的谐波次数正比换流脉动数，谐波幅值与谐波次数呈反比。换流脉动次数越多，直流输出纹波就越少，交流输出就越接近正弦波；虽然产生的谐波次数有所增加，但各次谐波幅值都会下降，甚至可能消除较低次数的谐波，使总的谐波含有率下降。另外，增加变流装置的相数，也有类似效果。

(2)采用滤波技术阻断谐波。如果供电线路存在 ω' 角频率的谐波电流，采用 LC 元件串联，调整其参数为 $\omega' C=\frac{1}{\omega' L}$，构成一种“单调谐”滤波器；将其并联到供电线路上，利用 LC 串联谐振阻抗为零的原理，短路 ω' 角频率的谐波电流，阻断 ω' 谐波电流继续流动。具体实施中要考虑系统和滤波器的短路容量，可能需要添加电阻以限制短路电流。针对含多种频率的谐波，可采用多个 LC 串联、串并联等方式的“带宽”滤波器。仅含有 RLC 元件的滤波器，不需要外加电源，是无源滤波器。需要外部提供电源的有源滤波器，利用电力电子器件构成，可根据系统负荷变化、无功需求等控制滤波频率，应用更方便。

(3)改变产生谐波源的设备或工作方式。对产生谐波的用电设备，有条件的进行更换，适当分散设置，或者交替使用。谐波电流沿供电线路传播时，线路电阻的损耗会使谐波能量有所衰减，因此，同一电网中远离谐波源，也可以减轻谐波干扰。

第6章 车网耦合暂态电压机理及防护

动车组是牵引供电系统唯一负荷，通过接触网获取电能，车网之间存在电气耦合关系，谐波映射可能导致牵引网发生电压谐振。本章分析谐波产生根源，谐波映射关系，谐波传播与谐振机理，基于PSCAD搭建车网联合仿真平台，模拟动车组在运行中产生的车网耦合暂态，讨论仿真与实测结果，并提出防护措施。

6.1 概　　述

6.1.1 车网耦合

动车组与接触网的电传导关系，称为车网耦合，反映了动车组与牵引供电系统之间的电气关联状态。通过车网耦合，动车组从接触网获取牵引动力的电能，同时，也向接触网注入变流装置产生的谐波电流。如果动车组向接触网注入的谐波与牵引网固有振荡频率相等或接近，就可能诱发接触网电压谐振。运行的动车组、牵引变电所、接触网、AT所、分区所和开闭所是一个电气系统，任何一部分发生异常，都会影响牵引供电安全和动车组正常运营，例如，接触网电压波动超出17.5～31 kV范围，动车组就会发生牵引封锁，停止运行。

接触网采用分段供电，不同的供电臂由不同的牵引变电所供电，电源内阻抗有所不同，接触网环境也有所不同，例如，隧道、特大铁桥、站场股道数等对接触网的参数有一定影响，甚至，动车组车体位置抬高“地电位”所对应的接触网对地电容也会增大3～4倍。因此，不同线路上即使运用的车型相同，供电方式一样，但车网耦合谐振的频率不会完全相同。

6.1.2 交流车特性

动车组是客车，另一种客货两用车型是交-直-交电力机车，例如，HXD_1、HXD_2、HXD_3等。由于这两种车型的牵引特性相似，本章描述统称为交流车，一起讨论。交流电力机车实际上是一个动力集中的车头，挂不同车厢，实现货运或者客运。交流电力机车主要特征，例如HXD_{3B}，牵引功率9 600 kW，最高运行速度120 km/h；机车主变压器有6个牵引绕组，牵引变流装置采用水循环冷却IGBT变流模块，有6组四象限整流器，3个中间直流回路供电，6组三相逆变器，牵引电动机为六极鼠笼式三相异步电动机；采用分布式计算机网络控制。HXD 电力机车可以多机同步控制，共同牵引长编组重载列车，例如，大秦铁路上4 机同步牵引 320 辆货车厢，长 3 971 m，载重 3 万 t。“神 24”电力机车功率 28 800 kW，单机牵引能力超万吨。交流车的运用，极大地提高了铁路运输能力和效率，也对牵引供电的安全可靠性提出了更高的要求。

交流车采用单相 25 kV 工频供电，交-直-交电传动系统的核心是变流装置，大功率非线性变流产生谐波。部分动车组、交流电力机车的电流谐波含有率分别见表 6-1、表 6-2。交流车的谐波主要特征：(1)频率范围宽，不仅含有高频、低频，还有分数频率。(2)各次谐波的幅值波动大，高次谐波可能比低次谐波的幅值大很多，幅值不一定随频次增加而减少。(3)重负荷时谐波占比少，电流总谐波畸变率相对较小。轻载或空载时，电流总谐波畸变率可能超过 100%，出现谐波电流比基波电流大的现象。(4)单辆交流车产生的低频谐波不明显，同一整备线上或站场上多辆交流车同时启动时，各自产生的谐波电流可能会相互影响，接触网电压出现忽大忽小低频振荡，导致车载仪表显示错误，控制失调，甚至发生车辆牵引封锁。

表 6-1 部分动车组的电流谐波含有率

谐波次数	0.1	0.5	3	5	7	9	19	23	51	55	75	91	97
含有率/%	3.6	2.1	6.0	2.8	6.7	4.9	2.2	1.5	8.1	14.2	10.3	5.7	3.4

表 6-2 部分交流电力机车的电流谐波含有率

谐波次数	0.5	3	5	7	9	21	23	25	27	29	35	37	49
含有率/%	2.1	5.2	3.8	1.7	2.4	5.3	18.2	31.3	29.8	26.4	28.1	3.5	2.6

6.1.3 牵引网电压谐振

我国开始运用动车组初期，华北铁路上首次发生车网耦合谐振现象：某牵引变电所上午定时(对应动车组经过时段)出现母线电压升高和摆动，网压频率达 850～1 200 Hz，变压器噪声明显增加，交流屏保护器和直流屏充电模块烧毁，沿途接触网避雷器炸裂，工区的电视机、空调机、照明灯泡烧损。随着高速铁路建设的快速推进，多地牵引供电系统也有类似事件发生。某高速铁路动车组运行时出现谐振，导致牵引变电所 27.5 kV 馈线跳闸。某动车组驶入车站时，牵引变电所母线电压摆动，过电流跳闸，接触网断电。某新建高速铁路线路调试，动车组试运行中发生高频谐振(4 750 Hz)，车载避雷器炸裂，牵引变电所跳闸。某电力机车下坡行驶中出现网压升高，车载保护装置动作。某机务整备线多台电力机车启动，网压发生 3～4 Hz 低频振荡，机车牵引封锁。某电力机车进入车站时，与牵引供电回流共用的 25 Hz 相敏轨道电路的轨道继电器端电压大幅度波动。

交流车运用中产生谐波向接触网注入，是牵引供电系统发生谐振的诱导因素，在不恰当的条件下产生谐振，造成了供电安全问题。目前，对于干线铁路的运载车辆，还没有能够代替交-直-交电传动的更先进技术；解决车网耦合的谐振问题，主要工作仍在牵引供电系统。

由于牵引供电网络的结构复杂(上下行并联、AT 设备接入,站场多股道的接触网并联、分岔),隧道、高架桥、山体、车体对接触网参数的影响,交流车运行工况的变化,都在随机改变着车网耦合关系,发生车网耦合谐振往往比较突然。运行中谐振事件的观测困难,重现试验有风险,需要对车网耦合谐振的机理、分布及其影响等方面深入研究,在生产实践中加强监控,不断总结经验和教训,逐步完善防护措施。

6.2　谐波源与谐波耦合机理

6.2.1　车网耦合等值电路

交流车(动车组和交流电力机车)采用交流电传动,核心是大功率变流装置。交流车工作的主电路如图 6-1 所示,变流装置由四象限整流器、直流及滤波器、逆变器三部分组成,关键技术是大功率晶闸管相控整流和脉宽调制(pulse width modulation,PWM)。基于:(1)交流车用于改变电压电流的设备是车载牵引变压器和四象限整流器;(2)交流车运用时电源、接触网和车载变压器的等值电阻很小,可以忽略;(3)交流车上逆变器和电动机采用闭环控制(图 1-3),电气影响只在直流回路产生纹波,不会直接耦合到接触网上;交流车的功率因数设计值接近 1,可将逆变器和电机视为阻性负荷。因此,由交流车主电路、牵引电源和接触网构成的车网耦合等值电路,如图 6-2 所示,其中 u_s 为牵引电源,i_s 为交流车工作电流,L 为电源内电抗、接触网电抗、车载主变压器电抗三者之和的总电感。图 6-2 能够反映交流车的工作原理,也称 PWM 四象限整流器工作原理电路。

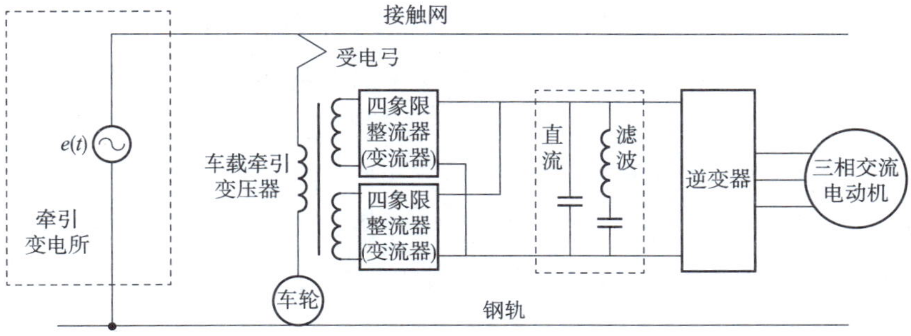

图 6-1　交流车主电路

在图 6-2 所示等值电路中,u_{ab}为四象限整流器桥输入电压;桥臂 S_a 与 $\overline{S}_a$,S_b 与 $\overline{S}_b$ 为两对开关逻辑相反的绝缘栅双极型晶体管 IGBT(insulated gate bipolar transistor);C_d 为直流支撑电容;L_2 和 C_2 分别为二次滤波电路的电感和电容;R_L 为直流负荷等效电阻;U_d 为直流电压;i_{dc}为直流电流;i_L 为负荷电流。大功率四象限整流器的关键器件是 IGBT,主要优点是驱动功率小、饱和压降低。IGBT 属于电压控制电流型器件,通过控制 IGBT 导通,调整占空比来实现输出功率调整与控制。

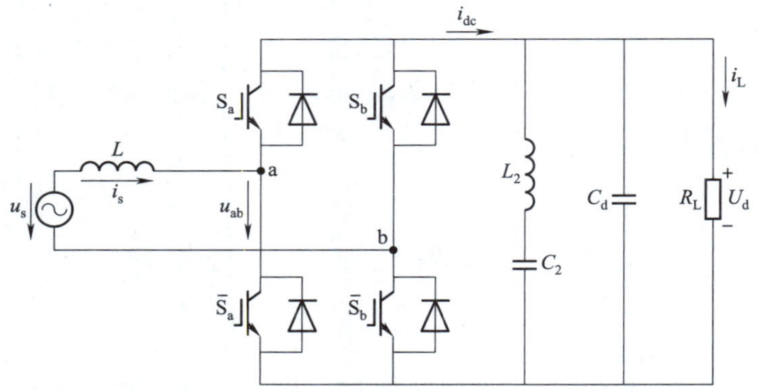

图 6-2　车网耦合等值电路(四象限整流器工作原理)

6.2.2　交流车工作状态

"四象限整流器"输入电压U_{ab}和输入电流 I_s 之间的相位角 α 可以调节和控制,能够在坐标系的四个象限中自由调整。交流车与接触网的电能联系为

$$P=U_{ab}I_s\cos\alpha \tag{6-1}$$

调整相位角 α,使功率 P 为正时,交流车(四象限整流器)从接触网吸取电能,转换为牵引动力。这种工作状态,称为牵引状态。反之,电机利用机械惯性产生的电能转换为直流电,控制 α 相位角使功率 P 为负,四象限整流器就工作在逆变状态,将电能反馈到接触网。这种工作状态,称为再生制动状态。因此,四象限整流器不是单一工作在整流状态,称为变流器更符合其工作特性,也称斩波器。

交流车运用的工作状况包括:牵引工况(含无牵引力的惯性状态)、再生(制动)工况、整备工况。交流车运用之前,车是停止制动状态。交流车运用需要准备:司机投入主控钥匙,驾驶主控手柄置于制动位,受电弓升弓将电引入车内,合闸主断路器,给车载牵引变压器、四象限整流器、风机等设备供电,然后才能够调控四象限整流器,开始交流车运用。交流车运用的准备工作状况,称为整备工况,是交流车启动的必要环节。

6.2.3　脉宽调制、谐波产生及耦合机理

1. 脉宽调制

脉宽调制(PWM)是利用微处理器的数字输出对模拟电路进行控制的技术统称,包括电压控制 PWM、电流控制 PWM、矢量控制 PWM 等,应用在测量、通信、功率控制与变换等许多领域。PWM 技术通过使用高分辨率计数器,高低电平方波的占空比调制,对信号电平进行数字编码,控制 IGBT 导通和截止,使开关器件输入端的正弦波电压、电流在输出端变成

一系列幅值相等、宽度不同的脉冲波，用这些脉冲波组合代替正弦波，实现改变输出端的电压电流大小，改变输出频率。

以图 6-2 所示单相两电平 PWM 整流器为例进行说明。四象限整流器是一种利用 PWM 脉宽调制的开关式稳压电源，四个 IGBT 晶体管中 S_a 与 $\overline{S}_a$ 构成一个半波整流桥，S_b 与 $\overline{S}_b$ 构成另外一个半波整流桥，分别对应输入工频电压 u_{ab} 的正负半波。采用双极性正弦调制以控制 IGBT 导通，特点是在调制波的半个周期内，三角波存在正负两个方向变化，得到的 PWM 波形也是正负两个方向变化。调制工作原理如图 6-3 所示，调制系数 M 表示调制波与载波的幅值比，由于调制波幅值小于载波幅值，调制系数在[0,1]范围；令三角载波 v_c 的幅值为 1，则正弦调制波 v_m 的幅值为调制系数 $M(0\leqslant M\leqslant 1)$，通过两者比较，就可得到 IGBT 的控制信号。控制信号的时间轴有两种表示方式。

(1)采用载波相位为时间轴，可表示为

$$x=\omega_c t+\varphi_c \tag{6-2}$$

式中　ω_c——载波角频率；

φ_c——载波初相角。

(2)采用调制波相位为时间轴，可表示为

$$y=\omega_m t+\varphi_m \tag{6-3}$$

式中　ω_m——调制波角频率；

φ_m——调制波初相角。

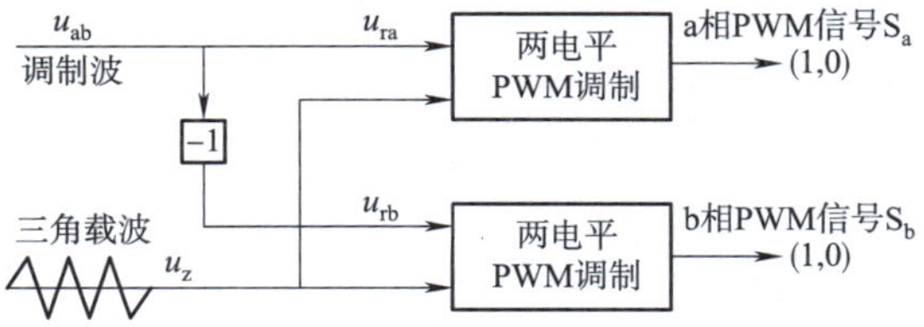

(a)控制原理

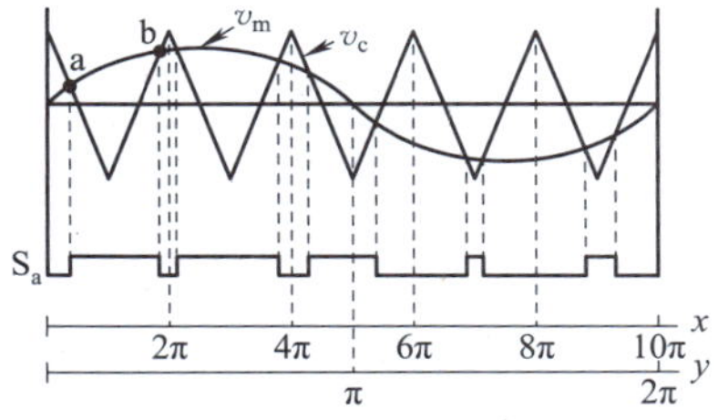

(b)波形

图 6-3　双极性 PWM 调制控制与波形

在图 6-3(b)中，a、b 为调制波与载波的两个交点，分别对应开关脉冲 S_a 的上升沿和下降沿，当调制波大于载波时，S_a 工作状态为 1，开关导通；当调制波小于载波时，S_a 为 0，开关截止；且 $\overline{S}_a=-S_a$。同理，将调制波取反，与载波进行比较，可得 S_b 开关脉冲的工作状态和 $\overline{S}_b=-S_b$。PWM 调制使开关 S_a 和 S_b 状态有 4 种组合：(0,0)、(0,1)、(1,0)、(1,1)。对 PWM 调制编程，实现开关状态的编码，就控制了整流器的输入输出过程和状态。

2. 谐波产生及耦合机理

在双极性 PWM 调制中，PWM 波形受到载波相角信号 x 和调制波相角信号 y 控制，双自变量的 PWM 波形，可采用双重傅里叶级数(double Fourier series，DFS)计算。一个周期性的 PWM 波形 $f(x,y)$表示为

$$\begin{aligned} f(x,y) = \frac{A_{00}}{2} + \sum_{n=1}^{\infty}[A_{0n}\cos(ny) + B_{0n}\sin(ny)] \\ + \sum_{m=1}^{\infty}[A_{m0}\cos(mx) + B_{m0}\sin(mx)] \\ + \sum_{m=1}^{\infty}\sum_{n=\pm1}^{\pm\infty}[A_{mn}\cos(mx+ny) + B_{mn}\sin(mx+ny)] \end{aligned} \tag{6-4}$$

式(6-4)中的系数 A_{mn} 和 B_{mn} 转化为复数形式的 C_{mn}，其计算公式为

$$C_{mn} = A_{mn} + \mathrm{j}B_{mn} = \frac{1}{2\pi^2}\int_{-\pi}^{\pi}\int_{-\pi}^{\pi} f(x,y)\mathrm{e}^{\mathrm{j}(mx+ny)}\mathrm{d}x\mathrm{d}y \tag{6-5}$$

根据载波相角和调制波相角的二维对应关系，借助二维平面的等高线图确定积分项的分块取值。为了简化求解过程，不考虑纹波的恒定直流电压($u_{dc}=U_{dc}$)，取调制系数 $M=0.9$，初相角 φ_c 与 φ_m 均为 0°，可得到一个周期内的 $f(x,y)$等高线，如图 6-4 所示。

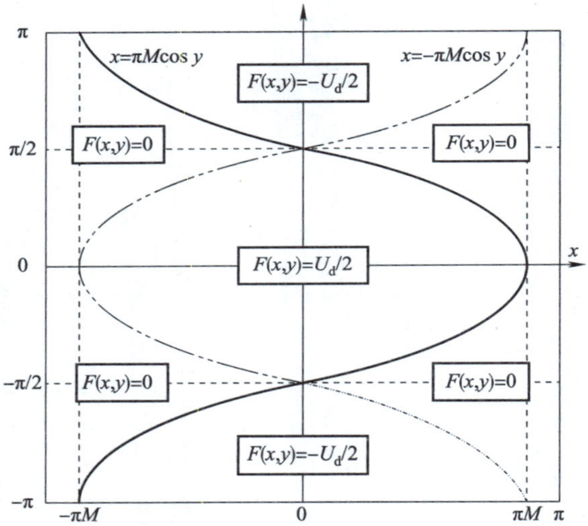

图 6-4　$f(x,y)$等高线

根据 $f(x,y)$一个周期内的载波和调制波取值情况，采用分块积分的方法求解式(6-5)，得傅里叶系数：

$$C_{mn} = \frac{U_{dc}}{4\pi^2}\left[\int_{-\pi/2}^{\pi/2}\int_{-\pi M\cos y}^{\pi M\cos y}\mathrm{e}^{\mathrm{j}(mx+ny)}\mathrm{d}x\mathrm{d}y - \int_{-\pi}^{-\pi/2}\int_{\pi M\cos y}^{-\pi M\cos y}\mathrm{e}^{\mathrm{j}(mx+ny)}\mathrm{d}x\mathrm{d}y - \int_{\pi/2}^{\pi}\int_{\pi M\cos y}^{-\pi M\cos y}\mathrm{e}^{\mathrm{j}(mx+ny)}\mathrm{d}x\mathrm{d}y\right] \tag{6-6}$$

将式(6-2)、式(6-3)、式(6-4)和式(6-6)联立，可得到四象限整流器输入 a 桥在 PWM 控制导通时 u_a 表达式为

$$u_{\mathrm{a}}=\frac{U_{\mathrm{d}}}{2}+\frac{MU_{\mathrm{d}}}{2}\cos(\omega_{\mathrm{m}}t+\varphi_{\mathrm{m}})-\sum_{m=1}^{\infty}\frac{2U_{\mathrm{d}}}{m\pi}\sin\frac{m\pi}{2}J_0\left(\frac{mM\pi}{2}\right)\cos(m\omega_{\mathrm{c}}t+m\varphi_{\mathrm{c}})$$
$$-\sum_{m=1}^{\infty}\sum_{n=\pm 1}^{\pm\infty}\frac{2U_{\mathrm{d}}}{m\pi}\sin\left[(m-n)\frac{\pi}{2}\right]J_n\left(\frac{mM\pi}{2}\right)\cos(m\omega_{\mathrm{c}}t+n\omega_{\mathrm{m}}t+m\varphi_{\mathrm{c}}+n\varphi_{\mathrm{m}}) \tag{6-7}$$

式中　J_n——n 阶贝塞尔函数。

同理，将调制波反向，上、下载波分别对应平移相位 π，可得到整流器输入 b 桥在 PWM 控制导通时 u_{b} 表达式为

$$u_{\mathrm{b}}=\frac{U_{\mathrm{d}}}{2}-\frac{MU_{\mathrm{d}}}{2}\cos(\omega_{\mathrm{m}}t+\varphi_{\mathrm{m}})-\sum_{m=1}^{\infty}\frac{2U_{\mathrm{d}}}{m\pi}\sin\frac{m\pi}{2}J_0\left(\frac{mM\pi}{2}\right)\cos(m\omega_{\mathrm{c}}t+m\varphi_{\mathrm{c}})$$
$$-\sum_{m=1}^{\infty}\sum_{n=\pm 1}^{\pm\infty}\frac{2U_{\mathrm{d}}}{m\pi}\sin\left[(m+n)\frac{\pi}{2}\right]J_n\left(\frac{mM\pi}{2}\right)\cos(m\omega_{\mathrm{c}}t+n\omega_{\mathrm{m}}t+m\varphi_{\mathrm{c}}+n\varphi_{\mathrm{m}}) \tag{6-8}$$

在图 6-2 电路中，在 PWM 控制导通下四象限整流器交流输入电压为

$$\begin{aligned}u_{\mathrm{ab}}&=u_{\mathrm{a}}-u_{\mathrm{b}}\\&=MU_{\mathrm{d}}\cos(\omega_{\mathrm{m}}t+\varphi_{\mathrm{m}})\\&\quad+\sum_{m=2,4,\cdots}^{\infty}\ \sum_{n=\pm 1,\pm 3,\cdots}^{\infty}\frac{4U_{\mathrm{d}}}{m\pi}J_n\left(\frac{mM\pi}{2}\right)\cos\frac{m\pi}{2}\sin\frac{n\pi}{2}\cos(m\omega_{\mathrm{c}}t+n\omega_{\mathrm{m}}t+m\varphi_{\mathrm{c}}+n\varphi_{\mathrm{m}})\end{aligned} \tag{6-9}$$

对四象限整流器输入侧回路，列出基尔霍夫电压方程 KVL 有

$$u_{\mathrm{s}}(t)=u_{\mathrm{ab}}(t)+L\frac{\mathrm{d}i_{\mathrm{s}}(t)}{\mathrm{d}t} \tag{6-10}$$

假设牵引供电系统的电源为 $u_{\mathrm{s}}=\sqrt{2}U_{\mathrm{s}}\cos(\omega_{\mathrm{m}}t+\varphi_{\mathrm{m}})$，电源中只含有基波 ω_{m}；求解式(6-10)，可以得到四象限整流器从接触网取流 i_{s} 表达式为

$$\begin{aligned}i_{\mathrm{s}}&=\frac{\sqrt{MU_{\mathrm{d}}^2-2U_{\mathrm{s}}^2}}{\omega_{\mathrm{m}}L}\cos(\omega_{\mathrm{m}}t+\varphi_{\mathrm{m}})\\&\quad+\sum_{m=2,4,\cdots}^{\infty}\ \sum_{n=\pm 1,\pm 3,\cdots}^{\infty}\frac{4U_{\mathrm{d}}}{m\pi(m\omega_{\mathrm{c}}+n\omega_{\mathrm{m}})L}J_n\left(\frac{mM\pi}{2}\right)\cos\frac{m\pi}{2}\sin\frac{n\pi}{2}\cos(m\omega_{\mathrm{c}}t+n\omega_{\mathrm{m}}t+m\varphi_{\mathrm{c}}+n\varphi_{\mathrm{m}})\end{aligned} \tag{6-11}$$

从式(6-11)可见，尽管牵引供电系统提供的电源仅含基波 ω_{m}，交流车从接触网获取的电流 i_{s} 却出现了谐波 ω_{c}。这表明车上的四象限整流器在 PWM 调制过程中，产生了除电源基波 ω_{m} 之外的谐波 ω_{c}，并且通过车网耦合进入(或称注入)车外的接触网。

另外，由于“四象限整流器”的控制相位角 α 可以在四个象限中自由调节，按照车网耦合等值电路中标示的电流参考方向，如图 6-2 所示。当控制 α 角使电流为正“$+i_{\mathrm{s}}$”时，交流车从接触网吸收电能，工作在牵引状态；当控制 α 角使电流为负“$-i_{\mathrm{s}}$”时，交流车向接触网反送电能，工作在再生制动状态。由于四象限整流器在 PWM 调制过程产生谐波，因此，交流车无论是在牵引工况，或者是再生制动工况，都会产生谐波，并将谐波注入接触网。四象限整流器的 IGBT 是(电压控制)电流型元件，可以等效为一个电流源，所以，交流车(四象限整

流器)能够视为一个谐波电流源,通过车网耦合向接触网注入谐波电流。

根据式(6-9)和式(6-11),大功率晶闸管 PWM 调制的四象限整流器向接触网注入的谐波频率 f_r 可以抽象表示为

$$f_r = mf_c + nf_m \tag{6-12}$$

式中 f_c——载波频率;

f_m——调制频率,$f_m = f_1$ 时为基波;

m,n——调制系数。

6.2.4 纹波产生及耦合机理

1. 接触网的纹波耦合进入车上直流环节

一个供电臂的接触网上可能运行着多辆交流车,都可能向接触网注入谐波;运行中的受电弓因某种原因瞬间离线产生电弧,使接触网电压电流波形畸变。因此,接触网上可能存在谐波,与牵引电压电流比较,幅值不高的谐波分量可以视为纹波。假设含有单一频率的接触网纹波电压、电流分别为

$$u_s = \sqrt{2}U_s\cos\omega t + \sqrt{2}k_U U_s\cos\omega_h t \tag{6-13}$$

$$i_s = \sqrt{2}I_s\cos(\omega t - \varphi) + \sqrt{2}k_I I_s\cos(\omega_h t - \varphi_h) \tag{6-14}$$

式中 k_U——纹波电压与基波电压 U_s 的比值;

k_I——纹波电流与基波电流 I_s 的比值;

ω——电源角频率;

ω_h——纹波角频率;

φ——基波电压和电流的夹角;

φ_h——纹波电压和电流的夹角。

交流车运行在电压电流具有纹波的接触网区间,车上四象限整流器吸入的功率 P_{in} 可表示为

$$\begin{aligned} P_{in} = u_s i_s = {} & 2U_s I_s\cos\omega t\cos(\omega t - \varphi) + 2k_I U_s I_s\cos\omega t\cos(\omega_h t - \varphi_h) \\ & + 2k_U U_s I_s\cos\omega_h t\cos(\omega t - \varphi) + 2k_U k_I U_s I_s\cos\omega_h t\cos(\omega_h t - \varphi_h) \end{aligned} \tag{6-15}$$

由于纹波含量很小,忽略高次纹波 $k_U U_s$ 和 $k_I I_s$ 作用,四象限整流器吸入功率简写为

$$\begin{aligned} P_{in} \approx {} & U_s I_s\cos\varphi + U_s I_s\cos(2\omega t - \varphi) + k_I U_s I_s\cos[(\omega + \omega_h)t - \varphi_h] + k_I U_s I_s\cos[(\omega - \omega_h)t + \varphi_h] \\ & + k_U U_s I_s\cos[(\omega + \omega_h)t - \varphi] + k_U U_s I_s\cos[(\omega - \omega_h)t - \varphi] \end{aligned} \tag{6-16}$$

四象限整流器的输出电压总会含有纹波,令直流输出的平均电压为 $\overline{U}_{dc}$,纹波电压为 u_W,输出的平均电流为 $\overline{I}_L$,输出功率 P_{out} 可以近似表示为稳态分量功率和动态分量功率,即

$$P_{out} \approx \overline{U}_{dc}\overline{I}_L + C_d\overline{U}_{dc}\frac{du_W}{dt} \tag{6-17}$$

忽略四象限整流器的损耗，根据能量守恒原理，四象限整流器的吸入功率和输出功率相等，即

$$P_{\text{in}}=P_{\text{out}} \tag{6-18}$$

比较式(6-16)、式(6-17)和式(6-18)，四象限整流器输出的稳态分量功率和动态分量功率的表达式分别为

$$\overline{U}_{\text{dc}}\overline{I}_{\text{L}}=U_{\text{s}}I_{\text{s}}\cos\varphi \tag{6-19}$$

$$\begin{aligned}C_{\text{d}}\overline{U}_{\text{dc}}\frac{\mathrm{d}u_{\text{W}}}{\mathrm{d}t}=&U_{\text{s}}I_{\text{s}}\cos(2\omega t-\varphi)+k_{\text{I}}U_{\text{s}}I_{\text{s}}\cos[(\omega+\omega_{\text{h}})t-\varphi_{\text{h}}]+k_{\text{I}}U_{\text{s}}I_{\text{s}}\cos[(\omega-\omega_{\text{h}})t+\varphi_{\text{h}}]\\&+k_{\text{U}}U_{\text{s}}I_{\text{s}}\cos[(\omega+\omega_{\text{h}})t-\varphi]+k_{\text{U}}U_{\text{s}}I_{\text{s}}\cos[(\omega-\omega_{\text{h}})t-\varphi]\end{aligned} \tag{6-20}$$

对式(6-20)进行积分求解，可得四象限整流器实际的直流输出电压纹波 u_{W} 为

$$\begin{aligned}u_{\text{W}}=&\frac{U_{\text{s}}I_{\text{s}}}{2\omega C_{\text{d}}\overline{U}_{\text{dc}}}\sin(2\omega t-\varphi)+\frac{k_{\text{I}}U_{\text{s}}I_{\text{s}}}{C_{\text{d}}\overline{U}_{\text{dc}}}\left\{\frac{1}{\omega+\omega_{\text{h}}}\sin[(\omega+\omega_{\text{h}})t-\varphi_{\text{h}}]+\frac{1}{\omega-\omega_{\text{h}}}\sin[(\omega-\omega_{\text{h}})t+\varphi_{\text{h}}]\right\}\\&+\frac{k_{\text{U}}U_{\text{s}}I_{\text{s}}}{C_{\text{d}}\overline{U}_{\text{dc}}}\left\{\frac{1}{\omega+\omega_{\text{h}}}\sin[(\omega+\omega_{\text{h}})t-\varphi]+\frac{1}{\omega-\omega_{\text{h}}}\sin[(\omega-\omega_{\text{h}})t-\varphi]\right\}\end{aligned} \tag{6-21}$$

由式(6-21)可以看出，当接触网电压电流含有纹波时，四象限整流器直流输出的纹波中不仅含有二倍基波的谐波，还出现了新的频率 $\omega\pm\omega_{\text{h}}$；说明接触网的纹波通过车网耦合进入了车上四象限整流器的直流环节，增加了变流装置中间直流环节的纹波含量。

2. 车上直流纹波耦合注入接触网

四象限整流器的输入电压表达式(6-9)，反映了 PWM 控制下 IGBT 开关导通关系，因此，单相两电平 PWM 整流器的开关动作函数 S_{ab}表达式与式(6-9)类似，可将开关动作函数 S_{ab}写成

$$\begin{aligned}S_{\text{ab}}=&M_{\text{m}}\cos(\omega_{\text{m}}t+\varphi_{\text{m}})\\&+\sum_{m=2,4,\cdots}^{\infty}\sum_{n=\pm1,\pm3,\cdots}^{\infty}\frac{4}{m\pi}J_n\left(\frac{mM_{\text{m}}\pi}{2}\right)\cos\frac{m\pi}{2}\sin\frac{n\pi}{2}\cos(n\omega_{\text{m}}t+m\omega_{\text{c}}t+n\varphi_{\text{m}}+m\varphi_{\text{c}})\end{aligned} \tag{6-22}$$

式中 M_{m}——调制波幅值；

ω_{m}——调制波角频率；

φ_{m}——调制波初相角；

ω_{c}——载波角频率；

φ_{c}——载波初相角；

J_n——n 阶贝塞尔函数。

虽然四象限整流器实际输出直流的纹波含有多个频率，这里仅仅假设含单一频率纹波的直流电流为

$$i_{dc}=I_{dc}[1+k\cos(\omega_h t+\varphi_h)] \tag{6-23}$$

式中 k——直流纹波电流的幅值与直流量 I_{dc} 的比值；

ω_h——直流纹波电流角频率；

φ_h——直流纹波电流初相角。

四象限整流器在 IGBT 开关导通和输入电压 u_{ab} 同时作用时，才有输入电流 i_s 和输出电流 i_{dc}，因此，来自接触网的交流电流 i_s 表达式可以写为

$$i_s=S_{ab}i_{dc} \tag{6-24}$$

按照式(6-24)，将 S_{ab} 中基波分量与 i_{dc} 相乘，得

$$i_s=M_m I_{dc}\cos(\omega_m t+\varphi_m)+\frac{1}{2}kM_m I_{dc}\{\cos[(\omega_m+\omega_h)t+\varphi_m+\varphi_h]+\cos[(\omega_m-\omega_h)t+\varphi_m-\varphi_h]\} \tag{6-25}$$

按照式(6-24)，将 S_{ab} 谐波分量与 i_{dc} 相乘，得

$$\begin{aligned} i_s = & \sum_{m=2,4,\cdots}^{\infty}\sum_{n=\pm1,\pm3,\cdots}^{\infty}\frac{4I_{dc}}{m\pi}J_n\left(\frac{mM_m\pi}{2}\right)\cos\frac{m\pi}{2}\sin\frac{n\pi}{2}\cos(n\omega_m t+m\omega_c t+n\varphi_m+m\varphi_c) \\ & +\sum_{m=2,4,\cdots}^{\infty}\sum_{n=\pm1,\pm3,\cdots}^{\infty}\frac{2kI_{dc}}{m\pi}J_n\left(\frac{mM_m\pi}{2}\right)\cos\frac{m\pi}{2}\sin\frac{n\pi}{2}\cos\{[n\omega_m+m\omega_c+\omega_h]t+n\varphi_m+m\varphi_c+\varphi_h\} \\ & +\sum_{m=2,4,\cdots}^{\infty}\sum_{n=\pm1,\pm3,\cdots}^{\infty}\frac{2kI_{dc}}{m\pi}J_n\left(\frac{mM_m\pi}{2}\right)\cos\frac{m\pi}{2}\sin\frac{n\pi}{2}\cos\{[n\omega_m+m\omega_c-\omega_h]t+n\varphi_m+m\varphi_c-\varphi_h\} \end{aligned} \tag{6-26}$$

从式(6-25)可见，交流车获取的接触网电流 i_s 中除了基波 ω_m 之外，还有新的频率 $\pm\omega_h$。同样，式(6-26)中 i_s 除了高频率 $n\omega_m+m\omega_c$ 之外，也有新的频率 $\pm\omega_h$。说明车上的直流纹波已经通过车网耦合进入车外接触网，并且还产生有新的谐波。

一般情况下，纹波不只含单一频率，往往包含一系列频率；纹波实际上就是低幅值、低频率的谐波。上述推导表明，只要 IGBT 导通，接触网的纹波可以耦合进入交流车的直流环节，反之，交流车的直流纹波也可以耦合注入接触网。在不利的情况下，例如，车网发生低频谐振时，车上的纹波与网上的纹波就可能相互影响，谐波矢量叠加，导致网压忽大忽小摆动。

6.2.5 谐波映射

受电弓、隔离开关等设备不改变电压、电流传输特性，交流车与接触网之间的电气耦合器件是车载牵引变压器和四象限整流器。车载牵引变压器工作在额定电压电流状态下，只变换一次和二次侧的电压电流比值，不会改变电压电流的波形和频率；与谐波的功率相比，车载牵引变压器的容量极大，车载牵引变压器对谐波而言只是一个线性比例变换器。因此，车网之间谐波产生与耦合的唯一环节，是四象限整流器及 PWM 调整。

当交流车在牵引工况时，接触网的电能进入车内，车上 PWM 调节和 IGBT 器件动作产生的谐波，通过四象限整流器、车载主变压器回路映射注入接触网。同理，当交流车为再生

制动工况时，PWM 调控过程也会产生谐波映射注入接触网。交流车在整备工况之前，车是停止(制动)状态；进入整备工况，受电弓升弓，主断路器合闸，将车载牵引变压器、四象限整流器等设备与接触网连通，启动过程中 IGBT 导通、直流环节充电，纹波映射注入接触网。因此，无论在牵引状态、再生制动状态，或是整备状态，交流车都可以视为一个谐波电流源，通过车网耦合向接触网注入谐波电流。

一般情况下，交流车在牵引工况，或者再生制动工况，由于 PWM 的载波、调制以及 IGBT 开关动作的频率很高，映射到接触网上形成高频谐波；与牵引电流或再生电流比较，直流纹波幅值很小，映射注入接触网的低频谐波可以忽略。但是，交流车在整备工况中，没有牵引电流和再生电流，直流纹波映射在接触网产生的低频谐波更显突出。由于交流车的运行工况复杂多变，注入接触网的谐波频谱很宽，可能是数百 Hz 或数千 Hz 的高频，也可能是几个 Hz 的低频，甚至有分频、间谐波、次谐波等各种频率的分量。所以，交流车作为一个谐波电流源，只要运用就会有频率很宽的谐波电流映射注入接触网。与车的负荷电流相比较，注入接触网的谐波占比很小，不影响牵引供电和交流车的正常运行。但是，当交流车在轻载或空载运行时，谐波电流就会突出，可能诱发牵引网出现谐振暂态电压。

顺便指出，大电网吸纳的可能含有谐波的光伏发电、风力发电等新能源，由于大电网的容量极大，可以忽略新能源的谐波对牵引供电系统的影响。

6.3 谐波传播与谐振机理

6.3.1 牵引网等值四端网络

高速铁路 AT 供电方式的牵引网由上下行接触网全并联构成，网络中除了 T 线(接触网)、F 线(正馈线)、R 钢轨(含 PW 线)之外，还有牵引变电所的 VX 接线变压器、AT 所和分区所的 AT 变压器，一个供电臂的牵引网结构如图 6-5 所示。对于交流车而言，无论车在供电臂上任何位置，车的左侧和右侧都是二端网络：一端是 T 线(接触网)，一端是 R(钢轨)。因此，一个供电臂上任何位置的交流车与牵引网的关联，可以用 n 个 A 参数的四端网络级联来表示，如图 6-6 所示。

均匀分布参数的供电线路，若线路长度为 l，单位长度的阻抗为 $Z=R_0+\mathrm{j}\omega L_0$，导纳为 $Y=G_0+\mathrm{j}\omega C_0$，已知线路末端的电压电流时，线路首端电压 $\dot{U}_1$、电流 $\dot{I}_1$ 与线路末端电压 $\dot{U}_2$、电流 $\dot{I}_2$ 的关系为

$$\begin{cases}\dot{U}_1=\dot{U}_2\cosh\gamma l+Z_0\dot{I}_2\sinh\gamma l\\ \dot{I}_1=Y_0\dot{U}_2\sinh\gamma l+\dot{I}_2\cosh\gamma l\end{cases} \tag{6-27}$$

式中 Z_0——线路特征阻抗，$Z_0=\sqrt{\dfrac{Z}{Y}}$；

Y_0——线路特征导纳，$Y_0=\dfrac{1}{Z_0}$；

γ——传播系数，$\gamma=\sqrt{ZY}$。

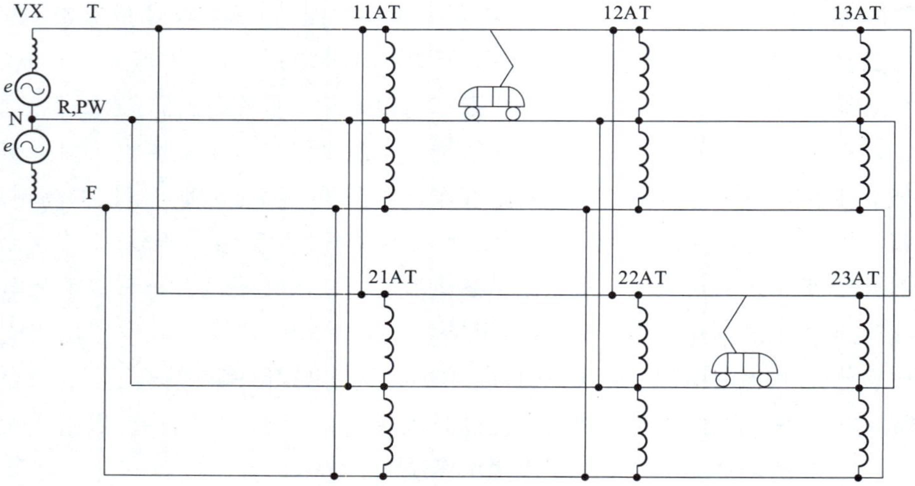

图 6-5　高速铁路全并联牵引网结构

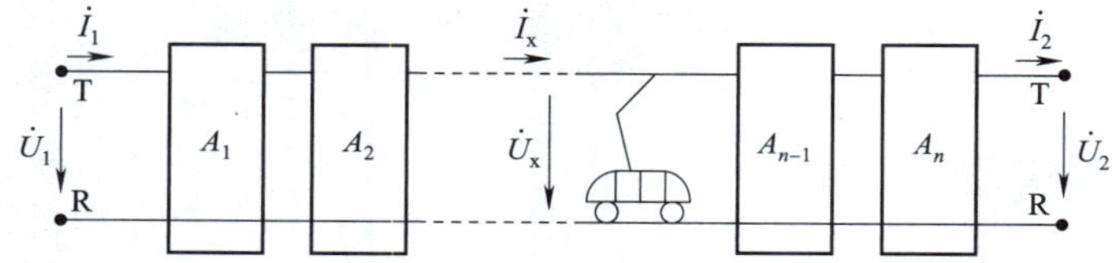

图 6-6　牵引网级联四端网络

用四端网络来表示式(6-27)的矩阵形式为

$$\begin{bmatrix}\dot{U}_1\\ \dot{I}_1\end{bmatrix}=\begin{bmatrix}A & B\\ C & D\end{bmatrix}\begin{bmatrix}\dot{U}_2\\ \dot{I}_2\end{bmatrix} \tag{6-28}$$

式中 A 参数：$A=D=\cosh\gamma l$，$B=Z_0\sinh\gamma l$，$C=Y_0\sinh\gamma l$，A 参数满足 $AD-BC=1$。

对图 6-6 中 n 个级联的四端网络，若各自对应的长度分别为 $l_{A1},\cdots,l_{An}$，对应的 A 参数分别为 $\begin{bmatrix}A_1 & B_1\\ C_1 & D_1\end{bmatrix},\cdots,\begin{bmatrix}A_n & B_n\\ C_n & D_n\end{bmatrix}$，$n$ 个四端网络级联的总 A 参数就是各个子网络 A 参数矩阵的乘积，即

$$\begin{bmatrix}A & B\\ C & D\end{bmatrix}=\begin{bmatrix}A_1 & B_1\\ C_1 & D_1\end{bmatrix}\begin{bmatrix}A_2 & B_2\\ C_2 & D_2\end{bmatrix}\cdots\begin{bmatrix}A_n & B_n\\ C_n & D_n\end{bmatrix} \tag{6-29}$$

表 6-3 中列出了四种简单四端网络的 A 参数矩阵，利用这些简单四端网络进行级联可以组成比较复杂的网络，再按照式(6-29)计算，很容易获得级联四端网络总的 A 参数。

表 6-3 简单四端网络及其 A 参数矩阵

序 号	四端网络	A 参数矩阵
1	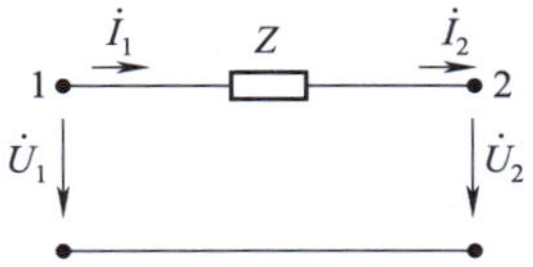	$\begin{bmatrix}1 & Z\\0 & 1\end{bmatrix}$
2	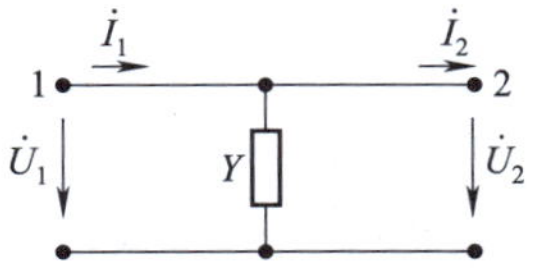	$\begin{bmatrix}1 & 0\\Y & 1\end{bmatrix}$
3	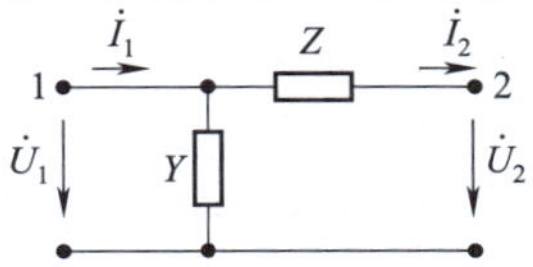	$\begin{bmatrix}1 & Z\\Y & 1+ZY\end{bmatrix}=\begin{bmatrix}1 & 0\\Y & 1\end{bmatrix}\begin{bmatrix}1 & Z\\0 & 1\end{bmatrix}$
4	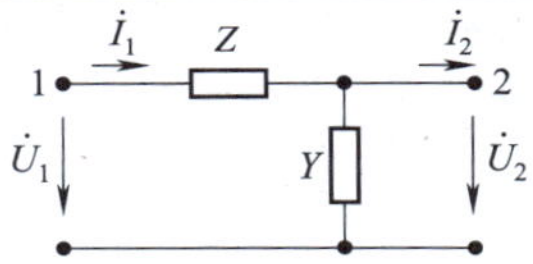	$\begin{bmatrix}1+ZY & Z\\Y & 1\end{bmatrix}=\begin{bmatrix}1 & Z\\0 & 1\end{bmatrix}\begin{bmatrix}1 & 0\\Y & 1\end{bmatrix}$

按照电路理论，任何一个无源的四端网络，可以用 T 形或者 Π 形电路来代替。

(1)四端网络的 T 形等值电路

含有阻抗 Z_T 和导纳 Y_T 的 T 形等值电路如图 6-7 所示，可以用表 6-3 中序号为 1 和 3 的简单四端网络级联组成，参照式(6-29)计算，T 形电路的 A 参数为

$$A=D=1+Z_TY_T,B=2Z_T+Z_T^2Y_T,C=Y_T$$

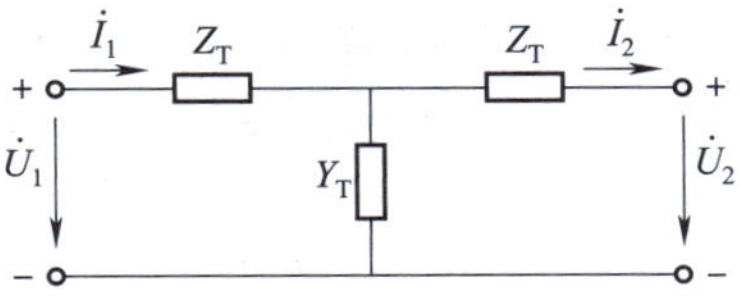

图 6-7 T 形等值电路

已知末端电压电流时，按式(6-27)计算，T 形电路中的阻抗 Z_T 和导纳 Y_T 分别为

$$\begin{cases}Z_T=\dfrac{A-1}{C}=\dfrac{\cosh\gamma l-1}{\sinh\gamma l}Z_0\\[2ex] Y_T=C=\dfrac{1}{Z_0}\sinh\gamma l\end{cases}\tag{6-30}$$

(2)四端网络的 Π 形等值电路

含有阻抗 Z_Π 和导纳 Y_Π 的 Π 形等值电路如图 6-8 所示，可以用表 6-3 中序号为 2 和 4

的简单四端网络组成，参照式(6-29)计算，Π形电路的 A 参数为

$$A=D=1+Z_{\Pi}Y_{\Pi},B=Z_{\Pi},C=2Y_{\Pi}+Z_{\Pi}Y_{\Pi}^2$$

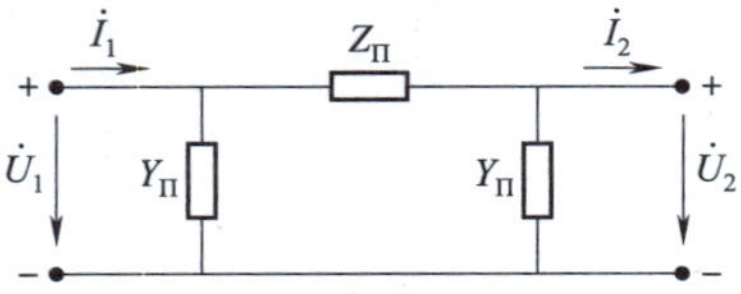

图 6-8　Π形等值电路

已知末端电压电流时，按式(6-27)计算，Π形电路中的阻抗 Z_{Π} 和导纳 Y_{Π} 为

$$\begin{cases}Z_{\Pi}=B=Z_0\sinh\gamma l\\Y_{\Pi}=\dfrac{A-1}{B}=\dfrac{1}{Z_0}\cdot\dfrac{\cosh\gamma l-1}{\sinh\gamma l}\end{cases}\tag{6-31}$$

从式(6-30)和式(6-31)可见，T形电路的阻抗 Z_T、导纳 Y_T 与Π形电路的阻抗 Z_{Π}、导纳 Y_{Π} 不直接对应，但是，可以进行等值转换。在车网耦合谐振的分析中，采用T形电路还是Π形电路，采用多少个四端网络级联，取决于具体的牵引网结构和计算要求。保留关注点的元件和接线方式不变，以便突出交流车注入的谐波电流源和关注点，其他部分可以进行适当等值简化处理。

需要指出，AT供电方式的牵引网中由于存在F线，采用级联四端网络表示，如图6-6所示，A 参数不能够直接与通常用的接触网阻抗参数对应。牵引网由多根平行导线组成，如果用四端网络表示，需要对牵引网的阻抗矩阵、导纳矩阵进行降阶化简，进行参数等值变换，阻抗或导纳矩阵降阶方法，可参考6.4.3。

6.3.2　谐波传播机理

运行的交流车作为一个谐波电流源，在获取牵引电流的同时也向牵引网注入谐波电流。根据电路的叠加原理，谐波电流源作用时，牵引网中其他电源都不作用，这时谐波注入点的电位最高，因此，谐波电流必然向低电位的牵引网两端传播。

1. T形等值电路的谐波传播

如果一个供电臂牵引网总长为 l，交流车距离左侧端点为 l_1，距离右侧端点为 $l_2=l-l_1$，在图6-6中，将交流车左侧和右侧的牵引网分别各用一个T形等值电路表示，交流车左侧 l_1 长度的T阻抗记为 Z_L、T导纳记为 Y_L，右侧 l_2 长度的T阻抗记为 Z_R、T导纳记为 Y_R；考虑牵引网两端头设备的阻抗，例如，首端电源内阻抗 Z_S，末端分区所设备的等值阻抗 Z_P，采用拉普拉斯变换的象函数表示交流车注入接触网 x 点的谐波电流 $I_n(s)$ 及牵引网阻抗，向左侧传播的谐波电流分量记为 $I_{n1}(s)$，向右侧传播的谐波电流分量记为 $I_{n2}(s)$，交流车的谐波电流传播电路如图6-9所示。

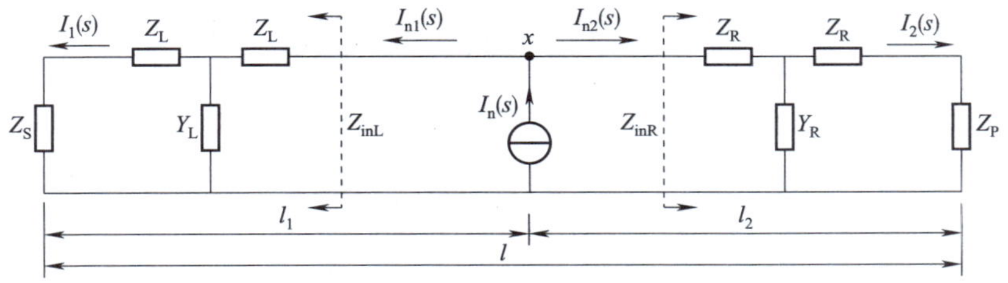

图 6-9　交流车谐波电流传播电路

在图 6-9 电路中，从交流车位置向左侧的入口等值阻抗为

$$Z_{inL}=\frac{Z_L^2Y_L+Z_LZ_SY_L+2Z_L+Z_S}{Y_L(Z_L+Z_S)+1} \tag{6-32}$$

从交流车位置向右侧的入口等值阻抗为

$$Z_{inR}=\frac{Z_R^2Y_R+Z_RZ_PY_R+2Z_R+Z_P}{Y_R(Z_R+Z_P)+1} \tag{6-33}$$

交流车的谐波电流 $I_n(s)$ 向左侧传播的谐波电流分量 $I_{n1}(s)$ 为

$$\begin{aligned}I_{n1}(s)&=\frac{\dfrac{1}{\dfrac{1}{Z_{inL}}+\dfrac{1}{Z_{inR}}}}{Z_{inL}}I_n(s)\\&=I_n(s)(Z_R^2Y_R+Z_RZ_PY_R+2Z_R+Z_P)[Y_T(Z_T+Z_S)+1]\{(Z_T^2Y_T+Z_TZ_SY_T+2Z_T+\\&Z_S)[Y_R(Z_R+Z_P)+1]+(Z_R^2Y_R+Z_RZ_PY_R+2Z_R+Z_P)[Y_T(Z_T+Z_S)+1]\}^{-1}\end{aligned} \tag{6-34}$$

交流车的谐波电流 $I_n(s)$ 向右侧传播的谐波电流分量 $I_{n2}(s)$ 为

$$\begin{aligned}I_{n2}(s)&=\frac{\dfrac{1}{\dfrac{1}{Z_{inL}}+\dfrac{1}{Z_{inR}}}}{Z_{inR}}I_n(s)\\&=I_n(s)(Z_T^2Y_T+Z_TZ_SY_T+2Z_T+Z_S)[Y_R(Z_R+Z_P)+1]\{(Z_T^2Y_T+Z_TZ_SY_T+2Z_T+\\&Z_S)[Y_R(Z_R+Z_P)+1]+(Z_R^2Y_R+Z_RZ_PY_R+2Z_R+Z_P)[Y_T(Z_T+Z_S)+1]\}^{-1}\end{aligned} \tag{6-35}$$

(1)牵引网端点的谐波电流传递函数

在图 6-9 电路中，计入交流车至左侧端点的距离 l_1，向左侧传播的谐波电流分量为 $I_{n1}(s)$ 在电路左侧端点产生的响应电流为

$$I_1(s)=\frac{1}{Y_T(Z_T+Z_S)+1}I_{n1}(s)=\frac{Z_0}{Z_0\cosh\gamma l_1+Z_S\sinh\gamma l_1}I_{n1}(s) \tag{6-36}$$

计入交流车至右侧端点的距离 l_2，向右侧传播的谐波电流分量为 $I_{n2}(s)$ 在电路右侧端点产生的响应电流为

$$I_2(s)=\frac{1}{Y_R(Z_R+Z_P)+1}I_{n2}(s)=\frac{Z_0}{Z_0\cosh\gamma l_2+Z_P\sinh\gamma l_2}I_{n2}(s) \tag{6-37}$$

按照传递函数定义，交流车的谐波电流分量 $I_{n1}(s)$ 从 x 位置传播到左侧端点的传递函数为

$$H_{IL}(s)=\frac{I_1(s)}{I_{n1}(s)}=\frac{Z_0}{Z_0\cosh\gamma l_1+Z_S\sinh\gamma l_1}\tag{6-38}$$

交流车的谐波电流分量 $I_{n2}(s)$ 从 x 位置传播到右侧端点的传递函数为

$$H_{IR}(s)=\frac{I_2(s)}{I_{n2}(s)}=\frac{Z_0}{Z_0\cosh\gamma l_2+Z_P\sinh\gamma l_2}\tag{6-39}$$

(2)牵引网非端点的谐波电流传递函数

考察交流车的谐波电流传播时，如果关注点不是牵引网端点，可以将图 6-9 中左侧或右侧的 T 形等值电路细化为多个 T 形电路，针对关注点，再按照上述方法就可以获得相应的传递函数。例如，在图 6-9 电路中关注交流车至左端头的中间点，可将交流车左侧用两个长度为 $0.5l_1$ 的 T 形电路表示，这两个 T 形电路的连接点就是关注点，该点电流象函数与交流车向左传播的谐波电流象函数的比值，就是关注点的谐波电流传递函数。

2. Π 形等值电路的谐波传播

将图 6-9 中 T 形电路改为 Π 形电路，按照上述方法，同样可以获得交流车谐波电流源的传递函数。需要说明，由于 T 形电路与 Π 形电路中的阻抗和导纳不是直接相等的，因此，按照 T 形电路计算的传递函数，与 Π 形电路计算的传递函数形式上不相等，但是，实质是相同的，两者可以进行等值转换。

3. 牵引网中谐波传播特征

(1)交流车向接触网注入的谐波电流大小和频率次数，只取决于交流车的 PWM 控制策略、IGBT 器件的特性和运行工况，与交流车的位置直接关联不大。

(2)向接触网两端传播的谐波分量大小，与车的工况和车在供电臂上的位置有关，与供电臂的长度有关，与牵引网的参数(包括电源容量和内阻抗)有关，与牵引网采用 T 形或 Π 形等值电路表示方式无关。

(3)向接触网两端传播的谐波成分，包括了交流车注入的所有谐波成分。没有发生谐振的前提下，谐波传播过程中不会增加谐波成分，线路电阻会使传播的谐波分量有所衰减。相同频率的谐波，传播到不同位置上，谐波幅值大小有所不同。不同频率的谐波，传播到同一个位置上，各次谐波的大小变化(或衰减比例)也不同。

6.3.3 谐振机理及特征

车网耦合谐振，指交流车向接触网注入谐波电流时，由于牵引网的频率响应，使牵引网整体或局部的固有振荡频率与谐波中某次频率相等或者相近时，牵引网整体或局部突然出现电压急剧升高、电流急剧增大的电磁暂态现象。

1. T 形等值电路的谐振

(1)牵引网整体谐振

计入交流车距离左侧端点的长度 l_1，距离右侧端点的长度 l_2，按照式(6-30)计算，得

$$Z_L=\frac{Z_0(\cosh\gamma l_1-1)}{\sinh\gamma l_1}, Y_L=\frac{\sinh\gamma l_1}{Z_0}, Z_R=\frac{Z_0(\cosh\gamma l_2-1)}{\sinh\gamma l_2}, Y_R=\frac{\sinh\gamma l_2}{Z_0}$$

考虑交流车左右侧的入口等值阻抗并联，按式(6-32)和式(6-33)计算，长度为 l 的牵引网的谐波阻抗为

$$Z_{in}=\frac{1}{\dfrac{1}{Z_{inL}}+\dfrac{1}{Z_{inR}}}=\frac{Z_0(Z_S\cosh\gamma l_1+Z_0\sinh\gamma l_1)(Z_P\cosh\gamma l_2+Z_0\sinh\gamma l_2)}{(Z_SZ_P+Z_0^2)\sinh\gamma l+(Z_S+Z_P)Z_0\cosh\gamma l} \tag{6-40}$$

当交流车运行到供电臂上某一个位置，向接触网注入的谐波中某一次频率 f_n 导致式(6-40)分母等于0时，谐波阻抗 Z_{in} 趋近无穷大，整个牵引网就发生了频率为 f_n 的并联谐振；谐振时线路压降十分有限，牵引网整体电压将急剧升高。因此，T形等值电路表示的牵引网发生并联谐振条件为

$$(Z_SZ_P+Z_0^2)\sinh\gamma l+(Z_S+Z_P)Z_0\cosh\gamma l=0 \tag{6-41}$$

如果式(6-40)分母不是等于0，而是接近0，也会出现近似于谐振的现象，称为准谐振。

由于牵引网的长度只有30～60 km，γl 值≪1，$\sinh\gamma l\approx\gamma l$，$\cosh\gamma l\approx 1$，式(6-41)可简写为

$$(Z_SZ_P+Z_0^2)\gamma l+(Z_S+Z_P)Z_0=0 \tag{6-42}$$

通常，供电线路和设备的电抗远远大于电阻，忽略电阻损耗，在谐波频率 f_n 作用下，计入 $\omega_n=2\pi f_n$，左端设备的阻抗 $Z_S=j\omega_nL_S$，右端设备的阻抗 $Z_P=j\omega_nL_P$ 和线路特征阻抗 Z_0，式(6-42)展开就是牵引网并联谐振的固有谐振频率：

$$f_n=\frac{1}{2\pi}\sqrt{\frac{L_S+L_P+lL}{lCL_SL_P}} \tag{6-43}$$

式中　L——牵引网单位长度的电感；
C——牵引网单位长度的对地电容；
L_S——牵引网首端电源内电感；
L_P——牵引网末端设备等值电感；
l——牵引网长度。

(2)牵引网局部谐振

图6-9所示电路只是一个说明交流车谐波电流诱发谐振机理的简单电路，实际上数十千米的牵引网结构很复杂，含有多个网孔。根据电路理论分析，每一个含有电感、电容的网孔，都有自己不同的固有振荡频率，在不恰当的频率下都有可能出现谐振。因此，牵引网中某个局部在谐波作用下，也可能发生局部谐振。

在图6-9电路中，如果交流车谐波电流向牵引网左侧的传递函数式(6-38)的分母为0，左端发生局部电流谐振或放大的条件为

$$Z_0\cosh\gamma l_1+Z_S\sinh\gamma l_1=0 \tag{6-44}$$

牵引网左端会发生局部的电流谐振，使左侧端头的电流 $I_1(s)$ 突然增大，或者说，谐波电流在左端放大。

同理,如果交流车谐波电流向牵引网右侧的传递函数式(6-39)的分母为0,右端发生局部电流谐振或放大的条件为

$$Z_0\cosh \gamma l_2+Z_P\sinh \gamma l_2=0 \tag{6-45}$$

还需指出:①上述推导的谐振条件是建立在等值电路的基础上,牵引网采用不同的等值电路表示,由于等值电路的拓扑结构不同,导出的谐振条件也会不同。②上述讨论的谐振及条件,是线性谐振。一般情况下,谐振暂态过程中电压升高会导致网络中的铁磁元件,例如,电磁式压互和变压器,发生铁磁饱和,等值电感下降,线性谐振条件自动偏离,过电压有所下降,线性谐振自动转入铁磁谐振。

2. Π形等值电路的谐振

将图6-9中T形电路改为Π形电路,按照上述方法推导,如果交流车产生的谐波电流中某次频率 f_n,导致供电臂的牵引网整体谐波阻抗趋近无穷大,或者电流传递函数的分母趋近0,甚至局部回路的固有振荡频率与谐波频率相等或接近,都可能发生对应的谐振。

3. 车网耦合谐振主要特征

(1)车网耦合谐振的诱因是交流车向接触网注入谐波电流,与交流车的工况(产生的谐波频率和幅值)有关。产生车网耦合谐振的充分必要条件:①注入接触网的谐波频谱足够宽,覆盖牵引网的固有振荡频率;谐波分量足够大,有能量激发谐振。②交流车在空载或轻载状态,谐波分量突出、占比较大。

(2)交流车在牵引工况下,牵引负荷电流越大,谐波含量占比就越小;再生制动工况下,返送到接触网的功率越大,其中的谐波也越多。运行中交流车产生的谐波以高频为主,车网耦合谐振是高频振荡。牵引负荷对谐振具有阻尼作用,因此,车网耦合谐振往往发生在交流车为轻载或空载状态,例如,进出车站时,在滑行区间、调车场、编组场等。交流车整备工况的启动阶段主要产生低频谐波,例如,大型车站、机车整备场上多辆车同时启动发生低频振荡。

(3)交流车向接触网注入的谐波与牵引网的固有振荡频率相等或接近(合拍),就可能发生谐波谐振。牵引网从非谐振到谐振,会经历一个短暂的谐波不稳定过程。牵引网结构复杂,交流车注入接触网的频谱很宽,车网耦合谐振使牵引网呈并联谐振,电压整体升高;也可能出现局部谐振,导致牵引网某点谐波电流放大。

(4)牵引网的固有振荡频率与供电臂长度、线路阻抗、电源及设备阻抗、环境(隧道、特大型铁路桥梁)等因素对接触网参数的影响有关。一般情况下,供电臂越长,牵引变电所馈线越多,电缆段越多,对地等值电容就越大,固有振荡频率就低,车网耦合振荡的频率相对低。不同地区的铁路,即使供电方式一样,运用的交流车型一样,由于线路和环境等情况不同,因此车网耦合谐振的频率也不可能完全相同。

(5)分析车网耦合谐振时,尽管采用不同的等值电路,推导出的谐振表达式不同,但是,牵引网的实际车网耦合谐振是唯一的。

6.4　车网联合仿真平台

6.4.1　仿真工具

牵引供电运行包括牵引变电所(电源)、牵引网(传输)和交流车(负荷),三位一体,缺一不可。交流车高速运动,不断改变供电网络的拓扑结构,如果采用较多的等值网络进行解析计算与分析,工作量极大。为此,借助计算机和相关软件进行仿真,可以有效地提高工作效率。目前,电磁暂态仿真的常用软件有 EMTDC,PSCAD,ATP,CDEGS,以及 Matlab/Simulink 等,分为学生版、教育版、标准版和专业版,须使用授权版本。

利用 PSCAD 搭建仿真平台,首先是创建一个仿真工程(Creating a New Project),设置工程名称、仿真时间、计算步长、绘图步长等,按照被仿真的牵引供电系统的拓扑结构和设备(元件)搭建仿真模型,主要任务包括选择元件,连接元件,设置元件参数,对关注点设置电压或电流监控记录,添加仿真结果显示的图形框等,然后,激活工作空间窗口,进行调试、运行,显示或输出仿真结果。影响商业软件仿真结果的主要因素,一是搭建的仿真模型与实际对象的差异,二是各元件参数的准确和配置正确。仿真模型及元件连接按照实际电路拓扑完成,元件参数由相关资料或测试获得,元件参数的正确配置是仿真的关键工作之一。以下介绍车网联合仿真平台中,PSCAD 有关元件及其参数的配置基本方法(不同版本的配置略有差别)。

6.4.2　牵引变电所元件与参数配置

1. 电源

牵引供电仿真涉及的外电源为三相系统,PSCAD 元件库有三相和单相电压源元件,三相电压源元件的参数配置界面如图 6-10 所示(单相的类似),主要参数包括:

(1)指定参数(Specified Parameters):选择是否设置电源内阻抗(Behind the Source Impedance)。

(2)受控方式(External Control of Voltage/Frequency):对独立电源,填写 No。

(3)设置线电压[Magnitude(AC:L-L,RMS)]:有效值,单位为 kV,根据实际情况填写 220 kV 或 330 kV。

(4)电压上升等待时间(Voltage ramp up time):仿真开始运行的电压从 0 升到稳态时间。

(5)频率(Frequency):50 Hz。

(6)初相位角(Phase Shift):单位为°。

(7)电感(Inductance):指电源内电感,单位为 mH。

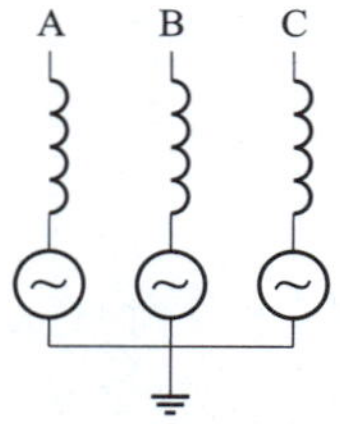

(a)三相电源元件

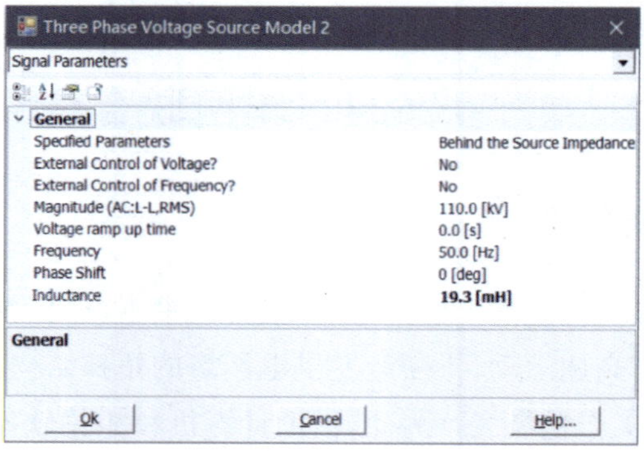

(b)参数配置界面

图 6-10　三相电源元件及参数配置界面

在三相电力系统中，电压、电流、阻抗和功率往往采用标幺值表示：标幺值$=\dfrac{\text{实际值}}{\text{基准值}}$。基准电压$U_j$、基准电流$I_j$、基准阻抗$Z_j$和基准(视在)功率$S_j$满足：$S_j=\sqrt{3}U_jI_j$，$U_j=\sqrt{3}I_jZ_j$，选定两个量，其余两个量就确定了。通常选择系统的标称电压或变压器的额定电压为基准电压，选视在功率为基准功率，则阻抗标幺值：$Z^*=Z\dfrac{S_j}{U_e^2}$(Z为实际阻抗的欧姆值)。因此，当给出电力系统短路容量S_d时，系统的短路阻抗(只考虑电抗)标幺值：$X^*=\dfrac{S_j}{S_d}$，实际值的电感为$L=\dfrac{U_e^2}{\omega S_d}$或$L=X^*\dfrac{U_e^2}{\omega S_j}$，$\omega$为电源角频率。

采用标幺值的优点：三相对称系统无论采用Y接法还是△接法，任何一点的线电压(线电流)与该点的相电压(相电流)的数值相等，三相总视在功率与单相视在功率的数值相等，三相电路可按单相电路的标幺值计算，与Y或△接法无关。另外，不同电压等级的电抗归算到同一基准电压等级时，方便简洁。

2. VX接线变压器

PSCAD变压器元件有两种模型：一是经典模型(the classical method)，反映一次和二次绕组的变比关系，三相应用时各相之间没有电磁耦合；二是统一磁路模型(unified magnetic equivalent circuit)，三相绕组共铁芯，有统一的磁路耦合。PSCAD是面向电力系统开发的软件，元件库中没有VX接线变压器模型；由于VX接线变压器实质上是两台单相变压器，可用PSCAD中双绕组或三绕组变压器元件进行组合：采用4个双绕组变压器元件，连接成VX接线方式，如图6-11(a)所示；采用2个三绕组变压器元件，连接成VX接线方式，如图6-11(b)所示。

变压器元件的参数配置如图6-12所示，主要包括：

(1)变压器名称(Transformer name)，给变压器取名。

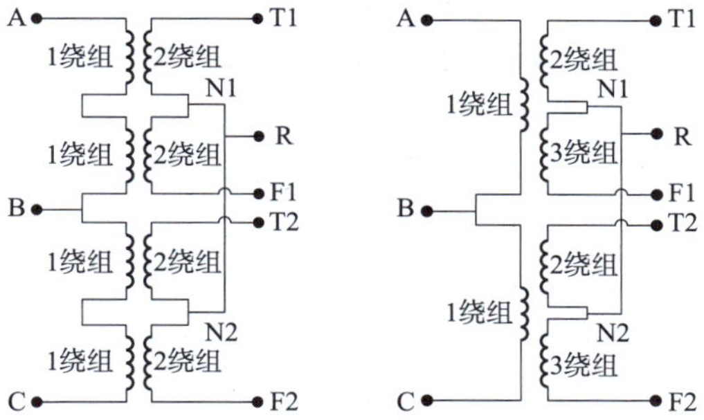

(a)　　　　(b)

图 6-11　VX 接线变压器元件模型

(2)变压器额定(视在)容量(Transformer MVA):单位为 MV·A,按照实际情况填写。

(3)变压器各绕组电压(Winding 1 voltage):采用有效值,单位为 kV,按照实际情况填写。

(4)基本运行频率(Base operation frequency):50 Hz。

(5)漏抗(Leakage reactance):以标幺值方式填写,基准值为变压器的额定值。

(6)空载损耗(No load losses):以标幺值方式填写,基准值为变压器的额定值。

(7)短路损耗(Copper losses):以标幺值方式填写,基准值为变压器的额定值。

(8)饱和模型(Model saturation):是否考虑铁芯磁通饱和特性,可选择 Yes 或 No。

(9)绕组分接开关(Tap changer on winding):一般选择 None。如果仿真中使用,则按实际填写。

(10)变压器符号的显示图形(Graphics Display):一般选择 Windings。

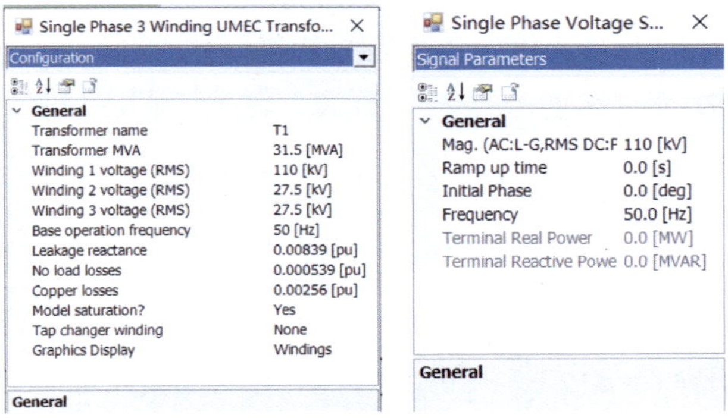

图 6-12　变压器元件的参数配置

变压器铁芯磁通饱和特性采用经典模型时,绕组的非线性伏安特性曲线用拐点电压(knee point)、空芯电抗(air core reactance)和额定电压下的励磁电流(magnetizing current)三个参数共同表示。伏安特性曲线及磁通饱和参数配置如图 6-13 所示。拐点电压反映绕组的磁通开始进入饱和状态，取值为额定电压的 115%～125%。空芯电抗反映绕组通过大电流时不饱和状态，空芯电抗值不确定时，按经验可取绕组漏抗的 2 倍左右。励磁电流反映绕组空载维持的基本磁通，可取额定空载电流。

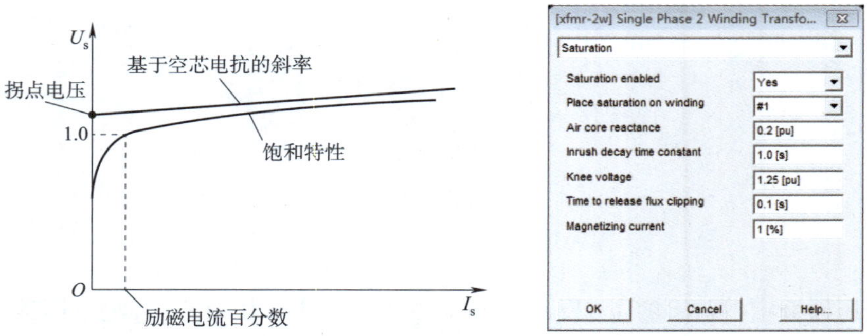

(a)伏安特性曲线　　(b)磁通饱和参数配置

图 6-13　经典模型的变压器伏安特性曲线及磁通饱和参数配置

变压器铁芯磁通饱和特性采用统一磁路模型时，绕组的伏安特性曲线用离散插值方法来处理非线性问题。磁通饱和参数配置如图 6-14 所示，可设 10 个电流/电压插值点，饱和栏(Enable Saturation)须填写为 1；各点的电流、电压分别以额定电流、额定电压为基准值，用百分数表示；第一个点非零。

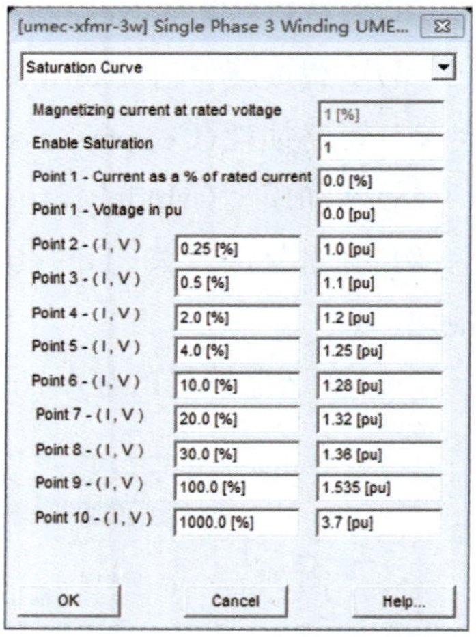

图 6-14　统一磁路模型变压器磁通饱和的参数配置

3. 变压器的简化

为了减小搭建的仿真模型，可将牵引变电所、AT 所、分区所和开闭所中单相变压器简化为 Γ 形元件，阻抗参数归算到 27.5 kV 侧的计算式如下：

(1)短路电抗(Ω)：$X_T=U_d(\%)\dfrac{U_e^2}{S_e}\times 10$，$U_d(\%)$为短路电压百分数，也称阻抗电压百分数；$S_e$ 为单相变压器额定容量(kV·A)，$U_e=27.5$ kV。

(2)短路电阻(Ω)：$R_T=\Delta P_k\dfrac{U_e^2}{S_e^2}\times 10^3$，$\Delta P_k$ 为额定短路损耗功率(kW)，也称负荷损耗；S_e、U_e 同上。

(3)励磁电纳(S)：$B_m=I_0\%\dfrac{S_e}{U_e^2}\times 10^{-5}$，$I_0\%$为额定空载电流百分数；$S_e$、$U_e$ 同上。

(4)励磁电导(S)：$G_m=\dfrac{\Delta P_0}{U_e^2}\times 10^{-3}$，$\Delta P_0$ 为额定空载损耗功率(kW)；U_e 同上。

如果简化 VX 变压器,需要将 220 kV 系统的电源及线路电抗归算到 55 kV 牵引侧。

4. 互感器

电磁式压互实质上是小容量的空载变压器,可用 PSCAD 元件库中 PT 或单相变压器模型进行配置。不考虑 PT 铁磁饱和时,可直接采用 PSCAD 的电压表监测。

电磁式流互是一次绕组为 1 匝、二次绕组多匝的电流变换器,几乎不参与系统电磁暂态。为了使仿真模型简洁,可以不用 CT,直接采用 PSCAD 的电流表监测。

5. 断路器(开关)

供电系统中实际控制线路通断的开关包括隔离开关和断路器,隔离开关需要按照规则与断路器联动,不参与电磁暂态过程,仿真中只用断路器。PSCAD 的 master 库中 Breaker 开关元件,分单相开关和三相开关。三相开关的连接方式分单线或三线式,如图 6-15 所示。开关动作的控制,分为时控型(按照预定的时间进行计划性分合闸、故障跳闸、自动重合闸)、压控型(根据作用在开关上的预设电压值决定开关的分合)。开关动作需用控制动作的逻辑(Logic)模块来确定;如果要控制多个断路器的分合闸顺序以及分合时刻等,可用元件库(SEQUENCERS)中的 Sequencer Breaker。

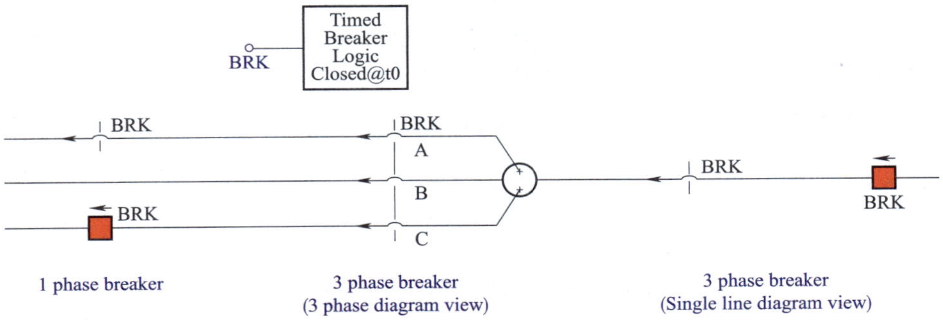

图 6-15　断路器(Breaker)元件

开关(BRK)基本参数配置如图 6-16 所示,主要参数包括:

(1)开关名称(Breaker Name):填写开关名称。同一个仿真工程中,可以使用多个开关,各个开关的名称和控制开关的逻辑模块,必须一一对应,否则会出错。

(2)运行方式(Open possible if current flowing):选择 Yes,表示理想开关,可断开任何电流;选择 No,表示非理想开关,电流过零时才断开。非理想开关的断口须连接电阻:断开时电阻>100 MΩ,闭合时电阻<5 mΩ。

(3)合闸电阻(Use Pre-insertion Resistance):选择开关是否带合闸电阻。

(4)开关符号显示形式(Graphics Display):选择“Low Voltage”,开关显示为线条;选择“High Voltage”,开关显示为小方块,代表开关闭合(ON)运行的方块为红色,代表开关断开

(OFF)的方块为绿色,如图 6-15 所示。

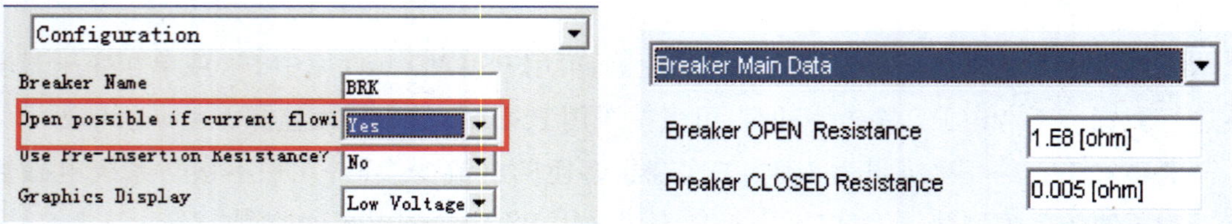

(a)开关形式　　　　(b)非理想开关的断口电阻配置

图 6-16　开关(BRK)基本参数配置

如果仿真中有电流源 $I(t)$,开断 $I(t)$时需注意:必须保持电流源有自己的回流通道,可给电流源并联一个数百 kΩ 的大电阻 R,如图 6-17 所示,否则,开关断不开,发生运行错误。

时控开关动作的 Logic(BRK-Time Breaker Logic)参数配置,如图 6-18 所示,主要参数包括:

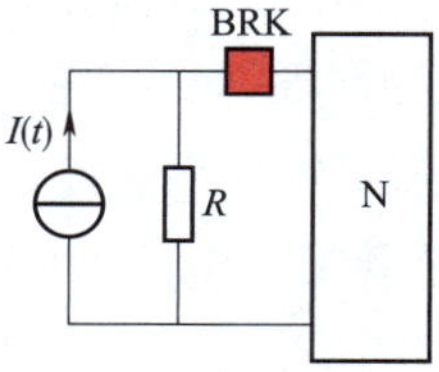

图 6-17　控制电流源的开关回路

(1)开关初始状态(Initial State):选择开关仿真运行的初始状态,闭合(Close)或断开(Open)。

(2)开关动作次数(# of Breaker Operations):可选为 1 或 2。

(3)第一次动作时刻(Time of First Breaker Operation):单位为 s(从仿真开始计算);不能大于工程的仿真时间。

(4)第二次动作时刻(Time of 2nd Breaker Operation):单位为 s;不能大于工程的仿真时间。

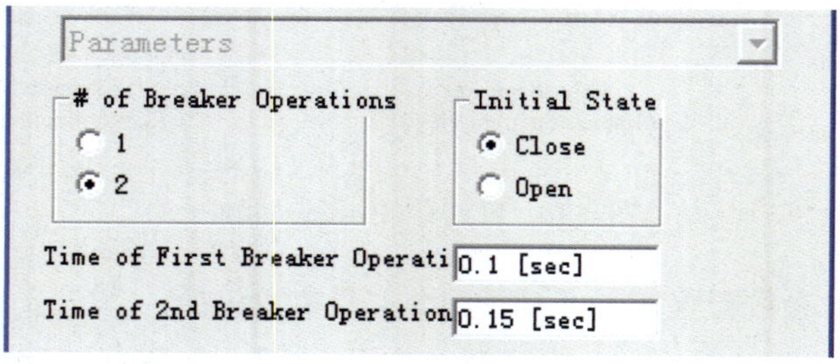

图 6-18　开关动作 Logic 配置

6. 避雷器

金属氧化物避雷器(MOA),在 PSCAD 元件中是一个非线性电阻,参数配置如图 6-19 所示,包括:

(1)避雷器名称(Arrester Name):用户自定。

(2)额定电压(Arrester Voltage Rating):按照实际填写。

(3)并联避雷器阀片组数(# of Parallel Arrester Stacks):一般为 1。

(4)非线性化(Enable Non-linear Characteristic):填写 1,启用非线性;填 0,禁用非线性。

(5)伏安特性(*I-V* Characteristic):选择用户自定义(User defined),并填写避雷器的伏安特性数据,共有 11 个 *I-V* 点,第 1 个点不能为 0.0。如果第 1 个点为 0.0,则 MOA 按照表 6-4 所示默认的 *I-V* 关系执行。电流单位 kA,电压采用以额定电压(kV)为基准的标幺值。

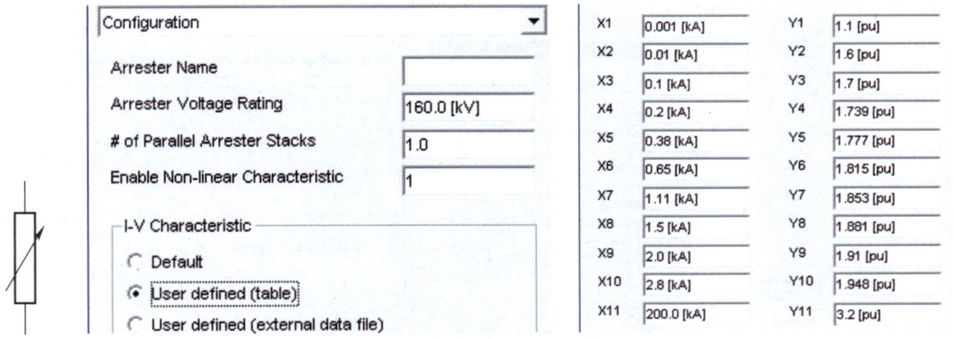

图 6-19　避雷器(MOA)参数配置

表 6-4　MOA 默认 *I-V* 关系

I	0.001	0.010	0.100	0.200	0.380	0.650	1.110	1.500	2.000	2.800	200
V	1.100	1.600	1.700	1.739	1.777	1.815	1.853	1.881	1.910	1.948	3.200

7. 电缆

牵引变电所馈线上网电缆采用 XLPE 单芯电缆。电缆的特征是等值电容较大,如果电缆长度不大,可以用一个等值电容代替。如果电缆较长,采用 PSCAD 元件库中单芯电缆元件,参数配置如图 6-20 所示,包括:

(1)一般性(General)定义

①电缆段名称(Segment Name):自定义。

②稳态频率(Steady-State Frequency):50 Hz。

③电缆段长度(Segment Length):单位为 km。

④导线相数(Number of Conductors):单芯电缆为 1。

⑤终端方式(Termination Style):长电缆远端(Remote Ends)。

(2)导线耦合(Mutual Coupling)参数定义

①耦合段标记(Coupling of this Segment):单芯电缆由于外壳金属屏蔽,不考虑耦合,选 to disabled。

②耦合段电缆标签名(Coupled segment tag name):自定义。对无耦合段无效。

③耦合电缆敷设状态(Horizontal translation of this):一般为水平敷设。对无耦合段无效。

④耦合电缆段的描述(This segment is):对无耦合段无效,不用描述(not the reference)。

(3)同轴单芯电缆的结构数据

①内半径(Inner Radius):导体芯线半径,单位为 mm。

②外半径(Outer Radius):绝缘体外半径,单位为 mm。

③电阻率(Resistivity):分别对应导体芯的电阻率,或绝缘体的电阻率,单位为 Ω · m。

④相对介电系数(Relative Permeability):绝缘体的相对介电系数。

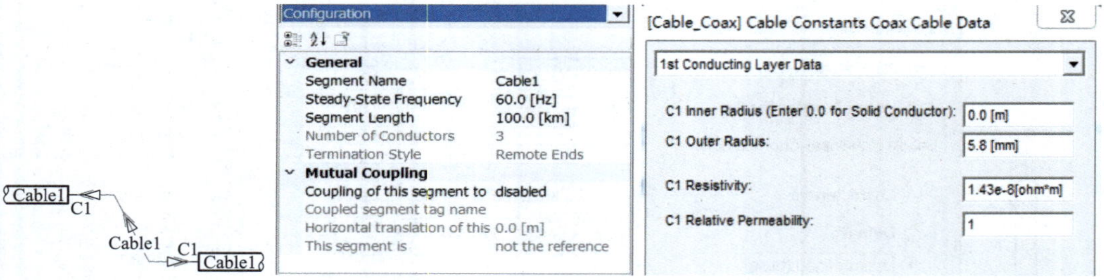

图 6-20　电缆参数配置

6.4.3　牵引网元件与参数配置

1. AT 变压器

牵引网中 AT 所、分区所的 AT 变压器,由铁芯上两个匝数相等的线圈串联构成,采用 PSCAD 元件库中自耦变压器,参数配置如图 6-21 所示,主要包括:

(1)变压器额定容量(Transformer MVA):按照实际情况填写。

(2)基本运行频率(Base operation frequency):50 Hz。

(3)漏抗(Leakage reactance):以标幺值方式填写,基准值为变压器的额定值。

(4)空载损耗(No load losses):以标幺值方式填写,基准值为变压器的额定值。

(5)短路损耗(Copper losses):以标幺值方式填写,基准值为变压器的额定值。

(6)理想变压器模型(Ideal transformer model):不考虑铁芯磁通饱和时为 No。

(7)有载分接开关(On load tap changer):仿真中一般不改变分接开关,填 No。

(8)AT 变压器的高压(HV)和低压(LV)侧的电压(有效值,kV),按实际填写在各自电压栏。

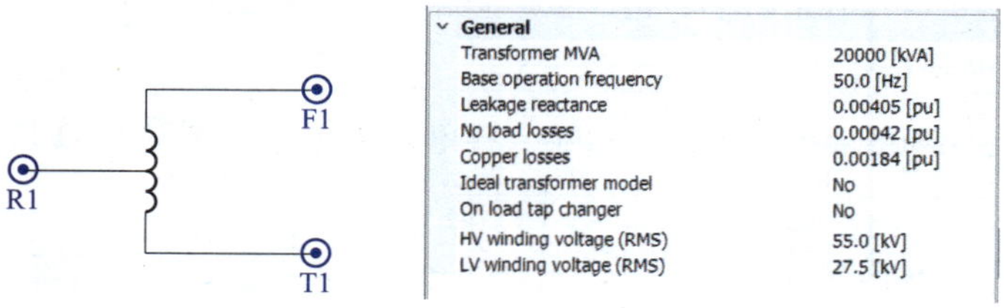

图 6-21　自耦变压器元件及参数配置

2. 牵引网

尽管牵引网是供电线路，PSCAD 中“More on Transmission Lines”输电线元件库中有分布参数的单相、三相线路模块，但这些模块面向电力输电线，与牵引网有较大差别，例如，三相线路的三相电压电流相位差 120°，线路中间无法连接可移动的单相负荷(动车组)。采用 PSCAD 元件库中独立的 R、L、C 元件，搭建仿真的牵引网更灵活，设置架空导线之间的电磁耦合关系更方便。

(1)牵引网化简——降阶法

复线铁路(忽略综合贯通地线，或将其与钢轨合并之后)的全并联牵引网纵向共有 12 根平行导线：接触线、承力索、正馈线、PW 线，钢轨，横向连接有牵引变电所、AT 所、分区所的馈线电缆，以及 CPW 线等。将同一路的接触线与承力索合并，两条钢轨合并为一条等值钢轨(还可含综合贯通地线)，牵引网 6×2 根导线就可以简化为 4×2 根导线。显然，相应接触网的阻抗、容抗(或电容)参数也要进行合并化简。

①4 导线等值牵引网的阻抗变换

首先，对 6 导线分别标记为：C(承力索)、J(接触线)、F(正馈线)、P(保护线)、A 和 B(两条钢轨)，导线合并后，4 导线等值牵引网的导线标记为：T(接触网)、F(正馈线)、P(保护线)与 R(钢轨)。

6 导线纵向(x 方向)的电压变化，可以表示为

$$\frac{\mathrm{d}}{\mathrm{d}x}\begin{bmatrix}U_C\\U_J\\U_F\\U_P\\U_A\\U_B\end{bmatrix}=\begin{bmatrix}Z_{CC}&Z_{CJ}&Z_{CF}&Z_{CP}&Z_{CA}&Z_{CB}\\Z_{JC}&Z_{JJ}&Z_{JF}&Z_{JP}&Z_{JA}&Z_{JB}\\Z_{FC}&Z_{FJ}&Z_{FF}&Z_{FP}&Z_{FA}&Z_{FB}\\Z_{PC}&Z_{PJ}&Z_{PF}&Z_{PP}&Z_{PA}&Z_{PB}\\Z_{AC}&Z_{AJ}&Z_{AF}&Z_{AP}&Z_{AA}&Z_{AB}\\Z_{BC}&Z_{BJ}&Z_{BF}&Z_{BP}&Z_{BA}&Z_{BB}\end{bmatrix}\begin{bmatrix}I_C\\I_J\\I_F\\I_P\\I_A\\I_B\end{bmatrix}\tag{6-46}$$

式中，电压 U、电流 I 下标分别对应 6 根导线名称，阻抗 Z 下标双字母相同为单位长度的自阻抗，不同字母为下标对应名称的导线单位长度的互阻抗。

为了使 6 导线合并为 4 导线，式(6-46)阻抗矩阵需要降阶，将矩阵方程简化为 4 行。式(6-46)逆变为

$$\begin{bmatrix}I_C\\I_J\\I_F\\I_P\\I_A\\I_B\end{bmatrix}=\begin{bmatrix}Y_{CC}&Y_{CJ}&Y_{CF}&Y_{CP}&Y_{CA}&Y_{CB}\\Y_{JC}&Y_{JJ}&Y_{JF}&Y_{JP}&Y_{JA}&Y_{JB}\\Y_{FC}&Y_{FJ}&Y_{FF}&Y_{FP}&Y_{FA}&Y_{FB}\\Y_{PC}&Y_{PJ}&Y_{PF}&Y_{PP}&Y_{PA}&Y_{PB}\\Y_{AC}&Y_{AJ}&Y_{AF}&Y_{AP}&Y_{AA}&Y_{AB}\\Y_{BC}&Y_{BJ}&Y_{BF}&Y_{BP}&Y_{BA}&Y_{BB}\end{bmatrix}\frac{\mathrm{d}}{\mathrm{d}x}\begin{bmatrix}U_C\\U_J\\U_F\\U_P\\U_A\\U_B\end{bmatrix}\tag{6-47}$$

在式(6-47)中，自导纳 Y_{jj} 对应自阻抗 Z_{jj}，互导纳 Y_{ij} 对应互阻抗 Z_{ij}，合并导线 C-J、A-B 时，需要计入相应导线的电压电流和变化：$U_T=U_J=U_C$，$\frac{dU_T}{dx}=\frac{dU_J}{dx}=\frac{dU_C}{dx}$，$U_R=U_A=U_B$，$\frac{dU_R}{dx}=\frac{dU_A}{dx}=\frac{dU_B}{dx}$；$I_T=I_J+I_C$，$I_R=I_A+I_B$，则式(6-47)可得

$$\begin{bmatrix} I_T \\ I_F \\ I_P \\ I_R \end{bmatrix}=\begin{bmatrix} Y_{CC}+Y_{CJ}+Y_{JC}+Y_{JJ} & Y_{CF}+Y_{JF} & Y_{CP}+Y_{JP} & Y_{CA}+Y_{CB}+Y_{JA}+Y_{JB} \\ Y_{FC}+Y_{FJ} & Y_{FF} & Y_{FP} & Y_{FA}+Y_{FB} \\ Y_{PC}+Y_{PJ} & Y_{PF} & Y_{PP} & Y_{PA}+Y_{PB} \\ Y_{AC}+Y_{AJ}+Y_{BC}+Y_{BJ} & Y_{AF}+Y_{BF} & Y_{AP}+Y_{BP} & Y_{AA}+Y_{AB}+Y_{BA}+Y_{BB} \end{bmatrix}\frac{d}{dx}\begin{bmatrix} U_T \\ U_F \\ U_P \\ U_R \end{bmatrix}$$
$$=[Y_4]\frac{d}{dx}\begin{bmatrix} U_T \\ U_F \\ U_P \\ U_R \end{bmatrix} \tag{6-48}$$

对式(6-48)的系数矩阵进行求逆，就是对应的 4 导线等值牵引网的单位长度阻抗矩阵 $[Z_4]$，即

$$[Z_4]=[Y_4]^{-1}=\begin{bmatrix} Y_{CC}+Y_{CJ}+Y_{JC}+Y_{JJ} & Y_{CF}+Y_{JF} & Y_{CP}+Y_{JP} & Y_{CA}+Y_{CB}+Y_{JA}+Y_{JB} \\ Y_{FC}+Y_{FJ} & Y_{FF} & Y_{FP} & Y_{FA}+Y_{FB} \\ Y_{PC}+Y_{PJ} & Y_{PF} & Y_{PP} & Y_{PA}+Y_{PB} \\ Y_{AC}+Y_{AJ}+Y_{BC}+Y_{BJ} & Y_{AF}+Y_{BF} & Y_{AP}+Y_{BP} & Y_{AA}+Y_{AB}+Y_{BA}+Y_{BB} \end{bmatrix}^{-1} \tag{6-49}$$

②4 导线等值牵引网的电容变换

根据多导线的电位与导线上电荷的关系，6 导线上电荷 Q 与电压 U 的关系为

$$\begin{bmatrix} Q_C \\ Q_J \\ Q_F \\ Q_P \\ Q_A \\ Q_B \end{bmatrix}=\begin{bmatrix} C_{CC} & C_{CJ} & C_{CF} & C_{CP} & C_{CA} & C_{CB} \\ C_{JC} & C_{JJ} & C_{JF} & C_{JP} & C_{JA} & C_{JB} \\ C_{FC} & C_{FJ} & C_{FF} & C_{FP} & C_{FA} & C_{FB} \\ C_{PC} & C_{PJ} & C_{PF} & C_{PP} & C_{PA} & C_{PB} \\ C_{AC} & C_{AJ} & C_{AF} & C_{AP} & C_{AA} & C_{AB} \\ C_{BC} & C_{BJ} & C_{BF} & C_{BP} & C_{BA} & C_{BB} \end{bmatrix}\begin{bmatrix} U_C \\ U_J \\ U_F \\ U_P \\ U_A \\ U_B \end{bmatrix} \tag{6-50}$$

式中，电荷 Q、电压 U 下标分别对应 6 导线名称，电容 C 下标双字母相同为单位长度的自电容，不同字母为下标对应名称的导线单位长度的互电容。

在式(6-50)中，合并导线 C-J、A-B 时，需要计入相应导线的电压和电荷：$U_T=U_J=U_C$，$U_R=U_A=U_B$，$Q_T=Q_J+Q_C$，$Q_R=Q_A+Q_B$，则式(6-50)可得

$$\begin{bmatrix} Q_T \\ Q_F \\ Q_P \\ Q_R \end{bmatrix} = \begin{bmatrix} C_{CC}+C_{CJ}+C_{JC}+C_{JJ} & C_{CF}+C_{JF} & C_{CP}+C_{JP} & C_{CA}+C_{CB}+C_{JA}+C_{JB} \\ C_{FC}+C_{FJ} & C_{FF} & C_{FP} & C_{FA}+C_{FB} \\ C_{PC}+C_{PJ} & C_{PF} & C_{PP} & C_{PA}+C_{PB} \\ C_{AC}+C_{AJ}+C_{BC}+C_{BJ} & C_{AF}+C_{BF} & C_{AP}+C_{BP} & C_{AA}+C_{AB}+C_{BA}+C_{BB} \end{bmatrix} \begin{bmatrix} U_T \\ U_F \\ U_P \\ U_R \end{bmatrix} = [C_4] \begin{bmatrix} U_T \\ U_F \\ U_P \\ U_R \end{bmatrix} \tag{6-51}$$

式(6-51)的系数矩阵，就是对应 4 导线等值牵引网的单位长度电容矩阵$[C_4]$，即

$$[C_4] = \begin{bmatrix} C_{CC}+C_{CJ}+C_{JC}+C_{JJ} & C_{CF}+C_{JF} & C_{CP}+C_{JP} & C_{CA}+C_{CB}+C_{JA}+C_{JB} \\ C_{FC}+C_{FJ} & C_{FF} & C_{FP} & C_{FA}+C_{FB} \\ C_{PC}+C_{PJ} & C_{PF} & C_{PP} & C_{PA}+C_{PB} \\ C_{AC}+C_{AJ}+C_{BC}+C_{BJ} & C_{AF}+C_{BF} & C_{AP}+C_{BP} & C_{AA}+C_{AB}+C_{BA}+C_{BB} \end{bmatrix} \tag{6-52}$$

(2)牵引网基本单元

对 4 导线等值牵引网，一般区段可采用 1～3 km 长度作为一个基本单元；对一些特殊区段，如隧道(洞内外牵引网参数有所不同)、大型车站(多股道的接触网呈分组并联状态)，需要单独划为一个单元。有设备接入牵引网的位置，如 CPW 线、AT 所、馈线上网连接点等，要划在基本单元之外，才能够连接搭建的模型；接触线与交流车的连接，也需要预留接口。各导线(含钢轨、CPW 线)的电阻(含对地泄漏电阻)、电感、电容(含互电容)，采用独立的电阻、电感、电容元件进行连接，其参数配置如图 6-22 所示，包括电阻(Resistance)，单位为 Ω；电感(Inductance)，单位为 H；电容(Capacitance)，单位为 μF。

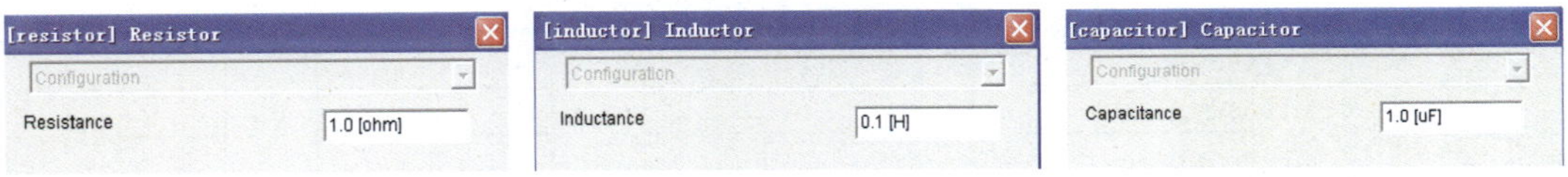

图 6-22 电阻、电感、电容元件参数配置

考虑牵引网的架空导线存在电磁耦合，在复线 4×2 全并联牵引网的基本单元中，8 根导线用多个“两导线耦合”元件反映互感影响，如图 6-23 所示。互感元件及参数配置如图 6-24 所示，主要参数包括：

①导线一的自电感(Self Inductance，Ph1)：单位为 mH。

②导线二的自电感(Self Inductance，Ph2)：单位为 mH。

③两导线之间的互感(Mutual Inductance)：单位为 mH。

④导线一的电阻(Resistance，Ph1)：单位为 Ω。

⑤导线二的电阻(Resistance,Ph2):单位为 Ω。

⑥互感符号的图形显示(Graphic Display):一般选择 Individual phase view。

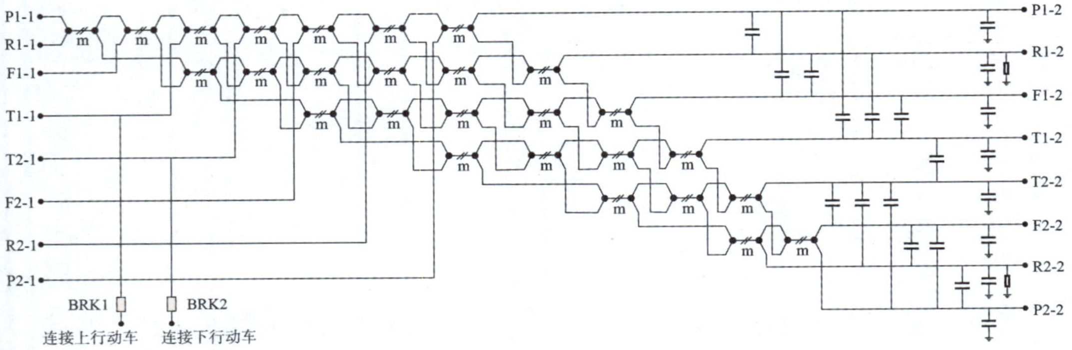

图 6-23　复线牵引网(忽略导线电阻和电感)基本单元

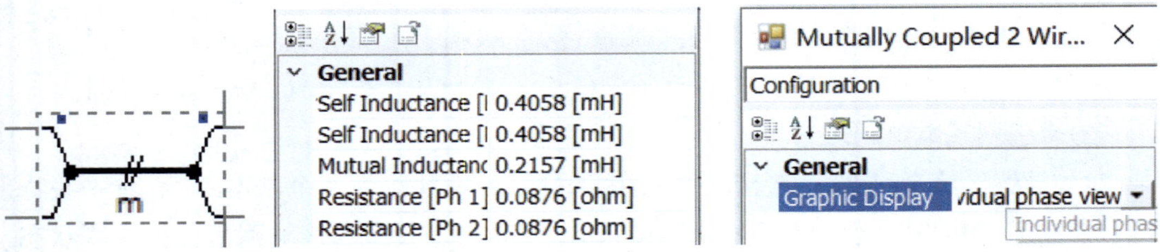

图 6-24　互感元件及参数配置

(3)牵引网模块

将 1～3 km 长度的基本单元进行级联,如图 6-25 所示。为简化搭建模型,可将多个基本单元封装在一起,引出接线端连接变电所、AT 所、分区所设备;连接交流车要采用开关"BRK"元件,以便切换位置。

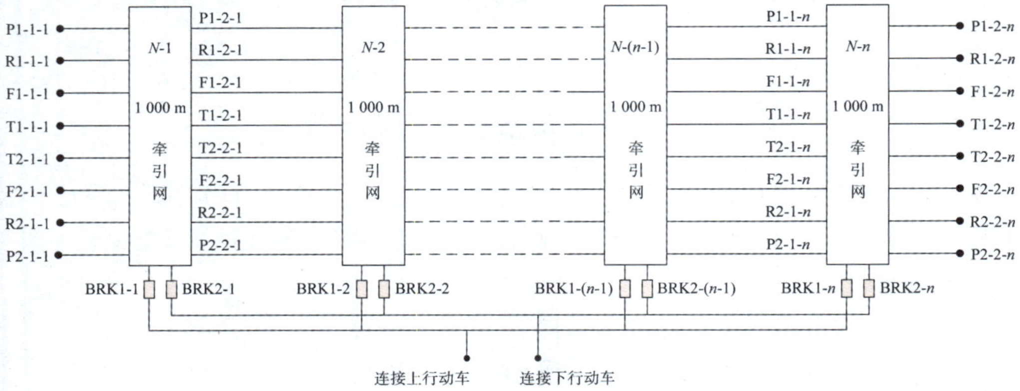

图 6-25　牵引网基本单元级联

(4)仿真关注的信息与仿真波形输出

PSCAD 的 meters 库中有电压表(Voltmeter)、电流表(Ammeter)、有功/无功功率表(Real/Reactive Power Meter)等,可以用于电气信息测量。对于牵引网中关注点的电压或电流数据,选用 PSCAD 的电压或电流表进行监测。仿真数据通过数据信号标签(Data signal label)导入仿真示波器元件输出通道(Output channel),用图形在线显示,也可以采用输出文件给出。

6.4.4　交流车模块

根据 6.2 节的分析,导致车网耦合谐振的根源是交流车向接触网注入谐波,工作原理的等值电路如图 6-2 所示。牵引电机和逆变器状态只影响直流回路,不与接触网关联,因此,仿真只考虑 PWM 调控的四象限整流器工况,将其作为一个可控的动态谐波源。基于交流车主电路,应用 PSCAD 的 Power Electronics 元件 IGBT,搭建交流车的变流单元仿真模块如图 6-26 所示,直流负荷简化为电阻,可改变牵引取流状态。

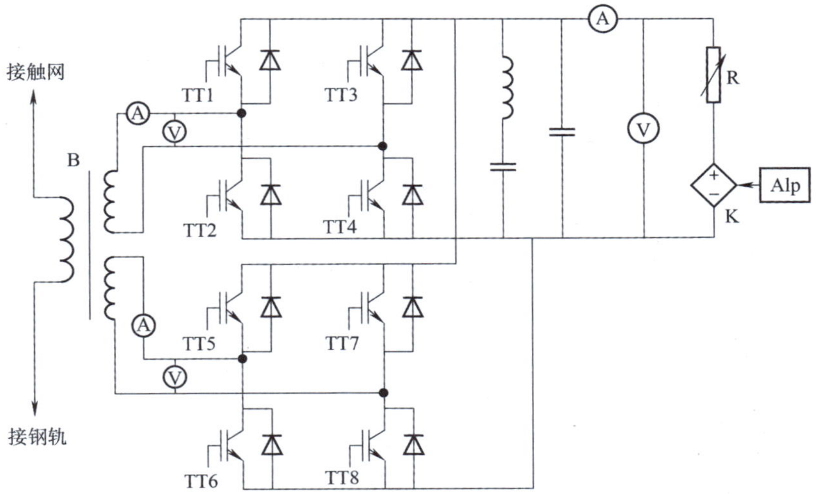

图 6-26　交流车变流单元(含两个四象限整流器)仿真模块

变流单元仿真模块的核心元件是 IGBT,由门极触发脉冲控制其导通或截止,参数配置如图 6-27 所示,主要包括:

(1)导通电阻(Thyristor ON Resistance):单位为 Ω。

(2)截止电阻(Thyristor OFF Resistance):单位为 Ω。

(3)正向压降(Forward Voltage Drop):单位为 kV。

(4)正向导通电压(Forward Breakover Voltage):单位为 kV;正向电压超过该值,则 IGBT 导通。

(5)反向击穿电压(Reverse Withstand Voltage):单位为 kV;反向电压超过该值,则

IGBT 损坏失效。

(6)最小熄弧时间(Minimum Extinction Time):单位为 s。

(7)缓冲电路的电阻(Snubber Resistance):单位为 Ω。

(8)缓冲电路的电容(Snubber Capacitance):单位为 μF。

(9)触发角(Alpha in Seconds):单位为弧度。

(10)熄弧角(Gamma in Seconds):单位为弧度。

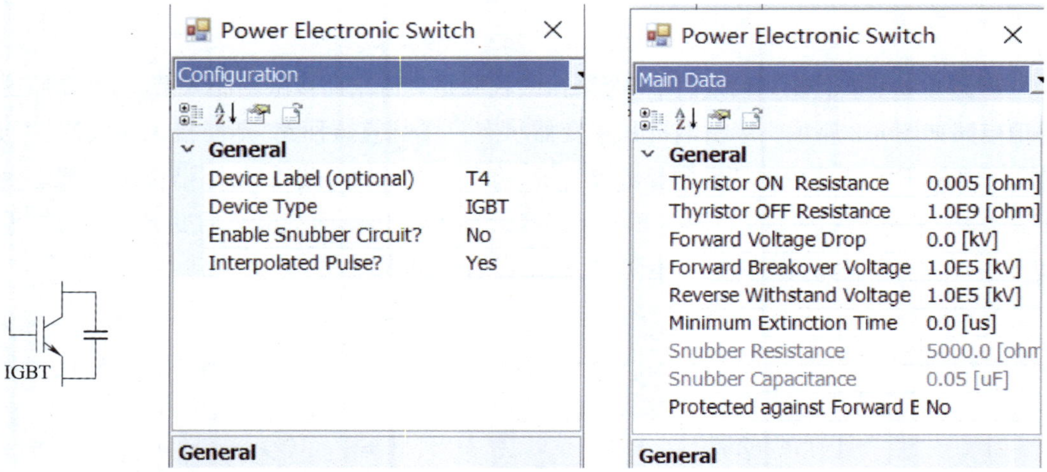

图 6-27　IGBT 参数配置

变流单元仿真模块的核心控制是四象限整流器的 PWM 控制,常用控制策略之一是瞬态直接电流控制,流程如图 6-28 所示,数学表达式为

$$\begin{cases} I_{s1} = K_{vP}(u_d^* - u_d) + \dfrac{1}{K_{vI}}\displaystyle\int (u_d^* - u_d)\mathrm{d}t \\ I_{s2} = i_d U_d / U_s \\ I_s^* = I_{s1} + I_{s2} \\ u_{ab}(t) = u_s(t) - \omega_0 L_s I_s^* \cos(\omega_0 t) - K_{iP}[I_s^* \sin(\omega_0 t) - i_s(t)] \end{cases} \tag{6-53}$$

式中　u_d^*——直流电压给定值;

u_d——直流回路的实际电压;

I_s^*——四象限整流器输入电流的给定有效值;

$i_s(t)$——四象限整流器实际电流;

K_{vP}、K_{iP}——电压、电流比例系数;

K_{vI}——积分系数;

i_d——直流回路负荷电流;

ω_0——基波角频率。

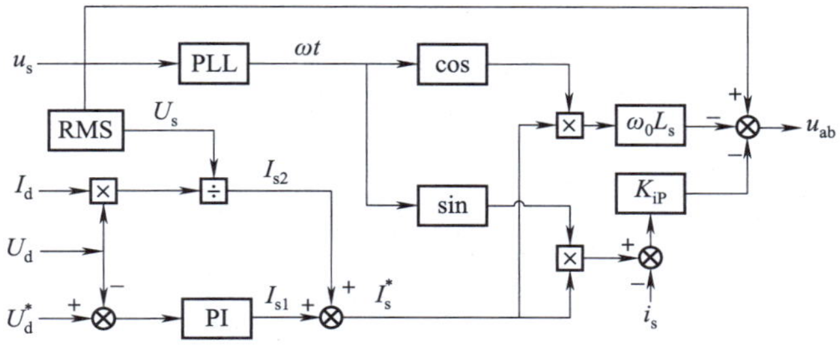

图 6-28　瞬态直接电流控制流程

四象限整流器控制仿真，应用 PSCAD 的 CSMF（Continuous Systems Modelling Functions）模块功能。CSMF 提供了线性和非线性控制元件，用这些元件组建控制系统，输出控制 IGBT 导通或截止及其他需要的信号。四象限整流器的控制主要应用的 CSMF 元件，如图 6-29 所示，分别为（加、减、乘、除）运算器、正弦信号、PI 控制器、信号发生器、信号比较器、锁相环。这些元件的作用分别是：①运算器，用来实现控制信号的数学运算。②正弦信号发生器，用来产生正弦信号；通用信号发生器，用来产生指定的载波信号。③信号比较器，用于比较调制波信号与载波信号产生 IGBT 的驱动信号。④PI 比例积分调节器，用来调节输出电压。⑤锁相环（PLL），通过输出“theta”函数，实现相位同步控制。PSCAD 搭建的瞬态直接电流控制模块如图 6-30 所示，四象限整流器两电平 PWM 调制模块如图 6-31 所示。

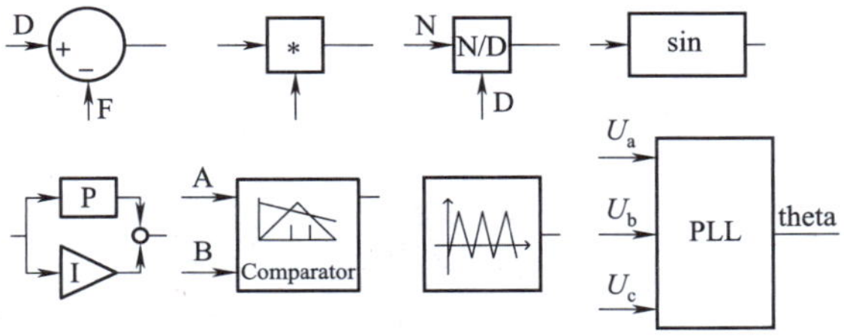

图 6-29　CSMF 元件

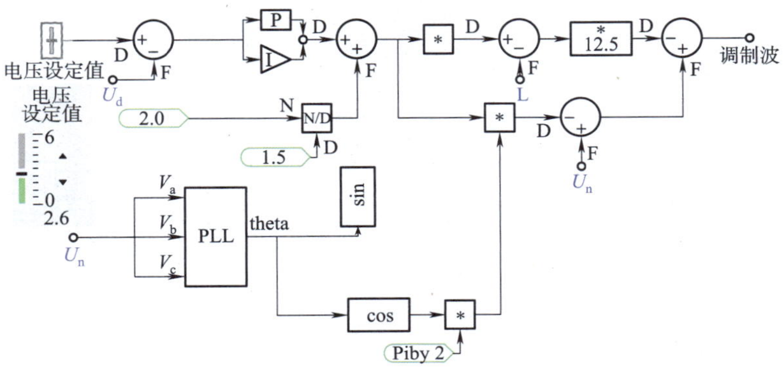

图 6-30　瞬态直接电流控制模块

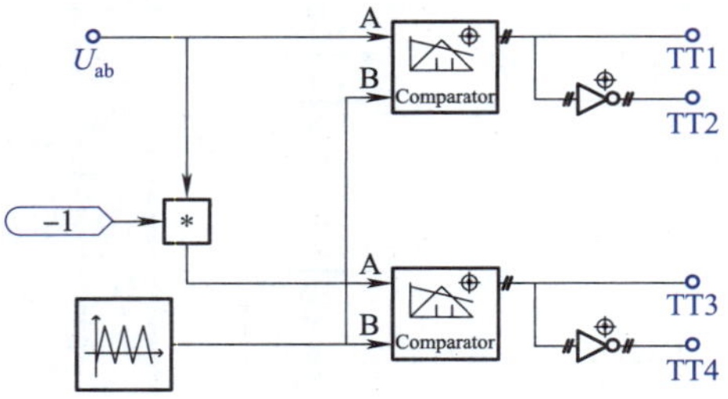

图 6-31　单相两电平 PWM 调制模块

在图 6-30 和图 6-31 所示控制模块中，PI 控制根据给定值与实际输出值构成控制偏差，将偏差的比例和积分通过线性组合构成控制量，使输出静态准确，动态响应迅速。锁相环相位同步控制，利用外部输入的参考信号控制环路内部振荡信号的频率和相位，当获取的输出信号频率与输入信号频率相等时，输出电压与输入电压保持固定的相位差值，并锁住输出电压与输入电压的相位，保持稳定且高频的时钟信号。PWM 调节，根据载荷变化来调制 IGBT 偏置，控制 IGBT 导通与截止时间，使输出电压在工作条件变化时保持恒定。将图 6-30 和图 6-31 结合构成四象限整流器控制模块，如图 6-32 所示，各控制元件配置界面如图 6-33、图 6-34 所示，参数配置说明如下：

(1)比例积分(Proportional Integral，PI)调节器参数

①比例增益系数(Proportional Gain)。

②积分时间常数(Integral Time Constant)：单位为 s。

③输出最大限值(Maximum Limit)。

④输出最小限值(Minimum Limit)。

⑤积分器初始输出值(Initial Output of Integrator)。

⑥积分方法(Integration Method)：可选择梯形法(Trapezoidal)、矩形法(Rectangular)。

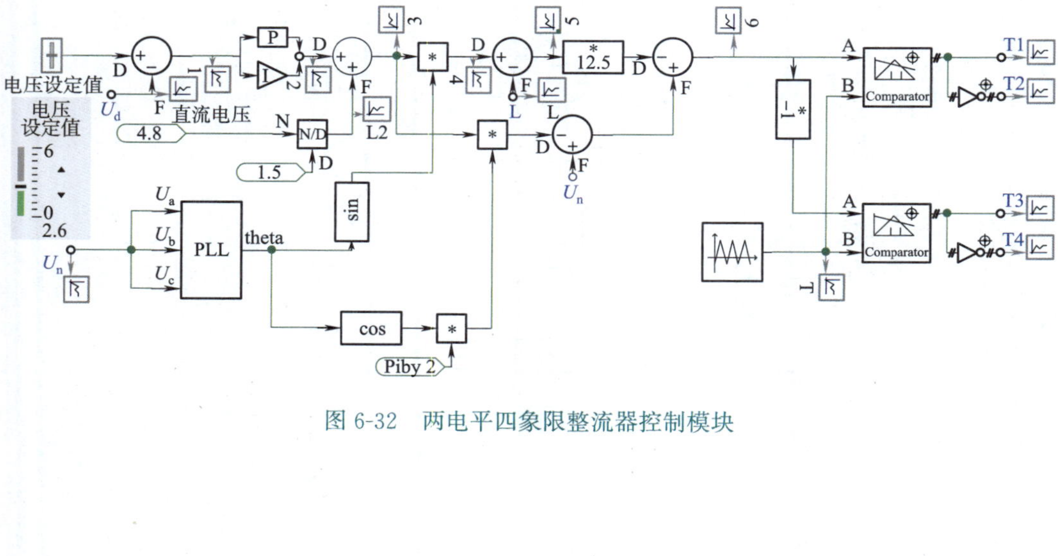

图 6-32　两电平四象限整流器控制模块

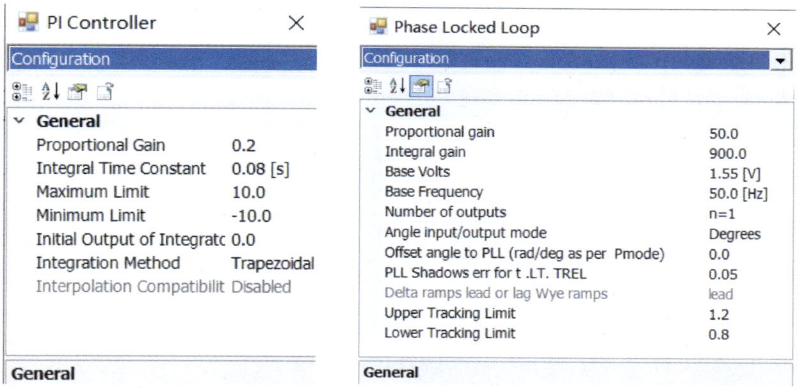

(a)PI 比例积分调节器　　　　(b)锁相环

图 6-33　PI、PLL 控制参数配置

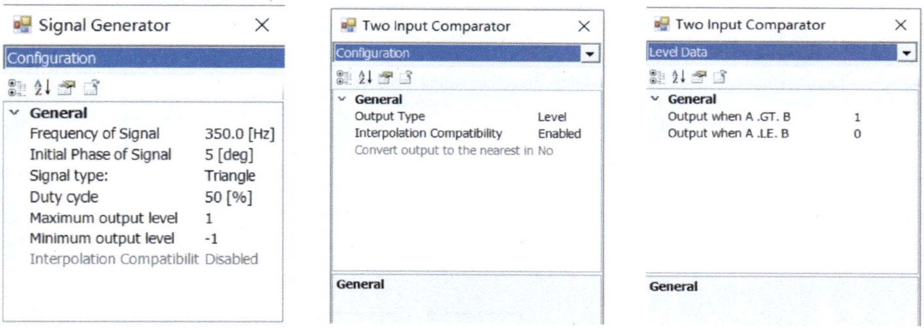

(a)信号发生器　　　　(b)输入比较器

图 6-34　PWM 控制参数配置

(2)PLL 控制器参数

①比例增益系数(Proportional Gain)。

②积分增益系数(Integral Gain)。

③基准电压(Base Volts)。

④基准频率(Base Frequency):50 Hz。

⑤信号输出数(Number of outputs)。

⑥输入/输出信号角度的制式(Angle input/output mode):可选度或弧度。

⑦PLL 补偿角(Offset angle to PLL):采用度或弧度。

⑧PLL 跟踪错误信号(PLL Shadows err for t. LT. TREL)。

⑨超前或滞后方式(Delta ramps lead or lag Wye ramps)。

⑩追踪上限系数(Upper Tracking Limit):以基准频率为参考。

⑪追踪下限系数(Lower Tracking Limit):以基准频率为参考。

(3)信号发生器(Signal Generator)参数

①输出载波信号频率(Frequency of Signal):按车型的实际参数选择,例如,CRH3 型动车组为 350 Hz。

②输出信号初相位(Initial Phase of Signal)。

③输出信号类型(Signal type):可选三角波(Triangle)或脉冲(Pulse)。

④输出信号占空比(Duty cycle):百分数。

⑤输出最大电平(Maximum output level)。

⑥输出最小电平(Minimum output level)。

(4)输入信号比较器(Two Input Comparator)参数

①输出类型(Output Type):可选电平型或脉冲型。

②内插值兼容性(Interpolation Compatibility):可选禁止(Disable)或启动(Enabled)。

③A 大于 B 输出值(Output when A. GT. B):1。

④A 小于 B 输出值(Output when A. LE. B):0。

完成参数配置的变流单元仿真模块,按照车型的变流器个数组合封装待用。例如,CRH3 型动车组有 2 个牵引单元,每个牵引单元含 2 个双重变流单元,两个牵引单元均工作,将 4 个变流单元并联,就构成 CRH3 型动车组仿真模块,如图 6-35 所示。

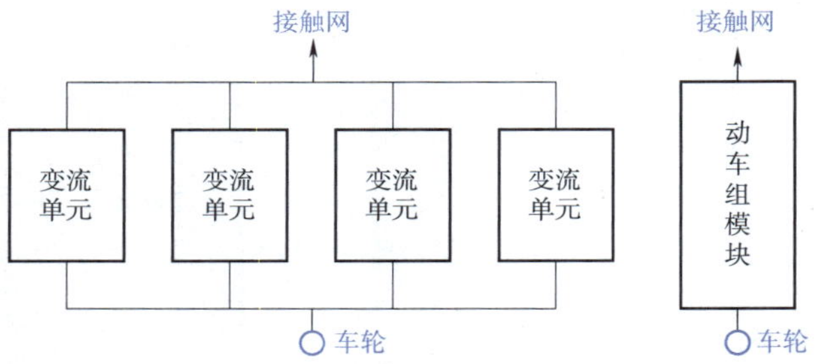

图 6-35　CRH3 型动车组仿真模块

6.4.5　车网模块连接

运动的动车组通过滑行的受电弓与接触线 T 连接,通过车轮与钢轨 R 连接,由于钢轨始终与电源零电位端连接,可认为车轮与钢轨为固定连接。受电弓滑行在不同位置的接触网上,电压、电流和阻抗都在变化,受电弓与接触网是动态连接。对动车组连续运动过程,在仿真中用受电弓与牵引网离散连接方式来模拟。采用 PSCAD 的“BRK”开关元件连接动车组与牵引网模块,根据行车方向和速度,确定牵引网封装模块的交流车接入顺序、确定交流车接入相邻牵引网封装模块的接入端之间的接入延迟或退出时间。“BRK”开关元件要启用任意电流可开断功能;另外,车的位置切换过程中,车和网上电压电流不得中断,电路中电感电容元件要保持“记忆”。为此,采取以下措施:

(1)连接动车组的牵引网单元长度尽量短,以便动车组位置切换中电压、电流变化量尽可能小。

(2)运用多“BRK”开关。假设一个供电臂的牵引网模块有 N 个接入端,则动车组模块与接触网连接就要设置 N 个“BRK”开关,如图 6-36 所示。按照行车速度确定每个相邻接入端之间的行车时间,然后按照行车方向依次接入或退出。位置切换时,前一个“BRK”断开动作延迟,直到后一个“BRK”开关完成连接。同理,也要按照实际间距和行车速度确定的时间,对牵引网封装模块内部依次连接“BRK”开关动作时间进行配置。

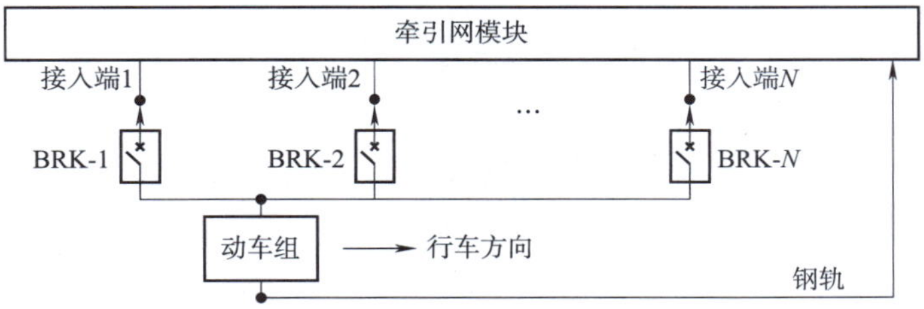

图 6-36　“运动”的动车组仿真连接

(3)如果同一个供电臂上运行多辆动车,需要牵引网模块上预留有相应的接入端。

一条 30 km 全并联牵引网上下行线路各有一辆动车运行的 PSCAD 车网联合仿真模型,如图 6-37 所示。

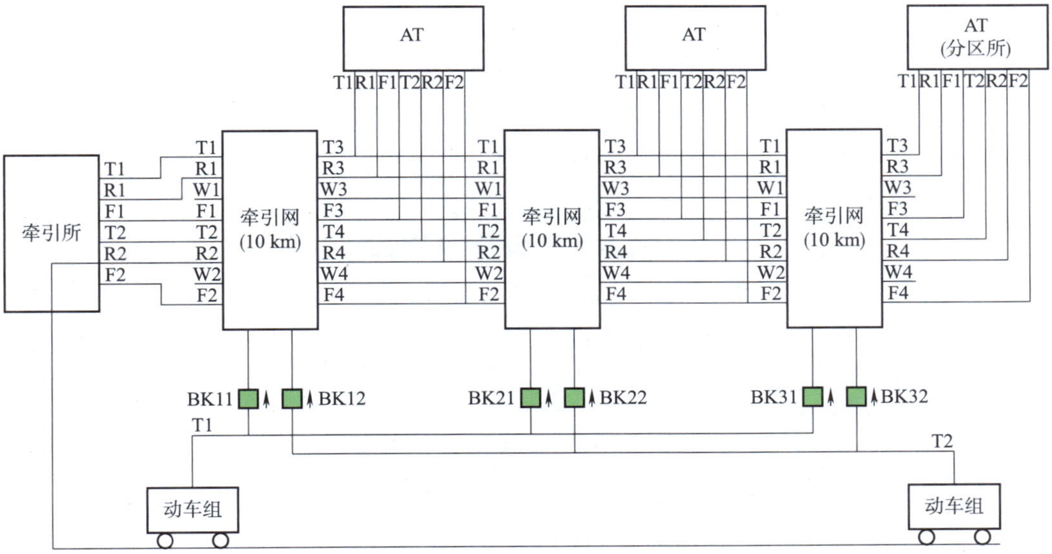

图 6-37　车网联合仿真模型

6.4.6 谐波阻抗测量

利用 PSCAD 的 meters 库中谐波阻抗测量元件(Interface to Harmonic Impedance Solution),扫描被测牵引网,可以测量出牵引网的谐波阻抗。测量元件只有一根连接线,电气回路的另外一根连接线在软件内部自动连接了 PSCAD 仿真模型的“地”端。测量条件默认为:被测牵引网中变压器、电磁式压互和避雷器等都没有饱和,电力电子器件均处于断开状态。测量条件要求:牵引网中电源置零(牵引变压器电源侧短路),去掉与牵引网谐波阻抗无关的交流车。测量结果是从测量元件接入端看入牵引网的等值阻抗,改变测量元件接入位置,就得到牵引网不同位置的谐波阻抗及频率特性,测量结果采用输出文件给出。测量元件如图 6-38 所示,主要参数配置包括:

(1)扫描最小频率(Min. Frequency):设置的谐波扫描最小频率不得小于 1。

(2)扫描最大频率(Max. Frequency):扫描范围的最大频率,按预估计填写。

(3)扫描频率增量(Frequency Increment Type):可选线性(Linear Scale)或对数(Log Scale)方式。

(4)扫描频率增量步长(Freq. Increment):采用整数,如 10 Hz。

(5)扫描频率(# of Frequencies):扫描的频率数。

(6)输出文件名(Output Filename):测量输出文件名称,自定义。

(7)谐波阻抗输出类型(Impedance Output Type):可选相阻抗(Phase Impedances)或序阻抗(Sequence Impedances)。

(8)频率输出单位(Frequency Output Units):单位为 Hz。

(9)谐波阻抗输出形式(Impedance Output Units):可选极坐标形式[Magnitude and Phase(Deg)]或直角坐标形式(Real, Imaginary)。

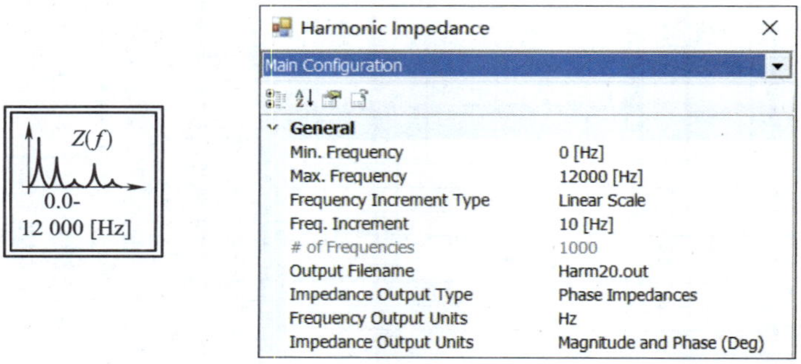

图 6-38 谐波阻抗测量参数配置

6.4.7 谐波频谱分析

分析车网耦合谐波谐振,少不了对牵引网中关注的电压电流数据进行频谱分析。

PSCAD 的 GSFM 库中在线频率扫描仪(On-Line Frequency Scanner),是一个在线 FFT(Fast Fourier Transform)元件,参数配置界面如图 6-39 所示,将监测数据导入,可以在线分析信号的谐波幅值和相位。由于监控数据的频谱分析是对仿真结果的分析,可以在仿真之后进行处理。为了集中精力和尽快完成仿真计算,可以把 PSCAD 仿真中的监测数据导出之后,采用其他软件,例如,在 matlab 中引用 FFT 函数也可以完成。

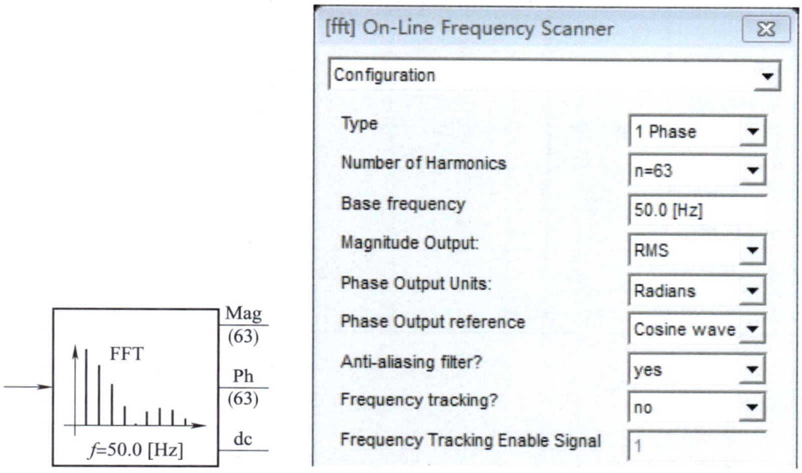

图 6-39　在线 FFT 参数配置

6.5　高 频 谐 振

6.5.1　仿真对象及模型

(1)电源系统短路容量 1 000 MV·A,电压等级 220 kV。VX 接线变压器电气参数见表 1-1。变压器与高压室 GIS 柜连接采用长度 105 m、3×400 mm^2 的 XLPE 单芯电缆,上网馈线为长度 610 m、3×300 mm^2 电缆;XLPE 单芯电缆的等值电容按表 1-5 参数计算。

(2)供电臂长度为 30 km,复线全并联牵引网结构的截面如图 1-24 所示,牵引网导线的电气参数见表 1-7。线路上间隔 10 km 设置 AT 所,末端设置开闭所,AT 变压器电气参数见表 1-8。钢轨为 P60 型,电气参数见表 1-6,泄漏电阻 100 Ω/km,大地电阻率取 100 Ω·m。

(3)仿真的交流车为 CRH3 型动车组。CRH3 型动车组为 8 辆编组车,由接触网 25 kV 供电,牵引功率为 8 800 kW,再生制动时为 8 000 kW。车上有两个牵引单元,每个牵引单元的主要设备包括 1 架受电弓、1 台车载牵引变压器、2 个变流器(两重化四象限变流器并联输出直流电)、2 个直流回路、2 个三相桥式逆变器、2 个控制单元和 8 个电机。CRH3 型动车组牵引单元的等值电路如图 6-2 所示,主要技术参数见表 6-5。

(4)根据上述条件,按照本章 6.4 节方法,取牵引网基本单元长度为 1 km,将 10 km 线路封装为一个牵引网模块，牵引变电所馈线电缆用等值电容代替，搭建的车网联合仿真模型如图 6-37 所示。为了突出四象限整流器向接触网注入谐波的影响，避免车顶电磁式压互可能发生铁磁谐振和避雷器动作的干扰，仿真模型中没有接入车顶压互和避雷器。关于车顶压互的铁磁谐振问题，在第 7 章 7.5 节讨论。

表 6-5　CRH3 型动车组主要电气参数

参数名称	参数取值	参数名称	参数取值
牵引变压器额定电压/kV	25	二次滤波电感/mH	0.634
变流器输入功率/kV·A	4×1 410	二次滤波电容/mF	4
变流器二次输出电压/V	1 550	中间支撑电容/mF	3
变流器载波频率/Hz	350	负荷电阻/Ω	7.4
直流环节电压/V	3 000	电流内环系数 K_{iP}	1
变压器漏电感/mH	5.4	电压外环系数 K_{vP}	0.5
变压器漏电阻/Ω	0.146	电压外环系数 K_{vi}	4

6.5.2　谐波源验证

在车网耦合谐振的联合仿真中，通过调整动车模块的四象限整流器工作参数来产生和改变谐波。仿真前对动车模块进行调试，重点验证搭建的动车组模块能够产生和改变谐波。忽略车载电器的损耗，动车组模块的直流负荷（电阻）取决于牵引电流。四象限整流器控制的主要参数：载波频率，K_{iP}、K_{vP} 和 K_{vi}，能够改变注入接触网的谐波频带。

1. 牵引与制动工况的测试

利用搭建的车网耦合模型进行仿真实验，实验获得四象限整流器输入端的电压、电流波形，如图 6-40 所示。电压与电流相位差为 0°～90°，吸收电能，呈牵引工况；电压与电流相位差为 180°～270°，反馈电能，呈再生制动工况；电压电流波形存在大量“锯齿”，谐波丰富；表明搭建的动车组模块可以作为谐波源进行车网耦合仿真。

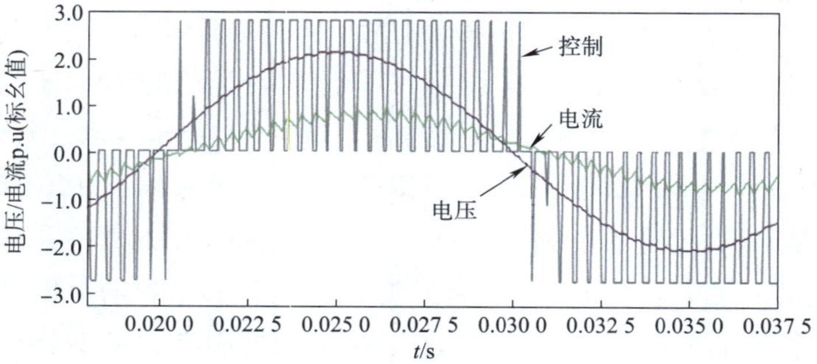

(a)牵引工况

图　6-40

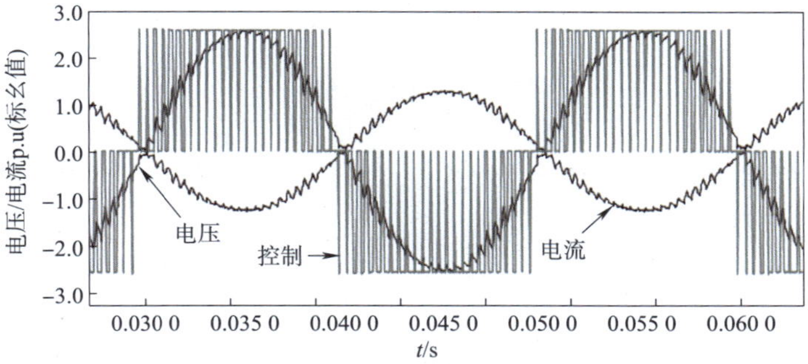

(b)制动工况

图 6-40　四象限整流器输入端电压、电流波形

2. 载波频率的影响

改变载波频率，分别取 250 Hz、350 Hz、450 Hz 和 1 250 Hz 时，仿真实验的接触网监测电压波形如图 6-41 所示，对应的频谱分布如图 6-42 所示。可见，无论载波频率如何变化，四象限整流器产生的谐波频带较宽，都是大于 50 Hz 的高频谐波，分布大致在数百 Hz 至数千 Hz；载波频率小于动车组的控制标准频率 350 Hz 时，频率低于 2 kHz 以下的谐波丰富；载波频率变大到 1 250 Hz，数千 Hz 的谐波幅值增加，且呈现分组状态。

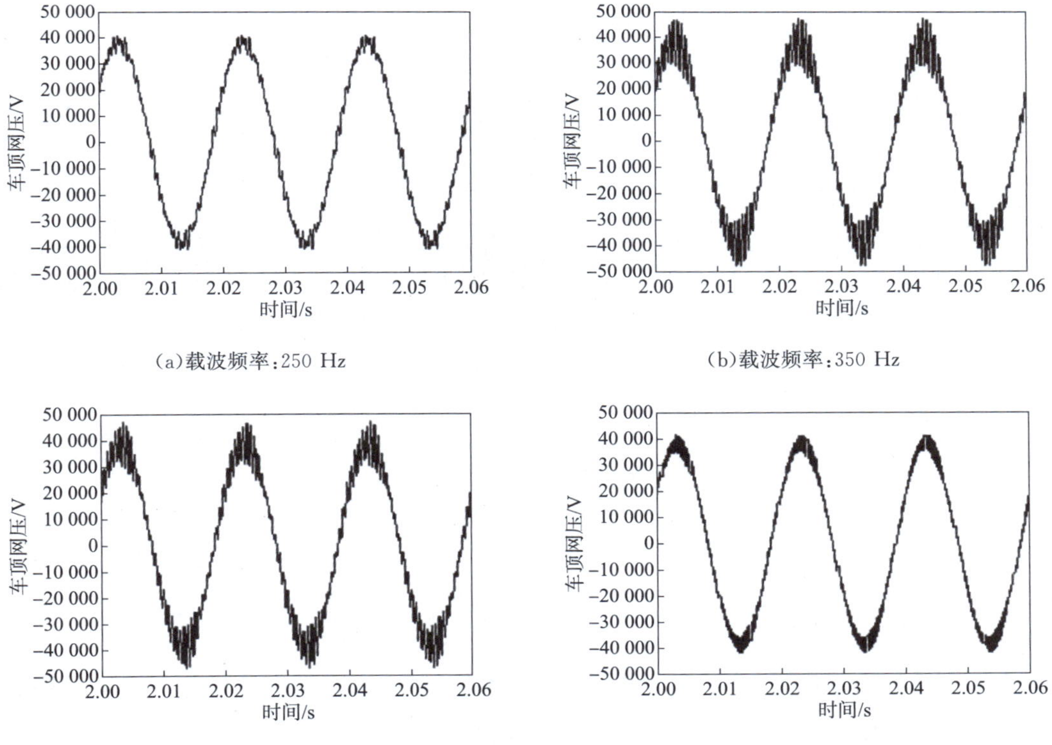

(a)载波频率：250 Hz

(b)载波频率：350 Hz

(c)载波频率：450 Hz

(d)载波频率：1 250 Hz

图 6-41　不同载波频率的网压波形

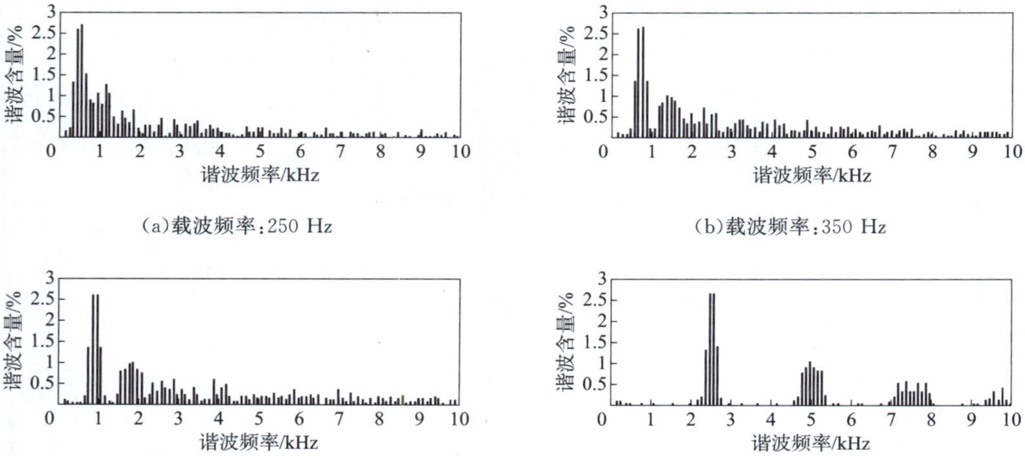

(a)载波频率：250 Hz　　(b)载波频率：350 Hz

(c)载波频率：450 Hz　　(d)载波频率：1 250 Hz

图 6-42　不同载波频率产生的谐波频谱

3. K_{iP}、K_{vP}和 K_{vi}参数的影响

其他条件不变，每次只改变一种参数，仿真结果表明，K_{iP}、K_{vP}和 K_{vi}参数变化主要影响网压的稳定性、波形的谐波含量和低频波动的频率。例如，减少 K_{iP}时，网压波动的频率有所减少，但谐波含量增加，使网压振荡幅值增大，网压波形如图 6-43 所示。

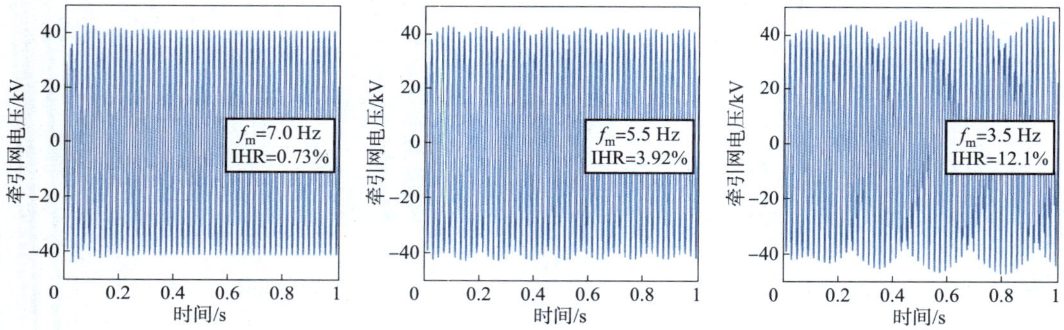

(a)$K_{iP}=2$　　(b)$K_{iP}=1$　　(c)$K_{iP}=0.5$

f_m—波动频率；IHR—谐波含有率。

图 6-43　参数 K_{iP}对网压及谐波影响

6.5.3　谐波阻抗测量

牵引网结构固定，有自己的固有振荡频率；车是运动的，车网耦合谐振属于并联谐振。车注入的谐波频率与牵引网固有振荡频率相等(合拍)，就发生车网耦合谐振。因此，预先了解牵引网的谐波阻抗，掌握可能发生谐振的频率，仿真时重点关注交流车产生的谐波频带，可以提高工作效率。

搭建的仿真模型中断开动车组模块，将牵引变压器一次电源侧短路(才能计入变压器漏抗)，接入 PSCAD 谐波阻抗测量元件，设置频率增量步长为 10 Hz，分别测量供电臂上关注点位的谐波阻抗。牵引变电所为供电臂首端，分区所为末端，分别在距离首端为 10 km、20 km、30 km 点位进行测量，如图 6-44 所示(图示注入频率 4 000 Hz)，在不同的注入频率下获得的谐波阻抗频率特性如图 6-45 所示。由此，初步估计，如果车注入接触网的谐波在 1 000 Hz(20 次)及附近的频带时，可能导致牵引网发生谐振。

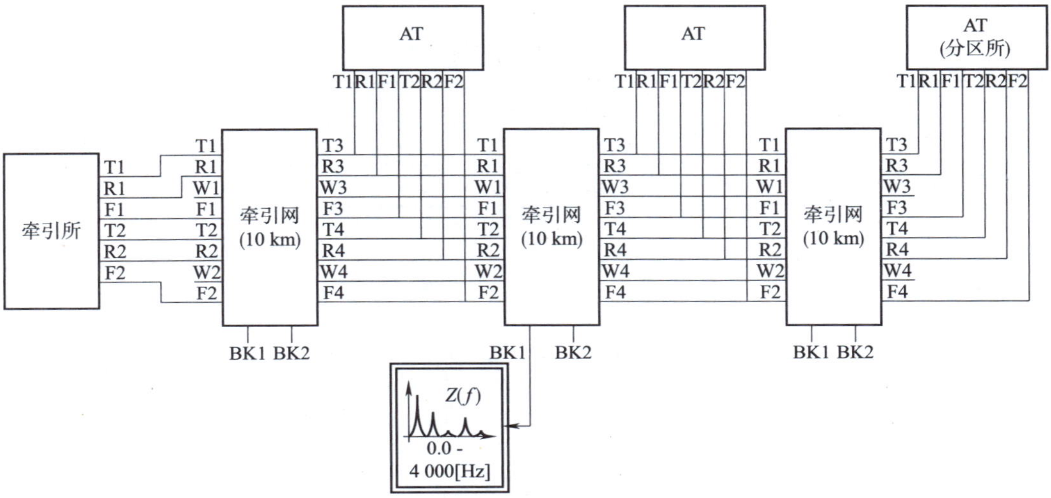

图 6-44　谐波阻抗仿真测量

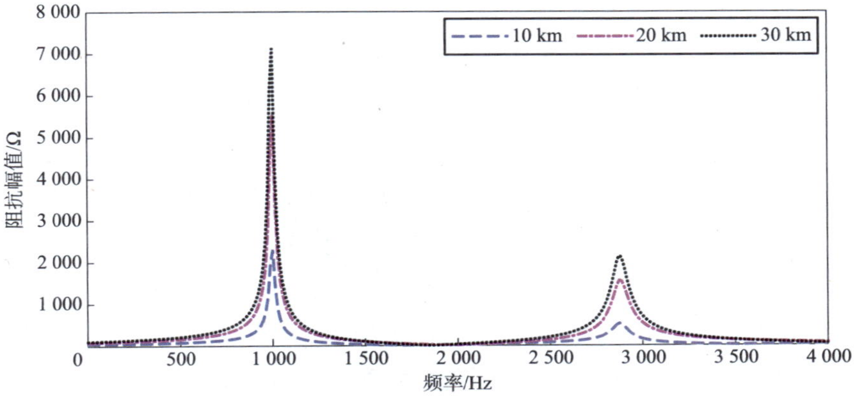

图 6-45　谐波阻抗的幅频特性

6.5.4　车网耦合谐振仿真

车网耦合谐振时，接触网电压的高低直接影响到运行安全，例如，持续超过 29 kV，动车组的车载保护将跳闸，自动切除电源，发生牵引封锁；网上过电压还可能导致设备的绝缘放电击穿。因此，车网耦合谐振仿真关注的重点之一是接触网的电压。

按照 CRH3 型动车组，额定牵引功率 8 800 kW，额定电流 352 A，考虑牵引状态为轻载，取 14%额定牵引功率，对应工作电流为 49.3 A。车以 200 km/h 速度从相邻供电臂进入仿真的牵引网，在牵引网不同点监测的接触网电压及谐波含量见表 6-6。牵引网首端的网压波形如图 6-46 所示，电压峰值达 43.81 kV，折算到有效值为 30.98 kV，是正常值(27.5 kV)的 1.13 倍；牵引网末端的网压波形如图 6-47 所示，电压峰值达 48.64 kV，折算到有效值为 34.39 kV，是正常值的 1.25 倍。

表 6-6　网压及谐波含量

车与首端距离/km	0	10	20	30
网压(峰值)/kV	43.81	44.52	46.48	48.64
网压谐波含量/%	25.72	24.63	23.72	22.17

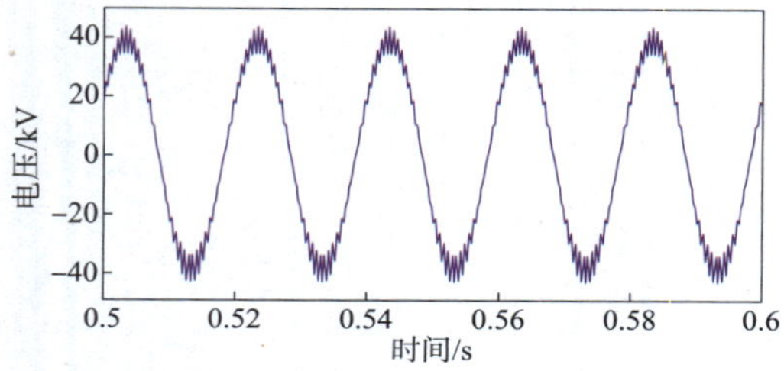

图 6-46　首端网压波形

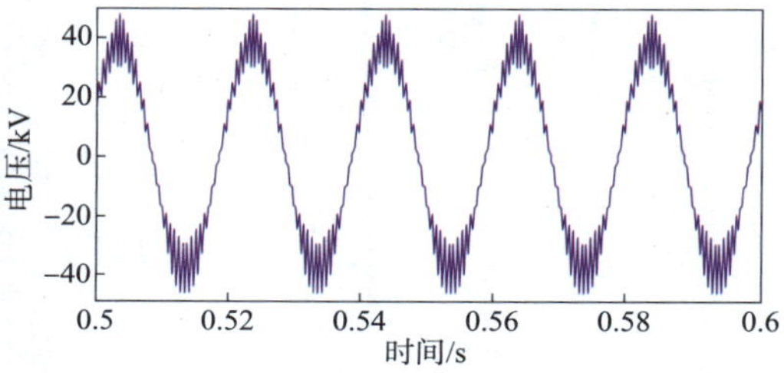

图 6-47　末端网压波形

6.5.5　现场实测

为验证仿真，对牵引变电所母线电压和车上取流进行了实测。为降低试验的安全风险，将变电所母线 T-F 电压下调至 25×2 kV；利用卫星校时功能，保证变电所母线电压测试与车上电流测试同步进行。试验车速度 213.6 km/h 时，变电所母线 T-F 电压录波如图 6-48 所示，试验车电流和变电所牵引母线电压的实时监测数据及谐波含量如图 6-49 所示，谐波含量及分布如图 6-50 所示。可见，试验车向接触网注入的电流频率超过 50 次(2 500 Hz)，电流总谐波畸变率为 187.85%；母线 T-F 电压(有效值)为 54.89 kV，折算到接触网对地电压为 27.45 kV，电压畸变率 21.63%，高频谐波主要是 17～19 次。

需要指出，试验中变电所母线 T-F 电压已经下调了 5 kV，如果按照正常值 55 kV 计算，车网耦合谐振时接触网电压将达到 29.95 kV，过电压倍数为 1.09。

实测表明，接触网电压的实测结果与仿真计算基本一致。根据仿真的牵引网谐波阻抗的幅频特性(图 6-45)，估计谐振频率为 20 次(1 000 Hz)，实测谐振频率为 17～19 次(850～950 Hz)，比较接近。

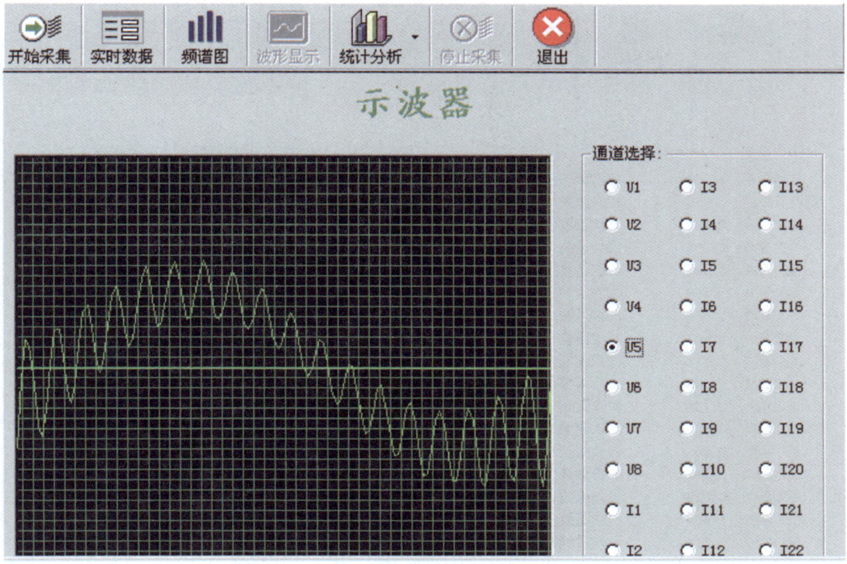

图 6-48　牵引变电所母线电压录波

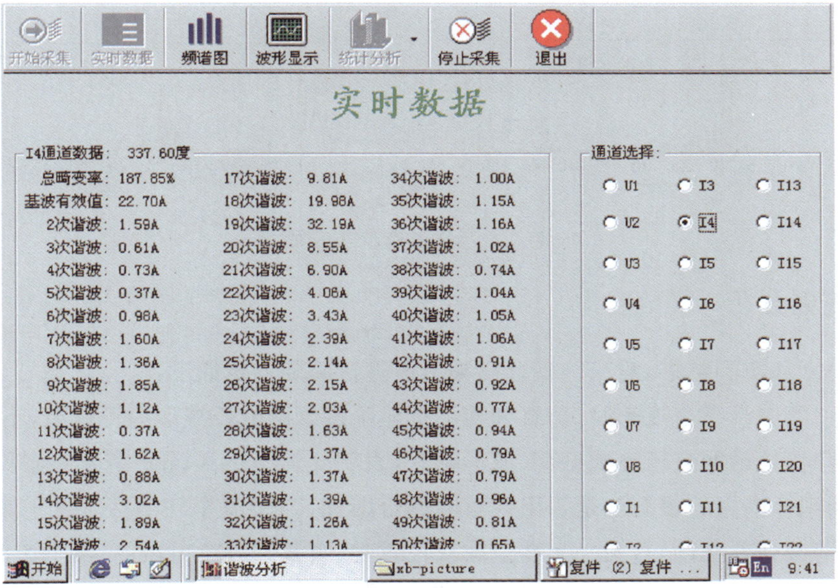

(a)试验车电流及谐波含量

图　6-49

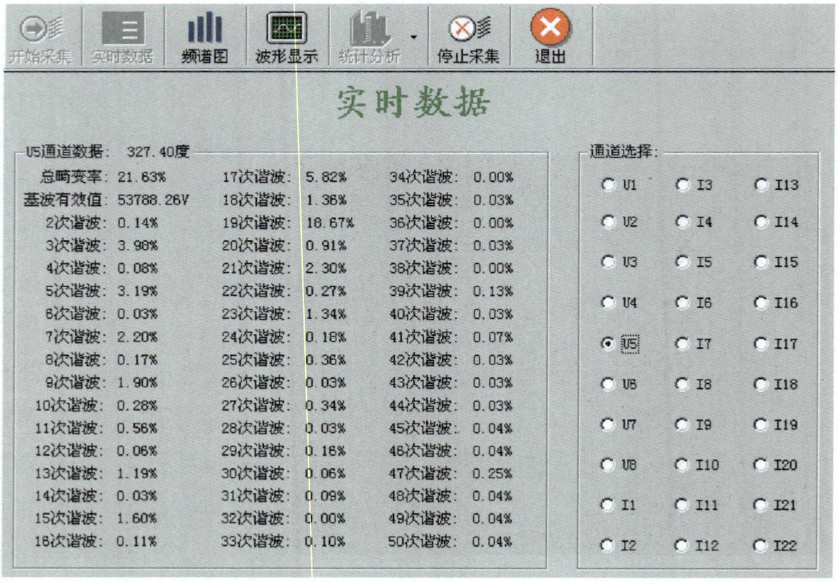

(b)变电所母线电压及谐波含量

图 6-49　试验车监测电流及谐波含量和变电所母线电压及谐波含量

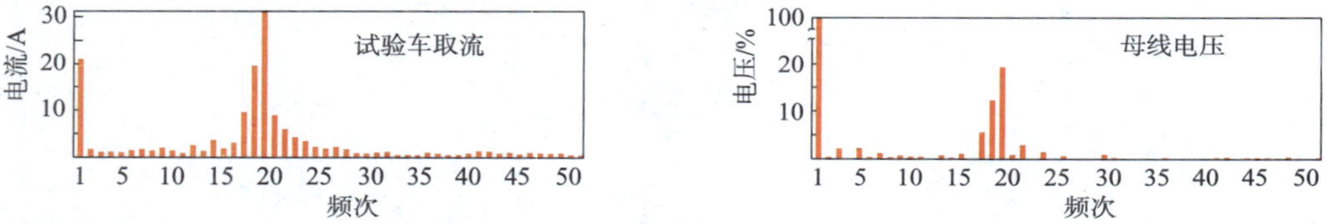

图 6-50　谐波含量及分布

6.5.6　简要分析

根据仿真和实测结果，对车网耦合高频谐振进行简要分析如下：

（1）牵引网中没有交流车时，仿真和实测都显示接触网电压波形为正弦波，不含谐波；当交流车取流时，接触网电压出现振荡、波形畸变，表明交流车的工况是诱发接触网电压波形畸变和车网耦合谐振的根源。是否出现车网耦合谐振，与交流车注入接触网的谐波频谱和谐波幅值（谐振充要条件）有关。车在空载或轻载时，谐波分量突出，容易发生谐振。车速与车的控制有关，车在一个供电臂上持续数分钟，电磁暂态对车的工况变化影响有足够的响应时间。

（2）交流车在运行中产生的谐波都是高频，诱发的振荡必然是高频谐振，并叠加在 50 Hz 工频上。四象限整流器的控制参数中，载波频率影响谐波的分布和大小，PI 参数主要影响网压稳定和谐波含量。尽管交流车产生的谐波频谱比较宽，但谐振的网压频谱相对比较窄，原因是牵引网的固有谐振频率是确定的，注入谐波中只有满足谐振充要条件的谐波，才能

“合拍”谐振。

(3)不同频率的谐波注入接触网时，牵引网谐波阻抗的极值不止一个(本仿真中出现 2 个)，意味可能出现多个谐振电压极值，牵引网有局部谐振。最大谐波阻抗位置相对固定，由网络拓扑结构决定。

(4)车网耦合并联谐振，谐振时线路的压降很小，牵引网各点谐振电压及波形大体一致。首端电压稍低，末端电压略高，是由于交流车注入接触网的谐波能量较小(与电源容量相比)，首端电源吸纳和强制了谐波干扰。

(5)相关文献显示车网耦合高频谐振时，实测网压达 60～70 kV。尽管这样的过电压幅值不是非常高，对牵引供电系统及设备的绝缘危害不大，但是可能启动避雷器放电，谐振持续时间相对长，足以造成避雷器损坏。特别需要指出的是，接触网的电压持续 30 s 超过 29 kV 或瞬时 31.5 kV，就会导致车上的电压保护功能启动，主断路器跳闸或者牵引封锁，中断行车，影响高速铁路运营正常秩序，因此，必须采取技术措施避免车网耦合谐振。

6.6　低 频 振 荡

6.6.1　低频振荡机理

交流车运用的生产实践表明，无论是动车组，还是交流电力机车，在同一条整备线上或者同一站场上，多辆交流车(在较小时间段内)同时启动的整备过程中，出现牵引网电压忽大忽小不稳定波动，电压波形的包络线出现了低频振荡，也称网压低频振荡；但没有出现单辆车启动时发生牵引网电压低频振荡的情况。下面以整备线上多辆车同时启动为例，分析牵引网电压低频振荡的机理。

牵引网电压低频振荡的充分必要条件，一是低频谐波源的能量要足够强大，二是电路固有自振频率等于或接近谐波源的某次低频。整备工况中牵引网的低频谐波及能量来自交流车的直流纹波映射结果，单辆车的直流纹波幅值不大，没有足够的能量诱发牵引网低频振荡；同一整备线或站场上多辆交流车同时启动过程中向牵引网注入低频谐波，且谐波矢量相互叠加，能够使低频谐波分量加重。另外，牵引网上的谐波也能够向车上耦合，使直流纹波振荡加剧；纹波更大的低频分量会再次映射到牵引网；车网之间低频谐波反复耦合、反复叠加，使牵引网上低频谐波能量积累，当聚集到足够产生低频振荡的能量时，就发生牵引网电压低频振荡。但是，不管牵引网上聚集的低频谐波能量多么强大，都远远低于 50 Hz 电源提供的能量。所以，牵引网电压发生低频振荡时，只能附加在 50 Hz 电源上，导致 50 Hz 电压波形的包络线出现低频振荡，造成牵引网电压忽大忽小不稳定地波动。

低频谐波能量满足振荡的情况下，发生多少赫兹的低频振荡，与牵引网等值感抗 ωL 和对地容抗$\frac{1}{\omega C}$参数有关，简要分析如下。

1. 供电系统与车的联合等值电路

涉及的供电系统和车型与 6.5 节相同，仅仅增加了一条整备线，假设线路长度为 8 km，从牵引变电所母线取电，采用带回流线的直供方式。忽略变压器和导线的电阻，供电原理接线如图 6-51 所示，其中电源 $e(t)=27.5$ kV，L_S 为折算到牵引侧的外电源等值电感，L_T 为牵引变压器等值电感，C_0 为牵引母线和馈线电缆的等值电容，L_1、C_1 为上行接触网参数，L_2、C_2 为下行接触网参数，上下行接触网 $L_1=L_2$，$C_1=C_2$，L_3、C_3 为整备线的接触网参数，D_1，…，D_N 为 N 辆交流车，对于供电系统而言，每辆车就是一个负荷等值阻抗。将供电系统视为一个入口等值阻抗 Z_{in}，利用戴维南定理进行网络化简，车网联合等值电路如图 6-52 所示，$e'(t)$为等值电源，L 为等值电感，Z_1，…，Z_N 分别为 N 辆交流车的等值阻抗。

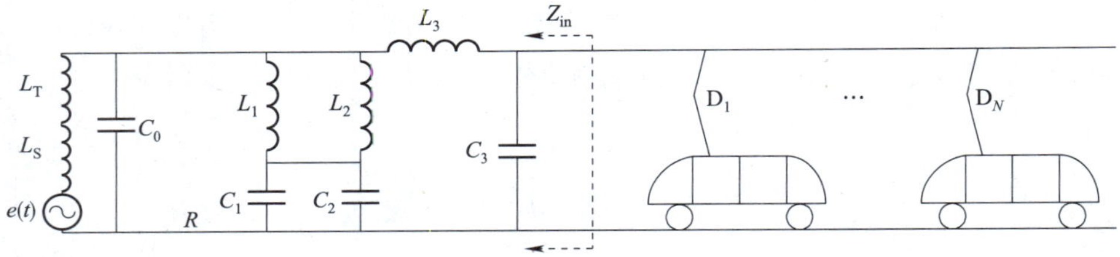

图 6-51　供电原理接线

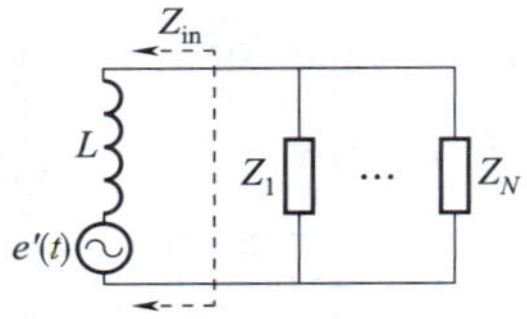

图 6-52　车网联合等值电路

2. 整备时交流车的等值阻抗

交流车启动之前是停止制动状态，司机驾驶的主控手柄停留并保持在零位。整备启动时司机投入主控钥匙，主控手柄置于制动位，升弓连接到接触网、合闸主断路器，给车载主变压器、四象限整流器、风机等设备供电。交流车还没有运动之前，一直处于制动工况。由于车还没有运行，牵引电流和再生电流都为零，但车网电气连通后，变流装置就有一定的工作电流，中间的直流环节需要充电准备，车载主变压器也要从接触网吸取励磁电流，车上电缆和电气设备的等效电容要从接触网吸取电容充电电流，因此，整备工况下车网之间存在一定的电流传输。根据交流车的有关参数，并估计电缆及电气设备的电容电流，取整备工况时电流为 10 A；以车顶电压为参考 $\boldsymbol{U}=25\angle 0°$ kV，考虑到整备工况的车为制动状态，电流矢量超前电压矢量，根据交流车功率因数的设计值 $\cos\varphi\approx 1$，取相位角 $\varphi=0.01°$，整备状态时交流车的等值阻抗(Ω)为

$$Z=\frac{25}{10\angle 0.01^\circ}=2\ 500\angle -0.01^\circ\approx 2\ 500-\mathrm{j}0.4$$

这个结果表明，整备时交流车的等值阻抗呈容性，可用一个 2 500 Ω 电阻与 7 962 μF 电容串联等效代替。

3. 供电系统的等值阻抗

在图 6-51 所示的供电系统中，从整备线看入牵引网的等值阻抗 Z_{in} 为

$$Z_{in}=X_{C3}/\!/\{X_{L3}+[(X_{LT}+X_{LS})/\!/X_{C0}/\!/0.5(X_{L1}+X_{C1})]\}$$

代入供电设备和接触网的参数值，等值阻抗 $Z_{in}=\mathrm{j}14.5\ \Omega$。这表明，含牵引网的供电系统（忽略电阻）的等值阻抗为一个 46 mH 电感。

4. 车网耦合谐振频率

假设有 6 辆交流车在整备线上同时启动，图 6-52 所示等值电路中 $N=6$，每辆车用等值电容代替（$C=7\ 962\ \mu\mathrm{F}$），6 辆车的等值电容并联后，电路的固有自振频率为

$$f=\frac{1}{2\pi\sqrt{L\cdot 6C}}=\frac{1}{2\pi\sqrt{46\times10^{-3}\times6\times7\ 962\times10^{-6}}}\ \mathrm{Hz}\approx3.4\ \mathrm{Hz}$$

由此可见，整备工况时如果 6 辆交流车同时启动时，可能诱发 3.4 Hz 低频振荡。

上述计算仅仅是解释多辆交流车在整备过程中同时启动，能够诱发车网耦合低频振荡的机理。不同的供电系统及参数，不同的整备线或站场，不同的交流车型及同时启动的车辆数，诱发出低频振荡的频率必然有所不同，由具体情况确定。

6.6.2　低频振荡仿真与实测

仿真模型在 6.5 节的基础上，只需要从牵引变电所母线上添加一条整备线，在整备线仿真模块上采用“BRK”开关，实现灵活控制连接 1～10 辆动车组仿真模块。

1. 单辆车启动阶段的直流谐波分布

车启动阶段是制动工况，车没有运动，电机不给电流，这种工况可模拟为动车模块中直流负荷电阻取 1 MΩ。假设车上的直流回路初始工作状态是零，启动阶段通过四象限整流器迅速充电。单辆 CRH3 型动车组的四象限整流器载波为 350 Hz 条件下，直流回路电压的仿真波形如图 6-53 所示，直流电压经过大约 0.4 s 之后才会稳定在 3 kV。从充电过程的电压曲线可以看出，电压上升过程中曲线不光滑程度，远远大于电压稳定时呈直线的

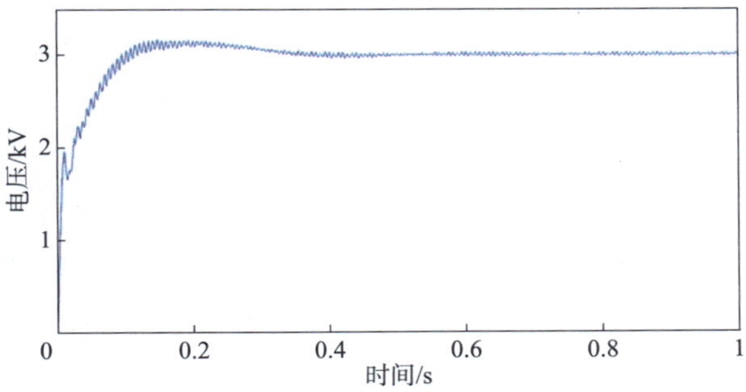

图 6-53　单辆车启动阶段的直流电压波形

情况。对充电电压曲线进行 FFT 分析，各次谐波的含有率见表 6-7，谐波分布如图 6-54 所示。可见，单辆动车组启动阶段直流纹波产生的谐波主要是 10 Hz 以下的低频谐波，这就为动车组在启动阶段诱发牵引网发生低频谐振提供了必要的条件。一旦多辆动车组同时启动，注入接触网的低频谐波分量叠加，满足发生低频谐振所需能量的充分条件时，牵引网就会发生低频谐振。

表 6-7　单车启动阶段的直流电压谐波含有率

谐波频率/Hz	2	4	6	8	10	15	20	25	30	…
谐波含有率/%	2.87	2.21	1.72	1.24	1.03	0.75	0.60	0.54	0.46	…

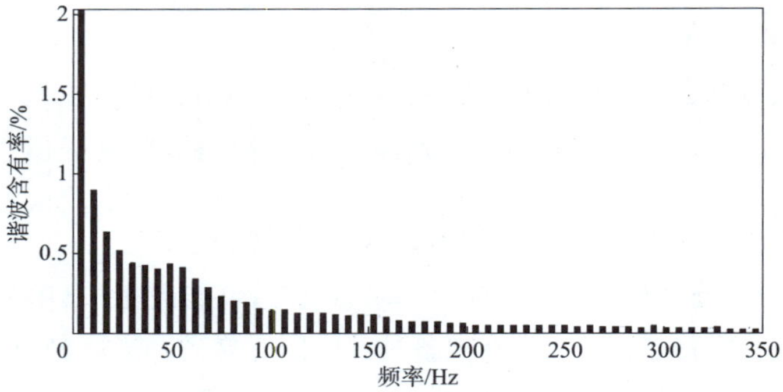

图 6-54　动车组启动阶段的直流电压谐波分布

2. 多辆车同时启动的网压及直流电压

车网耦合低频振荡仿真时仍然最关注牵引网电压。当一辆 CRH3 型动车组启动时，四象限整流器控制的载波为 350 Hz 条件下，仿真的牵引变电所母线对地电压波形如图 6-55 所示，电压有效值为 27.5 kV，波形稳定。

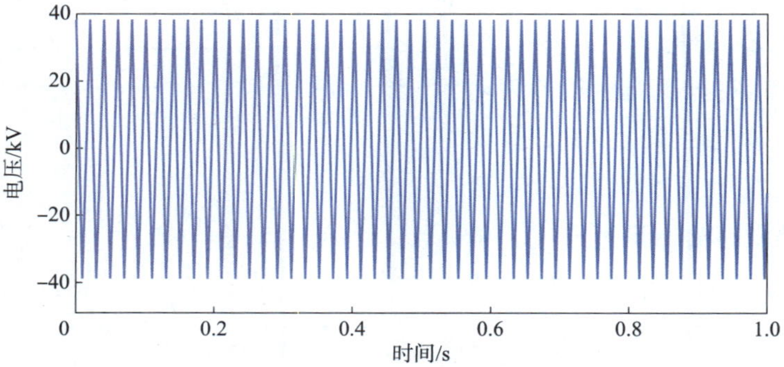

图 6-55　一辆动车组启动时变电所母线电压仿真波形

当六辆动车组同时启动，牵引变电所母线对地电压波形如图 6-56 所示，峰值 49.2 kV，折算为有效值 34.8 kV，过电压倍数为 1.27；低谷的电压最小值为 29.6 kV，折算为有效值 20.9 kV；电压波形的包络线出现了低频振荡，频率大约为 4.8 Hz。低频振荡不仅使牵引网电压出现忽大忽小波动，而且网压包络线的最大值（34.8 kV）、最小值（29.6 kV）都超出了发生牵引封锁的限值（29～31.5 kV）。另外，车上直流电压仿真波形如图 6-57 所示，与单辆车启动时的直流电压（图 6-53）比较，可以明显看出，牵引网发生低频振荡时直流电压的纹波十分严重。显然，这是受到了牵引网电压波动，以及车网谐波相互耦合叠加的影响。两者相互映射，必然进一步加剧牵引网电压的低频振荡。

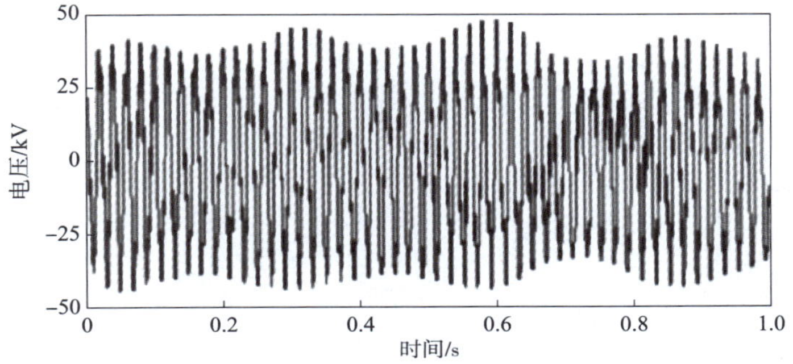

图 6-56　六辆动车组同时启动时变电所母线电压仿真波形

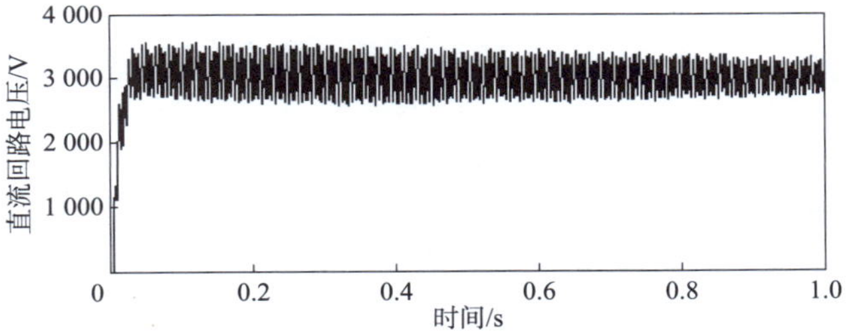

图 6-57　牵引网低频振荡中动车组直流电压仿真波形

3. 低频振荡实测

资料显示，某动车所七辆动车组同时升弓上电时发生牵引封锁，牵引变电所馈线实测电压、电流如图 6-58 所示。某整备场六辆交流电力机车同时启动时，低频振荡中牵引变电所母线实测电压波形如图 6-59 所示，母线对地电压高达 62.4 kV，最小电压低于 10 kV，最大和最小电压都超过了牵引封锁的限值。某牵引网发生低频振荡时，交流电力机车发生了牵引封锁，司机连续两次重启，车上变流装置中间直流电压的录波如图 6-60 所示。从波形图可见，牵引封锁后的两次重启过程中，车上直流电压已经不是稳定的纹波形态了，振荡幅值高达 600～700 V。

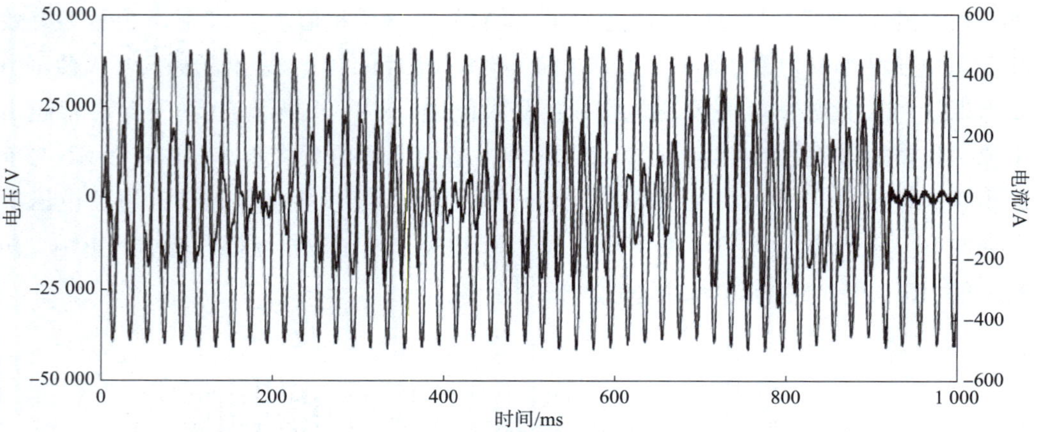

图 6-58　七辆动车组启动时变电所馈线实测电压、电流波形

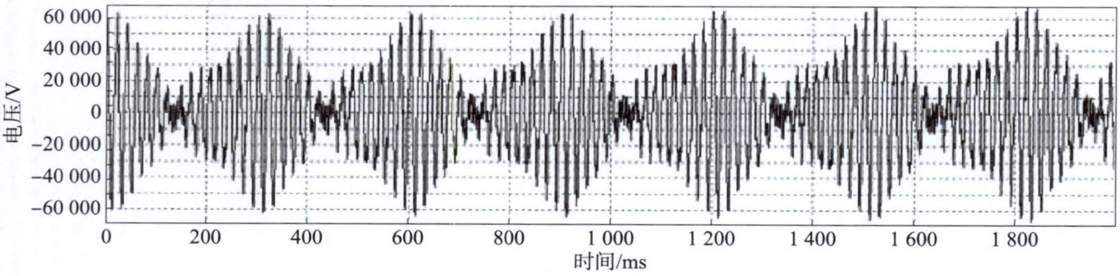

图 6-59　六辆交流电力机车启动时变电所母线实测电压波形

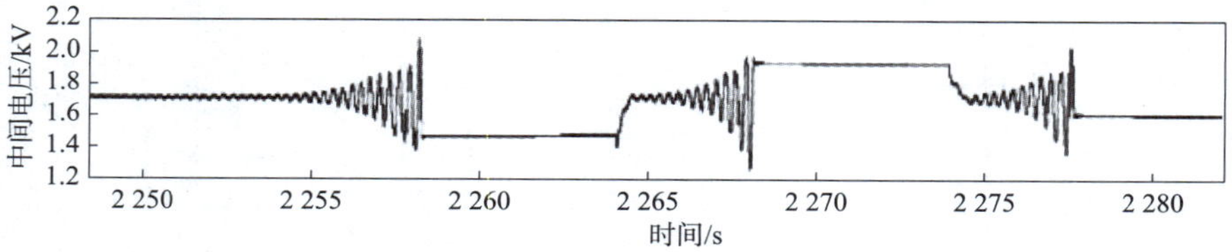

图 6-60　交流电力机车牵引封锁后重启中的直流电压波形

6.6.3　简要分析

根据仿真和实测结果，对牵引网电压（包络线）低频振荡进行简要分析如下：

（1）整备工况中交流车为制动状态，等值阻抗呈容性，与牵引网感性阻抗构成了 LC 谐振回路，存在低频振荡可能性。多辆车同时启动时注入接触网的低频谐波相互叠加，使车网之间低频谐波反复耦合。当牵引网上某一低频谐波的能量聚集到足够大，满足发生低频振荡的充分必要条件时，牵引网电压的包络线就会出现忽大忽小低频振荡。

（2）低频振荡过程中牵引网电压不稳，一方面导致车取流不稳定，另一方面网上谐波也会耦合到车上，使车上直流电压纹波振荡加剧。交流车发生牵引封锁后重启，直流电压非常不稳定，振荡幅值较大。

(3)牵引网电压低频振荡过电压幅值不大,对供电系统的绝缘危害较小;但网压忽大忽小波动的峰顶或低谷都可能超出限值,导致交流车发生牵引封锁,直接影响运输秩序。

(4)影响车网耦合低频振荡的因素,主要是交流车的控制策略和参数,距离相近且同时启动的车辆数,供电系统的容量和阻抗等。

6.7　车网耦合谐振防护

尽管四象限整流器产生谐波,但交流车仍然是目前干线铁路运用中技术最优的运载车辆,较长时期内不会有替代交-直-交电传动的新型车辆。产生车网耦合谐振的根源在车上,理想的解决方案是从源头上解决四象限整流器工作时向接触网注入谐波的问题。基于工程实际,还是需要在牵引供电系统中采取防护措施。

6.7.1　高频谐振防护

车网耦合高频谐振的诱发因素,是交流车向接触网注入了大量的高频谐波电流,且谐波频带覆盖了牵引网的固有振荡频率。由于牵引网中接触线和钢轨的几何位置不可变动,正馈线位置、AT 位置只能有限地调整,对牵引网的固有振荡频率及谐波阻抗特性变化影响不大。从供电系统出发,虽然不能够阻止交流车注入谐波,但可以将网上的高频谐波采用短路方式消除。这样的技术方法,称为滤波。

滤波装置分为有源滤波和无源滤波。有源滤波装置的容量有限、结构复杂、造价和维护费用高;无源滤波装置结构简单、可靠性好、运行维护方便、成本低。无源滤波装置由电容器、电抗器和电阻器组合构成,与谐波源并联连接,利用含电感 L 和电容 C 元件的电路具有频率特性,将某一个频率或某一个频带的谐波电流短路,以消除谐振。

常用无源滤波器类型如图 6-61 所示,其中图 6-61(a)为 RC 高通滤波器,通过的电流频率越高,阻抗就越小;要求电容和电阻较大,对基波功率损耗大。图 6-61(b)为单调高通滤波器,当某一个角频率 ω 满足 $\omega L=\frac{1}{\omega C}$时,阻抗最小值等于 R,对单一频率的滤波效果好。图 6-61(c)为二阶高通滤波器,兼有图 6-61(a)和图 6-61(b)两种特性,能够对某个频带的谐波进行滤波。图 6-61(d)为三阶高通滤波器,频率特性更宽,调制复杂。图 6-61(e)为 C 型滤波器,与电阻 R 并联的 LC 调谐在基波,可消除 R 基波功耗,对低频滤波效果更佳。

设计无源滤波装置时,主要考虑以下几个方面的内容:

(1)了解牵引网的主变压器、AT 变压器、接触网的参数,掌握牵引网的固有振荡频率、谐波阻抗特性。了解和掌握交流车型及产生的谐波频带、谐波特性。确定滤波对象的谐波频率或频带。

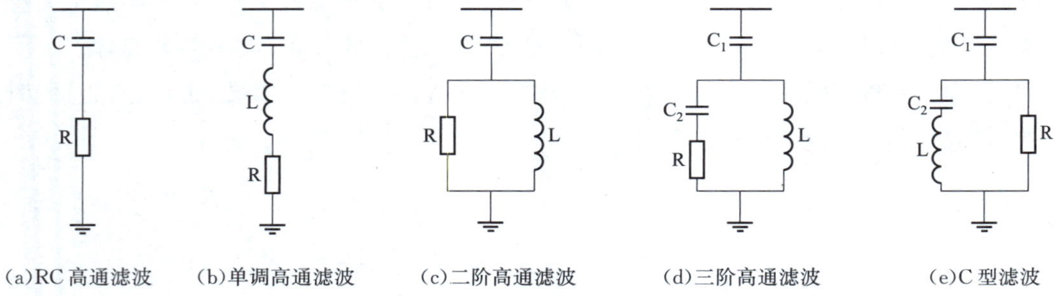

图 6-61　无源滤波器类型

(2)根据确定的滤波对象，选择滤波器的拓扑结构，通过不同频率的阻抗计算，选择基本元件 L、C 和 R 参数。对于多个频率或宽频带谐波，一个滤波器效果欠佳，可以应用几个并联滤波器，并确定各元件的额定容量、额定电压、额定电流。

(3)校核滤波器的安全性，包括过电压、过电流，特别是滤波器 LC 是否会引起供电系统出现新的谐振。校核滤波器的功率损耗，以及频率偏差对滤波效果的影响。

(4)设计滤波装置的工程结构与绝缘。比较选择安装位置(通常考虑安装在牵引变电所、AT 所或分区所)。

滤波器设计的滤波效果取决于基本元件 L、C 和 R 参数，目标是在滤波频率条件下使滤波器阻抗最小。例如，图 6-61(c)所示二阶高通滤波器的阻抗为

$$Z_{\mathrm{Fh}}=-\mathrm{j}\frac{X_{\mathrm{C}}}{h}+\frac{\mathrm{j}hX_{\mathrm{L}}R}{\mathrm{j}hX_{\mathrm{L}}+R}=\frac{(hX_{\mathrm{L}})^2R}{(hX_{\mathrm{L}})^2+R^2}+\mathrm{j}\left[\frac{R^2hX_{\mathrm{L}}}{(hX_{\mathrm{L}})^2+R^2}-\frac{X_{\mathrm{C}}}{h}\right] \tag{6-54}$$

式中　h——谐波次数；

X_{C}——电容器基频阻抗；

X_{L}——电抗器基频阻抗；

R——电阻器阻值。

要使式(6-54)值最小，则虚部为零，即

$$\frac{R^2hX_{\mathrm{L}}}{(hX_{\mathrm{L}})^2+R^2}-\frac{X_{\mathrm{C}}}{h}=0 \tag{6-55}$$

考虑 h 次数较大的高频，式(6-55)简化为

$$X_{\mathrm{C}}=\frac{X_{\mathrm{L}}}{\left(\frac{1}{h}\right)^2+\left(\frac{X_{\mathrm{L}}}{R}\right)^2}\approx\frac{R^2}{X_{\mathrm{L}}} \tag{6-56}$$

国家标准 GB/T 26868—2011《高压滤波装置设计与应用导则》基于无功补偿和提高功率因数的原则，推荐二阶高通滤波器的参数按式(6-57)计算，其中，X_{L1}、X_{C1}、R 单位为 Ω，L 单位为 mH，C 单位为 μF。

$$
\begin{cases}
X_{\mathrm{L1}}=\dfrac{U_{\mathrm{P}}^{2}}{Q_{\mathrm{C1}}(h_{0}^{2}-1)}\\
L=\dfrac{10}{\pi}X_{\mathrm{L1}}\\
R=q_{\mathrm{h0}}h_{0}X_{\mathrm{L1}}\\
X_{\mathrm{C1}}=h_{0}^{2}X_{\mathrm{L1}}\\
C=\dfrac{10^{6}}{2\pi f_{1}X_{\mathrm{C1}}}
\end{cases}
\tag{6-57}
$$

式中 下标 1——基波；

h_0——调谐次数；

q_{h0}——电抗器品质因数；

U_{P}——滤波器安装母线的最大电压，kV；

Q_{C1}——基波补偿容量，Mvar，其值为

$$Q_{\mathrm{C1}}=P_1\left[\sqrt{\left(\frac{1}{\cos\varphi_1}\right)^2-1}-\sqrt{\left(\frac{1}{\cos\varphi_{\mathrm{C1}}}\right)^2-1}\right]$$

其中 P_1——基波有功负荷，

$\cos\varphi_1$——滤波电容补偿前功率因数，

$\cos\varphi_{\mathrm{C1}}$——滤波电容补偿后功率因数。

高速铁路牵引供电系统唯一负荷是动车组，动车组的功率因数接近 1，可以不考虑无功补偿问题。针对车网耦合谐振的滤波器参数选择，通常采用不同频率的阻抗计算和比较，选择最优方案。

按照上述方法，对 6.5 节算例中高频谐波 17～19 次（850～950 Hz），设计的二阶高通滤波器参数：$L=30$ mH，$C=1.0$ μF，$R=200$ Ω，调谐频率为 919 Hz，截止频率为 $f_0=1/(2\pi RC)\approx796$ Hz，滤波器的接线和阻抗频率特性如图 6-62 所示。将这个滤波器连接在牵引变电所 T-F 母线上，按照 6.5 节算例相同条件仿真，结果显示牵引变电所母线电压基本不含谐波，波形稳定，如图 6-63 所示，滤波效果良好。

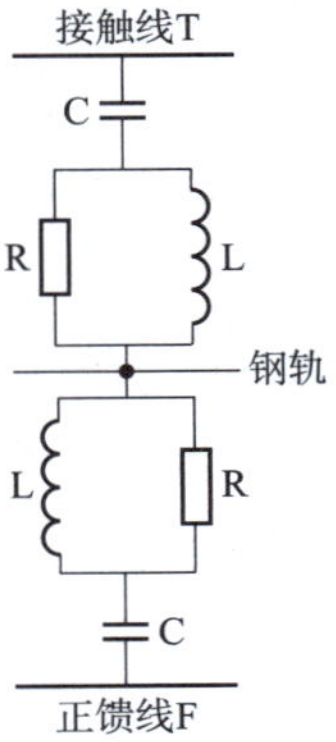

(a)滤波器接线

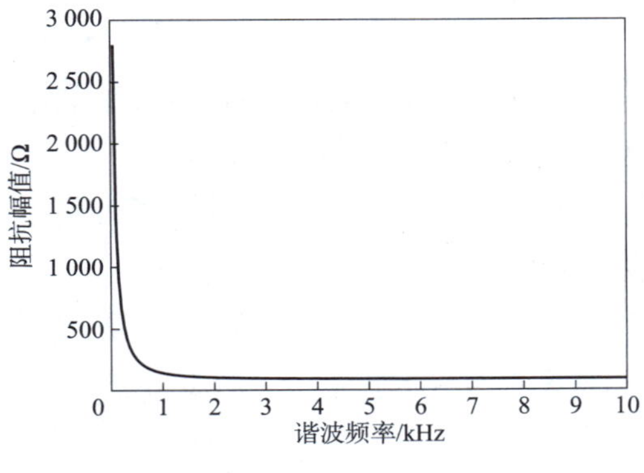

(b)阻抗频率特性曲线

图 6-62 二阶高通滤波器接线及阻抗频率特性曲线

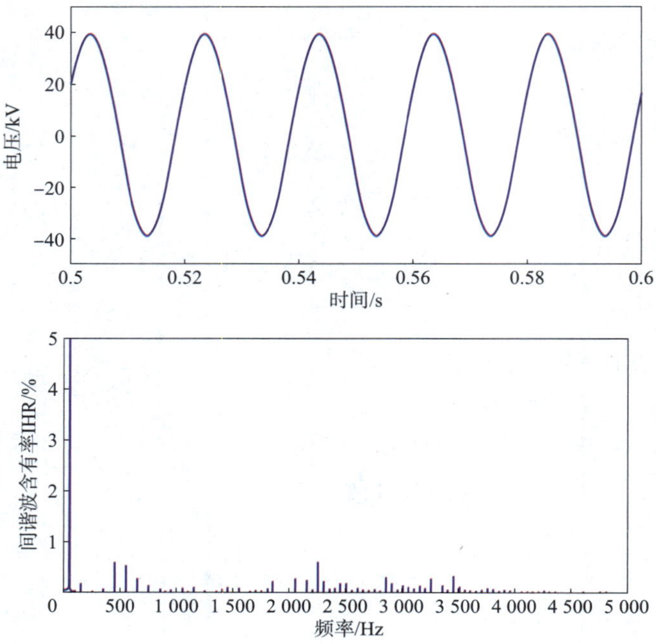

图 6-63　二阶高通滤波器效果(母线电压)

参考资料：日本新干线应用的滤波器参数为 $C=1.2\ \mu\text{F}$，$R=125\ \Omega$，$X_L=25\ \Omega$。

6.7.2　低频振荡防护

从原理上讲，采用串联 LC 支路，将其调谐为 $\omega L=\dfrac{1}{\omega C}$ 低通滤波器，就可以将低频谐波滤掉，但一般不采用 LC 低通滤波器。主要原因如下：

(1)如果采用低通滤波器，例如，调谐为 1 Hz 的低通滤波器，在正常工频(50 Hz)作用下，接触网的电压(25 kV)几乎全部加在电抗器上，不仅要求电抗器的绝缘耐受能力增加，而且，电抗器线圈电阻长期持续产生有功损耗，运行不经济；电抗器长期发热，绝缘容易老化。

(2)满足低频下的 LC 低通滤波器，电抗器 L 值和电容器 C 值都很大，造价相对较高。

对低频振荡电压的抑制，供电系统可以从以下几个方面采取措施：

(1)供电系统的牵引电源容量大，不仅可以减小电源内阻抗，也能够加强工频电源在暂态中抵抗和吸收干扰的强制作用，稳定供电系统的电压。有条件的情况下，牵引变电所电源进线接入到能够提供更大短路容量的电力系统；采用性能优良的短路电压百分数更小的牵引变压器，也可以考虑更换额定容量更大的牵引变压器(但空载损耗将有所增加)。

(2)减小牵引网阻抗。目前，复线 AT 牵引网的上下行接触网并联是在变电所、AT 所和分区所完成的，对容易发生低频振荡的线路，可以考虑上下行接触网适当增加横向连接。

(3)优化牵引网结构。供电臂长度越大,电源对线路末端的强制作用会有所减小,当多辆车共用“弱电源系统”时,容易产生低频振荡。因此,适当缩短供电臂长度,有利于减少牵引网阻抗,提高电源对系统电压的稳定和吸收低频振荡的作用。在变电所或开闭所中,对容易发生多车启动时出现牵引封锁的动车走行线、机务整备线的接入相位进行换相,改变其电源相位就有可能改变牵引网谐波阻抗特性,达到抑制低频振荡的作用。

(4)合理调度车辆。对动车走行线、机务整备线上的车辆,避免集中启动,分散合理调度,降低多辆车同时产生低频谐波叠加的机会。对容易诱发低频振荡的交流车型进行异地调换,避免车网参数不匹配产生低频振荡问题。

还需指出,对车网耦合谐振的低频或者高频电压,不得采用避雷器进行限压。因为避雷器通流容量有限,谐振电压持续时间相对较长,可能导致避雷器的通流容量超过极限,有发生爆炸的风险。

第7章 动车组自动过分相与升降弓暂态电压机理及防护

动车组由分段的高速铁路牵引网供电，不可回避地要通过接触网的电分相。电分相两侧的电源相位不同，动车组快速通过时，必然会出现电磁暂态过程，可能产生过电压，对接触网电分相绝缘和动车组高压电气设备的绝缘构成一定威胁。本章介绍自动过分相装置，计算动车组自动过分相过电压，分析车顶压互铁磁谐振，升降弓暂态电压，并提出防护措施。

7.1 动车组过分相与升降弓

7.1.1 动车组通过电分相方式

为了使动车组单相负荷映射到三相电力系统中尽可能对称平衡，接触网采用分段供电方式。牵引变电所左右两侧的接触网采用不同的相位供电，例如，左侧为A相，右侧为B相，为此，需要在牵引变电所馈线出口附近的接触网上设置电分相。为了尽量减少动车组断电通过电分相的失速，方便对电分相装置的管理和维护，电分相大都设置在线路平直、无隧道的空旷位置。但在某些特殊区段，可能受到地理条件等因素的限制，不得不将电分相设置在坡道或隧道中。器件式分相绝缘器由于接触线与分相绝缘器件连接处形成"硬点"，对高速滑动的受电弓产生极大的阻力，容易造成受电弓碳滑板撞坏、跳跃离线拉电弧，烧蚀接触线。因此，高速铁路接触网的电分相都采用绝缘锚段关节式结构。双断口绝缘锚段关节式结构如图1-26所示，特征是带一段中性导线，两个相位的接触网之间存在一段中性区，也称无电区(实际上中性线存在感应电压，只是感应电压比接触网标称电压低，不是无电的)。

如果动车组带负荷通过电分相，滑动的受电弓进入或者离开电分相时，由于动车组车载变压器的大电感作用，使牵引电流不发生突变，必然产生严重的拉电弧现象，电弧大小与负荷电流成正比例。为了防止动车组带负荷通过电分相，造成电弧烧损受电弓和接触线，动车组通过电分相的运行方式，都是在进入电分相之前切断电源，依靠动车组自身的惯性滑行通过电分相之后，再恢复供电。

7.1.2　过分相信号

为了给动车组准确控制断电和恢复供电提供位置信号，在动车组进入电分相前一定距离的地面上设置断电标，通过电分相后一定距离的地面上设置合电标。对普速铁路，由于车辆速度低，采用一个断电标提示断电就够了。对于高速铁路，或者高速与普速混合运行的铁路，电分相处设置有两个断电标，如图 7-1 所示。第一个断电标的作用是提示动车组预断电准备，并按照规定的程序进行操作。第二个断电标启动（强制）执行司机指令回零、顺次断开辅机及主断路器，保证动车组不带负荷通过电分相。

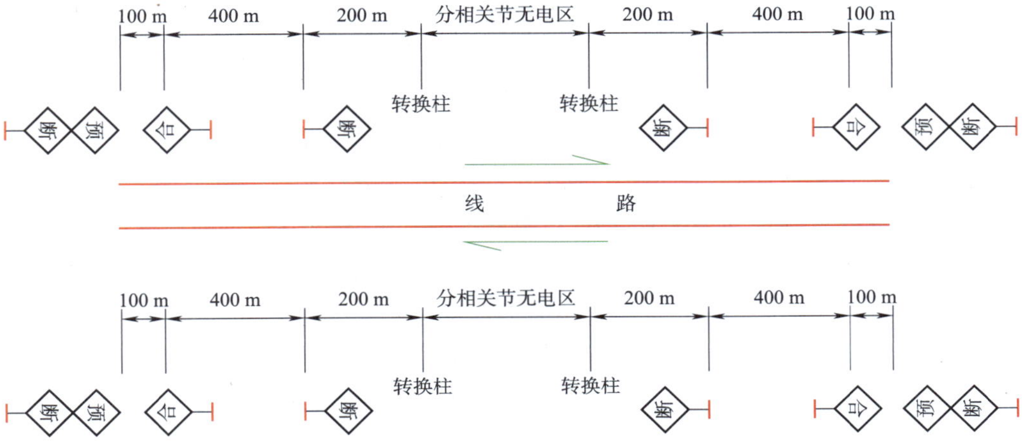

图 7-1　关节式电分相标志牌设置

从电路角度看，无论是高速动车组，还是普速电力机车，通过电分相实际上就是动车组工作取电从一个电源切换到另外一个不同相位的电源，过渡过程中必然产生电磁暂态振荡，可能产生过电压，称为自动过分相过电压。所以，动车组通过电分相是典型的电磁暂态过程。动车组自动过分相过电压可能引起接触网绝缘放电、车顶电气设备损坏，牵引变电所跳闸，影响行车。

电分相是接触网不可或缺的组成部分，动车组以及所有电力机车，运行中都不能够避开电分相。任何一条运营的高速铁路线路从起点到终点，至少设置有数个至数十个电分相；每个电分相每天都要通过数十列至百余列动车组。尽管动车组通过电分相时产生过电压是一个概率事件，具有较大的随机性，但是，通过电分相的次数频繁，出现过分相过电压的概率不可低估。电分相结构的合理性，断电标、合电标位置的合理性，以及断电标、合电标位置信号的明显或强弱，都对保障动车组安全通过电分相发挥的作用十分重要。

了解动车组自动过分相过电压的机理，制定有效的技术措施，限制自动过分相过电压，有助于保证供电安全，行车正点。

7.1.3 动车组升降弓

动车组的牵引电源来自接触网，通过受电弓与接触网滑动获取。车上设置两台受电弓，一台受电弓工作，另外一台备用。无论在车库、整备线、车站等场所，动车组投入运用、退出运用，或者受电弓运用切换，都要进行升弓或降弓操作，操作频次较多。受电弓升降的速度十分有限，不能够用于切断大电流。按照动车组的操作规则和自动控制程序，升弓之前必须先断开车上的主断路器（VCB）和保护接地开关（EGS）；如果主断路器和保护接地开关在合位状态时，车载自动控制闭锁升弓；只有受电弓升弓到位，正确连接了接触网电源，确认车载牵引变压器处于空载状态时，主断路器才能够合闸、启动动车组。动车组退出运用或停电，降弓时必须先断开车上的主断路器，再降弓隔离电源；车载自动控制的操作逻辑中，手动降弓时会自动分断主断路器，保证操作正确。因此，动车组受电弓进行升弓或降弓操作时，与车载牵引变压器和变流装置等无关，也就是与动车组的车型关系不大。

动车组升弓或降弓时，就是对车上高压互感器、电缆进行充电合闸或断电分闸，过程与暂态机理类似于空载变压器合闸或分闸，可能产生过电压，甚至在弓网间出现火球。

动车组运行中，如果接触网有“硬点”，或者轨道不平滑，都会引起受电弓上下颤动，造成受电弓短暂离开接触线拉电弧。这个现象表面上与受电弓的升弓或降弓相似，但是，在电磁暂态过程中产生的暂态效果有所不同。动车组运行中发生受电弓离线拉电弧时，绝大多数情况是车在牵引状态，带有负荷。从电气角度看，受电弓颤动离线，一方面楞次定律作用，瞬间要维持负荷电流，必然形成电弧，由于电弧是良导体，动车组电气回路与接触网是连通的；另一方面，动车组的负荷对电磁暂态过程是极大的阻尼，因此，受电弓颤动离线时，不会出现过电压。动车组的受电弓进行升弓或降弓操作时，由于已经断开了车载牵引变压器，没有负荷，电路没有阻尼作用，在电磁暂态过程中可能产生过电压。所以，动车组正常运行中受电弓瞬间离线，与司机操作受电弓进行升降时的电磁暂态结果完全不一样。

了解动车组升降弓原理，分析升降弓可能出现的暂态过电压，加强防护，有益于动车组安全运用。

7.2 自动过分相装置

动车组和电力机车“断电”通过电分相的具体操作程序是：达到“断”字标牌时，司机将运行级位手柄回到“0”位（称为司机指令回零，实际上是切断牵引负荷），按照规定顺序逐个断开制动风机、通风机、压缩机等辅助开关，最后断开主断路器，切断牵引电源，依靠滑行运动通过无电区，进入另外一个相位的接触网。达到“合”字标牌时，合上主断路器，接通牵引电源，逐个闭合各种辅助开关，开启压缩机、通风机、制动风机等，再根据行车速度需要操作手柄进级，重新启动牵引电机，完成通过电分相。在低速铁路上这样的操作可以由人工完成，司机凭瞭望进行操作，要求精力高度集中，如果操作不当，车就会带负荷闯分相，导致受电弓拉电弧，烧伤分相绝缘器和受电弓。高速铁路的动车组速度快，通过电分相时如果依靠司机瞭望、手动操作，劳动强度大，操作时间长，车辆失速大，因此几乎不可能由人工完成。需要一种自动控制的过分相装置，解放司机的人工操作，减少断电持续时间。为此，国内外开展了多年的研究和实践，实际工程中应用的电力机车和动车组自动过分相装置，主要有以下三种方式。

7.2.1　地面开关控制装置

地面开关控制装置，简称地面装置，工作原理如图 7-2 所示。图中 K1、K2 为地面的高压开关，J1、J2 为分相绝缘器，K1、K2、J1、J2 中间构成一个中性段，G1、G2、G3、G4 为设置在轨道上的位置传感器。电力机车自动通过电分相的过程：假设车从 A 相接触网驶向 B 相接触网，到达 G1 位置时传感器获取到有车的信号就启动开关 K1 闭合，中性段带 A 相电，电力机车不断电、同相位进入中性段；到达 G3 位置时传感器信号启动开关 K1 分断、开关 K2 闭合，中性段由 A 相供电转为 B 相供电，完成相位切换，电力机车不断电、以新的电源相位进入 B 相接触网；到达 G4 位置时传感器信号启动开关 K2 分断，中性段恢复无电状态，电力机车完成通过电分相。同样方式，如果车从 B 相驶向 A 相接触网，按 G4、G2、G1 顺序启动开关 K2、K1 依次动作。

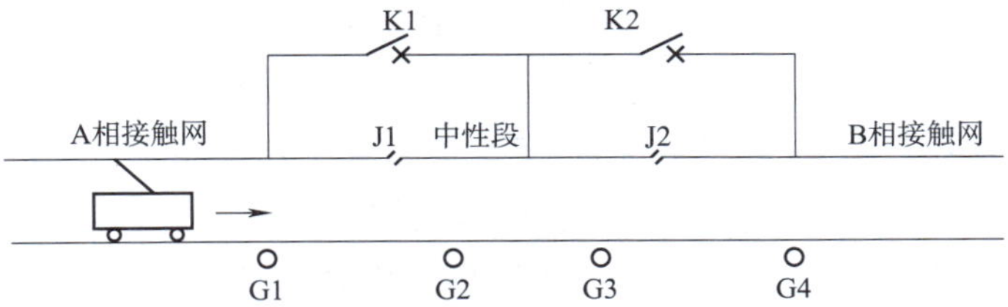

图 7-2　地面自动过分相装置工作原理

地面装置的优点：①不需要设置断电标、合电标，不需要车辆改装，不需要司机操纵。②中性段长度与行车速度无关，可适应多种车速，车辆牵引断电时间少，失速小。③接触网无供电死区，地面开关能够 100% 备用，检修方便，不占供电天窗时间。

地面装置的不足：①地面开关设备占地面积大，投资高。②需要配套信号处理和控制装置，才能够启动开关，而且开关动作频繁，在干线铁路上，开关每天分闸合闸可达百余次，对开关的机械寿命威胁大，运行维护费用高。③开关质量和控制精度要求都很高，如果两台开关同时闭合，或者发生分闸开关拒分、重燃，都将造成相间短路，两侧的牵引变电所跳闸，两个供电臂失电。④供电相位切换快，电磁暂态过程强烈，产生过电压的概率高。

我国 1981 年在福临堡分区所开始试验，1994 年在咸阳西建地面自动切换所试运行。

试验中曾出现中性段过电压高达 2.5～3 倍，中性段压互烧损，车顶放电等现象，需要采用限制过电压的措施。

7.2.2 柱上开关控制装置

柱上开关控制装置，简称柱上装置，工作原理如图 7-3 所示。图中 K1、K2 为接触网支柱上安装的真空断路器，Q1、Q2 分别是控制开关 K1、K2 的合闸线圈，J 为分相绝缘器，J1～J4 为分段绝缘器。电力机车自动通过电分相的过程：假设车从 A 相接触网驶向 B 相接触网，到达 ab 之间时，牵引电流通过线圈 Q1，铁芯吸合使开关 K1 合闸，接触网 bc 段带 A 相电；到达 bc 段时，线圈 Q1 中无电流通过，铁芯释放使开关 K1 分闸，cde 变为无电区，电力机车依靠惯性到达至 ef 段时，通过线圈 Q2 获得 B 相提供的牵引电流，同时，线圈 Q2 也驱动开关 K2 闭合，驶过 f 点，线圈 Q2 失电使开关 K2 断开，电力机车完成通过过分相。同样方式，如果车从 B 相驶向 A 相接触网时，K2 先动作，然后 K1 动作。

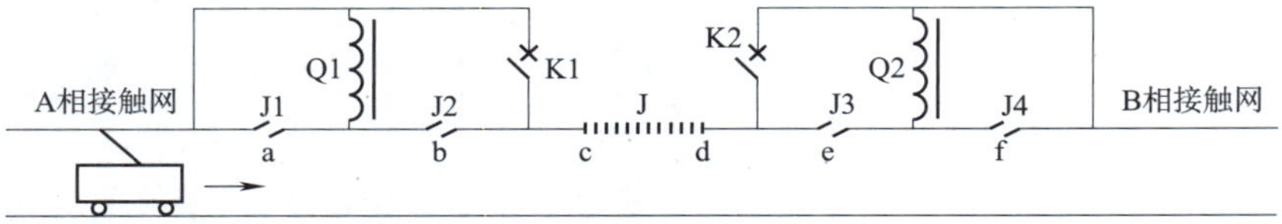

图 7-3　柱上自动过分相装置工作原理

柱上装置的优点：①不需要设置断电标、合电标，不需要车辆改装，不需要司机操纵。②与地面装置比较，不占地。复线上车辆只向一个方向行驶，柱上开关只需要一台，投资少。③结构简单，不需要专门的控制设备，不存在开关拒分造成相间短路的风险。

柱上装置的不足：①在图 7-3 中电力机车带负荷通过 J1 绝缘器时，线圈 Q1 的压降导致弓网间产生电弧。如果电力机车双弓取流，会短接线圈 Q1，开关 K1 不能进行合闸。②要求行车速度在一定范围。速度太低，车向右行驶到达 bc 段就会过早断电；速度太高，通过 ab 段时间太短，线圈 Q1 得电时间少，可能导致开关 K1 不能正常闭合。车向左行驶存在类似问题。③要求电力机车取流必须大于等于真空开关最小动作电流，限制了行车工况。④车通过一次，柱上 2 台开关都动作，其中 1 台动作是做无用功，加速消耗开关的机械寿命。⑤开关无备用，带负荷分断，需要经常维护，柱上检修不方便。⑥存在供电死区（cde 或 bcd）；接触网分段多，器件连接硬点多，对受电弓威胁大。⑦供电相位切换存在电磁暂态过程。

1993 年在鹰厦线、1997 年在武嘉线上挂网试运行，试验中曾出现开关线圈导电使车顶网压突降，分段绝缘器出现电弧，受电弓烧伤，甚至断路器灭弧室爆炸，电磁暂态现象明显。

7.2.3 车上自动控制装置

车上自动控制装置，简称车载装置，指车辆转向架安装的磁感应器 A 和车上自动控制器 B，工作原理如图 7-4 所示。图中 J 为绝缘锚段关节的无电区，G1、G2、G3、G4 是预置在轨枕中的永久磁钢。电力机车和动车组自动通过电分相的过程：假设车从 A 相接触网驶向 B 相接触网，到达第一个断电标对应的 G1 位置时，轨枕位置磁钢启动车载感应器 A，记录车的速度，自动控制器 B 根据运行速度，计算到达第二个断电标的时间，延时控制司机指令回零、退级、关闭辅机、分断车上主断路器，无负荷车依靠惯性，滑行通过无电中性区 J；到达合电标对应的 G3 位置时，车顶压互也会检测到接触网电压信号，经自动控制器 B 确认，启动车上主断路器合闸，并按照规定顺序投入辅机，恢复牵引状态，实现自动过分相。如果车到达 G1 位置，感应器 A 没有接收到第一个预断信号，继续滑行到达第二个断电标对应的 G2 位置时，自动控制器 B 就会强制执行司机指令回零、主断路器分闸等一系列规定的操作，保证车无负荷通过电分相中性区段。同样方式，如果车从 B 相驶向 A 相接触网时，也能够自动完成类似操作。

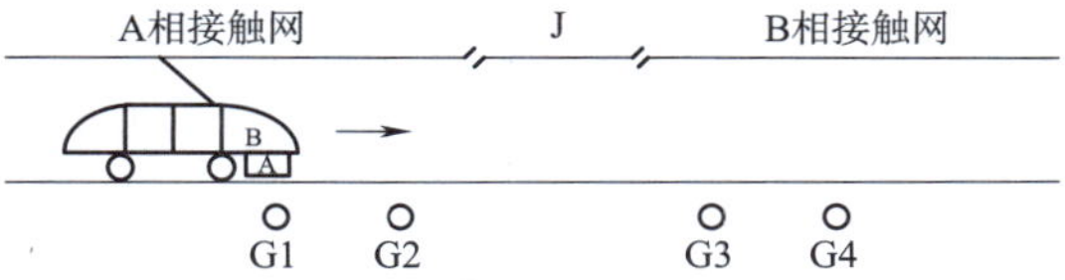

图 7-4　车载自动过分相装置工作原理

车载装置的优点：①不需要司机操纵，不存在接触网相间短路风险。②车上自动控制逐级操作，运行平稳，操作与行车速度和取流无关，不受行车工况限制。③动车组的各动力单元独立检测和判断是否通过电分相，各单元的主断路器分合闸相继完成，减少了整车的牵引力损失。④接触网采用绝缘锚段关节，没有硬点，有利于受电弓高速滑行。⑤轨枕中磁钢免维修；车上装置随车检修方便。⑥双断信息，确保电力机车或动车组无负荷通过电分相。

车载装置的不足：①过分相断电时间与行车速度有关，操作步骤多，断电时间可能比前两种方法长，存在一定失速。②车上主断路器动作频繁，电子控制器受车体机械振动影响，可靠性要求高。③地面磁钢吸附铁磁异物，受到泥土掩埋，可能影响车载传感器对位置信号的可靠采集。

车载装置 1998 年在广深铁路、湘黔线怀化至娄底区段开始试运行，不断积累经验，改进完善。

随着铁路科技的发展，适应高速、普速、重载运输铁路的多种自动过分相装置会更加先进，更能够减少动车组、电力机车自动通过电分相的失速，保证车辆平稳通过。

7.3　自动过分相暂态机理与解析计算

高速铁路接触网采用 AT 供电方式，动车组连接在接触网和钢轨（T-R）之间；动车组通过电分相期间已经切断外电源，因此，对 F 线回路的电磁暂态冲击影响较小。动车组进入或驶出电分相，导致中性线电压出现暂态振荡时，中性线电压可能急剧升高；发生暂态时由于受电弓连接着接触线与中性线，暂态振荡电压同时作用在中性线、接触网和受电弓上。所以，可以用中性线电压的电磁暂态过程，反映动车组通过电分相的全过程。

7.3.1 不断电通过电分相的危害

1. 暂态电压高

如果动车组不断电通过电分相，等值电路如图 7-5 所示，图中 $e_A(t)$和 $e_B(t)$分别为牵引变电所 A 相和 B 相电源，L_A 和 L_B 分别为 A 相和 B 相的电源内电感、接触网等值电感之和，C_c 为受电弓、车上连接电缆、车载牵引变压器对地等值电容之和，R_m 和 L_m 分别为车载牵引变压器一次侧励磁回路的电阻和电感，R_T 和 L_T 分别为车载牵引变压器的等值短路电阻和电感，R 和 L 分别为牵引负荷归算到一次侧的等值电阻和电感；$u(t)$表示车顶电压，$i(t)$表示车载牵引变压器高压侧电流。动车组通过电分相，就是开关 K 切换，动车组的供电电源由$e_B(t)$切换到 $e_A(t)$，相当于动车组从 B 相供电臂快速滑行进入 A 相供电臂。

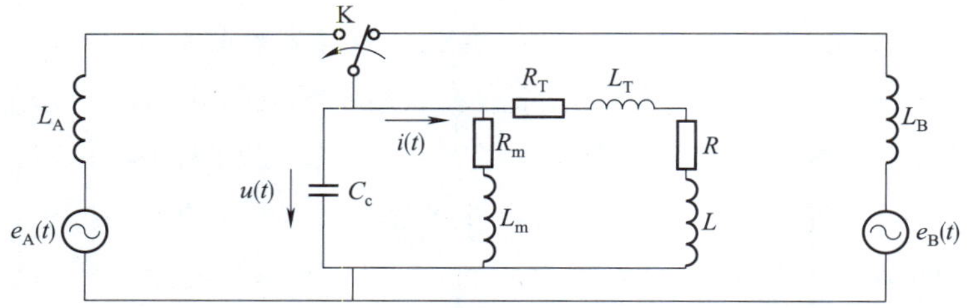

图 7-5 不断电过电分相的等值电路

不断电通过电分相时，忽略电阻损耗，假设开关 K 切换时刻，A 相电压为最大值$+27.5\sqrt{2}$ kV，车顶等值电容的电压为$-27.5\sqrt{2}$ kV，按照式(1-12)估计，过分相的暂态冲击最大过电压为

$$u_{max}=\{27.5\sqrt{2}+[27.5\sqrt{2}-(-27.5\sqrt{2})]\}\ \text{kV}\approx 116.7\ \text{kV}$$

尽管车在电源换相时刻 $e_B(t_0)$、$e_A(t_0)$数值大小和极性与电源的相位有关，是一个随机量，但是，按照 50%概率粗略估计，过电压可达 60 kV 左右，足以导致车顶避雷器放电(动作电压约 57 kV)，可能引起变电所跳闸。

2. 弓网电弧烧损导线

动车组不断电通过分相的严重危害：由于大功率负荷，通过车载牵引变压器(可等值为大电感)的工作电流 $i(t)$高达数百安，楞次定律表明电感电流不能够突变，受电弓进出分相时瞬间产生大电弧，直接烧损接触线和受电弓。

因此，运行规程规定：动车组和电力机车通过接触网电分相时，必须切断负荷后通过。

7.3.2 断电通过电分相

高速铁路接触网的电分相都采用绝缘锚段关节式电分相，无论是双断口，还是三断口的绝缘锚段关节式电分相，动车组都是采用车上主断路器分闸方式断电通过电分相，动车组只有高压回路的受电弓、压互、连接电缆等参与过分相。因此，过分相的电磁暂态过程只与牵引网参数、车的滑行速度、车顶高压电气设备(受电弓、压互、连接电缆)有关，与车载牵引变压器、变流装置等内部电路无关，显然，与车型关系不大。

针对常见的双断口绝缘锚段关节式电分相，将中性线与接触线对地高度相等的部分，分别标记为 A、B、C、D 四个点，如图 7-6 所示。动车组断电之后通过电分相的过程中，在 AB 段和 CD 段受电弓同时与中性线和接触线连接。假设动车组向右行驶，在第二个“断”字牌时，车上真空断路器断电，滑行到达 A 点，受电弓将中性线与 A 相接触线连接，中性线电压的初始感应电压经过振荡上升，趋于 A 相接触网电压。到达 B 点时，受电弓与 A 相接触线脱离，进入无电区，中性线的电压开始衰减。继续滑行到 C 点时，受电弓将中性线与 B 相接触线连接，中性线的电压再次振荡上升，趋于 B 相接触网电压。D 点后受电弓离开中性线，中性线的电压衰减，逐渐恢复到初始状态，动车组继续滑行到合电标时，车上真空断路器合闸，恢复牵引供电，动车组完成断电通过电分相。

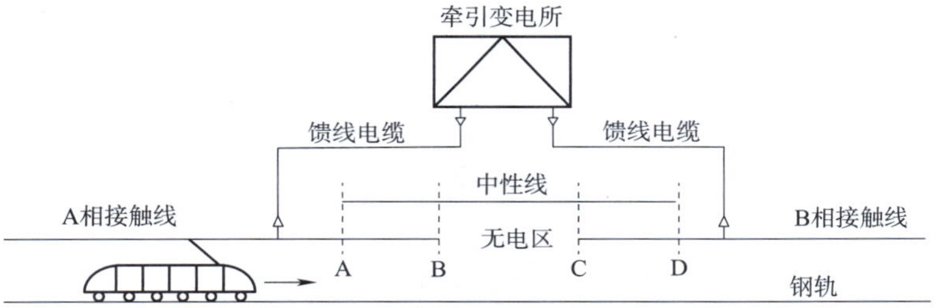

图 7-6　动车组过分相示意

受电弓连接或者脱离中性线时，由于中性线的感应电压与接触网电压存在较大差别，会产生电弧。尽管动车组已经断电，电弧总体不大，但在相同的电源相角、车速、气象环境等条件下，A、B、C、D 四个接触点产生的电弧大小还是有差别。

(1)在 A 点，受电弓逐渐接近中性线，当两者之间的空气间隙小于临界电场强度时，发生电弧放电。动车组继续滑行时，受电弓将中性线与 A 相接触线连接，电弧被短接熄灭。所以，动车组进入关节式电分相时，电弧特征是电弧小，持续时间短。

(2)在 B 点，受电弓与 A 相接触线分开瞬间，空气间隙上极大的电场强度导致电弧放电。由于动车组滑行，A 相电源提供的电弧不断拉长，电弧电阻快速增大，同时，受电弓与 A 相接触线的距离越来越大，空气间隙的电场强度迅速减小，直到不能够维持放电，电弧拉断熄灭。所以，动车组进入无电区的电弧特征是电弧明显，持续时间较长。

(3)在 C 点，动车组滑行使受电弓逐渐接近 B 相接触线，当空气间隙小于临界电场强度时，B 相电源向受电弓放电。一方面由于动车组高压电气设备的等值电容已经连接在中性线上，增大了中性线对地电容，使接触网 B 相电源对中性线的充电电流增加；动车组继续滑行使电弧长度和电弧电阻都在减小，电弧更强烈；另一方面受电弓很快连接 B 相接触线，电弧被短接熄灭。所以,动车组进入 B 相接触线的电弧特征是 A、B、C、D 四个接触点中电弧最大,持续时间短。

(4)在 D 点,受电弓与中性线分开瞬间,再次产生电弧放电;动车组继续滑行使中性线失去动车的等值电容,受电弓与中性线的空气间隙的距离越来越大,电弧不断拉长、电弧电阻增大,最终电弧拉断熄灭。所以,动车组离开电分相的电弧特征是电弧小,持续时间较长。

7.3.3 过分相暂态机理

在绝缘锚段关节式电分相结构中,中性线与接触线平行距离很近(450～500 mm),中性线存在感应电压,其相位与两侧接触网的电源都有关,可以用导线间的空间等值电容进行计算。双断口绝缘锚段关节式电分相(图 1-26)导线的空间电容分布如图 7-7 所示,中性线感应电压 $\dot{U}_n$ 为

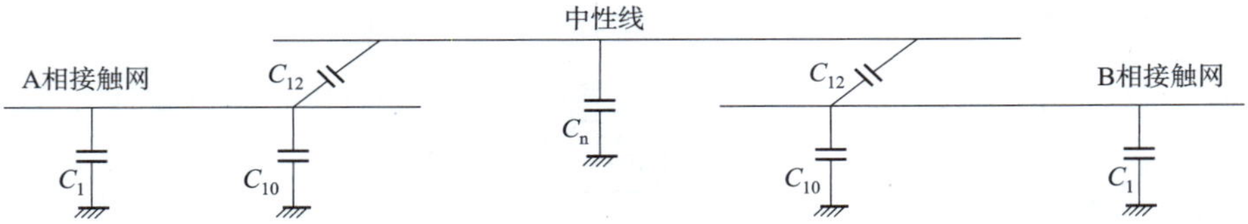

图 7-7 双断口电分相空间电容分布

$$\dot{U}_n=\frac{C_{12}}{2C_{12}+C_n}(\dot{U}_A+\dot{U}_B) \tag{7-1}$$

式中 $\dot{U}_A$——A 相接触网电压;

$\dot{U}_B$——B 相接触网电压;

C_{12}——中性线两端分别与接触网并行线段之间的空间等值电容;

C_n——中性线对地等值电容。

图 7-6 中动车组向右滑行通过电分相过程中,只有车顶受电弓、压互和电缆与接触线或中性线连接。由于压互的励磁电抗远大于动车组高压回路的容抗,可以将动车组用一个等值电容 C_c 表示,包括了高压回路中受电弓、连接电缆等对地电容。动车组进入分相时,受电弓与中性线的连接时刻 $t=0^-$,中性线具有式(7-1)计算的初始值电压,$t=0^+$ 时刻左侧电源 $e_A(t)$作用到中性线,两者差别极大,必然发生能量交换与重新平衡,从而产生电磁暂态振荡,可能出现过电压。同理,动车组出分相,也会产生电磁暂态振荡。

7.3.4 过分相暂态电压解析计算

1. 动车组过分相的暂态时间划分

动车组通过绝缘锚段关节的电分相过程,可用图 7-8 所示等值电路表示,其中 $u_A(t)$、$u_B(t)$分别表示 A 相和 B 相的牵引网电源,L_S 为电源内电感,C_S 为馈线电缆及牵引母线、开

关柜对地等效电容之和；L_0 和 C_0 分别为电分相两侧单位长接触网等值电感和对地电容，C_n 为中性线对地电容，C_{12} 为中性线与两侧接触网的互电容，C_c 为动车组高压回路对地等值电容。假设动车组从左向右滑行，对应图 7-6 中 A、B、C、D 四点，受电弓与中性线接触或脱离，分别用开关 k1 和 k2 的合闸或分闸来模拟，中性线的暂态电压 $u_n(t)$ 变化规律可以划分为四个时间段：动车组进电分相，动车组进无电区，动车组出无电区，动车组离开电分相。

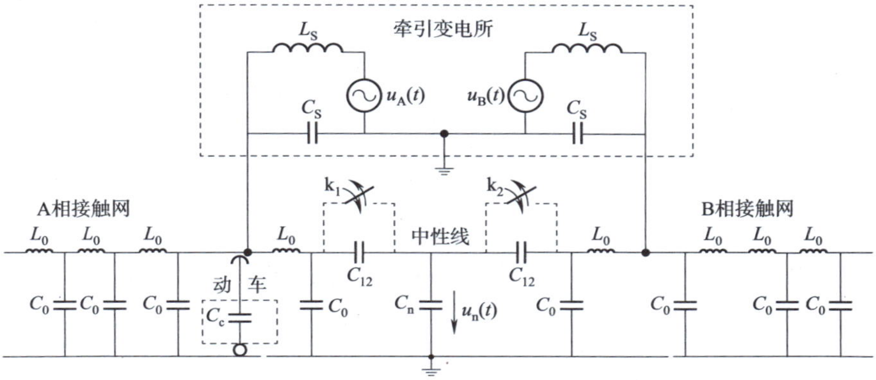

图 7-8　动车组通过电分相等值电路

(1)第一阶段(动车组进电分相)：动车组滑行到达图 7-6 中 A 点(不计电弧发生时差，下同)受电弓连接中性线与 A 相电源，开关 k1 合闸，记为 $t=0$，中性线电压 $u_n(t\geqslant 0)$ 变化规律能够反映动车组进入电分相的电磁暂态过程。

(2)第二阶段(动车组进无电区)：动车组继续滑行通过图 7-6 所示 AB 段，消耗时间 $\Delta\tau_1$，到达图 7-6 中 B 点，开关 k1 分闸，中性线断开 A 相电源，中性线电压 $u_n(t\geqslant\Delta\tau_1)$ 变化规律反映动车组进入无电区的电磁暂态过程。

(3)第三阶段(动车组出无电区)：动车组继续滑行通过图 7-6 所示 BC 段，消耗时间 $\Delta\tau_2$，到达图 7-6 中 C 点，开关 k2 合闸，中性线电压 $u_n(t\geqslant\Delta\tau_1+\Delta\tau_2)$ 变化规律反映动车组出无电区、电源切换到 B 相后的电磁暂态过程。

(4)第四阶段(动车组离开电分相)：动车组继续滑行通过图 7-6 所示 CD 段，消耗时间 $\Delta\tau_3$，到达图 7-6 中 D 点，开关 k2 分闸，中性线电压 $u_n(t\geqslant\Delta\tau_1+\Delta\tau_2+\Delta\tau_3)$ 变化规律反映动车组滑行离开电分相之后，中性线的电压逐渐恢复到初始状态。

可见，中性线的暂态电压 $u_n(t)$ 能够代表动车组进出电分相的整个电磁暂态过程。

2. 动车组过分相的暂态电压分时处理

用解析方法计算中性线暂态电压 $u_n(t)$ 时，将图 7-8 简化为电路图 7-9，其中 L 和 R 分别为电源、馈线、接触网的电感与电阻之和，中性线连接动车的临时电容 $C=C_n+C_c$(k1 或 k2 闭合，受电弓连接中性线，动车组高压回路电容 C_c 与中性线电容 C_n 并联)。由于电弧的导电性能良好，当受电弓与中性线或接触线产生电弧的时刻(实际上与图 7-6 位置 A、B、C、

D略有差别)，认为是开关k1或k2的闭合动作时刻，电弧熄灭时刻认为是k1或k2的分闸动作时刻。动车从A相通过电分相驶向B相时，开关k1在闭合至分闸的期间，k2始终保持在断开状态；开关k1分闸保持之后，k2才会动作。对于开关k1、k2分时动作，为了使解析计算的概念清晰、简化，对动车组过分相四个阶段的暂态电压进行分时处理和分别计算。

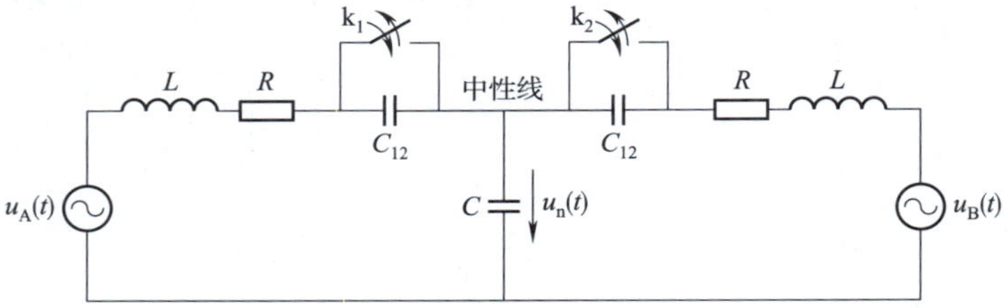

图 7-9　动车组过分相计算电路

(1)第一阶段($0<t\leqslant\Delta\tau_1$)：动车组进电分相，开关k1闭合($t=0$)，图7-9电路左侧电源$u_A(t)$对中性线高频充电，电路右侧的电源$u_B(t)$只对中性线产生感应电。这样处理的原因如下：

①中性线与接触线的空间电容小，容抗大，中性线的暂态能量通过C_{12}传播到B相接触网的数值很小。

②与中性线的暂态能量相比，可以认为接触网B相电源$e_B(t)$无穷大，具有极大的强制能力，保持B相接触网电压不变。

③不考虑图7-9中右侧部分，避免电路出现高阶微分方程，才能使解析计算简单和可操作。

(2)第二阶段($\Delta\tau_1<t\leqslant\Delta\tau_1+\Delta\tau_2$)：动车组进无电区，开关k1分闸后，中性线失去A相电源，中性线电压$u_n(t>\Delta\tau_1)$自由振荡衰减，同时，两侧电源$u_A(t)$和$u_B(t)$同时对中性线产生感应电。

(3)第三阶段($\Delta\tau_1+\Delta\tau_2<t\leqslant\Delta\tau_1+\Delta\tau_2+\Delta\tau_3$)：动车组出无电区，开关k2闭合时，图7-9电路右侧的电源$u_B(t)$对中性线高频充电，电路左侧电源$u_A(t)$只对中性线产生感应电。

(4)第四阶段($t>\Delta\tau_1+\Delta\tau_2+\Delta\tau_3$)：动车组离开电分相，开关k2分闸后，中性线失去B相电源，中性线电压$u_n(t>\Delta\tau_1+\Delta\tau_2+\Delta\tau_3)$自由振荡衰减，两侧电源$u_A(t)$和$u_B(t)$同时对中性线产生感应电。

3. 动车组进入电分相($0<t\leqslant\Delta\tau_1$)的暂态电压计算

(1)左侧电源单独作用

考虑图7-9电路左侧电源$u_A(t)$单独作用时，忽略k2右侧影响，开关k1闭合($t=0$)，以中性线电压$u_n(t)$为状态变量，列出$t\geqslant0$时中性线电压微分方程为

$$LC\frac{d^2u_n}{dt^2}+RC\frac{du_n}{dt}+u_n=u_A \tag{7-2}$$

式中　R——回路电阻，主要是变电所上网馈线；

L——回路电感，主要是变电所电源内电感、馈线电感；

C——中性线的临时电容。

方程(7-2)的特征根为

$$p_{1,2}=-\frac{R}{2L}\pm\sqrt{\left(\frac{R}{2L}\right)^2-\frac{1}{LC}}=-\alpha\pm\sqrt{\alpha-\omega_0^2} \tag{7-3}$$

式中　α——衰减系数，$\alpha=\frac{R}{2L}$；

ω_0——固有振荡角频率，$\omega_0=\frac{1}{\sqrt{LC}}$。

由于变电所上网馈线不长，回路电阻数量级为 mΩ，电感数量级为 mH，电容数量级为 nF，存在 $R<2\sqrt{\frac{L}{C}}$ 关系，方程(7-2)的特征根是一对共轭复根时，方程解 $u_{\mathrm{n}}(t)$ 含有三角函数，必然产生振荡。

将图 7-9 电路与图 1-34 电路比较，图 7-9 电路的初始条件仅仅多了一项：中性线(电容 C)具有初始值 $U_{\mathrm{n}}(0)$，其他的完全相同。因此，根据叠加原理，图 7-9 电路的解就是图 1-34 电路的解表达式(1-17)，再加上一项计入中性线电压初始值 $U_{\mathrm{n}}(0)$ 产生的"零输入"暂态分量。

假设中性线两侧的 A 相和 B 相接触网电源分别为 $u_{\mathrm{A}}(t)=U_{\mathrm{m}}\sin(\omega t+\theta)$，$u_{\mathrm{B}}(t)=U_{\mathrm{m}}\sin(\omega t+\theta-120°)$，$\theta$ 为电源合闸初相位角，动车组滑行到达图 7-6 中 A 点(忽略发生电弧的微小距离差)，开关 k1 闭合，按照式(7-1)计算，$t=0$ 时刻中性线的初始电压为

$$u_{\mathrm{n}}(0)=\frac{C_{12}}{2C_{12}+C_{\mathrm{n}}}[u_{\mathrm{A}}(0)+u_{\mathrm{B}}(0)]$$

式中　$u_{\mathrm{A}}(0)$——k1 合闸 $t=0$ 时刻对应的接触网 A 相电压，$u_{\mathrm{A}}(0)=U_{\mathrm{m}}\sin\theta$；

$u_{\mathrm{B}}(0)$——k1 合闸 $t=0$ 时刻对应的接触网 B 相电压，$u_{\mathrm{B}}(0)=U_{\mathrm{m}}\sin(\theta-120°)$。

计入中性线初始电压 $U_{\mathrm{n}}(0)$ 时，微分方程的暂态解为

$$u''_{\mathrm{n}}(t)\big|_{t=0}=k\mathrm{e}^{-\alpha t}\sin(\omega_{\mathrm{d}}t+\gamma)\big|_{t=0}=U_{\mathrm{n}}(0)$$

解得积分常数 $k=\frac{U_{\mathrm{n}}(0)}{\sin\gamma}$。

中性线电压 $u_{\mathrm{n}}(t)$ 由于初始电压 $U_{\mathrm{n}}(0)$ 作用，产生的"零输入"暂态电压分量为

$$u''_{\mathrm{n}}(t)=\frac{U_{\mathrm{n}}(0)}{\sin\gamma}\mathrm{e}^{-\alpha t}\sin(\omega_{\mathrm{d}}t+\gamma) \tag{7-4}$$

式(1-17)与式(7-4)之和，就是动车组滑行进入电分相时，中性线电磁暂态电压 $u_{\mathrm{n}}(t)$ 为

$$\begin{aligned}u_{\mathrm{n}}(t)=&\frac{U_{\mathrm{m}}}{zC}\Big[\frac{1}{\omega}\sin\left(\omega t+\theta-\varphi-\frac{\pi}{2}\right)+\frac{\cos(\theta-\varphi)}{\omega\sin\gamma}\mathrm{e}^{-\alpha t}\sin(\omega_{\mathrm{d}}t+\gamma)\\&-\frac{\sin(\theta-\varphi)}{\omega_{\mathrm{d}}}\mathrm{e}^{-\alpha t}\sin\omega_{\mathrm{d}}t\Big]+\frac{U_{\mathrm{n}}(0)}{\sin\gamma}\mathrm{e}^{-\alpha t}\sin(\omega_{\mathrm{d}}t+\gamma)\end{aligned} \tag{7-5}$$

式中，$z=\sqrt{R^2+\left(\omega L-\dfrac{1}{\omega C}\right)^2}$，$\omega_d=\sqrt{\omega_0^2-\alpha^2}$，$\gamma=\arctan\dfrac{\omega_d}{\alpha}$，$\varphi=\arctan\dfrac{\omega L-\dfrac{1}{\omega C}}{R}$。

(2)右侧电源单独作用

按照叠加原理，左侧电源不再作用，$u_A(t)$视为零。由于 $u_A(t)=0$，k1 闭合将中性线等效接地(忽略回路 L,R)，因此，右侧电源 $u_B(t)$单独作用时，中性线的感应电压分量 $u_n(t)=0$。

(3)左右侧电源同时作用

同时计入图 7-9 电路左右两侧电源 $u_A(t)$、$u_B(t)$作用，式(7-5)就是动车组进入电分相时中性线的暂态电压 $u_n(t)$。

由式(7-5)可见，动车组进入电分相时，中性线电压产生了暂态振荡，电源角频率主导振荡的低频分量，自由角频率主导振荡的高频分量。在电源电压和线路参数一定的条件下，影响电压振荡幅值的主要因素，一是受电弓连接中性线的时刻(开关 k1 合闸的相位角 θ)，二是在 k1 合闸时刻中性线感应电压的正负极性和大小。显然，这些都是随机因素，导致中性线的过电压也具有随机性。

解析表达式(7-5)含指数和多个三角函数，手算比较麻烦；按照式(7-5)编写一个小程序，方便计算结果。将相关参数代入式(7-5)，令 $t=0$ 时刻开始运行，使中性线获得(感应)初始电压，在 $t=0.039$ s 时刻开关 k1 合闸，计算出动车组进电分相时中性线电压 $u_n(t)$，其波形如图 7-10 所示，最大过电压为 92 kV。

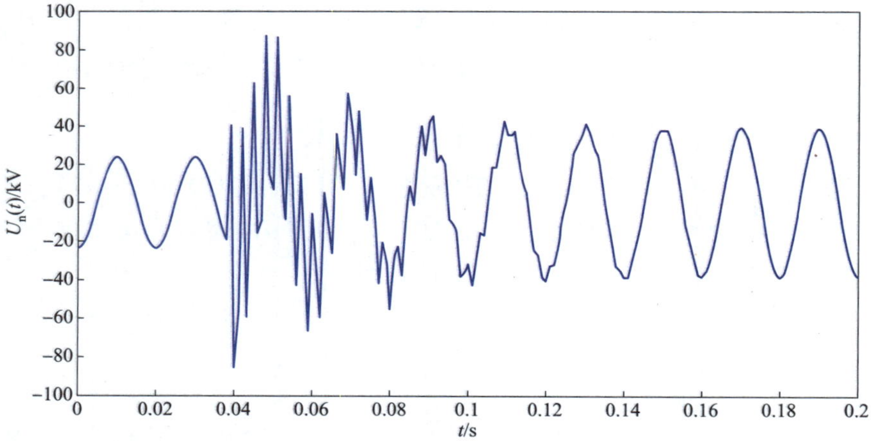

图 7-10　动车组进电分相的中性线暂态电压

4. 动车组进入无电区($\Delta\tau_1<t\leqslant\Delta\tau_1+\Delta\tau_2$)的暂态电压计算

(1)无电源作用

动车组滑行到达图 7-6 中 B 点开始进入无电区，受电弓离开 A 相接触网，中性线与 A 相电源断开，相当于图 7-9 电路 k1 分闸，无电源作用，但是，中性线已经具有暂态能量，电路是非零状态。计算中性线断开左侧电源的“零输入”暂态衰减过程时，考虑到电路的对称性，图 7-9 电路可以简化为图 7-11 所示，中性线连接动车的临时电容 $C=C_c+C_n$，以图中电压 $u_{ceq}(t)$ 为状态变量，列出 $u_{ceq}(t)$ 电压微分方程为

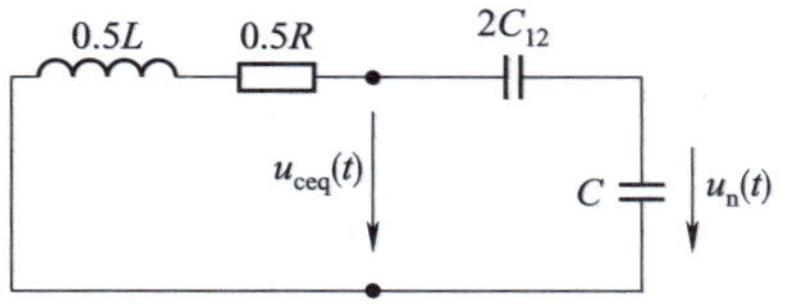

图 7-11　动车组进入无电区暂态计算电路

$$L\frac{C_{12}C}{C+2C_{12}}\frac{d^2u_{ceq}}{dt^2}+R\frac{C_{12}C}{C+2C_{12}}\frac{du_{ceq}}{dt}+u_{ceq}=0 \tag{7-6}$$

取 $C_{eq}=\dfrac{C_{12}C}{C+2C_{12}}$，式(7-6)简写为

$$LC_{eq}\frac{d^2u_{ceq}}{dt^2}+RC_{eq}\frac{du_{ceq}}{dt}+u_{ceq}=0 \tag{7-7}$$

微分方程式(7-7)形式上与式(7-2)的齐次方程完全相同，只是参数值略有不同；齐次微分方程(7-7)的暂态分量解为

$$u''_{ceq}(t)=ke^{-\alpha t}\sin(\omega_d t+\gamma) \tag{7-8}$$

开关 k1 分闸($t=\Delta\tau_1^-$)时刻，按式(7-5)可计算出电容 C 的电压 $u_n(\Delta\tau_1^-)$；由于 k1 分闸前电容 C_{12} 被受电弓短接 $u_{C12}(\Delta\tau_1^-)=0$，因此，电容 $2C_{12}$ 与 C 串联的初始值 $U_{ceq}(\Delta\tau_1)$ 为

$$U_{ceq}(\Delta\tau_1)=u_n(\Delta\tau_1^-)+u_{C12}(\Delta\tau_1^-)=u_n(\Delta\tau_1^-) \tag{7-9}$$

将式(7-9)代入式(7-8)，解得积分常数为 $k=\dfrac{U_{ceq}(\Delta\tau_1)}{\sin\gamma}$，因此，$2C_{12}$ 与 C 串联的等值电容 C_{eq} 上电压暂态分量为

$$u''_{ceq}(t)=\frac{U_{ceq}(\Delta\tau_1)}{\sin\gamma}e^{-\alpha t}\sin(\omega_d t+\gamma) \tag{7-10}$$

按照电容 $2C_{12}$ 与 C 串联构成的分压方式，可得中性线的暂态电压分量为

$$\begin{aligned}u''_n(t)&=\frac{2C_{12}}{C+2C_{12}}u''_{ceq}(t)\\&=\frac{2C_{12}}{C+2C_{12}}\cdot\frac{U_{ceq}(\Delta\tau_1)}{\sin\gamma}e^{-\alpha t}\sin(\omega_d t+\gamma)\end{aligned} \tag{7-11}$$

(2)中性线感应电压分量

开关 k1 分闸之后，中性线两侧的电源 $u_A(t)$ 和 $u_B(t)$ 同时对中性线产生感应电压。计入中性线连接的动车组等值电容 C_c，中性线的临时电容为 $C=C_c+C_n$，按照式(7-1)计算，中性线产生的感应电压分量为

$$u_n(t)=\frac{C_{12}}{2C_{12}+C}U_m[\sin(\omega t+\theta)+\sin(\omega t+\theta-120°)] \\ =\frac{C_{12}}{2C_{12}+C}\cdot\frac{U_m}{2}[\sin(\omega t+\theta)-\sqrt{3}\cos(\omega t+\theta)] \tag{7-12}$$

(3)计入感应分量的中性线暂态电压

计入左右侧电源对中性线产生的感应电，式(7-11)与式(7-12)之和，就是动车组进无电区时，中性线的暂态电压 $u_n(t)$ 为

$$u_n(t)=\frac{C_{12}}{C_n+C_c+2C_{12}}\left\{2\frac{U_{ceq}(\Delta\tau_1)}{\sin\gamma}e^{-\alpha t}\sin(\omega_d t+\gamma) \right. \\ \left. +\frac{U_m}{2}[\sin(\omega t+\theta)-\sqrt{3}\cos(\omega t+\theta)]\right\} \tag{7-13}$$

5. 动车组出无电区($\Delta\tau_1+\Delta\tau_2<t\leqslant\Delta\tau_1+\Delta\tau_2+\Delta\tau_3$)的暂态电压计算

动车组滑行到图 7-6 中 C 点，受电弓连接中性线与 B 相接触线，开关 k2 闭合动车组出无电区，只需考虑图 7-9 右侧电路。由于图 7-9 左右侧电路完全对称，计算方法与进入电分相的计算方法完全相同，只是中性线的初始电压和有关时刻不同。

(1)右侧电源单独作用

以中性线电压 $u_n(t)$ 为状态变量，图 7-9 右侧电路在 $t\geqslant\Delta\tau_1+\Delta\tau_2$ 时间段的微分方程与式(7-2)形式完全相同，对应的特征方程和特征根也相同，因此，通解表达式会完全相同，不同的是中性线上电压初始值有所不同。

动车组出无电区时，按式(7-13)计算出中性线的初始值电压为 $u_n(\Delta\tau_1+\Delta\tau_2)$；对照式(7-5)，将初始电压 $U_n(0)$ 修改为 $u_n(\Delta\tau_1+\Delta\tau_2)$，在时段 $\Delta\tau_1+\Delta\tau_2<t\leqslant\Delta\tau_1+\Delta\tau_2+\Delta\tau_3$，中性线暂态电压 $u_n(t)$ 为

$$u_n(t)=\frac{U_m}{zC}\left[\frac{1}{\omega}\sin\left(\omega t+\theta-\varphi-\frac{\pi}{2}\right)+\frac{\cos(\theta-\varphi)}{\omega\sin\gamma}e^{-\alpha t}\sin(\omega_d t+\gamma)-\frac{\sin(\theta-\varphi)}{\omega_d}e^{-\alpha t}\sin\omega_d t\right] \\ +\frac{u_n(\Delta\tau_1+\Delta\tau_2)}{\sin\gamma}e^{-\alpha t}\sin(\omega_d t+\gamma) \tag{7-14}$$

(2)左侧电源单独作用

按照叠加原理，右侧电源 $u_B(t)$ 不再作用，$u_B(t)=0$，k2 闭合将中性线等效接地。因此，中性线的感应电压分量 $u_n(t)=0$。

(3)左右电源共同作用

由于左侧电源对中性线产生零感应电，同时计入左右电源共同作用，式(7-14)就是动车组出无电区时中性线的暂态电压 $u_n(t)$。

6. 动车组离开电分相($t>\Delta\tau_1+\Delta\tau_2+\Delta\tau_3$)的暂态电压计算

动车组滑行到达图 7-6 中 D 点开关 k2 分闸，受电弓离开中性线，动车组就离开了电分

相。中性线与 B 相电源断开，等值电路如图 7-11 所示，中性线上暂态电压一方面自由振荡衰减，另一方面左右两侧电源对中性线产生感应电。暂态过程与计算方法如上述，只是需要注意这时中性线上已经没有连接的动车组等值电容 C_c 了。

(1)无电源作用

在 $t=\Delta\tau_1+\Delta\tau_2+\Delta\tau_3$ 时刻，按式(7-14)可以计算出 $2C_{12}$ 与 C_n 串联电容总的初始电压为 $u_n(\Delta\tau_1+\Delta\tau_2+\Delta\tau_3)$；按图 7-11 可解得电路微分方程的积分常数为 $k=\dfrac{u_n(\Delta\tau_1+\Delta\tau_2+\Delta\tau_3)}{\sin\gamma}$，动车组离开电分相时，$2C_{12}$ 与 C_n 串联电容的电压暂态分量为

$$u''(t)=\frac{u_n(\Delta\tau_1+\Delta\tau_2+\Delta\tau_3)}{\sin\gamma}e^{-\alpha t}\sin(\omega_d t+\gamma) \tag{7-15}$$

按照 $2C_{12}$ 与 C_n 串联电容进行分压，中性线电压的暂态分量为

$$u''_n(t)=\frac{2C_{12}}{C_n+2C_{12}}u''(t)=\frac{2C_{12}}{C_n+2C_{12}}\cdot\frac{u_n(\Delta\tau_1+\Delta\tau_2+\Delta\tau_3)}{\sin\gamma}e^{-\alpha t}\sin(\omega_d t+\gamma) \tag{7-16}$$

(2)中性线感应电压分量

开关 k2 分闸后，中性线两侧的电源同时对中性线产生的感应电压。由于动车组已经离开电分相，中性线上已经没有电容 C_c 了，按式(7-1)计算，中性线的感应电压分量为

$$u_n(t)=\frac{C_{12}}{2C_{12}+C_n}\cdot\frac{U_m}{2}[\sin(\omega t+\theta)-\sqrt{3}\cos(\omega t+\theta)] \tag{7-17}$$

(3)计入感应分量的中性线暂态电压

计入左右侧电源对中性线产生的感应电，式(7-16)与式(7-17)两者之和，就是动车组离开电分相时中性线的暂态电压，为

$$\begin{aligned}u_n(t)=\frac{C_{12}}{C_n+2C_{12}}\Big\{&2\,\frac{u_n(\Delta\tau_1+\Delta\tau_2+\Delta\tau_3)}{\sin\gamma}e^{-\alpha t}\sin(\omega_d t+\gamma)\\&+\frac{U_m}{2}[\sin(\omega t+\theta)-\sqrt{3}\cos(\omega t+\theta)]\Big\}\end{aligned} \tag{7-18}$$

由式(7-18)可见，动车组离开电分相之后，中性线电压开始衰减振荡；随着时间推移，中性线电压趋于稳定，达到左右两侧电源共同强制的感应电压 $u_n(t)=\dfrac{C_{12}}{2C_{12}+C_n}\cdot\dfrac{U_m}{2}[\sin(\omega t+\theta)-\sqrt{3}\cos(\omega t+\theta)]$。

比较式(7-5)、式(7-13)、式(7-14)、式(7-18)，注意到其中的时间变量 t 取值范围不同、中性线电压初始值差别，式(7-14)的幅值最大。解析计算(数学)表明，在动车组滑行通过电分相过程中，出无电区的时刻(图 7-6 中 C 点)，有可能出现最大过电压。物理原因，由于动车组进电分相产生的电磁振荡，导致中性线储存的能量比感应的更多，动车组出无电区的时刻动态电路具有的初始电压更高，电磁振荡更强烈。

7.3.5 过分相暂态电压实测

在不同线路上对动车组或交流电力机车通过电分相时，对中性线的暂态电压进行了实测，部分结果见表 7-1，暂态电压录波如图 7-12、图 7-13 所示。实测结果表明，电分相的中性线“无电区”实际上有感应电，为 7～15 kV；动车组或交流电力机车驶入电分相，或者驶出电分相的无电区都可能发生过电压；过电压出现比较频繁，幅值随机性很大，实测的最大过电压接近 100 kV，过电压倍数达 2.6 倍。实测结果与计算基本一致。

表 7-1 中性线暂态电压实测结果

测试方式	平均感应电压/kV	最大过电压/kV
地面测试，线路 1	14.2	97.2
地面测试，线路 2	12.5	93.4
地面测试，线路 3	10.2	89.6
车上测试，线路 4	9.3	86.1
车上测试，线路 5	7.6	74.5

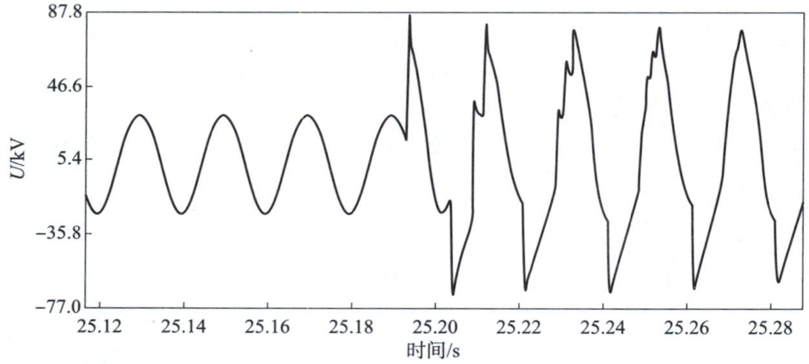

图 7-12 中性线暂态电压(过电压 87.8 kV)

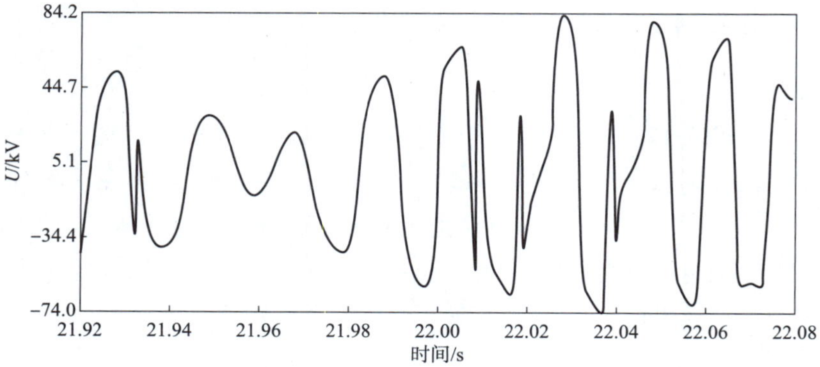

图 7-13 中性线暂态电压(过电压 84.2 kV)

7.4 动车组自动过分相仿真

7.4.1 仿真对象

西南地区拟新建一条运用动车组的铁路，因高海拔高寒且位于大山区腹地，电网条件薄弱，长大坡道连续，密集的隧道群长度超过了接触网供电臂长度，造成牵引变电所选址困难，电分相不得不设置在隧道中。为探索动车组通过隧道中电分相的运行状况，进行仿真研究。牵引变电所、分区所、电分相等位置公里标及隧道分布如图7-14所示。

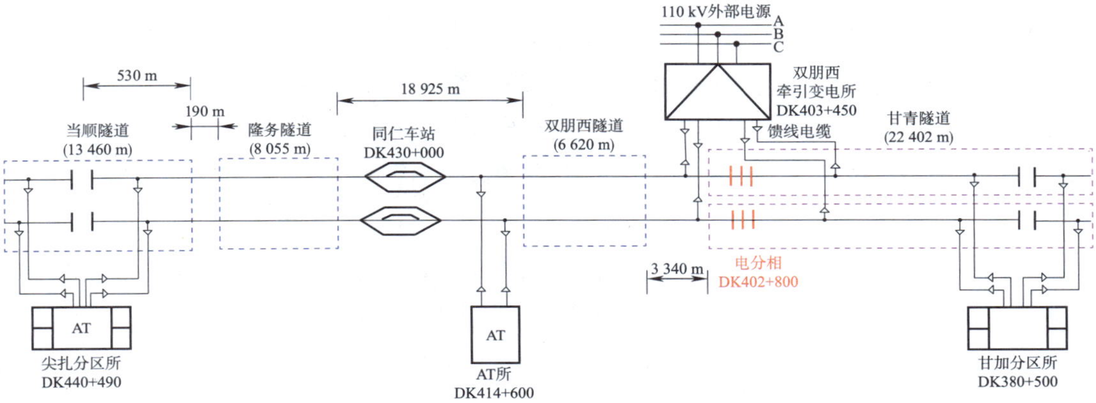

图7-14 变电所及电分相位置

7.4.2 仿真模型

参照第6章6.4节方法，搭建仿真模型时，其中有所不同的部分，说明如下。

1. 动车组模块

CRH5型动车组具有耐寒性能优势，能够在零下40 ℃环境中可靠运行，最高时速250 km。考虑到高原高寒地区的气候特征，拟运用CRH5型动车组。因此，以CRH5型动车组为仿真对象。CRH5型动车组监控网压采用传感器，车顶没有压互，动车组仿真模块只需按受电弓和高压电缆的尺寸计算其等值电容 C_g、C_c。动车组过分相前已经断电，依靠惯性滑行，仿真的动车模块更简单，不需要控制，只有受电弓、车顶高压电缆参与电磁暂态过程。动车组仿真电路如图7-15所示，其中 B_i 为 n 个PSCAD开关。

采用离散方式模拟动车组滑行通过电分相，将第一个“断”字位到“合”字位的接触线和中性线长度，划分为 $n-1$ 个分段，每一个分段长 Δx，设置一个与动车组连接的接线端。根据动车组滑行速度，确定两个相邻连接端 Δx 长度的行车时间，依次采用 B_i 开关连接动车

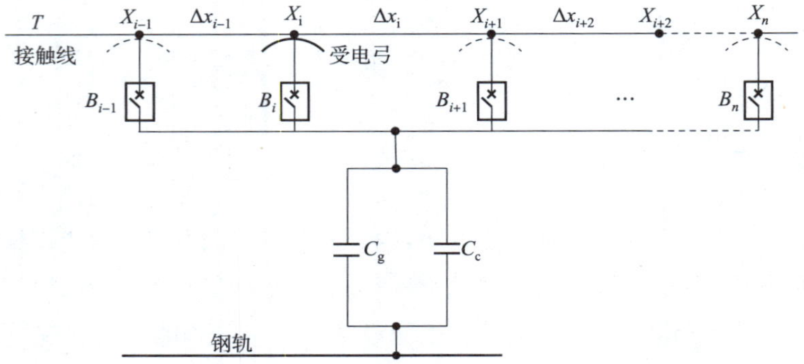

图 7-15 动车组仿真电路

组与接触线或中性线。为了动车组的储能元件“记忆”住前一个接入点的信息，要求 B_{i+1} 开关闭合后才断开 B_i。另外，考虑动车组断电会有所失速，对水平路况的速度损失考虑为 20 km/h，下坡线路的速度损失取 10 km/h，上坡线路的速度损失取 30 km/h（如果有仿真对象类似路况的动车组断电失速的实测数据，就应该以实测数据为准）。

2. 电源变压器、AT 变压器模块

牵引变电所左侧供电臂的海拔高度落差很大，铁路最大坡度达 25‰，动车组持续爬坡，负荷大，左侧采用 AT 供电方式；右侧海拔落差相对小，采用带回流线的直供方式。牵引变压器采用 VX 混合接线，在同一个油箱内由两个铁芯绕制的两台容量不等的单相变压器组成，AT 供电容量为 31.5 MV·A，直供容量为 20 MV·A，牵引供电接线如图 7-16 所示。牵引变压器一次侧 A、B、C 端子连接三相电力系统，额定电压为 110 kV；二次侧 a、e 端子分别连接到电分相左右侧的接触网，b、d 端子接钢轨，c 端子接左侧正馈线，ac 绕组的额定电压为 2×27.5 kV，ed 绕组的额定电压为 27.5 kV。PSCAD 模型中采用一个双绕组变压器元件和一个三绕组变压器元件，以及 AT 变压器、线路等搭建供电仿真模型。电源变压器主要技术参数见表 7-2，AT 变压器参数见表 7-3。

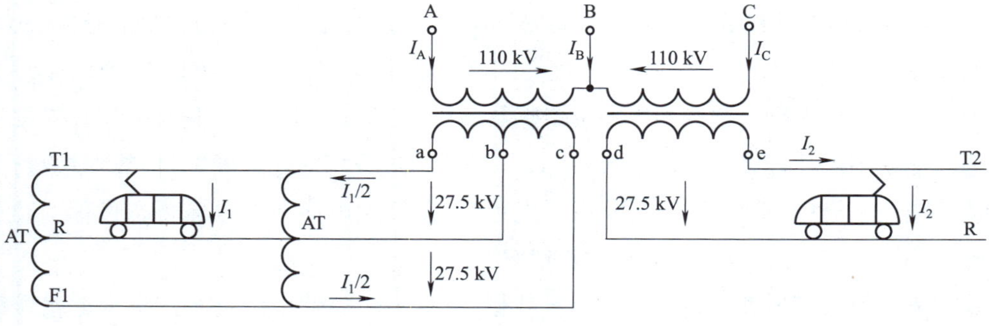

图 7-16 VX 混合供电方式

表 7-2　电源变压器主要技术参数

高压侧额定电压/kV	110	空载损耗/kW	33.754
低压侧额定电压/kV	27.5	负载损耗/kW	160.787
额定容量(AT 侧)/MV·A	31.5	短路阻抗(AT 侧)/%	8.35
额定容量(直供侧)/MV·A	20	短路阻抗(直供侧)/%	8.39

表 7-3　AT 变压器参数

额定容量/MV·A	20	工作频率/Hz	50
高压侧额定电压/kV	55	低压侧额定电压/kV	27.5
高压侧额定电流/A	363.64	低压侧额定电流/A	727.27

3. 牵引网模块

牵引网导线布置的截面如图 7-17 所示，有关导线型号及参数见表 7-4，钢轨参数见表 1-6。

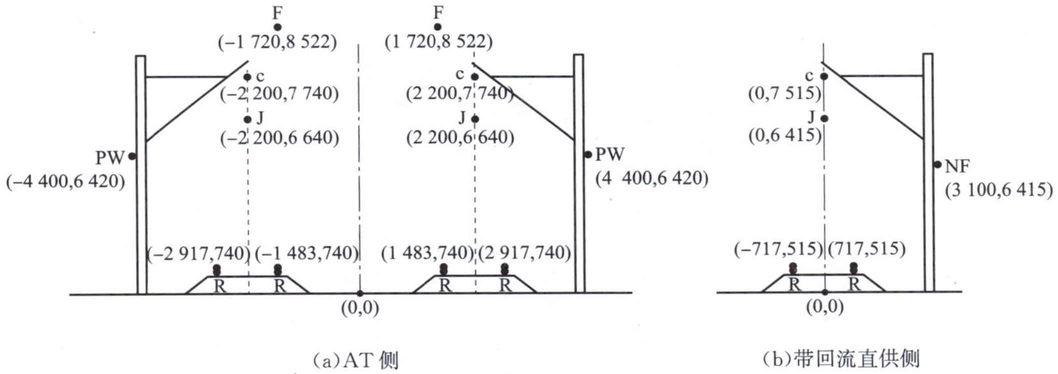

图 7-17　牵引网导线布置截面

表 7-4　导线型号及参数

导线名称	导线型号	计算半径/mm	电阻/($\Omega\cdot km^{-1}$)
正线接触线	CTS-150	6.93	0.159
正线承力索	JTM-120	7.00	0.195
正馈线	JL/LB1A-315-47/7	11.88	0.091
保护线	JL/LB1A-125-26/7	8.55	0.220
回流线	LBGLJ-185	9.51	0.163
钢轨	UIC60	109.00	0.135

牵引网每 1 km 作为一个模块，车站中股道上方的接触网呈并联状态，对应段的牵引网模块单独封装。考虑隧道内外的牵引网参数有所不同，将隧道内外的牵引网模块分别封装；电分相所在的隧道长度达 22.402 km，分为四个封装模块。电分相模块在仿真中单独作为

一个模块，采用双断口绝缘锚段关节式电分相，长度 300 m，中间无电区长 100 m，中性线与接触线平行段长 200 m；位置处于单行隧道内，不存在上下行线路之间的互感和互电容。为了细化电分相中动车组滑行过程，中性线和接触线平行段每 20 m 划分为一个基本小段，无电区每 10 m 为一个基本小段，共分 30 段。电分相模型如图 7-18 所示。

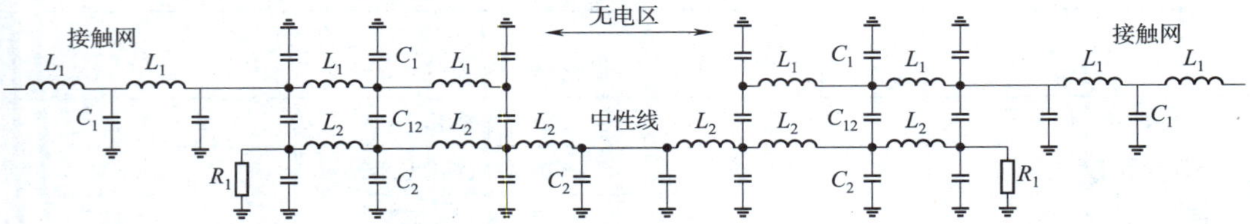

图 7-18　电分相模型

牵引变电所馈线上网电缆长度 2 km，AT 所馈线电缆上网长度 1 km，分区所馈线电缆上网长度 7.5 km，直供分区所馈线电缆上网长度 2 km，电缆较长，采用 PSCAD 单芯电缆元件模拟。

计入上述参数和结构，并考虑到同一电分相位置处，一般只有上行或者下行车通过，搭建的动车组自动过分相的仿真模型如图 7-19 所示。

7.4.3　仿真结果

动车组以时速 200 km 自动通过电分相时，中性线暂态电压的典型波形如图 7-20 所示，图中 A、B、C、D 位置与图 7-6 所示的位置对应。中性线上出现的暂态过电压幅值，与受电弓连接接触线和中性线时刻的电源相位角有关，随机性很大。改变动车组通过电分相的速度，中性线最大过电压分布如图 7-21 所示。可以看到，动车组进入电分相，在受电弓连接中性线时刻，出现了高频振荡；滑行出无电区时受电弓连接另外一相接触线时，再次出现暂态冲击，峰值达到 110 kV。后者的电压比前者更大。这是因为第一次暂态电压冲击时，中性线参与了暂态能量交换，储能更多，为第二次暂态振荡提供的初始电压和能量更高，导致了第二次暂态冲击更强烈。车速越快，通过无电区的时间就越少，中性线储存的能量衰减越少，在受电弓接入新的电源时，发生第二次暂态时振荡差值就越大，电压冲击也就越高。仿真结果还显示，在接触网及电分相结构相同条件下，与没有隧道的电分相比较，动车组通过隧道内的电分相出现的过电压高 10%～30%。这是由于隧道影响，增加了电分相导线等值电容，储存了更多的能量。

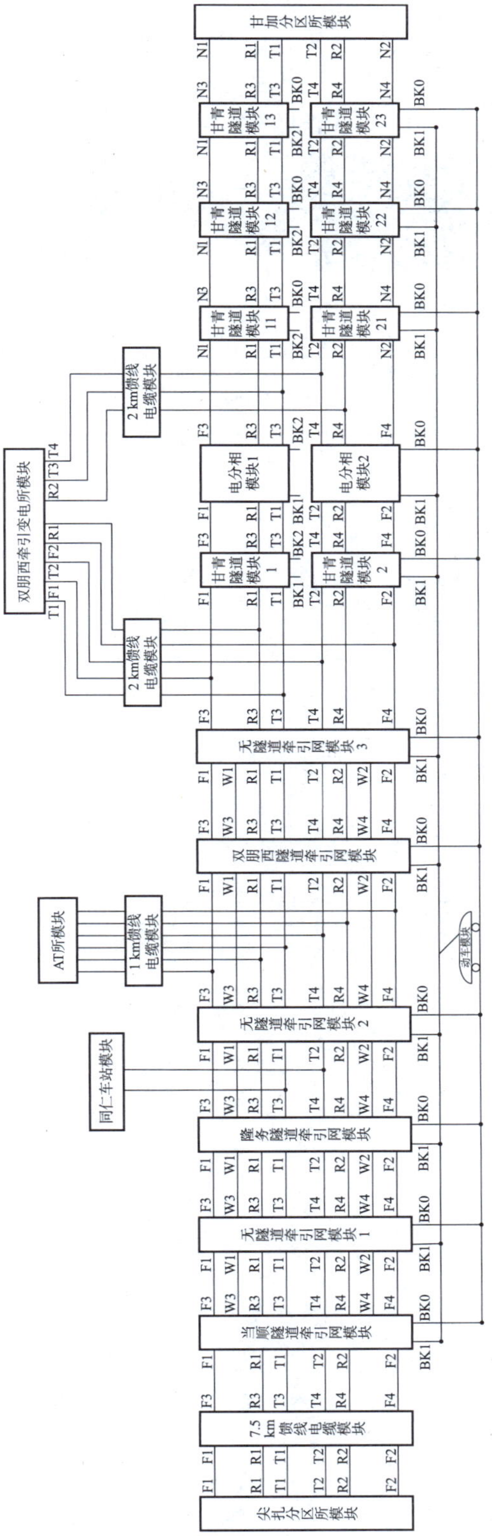

图 7-19　动车组自动过分相仿真模型

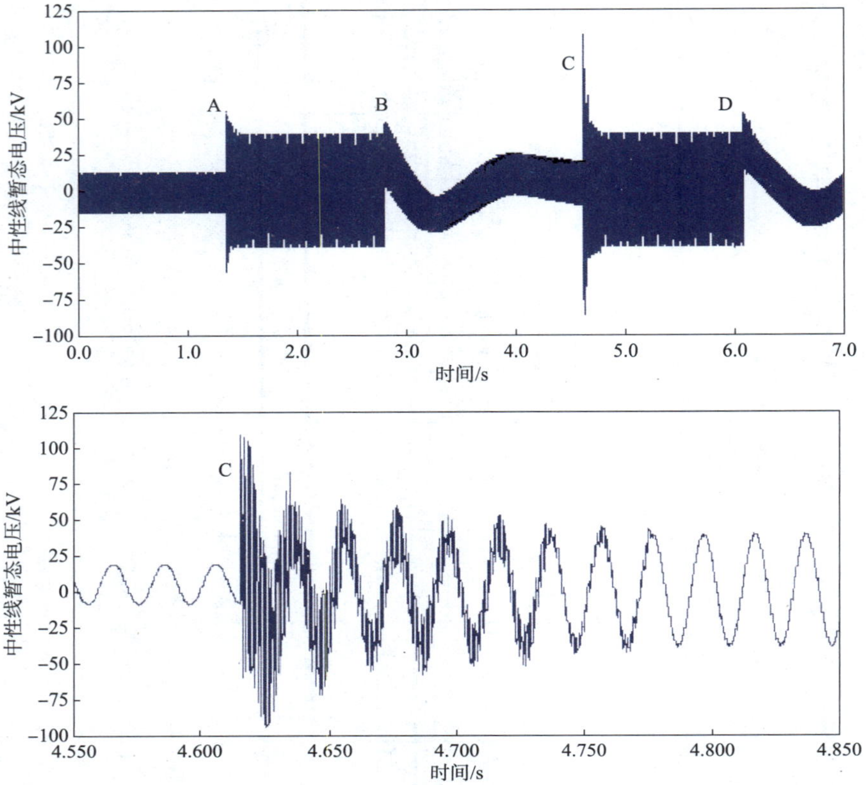

图 7-20 中性线暂态电压

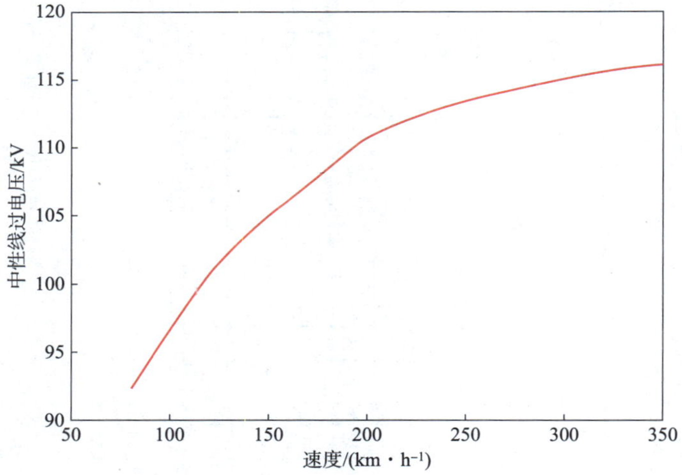

图 7-21 中性线过电压与车速关系

7.5　车顶压互铁磁谐振

7.5.1　压互伏安特性

动车组运行中为了让司机掌握接触网电压值，在车顶安装了一台单相压互，直接监测受电弓获取的电压。压互二次侧只提供电压信号，不带负荷，容量相对较小，额定电压比为 25 kV/100 V，额定容量为 20 V·A。常用 JDZXW3-25 型压互的伏安特性，实测结果见表 7-5，伏安特性曲线如图 7-22 所示。通常，压互的磁通饱和拐点设计在额定电压 115%～130%处。取 130%额定电压(32.5 kV)，磁通饱和拐点 A 对应的励磁电流为 0.67 mA。实测显示超过 32.5 kV 之后，励磁电流快速增长，测试中还看到励磁电流的波形畸变，可以认为拐点 A 之后压互将处于保饱和状态。

表 7-5　JDZXW3-25 型压互的伏安特性

高压绕组/kV	5.0	10.0	15.0	20.0	25.0	27.5	30.0	32.5	35.0	37.5	40.0	42.5	45.0
励磁电流/mA	0.18	0.26	0.34	0.42	0.50	0.55	0.60	0.67	0.78	0.89	1.09	1.47	2.52

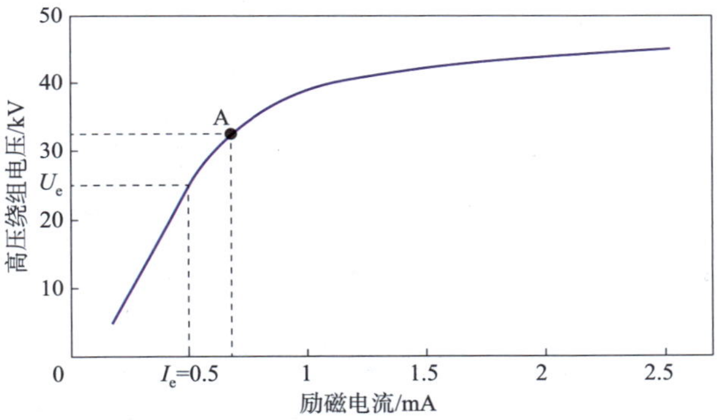

图 7-22　JDZXW3-25 压互的伏安特性

动车组自动过分相的仿真和实测表明，中性线过电压幅值能够高达 70～110 kV，尽管这个数值具有随机性，但是，已经远远超过了车顶压互自身伏安特性的拐点对应的电压峰值 $32.5\sqrt{2}\approx46$ kV。动车组任何一次行车，都会遇到数个至数十个电分相，出现自动过分相过电压超过 46 kV 的概率存在，具有发生车顶压互铁磁谐振的可能性。

7.5.2　等值电路

车顶压互在动车组自动过分相过程中，工作状态分为三个阶段：受电弓离开 A 相接触线之前，车顶压互同时连接 A 相电源和中性线(图 7-6 中 AB 段)；受电弓离开 A 相接触线之后，车顶压互只与中性线连接（图 7-6 中 BC 段）；受电弓电源换相之后，车顶压互始终连接 B 相电源（图 7-6 中 C 点之后）。因此，压互的工作状态对应三种等值电路。

1. 车顶压互连接 A 相电源和中性线

动车组从左向右行驶如图 7-6 所示，在接触线与中性线等高处（图 7-6 中 A 点），动车组断电进入电分相，车顶压互和高压回路等值电容 C_c 经过受电弓同时连接中性线和接触线，相当于开关 k1 合闸（$t=0$），持续时间 $\Delta\tau_1$，从图 7-6 中 A 点到 B 点，动车组进无电区之前，$t<\Delta\tau_1$，车顶压互工作等值电路如图 7-23(a)所示，其中 $e_A(t)$、$e_B(t)$分别为牵引网的 A 相和 B 相等值电源，L_S 为电源内电感，L_0、C_0 为接触网的电感和电容，C_{12}为接触网与中性线平行小段的空间等值电容，C_n 为中性线对地等值电容，C_c 为车顶受电弓和高压电缆的等值电容之和，L 为车顶压互高压绕组的励磁电感。由于 C_{12}数值较小，忽略中性线右侧电源及影响；根据戴维南定理，将左侧电源及电源内电抗、接触网的电感和对地电容，简化为含源二端口电路，其中 $e_{eq1}(t)$为等值电源，Z_e 为等值内阻抗，如图 7-23(b)所示。

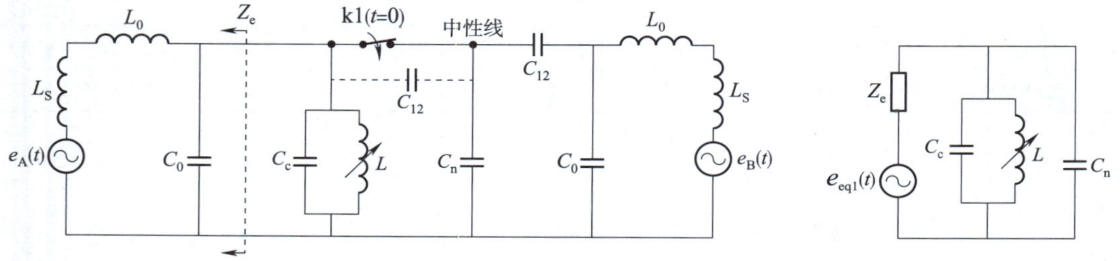

(a)等值电路　　(b)含源二端口简化电路

图 7-23　动车组进入电分相车顶压互工作电路

2. 车顶压互连接中性线

动车组进入无电区，滑行在图 7-6 中 BC 段，耗时 $\Delta\tau_2$；断开牵引网 A 相电源、连接 B 相电源之前，$\Delta\tau_1<t<\Delta\tau_1+\Delta\tau_2$，车顶压互只连接中性线，工作等值电路如图 7-24(a)所示。由于中性线两侧的电路对称，将中性线两侧的电源及电源内电抗和接触网阻抗，按照戴维南定理简化为电源 $e_{eq2}(t)$和阻抗 $0.5Z'$串联模型，等值电路如图 7-24(b)所示。

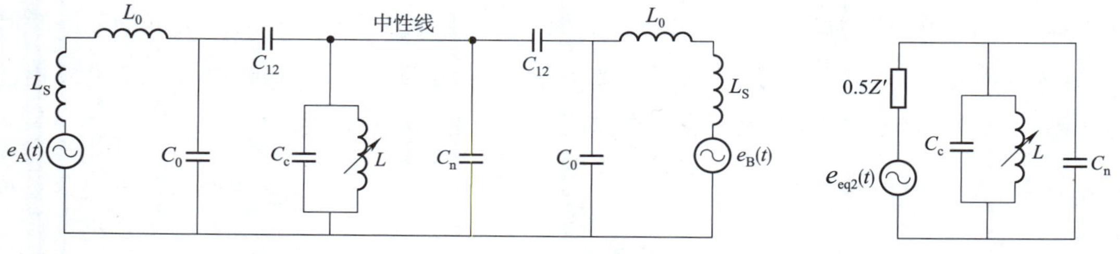

(a)等值电路　　(b)简化等值电路

图 7-24　动车组在无电区间车顶压互工作电路

3. 车顶压互连接 B 相电源

动车组出无电区，滑行在图 7-6 中 C 点之后，受电弓开始持续连接 B 相电源，相当于开关 k2 在 $t=\Delta\tau_1+\Delta\tau_2$ 时刻合闸，$t\geqslant\Delta\tau_1+\Delta\tau_2$ 之后，车顶压互工作等值电路如图 7-25(a)所示。C_{12} 数值较小，忽略中性线左侧电源及影响，将右侧电源及电源内电抗和接触网电感和电容，按照戴维南定理简化为电源 $e_{eq3}(t)$ 和阻抗 Z_e 串联模型，等值电路如图 7-25(b)所示。

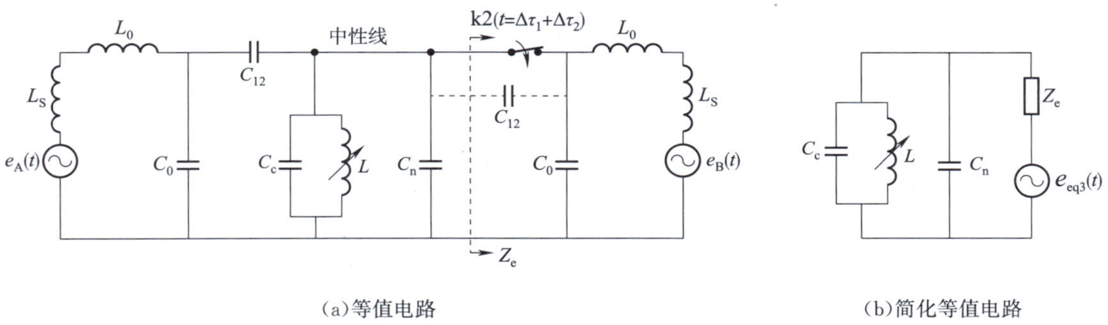

图 7-25 动车组出无电区车顶压互工作电路

可见上述三个简化的等值电路图的拓扑结构完全相同，只有等值元件参数有所不同，表明动车组断电通过电分相时，压互的铁磁谐振计算可以采用一个拓扑电路。

7.5.3 压互铁磁谐振机理

根据铁磁元件的特性，绕组中电流较小时，磁链 ψ 与电流 i 成正比关系，电感为恒定值；随着电流增大，铁芯中磁通逐渐增加，进入饱和状态，磁链 ψ 与电流 i 呈非线性关系，电感不为常数，$L=\frac{d\psi}{di}$；电感的变化趋势随着电流增加而逐渐减小。

车顶压互随着动车组自动过分相时，等值电路如图 7-23(b)所示。一般情况下，压互的励磁电感 L 与车顶等值电容 C 及中性线电容 C_n 的关系为

$$\omega L>\frac{1}{\omega(C+C_n)} \tag{7-19}$$

如果动车组自动过分相出现过电压，幅值超过压互伏安特性拐点对应的电压峰值 46 kV 时，压互就会饱和，励磁电感会自动下降。一旦式(7-19)的数学关系变成相等或接近相等，表明牵引网中某次频率与电路固有的共振频率“合拍”，会发生铁磁谐振。

7.5.4 仿真结果

利用 7.4 节搭建的仿真模型，动车组模块添加车顶压互。电磁式压互实质上是一个需要考虑铁芯磁通饱和的小容量空载单相变压器，在 PSCAD 元件库选用统一磁路模型的双绕组变压器来代表。压互为 JDZXW3-25 型，磁通饱和特性采用表 7-5 实测数据。动车组自

动通过电分相的过程中，压互发生铁磁谐振，车顶电压仿真的典型波形如图 7-26 所示，最大过电压峰值接近 100 kV。采用 FFT 分析的车顶电压谐波分布如图 7-27 所示，除了基波 50 Hz 分量，谐波频率主要是 20～30 Hz，导致了电压呈低频振荡。

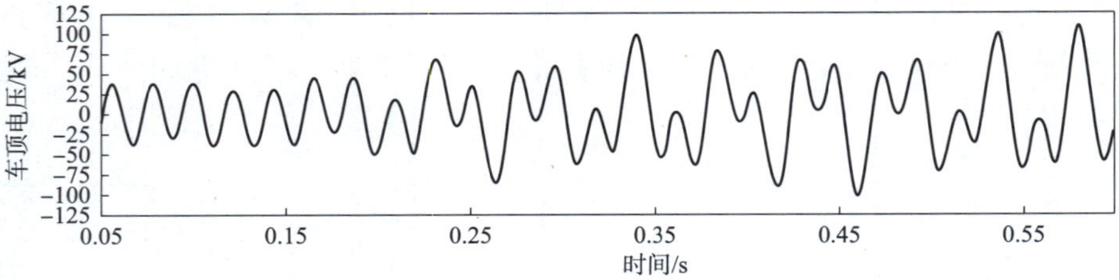

图 7-26　压互铁磁谐振时车顶电压波形

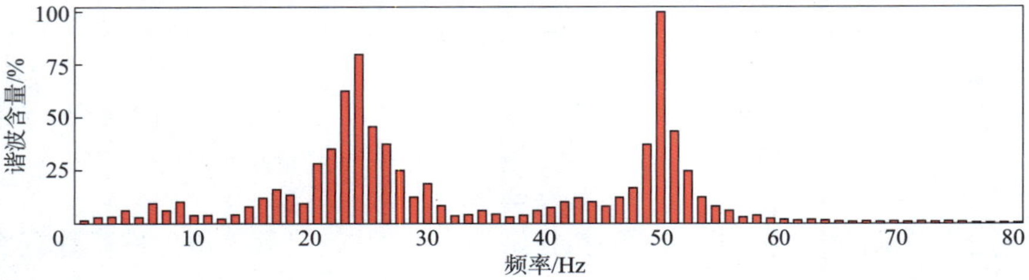

图 7-27　铁磁谐振时车顶电压谐波分布

7.6　过分相暂态电压改善

动车组，包括交流车和早期的直流车，自动通过电分相的问题，研究和实践已经持续数十年，积累了大量的经验和教训。研究开发的各种自动过分相装置，可以大致分为地面控制、柱上控制、车上控制三种类型。动车组自动通过电分相的主要问题，一是断电引起车辆失速，二是牵引电源切换暂态过程中可能发生过电压。过电压威胁供电系统的绝缘，可能诱发车顶压互磁饱和，发生铁磁谐振；峰值超过 57～65 kV 时，会导致车顶或网上避雷器放电；一旦造成接触网短路，牵引变电所跳闸，就会中断接触网供电，影响行车秩序。

动车组和所有电力机车通过电分相是行车的必然环节，任何一次行车都要通过电分相，存在出现过分相过电压的概率。因此，需要采取措施限制或改善过分相电磁暂态过程，相关研究和实践一直在继续。

解决动车组自动过分相的断电失速问题，应该在车上进行创新解决，例如，采用高效的储能装置，弥补过分相期间的电源缺失。限制或改善动车组自动过分相的电磁暂态振荡时，考虑问题至少包括以下几个方面：

(1)尽量减少动车组断电的时间,避免动车组断电失速过大。

(2)改善中性线的电压暂态振荡,限制过电压幅值,防止接触网绝缘和动车组高压电器发生放电。避免接触线与中性线之间电位差过大,导致受电弓滑动通过时发生强烈的拉弧。

(3)含有断路器的自动过分相装置,面向紧密运行的动车组,断路器分合闸的动作频繁,要关注断路器的机械寿命。

(4)简化自动过分相装置的结构,降低造价,方便工程实施、维护和管理。

动车组自动通过电分相的电磁暂态改善,可以试验以下方法。

1. 锚段关节的比较选择

如果将双断口绝缘锚段关节的电分相中性线分为两段,每个分段的对地电容值将有所减少,储存的初始电荷也会随之减少,参加电磁振荡的初始能量减小,振荡电压幅值就会有所降低。动车组通过三断口电分相的简化计算电路如图 7-28 所示。相同条件的计算表明,三断口电分相的自动过分相过电压比双断口的过电压有所减小。

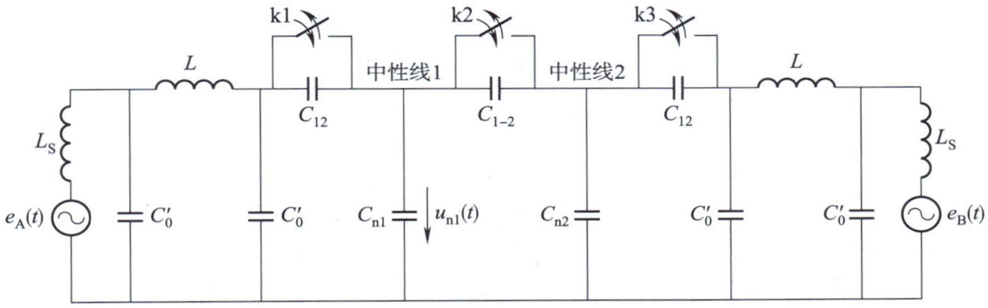

图 7-28　动车组通过三断口电分相的简化计算电路

三断口绝缘锚段关节与双断口绝缘锚段关节比较,结构更复杂,增加了接触网的跨数,也会使电分相长度增加,动车组通过电分相的时间变长,动车组失速变大。因此,采用双断口或者三断口绝缘锚段关节,需要对具体工程进行比较,选择最优方案。

2. 中性线采用非金属线索

动车组通过电分相时中性线出现过电压的根源,是中性线感应电压导致其具有初始电磁能,滑行的受电弓将中性线接入高压电源,产生了电磁暂态过程。因此,采用非金属线索代替金属中性线,理论上讲,非金属线索的中性线不能储存电荷,没有电压及其振荡问题。在图 7-19 中仿真相同的条件下,将中性线更换为导电性能差的非金属线时,过分相过电压约为 42 kV,明显低于金属中性线的情况。

一般情况下,非金属线索的机械强度和耐受电弧烧蚀的能力都远比金属导线的差。动车组自动通过分相时,图 7-6 所示 A、B、C、D 四点都将产生电弧,对非金属线索是严峻的考验,需要采取有效的防护措施,保证其工作能力和寿命,才有可能应用。

3. 中性线添加 RC 吸收装置

采用电阻和电容构成的 RC 过电压吸收装置，实质上是一个高通滤波器，可以吸收高频暂态振荡能量，能够起到抑制过电压的作用。

4. 动车组改进

将监测接触网电压的车顶电磁式压互，改为电子传感器，可以避免动车组在过分相过电压作用下出现压互饱和铁磁谐振。

5. 避免隧道中设置电分相

电分相设置在隧道中，导线上方的隧道顶面和侧面的隧道壁都是“大地”，会增加电分相结构的导线电容。相同条件下，计入隧道影响与没有隧道相比，前者等值电容比后者大。动车组通过隧道内的电分相时，暂态过电压比没有隧道的高。所以，除了施工、维护和管理的原因，动车组过分相的电磁暂态结果分析，也不支持电分相设置在隧道中，应该尽量避免。

7.7 升降弓与车载变压器投切暂态机理

1. 升降弓等值电路

动车组高压部分的电路大致相同，例如，CRH2 型动车组高压电路如图 1-4 所示，CRH3 型动车组高压电路如图 7-29 所示。动车组进行升降弓操作之前，主断路器和保护接地开关都已经断开，涉及的高压电气设备主要是受电弓、隔离开关、压互、电缆、避雷器等。动车组升降弓的动作可以采用开关合闸或分闸来进行模拟，高压回路尺寸短，阻抗小，可以忽略。计入电源和牵引网电抗的等值电路如图 7-30 所示。图中 $u_s(t)=E_m\sin(\omega t+\theta)$ 为接触网电源，L_S 为电源内电感，L_0 为接触网的电感，k 代表受电弓连通或者脱离接触网动作的开关，L_m 为车顶压互的励磁电感，C 为车顶受电弓、隔离开关、连接导线、高压电缆总的等值电容，$u(t)$ 为车顶电气设备（受电弓、隔离开关、电缆）对地电压。

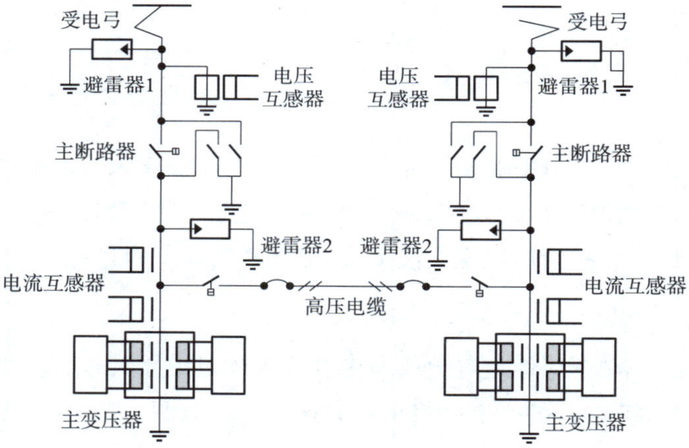

图 7-29　CRH3 型动车组高压电路

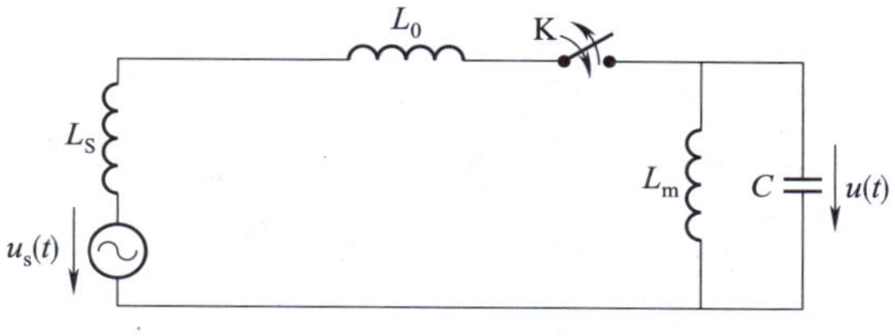

图 7-30　升降弓等值电路

2. 升降弓暂态机理

升降弓时可能发生暂态振荡的机理，是动车组高压回路等值电感和电容的储能交换时，振荡频率与电源某次频率相等或接近，发生了“合拍”共振。

动车组升弓，实质上就是对车顶压互及电缆的电容进行充电，降弓就是切除车顶压互及电缆。升降弓动作的等值电路如图 7-30 所示，与空载变压器的合闸或空载线合闸相似，不同的只是压互与变压器的励磁电感在数值差别较大，受电弓及电缆的等值电容与变压器的入口等值电容在数值上有所差别。动车组的升弓是计划性操作，图 7-30 等值电路中储能元件没有初始值，属于零状态电路。升弓过程中，受电弓接近接触网发生电弧的时刻，可认为是等值电路的开关 k 合闸时刻；车顶电气设备上出现的暂态电压，如同空载变压器合闸时的暂态电压表达式(4-20)，或忽略压互如同合空线的暂态电压表达式(4-45)，即

$$u(t)=\frac{E_m}{1-\left(\frac{\omega}{\omega_0}\right)^2}\left[\frac{\omega}{\omega_0}\sin\varphi\sin\omega_0 t-\cos\varphi\cos\omega_0 t+\cos(\omega t+\varphi)\right] \tag{7-20}$$

可见，升弓时车顶电气设备上出现了振荡电压，暂态电压大小与受电弓连通接触网时刻的电源初相位角有关，随机性较大。由于动车组高压回路中电气设备的等值参数比较小，升弓时产生的过电压不会很高。

同理，动车组降弓，就是图 7-30 电路分闸。受电弓离开接触网电弧熄灭时刻，相当于等值电路的开关 k 断开。车顶电气设备上的暂态电压升高，如同停电切除空载变压器的过电压表达式(4-9)，即

$$U_m=\sqrt{(Z_m I_m\sin\varphi)^2+(E_m\cos\varphi)^2} \tag{7-21}$$

可见，降弓时车顶电气设备上可能出现过电压，大小与截流时刻有关，具有随机性。动车高压回路储存电磁能减少，降弓电弧在大气中熄灭截流能力有限，通常，降弓过电压不会很高。假设截流发生在压互励磁电流幅值 I_m，这时过电压倍数达到最大值 k_m，为

$$k_m=\frac{I_m\sqrt{\frac{L_m}{C}}}{E_m} \tag{7-22}$$

3. 车载变压器投切等值电路

运用中的车载牵引变压器进行操作时，从动车组电路图 1-4 或图 7-29 可见，车顶压互与受电弓连接，车载牵引变压器投切之前压互已经处于“稳态”；压互的励磁电抗通常大于牵引变压器的励磁电抗若干数量级，因此，车载牵引变压器投切过程中，可以忽略车顶压互以及回路的损耗电阻。

按照动车组的操作规则，车上空载牵引变压器合闸或者分闸之前，受电弓已经完成升弓，且与接触网连接可靠。对于 CRH2 型动车组，电缆连接在真空断路器的电源侧，电缆的等值电容与接触网对地电容并联，车载变压器投切之前电缆电容已经处于“稳态”，简化分析计算时可以忽略。将图 7-30 中 L_m 参数改为车载变压器高压励磁电感，C 参数改为车载变压器高压侧入口端的等值电容值，就是 CRH2 型动车组牵引变压器的合闸或者分闸的等值电路。对于 CRH3 型动车组，电缆连接在真空断路器的负荷侧，只要图 7-30 中 C 参数包括了车载牵引变压器高压侧和电缆共同的等值电容值，L_m 参数为牵引变压器高压励磁电感，就是 CRH3 型动车组牵引变压器的投切等值电路。

4. 车载牵引变压器投切暂态机理

车载牵引变压器合闸与供电系统的空载变压器合闸完全相同，仅是参数大小有所不同，与第 4 章 4.3 节合空变的情况一样，一般不会出现过电压。

同理，车载变压器分闸与供电系统的空载变压器分闸一样，出现暂态振荡的机理与第 4 章 4.2 节切空变类似。

5. 暂态电压影响

影响车载变压器投切暂态电压的因素，如同第 4 章对空载变压器投切分析所述。影响升降弓暂态过程及电压的主要因素如下：

(1)电路参数和电源初相位

供电回路的参数(包括电源内电感、接触网参数、车顶压互、电缆等)决定电路的共振频率，影响暂态振荡的频率和形态。升弓过程中发生电弧时刻对应的电源初相位，决定了对车顶电气设备等值电容充电瞬时的电压和电流大小；降弓过程中电弧熄灭时刻对应的截流大小，决定车顶压互电感与电缆电容储存的能量多少，这些都会随机影响暂态电压大小。

(2)升降弓速度

受电弓升降过程中，弓网间隙较小时，当电场强度超过空气击穿场强，就会发生放电；电弧电流呈现为高频振荡，电流瞬时值过零，相当于电路断开。无论升弓还是降弓，电弧电流过零变化速度远比受电弓的升降速度快。因此，在每一次升降弓时，弓网电弧存在多次电流过零。弓网电弧存在的时间，取决于升降弓的速度，速度快则电弧存在时间短；反之，速度慢则电弧持续时间长。弓网电弧持续时间长短，影响暂态振荡及电压。

(3)大气环境影响

升降弓时弓网电弧与大气环境有关。大风气流、低温天气,使电弧容易熄灭;空气中悬浮污秽多,容易放电;海拔高气压低,也容易放电,大气环境对放电影响复杂。不同地区的大气环境差别可能较大,运用的动车组在升降弓时出现的暂态过程有所不同;同一辆动车组在运用中如果地域跨度大,在不同区间升降弓产生的电弧及暂态振荡电压也会有所不同。

7.8　升降弓与车载变压器投切暂态仿真与防护

7.8.1　仿真模型

以 CRH2 型动车组为例,参照第 6 章 6.4 节方法搭建仿真模型。为了突出受电弓动作效果,将牵引供电系统简化为一个单相电压源和一个串联阻抗。认为电弧是良导体,升弓过程中产生电弧就接通电源,降弓过程中电弧熄灭就切断电源。空气间隙的放电电压大小与间隙上施加的电压波形、电场强度、电场均匀程度、大气环境等因素密切相关,影响十分复杂。尽管通过试验,可以获得某种波形的电压作用下,放电电压与电极形状、间隙距离和大气条件的关系。在缺乏受电弓与接触线的放电试验数据条件下,为了探讨升降弓产生的暂态电压大致规律,仿真暂取均匀电场的空气间隙击穿电压(幅值,kV)经验公式:

$$U_0 = 24.22\delta d + 6.08\sqrt{\delta d} \tag{7-23}$$

式中　d——气隙长度,cm;

δ——空气相对密度,$\delta = \dfrac{2\ 892P}{273+t}$,$P$ 为空气的气压(MPa),t 为空气温度(℃)。

标准大气状态:气压 0.101 3 MPa,气温 20 ℃,空气绝对湿度 11 g/m^3 条件下,$\delta \approx 1$。海拔超过 1 000 m,还应该进行校核。

从式(7-23)可以推论,在大气条件确定的环境中,由于受电弓与接触线之间的电场形式、作用的电压及波形是确定的,弓网之间的放电电压 U_0 与空气间隙 d 值近似为正比关系,间隙距离 d 越大,放电电压 U_0 越高。可以近似地认为在动车组位置所在场所中,接触网 25 kV 电压作用下,升降弓过程中弓网之间发生电弧放电的距离就是一个确定值 d_0;间隙大于 d_0 时,不会发生放电,间隙小于等于 d_0 时,必然发生电弧放电。因此,根据式(7-23)将升降弓过程中受电弓与接触线的距离,与是否发生电弧放电联系起来。动车组受电弓在降弓之后的卧式状态至接触网的距离是确定值,如果给定受电弓的均匀升降速度 v,就能够确定升弓开始之后,经过某一个 Δt_1 时间会发生电弧放电;或者降弓开始之后,经过某一个 Δt_2 时间电弧就会熄灭。如果受电弓升降的速度非均匀,可以分段确定。这样处理有助于在仿真中,启动升降弓时刻之后,确定弓网之间的放电时刻和电压瞬时值(或相位)大小。

仿真涉及的动车组有关电气设备及参数如下:

1. 受电弓

受电弓由绝缘支撑在车顶，与车体之间有 25 kV 电位差，因此存在等值电容。根据受电弓的几何特征，大致分为弓头对车顶、弓架对车顶、底座对车顶三部分，按照实际尺寸计算（或进行实测），这三部分的等值电容之和约为 38 pF。

2. 车顶压互

车顶压互的额定容量为 20 V·A，变比为 25 kV/100 V；考虑额定状态下的励磁电感(kH)为

$$L_{pt}=\frac{U^2}{2\pi fS}=99.5$$

3. 高压电缆

CRH2 型动车组中间车长度为 25 m，车体高 3.7 m，车顶高压单芯电缆从 2 号车厢一直延伸至 6 号车厢，并连接到车厢地板下的真空主断路器（VCB），采用的 XLPE 电缆长度取值 140 m，考虑电缆外壳接地电阻 0.001 Ω，其他参数见表 7-6。

表 7-6　动车组 XLPE 电缆参数

导体半径/mm	绝缘层厚度/mm	金属屏蔽层厚度/mm	电缆半径/mm
8.6	16	1.2	28.2

4. 车载牵引变压器

CRH2 型动车组牵引变压器主要参数见表 7-7。

表 7-7　CRH2 型动车组牵引变压器主要参数

项　　目	原边绕组	牵引绕组	辅助绕组
额定容量/(kV·A)	3 060	2 570	490
额定电压/V	25 000	1 500	400
额定电流/A	122	2×857	1 225
工作频率/Hz	50	50	50
空载电流/A	0.16	开路	开路
短路损耗/kW	139.2	短路	短路
短路电压/%	21.4	短路	短路

5. 其他电气设备对地电容

高压回路中涉及的其他电气设备：压互、流互、隔离开关、接地开关、断路器等，它们的一次导体带电 25 kV，对地存在电容效应，取值见表 7-8。

表 7-8　高压回路电气设备对地等值电容(单位：pF)

车载变压器入口	压互	流互	断路器	隔离开关	接地开关
500	200×2	150×2	300×2	50×2	30×2

6. 避雷器

CRH2 型动车组使用的 LA204 型避雷器主要电气参数见表 7-9。

表 7-9　LA204 型避雷器主要电气参数

额定电压（rms）/kV	持续运行电压（rms）/kV	8/20 μs 标称放电电流/kA	10 kA 残压/kV	直流 1 mA 参考电压/kV	8/20 μs 冲击耐放电量/kA	方波耐放电量，2 次/A
42	33	10	<107	>57	100	400

7.8.2　升降弓仿真

(1)降弓操作之前真空断路器（VCB）已经切断了车载牵引变压器，假设降弓速度为 1 m/s，仿真结果显示，受电弓离开接触线的瞬间，接触网上基本没有暂态电压，如图 7-31 所示。受电弓与接触线空气间隙的电压如图 7-32 所示；车顶电气设备（受电弓、压互、电缆）的电压如图 7-33 所示，暂态冲击电压为 42 kV。降弓时车顶电气设备的过电压不大，主要是因为受电弓离开接触网的小间隙中，电弧电流会出现多次过零值，效果相当于间隙多次重燃，使 LC 回路中能量有所释放。实际的动车组降弓过程，电弧受到气象环境影响很大，具有随机性。

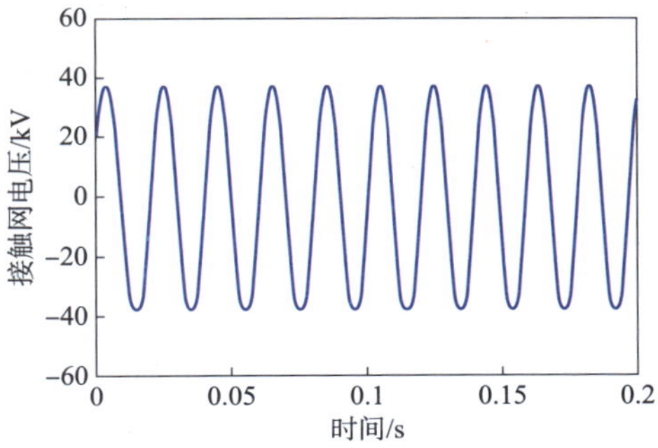

图 7-31　降弓时接触网电压

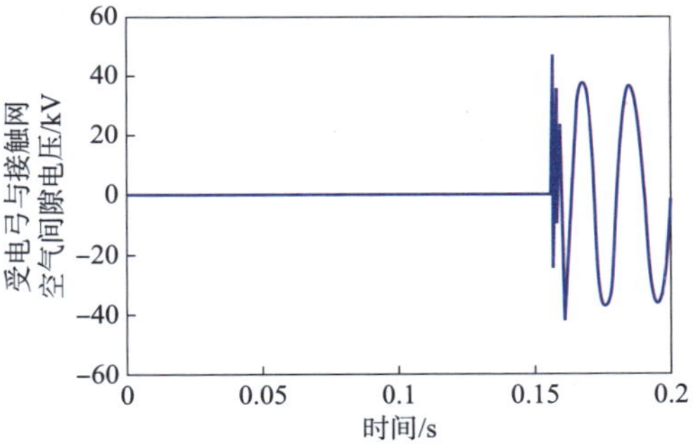

图 7-32　降弓时受电弓与接触线空气间隙电压

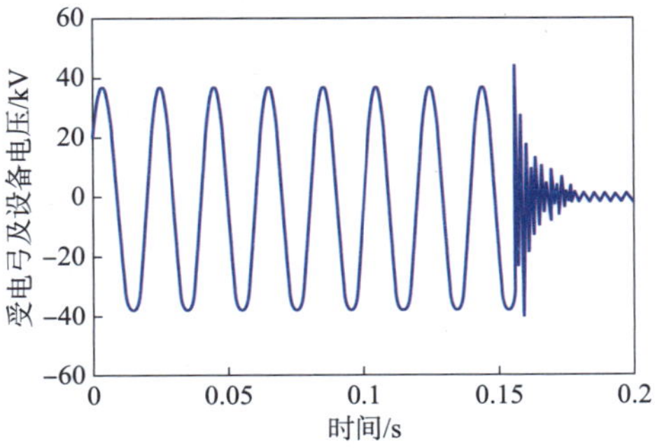

图 7-33　降弓时车顶电气设备的电压

(2)升弓操作之前真空断路器(VCB)已经断开了车载牵引变压器,假设升弓速度为1 m/s,升弓前电缆上剩余电荷已经全部释放完,仿真结果显示,受电弓与接触线的接触放电瞬间,接触网上出现的暂态电压如图7-34所示;受电弓与接触线空气间隙的电压如图7-35所示,两者接触后电位差立即变成零;车顶电气设备(受电弓、压互、电缆)的电压如图7-36所示,46 kV暂态冲击电压同时出现在车顶和接触网。

比较升降弓的仿真结果可见,升弓时暂态电压比降弓时略大。这是因为升弓时电源参与暂态过程,提供能量;降弓时电气设备的回路失去了电源,暂态电压呈自由衰减振荡。

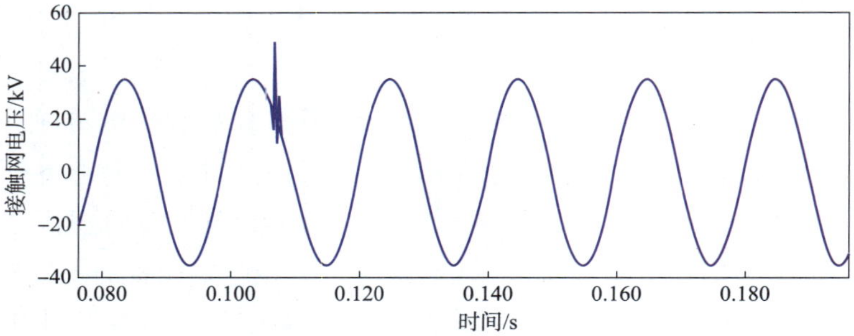

图7-34　升弓时接触网暂态电压

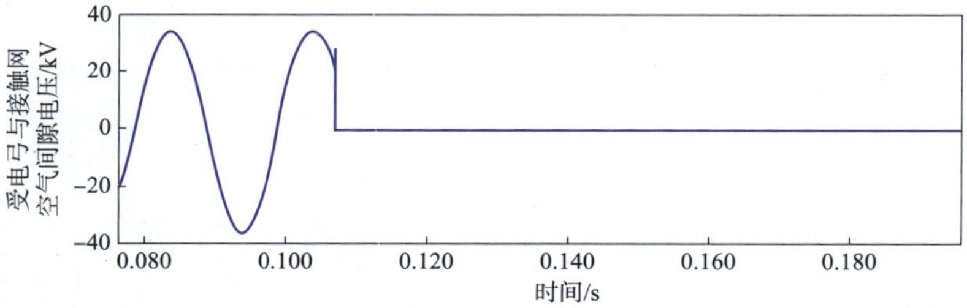

图7-35　升弓时受电弓与接触线空气间隙电压

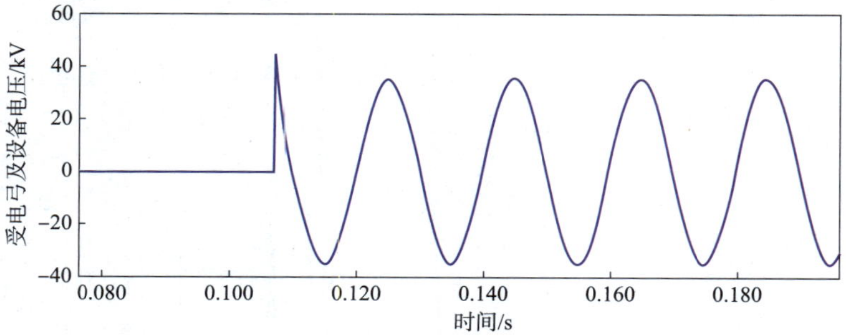

图7-36　升弓时车顶电气设备的电压

7.8.3　车载变压器投切仿真

车载牵引变压器合闸前，受电弓已经与接触网可靠连接，真空断路器在变压器空载状态下进行分合闸操作，合闸前牵引变压器没有剩磁。仿真结果显示，合闸时变压器高压侧的电压如图 7-37 所示，几乎没有暂态；分闸时变压器高压侧暂态电压如图 7-38 所示，暂态过电压 47 kV。空载变压器投切暂态电压都较低，避雷器没有动作，暂态电压与断路器动作时刻对应的电源相位角有关，具有随机性。

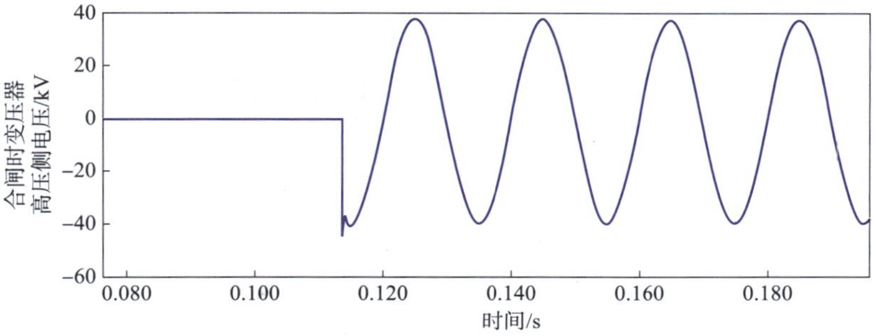

图 7-37　合闸时车载变压器高压侧暂态电压

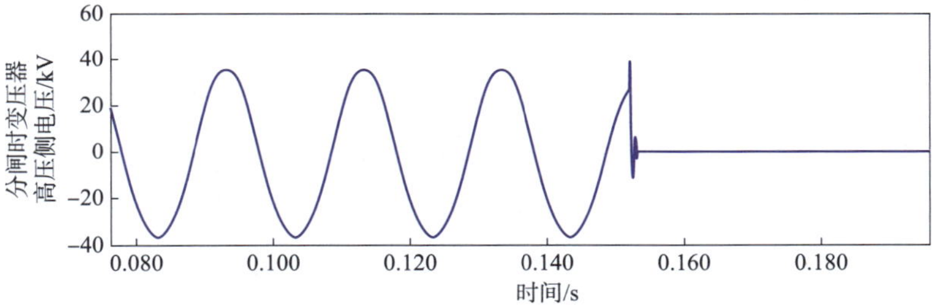

图 7-38　分闸时车载变压器高压侧暂态电压

7.8.4　暂态电压防护

车载变压器投切时，主要考虑分闸时可能产生切空变过电压，改进制造工艺，增加变压器入口等值电容，可以减小暂态振荡电压。

升降弓时尽管暂态过电压不高，但多次作用存在对绝缘不利的累积效应，应该限制或改善升降弓的暂态过电压。由于升降弓是车上的操作，改进措施应在车上完成。

1. 优化升降弓速度

受电弓的升降速度影响到弓网电弧的持续时间，对暂态电压有一定影响，应选择最优的升降弓速度。

2. 减少电缆长度

电缆越长，等值电容越大，大电容储能多，暂态振荡强。减少车上高压电缆长度，可以减小升降弓引起的暂态电压及振荡。

3. 采用 RC 吸收装置

在车顶设置电阻和电容构成的过电压吸收装置，利用车载自动控制信号，实现自动投入或退出，只在升降弓过程中吸收暂态过电压。

4. 增加电抗器

电抗器对高频电流表现为高阻抗。受电弓与电缆之间串联电抗器，在不影响动车组的工作电流条件下，选择合适的电感值，阻尼升降弓时出现的高频暂态电流，会使暂态电压及振荡有所改善。

第 8 章　地磁暴电磁暂态影响

地磁暴是一种自然现象，引起地球磁场剧烈扰动，导致地表面的长导体工程，例如，输电线、输油管线、铁路等，出现地磁感应电流，干扰其正常工作。本章分析地磁暴产生的电磁暂态侵入高速铁路系统的可能性，第一次在全路对地磁暴感应电流侵入高速铁路现象进行了实测，并讨论地磁暴 GIC 对 AT 变压器、轨道电路的影响。

8.1　概　　述

8.1.1　地 磁 暴

地球是太阳系的行星之一，太阳系正处于活跃期。太阳风暴，指太阳剧烈爆发的活动及其在日地空间引发的一系列强烈扰动。太阳风暴是一种灾害性空间天气，是太阳在大气中发生的持续时间短暂、规模巨大的能量释放现象，主要通过太阳耀斑、日冕物质抛射，释放强电磁辐射、高能粒子流和等离子体云等，具有周期性、突发性、区域性等特征。

地球自身是一个大磁体，南北两极的磁性由两部分组成，一部分来源于地球内部的基本磁场，另一部分来源于地球外部的变化磁场。地球的基本磁场比较稳定，只存在极缓慢的微小变化。外界的变化磁场主要来自太阳电磁辐射，特别是太阳风暴时喷射的高能粒子和能量到达近地空间后，与地球磁层、电离层中的带电粒子和等离子体相互作用，剧烈扰动地球磁场的现象，称为地磁暴。地磁暴是一种全球性的地球磁场剧烈扰动的电磁暂态现象，持续时间比供电系统中电磁暂态持续时间长得多，在太阳风暴出现期间，按照太阳耀斑和日冕规律，可以多次出现持续数分钟、数小时，甚至数天。

8.1.2　地磁感应电流产生机理

地磁暴对地球近空的危害主要表现为干扰无线通信、无线导航、卫星信号等。地磁暴对地表面及浅表层工程的影响，主要通过地磁感应电流（geomagnetically induced current，GIC）对地面大型长距离的导体工程结构产生作用。当地磁暴发生时，地球表面的磁场会发生剧烈的变化，由于地球上的土壤都具有一定的电阻率 ρ，可以视为具有一定电阻率的导体，根据法拉第电磁感应物理概念，空间变化的地磁场在具有一定导电性的大地表层产生感应电势，称为地表层感应电势(earth surface potentials，ESP)，ESP 与 GIC 示意如图 8-1 所示，ESP 的数学描述如下。

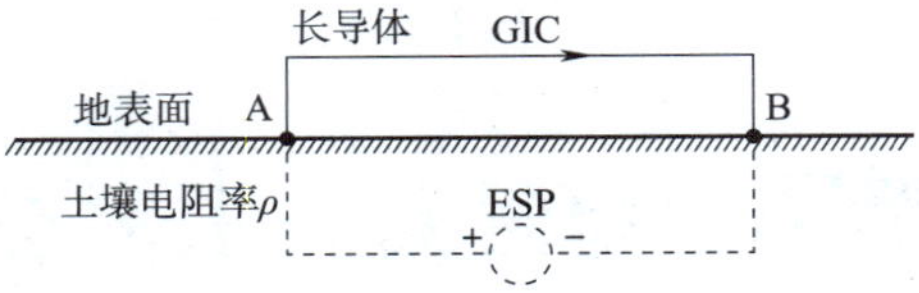

图 8-1　ESP 与 GIC 示意

地磁暴发生时，某一地面的感应电场 $\boldsymbol{E}$ 可表示为一个标量 ϕ 的梯度和一个矢量 $\boldsymbol{A}$ 的时间导数之和，记为

$$\boldsymbol{E}=-\left(\nabla\phi+\frac{\partial \boldsymbol{A}}{\partial t}\right) \tag{8-1}$$

由于地面感应电场是变化的磁场产生的，式(8-1)中$\frac{\partial \boldsymbol{A}}{\partial t}$不等于零，则地面感应电场 $\boldsymbol{E}$ 就是一个非保守场，地面感应电场的等效电压源与积分路径有关。图 8-1 所示 A、B 两点接地的地面长导体，当指定某一接地点为参考节点，则两个不同接地点之间的电压差就是地面感应电势，为

$$\text{ESP}=U_{\text{AB}}=\int_A^B \boldsymbol{E}\cdot \mathrm{d}\boldsymbol{l} \tag{8-2}$$

在处理式(8-2)的积分时，若将长导体分为 N 段，如果某一个微分小段$[i,j]$可以近似为直线，该小段的地面感应电势也就可以视为均匀电势。地球的磁场方向总是从北极到南极，设地面正北方向为直角坐标系的 x 轴方向，正东方向为 y 轴方向，垂直地面方向为 z 轴方向(即感应电流方向)，如果长导体上长度为 L_{ij} 的$[i,j]$微分小段为非直线导体，其中任一点的感应电场 $\boldsymbol{E}$ 方向与长导体走向不一致，E_x、E_y 分别是长导体路径内地面电场在北向和东向的分量，θ 为长导体的$[i,j]$微分小段与 y 轴(东西方向)之间的夹角，则长导体上$[i,j]$微分小段总的等效电压源为

$$U_{ij}=L_{ij}(E_x\sin\theta+E_y\cos\theta) \tag{8-3}$$

显然，对应长导体整个路径的等效电压源为

$$U_{\text{AB}}=\sum_{i,j=1}^{N}U_{ij} \tag{8-4}$$

当地面的长导体工程结构规模不是特别巨大，或者研究中所考虑的长导体范围相对较小时，地面的电场可以近似认为是均匀电场，则式(8-2)的积分与路径无关；作用在地面 AB 两点之间导体长 L_{AB}，AB 两端点连线与 y 轴(东西方向)之间的夹角为 θ，长导体的感应电势的等效电压源 ESP 可简化为

$$\text{ESP}=U_{\text{AB}}=L_{\text{AB}}(E_x\sin\theta+E_y\cos\theta) \tag{8-5}$$

有关研究表明，地磁暴发生时，ESP 在土壤电阻率相对较高的地区可以达到每千米几

伏至十几伏，持续时间少则几分钟多则数小时或数天。地球表面各点产生的地表感应电势存在差异，相隔一定距离的两点之间会产生电势差。虽然每千米几伏的电压看似很小，但对于某些地表面大型长距离的工程结构，例如，长距离输电线路、长距离输油管线、铁路轨道等，由于这些工程结构主体都是电阻率很小的贯通性金属导体，存在至少两端或多点直接接地，长导体与大地构成了闭合回路。ESP 作用在数十千米、数百千米的长金属导体上，按照电路原理，必然在长导体回路产生可观的 GIC。测试显示，GIC 的频率一般在 0.001～0.1 Hz 之间，与工频 50 Hz 电流比较，GIC 可以看作是超低频的直流电流。

8.1.3　地磁暴危害

地磁暴对地表面长导体工程的影响，主要集中在输电线、输油管线、铁路，通过 GIC 干扰正常工作。

(1)长距离的高压输电线路两端通过变压器中性点直接接地，在 ESP 作用下产生 GIC。GIC 近似为直流电，会导致变压器偏磁、振动和噪声明显、铁芯发热、线路损耗增加、产生谐波、保护装置误动。相关文献报道，1989 年 3 月大磁暴造成加拿大魁北克省大部分地区停电 9 h；大磁暴还造成了多起通信被强烈短波骚扰或中断；美国新泽西州核电站的一台变压器出现温升异常现象。2004 年发生强地磁暴时，广东岭澳核电站监测到变压器中性点直流电流均值达 20 A、峰值 55.8 A。

(2)ESP 作用在长距离输油管线上产生 GIC，可导致液体石油带静电，石油的电介质极化，管道腐蚀。1989 年 3 月磁暴期间，美国阿拉斯加的一条输油管道被腐蚀，导致管道泄漏，对环境造成污染。2015 年中国石油石化腐蚀与防护技术交流会上，已经有“地磁暴对埋地油气管道腐蚀影响与对策”的研究报告。

(3)GIC 在铁路轨道上流动，会影响轨道电路正常工作。相关文献报道，1982 年 7 月，强地磁暴发生期间，瑞典铁路的轨道电路出现了信号灯“闪红”现象。2000 年—2005 年间，强地磁暴发生期间，俄罗斯北部 Gorky 电气化铁路区段的部分信号系统出现异常。

8.1.4　地磁暴研究

地球南北极的磁力线最集中，在地磁暴扰动时，南北极的地磁暴表现最强烈。地球的南高纬度地区几乎没有长大型工程，没人注意；北高纬度地区的国家工业发达，地磁暴的影响首先被注意到。1940 年 Davidson 第一次报道 GIC 对输电网产生影响之后，人们开始关注地磁暴，后续多起重大安全事故分析促进了地磁暴研究。

1959 年苏联卫星第一次直接观察到了太阳风暴，并对其强度进行了测量。北欧、加拿大、美国等高纬度地区的国家，对地磁暴及影响研究比较多。1994 年美国实施“国家空间天气计划”，由军方主导和控制研究。2007 年加拿大自然资源部地磁实验室与安大略电力公司联合开发了电网 GIC 实时仿真系统(Real-Time GIC Simulator)。

中国地理位置大致从北纬 3°51′到北纬 53°33′，南北跨度大，大部分处于中低纬度地区，东北地区纬度相对偏高。中国科学院国家空间科学中心空间天气学国家重点实验室专门从事该领域研究。电力系统已经在南北多条输电线和变电站进行了 GIC 测试，建立仿真模型，提出变压器偏磁的限制，初步建立中低纬地区的电网 GIC 评估体系。地磁暴电磁暂态对输油管道和铁路等影响，已有所认知，有待深入研究。

8.2　高速铁路地磁暴效应实测

我国高速铁路线路覆盖地域广、里程长，牵引供电系统是动车组唯一的工作电源，对供电可靠性和安全性都要求非常高。地磁暴的效应是否会侵入铁路系统，没有资料说明，需要通过实测来检验。

8.2.1　GIC 侵入高速铁路供电系统可能性

GIC 需要有接地通路才能形成回路，高速铁路供电方式为 AT 供电，牵引变电所 VX 接线变压器、AT 所和分区所的 AT 变压器中性点都直接接地，为 GIC 侵入牵引供电系统提供了可能。地磁暴发生时，不同地理位置的接地点会感应出不同的 ESP，相隔一定距离的两个接地点之间就会产生电势差，电势差作用在牵引变压器和自耦变压器的接地点，由于牵引网阻抗很小，GIC 的频率为 0.001～0.1 Hz，是超低频直流电，完全可以流经牵引变压器、接触网、自耦变压器。假设南北方向不同位置的地表感应电势为 e_1、e_2、e_3、e_4，且 $e_1>e_2>e_3>e_4$，作用到高速铁路供电系统时，GIC 可能的分布及流向如图 8-2 所示。

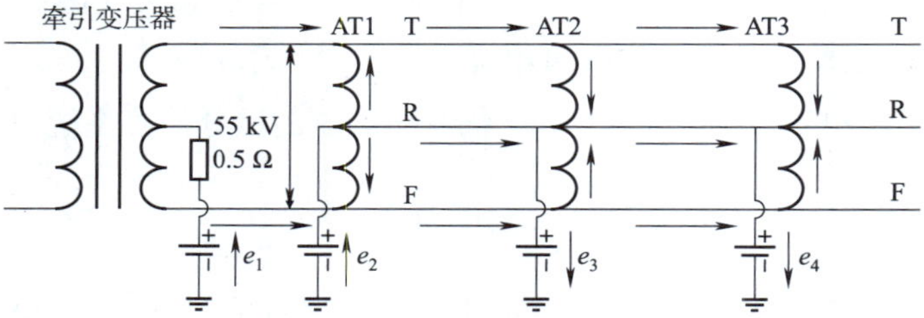

图 8-2　高速铁路牵引供电系统中 GIC 分布与流向

如果 GIC 与变压器的交流电叠加，可使铁芯偏磁饱和、励磁电流增大、波形发生畸变、产生谐波、保护装置误动，造成变压器的损耗增加；还会导致变压器局部过热，绝缘慢性老化加速，降低变压器使用寿命。

8.2.2　GIC 监测实施

（1）GIC 监测的前提和原则：保证不影响高速铁路供电的正常运行和行车。为此，提出 GIC 实测的基本要求：不改变高速铁路供电设备的连接；不影响和损坏高速铁路牵引供电设备的完好性（不在设备上打孔，不破坏密封等）；信号采样装置安装地点具备代表性，方便对采样装置的巡视和管理。

（2）GIC 监测装置由信号采集与调理、数字滤波、数模变换、数据编码、计算与分析、储存与输出等几个主要部分组成，主要结构及监测流程如图 8-3 所示。参考国内在广东岭澳核电站监测到了准直流形态的 GIC（55.8 A），采用的 GIC 监测装置的测量范围为±100 A。由于牵引供电设备的场所电磁干扰强烈，要求监测装置具有良好的抗电磁干扰能力，避免供电设备及牵引冲击负荷电流产生的强电磁干扰。

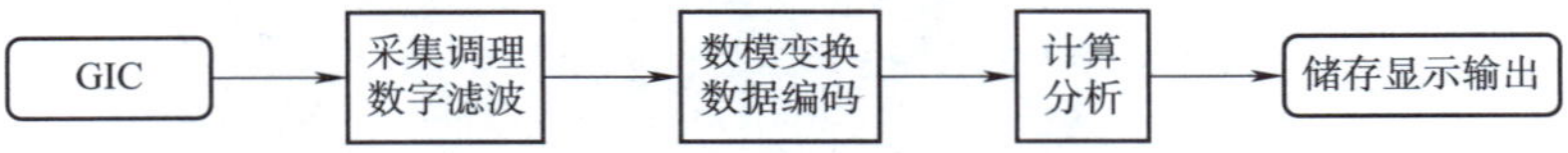

图 8-3　监测装置主要结构及监测流程

京广高速铁路是中国高速铁路线路的代表之一，也是连通中国南北的重要交通干线。鹤壁东高速铁路牵引变电所位于京广高速铁路北段，北纬大约 36°，地处中原。选择在鹤壁东高速铁路牵引变电所进行 GIC 监测，具有中国高速铁路和中国地理位置的代表意义。牵引变电所（简化）主接线如图 8-4 所示，GIC 监测信号从 VX 接线变压器 27.5 kV 侧中性接地线提取，8 套霍尔电流采样传感器（HCS）安装在变电所集中接地箱中，如图 8-5、图 8-6 所示。

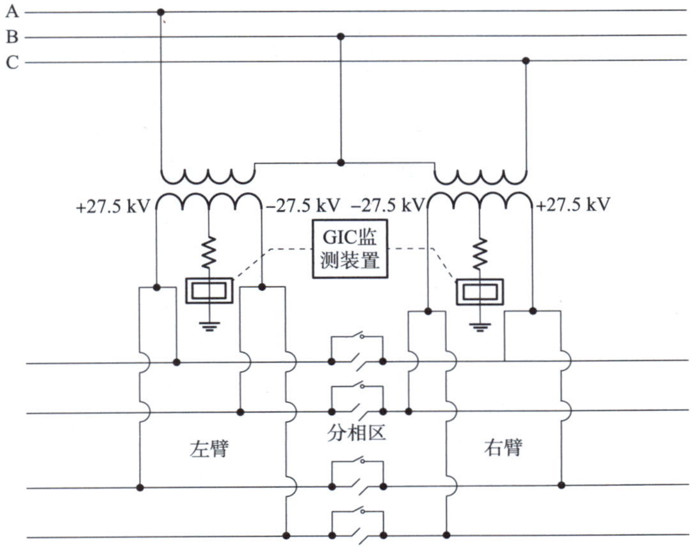

图 8-4　牵引变电所（简化）主接线

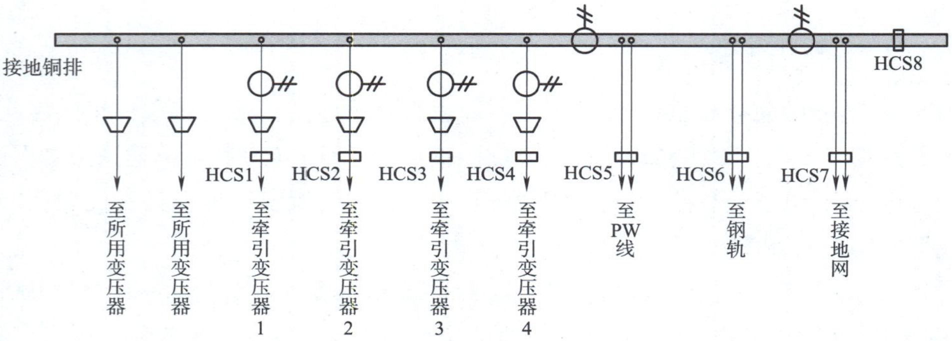

图 8-5 集中接地箱中 HCS 接线

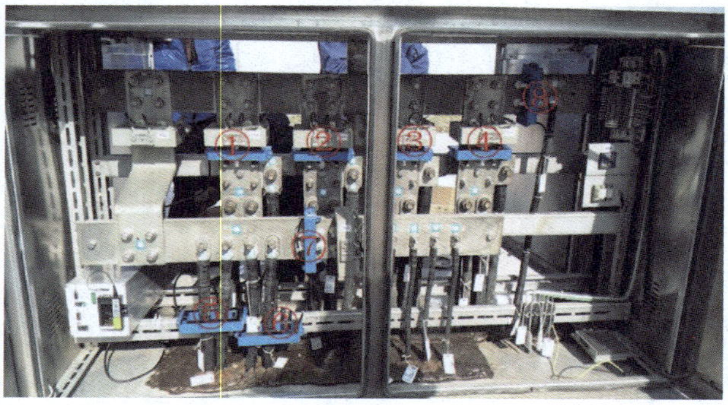

图 8-6 集中接地箱中 HCS 位置(图中①~⑧为传感器)

8.2.3 实测数据

经过较长时间监测,采集和记录了大量数据。根据中国气象局国家空间天气监测预警中心(简称中国气象局),发布 2015 年 3 月 17 日出现了强地磁暴。为了进行比较,针对该日 GIC 监测数据的曲线进行分析如图 8-7 所示。

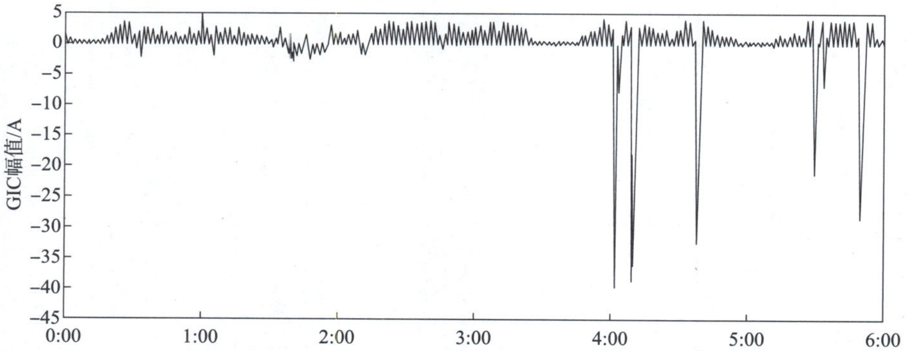

(a)3 月 17 日 0:00—6:00 GIC 监测数据曲线

图 8-7

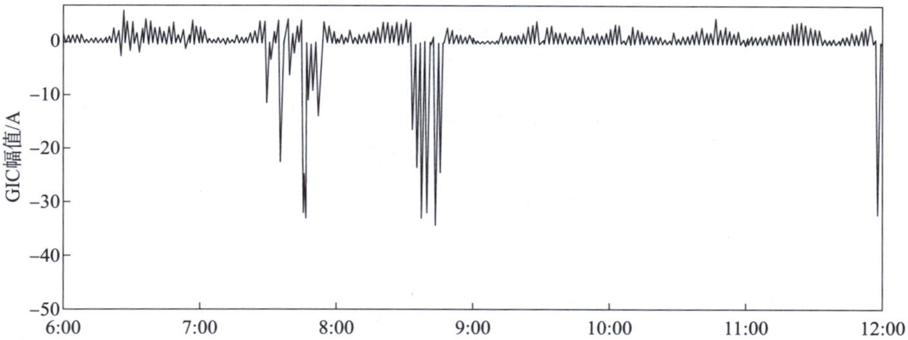

(b)3 月 17 日 6:00—12:00 GIC 监测数据曲线

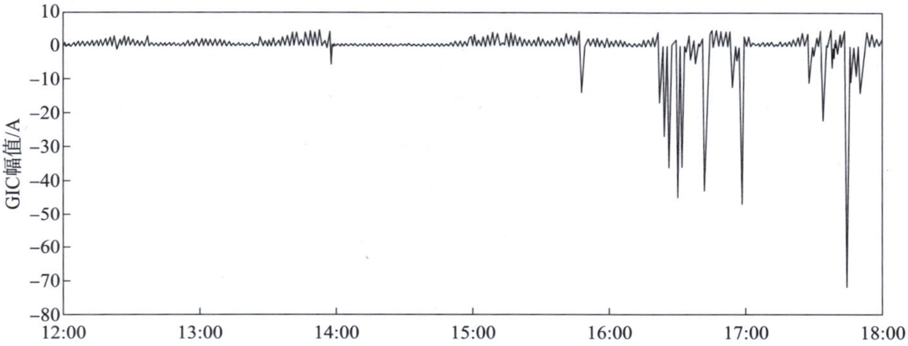

(c)3 月 17 日 12:00—18:00 GIC 监测数据曲线

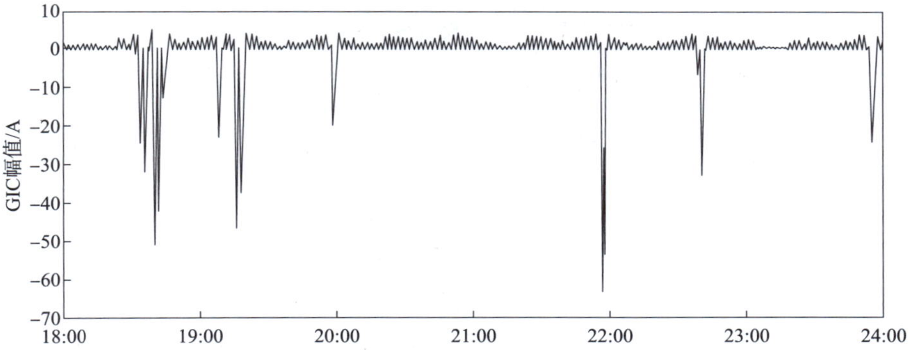

(d)3 月 17 日 18:00—24:00 GIC 监测数据曲线

图 8-7　3 月 17 日 GIC 监测数据曲线

8.2.4　数据分析

从图 8-7 所示 GIC 监测数据曲线可以看到：当天监测的直流电流(幅值)最小值低于 0.1 A，最大值 72 A；电流出现时间具有不确定性，具有脉冲特点，各个时段的电流大小不同，波动范围很大。

高速铁路牵引供电采用交流制式，即使谐波，也是交流电谐波；正常情况下，牵引变压器回流中不存在直流电流。据此推测，监测到的电流是地磁暴产生的 GIC。但是，推测不能够作为定论，需要有力证明。为此，选择国家对地磁暴的预警数据进行比较和证明。

首先引用 2 个指数：(1)K_p 指数，表示三小时间隔的全球地磁活动强度，划分为 10 级(从 0 级到 9 级)，还可以进一步细分为 0_0，0_+，1_-，1_0，1_+，2_-，2_0，2_+，…，8_-，8_0，8_+，9_-，9_0，共 28 次级。(2)A_p 指数，是由 K_p 指数派生出来的，它的值为 0～400，反映一天的地磁扰动情况。两种指数越大，表示地磁暴的强度越高。

中国气象局官网发布的“2015 年 3 月份 A_p 指数分布”如图 8-8 所示，其中 2015 年 3 月 17 日地磁暴最为强烈，最大 A_p 指数达 117。另外，中科院空间环境预报中心发布信息：2015 年 3 月 17 日—19 日期间，共有 12 h 达到大磁暴水平，12 h 达到中磁暴水平，40 h 达到小磁暴水平，15 h 达到活跃水平。该中心发布的 2015 年 3 月 16 日—19 日各时段的 K_p 指数分布如图 8-9 所示，16 日全天的 K_p 指数均在 3 级以下；17 日在 18:00—21:00 时段，K_p 指数达到 7 级，12:00—18:00、21:00—24:00 的两个时段 K_p 指数高达 8 级，出现强磁暴；18 日 9:00 之后，磁暴均在 5 级左右，出现中磁暴；19 日磁暴强度有所回落。

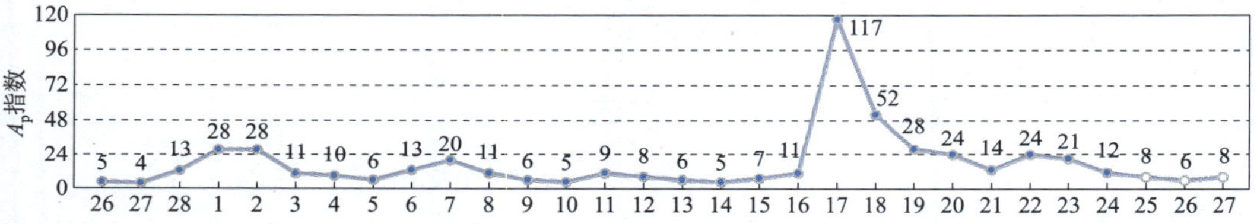

图 8-8　2015 年 3 月份 A_p 指数分布(中国气象局发布)

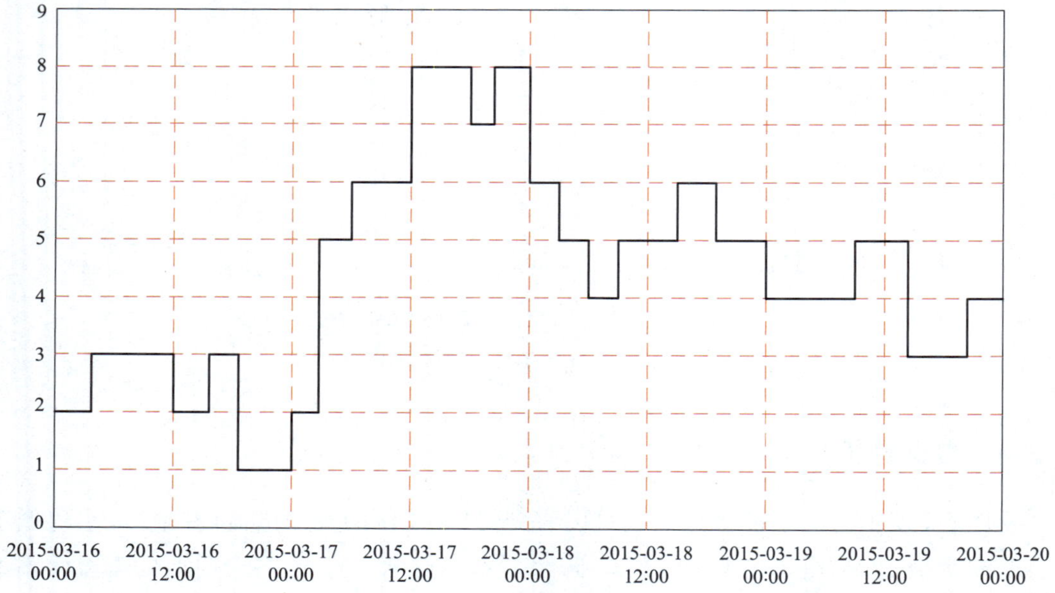

图 8-9　2015 年 3 月 16 日—19 日 K_p 指数分布(中科院发布)

将图 8-7 所示的监测数据与图 8-8、图 8-9 显示的地磁 A_p 指数、K_p 指数进行比较和分析，可以看到：(1)3 月 17 日是 3 月份地磁暴最强的一天，监测到的直流分量也最大，达到了 72 A。(2)同一天内地磁暴波动时，对应监测的直流分量数据也随之波动。例如，3 月 17 日 0:00—3:00 时段，K_p 指数为 2 级，监测到的直流分量小于 4 A；9:00—12:00 时段，K_p 指数为 6 级，监测到的数据约为 31 A；12:00—18:00 时段，K_p 指数持续为 8 级，监测数据出现了当天的最大值 72 A。(3)全天不同时间段的地磁暴指数一般不同，对应监测的直流分量也差别较大，但总的规律是地磁暴指数越大的时间段，监测到的直流电流也越大。将监测数据的均值与国家预警的地磁 K_p 指数进行相关性比较，结果如图 8-10 所示。可见，两者完全一致，从而有力地证实了监测的直流电流(图 8-7)，就是当天地磁暴在牵引供电系统产生的 GIC，说明地磁暴的效应能够侵入高速铁路供电系统。

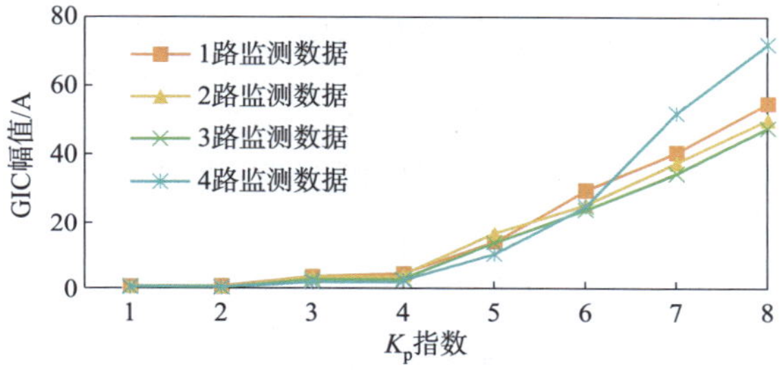

图 8-10　GIC 与地磁暴 K_p 指数的相关性

8.3　地磁暴对 AT 变压器暂态电压影响

8.3.1　混沌学简介

1. 混沌概念与定义

在非线性系统或者非线性电路中，输出与输入不成比例，状态变量的运动需用非线性微分方程组描述；状态变量的运动轨迹可能呈为随机的非周期性运动，完全无序，但不相交、不闭合、永不停止的行为或现象，称为混沌；对应的系统或者电路，称为混沌系统、混沌电路。

定义：设 $f(x)$ 是闭区间 I 的连续映射函数，若满足下列条件，则称 $f(x)$ 在 I 中是 Li-Yorke 混沌，其特性为：

(1)$f(x)$ 周期点的周期无上界。

(2)存在不可数子集 S 在区间 I 中，且满足：

①$\lim\limits_{n\to\infty}\sup|f^n(x)-f^n(y)|>0, \forall x,y\in S, x\neq y$；

②$\lim\limits_{n\to\infty}\inf|f^n(x)-f^n(y)|=0, \forall x,y\in S$；

③$\lim_{n \to \infty} \sup|f^n(x)-f^n(y)|>0, \forall x \in S, \forall y \in \mathrm{Per}(f)$。

其中，$f^n(x)=f[f^{n-1}(x)], n \in N$；$\mathrm{Per}(f)$表示$|f^n(x)-f^n(y)|$最大时，混沌变量 y 满足的函数域。

2. 混沌现象的主要特征

混沌现象的特征包括：

(1)初值敏感性。状态变量的初始值对其运行轨迹影响极大，初始值的微小差别，也会导致完全不同的结果。

(2)有界性。无论混沌多么无序，轨迹都限制在混沌吸引域。

(3)遍历性。在有限时间内混沌轨迹到达混沌吸引域内的每个点。

(4)随机性。运行状态具有随机性。

(5)普适性。混沌特征具有共同性，不依赖具体系数以及方程而改变。

3. 混沌分析方法

混沌系统或混沌电路的非线性微分方程组的解析，代表了混沌分析的困难。目前主要依靠数值计算，根据混沌系统的类别，采用不同的数学方法，判断状态是否混沌或稳定。混沌图像常用以下几种方式表示：

(1)相平面图。以状态向量中任意两个状态分量构成二维坐标平面为相平面，相空间内的解曲线在相平面内的投影就是相平面轨迹，可以用来判定非线性系统的状态稳定性、准周期性或混沌性。

(2)庞加莱截面图。按一定时间的间隔进行离散采样得到的状态轨迹截面，根据截面图显示离散点的分布特征，以判断系统的状态。

(3)李雅普诺夫(Lyapunov)指数。在相空间中初始条件不同的两条轨迹随时间推移，按指数吸引或分离的程度，确定状态轨迹收敛或发散的比率，称为李雅普诺夫指数。对混沌系统中两个初始值相近的状态轨迹，考核其李雅普诺夫指数，以判断系统的状态。

(4)分岔图。以状态变量和分岔参数为横纵坐标构成的图形空间，表示状态变量随着分岔参数的变化规律，估计从某种形态过渡到另外一种形态的发展过程。

混沌学是对非线性微分方程组所描述系统的状态进行分析的方法之一。

8.3.2 AT 变压器直流偏磁

铁路系统中第一次对地磁暴效应的实测，已经证明 GIC 效应能够侵入高速铁路牵引供电系统，因此，应该对 GIC 的影响进行研究。在 AT 供电系统中，一座牵引变电所的两个供电臂上可能连接 12 台 AT 变压器，共用 1 组 VX 接线变压器。AT 变压器的数量比 VX 变压器多，选择以 AT 变压器为对象，讨论 GIC 的影响。

GIC 具有直流特性，如果流经 AT 变压器会使变压器铁芯的主磁通叠加直流分量，会造成铁芯单方向饱和、励磁电流严重畸变，形成周期性的单向过励磁。如图 8-11(a)所示，没有 GIC 时，AT 变压器端子上电压按正弦规律变化，对应的磁通 Φ 也按正弦规律变化；假设侵入 GIC 之后，AT 变压器绕组中叠加 GIC 电流，AT 变压器铁芯中出现直流磁通 Φ_0，直流磁通与交流磁通相叠加，可导致图 8-11(b)所示的磁化曲线(Φ-i)的工作点从线性区转移到饱和区，造成磁通 Φ 与励磁电流 i 呈非线性关系，励磁电流 i 畸变，偏向 GIC 极性的同一侧，如图 8-11(c)所示。显然，GIC 越大，励磁电流畸变和偏向也越大。这种现象，称为直流偏磁。

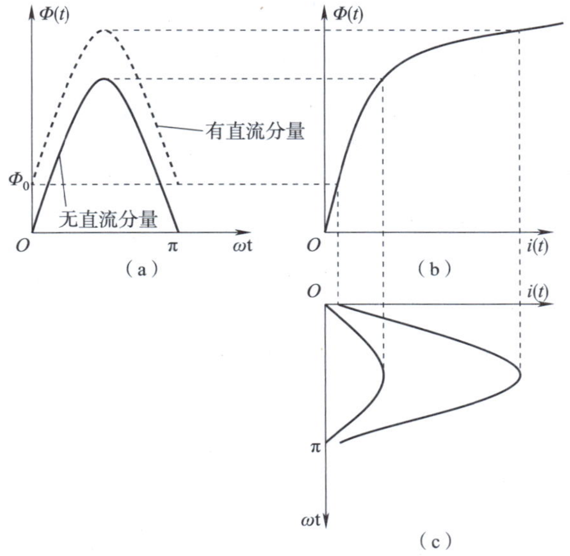

图 8-11　GIC 产生的直流偏磁

变压器在 Φ-i 曲线非线性区工作时，铁芯磁导率减小，绕组的漏磁通增加；当铁芯磁导率减小到与空气磁导率接近时，大量的漏磁通就会进入到油箱壁、压板、夹件等变压器金属构件中，并在其中产生涡流损耗，极大地增加变压器的损耗和温升，改变变压器的工作特性，影响变压器正常运行。

变压器发生直流偏磁时，磁通 Φ 与励磁电流 i 的函数关系处于变压器 Φ-i 曲线的非线性区域，变压器励磁电感就是非线性电感，其电流 i 与磁链 ψ 关系可以采用奇次多项式来拟合表示，即

$$i=a\psi+b\psi^n \tag{8-6}$$

式中　ψ——变压器绕组的磁通链；

a、b——变压器磁化特性系数；

n——磁化特性指数，n 为奇数。

8.3.3　地磁暴影响暂态电压的混沌判断

动车组进入 AT 变压器覆盖范围时，AT 变压器才有负荷电流，无车时间是空载，只有

励磁电流。将接触网和电源简化，空载 AT 变压器的工作电路如图 8-12 所示，其中 $e(t)=E_m\sin\omega t$，$E_m=25\sqrt{2}$ kV，R、L 分别为接触网和电源的等值电阻、电感，C 为接触网对地电容和 AT 所馈线连接电缆的电容之和，L_{AT} 为 AT 变压器励磁电感。

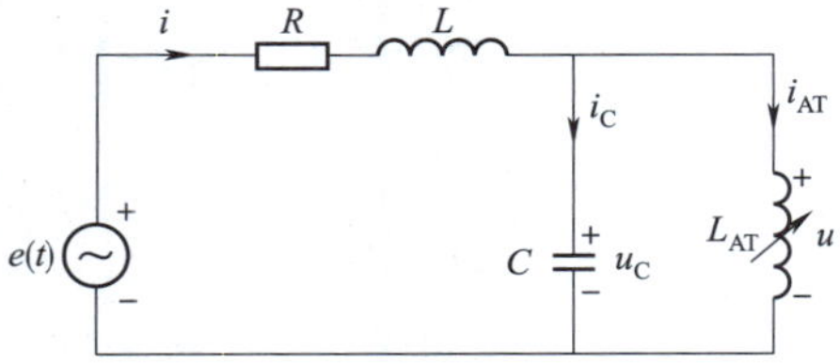

图 8-12 空载 AT 变压器的工作电路

在图 8-12 中，以电容端电压 u_C、AT 变压器绕组电流 i_{AT} 和磁链 ψ 为状态变量，列出微分方程组为

$$\begin{cases} C\dfrac{du_C}{dt}=i-i_{AT} \\ \dfrac{d\psi}{dt}=u_C \\ L\dfrac{di}{dt}=E_m\sin\omega t-u_C-Ri \end{cases} \tag{8-7}$$

如果地磁暴产生的 GIC 进入 AT 变压器，导致直流偏磁，励磁电感呈非线性，AT 变压器绕组电流 i_{AT} 与磁链 ψ 的关系用式(8-6)表示，代入式(8-7)，并进行归一化处理，令 $\omega t=\tau$，$dt=\dfrac{1}{\omega}d\tau$，$x=\dfrac{u_C}{\omega}$，$y=\psi$，$z=i$，$\alpha=\dfrac{1}{\omega^2 C}$，$\beta=\dfrac{R}{\omega L}$，$\eta=\dfrac{1}{L}$，$F=\dfrac{E_m}{\omega L}$，整理得非线性微分方程组

$$\begin{cases} \dfrac{dx}{d\tau}=\alpha(z-ay-by^n) \\ \dfrac{dy}{d\tau}=x \\ \dfrac{dz}{d\tau}=-\eta x-\beta z+F\sin\tau \end{cases} \tag{8-8}$$

由于式(8-8)中激励源 $F\sin\tau\neq0$，根据非线性微分方程组的梅尔尼科夫理论判断，式(8-8)表示的非线性系统的状态会产生混沌振荡。实际上考虑 GIC 侵入 AT 变压器之后，电路图 8-12 就是电路理论中典型的“混沌电路”。

根据式(8-8)编程仿真，AT 变压器有关参数：角频率、功率、电压、阻抗和磁链基准值分别取 $\omega=314$ rad/s，$S_e=20$ MV·A，$U_{TF}=55$ kV，$Z_{TN}=75.6\ \Omega$，$\psi=L_{TN}i_{AT}=79.6$ Wb，磁化系数 $a=0.002\ 8$，$b=0.007\ 2$，磁化指数 $n=7$。考虑大地电阻率 100 Ω·m，接触网及电源的参数：电阻、电感、电容（含馈线电缆）分别取 $R=7.5\ \Omega$，$L=19$ mH，$C=0.6\ \mu$F。假设 AT 变压器绕组中持续侵入 GIC 大小为 10 A，仿真的 AT 变压器端电压与磁链 u-ψ 状态轨迹如

图 8-13 所示，电压与时间 u-t 轨迹如图 8-14 所示。可见，地磁暴的 GIC 侵入，AT 变压器端电压呈混沌状态，发生了畸变，影响持续到 GIC 结束。

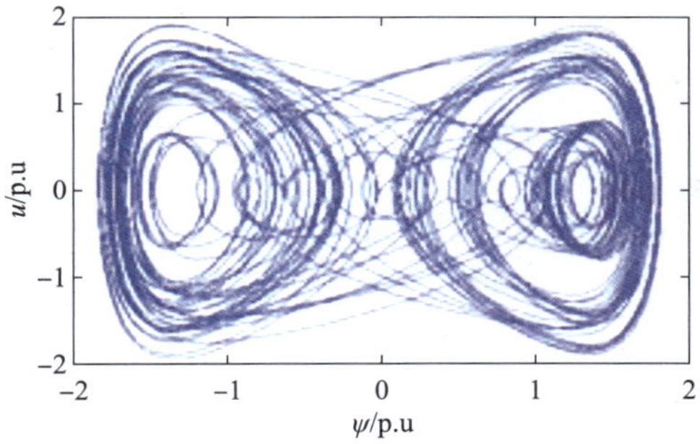

图 8-13　相平面 u-ψ 状态轨迹

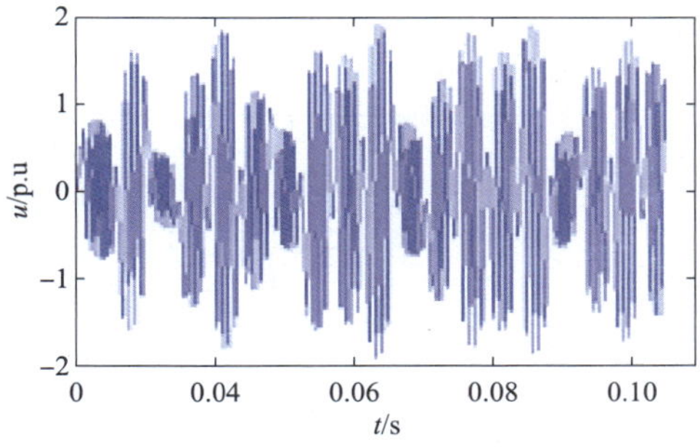

图 8-14　时域 u-t 状态轨迹

8.4　地磁暴影响轨道电路机理

8.4.1　轨道电路

轨道电路，指利用钢轨作为信号传输线，分段监控钢轨上有无车辆占用，并发送、传递、接收和显示轨道状态(有无车占用)的电路和设备统称。高速铁路线路上同一方向的多辆动车组行车，都在同一路轨道上；在车站之间的正线区间，动车组依次而行、不能够超车；速度更快的车需要超过前方车时，只能在车站中借助不同的轨道进行。因此，既要充分利用铁路效率，又要避免两车追尾，需要采用轨道电路来监测轨道是否空闲，为动车组的运行和控制提供信息。轨道电路监控高速铁路行车状态，是保证高速铁路安全运营必不可少的行车装备。

轨道电路及设备包括信号传输的钢轨、信号发送设备、信号接收设备、轨道变压器、扼流变压器、轨道继电器等。轨道电路的工作电压较低，发送器、接收器工作电压为 DC 24 V，发送器或接收器的信号电压高于 240 mV 或低于 33 mV 时，就会启动轨道继电器工作，灵敏度非常高。轨道继电器是信号的执行器件，根据接收的轨道是否占用信息，确定继电器动触点吸起或者释放，从而控制铁路信号机的灯光改变颜色，发挥行车指挥功能。

为了使动车组运行平稳，高速铁路将多条钢轨焊接成数百米甚至数千米的无缝长轨，长轨之间的缝隙限制在 1 mm 内，全程钢轨接头缝隙大为减少。轨道电路有两种方式：

(1)轨道有绝缘节方式。车站轨道分岔多，为了区分铁路正线与车站的轨道状态，在进站口和出站口的轨道上设置有绝缘节；长钢轨之间的缝隙在需要时也可以设绝缘节。有绝缘节的轨道电路被分段，工作原理如图 8-15 所示。如果被监测的钢轨段上无动车组占用时，轨道继电器 GJ 可以获得工作电源，常开触点吸合，发出无车信号；如果钢轨段上有动车组时，动车组的车轮将两条轨道短接，轨道继电器 GJ 不能够获得工作电源，常开触点释放、常闭触点闭合，发出有车信号。

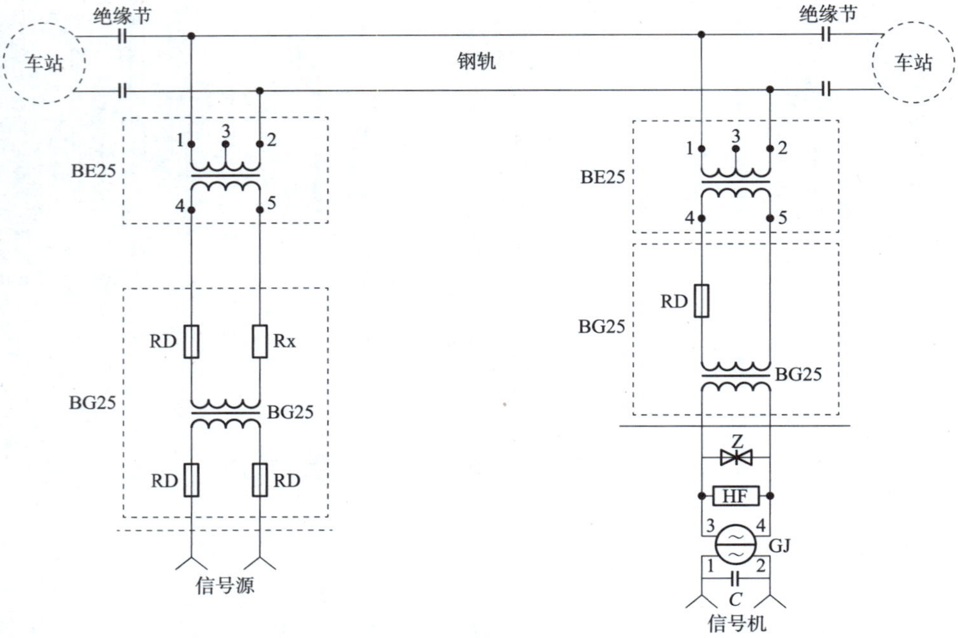

图 8-15　轨道电路工作原理

(2)轨道无绝缘节方式。在同一段无缝长钢轨之内，采用谐振式无绝缘节轨道电路方式，利用动车组的车轮短接轨道时，改变电路拓扑结构和谐振参数的原理，监测钢轨上是否有动车组，并发出相关信号。

8.4.2　地磁暴影响机理

1. 轨道电路工作原理

以常用 WXJ25 型相敏轨道电路接收器为例进行说明，接收器的核心由移相器、乘法器和积分器组成，输出信号驱动 JWXC-1700 型轨道继电器的触点执行吸起或者释放动作，从而控制行车信号指示。WXJ25 型相敏轨道电路信号流程如图 8-16 所示，$X_J(t)$是局部电源信号，$X_G(t)$是轨道信号，Y 是驱动 JWXC-1700 型轨道继电器工作的输出信号；虚线 $X_C(t)$是添加的地磁暴 GIC 干扰信号。

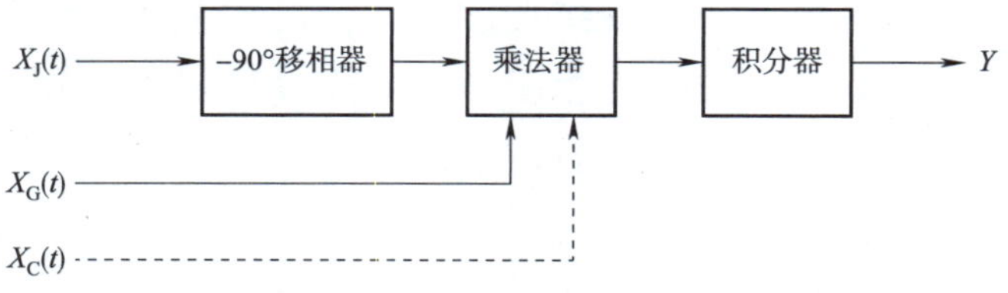

图 8-16　WXJ25 轨道电路信号流程

WXJ25 轨道电路接收器的电气特性：工作电压 DC 20.4～26.4 V，工作电流不大于 100 mA，轨道接收阻抗 $|Z_G|=400\ \Omega\pm20\ \Omega$，阻抗角 $\theta=72°\pm10°$。在轨道空闲状态下，接收器输出给执行继电器的电压为 20～30 V。应变时间小于 0.5 s。在接收到理想相位角的 25 Hz 轨道信号时，返还系数大于 90%。局部电源信号的电压为 110 V，频率 25 Hz。轨道信号电压滞后于局部电压的理想相位角为 90°。JWXC-1700 轨道继电器的动作电压为 DC 24 V。

WXJ25 轨道电路工作原理：局部 25 Hz 分频器提供局部电源信号 $X_J(t)$，轨道 25 Hz 分频器提供轨道电源信号 $X_G(t)$，且 $X_J(t)$ 超前 $X_G(t)$ 相位 90°。当接收器收到 25 Hz 轨道信号 $X_G(t)$，监测 $X_J(t)$ 超前 $X_G(t)$ 一定范围的角度（α）时，接收器的输出 Y 驱动 JWXC-1700 轨道继电器的触点吸起；在 $\alpha=+90°$ 时，接收器处于最佳接收状态。如果收到的信号不能满足以上工作条件，接收器使 JWXC-1700 轨道继电器触点落下。

可以看到，轨道继电器的触点按照规定程序进行吸起或者落下，就能控制信号灯给出正确的行车指挥信息。WXJ25 轨道电路输出信号 Y 的正确性，是保证 JWXC-1700 轨道继电器工作正确以及行车信号指示正确性的关键。如果输出信号 Y 出错，就会导致 JWXC-1700 继电器控制的信号发生错误，造成行车信号灯指示混乱。

2. 无干扰影响的轨道电路信号传输

由于局部电源信号和轨道电路是同频率，可以假设相位差为 α，$X_J(t)=A\sin\omega t$，$X_G(t)=B\sin(\omega t-\alpha)$。信号进入相敏轨道电路接收器，移相器首先对 $X_J(t)$ 信号移相 90°，则一个周期的信号传输函数为

$$Y=\int_{-\frac{T}{2}}^{\frac{T}{2}}A\sin(\omega t-90°)B\sin(\omega t-\alpha)\mathrm{d}t=AB\int_{-\frac{T}{2}}^{\frac{T}{2}}\cos\omega t\sin(\alpha-\omega t)\mathrm{d}t \tag{8-9}$$

式中　T——信号周期，$T=\dfrac{2\pi}{\omega}$。

由于 $X_J(t)$ 和 $X_G(t)$ 信号都是正弦（或者余弦）函数，根据 $\left[-\dfrac{T}{2},\dfrac{T}{2}\right]$ 区间内正弦或者余弦函数具有正交特性，可得

$$\int_{-\frac{T}{2}}^{\frac{T}{2}}\cos n\omega t\cos m\omega t\,\mathrm{d}t=\int_{-\frac{T}{2}}^{\frac{T}{2}}\sin n\omega t\sin m\omega t\,\mathrm{d}t=\begin{cases}0, m\neq n\\ \dfrac{T}{2}, m=n\end{cases} \tag{8-10}$$

$$\int_{-\frac{T}{2}}^{\frac{T}{2}}\sin n\omega t\cos m\omega t\,\mathrm{d}t=0 \tag{8-11}$$

当信号的相位差 $\alpha=+90°$ 时，根据式(8-9)和式(8-10)，可以计算出信号是正的传输函数 $Y=\dfrac{T}{2}AB$，表明 WXJ25 轨道电路接收器传输正的 Y 函数可以驱动 JWXC-1700 轨道继电器执行触点吸起动作。当相位差 $\alpha=-90°$ 时，同样可以计算出信号是负的传输函数 $Y=-\dfrac{T}{2}AB$。当 $\alpha=0°$，$\alpha=180°$ 时，由计算可得 $Y=0$。可见，在相位差 $\alpha=-90°$、$\alpha=0°$、$\alpha=180°$

三种情况下，Y 均为非正值，都不能驱动 JWXC-1700 轨道继电器的触点动作。所以，WXJ25 轨道电路的接收器表现出了可靠的相位选择性。

3. 牵引电流混合下的轨道电路信号传输

由于动车组的回流电流要在钢轨上流动，必然存在牵引电流与轨道电路的信号混合。如果两根钢轨上的牵引电流不平衡，轨道电路中将出现 50 Hz 牵引电流。假设局部信号 $X_J(t)$ 的角频率为 ω，轨道信号 $X_G(t)$ 角频率为 2ω，相当于局部电源信号 25 Hz，轨道信号的频率被牵引电流干扰强制为 50 Hz，按照式(8-9)计算信号传输函数为

$$Y = AB\int_{-\frac{T}{2}}^{\frac{T}{2}} \sin(\omega t - 90^\circ)\sin(2\omega t - \alpha)\mathrm{d}t = 0 \tag{8-12}$$

如果牵引电流含有高次谐波，假设轨道信号 $X_G(t)$ 的频率被谐波电流干扰强制为 $50n$ 倍，同样，可以计算得到信号传输函数为

$$Y = AB\int_{-\frac{T}{2}}^{\frac{T}{2}} \sin(\omega t - 90^\circ)\sin(n\omega t - \alpha)\mathrm{d}t = 0 \tag{8-13}$$

式(8-12)和式(8-13)显示，轨道电路的接收器在同时收到 25 Hz 和 50 Hz，或者同时收到频率差为 n 倍的两种信号时，一个周期内的信号传输函数 $Y=0$。计算结果也说明，无论牵引电流是否含高次谐波，在钢轨上与轨道信号混合之后，经过轨道电路传输，不会造成轨道继电器发生错误动作，仍然具有可靠的相位选择性，保证行车信号指示正确。

4. 地磁暴 GIC 侵入后的轨道电路信号传输

如果 GIC 侵入轨道电路，将与轨道信号混合叠加。考虑到 GIC 具有准直流特性，变化频率在 0.001～0.1 Hz，假设相位差为 β，GIC 干扰信号为 $X_C(t)=C\sin(\omega_c t-\beta)$，角频率 $\omega_c=(0.002\sim0.2)\pi$ rad/s；同时，局部电源信号和轨道信号仍然取：相位差 α，$X_J(t)=A\sin\omega t$，$X_G(t)=B\sin(\omega t-\alpha)$。按照图 8-16 所示的信号传输流程，三个信号在一个周期中的信号传输函数为

$$\begin{aligned} Y &= \int_{-\frac{T}{2}}^{\frac{T}{2}} A\sin(\omega t - 90^\circ)[B\sin(\omega t - \alpha) + C\sin(\omega_c t - \beta)]\mathrm{d}t \\ &= AB\int_{-\frac{T}{2}}^{\frac{T}{2}} \cos\omega t\sin(\alpha - \omega t)\mathrm{d}t + AC\int_{-\frac{T}{2}}^{\frac{T}{2}} \sin(\omega t - 90^\circ)\sin(\omega_c t - \beta)\mathrm{d}t \end{aligned} \tag{8-14}$$

将式(8-14)记为

$$Y=Y_1+Y_2 \tag{8-15}$$

比较式(8-9)和式(8-14)，可以看到式(8-14)中多了一项 Y_2 表达式。单独对 Y_2 进行计算可得

$$
\begin{aligned}
Y_2 &= AC\int_{-\frac{T}{2}}^{\frac{T}{2}} \sin(\omega t - 90°)\sin(\omega_c t - \beta)\mathrm{d}t \\
&= - AC\int_{-\frac{T}{2}}^{\frac{T}{2}} \cos \omega t(\sin \omega_c t\cos \beta - \cos \omega_c t\sin \beta)\mathrm{d}t \\
&= AC\sin \beta\int_{-\frac{T}{2}}^{\frac{T}{2}} \cos \omega t \cos \omega_c t\mathrm{d}t
\end{aligned}
\tag{8-16}
$$

由于 $\int_{-\frac{T}{2}}^{\frac{T}{2}} \cos \omega t \cos \omega_c t\mathrm{d}t = \int_{-\frac{T}{2}}^{\frac{T}{2}} \frac{1}{2}[\cos(\omega + \omega_c)t\mathrm{d}t + \cos(\omega - \omega_c)t\mathrm{d}t]$

$$
\begin{aligned}
&= \frac{1}{2(\omega + \omega_c)}\int_{-\frac{T}{2}}^{\frac{T}{2}} [\cos(\omega + \omega_c)t]\mathrm{d}(\omega + \omega_c)t \\
&\quad + \frac{1}{2(\omega - \omega_c)}\int_{-\frac{T}{2}}^{\frac{T}{2}} [\cos(\omega - \omega_c)t]\mathrm{d}(\omega - \omega_c)t \\
&= \frac{1}{(\omega + \omega_c)}\sin\left(\frac{\omega + \omega_c}{\omega}\right)\pi + \frac{1}{(\omega - \omega_c)}\sin\left(\frac{\omega - \omega_c}{\omega}\right)\pi
\end{aligned}
$$

式(8-16)改写为

$$
Y_2 = AC\sin \beta\left[\frac{1}{(\omega+\omega_c)}\sin\left(\frac{\omega+\omega_c}{\omega}\right)\pi + \frac{1}{(\omega-\omega_c)}\sin\left(\frac{\omega-\omega_c}{\omega}\right)\pi\right] \tag{8-17}
$$

Y_2 值与 sin 函数变化和相位差 β 有关，一个周期内可能出现正数和负数。因此，式(8-17)的结果表明，如果 GIC 侵入轨道电路，干扰信号 $X_C(t)$ 将造成轨道电路的信号传输函数在一个周期内 $Y=Y_1+Y_2$ 值具有正负数的随机性。由于信号输出函数 Y 的正负极性可以发生随机变化，就会驱动轨道继电器动作随着 Y 为正时继电器的触点吸起，Y 为非正时继电器的触点落下，从而导致轨道继电器控制的行车信号指示灯发生交替闪变，出现“闪红”现象。这就从数学上证明了如果 GIC 侵入轨道电路，有可能导致行车信号发生错误，威胁行车安全。

进一步研究，将轨道电路用无源四端网表示，推导 GIC 传播到轨道继电器输入端时，会产生负干扰电压，使继电器输入端正常电压下降，严重时将低于继电器的释放电压，造成正常吸合的触点发生误动释放。利用 Ansoft 软件对轨道继电器的工作状态进行仿真，结果表明，继电器触点吸合力随着 GIC 电流增加而下降，严重时会失去吸合力，发生误动；继电器的功耗也随着 GIC 变大而增加，会引起继电器发热，工作寿命缩短，严重时可能烧毁继电器。

上述分析说明地磁暴的 GIC 可能诱发轨道信号错误，国外已经有实例报道，因此，应该重视地磁暴的电磁暂态对高速铁路运行影响，研究和实施有效的技术措施，防患于未然，确保高速铁路安全万无一失。

第 9 章 供电系统绝缘配合

任何供电系统运行都可能发生电磁暂态过程，电磁暂态振荡出现冲击电压是一种不可避免的物理现象。供电系统及设备主要由金属和绝缘材料构成，绝缘是弱者，过电压可能危及电气设备绝缘；合理配置供电系统的绝缘，限制过电压，以最经济的绝缘成本保障供电系统运行安全，关键技术就是绝缘配合。本章主要介绍绝缘配合方法、供电线路和设备的绝缘水平制定，避雷器的选择与校核，讨论牵引供电系统的绝缘协调，以及绝缘配合的发展。

9.1 概　　述

铁路供电包括两部分：专为动车组提供牵引动力的 25 kV 牵引供电，专为沿途车站和通信信号设备等供电的 10 kV 贯通线供电；两者的负荷都是一级负荷，一旦供电中断，就会直接影响铁路运输。供电安全可靠性，在很大程度上取决于电气设备的绝缘与过电压；只要供电系统的负荷不严重超载，设备绝缘正常，不出现异常过电压，或者过电压幅值限制在允许范围，供电系统和设备就能够安全运行。

供电系统由于运行方式切换或故障等诱因，会发生电磁暂态过程，可能产生过电压。供电系统由多种电气设备组成，各自的功能、绝缘结构、耐受电压的能力、造价等都不一样，尽管相互距离可能数十千米，但系统中任何一个位置的过电压将以 300 m/μs 速度瞬间传播到其他设备上，可能造成供电系统及设备的绝缘薄弱点发生放电。因此，通过对供电系统的电磁暂态分析，掌握电磁暂态过程中出现的过电压幅值及分布，有的放矢地实施限压，协调过电压与设备绝缘之间的耐电能力，以保障供电系统安全运行。

9.1.1 绝缘水平

供电系统及设备在运行中，除了承受工作电压之外，还要遭受雷电过电压和内部暂态过电压作用。为了保证电气设备在工作电压和各种暂态过电压下，具有承受规定电压的能力，预先施加试验电压对电气设备进行考验，是长期运行经验证明行之有效的方法。电气设备（包括供电线路）绝缘承受电压能力的大小，称为绝缘水平。简单地说，绝缘水平就是按照国家标准或 IEC 标准对电气设备施加规定波形和幅值（或有效值）的试验电压值。电气设备的绝缘水平直接关系到运行安全，是设备制造厂和运行部门都非常关注的问题。

按照试验电压的种类可以分为雷电冲击试验电压，操作冲击试验电压，短时工频试验电压。雷电冲击试验电压模拟雷过电压对电气设备进行考核，由于供电系统都安装有避雷器来限制雷过电压，因此，雷电冲击试验电压由避雷器的残压确定，称为基准雷电冲击绝缘水平(basic lightning impulse insulation level，BIL)。BIL 试验电压为雷电全波，也称雷电全波冲击绝缘水平。当高幅值的雷电过电压侵入时，避雷器动作的实际波形为截波，截波对变压器首端绕组的匝间绝缘威胁很大。为了模拟雷电截波冲击，考核变压器绕组的匝间绝缘而施加的截波冲击试验电压，称为截波冲击绝缘水平。操作冲击试验电压模拟操作过电压，考核电气设备的绝缘耐受操作过电压的能力，称为基准操作冲击绝缘水平(basic switching insulation level，BSL)，它根据既定的供电系统内过电压计算倍数来确定。短时(1 min)工频试验电压模拟 50 Hz 工频过电压，考核电气设备的绝缘耐受工频过电压的能力，称为基准工频绝缘水平(basic power frequency insulation level，BPL)。考虑户外运行环境，设备外绝缘的 BPL 还分为干状态和湿状态下的试验值。

有关研究表明，供电系统标称电压为 300 kV 以上时，操作过电压大于雷电过电压；300 kV 以下时，雷电过电压大于操作过电压。高速铁路供电设备涉及的最高电压等级：大多数牵引变电所一次侧设备为 220 kV，少数牵引变电所为 330 kV 或 110 kV，所以，铁路供电设备的额定绝缘水平主要用 BIL 和 BPL 表示。

供电系统和设备的绝缘分为自恢复绝缘和非自恢复绝缘。自恢复绝缘，指遭受某一电压作用而引起绝缘放电后，去掉电压作用能够自动恢复绝缘性能。这类绝缘主要是空气间隙，例如，接触网、牵引变电所敞开式配电 AIS 方式的导线之间，导线对地之间的绝缘。非自恢复绝缘，指遭受某一电压作用而引起绝缘放电后，即使去掉电压作用，仍丧失了绝缘性能，或不能完全恢复其绝缘能力。这类绝缘通常由固体或液体材料构成，主要是电气设备的内绝缘。

电气设备绝缘水平的确定，基于供电系统的结构、过电压幅值与分布特点、设备制造水平与造价、保护电器特性、运行管理水平和维护能力以及事故可能造成的损失等多方面因素，通过相关部门的技术和经济综合比较，反复协调，合理确定。非新的电压等级的常见各种电气设备的额定绝缘水平(试验电压)，在国家标准和有关规程中有明确规定。选择这些电气设备的绝缘水平，就是选择设备应该承受的试验电压。

9.1.2 过电压保护电器

供电系统的过电压保护电器，指能够限制或改善过电压的电气设备或装置。反映保护电器及装置特性的技术参数，称为保护水平、保护系数(或保护因数)。过电压保护电器及装置的保护水平，指在规定条件下保护电器或装置两端可能出现的最大操作冲击或雷电冲击电压的峰值，例如，避雷器的保护水平就是在雷电流通过时，避雷器两端出现的残压。过电压保护电器及装置的保护系数，指保护电器或装置的保护水平所对应的操作冲击或雷电冲击电压峰值与保护电器或装置的额定电压峰值之比；当保护装置是空气间隙时，习惯上用对应于设备最高运行电压的相对地电压作为额定电压。选择过电压保护电器或装置时，不仅要求能够限制过电压，而且还应该能够保证过电压保护电器或装置自身的安全，可靠耐用并具有经济性。

铁路供电系统涉及的过电压保护电器及装置主要包括：

(1)针对变配电所、车站、货场、仓库以及特殊区段的接触网，防止雷电直击采用的避雷针、避雷线。

(2)防止沿供电线路传播雷电波、操作过电压的避雷器。

(3)防止系统工频电压升高、出现谐振过电压的各种消谐器，包括动态投切的智能限压装置、滤波装置、并联电抗器、RC 过电压吸收装置等。

(4)防止供电系统的参考地电位升高、设备设施外壳电位升高的工作接地、防雷接地装置，也包括综合贯通地线、PW 线以及降低接地电阻的辅助设备设施。

过电压保护电器及装置的特性与具体的电器或装置有关，一般而言，技术性能越高，保护能力就越强，但造价也会有所增加。

9.1.3 绝缘配合

供电系统和设备的绝缘水平越高，抵抗过电压危害的能力就越大，但供电系统和设备绝缘的投资和维护费用也会越大。供电系统中出现的过电压被限制得越低，绝缘就越安全，供电系统绝缘投资和运行费用就越少。限制供电系统的过电压，防止绝缘事故，提高供电可靠性，减少绝缘投资和运行费用，是设备运行、制造、设计和科研等部门共同关心的问题，如何处理和协调供电系统的过电压与绝缘水平矛盾，就是绝缘配合需要解决的问题。

所谓绝缘配合，就是根据设备在供电系统中可能承受的各种电压，考虑系统中使用的限制过电压的保护电器特性和电气设备本身的绝缘特性，运用过电压计算分析与防护理论，预测系统中最大运行电压、雷电、操作和谐振等暂态过电压，采取技术方法，实施对过电压的限制措施，确定电气设备，包括供电线路的空气间隙，所需要的绝缘水平；在技术上处理好各种电压(工作电压和过电压)、各种限制过电压的技术措施和电气设备绝缘耐受强度三者之间的相互配合关系，在经济上协调设备设施的绝缘投资费、运行维护费、事故损失费三者之间的综合平衡关系。

牵引供电系统中动车组是唯一负荷，牵引变电所、牵引网、动车组三位一体、缺一不可。系统中任何一处的过电压将以 300 m/μs 速度传播，0.2 ms 就能够波及长 60 km 的供电臂。因此，牵引供电系统进行绝缘配合时，要将变电所、牵引网与动车组进行统一考虑和协调。

9.1.4 绝缘配合目的与任务

绝缘配合的目的是将供电系统中，作用于电气设备上的各种电压所引起的设备绝缘损坏率，造成供电中断的事故率，降低到运行上和经济上都能接受的最佳程度，保证供电安全、可靠和经济运行。

铁路供电系统绝缘配合的主要任务：

（1）基于牵引网、贯通线规定的标称电压等级，合理设计和选择牵引网、贯通线的绝缘结构与器件，包括架空导线的排列方式、支撑或悬挂采用的绝缘子、绝缘棒、空气间隙、电缆敷设方式与绝缘，也包括变配电所 AIS 的母线、馈线的布置与和空气间隙。

（2）合理设计和布置变配电所（包括 AT 所、分区所、开闭所、重要站场）的避雷针、避雷线、接地网、接地装置和回流装置，正确选择变配电所的变压器、互感器、断路器、开关柜等电气设备的绝缘水平。对于贯通线，要考虑可能的工频电压升高，选择和配置电抗器。

（3）针对可能侵入供电系统的雷电波和操作过电压，为变配电所（包括 AT 所、分区所、开闭所）、接触网、贯通线及箱变等选择和配置避雷器，校核避雷器运行安全。

（4）针对可能发生的电磁式压互饱和谐振、车网耦合谐振等，进行参数校核，选择和配置滤波或消谐装置。尽管车网谐振过电压倍数不高，但超过 29 kV 持续 30 s 就会导致动车组牵引闭锁，中断行车，因此，需要限制牵引网的谐振电压。顺便说明，电力系统一般不会出现谐振过电压，原因是电网拓扑结构和参数相对固定，设计时已经避开谐振，运行中操作较少，运行方式上也考虑了限制谐振。

（5）合理协调牵引变电所、接触网、动车组三者之间的绝缘水平，提高供电系统的技术和经济指标，保证高速铁路运行安全。

9.1.5　绝缘配合基础资料

供电系统进行绝缘配合设计，需要对不同方案的技术和经济指标进行分析比较，优择最优方案。为此，准备工作和资料十分重要，应该收集分析和处理的基础资料包括：

（1）调查外电源，掌握外电源短路容量、线路走向与进线方式、雷害及线路的耐雷水平。

（2）收集、调查或测试有关电气设备和器件的绝缘特性、伏秒特性，包括供电方式、系统结构和设备参数，线路运用的动车组、交流电力机车的绝缘特性，掌握其耐受电压的能力。

（3）调查供电系统覆盖地区的环境，包括土壤电阻率、海拔、风力、雷电日、雷电小时，特别是污秽性质及污染发展趋势，评估雷害风险，预测污染对电气设备和接触网绝缘耐受电压能力下降的影响。

（4）统计可能遭受过电压的电气设备数目及分布；了解过电压保护装置的特性和保护水平，投资、运行和维护费用，确定过电压保护装置的形式、安装位置、安装方式和数量。

（5）调查、实测、仿真计算和分析可能出现的各种过电压，掌握系统中母线节点的过电压类型、持续时间、分布规律，预测过电压对有关电气设备绝缘可能造成的威胁或故障。

（6）分析重点电气设备绝缘故障可能引起停电、运输中断的经济损失，故障设备额外修复费用。

(7)了解供电铁路的重要等级和扩建规划,预留供电容量,预想扩建方案。

9.1.6 绝缘配合方法

基于供电系统电磁暂态分析的绝缘配合,涉及过电压与防护,绝缘选择与试验电压,技术与经济比较等综合问题,需要考虑供电方式、系统结构、运行管理与维护水平、海拔、气象和环境污染、电气设备绝缘特性,过电压及分布、限压保护电器的特性及制造水平,还应预留铁路运输能力升级需要的供电容量,特别是应该吸收既有牵引变电所、牵引网、贯通线的建设和运行经验,听取相关部门的意见,全面分析、计算和多种方案比较,反复论证,选择最佳方案。

绝缘配合有两种方法:确定性法、统计法。确定性法,又称惯用法,根据作用于电气设备绝缘上的最大过电压和最小绝缘承受能力的概念进行配合,先确定设备上可能出现的最大过电压,然后根据运行经验乘上一个考虑各种因素影响并留一定安全裕度的系数,从而确定设备绝缘应该承受的(最低要求的)试验电压大小。确定性法的优点是物理概念清晰,方法简单,操作方便;不足之处是受经验(安全裕度)影响大,没有考虑过电压的随机性,不能预先估计绝缘故障率,绝缘的裕度不够明确。在 220 kV 及以下的供电系统中,一方面由于确定性法对自恢复型和非自恢复绝缘都适用,并积累了长期的运行经验,另一方面绝缘水平高低对供电系统及设备造价影响不十分突出,加上工程中一些设备的放电概率特性资料缺乏或无法得到,因此,目前广泛和习惯采用确定性法进行绝缘配合。

铁路供电涉及的系统标称电压等级为 220 kV 及以下,330 kV 仅在西北地区某些牵引变电所一次侧进线采用。尽管 330 kV 系统的操作过电压可能比雷电过电压高,但是,330 kV 线路停送电操作时,牵引变电所相应设备预先退出了运行。在 220 kV 供电系统中,雷过电压比系统内过电压的幅值高,采用避雷器进行限制。所以,牵引供电系统以标称放电电流 10 kA 的避雷器残压为基准,并留一定裕度来确定电气设备的绝缘水平。对车网耦合谐振过电压、过分相铁磁谐振过电压等,由于暂态振荡的持续时间较长,可能超过避雷器通流容量,导致避雷器损坏,不能采用避雷器来限制谐振过电压,需要进行具体分析,采取专门的过电压限制措施。

绝缘配合的统计法,基于放电和绝缘都有一定的随机性,按照统计学规律建立的绝缘配合方法,见本章 9.7 节。

9.2 供电线路绝缘水平

高速铁路供电系统涉及的供电线路是 25 kV 牵引网架空线路、10 kV 贯通电缆线路,还包括牵引变电所 AIS 配电方式的 220 kV(330 kV、110 kV)架空导线或电缆进线、25 kV 电缆馈线，电力配电所的10 kV(35 kV)架空导线或电缆进出线。供电线路的绝缘水平选择与设计，对架空线而言，主要任务是确定导线的支撑绝缘和空气间隙；对电缆线路就是按照电压等级选择电缆。

架空导线的绝缘都是由绝缘子(绝缘棒)、导线之间和导线对地的空气间隙构成，绝缘子用来悬吊或支撑导线(包括母线排)，使导线对地、不同相位的导线之间保持足够的绝缘距离。瓷质或玻璃悬式绝缘子(串)机电性能好，组合方便，个别绝缘子片轻微损伤后尚能维持供电；但不能承受压力和弯矩，盘形直径较大，隧道内影响净空利用，主要用于隧道外和变配电所。瓷质棒式绝缘子机电性能、抗压、抗弯和抗老化性能良好，主要用作接触网支柱的绝缘腕臂；环氧树脂棒式复合绝缘子特点是尺寸小、质量轻、耐污性好、安装方便，在隧道内应用具有优势，但抗老化能力较差。线路绝缘子的几何尺寸、形状和材料，直接决定线路的绝缘水平、线路走廊尺寸，甚至阻抗参数，也会影响线路建设投资，需要合理选择。

选择供电线路和变配电所中架空导线的绝缘，就是确定绝缘子的爬电距离(或悬式绝缘子串的绝缘子片数)，确定导线对地、不同相位导线之间的空气间隙大小。常用步骤：按工作电压下不发生污秽闪络确定绝缘子爬电距离或绝缘子串的片数，再校核是否满足过电压要求。根据选定的绝缘子(串)尺寸，决定导线对地、导线对接地构架、不同相位的导线之间的空间距离；最后校核绝缘子的机械强度是否满足要求。若无特别说明，均指线路所在地区的海拔高度不超过1 000 m；对高原地区的线路绝缘，需要进行海拔影响的修正。

1. 按爬电距离确定绝缘

电网运行经验表明，正常的工作电压是确定线路绝缘的决定因素，线路绝缘子表面泄漏距离的大小直接影响到运行安全，污秽导致线路绝缘子耐受电压下降。因此，按照工作电压下初步选择绝缘子的爬电距离或绝缘子片数，然后校核是否满足：计入气象条件、大气污秽等影响，在最大工作电压和预期的操作过电压作用时，线路绝缘子不发生闪络，在雷电过电压下具有规定的耐雷水平。

试验研究表明，220 kV及以下电压等级的绝缘子在工作电压和雷电过电压作用下，耐受电压的能力与绝缘尺寸几乎呈线性增加。电力系统架空线习惯用泄漏比距(单位泄漏距离)，也称爬电比距，来反映正常工作电压下线路的绝缘耐受能力。泄漏比距λ定义：线路每1 kV标称电压(线电压)所要求的沿线绝缘子表面的泄漏距离(也称爬电距离)，即

$$\lambda=\frac{S_0}{U_e} \tag{9-1}$$

式中 S_0——绝缘子有效爬电距离，cm；

U_e——线路标称电压，kV。

空气干净地区，线路绝缘子最小泄漏比距$\lambda \geqslant 1.6$ cm/kV。按照泄漏比距定义，空气干净地区每串绝缘子的片数为

$$n \geqslant \frac{\lambda U_e}{l_0} \tag{9-2}$$

式中 l_0——每个绝缘子的爬电距离，cm。

对棒式绝缘子、针式绝缘子，式(9-2)中 $n=1$。

接触网的绝缘能力习惯用泄漏距离表示。接触网绝缘泄漏距离见表 9-1。接触网里程长，分布广，某些线路的接触网甚至需要进入或穿越工矿地区，沿线的大气污染非常严重，污秽分布极不均匀。例如，工业区的废气污染，沿海地区高热高湿高盐水汽、盐碱地区土尘和水分侵蚀，隧道中尘土和车辆金属制动闸瓦的磨粉不易扩散，货运站场装卸煤、矿砂、水泥等尘粉飘逸，使接触网污染不断加剧，曾多次导致某些区间的接触网发生污闪放电，污秽已经成为影响接触网运行安全的主要因素。接触网污闪问题、泄漏距离尺寸，越来越受到设计和运行部门以及设备制造商的重视。准确地调查污秽源与分布，监测绝缘子等值盐密或泄漏电流，分析评估污秽对接触网绝缘耐受电压的影响，有助于正确选择接触网泄漏距离；合理安排线路绝缘的清污维护，也是保障安全运行的重要措施之一。

表 9-1　接触网绝缘泄漏距离

污秽等级	泄漏距离
轻污区	不小于 960 mm
重污区	1 200～1 600 mm

2. 校核操作过电压

供电系统内过电压中，操作过电压发生的概率和幅值最大，波及面最广。供电操作可能在雨天进行，为保证绝缘子在雨天的操作过电压下不发生闪络放电，按照泄漏距离选择的绝缘子串或棒式绝缘子应在淋雨状态下能够耐受操作过电压。淋雨状态 BSL 试验困难，操作过电压冲击闪络数据非常少，通常将其折算为工频湿闪放电进行校核，即选择的绝缘子串或棒式绝缘子的工频湿闪放电电压 U_S 应该满足式(9-3)。

$$U_S \geqslant \frac{kU_{BS}}{K_\Sigma} \tag{9-3}$$

式中 U_{BS}——国家标准规定的绝缘子工频湿闪电压；

k——供电系统内过电压倍数；

K_Σ——综合系数，$K_\Sigma=\prod_{i=1}^{7}K_i$，其中，绝缘子耐受电压与放电电压之比的折算系数 $K_1=0.9$；内过电压作用时间(通常不超过 5 个工频半波)与 1 min 工频耐受时间的折算系数 $K_2=1.1$；雨量按 3 mm/min(一般雨天小于 2 mm/min)的折算系数 $K_3=1.05$；雨水电阻系数 $K_4=1.1$；绝缘子表面有轻度污秽的折算系数 $K_5=0.95$；绝缘子老化及其他不利因素的折算系数 $K_6=0.9$。海拔低于 1 000 m 时，空气密度校正系数 $K_7=0.925$；当海拔 H 在 1 000～4 000 m 时，修正系数为

$$K_7=\frac{0.925}{1+\dfrac{H-1\,000}{10\,000}} \tag{9-4}$$

3. 雷电影响

雷电非频繁地区，雷击供电线路导致变配电所跳闸时，采用自动重合闸来提高供电可靠性。雷电活动比较强烈的地区，雷击跳闸频繁的线路，特别是多雷区的高速铁路，如果雷击跳闸频繁，动车组失速较大，不能够发挥高速作用。因此，多雷区的高速铁路接触网的绝缘设计应该采用避雷线等专门的防雷措施，满足一定的耐雷水平指标(见参考文献[2])。

4. 空气间隙

架空线路绝缘子的形状和尺寸，对线路的空气间隙影响极大。根据选择的绝缘子尺寸，确定架空导线对接地的构架和不同相位导线之间的最小空气间隙时，应考虑以下因素：

(1)在最高运行电压下出现最大设计风速时，由于风力作用造成导线摆动时空气间隙不应放电。

(2)雷击架空线路，包括感应雷电作用时，大多数闪络发生在绝缘子表面，因此，线路最小空气间隙的冲击放电电压可取绝缘子冲击放电电压的 85%，这样做一是为了利用线路走廊净空，二是宁愿线路空气间隙放电(空气绝缘能自恢复)，避免绝缘子闪络损坏。

接触网主要空气间隙最小电气安全距离见表 9-2。

表 9-2 接触网空气间隙最小电气安全距离

序号	项 目		最小值/mm
1	25 kV 带电体距离固定接地体		300
2	25 kV 带电体距离车辆		350
3	25 kV 带电体距离跨线建筑物		500
4	上下行正线间		2 000
5	25 kV 带电体与建筑物的最小距离	水平距离	3 000
		垂直距离	4 000
6	25 kV 接触网导线在最大弛度时距离地面	非居民区	6 000
		居民区及车站站台	7 000

5. 校核机械强度

架空线路的绝缘子除了满足需要的电气性能外，还应能够承受导线本身的质量和张力，并有一定安全裕度。运行经验表明，悬式绝缘子机械强度的安全系数取 $K \geqslant 2$，棒式绝缘子取 $K \geqslant 2.5$。绝缘子机械强度的安全系数 K 值按式(9-5)确定。

$$K=\frac{T}{T_{\max}} \tag{9-5}$$

式中 T——对悬式绝缘子为 1 h 的机电联合试验负荷，对棒式或针式绝缘子为受弯矩的破坏负荷；

$T_{\max}$——绝缘子的最大使用负荷。

6. 加强绝缘

数十千米的接触网，包括架空电力线，由于架空导线走向改变、悬挂点不同，作用到绝缘子的张力会有所增加，也可能出现零值绝缘子，影响机电性能，需要提高绝缘子耐受电压的能力。人群密集，检修维护困难的场所，也要提高绝缘能力。

常见的需要加强绝缘的地方主要有：(1)接触网的软硬横跨和下锚处，因水平耐张力大，应加强绝缘。(2)隧道内，可能存在潮湿漏水，绝缘子工作条件恶劣，绝缘维护更换困难处，应加强绝缘。(3)车站与货场，人员较多，如果绝缘子闪络，可能对人身安全造成威胁，应加强绝缘。(4)线路的始端、终端、转弯耐张杆，绝缘子承受张力大，应加强绝缘。(5)变配电所是供电系统的核心，也是供电线路的始端或终端，由于变配电所中需要的绝缘子数量不多，为了避免供电线路近区落雷造成变配电所内部发生闪络，变配电所 AIS 架空导线的绝缘能力，要比线路绝缘需要加强的程度更大一些。

加强绝缘的常用采用方法：对绝缘子串，适当增加 1～2 片悬式绝缘子；对棒式绝缘子，应该适当增加爬电距离和直径。

9.3 电气设备绝缘水平

电气设备的绝缘分为内绝缘和外绝缘，内绝缘指设备壳体内部的绝缘，例如，充油变压器内的线圈之间、线圈对铁芯和铁壳的绝缘，内绝缘由于被密封，耐受电压的能力基本上不受气象条件影响；外绝缘指设备绝缘部件与空气直接接触的部分，例如，变压器套管的表面，耐受电压的能力要受到空气的气压、湿度(包括雨水)、污秽等影响。电气设备在运行中要承受工作电压、雷过电压、内部暂态过电压和谐振过电压的作用，要求绝缘的耐电性能稳定，不致被击穿损坏。为了考核电气设备是否具有足够的耐受各种电压的能力，通常对电气设备施加规定的试验电压进行考验。如果电气设备耐受住了规定的试验电压，表明达到或具有规定的绝缘水平，反之，表明未达到或不具有规定的绝缘水平。显然，电气设备的绝缘水平或试验电压越高，考核就越严格，运行可靠性也越高，但设备造价也越高；绝缘水平或试验电压越低，设备造价和运行可靠性都会降低，设备故障率就会增大，运行维护费用也将增加。

9.3.1 电气设备绝缘水平考核

电气设备的绝缘以内绝缘为主，大都是非自恢复绝缘，绝缘水平的确定基于绝缘配合的确定性法。220 kV 及以下等级的电气设备绝缘水平由 BIL 和 BPL 决定，对有线圈绕组的设备，当需要考核匝间绝缘时，根据技术协商，进行雷电截波电压试验，以确定截波电压的冲击绝缘水平。

为了保证电气设备的运行安全，从制造、安装、运行三个环节进行试验考核。制造商新开发的，或者第一次制造的电气设备，样品必须按照国家标准或 IEC 要求的型式试验所规定项目，经过国家授权的检验部门完成并通过全部项目的检验；批量生产的设备出厂时，需要对每一台设备进行出厂规定项目的试验检测。电气设备完成现场安装，需要进行交接试验，试验合格才能投入运行。运行中的电气设备，每年都要进行预防性检修和试验，其中对绝缘耐电能力的考核，要求 1 min 工频耐压试验不放电、局部不发热，就通过了试验，认为后续的一个运行周期中，如果没有其他因素影响，一般能够抵抗内外过电压，设备运行安全。电气设备的绝缘试验，在现场只进行工频耐压试验，不进行雷电冲击电压试验，原因如下：(1)电气设备的 1 min 工频耐受电压是按照图 9-1 所示步骤确定的，雷过电压或操作过电压对绝缘的作用，通过冲击系数 β_1、β_2 已经等值换算为工频电压，二者中最大值作为工频试验电压，代表了绝缘承受雷电过电压、操作过电压，以及最高运行电压总的耐受能力。(2)雷电冲击试验的装置十分复杂和庞大，试验前的调波工序麻烦，大气环境影响因素较多，现场不具备冲击试验条件。

同一设备进行出厂试验、交接试验、预防性试验时，1 min 工频耐压的试验电压的数值大小不一样。运行中的预防性试验，考虑了设备运行的自然老化因素，绝缘能力有所下降；交接试验考虑经过运输和安装，设备的某些紧固件可能有所松动，表面有所摩擦等轻微损伤，状态不如在制造厂中，因此，设备的工频耐压取值，预防性试验比交接试验低，交接试验比出厂试验低。例如，220 kV 油浸式电力变压器的工频耐压，出厂试验为 395 kV，交接试验为 316 kV，预防性试验为 306 kV。

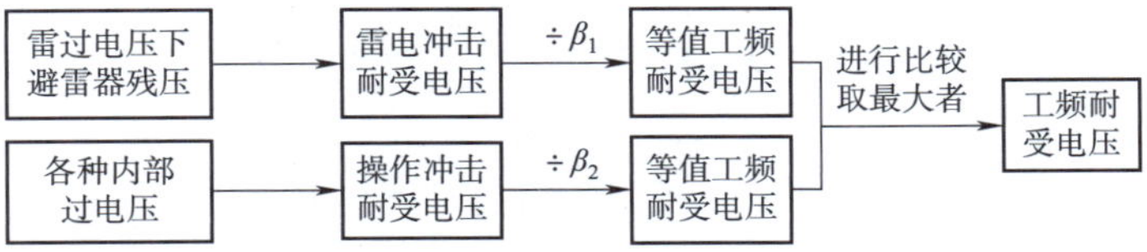

图 9-1 电气设备工频耐受电压确定的流程

9.3.2 变压器内绝缘 BIL 冲击试验电压

电气设备的种类较多，例如，变压器、互感器、断路器、隔离开关等，其中变压器的作用、结构复杂性和造价成本都是最大。因此，在同一个电压等级的系统中，通常先确定变压器的绝缘水平，其他电气设备的绝缘水平则与之相适应。下面以变压器为例，说明确定电气设备绝缘水平(试验电压)的方法。

变压器及供电设备主要集中在变配电所内，由于避雷针的保护，排除了受到雷电直击的危险，雷电行波只能沿供电线路侵入，变配电所内安装的避雷器会对雷电过电压进行限制，作用到电气设备上的最大过电压主要取决于避雷器的残压，所以，电气设备内绝缘的 BIL

要与避雷器的残压相配合。当雷电行波沿供电线路侵入变配电所时，由于冲击电晕作用，进入变配电所的行波陡度已经有所减小，作用在变压器上的雷过电压与避雷器动作时残压基本相近，电压波形振荡不明显，变压器相当于受到雷电全波冲击作用。所以，有工频励磁的变压器内绝缘 BIL 冲击试验电压(kV)为

$$U_{\mathrm{BIL}}(\text{有工频励磁})=1.1(1.1U_{\mathrm{C}}+15) \tag{9-6}$$

式中 U_{C}——避雷器残压，25 kV 及以上电压等级的避雷器残压对应 10 kA 标称放电电流，10 kV 电压等级的避雷器残压对应 5 kA 标称放电电流。

式(9-6)中 $1.1U_{\mathrm{C}}$ 项是考虑避雷器与变压器之间的电压可能出现较小的振荡，以及雷电流波头可能比避雷器残压试验用的 8/20 μs 波头长度小，会使残压增加而进行的修正；15 kV 项是考虑雷电流在避雷器连接线和接地电阻上产生的压降影响而留的裕度；括号外 1.1 是累积系数，考虑了运行中多次雷电冲击作用后，内绝缘由于累积效应而降低电气强度。

变压器试验时也可无工频励磁。由于运行中雷过电压作用总是叠加在工频电压上，两者的极性可能相反，从而使绕组受到比雷电冲击电压作用更加严峻的考验。假设雷电冲击电压 u' 叠加在反极性的工频相电压 U_{φ} 幅值上，相当于冲击电压 $u'+\sqrt{2}U_{\varphi}$ 和工频电压 $-\sqrt{2}U_{\varphi}$ 共同作用。对工频电压，总匝数为 n 的绕组上，匝间承受电压为 $\frac{1}{n}(-\sqrt{2}U_{\varphi})$；对冲击电压，主要作用于绕组首端，电压按绕组的等效电容分布进行分配，首端部位的匝间分得电压为 $\frac{\alpha}{n}(u'+\sqrt{2}U_{\varphi})$，$\alpha$ 为绕组电容分布系数，$\alpha\approx2$。因此，绕组首端匝间实际承受电压为

$$\frac{\alpha}{n}(u'+\sqrt{2}U_{\varphi})-\frac{\sqrt{2}}{n}U_{\varphi}=\frac{\alpha}{n}\left(u'+\frac{\sqrt{2}}{2}U_{\varphi}\right) \tag{9-7}$$

由式(9-7)可见，当变压器无励磁时相当于雷电冲击电压 u' 加上 $\frac{\sqrt{2}}{2}U_{\varphi}$ 工频电压共同作用。考虑到变压器最大工作电压比额定电压高 10%，空载线路工频电压容升效应 5%，则叠加的工频电压为 $(1+10\%+5\%)\left(\frac{\sqrt{2}}{2}U_{\varphi}\right)=1.15\frac{\sqrt{2}U_{\mathrm{e}}}{2\sqrt{3}}\approx\frac{1}{2}U_{\mathrm{e}}$，$U_{\mathrm{e}}$ 为变压器额定电压。所以，无励磁的变压器内绝缘 BIL 冲击试验电压(kV)为

$$u_{\mathrm{BIL}}(\text{无励磁})=u_{\mathrm{BIL}}(\text{有励磁})+\frac{1}{2}U_{\mathrm{e}}=1.1(1.1U_{\mathrm{C}}+15)+\frac{1}{2}U_{\mathrm{e}} \tag{9-8}$$

如果雷击变配电所近区线路时，侵入的雷电波陡度很大，此时作用于变压器上的电压与避雷器残压相差较大，波形振荡明显，相当于截波作用。考虑截波冲击电压比全波冲击高，取截波系数 1.25，截波对内绝缘损伤的累积效应更大，取累积系数 1.15。因此，变压器的截波试验电压按式(9-9)决定。

$$U_{\text{截波}}=1.25\times1.15(1.1U_{\mathrm{C}}+15) \tag{9-9}$$

9.3.3 变压器外绝缘 BIL 冲击试验电压

空气介质是自恢复绝缘，变压器套管表面外绝缘的累积效应可以忽略。考虑大气状态对外绝缘电气强度的影响时，当海拔在 1 000 m 以下，空气密度系数为 0.925，湿度修正系数为 0.91，参照式(9-6)，变压器外绝缘 BIL 冲击试验电压(kV)为

$$U_{BIL}(\text{外绝缘})=\frac{1.1U_C+15}{0.925\times 0.91}\approx\frac{1.1U_C+15}{0.84} \tag{9-10}$$

变压器外绝缘的截波试验，不计截波累积效应，冲击试验电压(kV)为

$$U_{\text{截波}}(\text{外绝缘})=\frac{1.25(1.1U_C+15)}{0.84} \tag{9-11}$$

9.3.4 变压器内绝缘 BPL 工频试验电压

考虑系统内过电压作用的累积系数 1.1，最大工作电压提高 10%，空载线路电压容升效应 5%，变压器内绝缘 1 min 工频试验电压(kV)的计算值为

$$U_{50Hz}(\text{内绝缘})=\frac{1.1}{\beta_2}k\frac{1.15}{\sqrt{3}}U_e\approx(0.56\sim0.54)kU_e \tag{9-12}$$

式中 U_e——变压器额定电压，与系统标称电压匹配；

k——内过电压倍数，电力系统规定：3～60 kV 等级为 4.0 倍，110～220 kV 等级为 3.0 倍；

β_2——冲击系数，内绝缘承受内过电压能力与承受 1 min 工频电压能力之比，$\beta_2=1.3\sim1.35$。

根据图 9-1 所示短时工频耐受电压确定流程，将式(9-6)或式(9-7)确定的 BIL 冲击试验电压除以内绝缘冲击系数 β_1 所得值，与式(9-12)比较，取最大者作为变压器内绝缘实际的工频试验电压值。

9.3.5 变压器外绝缘 BPL 工频试验电压

天气晴雨对电气设备 BIL 的冲击耐受电压几乎无影响，但对 BPL 工频耐受电压影响较大。户外设备外绝缘采用淋雨状态的工频试验电压，考虑大气状态、雨量、雨水电阻率等综合修正系数 1.03，变压器外绝缘 BPL 淋雨状态的工频试验电压(kV)为

$$U_{50Hz}(\text{外绝缘，淋雨})=\frac{1}{1.03}k\frac{1.15}{\sqrt{3}}U_e\approx0.645kU_e \tag{9-13}$$

户内设备外绝缘采用干燥状态的工频试验电压，考虑海拔 1 000 m 以下地区的空气密度湿度修正系数 0.84，变压器外绝缘 BPL 干燥状态的工频试验电压(kV)为

$$U_{50Hz}(\text{外绝缘，干燥})=\frac{1}{0.84}k\frac{1.15}{\sqrt{3}}U_e\approx0.79kU_e \tag{9-14}$$

9.3.6 电气设备绝缘水平标准

按照上述方法确定的变压器内绝缘和外绝缘的 BIL 和 BPL 试验电压，经过设备的运行、制造、设计等部门协商后取整数，并与国际标准 IEC 看齐，最后确定为执行标准。其他类型的设备，例如，互感器、断路器等的绝缘水平，按照类似方法确定，并与变压器的绝缘水平相适应。确定电气设备绝缘水平（试验电压）的工作流程如图 9-2 所示。

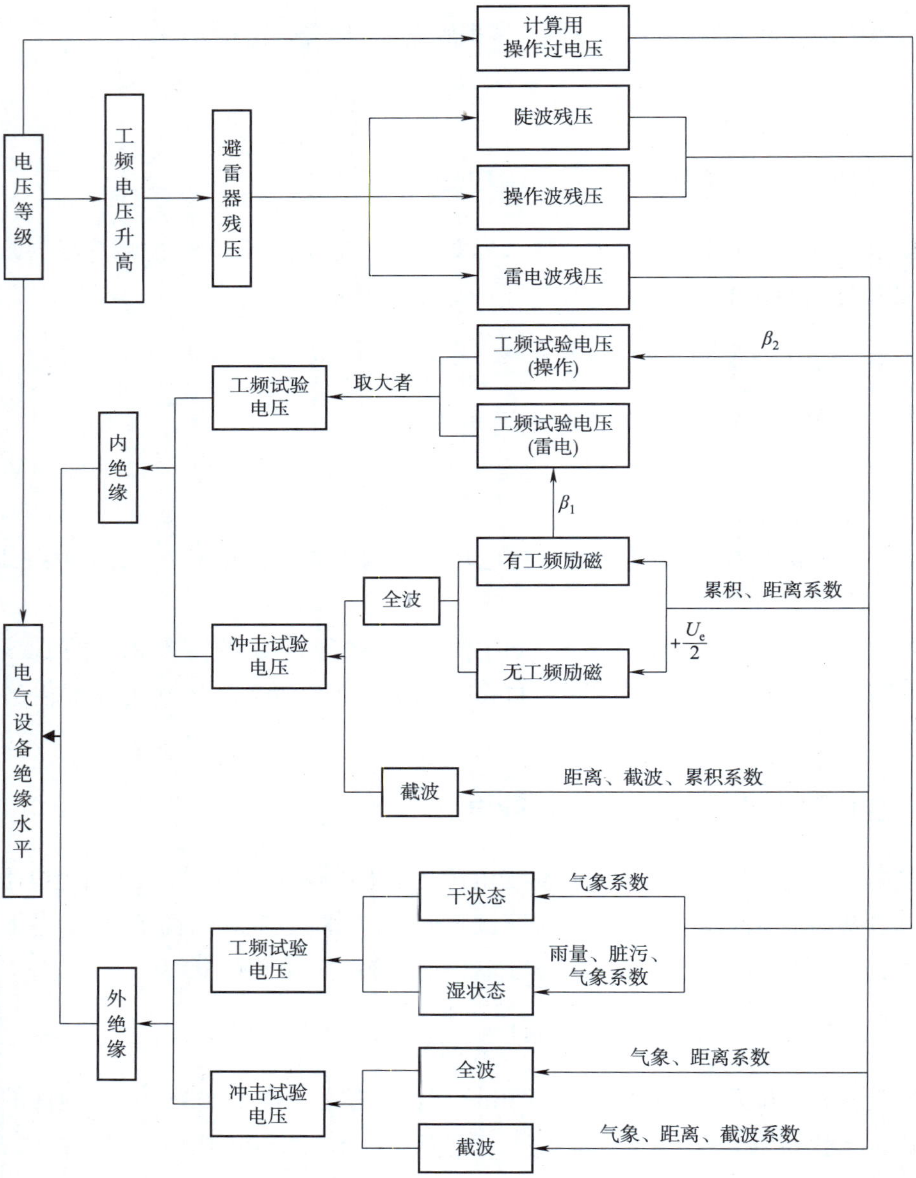

图 9-2 电气设备绝缘水平确定流程

现有电压等级的各种电气设备的绝缘水平，国家标准已经明确规定了试验电压，设计、制造和运用部门必须强制执行。国家标准 GB 311.1—2012 规定的 10～330 kV 等级各类设备的绝缘水平 BIL 和 BPL 试验电压见表 9-3、表 9-4。

表 9-3　各类设备的雷电冲击耐受电压/kV

系统标称电压（有效值）	设备最高电压（有效值）	额定雷电冲击耐受电压（峰值）						截断雷电冲击耐受电压（峰值）
		变压器	并联电抗器	耦合电容器、压互	高压电力电缆	高压电器类	母线支柱绝缘子、穿墙套管	变压器类设备的内绝缘
10	12	75	75	75	—	75	75	85
35	40.5	185/200	185/200	185/200	200	185	185	220
110	126	450/480	450/480	450/480	450	450	450	530
		550	550	550	550	550		
220	252	850	850	850	850	850	935	950
		950	950	950	950 1 050	950 1 050	950 1 050	1 050
330	363	1 050	—	—	—	1 050	1 050	1 175
		1 175	1 175	1 175	1 175 1 300	1 175	1 175	1 300

注：斜线下的数据仅用于该类设备的内绝缘。对高压电力电缆是指热状态下的耐受电压值。

表 9-4　各类设备短时(1 min)工频耐受电压(有效值，kV)

系统标称电压（有效值）	设备最高电压（有效值）	内绝缘、外绝缘（干试/湿试）				母线支柱绝缘子	
		变压器	并联电抗器	耦合电容器、高压电气设备类、压互和穿墙套管	高压电力电缆	湿试	干试
10	12	30/35	30/35	30/42	—	30	42
35	40.5	80/85	80/85	80/95	80/85	80	100
110	126	185/200	185/200	185/200	185/200	185	265
220	252	360	360	360	360	360	450
		395	395	395	395	395	495
330	363	460 510	460 510	460 510	460 510 570	570	—

注：该栏中斜线下的数据为该类设备的内绝缘和外绝缘干状态耐受电压，斜线上的数据为该类设备的外绝缘湿状态耐受电压。

需要指出，国家标准 GB 311.1—2012 是电力行业牵头制定的，面向电力系统，其中没有铁路 25 kV 牵引供电系统等级的规定值。目前，25 kV 牵引供电系统的电气设备的试验电压，传统的惯用方法是参照电力系统 35 kV 等级的试验电压。影响电气设备绝缘水平

（试验电压）的主要因素是供电系统长期的最大运行电压和各种暂态过电压，单相牵引供电系统的标称电压 25 kV 是导线对地电压；三相电力系统标称电压 35 kV 是线电压，导线对地相电压仅为 20.2 kV。三相电力系统大量的研究成果表明，220 kV 及以下电网的内过电压倍数不超过 3～4 倍；牵引供电系统内过电压倍数的研究资料不多。牵引供电系统的内过电压和电气设备的试验电压应该深入研究。

制定试验电压的标准，目的是保证电气设备运行安全，保障设备运行部门和制造商合理的技术经济利益。随着新材料和新技术的应用、制造水平提高、过电压保护能力加强，电气设备的 BIL 和 BPL 绝缘水平及其相关的标准都会不断进行修订，更加符合运行要求，采用标准应该以最新版为依据。

9.4 避雷器选择与校核

避雷器是一种限制过电压的保护电器，300 kV 以下的供电系统中雷过电压比内过电压高，电气设备绝缘水平根据避雷器的残压来确定，因此，避雷器是供电系统防止雷电和内部电磁暂态冲击影响必不可少的重要设备，对保障供电系统安全运行发挥积极作用。金属氧化物避雷器（metal oxide arrester，MOA）具有非线性系数小、限制过电压能力强、无间隙结构简单等优点，代替了阀型避雷器，广泛应用在牵引变电所、接触网、动车组、配电所和贯通线上。

避雷器的选择与校核是供电系统设计中绝缘配合的任务之一。作用到避雷器上的过电压幅值、波形及持续时间，直接影响到避雷器能力的发挥。供电系统设计除了考虑避雷器的应用环境、安装方式等，正确选择和校核避雷器的参数，才能够保障避雷器运行安全和发挥限制过电压的作用。

9.4.1 避雷器适用范围

避雷器的通流容量关系到自身安全，是一个有限值参数，一般情况下，避雷器只适用限制雷电过电压、操作过电压，不能够用于限制谐振过电压，因为谐振过电压持续时间较长，避雷器动作后可能超过其通流容量，存在损坏甚至爆炸风险。

9.4.2 MOA 主要参数

避雷器的参数，传统上是按照三相电力系统的运行方式制定的，尽管在单相 25 kV 牵引供电系统中应用，但制造商为了产品广泛适应电压等级相近的不同电网，避雷器的参数往往向三相系统看齐。选择 MOA 避雷器时，要正确理解 MOA 的主要参数。

1. 系统标称电压 U_e

供电系统，指连接在一个共同电压等级下的供电线路和设备组成的集合，系统标称电压 U_e 是指系统运行时系统各点都希望达到的理想化的统一电压（曾经称为系统额定电压）。对三相电网而言，系统标称电压指线电压（有效值），例如，牵引变电所高压侧线路的标称电压为 220 kV（或 330 kV），贯通线标称电压为 10 kV，都是指不同相位的导线间电压。牵引供电采用工频单相制，系统标称电压 25 kV 指接触网对地电压。显然，任何电网中各点的实际电压，都不可能保持在系统标称电压，与标称电压存在允许范围之内的偏差。

2. 系统最大运行电压 U_G

系统最大运行电压，又称系统最高（持续）工作电压，指供电线路首端（送电端）的线电压（有效值），这个参数由首端的送电变压器分接开关位置控制。供电线路允许的电压降不大于系统标称电压 10%，为了保证线路末端的电压不低于规定值，线路首端最大运行电压比系统标称电压提高 5%～10%，即 $U_G=(1.05\sim1.1)U_e$。

注意：(1) 避雷器连接在相导线与地之间，施加在避雷器端子上的电压是相电压。

(2) 不能将线路首端的变压器分接开关最高位置的标示电压作为系统最大运行电压，因为分接开关位置标示的电压是空载电压，带上负荷之后实际电压会有所下降。

(3) 接触网线路允许的电压降也是系统标称电压 10%，首端运行电压提高到 27.5 kV。但是，接触网唯一负荷是大功率动车组，动车组驶离供电臂就是甩负荷空载运行，必然导致接触网电压波动较大。因此，接触网运行电压允许波动范围 20～29 kV。

3. 持续运行电压 U_x

避雷器的持续运行电压，也称最大长期工作电压，是允许加在避雷器端子上的系统最高相电压（有效值）。按照避雷器试验标准，避雷器在持续运行电压作用下保证热稳定持续运行 30 min；当有怀疑时，需延长时间至 3 h，以验证其热稳定。该参数表明避雷器限压吸收过电压能量之后，不发生热崩溃，能保证避雷器自身安全。

4. 额定电压 U_r

避雷器的额定电压，指在避雷器通过波形为 8/20 μs，幅值为 10 kA 或 5 kA 的标称放电电流时，即使线路存在短时工频电压升高，允许加在避雷器端子上持续 10 s 且热稳定的最大工频电压（有效值）。该参数表明避雷器能够可靠地限制过电压和“钳制（截断）”工频续流（对阀型避雷器而言，就是灭弧电压）。

额定电压 U_r 与持续运行电压 U_x 比较，前者强调能够限压和截断工频续流，后者强调避雷器不损坏，因此，额定电压 U_r 比持续运行电压 U_x 高，通常高 20%以上。

5. 参考电压

避雷器的参考电压，也称起始电压、转折电压，是避雷器开始限制过电压的起始值，对应避雷器伏安特性曲线拐点的电压值，在避雷器参数检测中就是直流 1 mA 的端电压。参考电压低，有利于限制过电压。

6. 标称放电电流

标称放电电流，指避雷器通过的规定波形的冲击电流峰值(kA)，是确定避雷器的额定电压、参考电压、保护水平等参数的基础，用以划分避雷器应用的电网电压等级。放电电流的波形有三种形式：陡波(波前/半峰值：1/5 μs)、雷电波(波前/半峰值：8/20 μs)、操作波(波前/半峰值：30/60 μs)，分别反映避雷器在不同的雷电波或操作过电压作用时的放电电流形态。

7. 残压

残压，指避雷器在雷电波或操作过电压作用下，放电动作时通过的放电电流在避雷器端子间表现出的电压峰值。避雷器动作放电将系统中的雷电波释放入地，同时，避雷器的残压也将作用到被保护设备上。如果残压超过被保护设备的绝缘水平，仍然会造成绝缘放电接地。因此，残压决定了避雷器的保护水平。残压越低，保护能力就越强，保护范围也越大。放电电流的波形有三种，残压也对应有三种形式；通常，商家给出的残压，是 MOA 避雷器在 8/20 μs 波形的试验电流下测量值。

8. 通流容量

通流容量，指避雷器通过规定波形的冲击电流 2 次，持续时间 2 000 μs 的方波大电流 18 次，避雷器不发生热崩溃前提下所允许通过的电流值。采用 4/10 μs 或 8/20 μs 雷电流试验考核 MOA 避雷器耐受雷电冲击能力，2 000 μs 方波电流试验考核耐受工频续流能力。因此，通流容量反映了避雷器在过电压下放电动作、电流通过时，阀片电阻将电能转换为热能并吸收的能力。如果通过避雷器的电流超过了通流容量，就会发生避雷器损坏，甚至爆炸。

9. 保护水平

避雷器的保护水平，对雷过电压而言，就是陡波冲击电流下最大残压除以 1.15，或者标准雷电流下最大残压，比较之后取两者中数值较大者；对操作过电压而言，就是操作波冲击下最大残压。保护水平越低，避雷器的保护能力越强。

10. 压比

避雷器的压比，指避雷器通过标称放电电流时，残压与参考电压的比值。反映阀片电阻的非线性，压比越小，非线性越好。

9.4.3 MOA 参数选择与校核

MOA 避雷器的技术参数较多，归结起来大致为三类：第一类是规定避雷器应用环境和工作条件的参数，例如，额定电压、持续运行电压、通流容量，这些参数的正确应用直接影响到避雷器本身的运行安全;第二类是反映避雷器限制过电压和保护能力的参数,例如,残压、保护水平,这些参数反映避雷器保护作用发挥的效果;第三类是说明避雷器运行特性的参数,例如,参考电压、压比,标示避雷器限压的起始电压,说明阀片电阻的非线性程度,以及检测阀片电阻是否受潮劣化的指标。

选用MOA避雷器的基本原则,既要限制过电压,又要保证避雷器本身的安全。首先要求避雷器投入运行后,无论是否有雷电波或暂态过电压作用,避雷器动作或不动作,都应该自身安全,在运行电压作用下不发生击穿和爆炸,不会因避雷器参数问题造成供电系统短路接地。然后要求避雷器能够发挥限制雷电压和暂态过电压、保护电气设备的作用。最后才考虑避雷器的性价比、供货与售后服务等问题。

运行避雷器在过电压作用下放电动作时,通过的电流会转换为热能,如果阀片电阻不能够吸收这个热能,将发生热崩溃,导致避雷器损坏甚至爆炸。因此,需要按照可能出现的过电压校核避雷器的通流容量。避雷器的保护距离有限,如果避雷器与被保护设备存在一定距离,应该校核是否在保护范围之内。

1. 持续运行电压U_x的选择

选择持续运行电压,是为了保证避雷器运行安全;持续运行电压就是要求避雷器适应的运行条件。

(1)牵引供电系统

25 kV牵引供电系统允许最高运行电压29 kV,考虑安全裕度系数1.2,MOA避雷器的持续运行电压应取35 kV左右。

(2)配电所与贯通线

配电所与贯通线的标称电压为10 kV,由于10 kV配电所进线电源系统中性点不接地,如果发生单相接地,非故障相对地电压升高$\sqrt{3}$倍;运行规程允许中性点不接地系统在单相接地故障下,持续运行不超过2 h,配电所电源侧避雷器的持续运行电压应该至少与系统出现的最大持续(2 h)工作电压相等。尽管高速铁路贯通线的电源中性点经过10 Ω小电阻接地,线路发生单相接地时配电所馈线立即跳闸,不出现非故障相对地电压升高,为了统一配电所和贯通线的MOA避雷器,持续运行电压可取10 kV。

2. 避雷器额定电压U_r的选择

选择额定电压,是为了发挥避雷器限压和“钳制”工频续流的作用;额定电压就是确定应用的系统电压等级。额定电压U_r应比持续运行电压U_x高20%以上,据此可以确定避雷器额定电压。

(1)牵引供电系统:MOA避雷器的额定电压取42 kV。

(2)配电所与贯通线:MOA避雷器额定电压可取12 kV。

3. 参考电压的选择

选择参考电压,是为了在系统中出现过电压时,规定开始限制过电压的起始值。参考电压越低,越有利于限制过电压。但是,由于参考电压是避雷器放电动作电压,所以不得低于供电系统允许的最大运行电压。对牵引供电系统而言,考虑安全裕度系数 1.3,参考电压就不得低于 38 kV;对配电所而言,线路单相接地过电压时可持续运行 2 h,考虑安全裕度系数 1.5,配电所和贯通线统一的参考电压就不得低于 15 kV。因为避雷器通流容量有限,在最大运行电压或允许升高的工频电压下动作,必然会造成损坏。

4. 标称放电电流的选择

雷电大小具有随机性,避雷器每一次放电电流及残压大小也是随机的。电气设备绝缘水平需要与避雷器的残压相匹配,就要求残压是明确的数值。因此,一方面为了在确定设备绝缘水平时具有可操作性,另一方面为了规范避雷器产品,根据实测和运行经验,将不同电压等级系统中应用的避雷器的标称放电电流进行分挡。

25 kV 牵引供电系统,包括牵引变电所 220 kV、330 kV、110 kV 进线的避雷器,规定其标称放电电流取 10 kA。10 kV 配电所和贯通线的避雷器,规定标称放电电流取 5 kA。

5. 残压的选择

残压决定避雷器的保护水平。显然,保护水平应该低于被保护设备的绝缘水平,并留有足够的安全裕度才能起到保护作用。尽管避雷器放电的实际残压具有随机性,为了避雷器的选择和校核具有统一的依据,规定按照标称放电电流对应的避雷器两端子之间电压测量值作为避雷器残压。显然,残压越低,保护水平就越低,避雷器的性能越好,保护范围越大,在同类产品中应该选择残压低的产品。

6. 通流能力(也称限压能力)校核

除了额定电压、持续运行电压等参数之外,影响避雷器运用安全的主要因素包括:(1)绝缘特性,表现为耐受电压的能力,通过对避雷器的绝缘特性试验进行考核。(2)阀片电阻的非线性及受潮,涉及泄漏电流大小和长期慢性发热,直接影响到避雷器老化和寿命,可通过对避雷器的绝缘泄漏电流、直流 1 mA 所对应的参考电压等参数进行检测。(3)通流能力,反映避雷器对过电压的限制作用和运行安全能力。避雷器的阀片电阻、绝缘外套材料、密封结构都是确定的,通过的放电电流和吸收发热能量是有限值。避雷器在雷电或暂态电压作用下放电时,如果通过的电流及其能量超过产品给定的能力,就意味着避雷器的阀片电阻发生热崩溃。同理,避雷器放电后在工频续流下,超过产品的方波大电流试验能力,阀片也会热崩溃。这时避雷器内部压力激增,可能发生爆炸,不能够发挥限制过电压的作用。因此,避雷器的通流能力校核,就是为了保证避雷器在运行中,出现计算或假设的过电压作用时不发生损坏,是供电系统设计中预先对选择的避雷器进行安全评估的指标之一。

避雷器的核心器件是非线性阀片电阻,密封在瓷套或复合材料的绝缘套内,电流通过时阀片电阻将电能转换为热能,反映热能和电能做功的物理量是焦耳(J)。

(1)计算能量 W_j

避雷器放电时，假设避雷器上的雷电过电压为 $u(t)$，流过避雷器的电流 $i(t)$，过电压 $u(t)$作用时间为 τ_0，则阀片电阻上产生的热能，或者说避雷器需要吸收的计算能量 W_j 为

$$W_j = \int_0^{\tau_0} u(t)i(t)\mathrm{d}t \tag{9-15}$$

式中，流过避雷器的电流 $i(t)$由避雷器的伏安特性确定。

(2)产品允许通过能量

虽然避雷器产品技术资料中没有明确的允许通过能量，但是，合格产品出厂前进行的试验数据(出厂检验报告)隐含了产品允许通过能量。根据避雷器资料给出的标称放电电流 i_C(kA)和残压 u_C(kV)，视给定残压为直流，则产品允许的雷电通过能量 W_y 近似值为

$$W_y \approx u_C i_C T_C \tag{9-16}$$

式中　u_C——残压，对应有三种标称放电电流的波形：陡波(1/5 μs)、雷电波(8/20 μs)、操作波(30/60 μs)；

T_C——标称放电电流 i_C 的等值持续时间，s。

等值持续时间 T_C 计算：认为避雷器的残压 u_C 波形与标称放电电流 i_C 波形相同，如图 9-3(a)所示，将波头和波尾采用直线代替，总面积 S 划分为 S_1、S_2、S_3 三部分，$S=S_1+S_2+S_3$；按面积相等原则作出矩形电流 i_C 如图 9-3(b)所示，根据产品给出的标称放电电流波形和峰值参数，可求出等值持续时间 T_C。例如，产品给出的标称放电电流波形为 8/20 μs，峰值为 i_C=10 kA，则

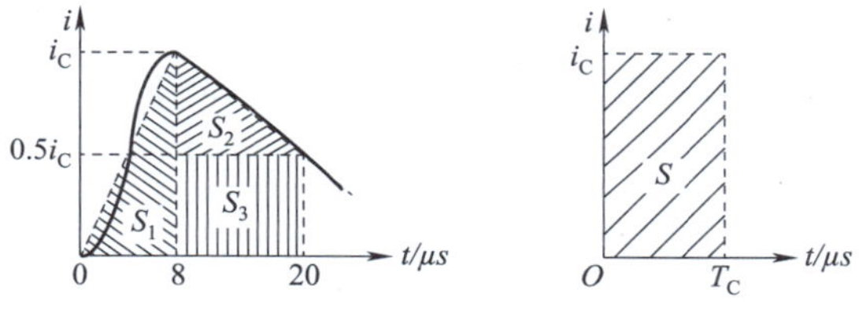

图 9-3　标称放电电流等值持续时间计算示意

$$\begin{cases} S_1 = \dfrac{1}{2} \times 8 i_C \\ S_2 = \dfrac{1}{2}(20-8) \times 0.5 i_C \\ S_3 = 0.5 i_C (20-8) \\ i_C T_C = S_1 + S_2 + S_3 \end{cases} \tag{9-17}$$

由式(9-17)可解得，波形为 8/20 μs 标称放电电流的等值持续时间 T_C=13 μs。

(3)安全评估

根据产品资料给定的参数，按照式(9-16)获得避雷器通过雷电流时允许通过能量 W_y 近似值，与假设的雷电过电压作用下按照式(9-15)计算能量 W_j 进行比较，就可以评估：

①当 $W_j \geqslant W_y$，避雷器在假设的雷电过电压作用下存在损坏风险。

②当 $W_j < W_y$，避雷器在假设的雷电过电压作用下运行安全。

同理，按系统参数计算避雷器动作的工频续流、变配电所馈线开关跳闸的延迟时间，可得需要的工频电流通过能量近似值；与产品方波大电流试验值比较，就可进行安全评估。

7. 避雷器保护距离校核

校核避雷器的保护距离，是为了确认避雷器对被保护设备的有效保护范围，是供电系统设计中比较避雷器安装位置的方法之一。

避雷器能够保护电气设备的基本条件是被保护设备的 BIL 高于避雷器的保护水平 U_C，并留有安全裕度系数 K_A，即

$$\text{被保护设备 BIL} \geqslant K_A U_C \tag{9-18}$$

式中 U_C——避雷器的残压。

运行经验：当避雷器紧靠被保护设备，$K_A \geqslant 1.25$；当避雷器不紧靠被保护设备，$K_A \geqslant 1.4$。

如果避雷器与被保护电气设备间存在电气距离 l，雷电波会在长度 l 的导线上产生电位差 $\Delta U = \frac{2al}{v}$（a 为雷电压入波陡度，单位 kV/μs，波速 $v = 300$ m/μs），式(9-18)修正为

$$\text{被保护设备 BIL} \geqslant K_A \left(U_C + \frac{2al}{v} \right) \tag{9-19}$$

根据被保护电气设备的 BIL 水平和 MOA 避雷器保护水平 U_C，按照式(9-19)就可确定避雷器与被保护电气设备之间绝缘配合的安全电气距离为

$$l \leqslant \frac{v}{2a} \left(\frac{\text{BIL}}{K_A} - U_C \right) \tag{9-20}$$

8. 其他技术参数的选择和校核

避雷器使用场所的海拔高度、最大风速、地震烈度、安装方式及端子允许的水平拉力等，也往往影响到避雷器的安全运行，需要根据避雷器安装场所的实际情况进行选择和校核。

9.5 牵引供电系统绝缘配合

对于供电系统而言，除了短路(包括负荷严重过载)，只要系统及设备的绝缘耐受电压的能力不下降，系统中没有过电压，或者过电压被限制在绝缘水平之下，供电系统运行就安全。牵引变电所、接触网(含 AT 所、分区所和开闭所)和动车组是牵引供电不可分割的组成部

分，三者构成统一的供用电系统，任何一部分出现的暂态过电压，都会以电磁波速度 300 m/μs 沿接触网传播，可能造成其他部分的绝缘发生放电，影响供电系统安全运行。绝缘配合应该将牵引变电所、接触网、动车组作为统一整体的供用电系统，并充分考虑动车组大功率冲击导致网压波动大；变流装置产生宽频谱谐波，通过车网耦合注入接触网，可能诱发高频或低频谐振；自动过分相可能产生暂态过电压甚至铁磁谐振。绝缘配合要关注铁路沿线地区的环境污染及其发展情况，评估环境污染因素造成电气设备和接触网绝缘水平下降的影响，也应该考虑高速铁路接触网在夜间进行维护和检修的困难。

9.5.1　牵引变电所绝缘配合

牵引变电所电气设备集中，是牵引供电的唯一电源，一旦发生绝缘故障，可能导致变电所停电，影响的线路和行车较多，需要加强绝缘与过电压防护。首先，防止雷电直击牵引变电所的电气设备，采用具有独立接地体的避雷针，避免雷电流沿避雷针入地时产生地电位反击现象。尽管避雷针的保护范围在理论上存在 1‰失效率，但长期的运行经验表明，只要严格按照规程设计方法进行避雷针设计，都未曾发生事故。因此，牵引变电所的绝缘配合不再考虑雷电直击问题，认为雷电对牵引变电所的影响，只能够沿着进出线以行波方式侵入。

牵引变电所的电压等级明确，外电源侧为 220 kV（或 330 kV、110 kV），供电侧为 27.5 kV，相应电气设备的 BIL 和 BPL 绝缘水平在国家标准中有明确规定。因此，按照国家标准或 IEC 选择电气设备前提下，工程设计上绝缘配合能够做的主要工作包括以下几个方面：

（1）根据牵引变电所场地及要求，确定配电装置采用 AIS 或者 GIS 方式，设计进线和出线方案，按照电压等级选择和布置相关电气设备、绝缘支撑或悬挂器件，制定工程结构。

（2）对牵引变电所的电气设备、进线和出线进行绝缘配置，包括绝缘子（串）、导线对地空气间隙和不同相位导线的空气间隙。方法与架空线的绝缘配置相同（见 9.2 节），考虑比牵引变电所外部架空线的绝缘水平提高 20%～30%，以避免线路近区落雷侵入变电所，导致变电所内部发生绝缘闪络。

（3）根据牵引变电所的地理位置和土壤电阻率，设计接地网，也包括避雷针结构、高度和接地极，应特别注意地回流、轨回流连接的工程方式，确保回流畅通。

（4）为了防止侵入的雷电波和操作过电压，选择和配置避雷器。

牵引变电所进出线上无论是侵入的雷电波，还是操作过电压，避雷器限制过电压时残压都将作用于附近的电气设备上。为了保证牵引供电设备的绝缘安全，选择和配置的避雷器以 10 kA 标称放电电流的残压 U_C 为基准（对 10 kV 配电所和贯通线设备，避雷器标称放电电流取 5 kA），且与被保护设备的雷电冲击耐受电压 BIL 之间，留有一个安全裕度的绝缘配合系数 k，即

$$k=\frac{\text{被保护设备的 BIL}}{\text{避雷器的 }U_C} \tag{9-21}$$

通常，绝缘配合系数取 $k \geq 1.4$；牵引供电设备的雷电冲击耐受电压 BIL 执行标准，参照了 35 kV 三相电力系统的标准。但是，单相制的牵引供电 25 kV 设备对地电压，比三相系统 35 kV 的相对地电压高；接触网无避雷线，运行中电磁暂态过程频繁，绝缘配合的有关参数值得深入研究。

牵引变电所中最重要、造价最高的单台设备是牵引变压器，绝缘配合以牵引变压器为核心，其他设备的绝缘水平与牵引变压器相适应。因此，按照式(9-21)给定的绝缘配合系数，在牵引变电所电源进线口设置避雷器，限制沿外电源进线侵入的雷电过电压；牵引变压器的二次端口设置避雷器，限制 27.5 kV 侧的操作过电压。牵引电源 27.5 kV 母线的上网馈线采用 300 $mm^2 \times 3$ 单芯电缆连接到接触网，在馈线电缆两端设置避雷器，限制来自接触网的雷电波侵入，也限制母线断路器的操作过电压，保护电缆端头。

牵引变电所的避雷器保护特点是“以少护多”，例如，一次侧中一组避雷器兼顾牵引变压器、电源进线隔离开关、断路器、压互和流互等多台设备的保护，优点是减少避雷器数量，但避雷器到被保护设备的距离有所增加，避雷器动作后作用到被保护设备上的冲击电压波形可能振荡，高于避雷器残压，需要按照式(9-20)校核电气设备与避雷器的电气距离。

比较牵引变电所中各种电气设备，27.5 kV 单芯电缆的绝缘水平相对较低，除了对电缆主绝缘进行过电压防护，还应该考虑电缆护层可能出现的过电压，应该对护层绝缘进行有效防护(见 3.5 节)。顺便指出，大型牵引变电所 27.5 kV 馈线回路的电缆数量多、线路长，例如，某枢纽变电所为 2 条复线高速铁路供电(上下行接触网 4 条)，由于上网点较远，馈线采用 16×3 条单芯电缆，总长超过了 80 km。牵引用电计量方式为“有功电度表正转正计，反转不计；无功电度表正转和反转都正计”。电缆等值电容较大，大量应用电缆可能造成牵引供电系统的无功功率反送，被电力系统罚款。应该对这样的情况进行校核，需要时采用电抗器进行无功补偿。

AT 所、分区所和开闭所的绝缘配合，与牵引变电所的类似。

9.5.2 接触网绝缘配合

一般情况下，电压等级确定的架空线绝缘配合主要内容就是选择绝缘子，确定导线对地的空气间隙和不同相位的导线间隙，在必要的位置配置避雷器。接触网的绝缘子(包括绝缘子串、腕臂的棒式绝缘)、导线对地和导线间空气间隙的选择和配置方法见 9.2 节。雷电活动频繁地区的接触网，可以考虑在接触网上架设避雷线，在重点位置及站场上安装避雷针。

影响接触网绝缘耐受电压能力的主要因素是环境污染，例如，化工厂、炼油厂、水泥厂附近，沿海盐雾地区，潮湿滴水的隧道中，装卸煤或水泥的站场等，往往造成接触网绝缘子在初雪、细雨、大雾中发生污秽闪络。接触网的绝缘子泄漏距离已经由早期的 600 mm 增大到 1 200～1 600 mm，由于大气环境恶劣，可能导致污闪放电，还有增加泄漏距离的要求。接触网的泄漏距离增大，可以在一定程度上提高绝缘子耐受电压能力，缓解接触网的污闪事故，但是，雷击或者雷电感应时在接触网上出现高幅值雷电行波的概率也会增大。高幅值的雷电行波传播，侵入牵引变电所或动车组时，对其绝缘的威胁更大，如果造成故障或损失，会远大于接触网绝缘子闪络的后果。另外，受到隧道尺寸的限制，接触网的泄漏距离不允许无限增大。

接触网的绝缘配合主要问题是沿途污秽分布不均匀、环境污染不断恶化，导致绝缘子耐受电压能力逐渐下降。因此，仔细调查接触网沿途地区的污秽源、种类和性质，准确预测污染的发展趋势，选择合理的绝缘子泄漏距离是关键。同时，加强接触网的绝缘子等值附盐密度监测或泄漏电流监测，制定合理的绝缘子清扫周期，是运营管理的必要环节。

避雷器是一种防雷保护电器，作用是限制高幅值雷电行波。接触网上避雷器的保护范围有限，参考文献[2]中已有计算。接触网设计规定：强雷区的分相和站场端部绝缘锚段关节、2 000 m及以上隧道两端、较长供电线连接到接触网上的连接处，应安装避雷器。目的是加强这些部位的防雷保护，避免电分相装置、绝缘锚段关节、长大隧道内绝缘损坏后，检修更换相对困难、耗时较多。

一般情况下，接触网上不宜再添加避雷器。主要原因：(1)接触网没有避雷线，本身耐雷水平低，无论是直击雷或者感应雷都可能造成接触网绝缘闪络，但不一定每次都会造成永久性的短路接地；牵引变电所馈线跳闸后自动重合闸，大都能够快速恢复接触网供电。如果添加避雷器，其放电动作时牵引变电所馈线断路器仍可能跳闸，还是需要启动自动重合闸。(2)25 kV避雷器的残压高达105 kV左右，保护距离有限，对避雷器附近运行的动车组高压设备及绝缘仍有威胁。(3)避雷器老化、表面积污等导致抗电能力下降，可能增加接触网故障率。(4)如果密集安装避雷器，由于高速铁路接触网的维护和检修工作主要在夜间进行，例行的维护和检测试验工作量很大，夜间工作存在一些局限。

同理，接触网上的分段或分束隔离开关两侧，也不宜加装避雷器。隔离开关的基本结构只有导体刀闸和支撑绝缘柱，当雷电波或过电压侵袭隔离开关时，如果刀闸在合闸位，过电压威胁隔离开关的支撑绝缘柱；如果刀闸在分闸位，还威胁刀闸断口绝缘。隔离开关的支撑绝缘柱与连接导线的悬挂或支撑绝缘子、腕臂绝缘棒等的泄漏距离和绝缘水平大致相当；刀闸断口的绝缘强度取决于断口空气间隙的距离大小；隔离开关的型式试验和出厂试验，已经保证了开关整体及部件具有国家标准规定的绝缘水平。当接触网上有雷电波或过电压向隔离开关侵袭时，隔离开关两侧的避雷器不能够单独加强隔离开关的保护，避雷器动作残压会同时作用到隔离开关的支撑绝缘柱、刀闸分位断口、隔离开关连接导线的支撑绝缘子上。隔离开关的支撑绝缘柱与附近的导线支撑绝缘子、腕臂绝缘棒等的电气关系呈并联状态，构成了一个绝缘群体，在隔离开关两侧各安装一台避雷器，达不到单独加强保护隔离开关的效果，也没有技术和经济性能的优势。相反，接触网上避雷器较多时，除了检修维护工作量很大，还存在避雷器本身质量问题，或老化产生的故障隐患。

对于雷电活动频繁的接触网区段，研究表明，在接触网上方加装避雷线、避雷针的防护效果比加装避雷器的效果更明显。这是因为避雷线、避雷针不仅“主动”屏蔽了保护角内的导线遭受雷电直击，还由于导线与避雷线之间的电磁耦合作用降低了接触网绝缘子上的电位差，可以减少绝缘子闪络概率和牵引变电所的馈线跳闸率。雷电波侵入接触网时，避雷器只能够“被动”放电将雷电波峰值限制在“残压”水平；残压超过接触网绝缘水平，仍然会导致接触网放电。另外，避雷线、避雷针的维护检测工作量比避雷器少很多。

9.5.3 动车组绝缘配合

动车组的绝缘配合主要是车顶高压回路中电气设备之间的绝缘配合，包括车顶绝缘子及空气间隙、车顶压互、高压电缆、高压开关和车载牵引变压器一次绝缘。在现有的电气设备及 BIL、BPL 标准条件下，除了按照电压等级选择高压回路的开关、车载牵引变压器、互感器、电缆等电气设备之外，主要任务是选择受电弓和相关导体的支撑绝缘子，确定导体与车顶之间的空气间隙，并配置避雷器。

车顶电器的绝缘暴露在空气中，除了大气环境（雨、雪、雾，甚至海拔等）影响之外，主要是污秽造成绝缘耐受电压能力下降问题。车顶绝缘随车运动，容易积污。空气中悬浮污秽较多，可能含有煤灰、金属和化学粉尘，细雨或融雪的水分增加其导电性，容易发生污闪放电。车顶绝缘子在冬季迎风面容易结冰，尽管冰是水的凝固物，本身不导电，对绝缘无多大危险，但是运行的动车组有相当的工作温度，跨地区运行的动车组受不同地区的气温影响，使冰表面处于融溶状态甚至融化，导电性增加，冰面尖端会产生紫红色丝状电晕放电。另外，车顶污秽也来自动车组自身，受电弓与接触网磨损的碳粉散落，增加积污的导电性。车顶绝缘的固体材料在行车中长期受到强风作用和振动，多次污闪的电腐蚀累积效应都会降低绝缘能力。

车顶与接触网导线的净空距离是确定值，不允许增加车顶绝缘子高度。采用增加绝缘子盘形直径的作用也非常有限，因为绝缘子盘的直径加大，表面积污更多，更容易发生污闪；绝缘子沿面闪络过程中，电弧发展到一定时期，不再完全沿着绝缘子裙表面弯曲的路径进行，而是直接将部分裙边空气短接。所以，车顶上仅依靠大盘径的绝缘子，不能够较好地解决污闪问题。

复合绝缘子的耐污特性比瓷绝缘子好，动车组的车顶采用复合绝缘子时，须采用铁道行业标准 TB/T 3077.2—2017 推荐的参数（表 9-5）。单个绝缘子满足表 9-5 要求，实际应用中不一定能够达到规定的电气性能。因为绝缘子连接导体的形状和走向会使电场分布畸变，受电弓金属底架的某些局部向车顶突出，可能造成实际空气间隙变小，极端暴雨时沿绝缘子形成水柱等，都会导致绝缘耐电能力下降。资料介绍，某动车组的受电弓和绝缘子在图 9-4 所示状态时，曾发生放电烧穿车顶铁板。

动车组的绝缘配合，要立足电气设备自身的绝缘性能提高，高压回路整体绝缘水平适应供电系统运行要求。有限的车顶空间布置的设备应该尽量减少，带电导体的电场应该均匀分布；要探索应用新材料新方法，设计新结构。同时，动车组运用中加强车顶绝缘子清扫，是安全运行的必要环节。

表 9-5　车顶复合绝缘子电气性能

绝缘子结构高度/mm	冲击耐受电压/kV	工频耐受电压有效值/kV	
		干	湿
360	170	90	75
400	185	100	85

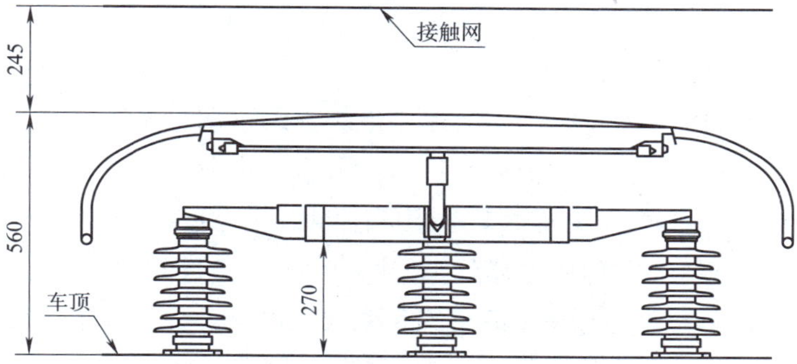

图 9-4　动车组受电弓与绝缘子位置的动态工况(单位:mm)

9.5.4　牵引变电所、接触网与动车组的绝缘协调

根据十分有限的产品资料，列出牵引变电所、接触网和动车组的部分电气设备 BIL 和 BPL 绝缘水平，见表 9-6～表 9-8。

表 9-6　牵引变电所 27.5 kV 侧绝缘水平(单位:kV)

主变压器二次侧		干式变压器		绝缘子、穿墙套管		电缆		MOA	
雷电冲击	工频耐压	雷电冲击	工频耐压	雷电冲击	工频耐压	雷电冲击	工频耐压	直流参考电压	残压
250	95	170	70	300	150	250	75	65	120

表 9-7　接触网绝缘水平(单位:kV)

绝缘器件		MOA	
雷电冲击	工频耐压	直流参考电压	残　压
300～390	140～180	65	120

表 9-8　动车组 25 kV 侧绝缘水平(单位:kV)

牵引变压器		车顶绝缘子		25 kV 电缆		MOA	
雷电冲击	工频耐压	雷电冲击	工频耐压	雷电冲击	工频耐压	直流参考电压	残　压
150～185	70	170～185	90～100	250	75	57	100～107

可见，牵引变电所、接触网和动车组三者中，动车组的绝缘水平最低。从单台设备造价、设备绝缘故障的修复及经济损失角度出发，并考虑到电气设备的绝缘主要是内部非自恢复绝缘，空气绝缘属于自恢复绝缘的特性，牵引供电系统的绝缘配合与协调，应该是牵引变电所和动车组的绝缘水平高于接触网。

根据绝缘子干状态的工频耐压，可以估计湿闪电压（大约为干闪电压的 80%），但不能估计污闪电压。污闪放电与污秽性质、污染程度、空气湿度、过电压诱发因素等紧密相关，严重时污闪电压可能只有绝缘子表面在清洁状态下干闪电压的 10%～20%。因此，对牵引变电所、接触网和动车组受污秽影响工频电压下降问题，仅仅依靠增加泄漏距离的效果不佳，应该由各自对应的运行部门和制造厂协商，一方面要提高设备的耐污能力和自洁能力，另一方面要对污秽监控，加强设备绝缘清扫。

牵引变电所、接触网和动车组三位一体，构成统一的供用电系统，任何形式的过电压都会波及三个部分，任何一部分的绝缘放电，都可能导致变电所馈线跳闸，影响行车。接触网无避雷线，牵引供电系统电磁暂态较多，过电压不可回避。过电压聚集的暂态能量，只能因势利导对其吸收或者释放，才能限制或消除过电压及影响。目前，对过电压吸收或释放，主要采用避雷器。利用自恢复绝缘特性的空气间隙放电也是一种释放过电压的方式，需要时在接触网适当位置上设置具有强灭弧能力的专用保护间隙，释放接触网的过电压，比吸收更容易、更经济，而且没有残压（可能有截波，但接触网上没有带线圈的设备，不担心截波对绕组的威胁）；变电所跳闸后自动重合闸 1～2 s 就能恢复供电，动车组断电失速不大；网上少量的专用保护间隙也方便维护管理。

对牵引供电系统的谐振过电压（包括车网耦合电压振荡）问题，由于暂态持续时间长，避雷器动作存在自身损坏的风险，并可能导致系统短路接地，不能采用避雷器进行限制。牵引供电系统的谐振，主要是车网耦合的高频或低频谐振，尽管暂态电压不高，对系统及电气设备的绝缘影响不大，但是，网压 29～31.5 kV 就可能导致动车组牵引封锁，中断行车，必须予以重视。车网耦合电压振荡的诱因是动车组（包括 HXD 交流车）向接触网注入宽频谱的谐波，应该改进动车组的控制策略。同时，供电系统可以有针对性地采用技术措施，防止车网耦合导致网压谐振。首先，设计上应该对预期的应用情况有所估计和校核，从供电系统基础设计上避免网压振荡是上上之策。既有供电系统由于列车机型、运行方式等变化，导致牵引供电系统发生网压振荡时，应该进行实测和分析、仿真模拟，结合实际情况，优先选择经济、省钱省事的方法，例如，改变供电相位、长电缆馈线更换为架空导线、同方向同相位的线路适当增加并联连接、减少供电臂长度、更换车型和运用方式等。将既有牵引变压器更换为大容量牵引变压器以改变系统参数的方法应该谨慎，因为这样的方法不仅花钱多、工程大，运行中牵引变压器的空载损耗也大，运行费用也会有所增加。显然，从运用的车型上进行技术改进，不产生或少产生谐波映射，是最佳的解决方案。

仅仅依靠过电压的仿真计算，了解单个设备的绝缘特性或试验数据来进行绝缘配合是不够的，必须借鉴和重视相似线路的运行经验，用实际运行效果来检验。分析绝缘事故原因，总结经验教训，是改进和提高绝缘配合的重要环节。电气设备绝缘故障原因可能较多，过电压瞬间结束，事故很少留下直接证据，电磁暂态现象很难重复，需要仔细调查和分析，去伪存真。一般情况下，供电工程设计中，对简单绝缘器件进行调整相对容易，例如，绝缘子泄漏距离、空气间隙的调整，重要设备的 BIL 或 BPL 单方面改变不了。协调牵引变电所、接触网和动车组三者的绝缘配合是复杂的系统工程，涉及供电运行管理方、电气设备制造方、动车组运用方、动车组制造方的技术和经济利益。需要各个方面对牵引供电有统一的绝缘配合标准，对引进的产品和技术标准有统一的认识和理解，从实际运行出发，发挥各自的技术优势，多为相关设备创造良好的运行条件，以实际运行效果为基准，逐步协调和改善牵引供电系统的绝缘配合。

9.6 电磁兼容

高速铁路对供电的安全可靠性要求非常高，极大地促进了铁路供电系统的自动化、数字化和智能化建设，变配电所、AT 所、分区所、开闭所、箱变都要采用无人值班模式，供电系统设计一开始就考虑将牵引供电、电力供电、通信、信号进行“四电集成”。无人值班变配电所及供电系统的运行管理，基于通信和信号装置构成的信息系统。供电远程监控采用“五遥”：遥测、遥信、遥控、遥调和遥视。遥测，远程采集运行参数，例如，设备或线路的电压、电流、开关分合闸位置等。遥信，现场电气设备运行状态的信息上传给牵引供电或电力调度指挥中心(简称电调)。遥控，电调命令下传到现场，实现远程控制运行设备，例如，控制开关进行分闸或合闸。遥调，利用远动系统电调远程调节设备的运行方式，例如，改变变压器分接头调整电压。遥视，通过现场的摄像机采集视频和上传，远程实时监控变配电所及设备状态，例如，烟雾火灾、漏雨积水、建筑坍塌、异物或无关人员侵入等。因此，具有“五遥”功能的供电监控装置和信息系统，是现代铁路供电系统运行和管理的标准配置之一。

电磁兼容(electro magnetic compatibility，EMC)，指设备或系统在电磁环境中能够正常工作，且不对环境中任何其他设备产生不能承受的电磁干扰。EMC 的核心就是空间共存，互不影响。供电系统中“五遥”功能和信息系统的硬件，主要由传感器、摄像机、数模信号转换器、通信编码器、通信通道、光端机、通信交换机、信号调理和放大器、数据处理器、计算机等构成。这些设备的共同特征是电子或光电产品，工作电压、电流都非常小，属于“弱电”范畴，器件耐受电压能力很低，过电压很容易将其损坏。高压电气设备属于大功率的“强电”范畴，变配电所是电磁污染环境比较严重的场地，供电设备及系统与弱电信息系统处于同一个变配电场地，相互的空间距离比较近，如何保证弱电信息系统正常工作，就是典型的电磁兼容问题。

按照强电与弱电概念对“四电集成”划分，供电系统与信息系统是两个独立的系统，工作方式和工作电压完全不同，虽然两个系统不需要直接进行绝缘配合，但是，两者在信息采集、控制、信号传输等方面都存在一定的交集，同在一个有限空间之内，供电系统的暂态电压通过电磁辐射或耦合，可能影响弱电装置正常工作，必须采用电磁兼容技术对信息系统及装置进行防护，才能够保证信息系统安全运行。

9.6.1 电磁干扰源

以电磁环境复杂的变配电所为例，说明信息系统的电磁干扰来源。

1. 雷电产生的电磁干扰

雷电属于强电范畴。直击雷或感应雷在供电线路产生雷电行波，通过空间电磁耦合，在距离相近的通信线缆上产生感应电压和感应电流，可能沿信号传输线窜入信息系统的电子设备。供电线路上雷电行波也会侵入变配电所，可能导致所内的避雷器动作；放电电流入地时抬高接地装置的地电位，通过信号系统的接地线进入电子设备。雷电直击变配电所的避雷针时，雷电流沿引下线和接地装置入地时，如果引下线与电源线、信号传输线距离较小，两者之间的空气间隙可能放电，或者产生感应电，直接侵入信息系统。天空中云层之间的放电，产生十分强烈的空中电磁辐射；如果信息系统及装置的屏蔽不够严实，由于电子电路的网络比较密集，受到雷电的高频电磁辐射时，将产生感应环流，烧损电路板，甚至可能导致相关计算机的运行出错、崩溃、CPU 损坏。

2. 供电系统产生的电磁干扰

牵引变电所一次设备额定电压高达 220 kV 或 330 kV，二次设备额定电压 27.5 kV，贯通线标称电压 10 kV，都是高压强电范畴。当供电运行方式切换，供电线路短路故障自动切除，在高压开关的触头之间会产生电弧和高频电磁辐射。车网耦合谐振等，会导致牵引网电压出现振荡。高压导线连接头等导体尖端的电场强度极大，会发生电晕放电，也是一种高频干扰源。在电磁感应中，施感体的电压越高，电磁感应影响的距离就越远。资料显示，无论是在变配电所，还是与高压设备和线路相近或平行的通信线缆，供电系统的工频和高频电磁感应效应的影响距离都可达到数米至数十米。另外，返回变配电所地网的短路电流，会使接地网电位升高，也使连接在地网上的信息系统及装置的地电位升高。如果地电位升高较多，就会向信息系统的电子装置或电路发生反击放电，造成信息系统损坏。

9.6.2 电磁干扰传播

电磁干扰的传播方式，可以是空间辐射和感应，也可以沿线路传导。基于信息系统设备和传输网络的屏蔽或外壳完好严实，假设电磁辐射和感应不穿过屏蔽层或设备外壳，干扰电压电流就只能沿导线传播。

常用的通信信号传输线的主要形式为屏蔽式平行对称线或双绞线、同轴电缆和光缆。信号传输线屏蔽层和电子或光电设备的外壳是金属体，光纤本身不导电、不导磁、不受电磁干扰，但光缆连接处的光端机有金属构件，光缆无论架空布设或是地下敷设，都有金属护套或附加钢芯线。金属是导电导磁材料，在电磁场作用下会产生感应电，因此，电磁干扰可能侵入信号传输线和设备。

1. 通过信号线传播

假设电气设备监控装置采样电路的一对信号传输线 A 和 B 连接一台信号设备，设备外壳接地，如图 9-5 所示。传输线 A 和 B 分别受到了电磁干扰，叠加在 A 线的干扰电压为 u_A，传播时产生电流为 i_A；叠加在 B 线的干扰电压为 u_B，传播时产生电流为 i_B，电磁干扰沿信号线传播到信号设备，产生的电压电流可表示为

$$\begin{cases} u_C=\dfrac{1}{2}(u_A+u_B) \\ i_C=i_A+i_B \end{cases} \tag{9-22}$$

$$\begin{cases} u_D=u_A-u_B \\ i_D=\dfrac{1}{2}(i_A-i_B) \end{cases} \tag{9-23}$$

式中　u_C、i_C——共模电压、电流；

u_D、i_D——差模电压、电流。

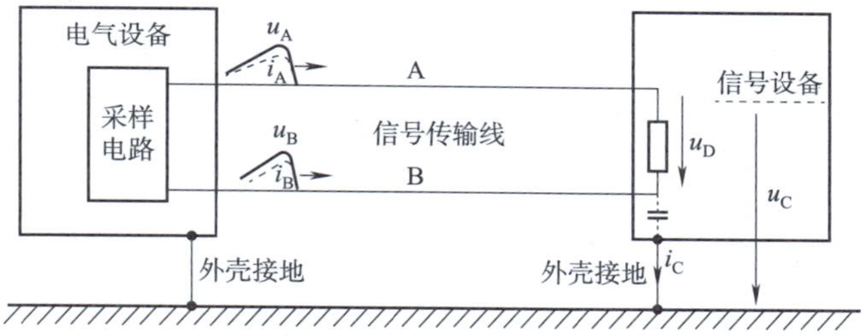

图 9-5　电磁干扰沿信号传输线传播

可见，共模电压是信号传输线中两根导线的干扰电压和参考地电位之间出现的电压平均值，共模电流则是两根导线传输的电流之和。差模电压是信号传输线上两个干扰电压的差，差模电流则是两根导线传输的平均电流差。显然，只要有一根导线就可以传输共模干扰信号，至少两根导线才能传输差模干扰信号。无论是共模还是差模干扰，都会作用在信号设备上，造成电子器件电位升高，电路中不同位置出现异常电位差，一旦这些干扰产生的影响严重，就会损坏电子器件，烧坏电路板。

2. 通过地电位侵入

如果电气设备监控装置采样电路的一对信号传输线 A 和 B 连接一台信号设备，设备外

壳与变配电所的地网连接如图 9-6 所示。如果供电线路发生接地，短路电流 i_d 返回到变配电所，将使接地网的电位升高到 U_0，由于信号设备的外壳与地网连接，必然导致信号设备外壳电位也到达 U_0。忽略信号设备的工作电压，设备外壳与内部电子器件的电位差就是数值为 U_0 的共模干扰电压。假设供电线路接地电流为 $i_d=1\ 000$ A，地网的接地电阻为 $R=0.5\ \Omega$，则 $U_0=Ri_d=500$ V，足以造成信号设备的电子器件或电路板放电和烧损。

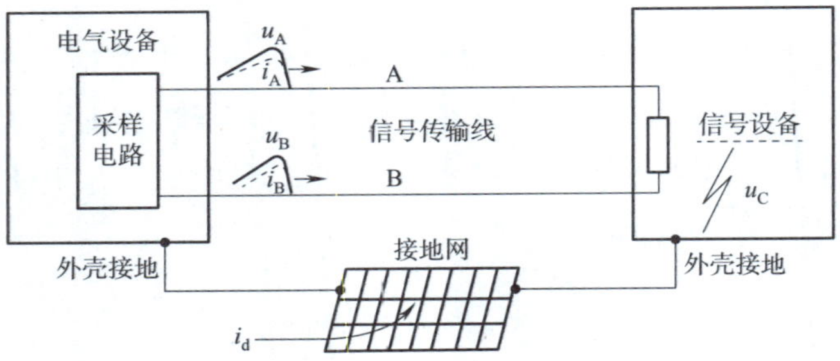

图 9-6　地电位引起反击示意

类似的情况，空间电磁辐射或电磁感应也可能在信号传输线的屏蔽层或信号设备外壳上产生干扰电压 U_0，一旦干扰电压 U_0 数值较大，同样会发生放电。

9.6.3　电磁干扰防护

防止电磁干扰对信息系统的影响，实施电磁兼容防护的主要技术措施如下：

1. 增大空间距离

对空间的电磁干扰，增大通信信号线路及装置与干扰源的空间距离，是最有效的抗干扰措施。

2. 屏蔽

屏蔽就是对信号传输线、信号设备或装置的主体采用金属网、金属壳进行封闭，并将金属网壳进行接地。屏蔽的工作原理是利用金属网壳的良好导电性，将外部静电和低频电磁场通过空间电容耦合的传导电流引导入地；外部高频电磁场作用到金属网壳上产生的感应电流，利用高频电流的集肤效应，感应电流产生反方向磁场，抵消或削弱外部电磁场作用，阻止外部电磁干扰侵入封闭的金属网壳，避免信号干扰。

显然，屏蔽的效果与采用的屏蔽材料参数（电导率、磁导率）有关，与屏蔽体结构强度和密封性有关，还与电磁干扰源的频率、距离等有关。因此，要获得良好的屏蔽效果，对信号传输线可以采用多层屏蔽网，甚至将信号传输线穿入金属管中；信号设备外壳铁板厚度尽量大（不采用铝板外壳，铝不能阻挡磁力线）；信号传输线之间的连接处、与电子或光电设备接合部的屏蔽要严实；与强电设备和线路尽量保持较大的距离；信号传输线和信号设备的屏蔽可靠接地。

3. 滤波和分段隔离

对采集和传输的信号进行滤波处理，过滤掉电磁干扰信号。利用带通滤波器只允许有效频带的信号通过；利用CPU计算功能进行数字滤波；信号进行数模变换，传输数字信号；信号进行编码、加密、压缩打包、解码解密等技术，剔除干扰信号。对信号传输路径进行分段隔离。采用隔离变压器、光电隔离器，将信号传输路径进行分段，根据各分段的电磁干扰特点，分别采用滤波、编码传输等方式，逐级削弱电磁干扰的作用。

4. 设置电涌保护器

电涌保护器(surge protection device，SPD)，也称低压防雷器，主要用于220 V或380 V电源电路，限制雷电干扰，保证电源正常工作。SPD主要元件是金属氧化物压敏电阻、气体放电管、(雪崩型)齐纳二极管，也包括与扼流线圈、滤波器的组合。工作原理是利用压敏电阻等元件的非线性特性，当电源电压正常时，压敏电阻元件呈高阻抗；当电压出现电涌时，压敏电阻呈低阻抗甚至直接短路，将电涌释放，避免雷电干扰通过电源侵入用电设备。

5. 接地

无论采用屏蔽、滤波，还是SPD，要发挥其阻挡或削弱电磁干扰的作用，共同的特点都必须具有良好的接地。工程上采用埋设垂直金属棒、水平金属网等方式进行接地连接。反映接地装置的重要参数之一是接地电阻，接地电阻越小，参考地电位就越稳定。变配电所中最好的接地装置是地网，其接地电阻小于0.5 Ω，因此，在变配电所中，信息系统及装置的接地都与地网连接。非变配电所中，信息系统及装置需要设置独立的接地装置时，一般控制其接地电阻在4～10 Ω。供电系统应用的通信信号传输线的长度往往几百千米，应该分段处理，设备的工作接地极、外壳及分段的电缆屏蔽层等都要进行可靠接地。对信息系统中的电子装置以及信号传输线的屏蔽层，应该进行等电位连接，尽量采用单点接地。不同类型的信号传输线，应该进行分类分组，相互保持一定间距且可靠接地。

工程场所不同，电磁干扰也会有所差异，应该根据具体情况，因地制宜，采用合适的防护措施和最优的电磁兼容方案，保证信息系统正常工作，保证高速铁路供电系统的安全可靠运行。

9.7　绝缘配合统计法与发展

9.7.1　统 计 法

供电系统中操作过电压和绝缘放电的影响因素比较复杂，随机性较大，例如，操作过电压与合闸电源的相位有关，绝缘放电与大气环境(气压、风速、湿度等)以及绝缘表面的污秽状态等有关。绝缘配合的统计法，假定描述过电压的概率密度函数 $f(u)$ 和绝缘放电概率函

数 $p(u)$ 这两个随机函数为已知，根据概率学理论，在 $[u_0, u_0+\Delta u]$ 区间内出现过电压 u_0 的概率为 $f(u_0)\mathrm{d}u$，在过电压 u_0 作用下绝缘放电概率为 $p(u_0)$，这两个概率是相互独立事件，按照概率运算规则，出现的过电压 u_0 引起绝缘放电损坏的概率为

$$\mathrm{d}R = p(u_0)f(u_0)\mathrm{d}u \tag{9-24}$$

采用一般表达式，过电压 u 引起绝缘放电损坏的故障率为

$$R = \int_{-\infty}^{\infty} p(u)f(u)\mathrm{d}u \tag{9-25}$$

式(9-25)的积分下限取值的电压低于供电线路相电压时不会发生绝缘故障；积分区间采用 $(-\infty, \infty)$ 只表明计算绝缘故障率时，应考虑过电压的全部可能值，便于理论分析。根据积分原理，式(9-25)的几何意义如图 9-7 所示，绝缘在某一波形的过电压作用下，发生损坏的故障率 R 数值等于图中阴影部分的面积。从图 9-7 可见，增加绝缘强度，曲线 $p(u)$ 将向右移动，绝缘放电故障率（R 阴影面积）将减小，但是，增加绝缘强度必然导致绝缘投资增加。所以，在绝缘配合的统计法中，可以根据过电压的概率密度函数 $f(u)$ 和绝缘放电概率函数 $p(u)$，按需要进行一系列绝缘强度的试验性设计和故障率的估算，通过技术经济比较，在绝缘成本和故障率之间进行协调，在满足预定的故障率条件下，合理选择绝缘水平。这样就使得绝缘安全裕度不再是任意的，而是与绝缘损坏概率发生了确定联系。

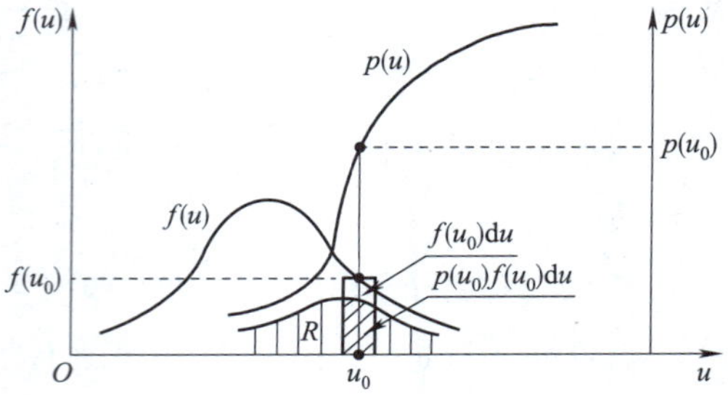

图 9-7　绝缘故障率的计算示意

有关研究表明，供电线路的操作过电压 u 服从正态分布：

$$\varphi(u) = \frac{1}{\sqrt{2\pi}}\int_{-\infty}^{(U-u)/\sigma_g} \exp\left(-\frac{t^2}{2}\right)\mathrm{d}t \tag{9-26}$$

某一数值 u 的过电压在一次操作中可能出现，也可能不出现，但是，过电压不大于某一个 U 值的累积概率为

$$p(u \leqslant U) = \frac{1}{\sigma_g\sqrt{2\pi}}\int_{-\infty}^{U} \exp\left[-\frac{1}{2}\left(\frac{u-\overline{u}}{\sigma_g}\right)^2\right]\mathrm{d}u = \Phi\left(\frac{U-\overline{u}}{\sigma_g}\right) \tag{9-27}$$

式中　$\overline{u}$——过电压的数学期望（理论均值）；

σ_g——过电压的标准偏差；

$\Phi\left(\frac{U-\overline{u}}{\sigma_g}\right)$——标准正态分布 $\Phi(U)$ 函数在 $\frac{U-\overline{u}}{\sigma_g}$ 点的累积概率（或分布函数）值。

根据概率理论，过电压的概率密度函数为

$$f(u) = \frac{1}{\sigma_g\sqrt{2\pi}}\exp\left[-\frac{1}{2}\left(\frac{u-\overline{u}}{\sigma_g}\right)^2\right] \tag{9-28}$$

式(9-28)表明，只要通过对供电线路的某一类过电压长期记录或大量试验，获得过电压

的数学期望和标准偏差，就可得到过电压的概率密度函数。

对绝缘而言，由于放电的分散性，把一个确定波形和幅值的过电压 u 加在绝缘上，不能肯定这一次绝缘是否放电，因此，绝缘强度同样也可以视为随机变量。绝缘放电的概率与所加电压大小和波形有关，大量试验表明，绝缘放电的概率函数可表示为

$$p(u)=\frac{1}{\sigma_j\sqrt{2\pi}}\int_{-\infty}^{u}\exp\left[-\frac{1}{2}\left(\frac{u-u_{50\%}}{\sigma_j}\right)^2\right]du=\Phi\left(\frac{u-u_{50\%}}{\sigma_j}\right) \tag{9-29}$$

式中　σ_j——绝缘放电电压的标准偏差；

$u_{50\%}$——绝缘放电电压的数学期望值，即绝缘 50%放电电压。

当重复地将一个固定波形和幅值的过电压加到某一绝缘上，试验次数 N 接近无穷大时，试验得到的绝缘放电频率 p 就可以认为是在该过电压作用下绝缘放电的概率，即

$$p(u)=p=\lim_{N\to\infty}\frac{n}{N} \tag{9-30}$$

式中　n——绝缘放电次数。

绝缘配合统计法的特点：将具有随机性的过电压和绝缘放电用概率函数来表示，按照数学原理确定绝缘在过电压作用下发生的故障率。这种方法能够进行技术经济比较，客观地确定绝缘水平，用绝缘损坏概率来定量地给出绝缘设计的安全度，可按每年设备折旧费、运行费、事故损失费的总和为最小原则，选出最佳绝缘设计方案。

统计法不足之处：为了得到绝缘放电的概率函数，需要对绝缘进行大量的放电试验；对自恢复绝缘（如空气间隙）才有可能，对非自恢复绝缘（如固态绝缘材料为主体的电气设备）进行大量放电试验的费用太高，无法接受。

9.7.2　简化统计法

在统计法中，计算涉及某些影响因素的统计规律并不十分准确和清楚，例如，一条架空线路的绝缘由众多绝缘子和多种空气间隙构成，等效为并联间隙，但是，单个间隙放电电压的分布函数与多个并联间隙放电电压的分布函数关系并不十分清晰，整条线路放电电压的分布函数有待积累，加上气象条件多变、操作过电压波形随机，设计中的线路过电压概率密度函数无法预先测出，这些问题造成统计法的计算不可操作。

简化统计法认为，供电线路中过电压分布和绝缘放电概率的数学规律都是正态分布，它们的标准偏差已知，于是，过电压概率和绝缘放电概率的整个函数分布可以只用与某一参考概率相对应的点来表示；这样的参考概率就是供电线路的“统计过电压”和绝缘的“统计耐受电压”。采用具有一定概率的“统计过电压”和“统计耐受电压”这两个值来估计供电线路的绝缘故障率，使统计法简化并可操作。简化统计法规定：

（1）服从标准正态分布的随机变量 t 的概率密度函数 $\varphi(t)$ 和分布函数 $\Phi(t)$ 分别为

$$\varphi(t)=\frac{1}{\sqrt{2\pi}}\exp\left(-\frac{t^2}{2}\right) \tag{9-31}$$

$$\Phi(t)=\frac{1}{\sqrt{2\pi}}\int_{-\infty}^{t}\exp\left(-\frac{u^2}{2}\right)\mathrm{d}u \tag{9-32}$$

(2)作用于绝缘的过电压服从数学期望 μ_0 和标准偏差 σ_0 的正态分布；此时过电压幅值为 u 的概率密度函数值 $f_0(u)$ 和分布函数值 $F_0(u)$ 分别为

$$f_0(u)=\frac{1}{\sigma_0}\varphi\left(\frac{u-\mu_0}{\sigma_0}\right) \tag{9-33}$$

$$F_0(u)=\Phi\left(\frac{u-\mu_0}{\sigma_0}\right) \tag{9-34}$$

考虑到过电压的数据有限，数学期望 μ_0 可以用算术平均值 $\overline{u}_0$ 来估计，即 $\mu_0=\overline{u}_0$。

(3)单组绝缘在过电压 u 作用下的放电概率 $p(u)$ 按式(9-35)计算。

$$p(u)=\Phi\left(\frac{u-\mu_j}{\sigma_j}\right) \tag{9-35}$$

式中 σ_j——绝缘放电的标准偏差；

μ_j——绝缘放电电压的数学期望，当试验次数较多时，可用放电概率 50%放电电压 $u_{50\%}$ 作为 μ_j 的估计值，即 $\mu_j=u_{50\%}$。

按照上述规定和式(9-25)计算，考虑到过电压 u 在 $(-\infty,0)$ 范围 $f(u)\equiv 0$，u 低于相电压 U_φ 时 $f(u)=0$，单组绝缘的故障率为

$$R=\int_{-\infty}^{\infty}p(u)f(u)\mathrm{d}u=\Phi\left(\frac{\mu_0-\mu_j}{\sqrt{\sigma_0^2+\sigma_j^2}}\right)\approx\Phi\left(\frac{\overline{u}_0-u_{50\%}}{\sqrt{\sigma_0^2+\sigma_j^2}}\right) \tag{9-36}$$

式(9-36)表明，只要知道过电压的平均值 $\overline{u}_0$ 和标准偏差 σ_0，知道绝缘的 50%放电电压 $u_{50\%}$ 和标准偏差 σ_j，查正态分布表就可以获得绝缘故障率。

当供电线路的最大操作过电压概率函数 $f(u)$ 已知且参考概率给定时，则最大"统计过电压"就被唯一确定。当绝缘放电概率函数 $p(u)$ 已知且参考概率给定时，则"统计耐受电压"也是唯一确定的。因此，IEC 推荐采用绝缘耐受概率为 90%的电压值作为"统计耐受电压"U_W，即绝缘闪络的概率为 10%，取 $\Phi=0.1$，查正态分布表 $U_W=\mu_j-1.28\sigma_j$，U_W 值相当于 $u_{50\%}-1.28\sigma_j$，如图 9-8 所示(放电概率曲线上的绝缘统计耐受电压参考概率 90%)。IEC 推荐供电线路中概率 2%对应的最大"统计过电压"U_S，即过电压的累积概率为 98%，大于 U_S 的过电压不超过 2%，取 $\Phi=0.98$，查正态分布表 $U_S=\mu_0+2.05\sigma_0$，U_S 值相当于 $\overline{u}_0+2.05\sigma_0$，如图 9-9 所示(概率密度曲线上的统计过电压，阴影面积为参考概率 2%)。

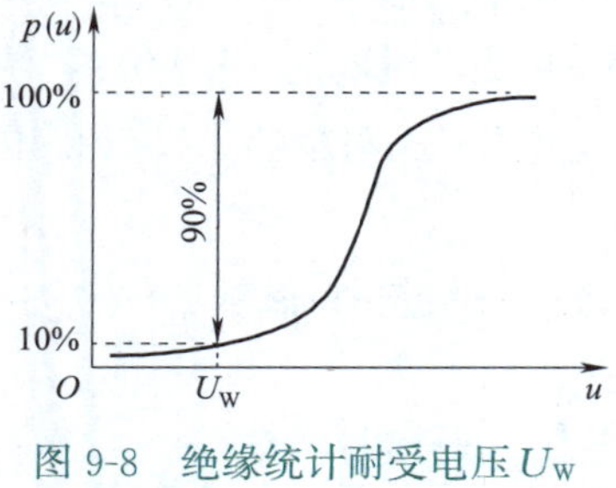

图 9-8 绝缘统计耐受电压 U_W

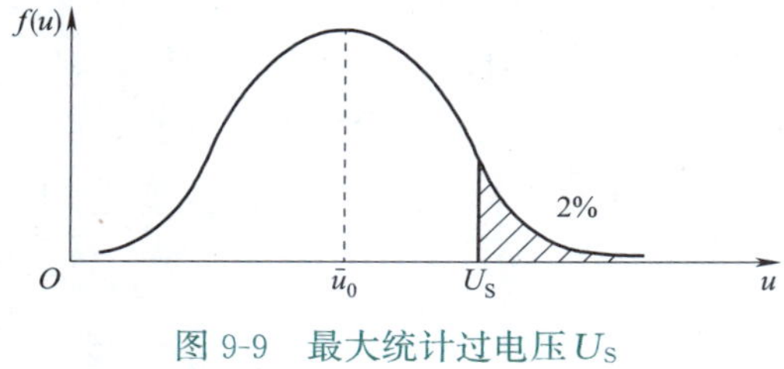

图 9-9 最大统计过电压 U_S

将绝缘的“统计耐受电压”U_W 与供电线路的最大“统计过电压”U_S 二者联系起来，定义统计安全系数为

$$\gamma=\frac{U_W}{U_S} \tag{9-37}$$

统计安全系数 γ 就是供电线路的绝缘能够承受的“统计耐受电压”U_W 与最大“统计过电压”U_S 之间选择的一个安全裕度；选定某个安全系数 γ，就可计算出对应的绝缘故障率 R；不同的安全系数 γ_j 对应不同的绝缘故障率 R_j；调整安全系数就能够调整绝缘故障率，如图 9-10 所示。

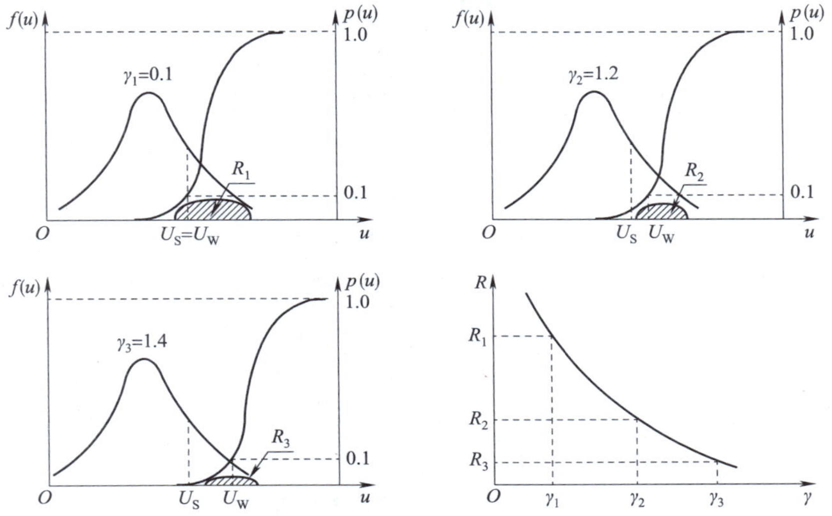

注：图中阴影面积 R_j 为不同安全系数 γ_j 对应的故障率。

图 9-10　安全系数与故障率关系示意

对单组绝缘遭受 n 次过电压作用，或者 n 组相同绝缘受到同一过电压作用，当 n 较大时绝缘的故障率 R_n 可近似地认为

$$R_n \approx nR \tag{9-38}$$

设计中在确定供电线路“统计过电压”与绝缘“统计耐受电压”时，可以采用“3σ 法”（3 个标准偏差）：以同类型供电线路中实测过电压结果的平均值 $\overline{u}$ 加上 $3\sigma_g$ 的过电压值，作为供电线路的最大“统计过电压”$U_S=\overline{u}+3\sigma_g$，超过 $\overline{u}+3\sigma_g$ 的过电压出现概率为 0.135%。以绝缘临界闪络电压 $u_{50\%}$ 减去 $3\sigma_j$ 的电压值作为绝缘的“统计耐受电压”$U_W=\overline{u}-3\sigma_j$，对应的绝缘闪络概率为 0.135%。这一方法为利用既有供电线路的实测数据来设计新的供电线路提供了理论依据。显然，绝缘配合简化统计法只适用于自恢复绝缘，例如，架空线绝缘与空气间隙的确定；对于非自恢复绝缘，例如，以固态绝缘材料为主的电气设备，获得绝缘“统计耐受电压”成本太高。

9.7.3 创新与发展

供电系统中电磁暂态过电压与绝缘耐受能力是一对不可回避的矛盾，不仅涉及供电设备投资和运行维护费用，而且直接影响到供电安全与可靠性。绝缘配合就是处理和协调电气设备上的工作电压、过电压与绝缘耐受能力的矛盾。当供电系统的外部条件发生变化时，矛盾的内容可能随之改变，绝缘配合的内容和效果也会因此而发生变化。例如，我国电气化铁路建设初期，接触网绝缘子的爬电距离为 600 mm，采用放电间隙或管型避雷器防护过电压；随着保护特性优良的 MOA 避雷器发展和应用，过电压得到一定抑制，使过电压与绝缘矛盾有所下降。但是，环境污染日益严重的新问题又出现了，一些区间的接触网可能在正常运行电压下发生污闪放电，污秽与绝缘耐受能力矛盾开始突出。尽管接触网的工作电压 25 kV 没有变化，高速铁路和普速铁路的供电运行方式也没有大的实质性变化，污闪问题促进接触网绝缘子的爬电距离已经增加到了 1 200～1 600 mm。又例如，动车组、交流电力机车功率大，速度快，比早期的直流车的牵引特性好很多，但是，谐波诱发的车网耦合谐振问题需要解决。牵引变电所应用 GIS 组合电器，运行可靠，维护简单，但操作时可能出现 VFT 暂态过电压。贯通线采用全电缆，敷设在电缆沟中，环境影响小，运行更可靠，但故障排查困难了，电缆绝缘比架空线的脆弱得多，绝缘耐受能力和过电压保护性能要求更高。供电系统无人值班运行方式的推进，广泛应用通信网络、微电子监控设备等，极大地提高了供电系统的自动化、数字化和智能化运行与管理水平，但是，变配电所强电产生的电磁干扰问题、不同系统的电磁兼容问题也逐渐显现，已经成为高速铁路“四电集成”的重要内容。

供电系统的绝缘配合面向工程，服务工程，需要不断研究新问题，学习和探索新理论新方法，例如，利用既有接触网的运行经验和实测数据，基于绝缘配合的统计法，设计接触网时把绝缘投资、故障率与运行安全系数联系起来，将是一种技术和经济更优的接触网工程设计新思路和新方法，具有工程应用和理论发展前景。新材料新技术不断发展和应用，加强了电气设备绝缘的耐电能力，设备体积更小、运行更可靠，减少了供电设备设施占用场地和空间，提高了供电运行管理的自动化和智能化水平，保障了高速铁路供电安全与可靠运行；同时，也带来一些新问题，需要及时总结经验和技术改进。高速铁路供电集成了电气、材料、控制、通信、运行管理等多种新技术，随着科学技术的进步，要求和促进供电系统的绝缘配合进行创新和发展。在供电系统的绝缘配合领域，探索和应用新理论、新技术、新材料、新装备，是技术发展的必由之路，但是，任何新技术新方法的应用，只有通过供电系统的实际运行考验，检验其绝缘配合的正确性与合理性，才能够逐步完善和推广。

参考文献

[1] 刘明光. 电气化铁道高电压绝缘与试验技术[M]. 成都：西南交通大学出版社，2001.

[2] 刘明光. 铁道电网过电压分析与防护：电网、暂态、防雷与接地[M]. 北京：清华大学出版社、北京交通大学出版社，2009.

[3] 刘明光，李熙谋，邵希重，等. 牵引变电站高压侧电缆绝缘配合研究[J]. 铁道学报，2002，24(3)：108-111.

[4] 刘明光，陈佳，李云鹏，等. 牵引变电所用变压器非同期合闸电磁暂态研究[J]. 中国铁道科学，2016，37(2)：78-84.

[5] 庄秋月，刘明光，李凡红，等. 基于 ATPDraw 的高铁线路合闸过电压研究[J]. 电力自动化设备，2010(6)：80-83.

[6] 刘鸿渤，刘明光，回宝成，等. 并联电容补偿装置合闸过电压的研究[J]. 电气化铁道，2001(2)：4-7.

[7] 屈志坚，刘明光，杨罡，等. 铁道供电暂态过渡时序仿真与过电压防护控制[J]. 计算机测量与控制，2012，20(10)：2683-2686.

[8] 李宗垒，刘明光，屈志坚，等. 交直交机车谐波特性及其诱发过电压的治理[J]. 铁道学报，2015(10)：26-34.

[9] 崔玮晨，刘明光，郑景文. 高速铁路牵引供电系统间谐波的机理与特征研究[J]. 铁道标准设计，2021，65(6)：139-146.

[10] 王娟，刘明光. 基于阻抗分压原理的牵引网谐波谐振研究[J]. 电力系统保护与控制，2017，45(16)：79-84.

[11] 张雪亮，刘明光，钟鈜州. p-q 谐波检测的改进算法与仿真分析[J]. 电测与仪表，2014，51(17).

[12] 杨罡，刘明光，喻乐. 高速列车运行过程的非线性预测控制[J]. 铁道学报，2013，35(8)：16-21.

[13] 孟祥侠，刘明光，张全柱. 高铁牵引负荷对电力系统暂态能量分布的影响[J]. 电网技术，2016，40(11)：3539-3545.

[14] 吕洋，刘明光，李娜. 电力机车模型及其再生制动的仿真研究[J]. 铁路计算机应用，2007，16(10)：1-3.

[15] 李娜，刘明光，杨罡，等. 再生制动式电力机车制动过电压的计算与仿真[J]. 高电压技术，2008，34(9)：1915-1920.

[16] 李娜，刘明光，杨恒，等. 基于贝叶斯置信框架的最小二乘支持向量机模型参数选择方法及 SS7 型电力机车牵引电机建模[J]. 中国铁道科学，2009，30(6)：61-66.

[17] 宋丹，刘明光，李娜，等. SS4 型电力机车计算机仿真模型建立及谐波分析[J]. 微计算机信息，2010(10)：175-177.

[18] 刘明光，路延安，魏宏伟，等. 关节式电分相过电压试验研究[J]. 电气化铁道，2007(4)：15-17.

[19] 郑景文，刘明光，崔玮辰，等. 铁路隧道电分相结构参数与中性线过电压研究[J]. 铁道标准设计，2020，64(9)：146-150.

[20] 李宗垒,刘明光,屈志坚,等. 电力机车过分相过电压抑制新方法[J]. 机车电传动,2013(5):41-61.
[21] 秦晓灵,刘明光,魏宏伟. 关节式电分相结构感应电压计算与测试[J]. 科技资讯,2007(14):6-7.
[22] 杨罡,刘明光,李娜,等. 钢轨电位分布模型及仿真[J]. 北京交通大学学报,2010(2):137-141.
[23] 朱伟,刘明光. 应用地电流计算复线电气化铁道工频危险感应电压[J],铁路技术创新,2004(3):25-26.
[24] 刘明光,刘永民,刘鸿渤,等. 冲击负荷下 XLPE 高压电缆缆芯截面选择[J]. 供用电,2002,19(2):22-27.
[25] 焦剑扬,刘明光,程辉海. 牵引供电电缆线路事故分析与对策[J]. 大众用电,2006(7):36-38.
[26] 刘明光,孔中秋. 牵引供电系统的污秽及测量[J]. 电气化铁道,1998(4):18-21.
[27] 宋超伟,刘明光,王旭,等. 高速铁路站台电磁环境分析[J]. 机车电传动,2018(6):50-66.
[28] 刘明光,颜怀梁. 输电线的电晕模型及其误差[J]. 四川工业学院学报,1995(2):105-109.
[29] 刘铁,郎兵. 牵引变压器投运时异常跳闸与对策研究[J]. 电气化铁道,2011(1):14-17.
[30] 刘铁,杨维,赵浩江,等. 基于暂态残压计算的接触网故障性质智能辨识[J]. 中国铁道科学,2017,38(4):77-83.
[31] 刘铁,杨维,张文仁,等. 新型接触网开关站的设计与应用[J]. 高速铁路技术,2014(3):49-53.
[32] 刘铁,杨维,王一,等. 专用线接触网的人工智能控制研究[J]. 北京交通大学学报:自然科学版,2015(5):44-48.
[33] 刘铁,杨维,王一芃,等. 动车弓网电磁噪声建模及对通信影响的研究[J]. 铁道学报,2017,39(11):66-70.
[34] 李阳,刘明光,钱学成,等. 牵引供电系统中的 GIC 监测研究[J]. 铁道学报,2017,39(3):31-36.
[35] 王旭,刘明光,王昕,等. 地磁暴侵害高铁自耦变压器的混沌研究[J]. 铁道科学与工程学报,2017,14(4):682-689.
[36] 钱学成,刘明光,刘铁,等. 地磁暴对轨道电路电磁干扰的机理分析[J]. 铁道学报,2015,37(5):42-46.
[37] 钱学成,刘明光,李阳,等. 地磁暴对 25 Hz 相敏轨道电路的影响分析[J]. 铁道学报,2016,38(5):60-66.
[38] 王诗月,刘明光,王圣昆,等. 面向 GIC 的巨磁阻电流传感器的特性研究[J]. 中国科学:技术科学,2018,48(1):67-78.
[39] 刘明光,程辉海,潘光瑞,等. 铁路电力线路故障自动处理方法研究[J]. 铁道学报,2003,25(6):49-51.
[40] 刘明光,王昭,罗学平,等. 高铁电力线故障自动隔离研究与实践[J]. 铁道标准设计,2022(8):151-155.
[41] 徐志强,刘明光. 基于证据理论的铁路电力线故障定位方法[J]. 铁道学报,2008,30(5):31-35.
[42] 郝卫华,刘明光. 基于数学形态学的铁路电力线路故障诊断方法[J]. 电力科学与工程,2008,24(1):26-29.
[43] 刘靖,刘明光,屈志坚,等. 计算接触网雷击参数的新方法[J]. 中国铁道科学,2011,32(4):76-81.
[44] Джуварлы Ч. М., Дмитриев Е. В., Лю Мингуан. Метод Ограничения Скорости Спада Токов Короткого Замыкания к Нулевому Значению[J]. Техническая Электродинамика, 1993(2).
[45] Лю Мингуан, Оценка Числа Отключений Линий при Однофазном Замыкания на Землю[J]. Техническая Электродинамика, 1995(4).

[46] Лю Мингуан. Анализ Корреляционной Зависимости Перенапряжений на Межфазовой и фазовой Изоляции[J]. Техническая Электродинамика，1995(6).

[47] Базуткин В. В.，Литвинов А. Л.，Лю Мингуан. Токи Через Ограничители Перенапряжений при Их Параллельном Включении[J]. Электрические станции，1996(6).

[48] Лю Мингуан，Ян Хуайлян. Опыт Провышения Грозоупорности Линий 10 кВ без Тросов[J]. Электрические станции，1996(9).

[49] Лю Мингуан. Опыт Снижения Сопротивления Заземления Опор Воздушных Линий Электропередачи [J]. Электрические станции，1998(11).

[50] Лю Мингуан，Дмитриев Е. В.，Джуварлы Ч. М.. Один из способов заземления нейтрали электрических сетей[J]. Электрические станции，2000(10).

[51] Лю Мингуан，Ли Симоу. Улучшение Защиты Металлической Оболочки Силовых Кабелеи[C]. Вторая Международная Конференция Физико-технические проблемы Электротехнических Материалов и Компонентов. Тезисы Докладов. Россия，Клязьма，1997.

[52] Liu J，Liu M G. Improved electro-geometric model for estimating lightning outage rate of catenary[J]. IET Electrical Systems in Transportation，2012，2(1)：1-8.

[53] Xu Z，Liu M，Yang G，Li N. Application of interval analysis and evidence theory to fault location[J]. IET Electric Power Applications，2009，3(1)：77-84.

[54] 中华人民共和国住房和城乡建设部. 交流电气装置的过电压保护和绝缘配合设计规范：GB/T 50064—2014[S]. 北京：中国计划出版社，2014.

[55] 中华人民共和国住房和城乡建设部. 电气装置安装工程　电气设备交接试验标准：GB 50150—2016[S]. 北京：中国计划出版社，2016.

[56] 中华人民共和国国家铁路局. 高速铁路设计规范：TB 10621—2014[S]. 北京：中国铁道出版社，2015.

[57] 中华人民共和国国家铁路局. 350 km/h 高速电动车组通用技术条件：TB/T 3600—2020[S]. 北京：中国铁道出版社有限公司，2021.

[58] 中华人民共和国国家铁路局. 铁路电力牵引供电设计规范：TB 10009—2016[S]. 北京：中国铁道出版社，2016.

[59] 中华人民共和国国家铁路局. 铁路防雷及接地工程技术规范：TB 10180—2016[S]. 北京：中国铁道出版社，2016.

[60] 中华人民共和国国家铁路局. 高速铁路电力牵引供电工程施工质量验收标准：TB 10758—2018[S]. 北京：中国铁道出版社，2019.

[61] 中华人民共和国国家铁路局. 高速铁路电力工程施工质量验收标准：TB 10757—2018[S]. 北京：中国铁道出版社，2019.

[62] 中国国家铁路集团有限公司. 高速铁路牵引变电所安全工作规则[S]. 北京：中国铁道出版社有限公司，2023.

[63] 中国铁路总公司. 高速铁路接触网安全工作规则[S]. 北京：中国铁道出版社，2016.

[64] 中国铁路总公司. 高速铁路电力管理规则[S]. 北京：中国铁道出版社，2015.

高速铁路基础研究与技术创新丛书

第一期（16 册）

(一)基础理论与基础技术系列

高速铁路散体道床宏细观力学行为　　赵春发　翟婉明　张　徐　著

ISBN 978-7-113-28857-0

高速铁路线路系统动力学　　龙许友　时　瑾　王英杰　编著

ISBN 978-7-113-28997-3

高速铁路弓网关系研究　　韩通新　著

ISBN 978-7-113-28941-6

(二)动车组系列

高速列车轻量化设计　　李　明　伊召锋　米莉艳　等编著

ISBN 978-7-113-28972-0

(三)供电系列

高速铁路受电弓　　韩通新　编著

ISBN 978-7-113-28975-1

高速铁路接触网检测技术　　韩通新　著

ISBN 978-7-113-28961-4

(四)工程设计系列

高速铁路桥梁抗震设计　　陈兴冲　张永亮　编著

ISBN 978-7-113-28964-5

高速铁路轨道工程 BIM 正向设计软件开发及实践　姚　力　刘大园　董凤翔　等编著

ISBN 978-7-113-28934-8

(五)工程施工与组织系列

高速铁路桥梁 BIM 技术研究与实践　　盛黎明　苏　伟　刘延宏　宋树峰　编著

ISBN 978-7-113-28938-6

高速铁路岩溶路基边坡变形与稳定　　白明洲　师　海　田　岗　等编著

ISBN 978-7-113-28880-8

高速铁路工程地质灾害超前预报图形判别和解译 李　忠　郝娜娜　等编著

ISBN 978-7-113-28935-5

(六)通信与列控系列

高速铁路宽带无线信道测量与建模技术 周　涛　何睿斯　艾　渤　编著

ISBN 978-7-113-28930-0

(七)测量与检测系列

(八)高铁运营与经济系列

高速铁路社会效益研究——基于时空经济分析 李红昌　夏璇璇　著

ISBN 978-7-113-28942-3

(九)现代信息技术系列

高速铁路物联网技术 史天运　孙　鹏　张惟皎　陈瑞凤　编著

ISBN 978-7-113-29029-0

(十)安全·健康·维护系列

高速铁路道砟飞溅机理及防治 高　亮　石顺伟　殷　浩　著

ISBN 978-7-113-28906-5

高速列车多目标均衡综合节能技术 张　雷　李　明　司志强　等编著

ISBN 978-7-113-28976-8

第二期(23 册)

(一)基础理论与基础技术系列

高速列车空气动力学数值模拟——基于 STAR-CCM+软件

李　明　李　田　戴志远　等编著

ISBN 978-7-113-30059-3

高速铁路沿线地面沉降研究与防治 李国和　黄大中　尚海敏　王少林　编著

ISBN 978-7-113-30176-7

高速铁路路基智能填筑技术 王同军　闫宏业　杨　斌　尧俊凯　等著

ISBN 978-7-113-30047-0

季冻区高速铁路路基服役性能与孕灾风险研究

叶阳升　蔡德钩　毕宗琦　李善珍　等著

ISBN 978-7-113-29934-7

高速铁路隧道内附属设施气动效应及安全性研究

彭立敏　杨伟超　施成华　雷明锋　著

ISBN 978-7-113-30104-0

高速铁路钢轨打磨理论与技术　王文健　郭　俊　周　坤　著

ISBN 978-7-113-30061-6

高速列车动态性能正向设计　周劲松　宫　岛　孙文静　著

ISBN 978-7-113-30050-0

高速列车自动驾驶控制理论　宿　帅　李开成　唐　涛　袁　磊　等编著

ISBN 978-7-113-30147-7

高速铁路行车调度与控制一体化　唐　涛　宿　帅　孟令云　阴佳腾　编著

ISBN 978-7-113-30112-5

高速铁路无砟轨道结构水泥基材料理论与技术

龙广成　曾晓辉　马昆林　谢友均　著

ISBN 978-7-113-30056-2

(二)动车组系列

高速列车空气动力学设计技术　丁叁叁　著

ISBN 978-7-113-30055-5

(三)供电系列

高速铁路电力牵引供电工程智能建造技术

胡志华　陈建明　奚金柱　吴命利　等编著

ISBN 978-7-113-30205-4

(四)工程设计系列

现代铁路枢纽规划设计　许佑顶　高丰农　吴学全　李传勇　等编著

ISBN 978-7-113-27468-9

高速铁路隧道底部结构动力响应特性及设计方法

彭立敏　施成华　黄　娟　丁祖德　著

ISBN 978-7-113-30133-0

(五)工程施工与组织系列

高速铁路工程勘察技术创新与实践　陈则连　著

ISBN 978-7-113-30189-7

高速铁路工程质量系统管理(第 2 版)　　卢春房　等著

ISBN 978-7-113-30108-8

高速铁路路基沉降分析与控制技术　　宋绪国　郭帅杰　编著

ISBN 978-7-113-30154-5

深埋高速铁路地下车站施工关键技术　　杨新安　马明杰　李路恒　罗　驰　编著

ISBN 978-7-113-30001-2

高速铁路施工组织创新与实践　　魏　强　编著

ISBN 978-7-113-30136-1

高速铁路路基沥青混凝土防水封闭结构　　蔡德钩　闫宏业　楼梁伟　石越峰　等著

ISBN 978-7-113-30033-3

(六)通信与列控系列

高速铁路信号系统雷电防护技术研究　　向念文　徐宗奇　阳　晋　编著

ISBN 978-7-113-30135-4

(七)测量与检测系列

(八)高铁运营与经济系列

(九)现代信息技术系列

智能高速铁路图像大数据分析技术及应用　　李　平　李　瑞　赵　冰　编著

ISBN 978-7-113-30134-7

(十)安全·健康·维护系列

高速列车横风效应及气动安全控制动力学　　毛　军　柳润东　郗艳红　著

ISBN 978-7-113-30028-9

第三期(18 册)

(一)基础理论与基础技术系列

高速铁路桥梁抗风技术　　何旭辉　邹云峰　敬海泉　等著

ISBN 978-7-113-31329-6

高速铁路智能选线理论与方法　　蒲　浩　宋陶然　李　伟　张　洪　著

ISBN 978-7-113-31670-9

(二)动车组系列

高速列车风阻制动技术　　田　春　周嘉俊　马天和　吴萌岭　编著

ISBN 978-7-113-31648-8

高速列车制动防滑控制基础理论与试验技术 田　春　朱文良　马天和　吴萌岭　编著

ISBN 978-7-113-31585-6

高速铁路轮轨廓形设计及应用 沈　钢　陈迪来　编著

ISBN 978-7-113-31307-4

高速列车辅助供电系统 张立伟　姜东杰　徐海大　编著

ISBN 978-7-113-31574-0

高速列车被动安全系统技术理论 丁叁叁　编著

ISBN 978-7-113-31996-0

（三）供电系列

高速铁路供电系统电磁暂态分析与防护 刘明光　刘　铁　编著

ISBN 978-7-113-31249-7

（四）工程设计系列

（五）工程施工与组织系列

寒区高速铁路隧道低温影响与工程对策 马志富　田四明　杨昌贤　王志杰　等编著

ISBN 978-7-113-31456-9

高速铁路路基边坡生态防护技术与实践 叶阳升　蔡德钩　魏少伟　吕　宋　著

ISBN 978-7-113-31741-6

（六）通信与列控系列

真空管磁浮高速飞行列车车地无线通信技术 刘　留　艾　渤　编著

ISBN 978-7-113-31382-1

（七）测量与检测系列

高速铁路运营监测技术 赵　斗　张冠军　王长进　梁　永　编著

ISBN 978-7-113-31182-7

高速铁路精密工程测量技术 王长进　刘　成　张冠军　石德斌　编著

ISBN 978-7-113-31519-1

铁路工程地质遥感技术创新与应用 刘桂卫　著

ISBN 978-7-113-31354-8

（八）高铁运营与经济系列

高速铁路列车开行决策理论与技术 周文梁　史　峰　徐光明　等著

ISBN 978-7-113-31563-4

（九）现代信息技术系列

高速铁路数据中心设计技术　　杨德修　樊　艳　赵　耀　崔校玉　编著

ISBN 978-7-113-31126-1

（十）安全·健康·维护系列

绿色高速铁路技术　　蒋　辉　编著

ISBN 978-7-113-31460-6

高速列车驾驶人因安全保障理论及方法　　方卫宁　唐　涛　等著

ISBN 978-7-113-31311-1